Reichsamt des Inneren

Central-Blatt für das Deutsche Reich

27. Jahrgang (1899)

Reichsamt des Inneren

Central-Blatt für das Deutsche Reich
27. Jahrgang (1899)

ISBN/EAN: 9783744720922

Hergestellt in Europa, USA, Kanada, Australien, Japan

Cover: Foto ©ninafisch / pixelio.de

Weitere Bücher finden Sie auf **www.hansebooks.com**

Central-Blatt
für das
Deutsche Reich.

Herausgegeben
im
Reichsamt des Innern.

Siebenundzwanzigster Jahrgang.
1899.

Berlin.
Carl Heymanns Verlag.

Inhalts-Verzeichniß.

1. Allgemeine Verwaltungs-Sachen Seite 17, 21, 117, 184, 202, 265, 312, 388, 412.
2. Auswanderungs-Wesen Seite 2, 12, 127, 406.
3. Bank-Wesen Seite 6, 40, 84, 110, 136, 182, 254, 296, 308, 332, 370, 410.
4. Eisenbahn-Wesen Seite 295, 366.
5. Finanz-Wesen Seite 18, 50, 100, 116, 154, 162, 193, 196, 284, 298, 301, 322, 342, 396, 422.
6. Handels- und Gewerbe-Wesen Seite 107, 112, 124, 160, 192, 343, 412.
7. Justiz-Wesen Seite 47, 105, 118, 197, 306, 423.
8. Kolonial-Wesen Seite 51, 101, 287, 302.
9. Konsulat-Wesen Seite 1, 5, 9, 17, 38, 39, 45, 49, 53, 83, 93, 95, 99, 103, 107, 109, 115, 123, 127, 135, 153, 159, 161, 141, 191, 195, 199, 201, 249, 261, 263, 287, 291, 299, 302, 305, 307, 818, 321, 325, 329, 331, 337, 341, 365, 369, 379, 395, 399, 405, 409.
10. Maß- und Gewichts-Wesen Seite 47, 118, 264.
11. Marine und Schiffahrt Seite 3, 47, 53, 57, 86, 112, 157, 163, 202, 288, 299, 311, 323, 334, 380, 395, 412, 421, 448.
12. Militär-Wesen Seite 23, 46, 128, 138, 165, 192, 229, 400, 405, 443.
13. Polizei-Wesen Seite 3, 8, 15, 19, 38, 43, 48, 52, 54, 91, 96, 101, 105, 108, 113, 120, 126, 132, 150, 157, 160, 163, 188, 193, 198, 200, 227, 259, 262, 285, 289, 292, 299, 303, 306, 310, 319, 323, 328, 330, 334, 339, 361, 367, 378, 393, 397, 403, 407, 419, 441, 448.
14. Post- und Telegraphen-Wesen Seite 412.
15. Statistik Seite 11.
16. Versicherungs-Wesen Seite 301, 414.
17. Veterinär-Wesen Seite 288.
18. Zoll- und Steuer-Wesen Seite 9, 19, 42, 51, 94, 101, 104, 125, 129, 155, 187, 192, 197, 199, 226, 252, 282, 292, 299, 303, 318, 323, 326, 334, 339, 364, 366, 372, 391, 402, 424.

Sachregister.

(Die arabischen Zahlen beziehen sich auf die Seite.)

A.

Aerzte. Ermächtigungen zur Ausstellung ärztlicher Zeugnisse für militärpflichtige Deutsche in Brasilien 16; — desgl. in Rumänien 405.

Aerzte, Zahnärzte und Apotheker. Bekanntmachung, betr. die Auslegung der Prüfungsordnungen 124.

Aichordnung. Bekanntmachung, betr. die A. für die Binnenschiffahrt auf der Elbe 202.

Aktiengesellschaften. Verlängerung des Abkommens zwischen dem Norddeutschen Bunde und der Schweiz wegen gegenseitiger Anerkennung der Rechtsfähigkeit der A. 306.

Altersversicherungsanstalten s. u. Militäranwärter.

Anlegeplätze s. u. Seehäfen.

Apotheker. Auslegung der Prüfungsordnung 124.

Australien s. u. Postdampfschiffsverbindungen.

Auswanderung. Dritter Nachtrag zum Verzeichnisse der zugelassenen Auswanderungsunternehmer 2; — Vierter Nachtrag 42; — Fünfter Nachtrag 128; — Sechster Nachtrag 406.

— Erweiterung der Erlaubniß zur Beförderung von Auswanderern für den Norddeutschen Lloyd und für die Hamburg-Amerika-Linie 2.

Auswanderungsunternehmer. Bestellung eines Stellvertreters des Norddeutschen Lloyds 127.

Ausweisungen. Bekanntmachung, betr. die Vollziehung der A. von Ausländern aus dem Reichsgebiete 265.

Ausweisungen:
Aborigene 102.
Adolf, Joseph aus Ober-Hohenelbe, Böhmen 108.
—, Joseph aus Marschendorf, Böhmen 441.
Aichinger 448.
Ainspinner, auch Einspinner 118.
Alisch 194.
Anderlen 182.
Anderl 91.
Andolsatta 189.
Aroen s. Larisch.
Aßmüller 398.
Auß 194.
Azmann 106.

Bach 303.
Bailey-Allen, auch Buck 331.
Baißai 38.
Balada 126.
Balcar 102.
Ballmer 157.
Banus 114.
Barengo 88.
Barmettler 319.
Baril 101.
Bauer, Georg 330.
—, Wilhelm 64.
Bechyna 189.
Becke 389.
Berger 367.
Bergmann 91.
Bibulla f. Mahler.
Billart 8.
Biltner 126.
Blatschke 102.
Bleßi 292.
Bloch (Blok) 303.
Bockhorst 96.
Böhl 227.
Bondaer 150.
Botto 339.
Boulet 97.
Breite 132.
Brounland 15.
Brunner 194.
Buck f. Bailey-Allen.
Budja 189.
Büchl f. Pühl.
Bungilei 407.
Burkert 262.

Carde 163.
Carillo 150.
Cavallo 54.
Ceriani 403.
Choat 52.
Chopard 310.
Cimilta 292.
Civet 419.
Clement 403.
Connes 394.
Czernai 328.

Dagnoli 91.
Danielsen 8.
Delfrari, auch Del Frari 54.
Delobahn 105.
Demmelbauer 132.
Dissenleger 91.
Dircheri 51.
Dolezel 15.
Dovin 106.
Drechsler, auch Träxler 193.
Dreisetter 397.
Drexler 108.
Dumont, auch Jwan Michaelowitsch Tschigorin sich nennend 163.
Dumouteuil 188.
Dunajer 88.

Eger 269.
Egert 269.
Egle, (Eglin) 323.
Ehrlich 397.
Eibenschütz, auch Eibenschütz 397.
Eichler 108.
Einspinner f. Ainspinner.
Eiselt 120.
Eisenbrod 407.
Endres 394.

Engel 141.
Enoch 120.
Erroth 304.
Exler 227.

Fabrner 120.
Faller, Karl 339.
—, Maria 339.
Farberspieler f. Jaruschek.
Fiala 334.
Finka 403.
Fiedler, Heinrich 198.
—, Joseph aus Chraft, Böhmen 126.
—, Joseph aus Neuhaus, Böhmen 150.
Fieß 378.
Fleigel, auch Fleigl 364.
Forche 54.
Formanne 319.
Forster 394.
Franz 48.
Franze 397.
de Zwerle 285.
Fritsche 198.
de Friese 448.
Fruša 120.
Fueterer 304.
Fuhrmann 106.
Funke 418.
Funowicz 182.

Gallois 262.
Gazu 84.
Geigl 91.
Gili 8.
Glanzer 108.
Göpfert 8.
Göttlicher 319.
Goldberg 403.
Goldmann 150.
Goldschmidt 328.
Goubeck 394.
Gorge 182.
Gral 114.
Grasse 319.
Großi 340.
Griesader 441.
Grimmi (Grimmel) 407.
Groger 340.
Gropl 367.
Groß 114.

VI

Grünfeld 419.
Gürth 289.
Würtler 190.
Guomo 88.
Gulenbauer 394.
Gulschulas 111.

Hämmerle 298.
Häusl, auch Heißel 108.
Haid 43.
Halie, auch Halir 192.
Halle 8.
Haney 262.
Hanla 262.
Hausen 114.
Hanzlik, Franziska 335.
—, Maria 335.
Harani 120.
Harner 113.
Hartl, Anna 285.
—, Julius 19.
Haule 308.
Hawelka 323.
Hawle 132.
Heinz 397.
Heizel 806.
Heißel s. Häusl.
Held, Jakob 44.
—, Robert 43.
—, Joseph 394.
Hermann 321.
Herr 285.
Herrmann 48.
Herrmanns 43.
Heßmann 292.
Heurard 118.
Hille 340.
Hirsch 804.
Hlawik 319.
Hochstraßer 334.
Hocke 120.
Hönig, Johann 119.
—, Rudolf 292.
Hoffmans 367.
Hollar 51.
Hollmann 114.
Hoßek 120.
Horal 259.
Howarka 101.
Hrdlicka 285.
Huber 886.
Hübl 418.
Hülsbeck 289.
Hürle 336.

Jasich (Jaslich) 8.
Jakubowitsch 120.
Jandera 227.
Janelscheck 289.
Jansen 198.
Jarutschek 319.
Jaskuloki 132.
Jairzineki 160.
Jaworeil 8.
Jensen, Christian 91.
—, Peter Hans 91.
Jirsen 114.

Jilg 19.
Jira 8.
Jirasko 48.
Job 262.
Ier 397.
Jurelschla 801.
Jurse 894
Juzi 132.
Ivan 804.

Kacjorowski 259.
Kaelin, auch Kölin 168.
Kahler 126.
Kaiser, Franz 102.
—, Josepha 120.
—, Karl 120.
Kamminga 321.
Kaplan 43.
Karger 148.
Kaß 52.
Kauzinger 227.
Kerichbanm 163.
Klauder 137.
Klaus 132.
Kleiber 292.
Klomanu 806.
Klop 120.
Knoflmüller 126.
Kobel 8.
Kölin s. Kaelin.
König 321.
Königsberg 111.
Körbler 8.
Kontol 324.
Koofer 394.
Kornheiser 290.
Koß 403.
Koleß 157.
Kolas 157.
Kotraich 394.
Koul 180.
Kovard 227.
Kragl 407.
Krnl 97.
Krapf 120.
Kraule 48.
Krepelka 160.
Kreuther 120.
Krßiher 200.
Krüger 8.
Kubat, Wenzel, aus Crjov, Böhmen 259.
—, Wenzel, aus Vekonic, Böhmen 306.
Kucera 108.
Kugler, Barbara 132.
—, Heinrich 8.
—, Richard 132.
Kubar 8.
Kunitscher 324.
Kurilla 124.
Kuschelir 319.

Labartinger 15.
Lam 43.
Langer 306.

Lauz 160.
Larisch, auch Schlichtinger und Armen 330.
Leibl 200.
Leimgruber 288.
Leiuer 394.
Lequart 97.
Leschniak 285.
Leszé 408.
Lewer (Lebe) 15.
Lichtblau 189.
Lindenbaum 198.
Linzbauer 310.
Loßel 15.
Lorenz 106.
Loreth 188.
Lorz 43.
Loß 314.
Lubojaški 120.
Ludwig 161.

Maaßen 120.
Mabieu 160.
Mahler auch Bibulla 126.
Mainz, Katharina 289.
—, Maria 289.
—, Wenzel 289.
Mair 283.
Malden 151.
Manert 227.
Marin 339.
Maraß 121.
Maresch, auch Mares 157.
Miniat 259.
Matjets 13.
Maumont 105.
Maurie 806.
Maner 55.
Mazrzanowski 111.
Meinl 103.
Meinz 217.
Melonnet 19.
Michalowiß 806.
Michaloki 198.
Mieszczakowela, Marianna 307.
Mieszczakowski, Constantin 64.
Moszyßel 289.
Monbwelt 321.
Moro 299.
Moser 378.
Müller, Anton 91.
—, Emil 111.
—, Jakob 126.
—, Johann 91.
—, Joseph 132.
—, Vincenz 878.
Münnich, Gustav 403.
—, Karl 403.

Nadrowski 285, 293.
Nagel, 55.
Netuschlaß 262.
Neupert 55.

Rikilor Krecjajew s. StelowskiRiese.
Niwiczli 335.
Noval auch Nowal 188.
Novoiny 324.
Nowotny 188.

Oberhauler 43.
Oberndorfer 189.
Ochsner 55.
Overhaag 121.

Vailscher 148.
Patel 290.
Patel, auch Paletz, Peter 227.
—, auch Paletz, Rosalie 227.
Pauer 397.
Pawelka 819.
Pechan 340.
Peer 189.
Peeters 126.
Pejolar 292.
Pekaref 43.
Pellarini 283.
Peret 28.
Peterka 150.
Petersen 92.
Petrovic 306.
Petro 118.
Piauler 121.
Pieil 262.
Philipp 407.
Pilaroth 321.
Pilna 43.
Polz 198.
Pinggera 321.
Pirchl 55.
Pišar 151.
Pöil 151.
Polak 107.
Popoff 97.
Pooluczyn 126.
Pospiil (Pošticha) 55.
Powliewic 121.
Praffel, Cölestine 293.
—, Lewina 293.
—, Ludwina 293.
—, Margarethe 293.
—, Michael (Ruschel) 293.
—, Zusanna 293.
Prechoztli 111.
Brevin 19.
Pridal 111.
Probaska 306.
Puacnick 111.
Püchl (Büchl) 310.

Rack 407.
Ragon 8.
Ramvich 191.
Reichel 198.
Reichl 289.
Reinberg s. Anuberg.
Reißinger 96.
Remy 111.

Renger 121.
Resnicek, auch Resnitschek 111.
Richon 189.
Rinchard 319.
Robeck 283.
Robuner 151.
Rösler 875.
de Roos 227.
Rosenberg 891.
Rosengart 150.
Roussel 52.
Rudolfi 132.
Rynders, auch Reinders 151.

Sabél (Sabll) 48.
Saplatzy 897.
Sailer 285.
Sauer 285.
Schäppi 361.
Schena 104.
Schifferer 157.
Schigart 397.
Schindler 13.
Schlesinger 113.
Schlichtinger s. Larisch.
Schmeizl 407.
Schneeberger, Anton 299.
—, Gertraud 391.
—, Joseph 391.
—, Marie 299.
Scholza 91.
Schramm 310.
Schrampf 126.
Schrier 315.
Schröder 283.
Schuch 91.
Schütze 121.
Schwach 401.
Schwager 151.
Schwanbauer 101.
Schwarzbauer 121.
Schweiberer 328.
Schwehla 227.
Ceccaro 324.
Seidemann A.
Sekeles 102.
Selinka 404.
Semlitschka, auch Semlitschla 38.
Senger 160.
Sibille, Clementine 160.
—, Emil Joseph 160.
Siegel 102.
Simon 299.
Simonetti 102.
Sinreck 151.
Smiadak 102.
Soltyfak 407.
Soudry-Beranger 133.
Soukal 310.
Spril 289.
Stabler, Katharina 15.
—, Maria 16.
Steidel 102, 293.
Steiner 152.

Steinl 387.
Ziekowski-Riede, richtig Rielsar Rieczajew 13.
Stentzel 259.
Sterzl 840.
Stieg 55.
Strauz 821.
Strohbach 113.
Stroh 410.
Strybac 200.
Surowicz 150.
Swoboda, auch Zwoboda 227.
Szimny 285.

Tauschmann 201.
Tengler 404.
Teubner 259.
Theiner 15.
Thelen 38.
Tircot 830.
Toffoll 285.
Tomandl 97.
Tomann 97.
Tost 108.
Tschöpr 198.

Ullmann, Adolph 151.
—, Anton 200.
Ulrich 162.
Urban 283.

Valle 3.
Vallet 293.
Vilela 8.
Virz 801.
Vlisková 102.
Bockenhuber 21.
Vogel 38.
Vondras s. Wondras.
Votawa s. Wotawa.

de Warl 194.
Wagner, Franz 262.
—, Franz Xaver 19.
Walter, Franz 41.
—, Rudolf 200.
Wanek 113.
Wanjorek 151.
Wardega 804.
Wartha 102.
Wawrinowsky 119.
Weida 114.
Weigel 189.
Weigend 48.
Weinlich 478.
Weiser 107.
Weik, Friedrich 91.
—, Maurus 121.
Welek 151.
Welser 830.
Wenischak 55.
Werula 262.
Wessag 897.

Wid 243.
Wimmer 88.
Wisniowski 48.
Wobj balek 319.
Woll, Bernhard 18.
—, Fridolin 419.
Wolny 310.
Wondras, auch Vondras 289.
Wotawa, auch Votawa 289.

Wozella 52.
Wüst 157.
Zankl 41.
Zarnba 262.
Zeh 280.
Zohorna 830.
Zundam 121.
Zwiesehofer 19.

Zurücknahme von Ausweisungen:
Grym (Grim) 806.
Lachmann 897.
Meyer 828.
Peters 151.
Tittmann 198.
Weitgasser 124.

B.

Beamte s. u. Tagegelder.
Belgien s. u. Grenzverkehr.
Berner Uebereinkunft, betr. die Bildung eines internationalen Verbandes zum Schutze von Werken der Literatur und Kunst. Rücktritt des Fürstenthums Montenegro von der Uebereinkunft 192.
Berufsgenossenschaft. Prämientarif für die Versicherungsanstalt der Tiefbau-B. 391.
Betriebsordnung für den Kaiser Wilhelm-Kanal. Abänderung des Signalverzeichnisses 384.
Bienenwachs- und Japanwachs. Zollerlaß für die aus derartigem Wachs hergestellten Fabrikate 366.
Binnenschiffahrt s. u. Rheinordnung.
Branntwein. Ermächtigung einer Aktiengesellschaft zur Abgabe des von ihr hergestellten zu Denaturirungszwecken bestimmten Holzgeistes 193.
— Ermächtigung einer Firma zur Zusammensetzung des allgemeinen Branntwein-Denaturirungsmittels 299.
— s. a. u. Brennsteuervergütung.
Brasilien s. u. Aerzte.
Brennsteuervergütungen. Gewährung solcher 889.
Bundesstaaten s. u. Militäranwärter.

C.

Civilprozeßordnung. Nachweisung der zur Vertretung des Militärfiskus bei Pfändung des Diensteinkommens von Militärpersonen berufenen Militärbehörden 2c. im Ressort der Königlich sächsischen Militärverwaltung 119.

D.

Dampfkessel-Sicherheitsapparate. Bekanntmachung, betr. die Beglaubigung der Schmelzpunkte leichtflüssiger Metall-Legirungen für D. 113.
Bestimmungen über die Prüfung und Beglaubigung leichtflüssiger Metallegirungen für D. 261.
Deutsche Justiz-Statistik. Erscheinen des neunten Bandes der in Reichs-Justizamte bearbeiteten D. 192.
Deutsche Gebrordnung. Aenderungen 165.
Deutsch-Ostafrika s. u. Schutzgebiete.
Druckschrift s. u. Zeitung.

VIII

E.

Einjährig-freiwilliger Militärdienst. Gesammtverzeichniß der zur Ausstellung von Zeugnissen über die Vorbildung berechtigten Lehranstalten 229; Nachtrags-Verzeichniß 400.
— Verleihung der Berechtigung zur Ausstellung von Zeugnissen für die deutsche Schule in Konstantinopel 128.

Einnahmen an Zöllen und Verbrauchssteuern ꝛc. Vom 1. April 1898 bis: Ende Dezember 1898 18, 1899: Januar 50, Februar 100, März 116.
Für das Rechnungsjahr 1898 162.
Vom 1. April 1899 bis: Ende April 154, Nachtrag 193; Mai 196, Juni 284, Juli 298, Nachtrag 301; August 322, September 342, Oktober 396, November 422.

Eisenbahnen. Bekanntmachung, betr. die Betheiligung von Ankerungskosten bei Viehbeförderungen auf E. vom 26. Juli 1899 288.
— Bekanntmachung, betr. die technische Einheit im Eisenbahnwesen 295.
— Privat-, s. u. Militäranwärter.

Elbe s. u. Lichtordnung.

Elsaß-Lothringen s. u. Weinbaubezirke.

Erntenachrichten. Bestimmungen über die Sammlung von Saatenstands- und Erntenachrichten 11.

F.

Fabrikverkehr s. u. Grenzverkehr.

Fahrprämien. Gewährung von F. an Lootsen des Kaiser Wilhelm-Kanals 167.

Fahrzeuge s. u. Hochseefischerei.

Fische s. u. Salz.

Flaggen-Gesetz. Bekanntmachung, betr. Ausführungsbestimmungen zum §. 25 des F. vom 22. Juni 1899 361.

Frachtbrief-Formulare. Bekanntmachung, betr. die Verwendung der bisherigen F. 366.

Freibezirke. Errichtung solcher in Stettin und Neufahrwasser 156.

G.

Gartenbauanlagen s. u. Reblaus.

Gesäßwunde s. u. Malchinken.

Gehberg s. u. Thermometer.

Gerichtskosten. Aenderungen und Ergänzungen in dem Verzeichnisse der zur Einziehung bestimmten Stellen 17, 105.
— s. a. u. Kosten.

Gerichtsverfassungsgesetz s. u. Kosten.

Getreidemühlen s. u. Mühlenregulativ.

Grenzverkehr. Kündigung der „Vorläufigen Ausgleichung" vom 26. Juni 1816, betr. den grenzüberspringenden Fabrikverkehr gegenüber der Königlich niederländischen und der Königlich belgischen Regierung 107.

H.

Hafenplätze s. u. Seehäfen.

Hamburg-Amerika-Linie s. u. Auswanderer.

Handbuch für das Deutsche Reich auf das Jahr 1899. Erscheinen 17. Herausgabe einer neuen Ausgabe 412.
— für die deutsche Handelsmarine auf das Jahr 1899. Erscheinen 288.

Herkunfts- und Bestimmungsländer. Aenderung des Verzeichnisses für die Statistik des Waarenverkehrs 412, 418.

Hochseefischerei-Fahrzeuge. Bekanntmachung, betr. die Musterungsgebühren für H. 395.
— s. a. u. Schiffer auf kleiner Fahrt.

Holzgeist s. u. Branntwein.

J.

Japanwachs s. u. Bienenwachs.

Invaliditäts- und Altersversicherungsanstalten s. u. Militäranwärter.

Isländsahrt s. u. Schiffer auf kleiner Fahrt.

Justizstatistik, Deutsche. Erscheinen des neunten Bandes 197.

K.

Kaiser Wilhelm-Kanal. Abänderung des Signalverzeichnisses der Betriebsordnung 338.
— Betriebsordnung 53, 57.
— s. a. u. Lootsen.

Kamerun s. u. Schutzgebiete.

Kolonien s. u. Schutzgebiete.

Kommunalbehörden s. u. Militäranwärter.

Konstantinopel s. u. Einjährig-freiwilliger Militärdienst.

Konsulate. Einziehung in: Dieppedale, Marbella (Spanien) 318.

Konsuln des Deutschen Reichs (General-Konsuln, Konsuln, Vize-Konsuln, Konsulats-Verweser, Konsular-Agenten).
— Ernennungen bezw. Bestellungen in:
  Argentinische Republik: Concordia 49, Puerto Gallegos 261, Rosario 365.
  Brasilien: Bahia 365, Buenos Aires 807, Curitiba 805, Teresco (Santa Catharina) 805, Itajahy 879, Paranagua 305.
  Central-Amerika: Coban (Guatemala) 153, Livingston (Guatemala) 199, San Pedro Sula (Honduras) 108.
  China: Schanghai 305.
  Columbien: Cartagena 305.
  Dänemark: Kolding 153, Kopenhagen 263.
  Frankreich: Nantes 108, Paris 99, Rouen 329.
  Französische Besitzungen: Algier 99, 337.
  Griechenland: Athen 365.
  Großbritannien: Alloa (Schottland) 379, Lynn (England) 159, Middlesborough (England) 337.
    Britische Besitzungen: Capstadt 263, Georgetown (Guayana) 15, Halifax (Neu-Schottland) 261, Penang 159, Wellington (Neu-Seeland) 108.
  Haiti: Aquin 261.
  Japan: Yokohama 199.
  Italien: Carrara 159, Catania (Sizilien) 127, Lecce 869, Palermo 869, Tragani 115.
  Mexico: Acapulco 181, Laguna de Terminos 379, Mazatlan 405.
  Niederlande: Nymwegen 337, Rotterdam 99.
    Niederländische Besitzungen: Batavia 321.
  Oesterreich-Ungarn: Prag 201.
  Paraguay: Asuncion 109.
  Portugiesische Besitzungen: Beira 261, Johannisbane 409, Mozambique 331.

Konsuln des Deutschen Reichs (Forts.):

Rußland: Feodosia (Krim) 191, Kiew 865, Libau 409, Mariupol 249, Odessa 865, Riga 115.

Schweden und Norwegen: Christiania 93, 291, Hernösand 329, Haugesund 5, Stockholm 58, 261.

Schweiz: Lugano 161.

Spanien: Madrid 49.

Türkei: Aleppo 161, Amasia 161, Trebagatsch 261, Jerusalem 161, Sarajevo 841.

Uruguay: Montevideo 291.

Vereinigte Staaten von Amerika: Cienfuegos (Cuba) 128, Habana 128, Pensacola (Florida) 837, Saint Louis 185, Trinidad de Cuba 249.

— Ermächtigungen zur Vornahme von Civilstands-Akten; in: Ajuncion 17, Bangkok 123, Barcelona 191, Beirut 263, Belgrad 841, Bukarest 881, Buschär 263, Genua 49, Guayaquil 5, Hankau 93, Havana 869, Jassy 128, Jerusalem 825, Kanton 831, La Paz 108, Lourenço Marques 261, Madrid 115, Mombassa 305, Peking 802, Rustschuf 802, San Sebastian 89, Sarajevo 201, 409, Schanghai 1, 5, Smyrna 287, Sofia 869, Swatau 161, Tamsui-Twatutia 249, Tanger 201, Teheran 88, Yokohama 201, Zanzibar 158.

— Entlassungen; in: Acapulco (Mexico) 181, Arendal (Norwegen) 409, Batum 108, Bissao (Portugiesisch Guinea) 369, Betra (Portugiesisch Ostafrika) 46, Colon 195, Cap Haïti 93, Laguna de Terminos (Mexico) 249, Merida (Mexico) 827, Port Elizabeth (Südafrika) 805, Port Stanley (Falkland-Inseln) 821, Rabat (Marocco) 127, Rangoon (Burmah) 195, Retalhuleu (Guatemala) 389, Rouen 45, Saffi (Marocco) 287, San José (Costa Rica) 825, Wilmington (Nord-Karolina) 181.

— Todesfälle; in: Aguadilla (Puerto Rico) 879, Alloa (Schottland) 879, Björneborg (Finland) 115, La Valette (Malta) 17, Marbella (Spanien) 135, Roulmein (Burmah) 181, Rummergen 5, Palermo 93, Puerto Plata (Dominikanische Republik) 109, San Juan (Puerto Rico) 405.

— ausländische (General-Konsuln, Konsuln, Vize-Konsuln, Konsular-Agenten).

— Exequatur-Ertheilungen; in: Aachen 202, Altona 93, Berlin 9, 99, 181, 807, 888, 811, 405, Bremen 107, 264, 287, 865, 879, Breslau 161, 869, 895, Coburg 89, Cöln a. Rh. 89, 104, 161, 196, 202, 879, Danzig 1, 841, Dortmund 5, Düsseldorf 202, 299, Elberfeld 825, Frankfurt a. M. 1, 191, 287, 865, Freiburg i. B. 247, Gevelsberg 53, Hamburg 58, 109, Hannover 15, 109, Kehl 307, Kiel 58, Königsberg i. Ostpr. 299, 802, Leipzig 58, 191, 888, Mannheim 807, 865, 899, Memel 199, Schleswig 331, Solingen 53, 104, Stettin 17, 865, 821, Swinemünde 802, Weimar 261.

Kosten. Vorschriften über die Vereinnahmung und Verrechnung der gemäß Artikel IV des Gesetzes, betreffend Aenderungen des Gerichtsverfassungsgesetzes und der Strafprozeßordnung, vom 17. Mai 1898 in die Reichskasse fließenden K. 428.

Krankenversicherung s. u. Tagelöhne.

Liegeplätze s. u. Seehäfen.

Luxus s. u. Berner Uebereinkunft.

L.

Landwehr-Bezirkseintheilung für das Deutsche Reich. Aenderungen 46, 169.

Literatur s. u. Berner Uebereinkunft.

Lootsen des Kaiser Wilhelm-Kanals. Bekanntmachung, betr. die Gewährung von Fahrprämien 167.

M.

Mälzereien s. u. Mühlenregulativ.

Marineverpflegungsämter s. u. Theilungslager.

Maschinisten. Einrichtung einer Kommission für die Prüfung der M. auf Seedampfschiffen in Geestemünde 412.

Massengüter. Aenderungen des Verzeichnisses der M. 412, 417.

Metallgegenstände. Zollabfertigung von abgenutzten M. 866.

Metall-Legirungen s. u. Dampfkessel-Sicherheitsapparate.

Militäranwärter. Aenderung des Verzeichnisses der in den Bundesstaaten eingesetzten Vermittlungsbehörden 192.

— Aenderung des Verzeichnisses der den M. im Reichsdienste vorbehaltenen Stellen 28, 188.

— Fünfter Nachtrag zu dem Gesammtverzeichnisse der den M. in den Bundesstaaten vorbehaltenen Stellen 139.

— Gesammtverzeichniß der zur Anstellung von M. verpflichteten Privat-Eisenbahnen 24, 25.

— Grundsätze, betr. die Besetzung der Subalternen- und Unterbeamtenstellen bei den Kommunalbehörden 2c. mit M. 268.

Militärbehörden, Militärstatus, Militärpersonen s. u. Civilprozeßordnung.

Militärpflichtige s. u. Aerzte.

Montenegro s. u. Berner Uebereinkunft.

Moste s. u. Verschnittweine.

Mühlenfabrikate. Aenderung der Anweisung zur zollamtlichen Prüfung von M. 51.

Mühlenregulativ vom 1. Januar 1898. Aenderungen 252, 292.

Musterungsgebühren s. u. Hochseefischerei-Fahrzeuge.

N.

Naturalverpflegung. Festsetzung der für das Jahr 1900 zu vergütenden Beträge 448.

Nautisches Jahrbuch für 1902. Erscheinen 828.

Neufahrwasser. Eröffnung des errichteten Freibezirks 166.

Neu-Guinea s. u. Schutzgebiete.

Niederlande s. u. Grenzverkehr.

Norddeutscher Bund. Verlängerung des Abkommens mit der Schweiz wegen Anerkennung der Rechtsfähigkeit der Aktiengesellschaften 806.

Norddeutscher Lloyd s. u. Auswanderung.

Notenbanken, deutsche; Status derselben. Ende Dezember 1898 6. — 1899 Januar 40, Februar 84, März 110, April 136, Mai 182, Juni 250, Juli 296, August 808, September 342, Oktober 870, November 410.

„Nowa Reforma". Verbot der in Krakau erscheinenden Zeitung 202.

O.

Ostafrika, Deutsch- s. u. Schutzgebiete.

Ostasien s. u. Postdampfschiffsverbindungen.

P.

Pflanzeneinfuhr. Bekanntmachung, betr. die für die P. geöffneten ausländischen Zollstellen 112, 160.

Postdampfschifflinien. Erscheinen einer neuen Karte für den Weltpostverkehr 412.

Postdampfschiffsverbindungen mit Ostasien und Australien. Nachtrag zum Vertrag über die Unterhaltung der P. vom 12. September / 30. Oktober 1894 112.

Post-Zollregulativ. Aenderung 19.

Prämientarif s. u. Berufsgenossenschaft.

Privat-Eisenbahnen s. u. Militäranwärter.

Prüfungen s. u. Maschinisten.

R.

Reblaus. Bekanntmachung, betr. die für die Pflanzeneinfuhr geöffneten ausländischen Zollstellen 112, 160.
— Neues Verzeichniß der regelmäßigen Untersuchungen unterliegenden und den Anforderungen der R.-Konvention entsprechend erklärten Gartenbau- 2c. Anlagen 843.
— s. a. u. Weinbaubezirke.

Rechtsfähigkeit s. u. Aktiengesellschaften.

Reichsbeamte. Verzeichniß der R. zur Verordnung, betr. die Tagegelder 2c., in Bezug auf die Beamten der Verwaltung des Reichsheeres 184.

Reichsbevollmächtigte s. u. Zölle und Steuern.

Reichsdienst s. u. Militäranwärter.

Reichsstempelgesetz. Abänderung der Ausführungsvorschriften 104.

Rumänien s. u. Aerzte.

S.

Saatenstands- und Ernteuachrichten. Bestimmungen über die Sammlung solcher Nachrichten 11.

Sächsische Militärverwaltung s. u. Militärfiskus.

Salz. Abänderung der Bestimmungen, betr. die Befreiung des zu landwirthschaftlichen und gewerblichen Zwecken bestimmten Salzes von der Salzabgabe 105.
— Aenderung des Salzsteuergesetzes in Bezug auf die Verwendung abgabenfreien Salzes zum Einsalzen von Fischen 197.

St. Petersburg s. u. Zölle und Steuern.

Schiffer auf kleiner Fahrt. Feststellung der Formulare zu den Zeugnissen über die Prüfung und die Befähigung sowie über die Befugniß zur Führung von Hochseefischereifahrzeugen in kleiner Fahrt und in der Inlandfahrt 86.

Schiffsliste, amtliche, der deutschen Kriegs- und Handelsmarine für 1899. Erscheinen 47. — Nachträge 157, 299, 891.

Schiffsvermessungsordnung vom 1. März 1895. Uebertragung der Obliegenheiten gemäß §. 24 Abs. 4 und 5 der S. auf das Schiffsvermessungsamt 811.

Schutzgebiete. Ermächtigung zur Vornahme von Civilstands-Akten im S. von Neu-Guinea 54, 287; — desgl. im S. Kamerun 101, 802; — desgl. im S. von Togo 802; — desgl. von Deutsch-Ostafrika 802.

Schweiz s. u. Aktiengesellschaften.

Seeämter. Erscheinen eines weiteren Heftes der Entscheidungen des Ober-Seeamts und der S. 3, 163, 823.
— Erscheinen eines Haupt-Registers für die ersten zwölf Bände der Entscheidungen des Ober-Seeamts und der S. 448.
— Herausgabe des Registers zum 12. Bande der vorbezeichneten Entscheidungen 823.

Seehäfen. Erscheinen der dritten vermehrten Auflage des Alphabetischen Verzeichnisses der deutschen S. sowie europäischer und außereuropäischer Häfen, Anlege- und Küstenplätze 421.

Seidengewebe. Zollbehandlung der im Inlande veredelten S. 197.

Sicherheitsapparate s. u. Dampfkessel.

Spanische Verschnittweine und -Moste. Zulassung solcher zum Vertragszollsatze 864.

Stationskontroleure s. u. Zölle und Steuern.

Statistisches Waarenverzeichniß. Aenderungen 412.

Statistik s. a. u. Deutsche Justiz-Statistik, Herkunfts- 2c. Länder, Saatenstands- 2c. Nachrichten, Waarenverzeichniß.

Stempelgesetz s. u. Reichsstempelgesetz.

Stettin. Errichtung eines Freibezirkes 156.

Strafprozeßordnung s. u. Kosten.

Strohbänder. Zollbehandlung im Inlande veredelter S. 806.

T.

Tagegelder, Fuhrkosten und Umzugskosten der Reichsbeamten. Einreihung der Beamten der Verwaltung des Reichsheeres in die nach der Verordnung, betr. die T. 2c., aufgeführten Beamtenklassen 184.

Tagelöhne, ortsübliche, gewöhnlicher Tagearbeiter. Veränderungsnachweis 444.

Tara. Aenderung von Tarasätzen 181, 155.

Theilungslager. Abänderung der Bestimmungen über die Bewilligung von T. an die Kaiserlichen Marineverpflegungsämter 898.

Thermometer. Eröffnung einer Prüfungsstelle für ärztliche T. im Reichsamte zu Gehlberg 47.

Tiefbau-Berufsgenossenschaft s. u. Berufsgenossenschaft.

Togo s. u. Schutzgebiete.

U.

Unfallversicherung s. u. Berufsgenossenschaft.

Ursprungszeugnisse der aus meistbegünstigten Ländern eingehenden Waaren. Aenderung der Bestimmungen 226.

V.

Vereinszollgesetz. Zusatz zu der Anweisung zur Ausführung des V. 252.

Vermittelungsbehörde s. u. Militäranwärter.

Verschnittweine und -Moste, spanische. Zulassung solcher zum Vertragszollsatze 864.

Versicherungsanstalt s. u. Berufsgenossenschaft.

Viehbeförderungen s. u. Eisenbahnen.

W.

Waareneinfuhr s. u. Ursprungszeugnisse.

Waarenverzeichniß, amtliches, zum Zolltarife. Abänderungen und Ergänzungen 378, 425.

Waarenverzeichniß, statistisches. Aenderung desselben und des Verzeichnisses der Massengüter sowie des Verzeichnisses der Herkunfts- und Bestimmungsländer 412.

Wechselstempelmarken. Entwerthung solcher 424.

Wehrordnung. Aenderungen 165.

—, s. a. u. Aerzte, Landwehr-Bezirkseintheilung.

Weinbaubezirke. Bekanntmachung, betr. das Verzeichniß der W. 117.

— Verzeichniß der W. 812.

— Abänderung des Verzeichnisses der W. 388.

— Abänderung des Verzeichnisses der W. in Elsaß-Lothringen 21.

Weißblechabfälle. Ausschließung der im Ausland entzinnten W. von der in Ziffer 2 des Schlußprotokolls zum Zollvereinsvertrage vom 8. Juli 1867 vorgesehenen Zollbegünstigung 101.

Weltpostverkehr. Erscheinen einer neuen Karte der großen Postdampfschiffslinien im W. 412.

Wien s. u. Zölle und Steuern.

Z.

Zahnärzte. Auslegung der Prüfungsordnung 124.

Zeitung „Nowa Reforma". Verbot der Verbreitung derselben 204.

Zölle und Steuern. Abänderung des Verzeichnisses der Reichsbevollmächtigten und Stationskontroleure 42, 125, 226, 292, 823, 884, 889, 878, 402.

Zölle und Steuern. Charakterhöhungen von Reichsbevollmächtigten und Stationskontroleuren 292, 818.

— Ableben eines Stationskontroleurs 199.

— Bestimmungen über den zollfreien Einlaß der von dem internationalen landwirthschaftlichen Maschinenmarkt in Wien zurückgelangenden deutschen Güter 156.

— Zollfreier Einlaß der von der in St. Petersburg stattfindenden internationalen Gartenbau-Ausstellung zurückgebrachten deutschen Güter 125.

— s. a. u. Bienenwachs, Branntwein, Brennsteuervergütung, Einnahmen, Metallgegenstände, Most, Mühlenfabrikate, Mühlenregulativ, Pflanzeneinfuhr, Salz, Seidengewebe, Strohbänder, Tara, Theilungslager, Ursprungszeugnisse, Vereinszollgesetz, Verschnittweine, Waarenverzeichniß, Wechselstempelmarken, Weißblechabfälle, Zolltarifgesetz, Zucker.

Zollbehandlung der im Inlande veredelten Seidengewebe 197.

Zollregulativ s. u. Post.

Zollstellen s. u. Pflanzeneinfuhr.

Zolltarif s. u. Waarenverzeichniß, amtliches.

Zolltarifgesetz vom 1. März 1898. Aenderung der Ausführungsbestimmungen zu §. 7 Ziffer 1 und 8 252, 256.

Zoll- und Steuer-Stellen. Veränderungen in dem Stande oder den Befugnissen 9, 94, 129, 187, 262, 803, 826, 872, 424.

Zucker. Abänderung bezw. Ergänzung der Ausführungsbestimmungen zum Zuckersteuergesetz 129, 192.

Chronologische Uebersicht

des

XXVII. Jahrganges 1899.

Datum der Verordnungen, Bekanntmachungen ꝛc.	Inhalt	Nummer des Blattes.	Seite.
1898.			
12. November	Betriebsordnung für den Kaiser Wilhelm-Kanal	9	{53 57}
28. Dezember	Erweiterung der Erlaubniß zur Beförderung von Auswanderern für den Norddeutschen Lloyd und für die Hamburg-Amerika-Linie . . .	1	2
1899.			
19. Januar	Bestimmungen über die Sammlung von Saatenstands- und Erntenachrichten	3	11
25. „	Abänderung des Verzeichnisses der den Militäranwärtern im Reichsdienste vorbehaltenen Stellen	5	23
	Gesammtverzeichniß der zur Anstellung von Militäranwärtern verpflichteten Privat-Eisenbahnen	5	24
28. „	Abänderung des Verzeichnisses der Weinbaubezirke in Elsaß-Lothringen .	5	21
2. Februar	Erweiterung der Erlaubniß zur Beförderung von Auswanderern für die Hamburg-Amerika-Linie in Hamburg	6	42
3. „	Eröffnung einer Prüfungsstelle für ärztliche Thermometer im Aichamte zu Mehlberg	7	47
12. „	Ermächtigungen zur Ausstellung ärztlicher Zeugnisse für militärpflichtige Deutsche in Brasilien	7	46
18. „	Abänderung der Landwehr-Bezirkseintheilung	7	46
21. „	Abänderung der Anweisung zur zollamtlichen Prüfung von Mühlenfabrikaten	8	51
6. März	Feststellung der Formulare zu den Zeugnissen über die Prüfung und die Befähigung zum Schiffer auf kleiner Fahrt sowie über die Befugniß zur Führung von Hochseefischereifahrzeugen in kleiner und in der Inlandfahrt	10	86
14. März			
24. März	Nachtrag zum Vertrag über die Unterhaltung deutscher Postdampfschiffsverbindungen mit Ostasien und Australien vom 12. September / 30. Oktober 1898 . .	13	112
29. „	Abänderung der Ausführungsvorschriften zum Reichsstempelgesetze . .	13	104
1. April	Bekanntmachung, betreffend die Beglaubigung der Schmelzpunkte leichtflüssiger Metall-Legirungen für Dampfkessel-Sicherheitsapparate . . .	15	118

XIII

Datum der Verordnungen, Bekanntmachungen ꝛc.	Inhalt.	Nummer des Blattes.	Seite.
2. April	Kündigung der „Vorläufigen Ausgleichung" vom 26. Juni 1816, betreffend den grenzüberspringenden Fabrikverkehr gegenüber der Königlich niederländischen und der Königlich belgischen Regierung	14	107
6. "	Bekanntmachung, betreffend die für die Pflanzeneinfuhr geöffneten ausländischen Zollstellen	15	112
14. "	Bekanntmachung, betreffend das Verzeichniß der Weinbaubezirke	16	117
23. "	Bestellung eines Stellvertreters des Norddeutschen Lloyds als Auswanderungsunternehmer	16	127
24. "	Bekanntmachung, betreffend die Auslegung der Prüfungsordnungen für Aerzte, Zahnärzte und Apotheker	17	124
25. "	Zollfreier Einlaß der von der in St. Petersburg stattfindenden internationalen Gartenbau-Ausstellung zurückgebrachten deutschen Güter	17	125
29. "	Verleihung der Berechtigung zur Ausstellung von Zeugnissen für den einjährig-freiwilligen Militärdienst für die deutsche Schule in Konstantinopel	18	128
30. "	Ertheilung der Erlaubniß zur Beförderung von Auswanderern	18	129
1. Mai	Abänderung der Ausführungsbestimmungen zum Zuckersteuergesetze	18	129
1. "	Abänderung des Verzeichnisses der den Militäranwärtern im Reichsdienste vorbehaltenen Stellen	19	128
1. "	Fünfter Nachtrag zu dem Gesammtverzeichnisse der den Militäranwärtern in den Bundesstaaten vorbehaltenen Stellen	19	132
4. "	Aenderung von Tarasätzen	19	131
9. "	Aenderung von Tarasätzen	20	155
10. "	Bestimmungen über den zollfreien Einlaß der von dem internationalen landwirthschaftlichen Maschinenmarkt in Wien zurückgelangten deutschen Güter	20	156
18. "	Bekanntmachung, betreffend die für die Pflanzen-Einfuhr geöffneten ausländischen Zollstellen	21	160
22. "	Aenderungen der deutschen Wehrordnung	23	165
1. Juni	Einreihung der Beamten der Verwaltung des Reichsheeres in die nach der Verordnung, betreffend die Tagegelder ꝛc., aufgeführten Beamtenklassen	24	184
1. "	Bekanntmachung, betreffend die Gewährung von Jahrprämien an Lootsen des Kaiser Wilhelm-Kanals	24	187
12. "	Ergänzung der Ausführungsbestimmungen zum Zuckersteuergesetze	25	192
17. "	Zollbehandlung der im Inlande veredelten Seidengewebe	26	197
18. "	Aenderung des Salzsteuergesetzes in Bezug auf die Verwendung abgabefreien Salzes zum Einsalzen von Fischen	26	197
27. "	Gesammtverzeichniß der zur Ausstellung von Zeugnissen über die Befähigung für den einjährig-freiwilligen Militärdienst berechtigten Lehranstalten	28	229
29. "	Verbot der in Krakau erscheinenden Zeitung „Nowa Reforma"	28	202
30. "	Bekanntmachung, betreffend die Aichordnung für die Binnenschifffahrt auf der Elbe	28	202
5. Juli	Aenderung der Bestimmungen über die Ursprungszeugnisse der aus meistbegünstigten Ländern eingehenden Waaren	29	226

XIV

Datum der Verordnungen, Bekanntmachungen ꝛc.	Inhalt.	Nummer des Blattes	Seite.
6. Juli	Zusatz zu der Anweisung zur Ausführung des Vereinszollgesetzes	29	252
8. „	Aenderungen des Mühlenregulativs vom 1. Januar 1869 und der Ausführungsbestimmungen zu §. 7 Ziffer 1 und 3 des Zolltarifgesetzes vom 1. März 1894	29	252
12. „	Bestimmungen über die Prüfung und Beglaubigung leichtflüssiger Metalllegirungen für Dampfkessel-Sicherheitsapparate	31	264
17. „	Bekanntmachung, betreffend die Vollziehung der Ausweisung von Ausländern aus dem Reichsgebiete	31	265
25. „	Grundsätze, betreffend die Besetzung der Subaltern- und Unterbeamtenstellen bei den Kommunalbehörden ꝛc. mit Militäranwärtern	31	265
26. „	Bekanntmachung, betreffend die Beseitigung von Ansteckungsstoffen bei Viehbeförderungen auf Eisenbahnen. Vom 25. Juli 1899	32	268
13. August	Bekanntmachung, betreffend die technische Einheit im Eisenbahnwesen	34	295
24. „	Verlängerung des Abkommens zwischen dem Norddeutschen Bunde und der Schweiz wegen gegenseitiger Anerkennung der Rechtsfähigkeit der Aktiengesellschaften	36	306
7. September	Uebertragung der Obliegenheiten gemäß §. 24 Abs. 4 und 5 der Schiffsvermessungsordnung vom 1. März 1895 auf das Schiffsvermessungsamt	38	311
11. „	Verzeichniß der Weinbaubezirke	39	312
12. Oktober	Bekanntmachung, betreffend das Verzeichniß der Weinbaubezirke	42	338
19. „	Gewährung von Brennsteuervergütungen	42	339
19. „	Neues Verzeichniß der regelmäßigen Untersuchungen unterliegenden und den Anforderungen der Reblaus-Konvention entsprechend erklärten Gartenbau- ꝛc. Anlagen	44	343
23. „	Zulassung spanischer Verschnittweine und -Moste zum Vertragszollsatze	44	364
28. „	Zollbehandlung im Inlande veredelter Strohbänder	45	366
1. November	Bekanntmachung, betreffend die Verwendung der bisherigen Frachtbriefformulare	45	366
2. „	Abänderungen und Ergänzungen des amtlichen Waarenverzeichnisses zum Zolltarife	46	378
10. „	Bekanntmachung, betreffend Ausführungsbestimmungen zum §. 25 des Flaggen-Gesetzes vom 22. Juni 1899	47	380
11. „	Prämientarif für die Versicherungsanstalt der Tiefbau-Berufsgenossenschaft	47	391
14. „	Abänderungen der Bestimmungen über die Bewilligung von Theilnahme an die Kaiserlichen Marineverpflegungsämter	47	392
17. „	Bekanntmachung, betreffend die Musterungsgebühren für Hochseefischereifahrzeuge	48	395
28. „	Nachtrags-Verzeichniß derjenigen Lehranstalten, welche zur Ausstellung von Zeugnissen über die Befähigung für den einjährig-freiwilligen Militärdienst berechtigt sind	49	400
1. Dezember	Ermächtigung zur Ausstellung ärztlicher Zeugnisse für militärpflichtige Deutsche in Rumänien	50	405
4. „	Sechster Nachtrag zum Verzeichnisse der zugelassenen Auswanderungsunternehmer	50	406
11. „	Erscheinen einer neuen Karte der großen Postdampfschifflinien im Weltpostverkehr	51	412

Datum der Verordnungen, Bekanntmachungen ꝛc.	Inhalt.	Nummer des Blattes.	Seite.
11. Dezember	Vorschriften über die Vereinnahmung und Verrechnung der gemäß Artikel IV des Gesetzes, betreffend Aenderungen des Gerichtsverfassungsgesetzes und der Strafprozeßordnung, vom 17. Mai 1898 in die Reichskasse fließenden Kosten	52	423
14. "	Entwerthung von Wechselstempelmarken	52	424
15. "	Aenderungen des statistischen Waarenverzeichnisses, des Verzeichnisses der Massengüter sowie des Verzeichnisses der Herkunfts- und Bestimmungsländer für die Statistik des Waarenverkehrs	51	412
18. "	Abänderungen und Ergänzungen des amtlichen Waarenverzeichnisses zum Zolltarife	52	425
21. "	Festsetzung der für die Naturalverpflegung marschirender ꝛc. Truppen zu vergütenden Beträge für das Jahr 1900	53	443

Gedruckt bei Julius Sittenfeld in Berlin W.

Central-Blatt für das Deutsche Reich.

Herausgegeben im Reichsamte des Innern.

Zu beziehen durch alle Postanstalten und Buchhandlungen.

XXVII. Jahrgang. — Berlin, Freitag, den 6. Januar 1899. — № 1.

Inhalt: 1. Konsulat-Wesen: Ermächtigung zur Vornahme von Civilstands-Akten; — Exequatur-Ertheilungen . . . . Seite 1
2. Auswanderungs-Wesen: Erweiterung der Erlaubniß zur Beförderung von Auswanderern für den Norddeutschen Lloyd und für die Hamburg-Amerika-Linie 2
3. Marine und Schiffahrt: Erscheinen eines weiteren Heftes der Entscheidungen des Ober-Seeamts und der Seeämter 3
4. Polizei-Wesen: Ausweisung von Ausländern aus dem Reichsgebiete 3

1. Konsulat-Wesen.

Dem Verweser des Kaiserlichen General-Konsulats in Schanghai, General-Konsul Knappe, ist auf Grund des §. 1 des Gesetzes vom 4. Mai 1870 in Verbindung mit §. 85 des Gesetzes vom 6. Februar 1875 für den Amtsbezirk des General-Konsulats und für die Dauer seiner dortigen Geschäftsführung die Ermächtigung ertheilt worden, bürgerlich gültige Eheschließungen von Reichsangehörigen und Schutzgenossen, mit Einschluß der unter deutschem Schutze lebenden Schweizer, vorzunehmen und die Geburten, Heirathen und Sterbefälle von solchen zu beurkunden.

Dem zum General-Konsul der Vereinigten Staaten von Amerika in Frankfurt a/M. ernannten Herrn Richard Günther ist das Exequatur Namens des Reichs ertheilt worden.

Dem französischen Konsul Duplessis in Danzig ist das Exequatur Namens des Reichs ertheilt worden.

2. Auswanderungs-Wesen.

Bekanntmachung.

Mit Zustimmung des Bundesraths habe ich auf Grund des Gesetzes über das Auswanderungswesen vom 9. Juni 1897 (Reichs-Gesetzbl. S. 463) in der aus dem Nachstehenden näher ersichtlichen Weise die dem Norddeutschen Lloyd in Bremen und der Hamburg-Amerika-Linie in Hamburg ertheilte Erlaubniß zur Beförderung von Auswanderern erweitert.

Berlin, den 28. Dezember 1898.

Der Reichskanzler.
Im Auftrage: Rothe.

Dritter Nachtrag

zu dem Verzeichnisse der auf Grund des Gesetzes über das Auswanderungswesen vom 9. Juni 1897 zugelassenen Auswanderungs-Unternehmer (Central-Blatt 1898 S. 221, 273, 289, 335).

Namen der Unternehmer.	Häfen, über welche Auswanderer befördert werden dürfen.	Länder, nach welchen	Art der Beförderung.	Besondere Bedingungen, deren Erfüllung dem Unternehmer auferlegt ist.
1. Aktien-Gesellschaft Norddeutscher Lloyd in Bremen.	—	Andere Staaten Brasiliens als die drei südlichsten.		Es dürfen nach anderen Staaten Brasiliens als den drei südlichsten nur nichtdeutsche Auswanderer befördert werden.
2. Hamburg-Amerikanische Packetfahrt-Aktien-Gesellschaft (Hamburg-Amerika-Linie) in Hamburg.	Genua und Neapel.	Niederlande, Belgien, Frankreich, Spanien, Portugal und Italien.	Nach den Niederlanden, nach Belgien, Frankreich, Spanien, Portugal und Italien auf dem Seewege ohne Schiffswechsel. — Nach Transvaal und Kapland auch zwischen Hamburg und London mit den Schiffen der Rhederei A. Kirsten in Hamburg und von London aus mit der englischen Castle-Linie. Zur Beförderung von Auswanderern nach Großbritannien dürfen zwischen Hamburg und West-Hartlepool auch Schiffe der West-Hartlepool Steam Navigation Company in West-Hartlepool verwendet werden.	

3. Marine und Schiffahrt.

Das vierte Heft des XII. Bandes der im Reichsamte des Innern herausgegebenen „Entscheidungen des Ober-Seeamts und der Seeämter des Deutschen Reichs" ist im Verlage von L. Friederichsen & Co. in Hamburg erschienen und zum Preise von 2,60 Mark zu beziehen.

4. Polizei-Wesen.

Ausweisung von Ausländern aus dem Reichsgebiete.

Laufende Nr. 1.	Name und Stand der Ausgewiesenen. 2.	Alter und Heimath. 3.	Grund der Bestrafung. 4.	Behörde, welche die Ausweisung beschlossen hat. 5.	Datum des Ausweisungsbeschlusses. 6.
	Auf Grund des §. 362 des Strafgesetzbuchs.				
1.	Johann Danielsen, Maler,	geboren am 28. Mai 1874 zu Grue, Amt Hedemarken, Norwegen, ortsangehörig ebendaselbst,	Betteln,	Königlich preußischer Polizei-Präsident zu Berlin,	18. September d. J.
2.	Julius Jaworel, Arbeiter,	geboren im September 1871 zu Roznow, Bezirk Neu-Sandez, Galizien, österreichischer Staatsangehöriger,	Landstreichen,	Königlich preußischer Regierungs-Präsident zu Frankfurt a. O.	25. November d. J.
3.	Joseph Jira, Weber,	geboren am 7. Juli 1847 zu Jamney, Bezirk Senftenberg, Böhmen, österreichischer Staatsangehöriger,	Betteln,	Königlich preußischer Regierungs-Präsident zu Breslau,	15. Dezember d. J.
4.	Marie Kobel, Köchin,	geboren am 22. April 1867 zu Langnau, Kanton Bern, Schweiz, schweizerische Staatsangehörige,	gewerbsmäßige Unzucht,	Kaiserlicher Bezirks-Präsident zu Colmar,	26. Dezember d. J.
5.	Franz Arthur Ragon, Tagner,	geboren am 9. März 1881 zu Ramteuil le Haubouin, Departement Oise, Frankreich, französischer Staatsangehöriger,	Landstreichen,	Kaiserlicher Bezirks-Präsident zu Straßburg,	27. Dezember d. J.
6.	Simche (Simon) Seidemann, Kammmacher,	angeblich am 22. Oktober 1874 zu Lask, Gouvernement Piotrkow, Russisch-Polen geboren, russischer Staatsangehöriger,	Nichtbeschaffung eines Unterkommens und unbefugtes Nächtigen in einem unbefriedigten Raume,	Königlich sächsische Kreishauptmannschaft Leipzig,	8. November d. J.
7.	Joseph Balle, Schiffer,	geboren am 19. März 1858 zu St. Bertolomeo, Gemeinde Canepo, Italien, italienischer Staatsangehöriger,	Landstreichen,	Kaiserlicher Bezirks-Präsident zu Metz,	28. Dezember d. J.

Berlin, Carl Heymanns Verlag. — Gedruckt bei Julius Sittenfeld in Berlin.

Central-Blatt für das Deutsche Reich.

Herausgegeben im Reichsamte des Innern.

Zu beziehen durch alle Postanstalten und Buchhandlungen.

XXVII. Jahrgang. Berlin, Freitag, den 13. Januar 1899. **№ 2.**

Inhalt: 1. Konsulat-Wesen: Bestellung eines Konsular-Agenten; — Ermächtigungen zur Vornahme von Civilstands-Akten; — Ableben eines Konsuls; — Exequatur-Ertheilungen . . . . Seite 5
2. Bank-Wesen: Status der deutschen Notenbanken Ende Dezember 1898 6
3. Polizei-Wesen: Ausweisung von Ausländern aus dem Reichsgebiete . . . .

1. Konsulat-Wesen.

Von dem Kaiserlichen Konsul in Stavanger (Norwegen) ist der Kaufmann Axel Halleland zum Konsular-Agenten in Haugesund, an Stelle des bisherigen Konsular-Agenten Frithjof Eide, bestellt worden.

Dem bei dem Kaiserlichen General-Konsulat in Schanghai beschäftigten Vize-Konsul Schnitzler ist auf Grund des §. 1 des Gesetzes vom 4. Mai 1870 in Verbindung mit §. 85 des Gesetzes vom 6. Februar 1875 die Ermächtigung ertheilt worden, in Vertretung des General-Konsuls bürgerlich gültige Eheschließungen von Reichsangehörigen und Schutzgenossen, mit Einschluß der unter deutschem Schutze lebenden Schweizer, vorzunehmen und die Geburten, Heirathen und Sterbefälle von solchen zu beurkunden.

Dem Verweser des Kaiserlichen Konsulats in Guayaquil Möller ist auf Grund des §. 1 des Gesetzes vom 4. Mai 1870 in Verbindung mit §. 85 des Gesetzes vom 6. Februar 1875 für den Amtsbezirk des Konsulats und für die Dauer seiner Geschäftsführung die Ermächtigung ertheilt worden, bürgerlich gültige Eheschließungen von Reichsangehörigen und unter deutschem Schutze lebenden Schweizern vorzunehmen und die Geburten, Heirathen und Sterbefälle von solchen zu beurkunden.

Der Kaiserliche Konsul Coenraad Backer in Nymwegen ist gestorben.

Dem zum General-Konsul von Ecuador für die Provinz Westfalen mit dem Amtssitze in Dortmund ernannten Kaufmann Bernhard Benedix Greve ist das Exequatur Namens des Reichs ertheilt worden.

Dem Vize- und Deputy-Konsul der Vereinigten Staaten von Amerika Kirke Lathrop in Hannover ist das Exequatur Namens des Reichs ertheilt worden.

2. Bank

Status der deutschen Noten
nach den im Reichsanzeiger veröffentlichten Wochenü[bersichten]
(Die Beträge lau[ten...])

Passiva.

Laufende Nummer	Bezeichnung der Banken.	Grund-Kapital.	Reserve-Fonds.	Noten-Umlauf.	Gegen 30. Nov. 1898	Unge-deckte Noten.	Gegen 30. Nov. 1898	Sonstige täglich fällige Ver-bindlich-keiten.	Gegen 30. Nov. 1898	Verbindlich-keiten mit Kündi-gungs-zeit.	Gegen 30. Nov. 1898	Sonstige Passiva.	Gegen 30. Nov. 1898	Summe der Passiva.	Gegen 3. Nov. 1898	
1	2	3	4	5	6	7	8	9	10	11	12	13	14	15	16	17
1	Reichsbank	120 000	50 000	1 357 892	+219 056	576 355	+246 256	433 928	−50 733			36 982	+4 462	1 978 257	+164 806	
2	Frankfurter Bank	10 000	4 800	15 951	+1 172	10 172	+733	1 071	+140	12 528	−650	61	+31	55 214	+268	
3	Bayerische Notenbank	7 500	2 156	62 993	−1 363	26 034	−6 268	7 454	−422	—		2 780	−2 407	82 843	−4 267	
4	Sächsische Bank zu Dresden	30 000	5 077	57 714	+10 464	13 792	−556	2 724	+141	11 774	−1 226	728	+31	136 562	+9 416	
5	Württembergische Notenbank	9 000	851	22 928	+264	10 362	−367	1 690	−649	240	−26	1 016	+93	33 725	−917	
6	Badische Bank	9 000	1 784	16 524	+409	10 551	−274	4 611	−344	—		1 082	+114	32 984	+101	
7	Bank für Süddeutschland	13 672	1 750	15 280	+723	9 918	+854	958	+1	—		1 150	+132	33 963	+854	
8	Braunschweigische Bank	10 500	776	2 434	+78	1 721	+108	3 755	+116	1 021	−176	64	−3	18 552	+16	
	Zusammen	219 672	47 144	1 551 235	+229 341	658 705	+242 010	475 019	−53 317	25 563	−2 078	43 869	+2 463	2 363 167	+170 169	

Bemerkungen.

Zu Spalte 5*: Davon in Abschnitten zu 100 ℳ = 1 116 813 400 ℳ.
    •   500 • =   25 615 500 ℳ (bei den Banken Nr. 1, 2, 4).
    • 1 000 • =   407 271 000 ℳ (• • • 1 und 2).
Zu Spalte 5 Nr. 2*: Darunter 126 900 ℳ noch nicht zur Einlösung gelangte Guldennoten.
    • 9 7*:   90 819 ℳ • • • • • Gulden- und Thalernoten.

Wesen.

banken Ende Dezember 1898
sichten, verglichen mit demjenigen Ende November 1898.
auf Tausend Mark.)

Activa.

Kassen-Bestand.	Gegen 30. Nov. 1898	Reichs-kassen-scheine.	Gegen 30. Nov. 1898	Noten anderer Banken	Gegen 30. Nov. 1898	Wechsel.	Gegen 30. Nov. 1898	Lombard.	Gegen 30. Nov. 1898	Effekten.	Gegen 30. Nov. 1898	Sonstige Aktiva.	Gegen 30. Nov. 1898	Summe der Aktiva.	Gegen 30. Nov. 1898	Laufende Nummer.
18.	19.	20.	21.	22.	23.	24.	25.	26.	27.	28.	29.	30.	31.	32.	33.	34.
752 293	− 20 671	16 497	− 5 702	12 247	− 856	865 291	+ 31 219	186 074	+ 103 960	41 850	+ 34 972	101 015	+ 22 467	1 975 257	+ 164 806	1.
5 603	+ 496	53	+ 21	123	+ 8	32 609	+ 226	10 336	+ 196	5 884	+ 21	3 055	+ 1	57 943	+ 1 185	2.
31 276	+ 1 430	70	+ 17	5 611	+ 3 391	41 973	− 9 697	1 917	− 141	27	+ 4	1 965	+ 400	82 818	− 4 287	3.
21 323	− 1 682	349	− 253	22 731	+ 11 785	67 048	− 3 268	4 223	+ 1 803	535	74	12 801	+ 1 057	128 502	+ 0 416	4.
11 200	− 207	346	− 4	1 024	− 804	21 030	120	1 220	− 181		−	981	+ 12	35 795	− 917	5.
5 946	− 177	35	+ 3	152	+ 45	23 049	− 826	705	− 71	70	− 83	2 564	+ 34	32 991	+ 101	6.
3 282	+ 282	27	+ 1	38	− 1	20 611	− 751	2 691	+ 341	3 764	+ 3	1 374	− 305	33 803	+ 854	7.
612	− 15	2	− 18	99	− 36	7 648	678	1 848	− 173	198	+ 1	8 949	+ 915	16 756	− 1	8.
833 567	− 20 073	17 419	5 935	41 519	+ 13 941	1 079 624	+ 19 393	208 494	+ 106 092	52 356	+ 34 244	133 124	+ 24 114	2 366 120	+ 171 157	

3. Polizei-Wesen.

Ausweisung von Ausländern aus dem Reichsgebiete.

Laufende Nr.	Name und Stand der Ausgewiesenen.	Alter und Heimath	Grund der Bestrafung.	Behörde, welche die Ausweisung beschlossen hat.	Datum des Ausweisungsbeschlusses
1.	2.	3.	4.	5.	6.

a) Auf Grund des §. 39 des Strafgesetzbuchs.

| 1. | Joseph Göpfert, Stuhlmacher, | geboren am 4. Januar 1840 zu Obermüspach, Ober-Elsaß, französischer Staatsangehöriger, | schwerer Diebstahl in wiederholtem Rückfalle (10 Jahre Zuchthaus, laut Erkenntniß vom 8. November 1884), | Kaiserlicher Bezirks-Präsident zu Colmar. | 24. Dezember v. J. |
| 2. | Franz Jatsch (Jačich), Schuhmachergeselle, | geboren am 1. April 1879 zu Unterlošcham, Bezirk Mies, Böhmen, ortsangehörig zu Pilsen, Böhmen, | Diebstahl (1 Jahr 8 Monate Zuchthaus, laut Erkenntniß vom 4. September 1897). | Königlich bayerisches Bezirksamt Bamberg II, | 22. November v. J. |

b) Auf Grund des §. 362 des Strafgesetzbuchs.

3.	Leonce Ernst Billiart, Kellner,	geboren am 28. Juni 1866 zu St. Claude, Departement Jura, Frankreich, französischer Staatsangehöriger,	Landstreichen und Betteln,	Kaiserlicher Bezirks-Präsident zu Colmar.	30. Dezember v. J.
4.	Innocento Antonio Gilli, Arbeiter,	geboren am 14. Juli 1878 zu Benedig, Italien, ortsangehörig ebendaselbst,	desgleichen,	Königlich bayerische Polizei-Direktion München.	12. Dezember v. J.
5.	Karl Halle, Vergolder,	geboren am 28. Februar 1865 zu Brünn, Mähren, österreichischer Staatsangehöriger,	desgleichen,	Königlich preußischer Regierungs-Präsident zu Breslau.	29. Dezember v. J.
6.	Benedikt Körbler, Schäftemacher,	geboren am 20. März 1866 zu Taischiß, Mähren, österreichischer Staatsangehöriger,	Betteln,	Polizei-Behörde zu Hamburg.	3. Januar d. J.
7.	Heinrich Kugler, Tagelöhner,	geboren am 9. Mai 1842 zu Gmunden, Ober-Oesterreich, ortsangehörig ebendaselbst,	desgleichen,	Stadtmagistrat Neuburg a. D.,	14. Dezember v. J.
8.	Rudolph Kuhar, Bäcker,	geboren am 20. Februar 1882 zu Zarajewo, Bosnien, ortsangehörig zu St. Kreuz, Bezirk Krainburg, Krain,	schwerer Diebstahl, verbotene Waffenführung und Landstreichen,	Königlich bayerisches Bezirksamt Neuburg a. D.,	25. November v. J.
9.	Adalbert Vileta, Tapezierer,	geboren am 22. April 1865 zu Milinov, Bezirk Pilsen, Böhmen, ortsangehörig ebendaselbst,	Betteln,	Königlich bayerisches Bezirksamt Pfarrkirchen,	29. November v. J.

Berlin, Carl Heymanns Verlag. — Gedruckt bei Julius Sittenfeld in Berlin.

Central-Blatt für das Deutsche Reich.

Herausgegeben im Reichsamte des Innern.

Zu beziehen durch alle Postanstalten und Buchhandlungen.

XXVII. Jahrgang.   Berlin, Freitag, den 20. Januar 1899.   **№ 3.**

Inhalt:
1. Konsulat-Wesen: Exequatur-Ertheilungen . . . Seite 9
2. Zoll- und Steuer-Wesen: Veränderungen in dem Stande oder den Befugnissen der Zoll- und Steuerstellen . 9
3. Statistik: Bestimmungen über die Sammlung von Saatenstands- und Erntenachrichten 11
4. Polizei-Wesen: Ausweisung von Ausländern aus dem Reichsgebiete 15

1. Konsulat-Wesen.

Dem an Stelle des verstorbenen bisherigen General-Konsuls Julius Goldschmidt zum General-Konsul der Vereinigten Staaten von Amerika in Berlin ernannten Herrn Frank H. Mason ist das Exequatur Namens des Reichs ertheilt worden.

Dem Konsul der Republik Columbien Siegfried Sachs in Berlin ist Namens des Reichs das Exequatur ertheilt worden.

2. Zoll- und Steuer-Wesen.

Veränderungen in dem Stande oder den Befugnissen der Zoll- und Steuerstellen.

Im Königreiche Preußen.

Zu Münster i. W. ist eine dem dortigen Hauptsteueramt unterstellte Zollabfertigungsstelle errichtet, mit welcher eine öffentliche allgemeine Niederlage verbunden ist.

Die neue Amtsstelle führt die Bezeichnung „Zollabfertigungsstelle am Kanalhafen zu Münster" und hat folgende Abfertigungsbefugnisse:

zur Ausfertigung und Erledigung von Begleitscheinen I und II über zollpflichtige Waaren, zur Erledigung von Begleitscheinen I und II über inländisches Salz, zur Ausfertigung und Erledigung von Versendungsscheinen I und II über inländischen Taback, zu Abfertigungen im Eisenbahnverkehr und zwar:

    a) Waaren-Ein- und Ausgang (§§. 63 und 66 bis 71 B.Z.G.),
    b) Aus- und Umladungen der unter Wagenverschluß beförderten Güter (§. 65 B.Z.G.),

c) Abfertigung der unter Eisenbahnwagenverschluß eingehenden Begleitscheingüter sowie zur Erhebung von Uebergangsabgaben und zur Ausfertigung und Erledigung von Uebergangsscheinen.

Die auf der Insel Wilhelmsburg errichtete Abfertigungsstelle des Hauptzollamts zu Harburg — Central-Blatt 1898 S. 236 — ist lediglich für den Verkehr der Dampfmühle des G. Plange daselbst bestimmt.

Im Bezirke des Hauptsteueramts zu Biebrich ist das Steueramt I zu Hochheim in ein Steueramt II unter Belassung der bisherigen Abfertigungsbefugnisse umgewandelt und das Steueramt II zu Usingen aufgehoben worden.

Es ist ertheilt worden:

dem Steueramte II zu Bischoffstein im Bezirke des Hauptsteueramts zu Osterode die Befugniß zur Erledigung von Begleitscheinen I über Salz für Privatkreditlager und von Begleitscheinen II über Salz,

dem Steueramte I zu Weißenfels im Bezirke des Hauptsteueramts zu Naumburg a. S. die Befugniß zur Erledigung von Begleitscheinen I über die für die Firma J. F. Schäfer zu Weißenfels behufs demnächstiger Denaturirung eingehenden Sendungen von Baumwollensamen und Ricinusöl,

dem Steueramte I zu Betzdorf im Bezirke des Hauptsteueramts zu Neuwied die Befugniß zur Erledigung von Zollbegleitscheinen II,

dem Steueramte I zu Northeim im Bezirke des Hauptsteueramts zu Münden die Befugniß zur Erledigung von Begleitscheinen I über das für die Korrektionsanstalt zu Moringen zur Mattenfabrikation eingehende Kokosgarn,

dem Steueramte II zu Pölitz im Bezirke des Hauptsteueramts Stettin II die Befugniß zur Erledigung von Begleitscheinen II über unbearbeitete Tabackblätter und -Stengel der Nummer 25 v 1 des Zolltarifs,

dem Hauptsteueramte zu Wandsbek die Befugniß zur Abfertigung der mit dem Anspruch auf Abgabenvergütung angemeldeten Kakaowaaren,

dem Steueramte I zu Paderborn im Bezirke des Hauptsteueramts zu Lemgo die Befugniß zur Erledigung von Begleitscheinen I über das für den Fabrikanten Conrad Daum zu Cassel in Paderborn eingehende zur Mattenfabrikation bestimmte Kokosgarn und

den Steuerämtern II zu Wellesweiler und Spiesen im Bezirke des Hauptsteueramts zu Saarbrücken die Befugniß zur Erledigung von Uebergangsscheinen über Bier.

Im Königreiche Bayern.

Die Uebergangssteuerstelle zu Mittelberbach im Bezirke des Hauptzollamts zu Kaiserslautern ist aufgehoben worden.

Im Bezirke des Hauptzollamts zu Landau ist zu Knöringen eine Uebergangsstelle mit der Befugniß zur Ausfertigung und Erledigung von Uebergangs- und Transportscheinen über Weinsendungen errichtet worden.

Im Königreiche Sachsen.

Dem Untersteueramte zu Mittweida im Bezirke des Hauptsteueramts zu Chemnitz ist die Befugniß zur Erledigung von Begleitscheinen II über unbearbeitete Tabackblätter, geschnittenen Taback und Cigaretten sowie von Versendungsscheinen II über inländischen Taback ertheilt worden.

Im Königreiche Württemberg.

Dem Kameralamt zu Neuenstadt ist die Befugniß zur Ausstellung von Versendungsscheinen I und II über inländischen Branntwein und dem Hauptzollamte zu Heilbronn die Befugniß zur Abfertigung von Plattstichgeweben aus Baumwolle (Nr. 2 d 5 des Zolltarifs) zu den ermäßigten Zollsätzen beigelegt worden.

Im Großherzogthume Baden.

Die Nebenzollämter II zu Hauenstein im Bezirke des Hauptsteueramts zu Säckingen und zu Wallhausen im Bezirke des Hauptsteueramts zu Konstanz sind aufgehoben worden.

Es ist ertheilt worden:

dem Hauptsteueramte zu Konstanz die Befugniß zur Abfertigung von Plattstichgeweben aus Baumwolle (Nr 2 d 5 des Zolltarifs) zu den ermäßigten Zollsätzen, dem Untersteueramte zu Rastatt im Bezirke des Hauptsteueramts zu Baden die unbeschränkte Befugniß zu Zollabfertigungen im Eisenbahnverkehr und der Steuer-Einnehmerei zu Neudorf im Bezirke des Finanzamts zu Bruchsal die Befugniß zur Ausfertigung von Versendungsscheinen I und II sowie zur Erledigung von Versendungsscheinen I über Tabacksendungen aus und nach den dortigen Privatlagern für unversteuerten inländischen Taback.

Im Großherzogthume Hessen.

Zu Gernsheim im Bezirke des Hauptsteueramts zu Darmstadt ist ein Steueramt als Hebe- und Abfertigungsstelle für die daselbst bestehende Rübenzuckerfabrik mit den im §. 34 Absatz 2 der Ausführungsbestimmungen zum Zuckersteuergesetze vom 27. Mai 1896 allgemein vorgesehenen Befugnissen sowie der Befugniß zur Erledigung von Branntwein-Versendungsscheinen und zur Ausfertigung und Erledigung von Uebergangsscheinen über Bier, Wein und Obstwein errichtet worden.

Im Herzogthume Braunschweig.

Zu Hedwigsburg im Bezirke des Hauptsteueramts zu Wolfenbüttel ist ein Salzsteueramt mit der Befugniß zur Ausfertigung von Begleitscheinen I und II über inländisches Salz errichtet worden.

In Elsaß-Lothringen.

Dem Steueramte I zu Wasselnheim im Bezirke des Hauptzollamts zu Schirmeck ist die Befugniß beigelegt worden, Begleitscheine I über die unter Eisenbahnwagen-Verschluß eingehenden untersuchten Verschnittweine und -Moste sowie eingestampfte Weintrauben zu erledigen.

---

3. Statistik.

Der Bundesrath hat beschlossen, den nachstehenden Bestimmungen über die Sammlung von Saatenstands- und Erntenachrichten die Zustimmung zu ertheilen.

Berlin, den 19. Januar 1899.

Der Reichskanzler.
In Vertretung: Graf v. Posadowsky.

Bestimmungen
über die Sammlung von Saatenstands- und Erntenachrichten.

Ueber die Sammlung von Saatenstands- und Erntenachrichten für das Reich gelten vom Jahre 1899 ab die folgenden Bestimmungen:

1. Ueber den Saatenstand von Winter- und Sommer-Weizen, Winter-Spelz, Winter- und Sommer-Roggen, Sommer-Gerste, Hafer, Kartoffeln, sowie über den Stand von Klee, Luzerne und Wiesen sind in allen Bundesstaaten in der Zeit vom April bis November um die Mitte jeden Monats Nachrichten einzuziehen.

2. Die Beurtheilung des Saatenstandes hat in Gestalt von Noten mit nachstehender Abstufung zu geschehen: 1 sehr gut, 2 gut, 3 mittel (durchschnittlich), 4 gering, 5 sehr gering.

3. Die Landesregierungen treffen Bestimmung über die Bildung der Bezirke, für welche, und über die Organe, durch welche der Nachrichtendienst zu besorgen ist. Bei der Bildung der Bezirke ist sowohl auf die natürlichen Verhältnisse wie auf die landwirthschaftliche Betriebsweise und die Mannigfaltigkeit des Anbaues Rücksicht zu nehmen.

Es empfiehlt sich, mit der Berichterstattung solche Vertrauensmänner der landwirthschaftlichen Vereine (Landwirthschaftskammern u. s. w.) zu beauftragen, die in der landwirthschaftlichen Praxis stehen und sich voraussichtlich eine Reihe von Jahren hintereinander diesem Amte widmen können.

4. Die Saatenstandsberichterstattung erfolgt in den Monaten April bis November für die Mitte jeden Monats durch Postkarten nach den anliegenden Mustern A. 1 bis 5. Den Landesregierungen, welche über noch andere als die in Ziffer 1 erwähnten Früchte Saatenstandsberichte für sich einfordern, bleibt es überlassen, anderweitige Anordnung zu treffen.

A. 1 bis 5.

5. Die Berichte sind entweder unmittelbar an das Kaiserliche Statistische Amt oder an eine Landes-Centralstelle einzusenden.

Im ersteren Falle werden die Landes-Centralstellen dafür Sorge tragen, daß dem Kaiserlichen Statistischen Amte die Vertrauensmänner, von welchen die Berichte einzufordern und zu erstatten sind, rechtzeitig bezeichnet werden und daß überhaupt alles geschieht, was zur Aufrechterhaltung des pünktlichen und ununterbrochenen Nachrichtendienstes erforderlich ist. Im Falle der Sammlung und Zusammenstellung der Nachrichten durch Landes-Centralstellen ist dem Kaiserlichen Statistischen Amte auf Grund der Saatenstands-Nachrichten spätestens am 22. des Berichtsmonats eine Nachweisung mitzutheilen, welche bei Preußen, Bayern, Königreich Sachsen, Württemberg, Baden, Hessen, Oldenburg, Elsaß-Lothringen für jeden größeren Bezirk (Regierungsbezirk, Kreishauptmannschaft ɩc.), bei den übrigen Staaten für das Gebiet im Ganzen, sowie für die einzelnen Früchte die Durchschnittsnote des Saatenstandes nebst einer kurzen Schilderung der Gesammtlage angiebt.

6. In der ersten Hälfte des November sind in allen Bundesstaaten von denselben Vertrauensmännern, denen die Saatenstandsberichterstattung obliegt, Durchschnittsangaben über den Ernteausfall in ihrem Erhebungsbezirk in Gewicht der vom Hektar geernteten Frucht für die in Ziffer 1 genannten Fruchtarien zu machen.

Diese Berichte sind vor Mitte November der von der Landesregierung bezeichneten Stelle einzusenden. Zur Berichterstattung empfiehlt es sich, Postkarten nach dem anliegenden Muster B zu verwenden.

B.

7. Zur Beschaffung einer richtigen Grundlage sowohl für die amtlichen Ernteberechnungen als für die Ernteschätzungen des Handels werden die Landesregierungen veranlassen, daß im Juni jeden Jahres gemeindeweise (gutsbezirksweise ɩc.), sei es durch den Gemeinde- (Guts- ɩc.) Vorstand unter Mitwirkung von selbst- und ortskundigen Sachverständigen oder durch eine zum Zweck gebildete Kommission oder durch andere zuverlässige Organe, eine möglichst genaue Feststellung sowohl der Anbaufläche für die Ernteberichterstattung in Betracht kommenden Fruchtarten als auch für Hopfen, Reben und Winterraps erfolgt.

Aus den einzelnen Bundesstaaten sind über die auf Grund dieser Feststellungen ermittelten Anbauflächen Nachweisungen nach größeren Verwaltungsbezirken (Ziffer 5) dem Kaiserlichen Statistischen Amte bis zum 15. August des Erhebungsjahrs einzusenden.

8. Zur Kontrole der nach Ziffer 7 festzustellenden Anbauflächen empfiehlt es sich, die Nachfrage auch auf Menggetreide (zwei oder mehr Getreidearten im Gemenge), Buchweizen, Erbsen, Ackerbohnen (Saubohnen), Wicken, Mischfrucht (Getreide und Hülsenfrüchte gemischt), Runkelrüben, Zuckerrüben, Möhren, Weiße (Brach-, Stoppel-) Rüben (als Hauptfrucht), Kohlrüben, Lupinen, Esparsette, Serradella (als Hauptfrucht), Mais, Grassaat aller Art, Kraut- und Feldkohl, Flachs (Lein) und auf die Ausdehnung von Brache und Ackerweide zu erstrecken.

Es empfiehlt sich ferner, daß die mit dem Anbaubericht beauftragten Organe bei der Neufeststellung für ihren Bezirk, soweit angängig, stets vom Ergebnisse des Vorjahrs ausgehen.

9. Auf Grund der von den Landes-Centralstellen gesammelten Nachrichten über die reichsseitig erfragten Ernteerträge (Ziffer 6) und Anbauflächen (Ziffer 7) sind Nachweisungen, welche die für das Erntejahr ermittelten Anbauflächen, Hektar-Durchschnittserträge und Erntemengen (in Doppelzentner) für die in Ziffer 5 genannten Verwaltungsbezirke enthalten, dem Kaiserlichen Statistischen Amte bis spätestens zum 30. November einzusenden.

10. Das Kaiserliche Statistische Amt hat aus den bei ihm eingehenden Nachweisungen eine Uebersicht aufzustellen und schleunigst zu veröffentlichen.

11. Die bisherigen Bestimmungen über die Sammlung von Saatenstands- und vorläufigen Erntenachrichten und über die Ermittelung des Ernteertrags (Beschlüsse vom 7. Juli 1892, §. 569 der Protokolle, I A und b) werden aufgehoben.

Anlage.

A. 1.

Saatenstandsbericht.

Erhebungsbezirk: ....

Monat April 189 .

Mitte dieses Monats berechtigt der Stand der Saaten zu der Erwartung einer Nr. 1 sehr guten, Nr. 2 guten, Nr. 3 mittleren (durchschnittlichen), Nr. 4 geringen, Nr. 5 sehr geringen Ernte.

	Saatenstands-Nr.	Bemerkungen
Winter-Weizen		
Winter-Spelz		
Winter-Roggen		
Klee		
Luzerne		
Wiesen		

Wegen Auswinterung u. s. w. sind umgepflügt von der Anbaufläche des Winter-Weizens .... Prozent, des Winter-Spelzes .... Prozent, des Winter-Roggens .... Prozent, des Klees .... Prozent, der Luzerne .... Prozent ungefähr.

Ort und Poststation.   Unterschrift.

A. 2.

Saatenstandsbericht.

Erhebungsbezirk: ....

Monat Mai 189 .

Mitte dieses Monats berechtigt der Stand der Saaten zu der Erwartung einer Nr. 1 sehr guten, Nr. 2 guten, Nr. 3 mittleren (durchschnittlichen), Nr. 4 geringen, Nr. 5 sehr geringen Ernte.

	Saatenstands-Nr.	Bemerkungen
Winter-Weizen		
Sommer-Weizen		
Winter-Spelz		
Winter-Roggen		
Sommer-Roggen		
Sommer-Gerste		
Hafer		
Kartoffeln		
Klee		
Luzerne		
Wiesen		

Wegen Auswinterung u. s. w. sind umgepflügt (einschließlich der schon im Aprilbericht erwähnten Umpflügungen) überhaupt umgepflügt von der Anbaufläche des Winter-Weizens .... Prozent, des Winter-Spelzes .... Prozent, des Winter-Roggens .... Prozent, des Klees .... Prozent, der Luzerne .... Prozent ungefähr.

Ort und Poststation.   Unterschrift.

A. 3.

Saatenstandsbericht.

Erhebungsbezirk: ....

Monat Juni*) 189 .

Mitte dieses Monats berechtigt der Stand der Saaten zu der Erwartung einer Nr. 1 sehr guten, Nr. 2 guten, Nr. 3 mittleren (durchschnittlichen), Nr. 4 geringen, Nr. 5 sehr geringen Ernte.

	Saatenstands-Nr.	Bemerkungen
Winter-Weizen		
Sommer-Weizen		
Winter-Spelz		
Winter-Roggen		
Sommer-Roggen		
Sommer-Gerste		
Hafer		
Kartoffeln		
Klee		
Luzerne		
Wiesen		

Ort und Poststation.   Unterschrift.

*) Ebenso für Juli und August.

A. 4.

Saatenstandsbericht.

Erhebungsbezirk: ....

Monat September 189 .

Mitte dieses Monats berechtigt der Stand der nachbenannten Früchte und der Wiesen zu der Erwartung einer Nr. 1 sehr guten, Nr. 2 guten, Nr. 3 mittleren (durchschnittlichen), Nr. 4 geringen, Nr. 5 sehr geringen Ernte.

	Saatenstands-Nr.	Bemerkungen
Kartoffeln		
Klee		
Luzerne		
Wiesen		

Ort und Poststation.   Unterschrift.

A. 5.

Saatenstandsbericht.

Erhebungsbezirk:

Monat Oktober*) 189

Mitte dieses Monats ist der Stand der Saaten: Nr. 1 sehr gut, Nr. 2 gut, Nr. 3 mittelgut, Nr. 4 schlecht, Nr. 5 sehr schlecht.

　　　　　　　　　　Saatenstands-　　Bemerkungen.
　　　　　　　　　　　　Nr.

Stand der Herbstsaaten:

Winter-Weizen . . . .
Winter-Spelz . . . .
Winter-Roggen . . . .
Stand des jungen Klees . . . .
Stand der Luzerne . . . .

　　Ort und Poststation.　　　Unterschrift.

---

*) Ebenso für November.

B.

Ernteberich t,

auszufüllen und abzusenden in der Zeit zwischen
1. und 14. November 189   .

Erhebungsbezirk:

Als Ernteertrag vom Hektar werden an-　Bemerkungen.
genommen:

　　　　　　　　　　Doppelzentner
　　　　　　　　　　（ 100 kg）

bei Winter-Roggen . . . . .
　　Sommer-Roggen . . .
, 　Winter-Weizen . . . . .
　　Sommer-Weizen . . . . .
　　Winter-Spelz . . . . .
　　Sommer-Gerste
, 　Hafer . . . .
, 　Kartoffeln . . . .　　　　　　　Davon erkrankt
　　　　　　　　　　　　　　　　　Prozent.
　　Klee*) . . . .
, 　Luzerne*) . . . . . .
, 　Wiesen*) . . . .

　　Ort und Poststation.　　Unterschrift.

) In Heu angeschlossen (alle Schnitte zusammen).

4. Polizei-Wesen.

Ausweisung von Ausländern aus dem Reichsgebiete.

Laufende Nr.	Name und Stand der Ausgewiesenen	Alter und Heimath	Grund der Bestrafung	Behörde, welche die Ausweisung beschlossen hat	Datum des Ausweisungsbeschlusses
1.	2.	3.	4.	5.	6.
	a) Auf Grund des §. 39 des Strafgesetzbuchs.				
1.	Franz Lossel, Arbeiter,	geboren am 1. Januar 1869 zu Grobzisko, Bezirk Wadowice, Galizien, ortsangehörig ebendaselbst,	schwerer Diebstahl (2 Jahre Zuchthaus, laut Erkenntniß vom 19. Dezember 1896),	Königlich preußischer Regierungs-Präsident zu Oppeln.	12. September d. J.
2.	Johann Stetowski-Ricze, richtig Rikifor Riecajew, Knecht,	geboren am 20. April 1870 zu Berisowa, Gouvernement Kursk, Rußland, russischer Staatsangehöriger,	schwerer Diebstahl (1 Jahr Zuchthaus, laut Erkenntniß vom 8. Januar 1898),	Königlich preußischer Regierungs-Präsident zu Breslau.	16. Dezember d. J.
3.	Johann Theiner, Arbeiter,	geboren am 29. Juli 1857 zu Groß-Stiebnitz, Bezirk Sternberg, Böhmen, ortsangehörig zu Hüttendorf, Gemeinde Groß-Auerschim, Oesterreichisch-Schlesien,	Rückfalldiebstahl (1 Jahr 6 Monate Zuchthaus, laut Erkenntniß vom 15. Mai 1897),	Königlich preußischer Regierungs-Präsident zu Oppeln.	1. August d. J.
	b) Auf Grund des §. 362 des Strafgesetzbuchs.				
4.	Anton Bronnland, Maurer,	geboren am 4. Januar 1845 zu Colmar, Ober-Elsaß, französischer Staatsangehöriger,	Diebstahl und Betteln,	Kaiserlicher Bezirks-Präsident zu Colmar.	8. Dezember d. J.
5.	Alois Dolezel, Weber,	geboren am 20. Juni 1863 zu Prohnitz, Mähren, österreichischer Staatsangehöriger,	Landstreichen und Betteln,	Königlich preußischer Regierungs-Präsident zu Breslau.	6. Januar d. J.
6.	Joseph Lewec (Levec), Müller,	geboren am 2. Februar 1864 zu Unterhaid, Bezirk Kaplitz, Böhmen, ortsangehörig zu Schüttenhofen, Böhmen,	Landstreichen, Betteln, grober Unfug, Bruch des Aufenthaltsverbots,	Stadtmagistrat Nürnberg, Bayern.	14. Dezember d. J.
7.	Karl Schindler, Tuchmachergeselle,	geboren im September 1852 zu Reutischein, Mähren, ortsangehörig ebendaselbst,	Landstreichen und Betteln,	Königlich preußischer Regierungs-Präsident zu Oppeln.	6. Dezember d. J.
8.	Katharina Stabler, Tagelöhnerin, Wittwe,	geboren im Jahre 1858 zu Neugebäu, Bezirk Prachatitz, Böhmen, österreichische Staatsangehörige,	Betteln,	Königlich bayerisches Bezirksamt Lausen.	9. Dezember d. J.
9.	Maria Stabler, Wasserbauarbeiterin, ledig,	geboren am 1. Juni 1881 zu Hochburg-Ach, Bezirk Braunau, Ober-Oesterreich, ortsangehörig zu Kaltenbach, Bezirk Prachatitz, Böhmen,	Betteln und unbefugte Rückkehr,	dasselbe.	desgleichen.

Central-Blatt für das Deutsche Reich.

Herausgegeben im Reichsamte des Innern.

Zu beziehen durch alle Postanstalten und Buchhandlungen.

| XXVII. Jahrgang. | Berlin, Freitag, den 27. Januar 1899. | № 4. |

Inhalt: 1. Konsulat-Wesen: Ermächtigung zur Vornahme von Civilstands-Akten; — Ableben eines Konsuls; — Exequatur-Ertheilung . . . Seite 17. 2. Allgemeine Verwaltungs-Sachen: Erscheinen des Handbuchs für das Deutsche Reich auf das Jahr 1899 . 17. 3. Finanz-Wesen: Nachweisung der Einnahmen des Reichs für die Zeit vom 1. April 1898 bis Ende Dezember 1898 18. 4. Zoll- und Steuer-Wesen: Aenderung des Post-Zollregulativs . . . . 19. 5. Polizei-Wesen: Ausweisung von Ausländern aus dem Reichsgebiete . . . . 19.

1. Konsulat-Wesen.

Dem Verweser des Kaiserlichen Konsulats in Asuncion, Vize-Konsul Freiherrn von Wangenheim, ist auf Grund des §. 1 des Gesetzes vom 4. Mai 1870 für den Amtsbezirk des Konsulats und für die Dauer seiner Geschäftsführung die Ermächtigung ertheilt worden, bürgerlich gültige Eheschließungen von Reichsangehörigen vorzunehmen und die Geburten, Heirathen und Sterbefälle von solchen zu beurkunden.

Der Kaiserliche Konsul Edward Ferro in La Vallette (Malta) ist gestorben.

Dem zum Königlich belgischen Konsul in Stettin für die Provinz Pommern, mit Ausschluß des Regierungsbezirks Stralsund, ernannten Herrn Theodor Lieckfeld ist Namens des Reichs das Exequatur ertheilt worden.

---

2. Allgemeine Verwaltungs-Sachen.

Die Ausgabe des Handbuchs für das Deutsche Reich auf das Jahr 1899 ist erschienen.

— 18 —

3. Finanz-Wesen.

Nachweisung der zur Anschreibung gelangten Einnahmen (einschließlich der kreditirten Beträge) an Zöllen und gemeinschaftlichen Verbrauchssteuern sowie anderer Einnahmen im Deutschen Reiche für die Zeit vom 1. April 1898 bis zum Schlusse des Monats Dezember 1898.

Bezeichnung der Einnahmen.	Die Soll-Einnahme beträgt vom Beginne des Rechnungsjahres bis zum Schlusse des obengenannten Monats	Ausfuhr-Vergütungen ꝛc.	Bleiben	Einnahme in denselben Zeiträume des Vorjahrs (Spalte 4)	Differenz zwischen den Spalten 4 und 5, + mehr − weniger
	ℳ	ℳ	ℳ	ℳ	ℳ
1.	2.	3.	4.	5.	6.
Zölle	396 201 895	10 994 936	385 206 959	357 324 240	+ 27 882 719
Tabacksteuer	8 858 199	100 509	8 757 690	8 663 565	+ 94 125
Zuckersteuer und Zuschlag zu derselben	109 785 605	30 229 120	79 556 485	69 346 936	+ 10 209 549
Salzsteuer	36 407 175	9 458	36 397 717	36 594 689	− 196 972
Maischbottich- und Branntweinmaterialsteuer	17 394 193	8 957 980	8 436 213	7 368 442	+ 1 067 771
Verbrauchsabgabe von Branntwein und Zuschlag zu derselben	94 278 114	307 507	93 970 607	95 249 197	− 1 278 590
Brennsteuer	2 291 385	2 259 191	32 204	466 816	− 434 612
Brausteuer	22 692 980	50 757	22 642 223	22 427 156	+ 215 067
Uebergangsabgabe von Bier	2 937 063	—	2 937 063	2 885 482	+ 51 581
Summe	690 846 614	52 909 458	637 937 161	600 326 523	+ 37 610 638
Stempelsteuer für					
a) Werthpapiere	14 250 647	—	14 250 647	11 164 593	+ 3 086 054
b) Kauf- u. sonstige Anschaffungsgeschäfte	9 214 665	38 439	9 176 226	10 098 314	− 922 088
c) Loose zu:					
Privatlotterien	2 830 702	—	2 830 702	2 364 267	+ 466 435
Staatslotterien	10 680 918	—	10 680 918	9 635 063	+ 1 045 855
Spielkartenstempel	—	—	1 099 957	1 077 748	+ 22 209
Wechselstempelsteuer	—	—	8 179 199	7 362 905	+ 816 294
Post- und Telegraphen-Verwaltung	—	—	261 291 618	243 033 628	+ 18 258 020
Reichseisenbahn-Verwaltung	—	—	60 687 000	57 209 000 *)	+ 3 478 000

*) Die definitive Einnahme stellte sich im Vorjahr um 759 694 ℳ höher.

Anmerkung. Die zur Reichskasse gelangte Ist-Einnahme abzüglich der Ausfuhrvergütungen und Verwaltungskosten beträgt bei den nachbezeichneten Einnahmen:

Bezeichnung der Einnahmen.	Ist-Einnahme im Monat Dezember			Ist-Einnahme vom Beginne des Rechnungsjahres bis zum Schlusse des Monats Dezember		
	1898	1897	Mithin 1898 + mehr − weniger	1898	1897	Mithin 1898 + mehr − weniger
	ℳ	ℳ	ℳ	ℳ	ℳ	ℳ
1.	2.	3.	4.	5.	6.	7.
Zölle	39 608 979	39 014 518	+ 594 461	346 065 979	317 889 165	+ 28 176 814
Tabacksteuer	794 288	734 485	+ 59 803	9 974 434	9 653 417	+ 321 017
Zuckersteuer und Zuschlag zu derselben	7 677 515	8 684 479	− 1 006 964	66 919 600	57 292 022	+ 9 627 568
Salzsteuer	4 362 509	4 414 100	− 51 591	33 061 322	33 168 193	− 106 871
Maischbottich- und Branntweinmaterialsteuer	2 435 282	1 764 861	+ 670 421	10 144 968	9 613 095	+ 531 873
Verbrauchsabgabe von Branntwein und Zuschlag zu derselben	6 584 795	7 405 579	− 816 784	77 515 217	77 024 280	+ 490 937
Brennsteuer	28 851	17 528	+ 46 859	241 217	1 609 344	− 402 151
Brausteuer und Uebergangsabgabe von Bier	2 224 960	2 175 445	+ 49 515	21 737 875	21 509 861	+ 228 014
Summe	63 718 150	64 179 660	− 457 501	565 478 478	526 340 977	+ 38 867 201
Spielkartenstempel	111 197	131 593	+ 9 906	1 034 661	1 003 480	+ 31 181

4. Zoll- und Steuer-Wesen.

Der Bundesrath hat in seiner Sitzung vom 16. Januar d. J. beschlossen, daß
1. im §. 2 Absatz 1 des Post-Zollregulativs unter Ziffer 5 statt „250 g" gesetzt wird: „350 g";
2. der Absatz 2 des §. 2 des Post-Zollregulativs folgende Fassung erhält:
"Die Zoll- und Steuerbeamten sind befugt, in den Dienstlokalen der betreffenden Postanstalten der Eröffnung der Brief- und Fahrpostbeutel oder Packete beizuwohnen, um von dem Inhalt Ueberzeugung zu nehmen; die Briefe oder Packete, bei welchen die Vermuthung zollpflichtigen Inhalts gerechtfertigt erscheint, sowie der zollamtlichen Behandlung unterliegende Waarenprobensendungen sind der zuständigen Zollstelle zur weiteren Veranlassung zuzuführen;"
3. im Absatze 2 der Ziffer 1 der Anweisung zur Ausführung des Post-Zollregulativs statt „hin und wieder" gesetzt wird „thunlichst häufig".

5. Polizei-Wesen.

Ausweisung von Ausländern aus dem Reichsgebiete.

Laufende Nr.	Name und Stand der Ausgewiesenen.	Alter und Heimath.	Grund der Bestrafung.	Behörde, welche die Ausweisung beschlossen hat.	Datum des Ausweisungsbeschlusses.
1.	2.	3.	4.	5.	6.
	Auf Grund des §. 362 des Strafgesetzbuchs.				
1.	Julius Hartl, Lackirer,	geboren am 26. März 1876 zu Budapest, Ungarn, ortsangehörig ebendaselbst,	Landstreichen,	Königlich bayerische Polizei-Direktion München,	23. Dezember v. J.
2.	Emil Illg, Weber,	geboren am 9. Juni 1860 zu Freudenthal, Oesterreichisch-Schlesien, österreichischer Staatsangehöriger,	Betteln,	Königlich preußischer Regierungs-Präsident zu Breslau,	10. Januar d. J.
3.	Anton Melounek, Kürschner,	geboren am 18. Juni 1865 zu Wien, ortsangehörig zu Hoozdan, Bezirk Mühlhausen, Böhmen,	Landstreichen,	Königlich bayerische Polizei-Direktion München,	23. Dezember v. J.
4.	Johann Müller, Maurergeselle,	geboren am 27. September 1853 zu Labaul, Bezirk Tachau, Böhmen, ortsangehörig ebendaselbst,	Betteln,	Königlich sächsische Kreishauptmannschaft Zwickau,	12. November v. J.
5.	Karl Preosti,	geboren am 7. Oktober 1875 zu Malland, italienischer Staatsangehöriger,	Landstreichen,	Kaiserlicher Bezirks-Präsident zu Straßburg,	14. Januar d. J.
6.	Franz Xaver Wagner, Bäcker,	geboren am 6. Januar 1865 zu Sulz, Bezirk Bregenz, Vorarlberg,	Landstreichen und Betteln,	Königlich preußischer Regierungs-Präsident zu Trier,	13. Januar d. J.
7.	Joseph Zwieselhofer, Fabrikarbeiter,	geboren am 26. März 1859 zu Retolitz, Bezirk Prachatitz, Böhmen, österreichischer Staatsangehöriger,	desgleichen,	Königlich bayerisches Bezirksamt Landau an der Isar,	19. Dezember v. J.

Central-Blatt
für das
Deutsche Reich.
Herausgegeben im
Reichsamte des Innern.

Zu beziehen durch alle Postanstalten und Buchhandlungen.

XXVII. Jahrgang.   Berlin, Freitag, den 3. Februar 1899.   № 5.

Inhalt: 1. Allgemeine Verwaltungs-Sachen: Abänderung des Verzeichnisses der Weinbaubezirke in Elsaß-Lothringen . . . . Seite 21
2. Militär-Wesen: Abänderung des Verzeichnisses der den Militäranwärtern im Reichsdienste vorbehaltenen Stellen; — Gesammtverzeichniß der zur Anstellung von Militäranwärtern verpflichteten Privat-Eisenbahnen 23
3. Consulat-Wesen: Ermächtigung zur Vornahme von Civilstands-Akten 38
4. Polizei-Wesen: Ausweisung von Ausländern aus dem Reichsgebiete 38

1. Allgemeine Verwaltungs-Sachen.

Bekanntmachung,
betreffend das Verzeichniß der Weinbaubezirke, vom 28. Januar 1899.

Das durch die Bekanntmachung vom 15. August v. J. (Central-Blatt S. 379) veröffentlichte Verzeichniß der in Elsaß-Lothringen gebildeten Weinbaubezirke wird vom 1. Februar d. J. ab durch das nachstehende Verzeichniß ersetzt.

Nr.	Umfang des Weinbaubezirks.
1.	Die Kreise Straßburg-Stadt und -Land, Hagenau, Weißenburg und Zabern;
2.	Die Kreise Erstein, Molsheim, Schlettstadt, Rappoltsweiler und Colmar;
3.	Die Kreise Gebweiler, Thann, Mülhausen und Altkirch;
4. (Ancy)	Die Gemarkung Ancy;
5. (Scy-Chacelles)	Die Gemarkungen Scy-Chacelles, Moulins, Lessy und Châtel-St. Germain;
6. (Vallières)	Die Gemarkungen St. Julien, Vallières, Vantoux und Mey;

Nr.	Umfang des Weinbaubezirks.
7. (Jouy-aux-Arches.)	Die Gemarkung Jouy-aux-Arches;
8. (Longeville.)	Die Gemarkung Longeville;
9. (Rouilly.)	Die Gemarkung Rouilly;
10. (Plantières.)	Die Gemarkungen Plantières-Queuleu und Borny;
11. (Novéant.)	Die Gemarkung Novéant;
12. (Marange-Silvange.)	Die Gemarkungen Amanweiler, Ban St. Martin, Bronvaux, Devant-le-Ponts, Fèves, Lorry bei Metz, Marange-Silvange, Norroy-le-Beneur, Pierrevillers, Plappeville, Plesnois, Rombach, Saulny, Semécourt und Woippy;
13. (Ars a. d. Mosel.)	Die Gemarkungen Ars a. d. Mosel, Augny, Féy, Jussy, Magny, Marly, Montigny bei Metz, Rozérieulles, Sablon, St. Ruffine und Vaux;
14. (Corny.)	Die Gemarkungen Arry, Cheminot, Corny, Dornot, Goin, Gorze, Lorry-Mardigny, Louvigny, Marieulles, Pagny bei Goin, Pailly, St. Jure und Vigny;
15. (Pange.)	Die Gemarkungen Alben, Anserweiler, Antilly, Argancy, Ars-Laquenery, Ay, Bazoncourt, Béchy, Beux, Brittendorf, Chailly bei Ennery, Chanville, Charleville, Charly, Chérisey, Chieulles, Coincy, Ennery, Failly, Fleury, Flevy, Flocourt, Foville, Glatigny, Kurzel, Luppy, Maizeroy, Malroy, Mecleuves, Monton, Noisseville, Orny, Pange, Peltre, Pontoy, Pouilly, Pournoy-la-Grasse, Rémilly, Retonsey, St. Barbe, Sanry a. d. N., Sanry bei Vigy, Servigny bei St. Barbe, Silbernachen, Sorbey, Trémery, Vany, Verny, Villers-Bettnach, Villers-Stoncourt, Vremy, Vulmont und Wieblingen;
16. (Château-Salins.)	Die Gemarkungen Amélécourt, Baubrecourt, Böllingen, Bréhain, Burlioncourt, Château-Bréhain, Château-Salins, Chicourt, Conthil, Dalheim, Débeling, Eschen, Fontenny, Frémery, Gerbecourt, Habudingen, Hampont, Harraucourt a. d. Seille, Lesse, Lubecourt, Lucy, Marsal, Marthil, Morville a. d. Nied, Morville bei Vic, Monenvoie, Obred, Puttigny, Reich, Sotzeling, Tannecourt, Vaxy, Villers-aux-Oies und Zarbeling;
17. (Vic.)	Die Gemarkungen Aboncourt, Ajoncourt, Attiloncourt, Aulnois, Bacourt, Bioncourt, Chambrey, Coutures, Craincourt, Delme, Fossieux, Frôsnes-en-Saulnois, Grémecey, Jallaucourt, Laneuveville-en-Saulnois, Lemoncourt, Malaucourt, Manhoué, Pettoncourt, Prévocourt, Puzieux, Salonnes, Tincry, Vic und Xocourt;
18. (Dieuze.)	Die Gemarkungen Albesdorf, Bensdorf, Bermeringen, Bessingen, Biedesdorf, Bourbonnaye, Burgaltdorf, Donnenheim, Donnelay, Dorsweiler, Durkastel, Gebling, Geinslingen, Geistkirch, Gisselfingen, Genesdorf, Güblingen, Kerprich bei Dieuze, Klein-Bessingen, Kütingen, Lagarde, Ley, Lezey, Liedersingen, Lindre-Basse, Losdorf, Maizières, Marimont, Moncourt, Montdidier, Münster, Mulcey, Nebing, Ommeray, St. Médard, Vahl, Vergaville, Virmingen, Wittersburg, Buisse und Xanrey sowie ferner den Kreis Saarburg;
19. (Diedenhofen.)	Die Gemarkungen Betringen, Buß, Bust, Diedenhofen, Erzingen, Ewringen, Jamecl, Flörchingen, Ganbringen, Garsch, Groß-Hettingen, Hayingen, Illingen, Kanfen, Lüttingen, Marspich, Monhofen, Niedergiringen, Ober-Jenz, Oetringen, Reichersberg, Rodemachern, Rörchingen, Roßlingen, Volfringen, Wallingen, Weimeringen und Wolsdorf.

Nr.	Umfang des Weinbaubezirks.
20. (Sierck.)	Die Gemarkungen Apach, Beiern, Berg, Biblingen, Büdingen, Diesdorf, Elsingen, Enborf, Fixen, Homburg-Rebingen, Hüntlingen, Inglingen, Kemplich, Kerlingen, Königsmachern, Laumesfeld, Rallingen, Merschweiler, Monnern, Montenach, Niederkontz, Oberkontz, Püttlingen, Rettel, Rusdorf, Sentzich, Sierck und Übern;
21. (Reimeringen.)	Die Gemarkung Reimeringen;
22. (Saargemünd.)	Die Kreise Bolchen ausschließlich Reimeringen, Forbach und Saargemünd.

Berlin, den 28. Januar 1899.

Der Reichskanzler.
Im Auftrage: Hopf.

2. Militär-Wesen.

Bekanntmachung.

In dem Verzeichnisse der den Militäranwärtern im Reichsdienste vorbehaltenen Stellen (Anlage D der Anstellungsgrundsätze für Militäranwärter vom 7./21. März 1882, Central-Blatt S. 129) wird hinter Abschnitt I eingefügt:

1a. Reichsamt des Innern.

Kaiserliches Statistisches Amt:

Sekretariats-Assistenten, mindestens zur Hälfte.

Anmerkung. Die Sekretariats-Assistenten-Stellen bilden nicht den Uebergang zu den Sekretär-Stellen. Der durch Bekanntmachung vom 19. September 1894 (Central-Blatt S. 414) veröffentlichte, unter dem 7. Januar 1898 (Central-Blatt S. 57) abgeänderte, auf die „Marineverwaltung" bezügliche Abschnitt III wird an den betreffenden Stellen in nachstehender Weise ergänzt:

III. Marineverwaltung.*)

ɔc.
×Intendantur-Registratoren, } soweit sie nicht aus anstellungsberechtigten ehemaligen Deckoffizieren ergänzt werden,
ɔc.

Werftschreiber und Werfthülfsschreiber, Magazinoberverwalter und Magazinverwalter, } soweit sie nicht ausnahmsweise aus anstellungsberechtigten ehemaligen Obermaterialienverwaltern und Materialienverwaltern der Marine ergänzt werden.

*) Die mit einem × bezeichneten Stellen sind solche, bei welchen Unteroffiziere der Marine vor Unteroffizieren des Landheeres zu berücksichtigen sind.

In demselben Abschnitte sind die eingegangenen Stellen der Intendantur-Registratur-Assistenten zu streichen.

Zugleich wird das durch Bekanntmachung vom 19. September 1894 (Central-Blatt S. 416) veröffentlichte, unter dem 7. Januar 1899 (Central-Blatt S. 63) abgeänderte Verzeichniß der für Bewerbungen um Stellen der Marineverwaltung zuständigen Behörden betreffenden Ortes ergänzt wie folgt:

Nummer des Stellenverzeichnisses, Anlage D.	Bezeichnung der Behörden, bei welchen die Stellen vorhanden sind.	Bezeichnung der Behörden, an welche die Anmeldungen zu richten sind.	Bemerkungen.
	Marineverwaltung.		
	ꝛc.		
III.	Werften zu Danzig, Kiel und Wilhelmshaven: ꝛc. Werftschreiber, Werfthülfsschreiber, Magazinoberverwalter und Magazinverwalter, ꝛc.	Die betreffende Kaiserliche Werft zu Danzig, Kiel oder Wilhelmshaven.	

Endlich wird nachstehend

ein neues Gesammtverzeichniß der Privat-Eisenbahnen und durch Private betriebenen Eisenbahnen, welchen die Verpflichtung auferlegt ist, bei Besetzung von Beamtenstellen Militäranwärter vorzugsweise zu berücksichtigen,

zur öffentlichen Kenntniß mit dem Bemerken gebracht, daß das Verzeichniß an die Stelle des durch Bekanntmachung vom 20. Januar 1898 (Central-Blatt S. 33) veröffentlichten Verzeichnisses tritt.

Berlin, den 25. Januar 1899.

Der Reichskanzler.

In Vertretung: Graf v. Posadowsky.

Gesammtverzeichniß

der

Privat-Eisenbahnen und durch Private betriebenen Eisenbahnen, welchen die Verpflichtung auferlegt ist, bei Besetzung von Beamtenstellen Militäranwärter vorzugsweise zu berücksichtigen.

Bezeichnung der Eisenbahn.	Bezeichnung der Stellen, welche vorzugsweise mit Militäranwärtern zu besetzen sind.	Altersgrenze, bis zu welcher Militäranwärter berücksichtigt werden müssen.	Bezeichnung der Behörde, an welche die Bewerbungen zu richten sind, soweit nicht in den Vakanzanmeldungen andere Anstellungsbehörden ausdrücklich bezeichnet werden.	Bemerkungen.
\multicolumn{5}{c}{**I. Königreich Preußen.**}				
1. Altdamm-Kolberger Eisenbahn	Subaltern- und Unterbeamte.	40 Jahre.	Direktion der Altdamm-Kolberger Eisenbahngesellschaft zu Stettin.	Bei der Besetzung sind die für den Staatseisenbahndienst in dieser Beziehung insbesondere bezüglich der Ermittelung der Militäranwärter bestehenden Vorschriften zur Anwendung zu bringen.
2. Altona-Kaltenkirchener Eisenbahn.	Wie zu 1.	40 "	Direktion der Altona-Kaltenkirchener Eisenbahngesellschaft zu Altona.	Wie zu 1.
3. Bentheimer Kreisbahn (Neuenhaus-Bentheim).	Wie zu 1.	40 "	Betriebsdirektion der Bentheimer Kreisbahn zu Bentheim.	Wie zu 1.
4. Braunschweigische Landeseisenbahn (für die preußische Strecke der Bahn Braunschweig-Derneburg-Seesen).	Wie zu 1.	40 "	Direktion der Braunschweigischen Landeseisenbahngesellschaft zu Braunschweig.	
5. Breslau-Warschauer Eisenbahn (preußische Abtheilung).	Bahnwärter, Schaffner und sonstige Unterbeamte, mit Ausnahme der einer technischen Vorbildung bedürfenden.	35 "	Direktion der Breslau-Warschauer Eisenbahngesellschaft zu Oels.	
6. Bröltthal-Bahn.	Wie zu 1.	40 "	Direktion der Bröltthaler Eisenbahn-Aktiengesellschaft zu Hennef a. d. Sieg.	Wie zu 1.
7. Brohlthal-Eisenbahn.	Wie zu 1.	40 "	Vorstand der Brohlthal-Eisenbahngesellschaft zu Cöln.	Wie zu 1.
8. Cöln-Bonner Vorgebirgsbahn.	Wie zu 1.	40 "	Vorstand der Aktiengesellschaft der Vorgebirgsbahn Cöln-Bonn zu Cöln.	Wie zu 1.
9. Cronberger Eisenbahn.	Wie zu 5.	35 "	Verwaltungsrath der Cronberger Eisenbahngesellschaft zu Cronberg.	
10. Dahme-Uckroer Eisenbahn.	Wie zu 1.	40 "	Direktion der Dahme-Uckroer Eisenbahngesellschaft zu Dahme.	Wie zu 1.
11. Dortmund-Gronau-Enscheder Eisenbahn.	Wie zu 5.	35 "	Direktion der Dortmund-Gronau-Enscheder Eisenbahngesellschaft zu Dortmund.	

Bezeichnung der Eisenbahn.	Bezeichnung der Stellen, welche vorzugsweise mit Militäranwärtern zu besetzen sind.	Altersgrenze, bis zu welcher Militäranwärter berücksichtigt werden müssen.	Bezeichnung der Behörde, an welche die Bewerbungen zu richten sind, soweit nicht in den Bakanzanmeldungen andere Anstellungsbehörden ausdrücklich bezeichnet werden.	Bemerkungen.
12. Eckernförde-Kappelner Schmalspurbahn.	Wie zu 1.	40 Jahre.	Direktion der Eckernförder-Kappelner Schmalspurbahn-Gesellschaft zu Eckernförde.	Wie zu 1.
13. Eisenberg-Crossener Eisenbahn (für die preußische Strecke).	Wie zu 1.	35 "	Vorstand der Eisenberg-Crossener Eisenbahngesellschaft zu Eisenberg i. Altenburg.	Wie zu 1.
14. Eisern-Siegener Eisenbahn.	Wie zu 1.	40 "	Direktion der Eisern-Siegener Eisenbahngesellschaft zu Siegen.	Wie zu 1.
15. Garge-Vegesacker Eisenbahn.	Wie zu 1.	40 "	Königliche Eisenbahndirektion zu Hannover.	Wie zu 1.
16. Flensburg-Kappelner Eisenbahn.	Wie zu 1.	40 "	Kreis-Eisenbahn-Kommission zu Flensburg.	Wie zu 1.
17. Eisenbahn Greifswald-Grimmen.	Wie zu 1.	40 "	Direktion der Eisenbahngesellschaft Greifswald-Grimmen zu Grimmen.	Wie zu 1.
18. Halberstadt-Blankenburger Eisenbahn (für die preußischen Theile der Bahnstrecken Langenstein-Derenburg und Blankenburg - Rübeland - Elbingerode-Tanne).	Wie zu 1.	a) 35 Jahre für Langenstein-Derenburg, b) 40 Jahre für Blankenburg - Rübeland-Tanne.	Direktion der Halberstadt-Blankenburger Eisenbahngesellschaft zu Blankenburg a. H.	Wie zu 1.
19. Hansdorf-Priebus.	Wie zu 1.	40 Jahre.	Betriebsverwaltung der Nebeneisenbahn Hansdorf-Priebus zu Sommerfeld (Reg.-Bez. Frankfurt a. O.).	Wie zu 1.
20. Hannsdorf-Ziegenhals (für die preußische Strecke).	Wie zu 1.	40 "	K. K. Eisenbahn-Ministerium zu Wien.	Wie zu 1.
21. Hildesheim-Peiner Kreiseisenbahn (Hildesheim - Hämelerwald).	Wie zu 1.	40 "	Direktion der Hildesheim-Peiner Kreis-Eisenbahngesellschaft zu Hildesheim.	Wie zu 1.
22. Heyaer Eisenbahn.	Wie zu 1.	35 "	Vorstand der Heyaer Eisenbahngesellschaft zu Heya.	Wie zu 1.
23. Ilme-Bahn (Einbeck-Dassel).	Wie zu 1.	40 "	Königliche Eisenbahndirektion zu Cassel.	Wie zu 1.
24. Kerkerbachbahn (Heckholzhausen-Dehrn).	Wie zu 1.	40 "	Vorstand der Kerkerbachbahn-Aktiengesellschaft zu Christianshütte (Postamt Runkel).	Wie zu 1.
25. Kiel - Eckernförde - Flensburger Eisenbahn.	Wie zu 1.	35 "	Direktion der Kiel - Eckernförde - Flensburger Eisenbahngesellschaft zu Kiel.	Wie zu 1.
26. Königsberg-Cranzer Eisenbahn.	Wie zu 1.	40 "	Direktion der Königsberg-Cranzer Eisenbahngesellschaft zu Königsberg i. Ostpr.	Wie zu 1.
27. Krefelder Eisenbahn.	Wie zu 1.	35 "	Direktion der Krefelder Eisenbahngesellschaft zu Krefeld.	Wie zu 1.
28. Kreis Altenaer Schmalspurbahnen.	Wie zu 1.	40 "	Direktion der Kreis Altenaer Schmalspurbahnen zu Altena.	Wie zu 1.
29. Kreiseisenbahn Ostrowo-Skalmierzyce.	Wie zu 1.	40 "	Betriebsverwaltung der Kreiseisenbahn Ostrowo-Skalmierzyce zu Breslau.	Wie zu 1.

— 27 —

Bezeichnung der Eisenbahn.	Bezeichnung der Stellen, welche vorzugsweise mit Militäranwärtern zu besetzen sind.	Altersgrenze, bis zu welcher Militäranwärter berücksichtigt werden müssen.	Bezeichnung der Behörde, an welche die Bewerbungen zu richten sind, soweit nicht in den Vakanzanmeldungen andere Anstellungsbehörden ausdrücklich bezeichnet werden.	Bemerkungen.
30. Kreis Oldenburger Eisenbahn (Neustadt i. H.-Oldenburg i. H.-Heiligenhafen).	Wie zu 1.	35 Jahre.	Königliche Eisenbahndirektion zu Altona.	Wie zu 1.
31. Kremmen-Neuruppin-Wittstocker Eisenbahn (für die preußische Strecke).	Wie zu 1.	40 "	Direktion der Kremmen-Neuruppin-Wittstocker Eisenbahngesellschaft zu Neuruppin.	Wie zu 1.
32. Lausitzer Eisenbahn (Rauscha-Freiwaldau und Muskau-Teuplitz-Sommerfeld).	Wie zu 1.	40 "	Direktion der Lausitzer Eisenbahngesellschaft zu Sommerfeld (Reg.-Bez. Frankfurt a. O.).	Wie zu 1.
33. Liegnitz-Rawitscher Eisenbahn.	Wie zu 1.	40 "	Direktion der Liegnitz-Rawitscher Eisenbahngesellschaft zu Rawitsch.	Wie zu 1.
34. Marienburg-Mlawkaer Eisenbahn.	a) Wie zu 5 für die Strecke Marienburg-Mlawka. b) Wie zu 1 für die Strecke Jasonskowo-Löbau.	35 " 40 "	Direktion der Marienburg-Mlawkaer Eisenbahngesellschaft zu Danzig.	b) Wie zu 1.
35. Mecklenburgische Friedrich Wilhelm-Eisenbahn (für die preußische Strecke).	Wie zu 1.	37 "	Direktion der Mecklenburgischen Friedrich Wilhelm-Eisenbahngesellschaft zu Wesenberg.	Bei der Anstellung haben die für die Besetzung der Stellen- und Unterbeamtenstellen mit Militäranwärtern jeweilig geltenden Grundsätze Anwendung.
36. Meppen-Haselünner Eisenbahn.	Wie zu 1.	40 "	Kreis-Eisenbahnkommission zu Meppen.	Wie zu 1.
37. Mühlhausen-Ebelebener Eisenbahn (für die preußische Strecke).	Wie zu 1.	40 "	Vorstand der Eisenbahngesellschaft Mühlhausen-Ebeleben zu Mühlhausen i. Thür.	Wie zu 1.
38. Neuhaldensleben-Eilslebener Eisenbahn.	Wie zu 1.	40 "	Vorstand der Neuhaldenslebener Eisenbahngesellschaft zu Neuhaldensleben.	Wie zu 1.
39. Neustadt-Gogoliner Eisenbahn.	Wie zu 1.	40 "	Direktion der Neustadt-Gogoliner Eisenbahngesellschaft zu Neustadt O. S.	Wie zu 1.
40. Niederlausitzer Eisenbahn.	Wie zu 1.	40 "	Direktion der Niederlausitzer Eisenbahngesellschaft zu Berlin.	Wie zu 1.
41. Nordbrabant-Deutsche Eisenbahn (für den preußischen Theil der Bahnstrecke Gennep-Wesel).	Wie zu 5, außerdem *Stationsvorsteher, Stationsaufseher und Assistenten, Telegraphisten, Materialienverwalter, Magazinaufseher.	35 "	Direktion der Nordbrabant-Deutschen Eisenbahngesellschaft zu Gennep.	Wie zu 1. *) Die Stellen der Stationsvorsteher sind nur im Wege des Aufrückens oder der Beförderung den Militäranwärtern zugängig.
42. Nordhausen-Wernigeroder Eisenbahn (für die preußische Strecke).	Wie zu 1.	40 "	Direktion der Nordhausen-Wernigeroder Eisenbahngesellschaft zu Nordhausen.	Wie zu 1.
43. Oschersleben-Schöningen (für die preußische Strecke).	Wie zu 1.	40 "	Vorstand der Oschersleben-Schöninger Eisenbahngesellschaft zu Oschersleben.	Wie zu 1.
44. Osterwieck-Wasserlebener Eisenbahn.	Wie zu 1.	40 "	Magistrat der Stadt Osterwieck.	Wie zu 1.

Bezeichnung der Eisenbahn.	Bezeichnung der Stellen, welche vorzugsweise mit Militäranwärtern zu besetzen sind.	Altersgrenze, bis zu welcher Militäranwärter berücksichtigt werden müssen.	Bezeichnung der Behörde, an welche die Bewerbungen zu richten sind, soweit nicht in den Vakanzanmeldungen andere Anstellungsbehörden ausdrücklich bezeichnet werden.	Bemerkungen.
45. Ostpreußische Südbahn.	a) Wie zu 5 für Pillau-Königsberg-Prostken.	35 Jahre.	Direktion der Ostpreußischen Südbahngesellschaft zu Königsberg i. Ostpr.	
	b) Wie zu 1 für Fischhausen - Palmnicken.	40		b) Wie zu 1.
46. Paulineuaue-Neuruppiner Eisenbahn.	Wie zu 1.	35 ,	Direktion der Paulineuaue-Neuruppiner Eisenbahngesellschaft zu Neuruppin.	Wie zu 1.
47. Pfälzische Ludwigsbahn:				
a) für den preußischen Theil der Bahnstrecke St. Ingbert-St. Johann.	Wie zu 5.	35 ,	Direktion der Pfälzischen Eisenbahnen zu Ludwigshafen a. Rhein.	
b) für die preußischen Strecken einer Eisenbahn von Landstuhl über Meisenheim nach Staudernheim.	Wie zu 1.	40 ,	Direktion der Pfälzischen Eisenbahnen zu Ludwigshafen a. Rhein.	Die Anstellung erfolgt nach den reichs- und landesrechtlichen Bestimmungen, welche daselbst für die Übertragung der Subalternen- und Unterbeamtenstellen an Militäranwärter gelten.
48. Prignitzer Eisenbahn (Perleberg-Pritzwalk-Wittstock-Landesgrenze in der Richtung auf Mirow).	Wie zu 1.	40 ,	Direktion der Prignitzer Eisenbahngesellschaft zu Perleberg.	Wie zu 1.
49. Rhene-Diemelthal Eisenbahn.	Wie zu 1.	40 ,	Vorstand der Rhene-Diemelthal-Eisenbahngesellschaft zu Siegen.	Wie zu 1.
50. Sittard-Herzogenrath (für die preußische Strecke).	Wie zu 1.	40 ,	Direktion der Niederländischen Süd-Eisenbahngesellschaft zu Maastricht.	Wie zu 1.
51. Stargard-Cüstriner Eisenbahn.	Wie zu 1.	40 ,	Direktion der Stargard-Cüstriner Eisenbahngesellschaft zu Soldin N./M.	Wie zu 1.
52. Stendal - Tangermünder Eisenbahn.	Wie zu 1.	40 ,	Direktion der Stendal-Tangermünder Eisenbahngesellschaft zu Tangermünde.	Wie zu 1.
53. Westfälische Landeseisenbahn (für die preußische Strecke).	Wie zu 1.	40 ,	Vorstand der Westfälischen Landeseisenbahngesellschaft zu Lippstadt.	Wie zu 1.
54. Wittenberge-Perleberger Eisenbahn.	Wie zu 1.	40 ,	Magistrat der Stadt Perleberg.	Wie zu 1.
55. Zichtau-Finsterwalder Eisenbahn.	Wie zu 1.	40 ,	Direktion der Zichtau-Finsterwalder Eisenbahngesellschaft zu Finsterwalde.	Wie zu 1.

Bezeichnung der Eisenbahn.	Bezeichnung der Stellen, welche vorzugsweise mit Militäranwärtern zu besetzen sind.	Altersgrenze, bis zu welcher Militäranwärter berücksichtigt werden müssen.	Bezeichnung der Behörde, an welche die Bewerbungen zu richten sind, soweit nicht in den Vakanzanmeldungen andere Anstellungsbehörden ausdrücklich bezeichnet werden.	Bemerkungen.
	**II. Königreich Bayern.**
1. Pfälzische Eisenbahnen	Subaltern- und Unterbeamtenstellen, zum Theil: Bahnwärter, Weichenwärter (zu drei Vierteln). Schaffner (Konducteure), Büreaudiener, Stationsmeister, Portiers (Stationsdiener) (zu zwei Dritteln). Hausmeister, Zugführer (Oberconducteure), Oblente und Lademeister, Güterbestätter, Billetdrucker, Rangirer, Bahnhofaufseher, Haltestellenverwalter, Telegraphisten (zu einem Drittel). Stationsverwalter, Gehülfen der Centralbüreaus, Expeditionsgehülfen, Gepäcksexpedienten, Einnehmereigehülfen, Gehülfen der Magazinverwaltung (zu einem Drittel).	35 Jahre.	Direktion der Pfälzischen Eisenbahnen zu Ludwigshafen a. Rhein.	
2. Lokalbahn für den Gütertransport in Augsburg mit Fortsetzung nach Göggingen und Bfersee.	Dienstpersonal.	40 "	Aktiengesellschaft Augsburger Lokalbahn zu Augsburg.	Bei der Beisetzung sind die für den Staatseisenbahndienst geltenden Grundsätze in Anwendung zu bringen.
3. Lokalbahn Deggendorf-Metten.	Wie zu 2.	40 "	Vorstand der Aktiengesellschaft Lokalbahn Deggendorf-Metten zu Deggendorf.	Wie zu 2.
4. Lokalbahn Fürth-Zirndorf-Cadolzburg.	Wie zu 2.	40 "	Direktion der Lokalbahn-Aktiengesellschaft zu München.	Wie zu 2.
5. Lokalbahn Gotteszell-Viechtach.	Wie zu 2.	40 "	Vorstand der Aktiengesellschaft Lokalbahn Gotteszell-Viechtach zu Viechtach.	Wie zu 2.
6. Lokalbahn Cam-Köpting.	Wie zu 2.	40 "	Aktiengesellschaft Lokalbahn Cam-Köpting zu Cam.	Wie zu 2.
7. Lokalbahn München-Wolfrathshausen-Bühl (Isarthalbahn).	Wie zu 2.	40 "	Direktion der Lokalbahn-Aktiengesellschaft zu München.	Wie zu 2.
8. Lokalbahn Murnau-Garmisch-Partenkirchen.	Wie zu 2.	40 "	Direktion der Lokalbahn-Aktiengesellschaft zu München.	Wie zu 2.
9. Lokalbahn Markt Oberdorf-Füssen.	Wie zu 2.	40 "	Direktion der Lokalbahn-Aktiengesellschaft zu München.	Wie zu 2.
10. Lokalbahn Prien-Stock (Chiemseebahn).	Wie zu 2.	40 "	Chiemseebahn-Gesellschaft Feßler & Co. zu Prien.	Wie zu 2.

Bezeichnung der Eisenbahn.	Bezeichnung der Stellen, welche vorzugsweise mit Militäranwärtern zu besetzen sind.	Altersgrenze, bis zu welcher Militäranwärter berücksichtigt werden müssen.	Bezeichnung der Behörde, an welche die Bewerbungen zu richten sind, soweit nicht in den Vakanzanmeldungen andere Anstellungsbehörden ausdrücklich bezeichnet werden.	Bemerkungen
11. Lokalbahn Röthenbach bei Lindau-Weiler.	Wie zu 2.	40 Jahre.	Marktgemeinde Verwaltung Weiler.	Wie zu 2.
12. Lokalbahn Schaftlach-Gmund.	Wie zu 2.	40 "	Vorstand der Eisenbahn-Aktiengesellschaft Schaftlach-Gmund zu Gmund.	Wie zu 2.
13. Lokalbahn Sonthofen-Oberstdorf.	Wie zu 2.	40 "	Direktion der Lokalbahn-Aktiengesellschaft zu München.	Wie zu 2.
14. Lokalbahn Stadtamhof-Donaustauf (Walhallabahn).	Wie zu 2.	40 "	Direktion der Lokalbahn-Aktiengesellschaft zu München.	Wie zu 2.
15. Lokalbahn Türkheim-Wörishofen.	Wie zu 2.	40 "	Lokalbahn-Aktiengesellschaft Wörishofen zu Wörishofen.	Wie zu 2.
16. Drahtseilbahn Leoni-Rottmannshöhe.	Wie zu 2.	40 "	Drahtseilbahn Rottmannshöhe-Gesellschaft mit beschränkter Haftung zu Leoni.	Wie zu 2.
17. Elektrische Eisenbahn Bad Aibling-Feilnbach (Wendelsteinbahn).	Wie zu 2.	40 "	Erwin Bubeck, Ingenieur in München, Generalvertreter der Aktiengesellschaft Elektrizitätswerke, vorm. O. L. Kummer & Co. zu Dresden.	Wie zu 2.

III. Königreich Württemberg.

1. Albthalbahn (für den württembergischen Theil der Strecke Karlsruhe-Herrenalb).	Subaltern- und Unterbeamte.	40 Jahre.	Direktion der badischen Lokal-Eisenbahngesellschaft zu Karlsruhe.	Bei der Besetzung sind die für den Staatseisenbahndienst in dieser Beziehung insbesondere bezüglich der Ermittelung der Militäranwärter bestehenden und noch zu erlassenden Vorschriften zur Anwendung zu bringen. Daselbst Stellenanwärter württembergischer Staatsangehörigkeit der Vorzug gegeben werden.
2. Dampfstraßenbahn Ravensburg-Weingarten.	Expedient (Stationsvorsteher), Zugführer (Schaffner), Reserve-Zugführer (Schaffner), Stationsdiener.	40 "	Lokalbahn-Aktiengesellschaft zu München.	
3. Filderbahn (Stuttgart-Hohenheim).	Expedient, Zugführer, Schaffner, Bahn- bzw. Streckenwärter, Weichensteller, Haltestellenaufseher.	40 "	Betriebsvorstand der Filderbahngesellschaft zu Stuttgart.	
4. Lokalbahn Meckenbeuren-Tettnang.	Expedient (Stationsvorsteher), Zugführer, Weichensteller, Stationsdiener.	40 "	Lokalbahn-Aktiengesellschaft zu München.	

Bezeichnung der Eisenbahn.	Bezeichnung der Stellen, welche vorzugsweise mit Militäranwärtern zu besetzen sind.	Altersgrenze, bis zu welcher Militäranwärter berücksichtigt werden müssen.	Bezeichnung der Behörde, an welche die Bewerbungen zu richten sind, soweit nicht in den Balanzanmeldungen andere Anstellungsbehörden ausdrücklich bezeichnet werden.	Bemerkungen.
			IV. Großherzogthum Baden.	
1. Albthalbahn (Karlsruhe-Herrenalb; Ettlingen-Pforzheim).	Subaltern- und Unterbeamte.	40 Jahre.	Direktion der badischen Lokal-Eisenbahngesellschaft zu Karlsruhe.	Bei der Besetzung sind die für den Staatseisenbahndienst in dieser Beziehung insbesondere bezüglich der Ermittelung der Militäranwärter bestehenden Vorschriften zur Anwendung zu bringen. Dabei soll Erledigungsarbeiten der seitens der Staatsbahn-Verwaltung allen übrigen der Anzeige gegebenen werden.
2. Lokalbahnen Kehl-Lichtenau-Bühl und Kehl-Altenheim-Ottenheim-Ottenburg.	Wie zu 1.	40 "	Straßburger Straßenbahngesellschaft zu Straßburg i. Els.	Wie zu 1.
3. Lokalbahn Rhein-Etzenheimmünster.	Wie zu 1.	40 "	Vorstand der Lokalbahn Rhein-Etzenheimmünster zu Freiburg i. Breisgau.	Wie zu 1.
4. Nebenbahn Achern-Ottenhöfen.	Wie zu 1.	40 "	Vorstand der Nebenbahn Achern-Ottenhöfen zu Freiburg i. Breisgau.	Wie zu 1.
5. Nebenbahn Bruchsal-Odenheim-Menzingen.	Wie zu 1.	40 "	Direktion der badischen Lokal-Eisenbahngesellschaft zu Karlsruhe.	Wie zu 1.
6. Nebenbahn Bühl-Oberthal (Bühlerthalbahn).	Wie zu 1.	40 "	Direktion der badischen Lokal-Eisenbahngesellschaft zu Karlsruhe.	Wie zu 1.
7. Nebenbahn Haltingen-Kandern.	Wie zu 1.	40 "	Vorstand der Nebenbahn Haltingen-Kandern zu Freiburg i. Breisgau.	Wie zu 1.
8. Nebenbahn Krozingen-Staufen-Sulzburg.	Wie zu 1.	40 "	Vorstand der Nebenbahn Krozingen-Staufen-Sulzburg zu Freiburg i. Breisgau.	Wie zu 1.
9. Lahrer Straßenbahn.	Wie zu 1.	40 "	Vorstand der Lahrer Straßenbahngesellschaft zu Lahr.	Wie zu 1.
10. Im Eigenthum und Betriebe der Süddeutschen Eisenbahngesellschaft befindliche Nebenbahnen: a) Bregthalbahn (Furtwangen-Hüfingen), b) Kaiserstuhlbahn, c) Karlsruhe-Durmersheimer Eisenbahn, d) Karlsruhe-Spöder Eisenbahn, e) Mannheim-Weinheim-Heidelberg-Mannheimer Eisenbahn, f) Lokalbahn Zell i. W.-Todtnau.	Wie zu 1.	40 "	Direktion der süddeutschen Eisenbahngesellschaft zu Darmstadt.	Wie zu 1.

Bezeichnung der Eisenbahn.	Bezeichnung der Stellen, welche vorzugsweise mit Militäranwärtern zu besetzen sind.	Altersgrenze, bis zu welcher Militäranwärter berücksichtigt werden müssen.	Bezeichnung der Behörde, an welche die Bewerbungen zu richten sind, soweit nicht in den Vakanzanmeldungen andere Anstellungsbehörden ausdrücklich bezeichnet werden.	Bemerkungen.

V. Großherzogthum Hessen.

Nebenbahnen:
a) Darmstädter Dampfstraßenbahnen. | Weichenwärter, Stationswärter, Schaffner. | 40 Jahre. | Direktion der süddeutschen Eisenbahngesellschaft zu Darmstadt. | Bei der Prüfung sind die für den Staatseisenbahndienst in dieser Beziehung maßgebenden Grundsätze der Ermittelung der Militäranwärter bei Behörden und zur relationden Vorschriften zur Anwendung zu bringen. Dabei soll Eisenbahnwärtern in solcher Eigenschaft angebrachten vor übrigen Bewerbern gegeben werden. |
| b) Mainzer Vorortbahnen, c) Mannheim-Weinheim-Heidelberg - Mannheimer (Eisenbahn (für die hessische Strecke), d) Weinheim-Reichelsheim, e) Osthofen-Westhofen, f) Sprendlingen-Fürfeld, g) Worms-Offstein. | Subaltern- und Unterbeamte. Wie zu b. Stationsassistenten, Stationsaufseher, Zugführer, Schaffner, Weichenwärter, Bahnwärter. | | | |

VI. Großherzogthum Mecklenburg-Schwerin.

| 1. Boizenburger Stadt- und Hafenbahn. | Subaltern- und Unterbeamte. | 37 Jahre. | Vorstand der Boizenburger Stadt- und Hafenbahn zu Boizenburg a. E. | Bei der Belegung sind die für den Staatsdienst in dieser Beziehung maßgebenden Grundsätze der Ermittelung der Militäranwärter bei Behörden und zur relationden Vorschriften in Anwendung zu bringen vergl. Publikandum vom 29. September 1882, betreffend die im Ressort weiter vorbehaltenen Grundsätze der Besetzung der Subaltern- und Unterbeamtenstellen bei den Reichs- und Staatsbehörden mit Militäranwärtern). |

Bezeichnung der Eisenbahn.	Bezeichnung der Stellen, welche vorzugsweise mit Militäranwärtern zu besetzen sind.	Altersgrenze, bis zu welcher Militäranwärter berücksichtigt werden müssen	Bezeichnung der Behörde, an welche die Bewerbungen zu richten sind, soweit nicht in den Vakanzanmeldungen andere Anstellungsbehörden ausdrücklich bezeichnet werden.	Bemerkungen.
2. Kremmen - Neuruppin - Wittstocker Eisenbahn (in mecklenburg-schwerinschen Enklaven belegene Theile).	Subaltern- und Unterbeamte.	Eine Altersgrenze ist nicht festgesetzt	Direktion der Kremmen-Neuruppin-Wittstocker Eisenbahngesellschaft in Neuruppin.	Bei der Besetzung haben sie sämmtlich gedachten Staatslage Bemerkung. Bei fast gleicher Eignung, der Bewerber ist innerhalb des mecklenburgischen Betriebs auf die Bewerbungen mecklenburgischer Staatsangehöriger, innerhalb des preussischen Betriebs auf diejenigen preussischer Staatsangehöriger besondere Rücksicht zu nehmen.
VII. Großherzogthum Sachsen.				
1. Feldabahn.	Zugführer, Expedienten (Stationsvorsteher), Büreau- und Expeditionsgehülfen.	40 Jahre.	Betriebsverwaltung der Feldabahn zu Termbach.	
2. Weimar - Berka - Blankenhainer Eisenbahn.	Zugführer, Schaffner (zugführenden), Weichensteller, Bremser, Bahn- und andere Wärter, Wächter.	40 "		
3. Weimar - Rastenberger Eisenbahn.	Zugführer, Bremser, Bahnwärter, Wächter.	40 "	Betriebsverwaltung Thüringischer Nebenbahnen zu Weimar.	
4. Wutha-Ruhlaer Eisenbahn.	Betriebspersonal.	Eine Altersgrenze ist nicht festgesetzt.		
VIII. Großherzogthum Mecklenburg-Strelitz.				
1. Mecklenburgische Friedrich Wilhelm-Eisenbahn.	Subaltern- und Unterbeamte.	37 Jahre.	Direktion der Mecklenburgischen Friedrich Wilhelm-Eisenbahngesellschaft zu Wesenberg.	Bei der Besetzung hat die der Staatspflicht in dieser Beziehung unterliegen der Berücksichtigung der Militäranwärter bestehenden und noch zu erlassenden Vorschriften in Anwendung zu bringen (vergl. gleichen Bekanntmachung vom 29. September 1882, Offizielles Anzeiger vom 1882 Nr. 32 S. 199 und Publikanden vom 17. September 1886, Offizieller Anzeiger von 1885 Nr. 32 S. 179).
2. Neubrandenburg - Friedländer Eisenbahn.	Stationsvorsteher, Stationswärter, Zugführer, Güterbodenvorarbeiter, Güterboden- und Stationsarbeiter, Weichensteller.	37 "	Betriebsverwaltung der Neubrandenburg - Friedländer Eisenbahn zu Berlin S.W. (Großbeerenstraße Nr. 88).	

— 84 —

Bezeichnung der Eisenbahn.	Bezeichnung der Stellen, welche vorzugsweise mit Militäranwärtern zu besetzen sind.	Altersgrenze, bis zu welcher Militäranwärter berücksichtigt werden müssen.	Bezeichnung der Behörde, an welche die Bewerbungen zu richten sind, soweit nicht in den Vakanzanmeldungen andere Anstellungsbehörden ausdrücklich bezeichnet werden.	Bemerkungen.
IX. Großherzogthum Oldenburg.				
Eutin-Lübecker Eisenbahn.	Zugführer, Packmeister, Schaffner, Schmierer, Weichenwärter, Bahnwärter, Brückenwärter, Stationsverwalter, Stationsassistenten, Stationsaufseher, Schreiber.	35 Jahre.	Verwaltungsrath der Eutin-Lübecker Eisenbahngesellschaft zu Lübeck.	Sämmtliche Stellen bis zu zwei Dritttheilen den Militäranwärtern vorbehalten.
X. Herzogthum Braunschweig.				
1. Braunschweigische Landeseisenbahn.	Büreaudiätare, Kanzlisten, Stationsassistenten, Telegrafisten, Büreauboten, Portiers, Nachtwächter, Bremser und Schmierer, Schaffner, Rangirer und Koppler, Magazin- und Materialienaufseher, Billetdrucker, Bahnwärter, Weichenwärter.	40 Jahre.	Direktion der Braunschweigischen Landeseisenbahngesellschaft zu Braunschweig.	Die noch bestehenden Probedienstzeit unterworfenen Stellen erstmalig angestellten Militäranwärter haben bei gleichzeitiger Beschäftigung bezw. nach Ablegung der vorgeschriebenen Prüfung gleich den Civilanwärtern das Recht zum Aufrücken in höhere Dienststellen, und zwar im Büreaudienst: als Kalkulatoren, Betriebssekretäre u. im Stationsdienst: als Stationsverwalter, Stationsinspektoren. im Fahrdienst: als Zugführer und Packmeister.
2. Gernrode-Harzgeroder Eisenbahn (braunschweigischer Theil).	Subaltern- und Unterbeamte.	40	Vorstand der Gernrode-Harzgeroder Eisenbahngesellschaft zu Ballenstedt	Bei der Besetzung der für die preussischen Staatseisenbahnen in dieser Beziehung insbesondere bezüglich der Ermittelung der Militäranwärter gültigen Vorschriften zur Anwendung bringen. Bei Besetzung der unteren Beamtenstellen innerhalb des braunschweigischen Gebiets soll bei sonst gleicher Befähigung auf die Bewerbungen braunschweigischer Staatsangehöriger besondere Rücksicht genommen werden.

— 35 —

Bezeichnung der Eisenbahn.	Bezeichnung der Stellen, welche vorzugsweise mit Militäranwärtern zu besetzen sind.	Altersgrenze, bis zu welcher Militäranwärter berücksichtigt werden müssen	Bezeichnung der Behörde, an welche die Bewerbungen zu richten sind, soweit nicht in den Balanzanmeldungen andere Anstellungsbehörden ausdrücklich bezeichnet werden.	Bemerkungen.
3. Halberstadt-Blankenburger Eisenbahn.	Büreaudiätare, Kanzlisten, Expeditionsdiätare, Expeditionsassistenten, Stationsassistenten, Telegraphisten, Büreauboten, Portiers, Nachtwächter, Bremser und Schmierer, Schaffner, Rangirer und Koppler, Bahnwärter, Weichenwärter. (für den Büreau- und Stationsdienst)	a) für die Strecke Langenstein-Derenburg: 35 Jahre. b) Für die Strecke Halberstadt-Blankenburg-Tanne: 40 Jahre.	Direktion der Halberstadt-Blankenburger Eisenbahngesellschaft zu Blankenburg a. H.	Die noch berufenen Probedienstjahre in den angehobenen unteren Stellen angestellten Militäranwärter haben bei genügender Befähigung bezw. nach Ablegung der vorgeschriebenen Prüfung gleich den Civilanwärtern Anrecht zum Aufrücken in die höheren Dienststellen, und zwar im Büreaudienste: als Eisenbahnsekretär. Im Stationsdienste: als Stationassistent und Stationsvorsteher. Im Fahrdienste: als Zugführer und Packmeister.
4. Nordhausen-Wernigeroder Eisenbahn.	Subaltern- und Unterbeamte.	40 Jahre.	Direktion der Nordhausen-Wernigeroder Eisenbahngesellschaft in Nordhausen.	Bei der Besetzung sind die für die preußischen Staatseisenbahnen in dieser Beziehung, insbesondere bezüglich der Ermittelung der Militäranwärter und noch etwa ergehenden Vorschriften zur Anwendung zu bringen.

XI. Herzogthum Sachsen-Meiningen.

Feldabahn.	Expedient, Expeditionsgehülfe.	40 Jahre.	Betriebsverwaltung der Feldabahn zu Dermbach.	

XII. Herzogthum Sachsen-Altenburg.

Eisenberg-Croßener Eisenbahn.	Untere Betriebsbeamte, mit Ausnahme der einer technischen Vorbildung bedürfenden.	35 Jahre.	Vorstand der Eisenberg-Croßener Eisenbahngesellschaft zu Eisenberg in Altenburg.	Der Betrieb dieser Bahn ist verpachtet; es kann dabei die Anstellung eines Beamten nur bis zum Termin der bis zum 31. März 1903 laufenden Pachtzeit gewährleistet werden.

XIII. Herzogthum Sachsen-Coburg und Gotha.

1. Arnstadt-Ichtershausener Eisenbahn.	Subaltern- und Unterbeamte.	40 Jahre.	Betriebsverwaltung Thüringischer Nebenbahnen zu Weimar.	Bei der Besetzung sind die für die preußischen Staatseisenbahnen geltenden Vorschriften zur Anwendung zu bringen.

Bezeichnung der Eisenbahn.	Bezeichnung der Stellen, welche vorzugsweise mit Militäranwärtern zu besetzen sind.	Altersgrenze, bis zu welcher Militäranwärter berücksichtigt werden müssen.	Bezeichnung der Behörde, an welche die Bewerbungen zu richten sind, soweit nicht in den Vakanzanmeldungen andere Anstellungsbehörden ausdrücklich bezeichnet werden.	Bemerkungen
2. Mühlhausen-Ebelebener Eisenbahn (für die sachsen-coburg- und gothaische Strecke).	Wie zu 1.	40 Jahre.	Vorstand der Eisenbahngesellschaft Mühlhausen-Ebeleben zu Mühlhausen i. Thür.	Wie zu 1.
3. Wutha-Ruhlaer Eisenbahn.	Expeditionsdiätar, Schaffner, Weichensteller, Bahnwärter.	35 „	Betriebsverwaltung Thüringischer Nebenbahnen zu Weimar.	

XIV. Herzogthum Anhalt.

1. Dessau-Wörlitzer Eisenbahn.	Subaltern- und Unterbeamte.	Eine Altersgrenze ist nicht festgesetzt.	Betriebsverwaltung der Dessau-Wörlitzer Eisenbahn zu Dessau.	Bei der Bewerbung sind die für den Staatsdienst bestehenden oder noch zu erlassenden Bestimmungen sinngemäß zur Anwendung zu bringen.
2. Gernrode-Harzgeroder Eisenbahn.	Wie zu 1.	Eine Altersgrenze ist nicht festgesetzt.	Vorstand der Gernrode-Harzgeroder Eisenbahngesellschaft zu Ballenstedt.	Bei der Bewerbung sind bis zum Erlasse reichsgesetzlicher Bestimmungen die für den Staatsdienst bestehenden oder noch zu erlassenden Vorschriften sinngemäß zur Anwendung zu bringen.

XV. Fürstenthum Schwarzburg-Sondershausen.

1. Arnstadt-Ichtershausener Eisenbahn.	Weichensteller, Schaffner, Bahnwärter.	40 Jahre		Bei der Bewerbung sind die für den preußischen Staatseisenbahndienst in dieser Beziehung gültigen Vorschriften zur Anwendung zu bringen.
2. Hohenebra-Ebelebener Eisenbahn.	Weichensteller, Schaffner.	40	Betriebsverwaltung Thüringischer Nebenbahnen zu Weimar.	
3. Ilmenau-Großbreitenbacher Eisenbahn.	Stationsdiätar, Weichensteller, Schaffner.	40 „		
4. Mühlhausen-Ebelebener Eisenbahn (für die schwarzburg-sondershausensche Strecke).	Subaltern- und Unterbeamte.	40	Vorstand der Eisenbahngesellschaft Mühlhausen-Ebeleben zu Mühlhausen i. Thür.	Wie zu 1.

XVI. Fürstenthum Schwarzburg-Rudolstadt.

Mühlhause-Ebelbener Eisenbahn (für die schwarzburg-rudolstädtische Strecke).	Subaltern- und Unterbeamte.	40 Jahre.	Vorstand der Eisenbahngesellschaft Mühlhausen-Ebeleben zu Mühlhausen i. Thür.	Bei der Bewerbung sind die für den preußischen Staatseisenbahndienst in dieser Beziehung gültigen Vorschriften zur Anwendung zu bringen.

— 37 —

Bezeichnung der Eisenbahn.	Bezeichnung der Stellen, welche vorzugsweise mit Militäranwärtern zu besetzen sind.	Altersgrenze, bis zu welcher Militäranwärter berücksichtigt werden müssen.	Bezeichnung der Behörde, an welche die Bewerbungen zu richten sind, sowie nicht in den Bekanntmachungen andere Anstellungsbehörden ausdrücklich bezeichnet werden.	Bemerkungen.
XVII. Fürstenthum Waldeck.				
Rhene-Diemelthal-Eisenbahn.	Subaltern- und Unterbeamte.	40 Jahre.	Vorstand der Rhene-Diemelthal-Eisenbahngesellschaft zu Siegen.	Bei der Besetzung sind die für den Staatseisenbahndienst in dieser Beziehung gültigen Vorschriften zur Anwendung zu bringen.
XVIII. Freie und Hansestadt Lübeck.				
1. Eutin-Lübecker Eisenbahn (bezüglich des im lübeckischen Gebiete stationirten Personals).	Stationsverwalter, Stationsassistenten, Brückenwärter, Weichensteller, Bahnwärter.	35 Jahre.	Direktion der Eutin-Lübecker Eisenbahngesellschaft zu Lübeck.	Nach einer Vereinbarung mit der Großherzoglich oldenburgischen Regierung vom Oktober 1905 sind die neunvergebenen Stellen in einer Bekanntmachung des Großherzoglich oldenburgischen Staatsministeriums und mit Ausnahme unbeschadet mit dem Anlage zu zwei Dritteln den Militäranwärtern vorbehalten.
2. Lübeck-Büchener Eisenbahn für die Zweigbahn Lübeck-Travemünde.	Bahnhofsvorsteher in Travemünde, Telegraphisten, Weichensteller, Bahnwärter, Schaffner, Nachtwächter.	35 „	Direktion der Lübeck-Büchener Eisenbahngesellschaft zu Lübeck.	
XIX. Elsaß-Lothringen.				
1. Kaysersberger Thalbahn (Colmar-Kaysersberg-Schnierlach).	Unterbeamte, soweit dieselben einer technischen Ausbildung nicht bedürfen.	40 Jahre.	Vorstand der Kaysersberger Thalbahn-Aktiengesellschaft zu Colmar i. Els.	
2. Straßenbahn Colmar-Winzenheim.	Wie zu 1.	40 „		
3. Straßenbahn von Erstein (Rheinstraße) nach Erstein (Reichseisenbahnhof).	Wie zu 1.	40 „	Straßburger Straßenbahngesellschaft zu Straßburg i. Els.	
4. Straßenbahn Mühlhausen-Ensheim.	Wie zu 1.	40 „		
5. Straßenbahn Mühlhausen-Zillisheim-Wittenheim.	Wie zu 1.	40 „	Vorstand der Straßenbahngesellschaft Mühlhausen-Ensheim-Wittenheim zu Mühlhausen i. Els.	
6. Straßenbahn Mühlhausen-Pfastatt.	Wie zu 1.	40 „		
7. Straßenbahn von Straßburg nach Markolsheim mit Abzweigung von Kogenheim nach Rhenau.	Wie zu 1.	40 „	Straßburger Straßenbahngesellschaft zu Straßburg i. Els.	
8. Straßenbahn von Straßburg nach Truchtersheim.	Wie zu 1.	40 „		

3. Konsulat-Wesen.

Dem Kaiserlichen Gesandten Grafen von Rey in Teheran ist auf Grund des §. 1 des Gesetzes vom 4. Mai 1870 in Verbindung mit §. 85 des Gesetzes vom 6. Februar 1875 für das Gebiet von Persien die Ermächtigung ertheilt worden, bürgerlich gültige Eheschließungen von Reichsangehörigen und Schutzgenossen, mit Einschluß der unter deutschem Schutz lebenden Schweizer, vorzunehmen und die Geburten, Heirathen und Sterbefälle von solchen zu beurkunden.

4. Polizei-Wesen.

Ausweisung von Ausländern aus dem Reichsgebiete.

Laufende Nr.	Name und Stand der Ausgewiesenen.	Alter und Heimath	Grund der Bestrafung.	Behörde, welche die Ausweisung beschlossen hat.	Datum des Ausweisungsbeschlusses.
1.	2.	3.	4.	5.	6.
		Auf Grund des §. 362 des Strafgesetzbuchs.			
1.	Emile Baptiste Jean Baillat, Buchbinder,	geboren am 9. April 1875 zu Béziers, Departement Hérault, Frankreich,	Landstreichen und Ausübung eines Gewerbes im Umherziehen ohne Wandergewerbeschein,	Großherzoglich badischer Landeskommissär zu Karlsruhe,	5. Januar d. J.
2.	Giovanni Battista Barengo, Trikotweber,	geboren am 2. April 1869 zu Venedig, Italien, ortsangehörig zu Mailand, ebenda,	Führung solcher Legitimationspapiere und Landstreichen,	Stadtmagistrat Augsburg, Bayern,	22. Dezember v. J.
3.	Friedrich Dunajer, Schlossergehülfe,	geboren am 7. Januar 1879 zu Monasteryska, Bezirk Buczacz, Galizien, ortsangehörig ebendaselbst,	Landstreichen und Betteln,	Königliche bayerische Polizei-Direktion München,	28. Dezember v. J.
4.	Silvino Garo, Tagner,	geboren am 6. August 1879 zu Bagnola, Provinz Mantova, Italien, italienischer Staatsangehöriger,	Landstreichen,	Kaiserlicher Bezirks-Präsident zu Straßburg,	8. Januar d. J.
5.	Francesco Guomo,	45 Jahre alt, geboren zu Pietramonte, Provinz Caserta, Italien, italienischer Staatsangehöriger,	Landstreichen und Betteln,	derselbe,	19. Januar
6.	Theodor Hans Krüger, Schneidergeselle,	geboren am 8. Dezember 1852 zu Kopenhagen, dänischer Staatsangehöriger,	Nichtbeischaffung eines Unterkommens,	Polizeibehörde zu Hamburg,	24. Januar d. J.
7.	Franz Beier, Arbeiter,	geboren am 22. März 1856 zu Sandhübel, Bezirk Freiwaldau, Oesterreichisch-Schlesien, ortsangehörig ebendaselbst,	Landstreichen,	Königlich preußischer Regierungs-Präsident zu Lüneburg,	25. Januar d. J.
8.	Alois Semlitschka, auch Sembitschka, Arbeiter,	geboren am 21. Juli (oder Juni) 1855 zu Reitendorf, Bezirk Olmütz, Mähren, österreichischer Staatsangehöriger,	Betteln,	Königlich preußischer Regierungs-Präsident zu Breslau,	19. Januar d. J.
9.	Guillaume Thelen, Bäcker,	geboren am 1. Juni 1874 zu Tournus, Departement Saône-et-Loire, Frankreich, ortsangehörig ebendaselbst,	Landstreichen und Betteln,	Großherzoglich badischer Landeskommissär zu Mannheim,	6. Januar d. J.
10.	Franz Vogel,	geboren am 8. Juni 1860 zu Toppelschwand, Kanton Luzern, Schweiz, ortsangehörig zu Flühli, ebenda,	Landstreichen,	Kaiserlicher Bezirks-Präsident zu Straßburg,	28. Januar d. J.
11.	Joseph Wimmer, Sattler,	geboren am 11. Dezember 1863 zu Prag, Böhmen, ortsangehörig ebendaselbst,	Landstreichen, Betteln, grober Unfug, Widerstand gegenüber Staatsgewalt und Beleidigung,	Stadtmagistrat Augsburg, Bayern,	22. Dezember v. J.

— 39 —

Central-Blatt
für das
Deutsche Reich.

Herausgegeben
im
Reichsamte des Innern.

Zu beziehen durch alle Postanstalten und Buchhandlungen.

| XXVII. Jahrgang. | Berlin, Freitag, den 10. Februar 1899. | № 6. |

Inhalt: 1. Konsulat-Wesen: Ermächtigung zur Vornahme von Civilstands-Akten; — Exequatur-Ertheilungen Seite 39. 2. Bank-Wesen: Status der deutschen Notenbanken Ende Januar 1899 . . . . . 40. 3. Auswanderungs-Wesen: Erweiterung der Erlaubniß zur Beförderung von Auswanderern für die Hamburg-Amerika-Linie in Hamburg . . . . . 42. 4. Zoll- und Steuer-Wesen: Bestellung eines Stationskontroleurs . . . . . 42. 5. Polizei-Wesen: Ausweisung von Ausländern aus dem Reichsgebiete . . . . . 43.

1. Konsulat-Wesen.

Dem Verweser des Kaiserlichen Konsulats in San Sebastian, Lewin, ist auf Grund des §. 1 des Gesetzes vom 4. Mai 1870 für den Amtsbezirk des Konsulats und für die Dauer seiner Geschäftsführung die Ermächtigung ertheilt worden, bürgerlich gültige Eheschließungen von Reichsangehörigen vorzunehmen und die Geburten, Heirathen und Sterbefälle von solchen zu beurkunden.

Dem zum Vize- und Deputy-Konsul der Vereinigten Staaten von Amerika in Coburg ernannten Herrn Alwin Florschütz ist das Exequatur Namens des Reichs ertheilt worden.

Dem zum Konsul ad honorem der Vereinigten Staaten von Venezuela in Cöln a. Rh. ernannten Herrn Peter Joseph Stollwerck ist Namens des Reichs das Exequatur ertheilt worden.

2. Bank-

Status der deutschen Noten[banken]
nach den im Reichsanzeiger veröffentlichten Wochen[übersichten]
(Die Beträge laut[en in Tausend Mark.])

Passiva.

Laufende Nummer	Bezeichnung der Banken	Grund-kapital	Reserve-fonds	Noten-Umlauf	Gegen 31. Dez. 1898.	Tages-bedarf an Noten.	Gegen 31. Dez. 1898.	Sonstige täglich fällige Verbindlichkeiten.	Gegen 31. Dez. 1898.	Verbindlichkeiten mit Kündigungs-frist.	Gegen 31. Dez. 1898.	Sonstige Passiva.	Gegen 31. Dez. 1898.	Summe der Passiva.	Gegen 31. Dez. 1898.	
1.	2.	3.	4.	5.	6.	7.	8.	9.	10.	11.	12.	13.	14.	15.	16.	
1.	Reichsbank	120 000	30 000	1 112 126	− 245 196	733 435	− 342 990	424 730	− 6 893	—	—	88 475	+ 1 332	1 724 901	− 250 8[..]	
2.	Frankfurter Bank	18 000	4 800	16 824	+ 873	9 347	− 824	4 677	+ 606	13 485	+ 1 157	161	+ 97	57 447	+ 2 234	
3.	Bayerische Notenbank	7 500	2 156	38 886	− 4 105	20 563	− 3 471	7 335	− 94	—	—	3 883	+ 1 134	79 792	− 3 051	
4.	Sächsische Bank zu Dresden	30 000	5 077	45 750	− 11 998	6 868	− 6 924	21 013	− 2 777	15 270	+ 3 482	593	− 134	117 667	− 10 906	
5.	Württembergische Notenbank	9 000	851	25 097	+ 139	9 964	− 320	2 492	+ 802	240	—	1 143	+ 97	36 853	+ 1 064	
6.	Badische Bank	9 000	1 734	15 843	− 663	9 574	− 777	5 013	+ 872	—	—	1 187	+ 104	33 876	+ [..]	
7.	Bank für Süddeutschland	15 672	1 794	14 544	− 716	9 266	− 65	84	− 1	—	—	1 097	+ 61	33 305	− 776	
8.	Braunschweigische Bank	10 500	778	2 106	− 826	1 664	− 297	3 497	− 258	1 172	+ 101	77	+ 15	18 082	− 470	
	Zusammen	219 672	47 164	1 266 748	− 262 482	800 681	− 350 214	468 871	− 6 943	30 157	+ 4 754	96 626	+ 2 807	2 101 318	− 261 [..]	

Bemerkungen.

Zu Spalte 5ᵃ: Davon in Abschnitten zu 100 ℳ = 962 980 000 ℳ.
        »   500   » = 19 981 500 ℳ (bei den Banken Nr. 1, 2, 4).
        »   1 000 » = 304 058 000 ℳ (»   »   1 und 2).
Zu Spalte 9 Nr. 2ᵃ: Darunter 126 900 ℳ noch nicht zur Einlösung gelangte Guldennoten.
  »   9 » 7ᵃ: »   90 789 ℳ » » » » » Gulden- und Thalernoten.

Wesen.

banken Ende Januar 1899
sichten, verglichen mit demjenigen Ende Dezember 1898.
auf Tausend Mark.)

Activa.

Kassen-Bestand.	Gegen 31. Dez. 1898.	Reichs-kassen-scheine.	Gegen 31. Dez. 1898.	Noten anderer Banken.	Gegen 31. Dez. 1898.	Wechsel.	Gegen 31. Dez. 1898.	Lombard.	Gegen 31. Dez. 1898.	Effekten.	Gegen 31. Dez. 1898.	Sonstige Aktiva.	Gegen 31. Dez. 1898.	Summe der Aktiva.	Gegen 31. Dez. 1898.	Laufende Nummer.
18.	19.	20.	21.	22.	23.	24.	25.	26.	27.	28.	29.	30.	31.	32.	33.	34.
843 080	+ 90 787	21 338	+ 4 631	14 373	+ 2 126	642 433	− 222 648	83 386	−102 738	14 330	− 27 320	106 041	+ 5 036	1 724 901	− 250 856	1.
5 734	+ 148	48	− 5	1 178	+ 1 055	54 002	+ 1 173	9 869	− 767	6 168	+ 284	8 554	+ 499	60 530	+ 7 387	2.
22 687	+ 1 569	91	+ 21	5 367	− 244	88 737	− 9 218	1 247	− 670	31	+ 4	1 432	− 535	79 792	− 3 051	3.
27 056	+ 5 773	702	+ 313	11 153	− 11 101	63 997	− 3 111	2 881	− 1 341	646	+ 111	11 307	− 1 694	117 663	− 10 900	4.
11 837	+ 687	137	− 209	1 149	+ 179	21 414	− 394	1 017	− 708	9	+ 1	1 295	+ 314	36 833	+ 1 058	5.
6 001	+ 15	46	+ 11	221	+ 89	23 251	+ 292	708	− 3	58	− 12	3 091	+ 112	33 376	+ 295	6.
5 294	− 58	40	+ 15	14	− 19	18 767	− 2 047	2 401	− 268	4 174	+ 320	2 585	+ 1 311	33 205	− 776	7.
546	− 84	12	+ 10	86	− 13	5 968	− 1 580	1 642	+ 301	177	− 21	10 021	+ 1 072	18 439	− 297	8.
922 842	+ 98 753	22 404	+ 4 983	33 521	− 7 998	918 598	− 231 083	102 798	− 105 899	25 593	− 26 763	139 331	+ 6 397	2 104 578	− 261 547	

3. Auswanderungs-Wesen.

Bekanntmachung.

Mit Zustimmung des Bundesraths habe ich auf Grund des Gesetzes über das Auswanderungswesen vom 9. Juni 1897 (Reichs-Gesetzbl. S. 463) in der aus dem Nachstehenden näher ersichtlichen Weise die der Hamburg-Amerika-Linie in Hamburg ertheilte Erlaubniß zur Beförderung von Auswanderern erweitert.

Berlin, den 2. Februar 1899.

Der Reichskanzler.

Im Auftrage: Rothe.

Vierter Nachtrag

zu dem Verzeichnisse der auf Grund des Gesetzes über das Auswanderungswesen vom 9. Juni 1897 zugelassenen Auswanderungs-Unternehmer (Central-Blatt 1898 S. 221, 273, 289 und 335; 1899 S. 2).

Namen der Unternehmer.	Häfen, über welche nach welchen Auswanderer befördert werden dürfen.	Länder,	Art der Beförderung.	Besondere Bedingungen, deren Erfüllung dem Unternehmer auferlegt ist.
Zu 2. Hamburg-Amerikanische Packetfahrt-Aktien-Gesellschaft (Hamburg-Amerika-Linie) in Hamburg.	—	Andere Staaten Brasiliens als die drei südlichsten.	—	Es dürfen nach anderen Staaten Brasiliens als den drei südlichsten nur nichtdeutsche Auswanderer befördert werden.

4. Zoll- und Steuer-Wesen.

Auf Grund der Bestimmung im Artikel 36 der Reichsverfassung ist nach Vernehmung des Ausschusses des Bundesraths für Zoll- und Steuerwesen der Kaiserliche Zollinspektor Dützmann in Mülhausen im Elsaß an Stelle des in den elsaß-lothringischen Landesdienst zurückberufenen Kaiserlichen Hauptsteueramts-Rendanten Rohr den Königlich preußischen Hauptzollämtern zu Eydtkuhnen, Memel und Tilsit sowie den Königlich preußischen Hauptsteuerämtern zu Friedland in Ostpreußen und Gumbinnen als Stationskontroleur mit dem Wohnsitz in Tilsit vom 1. Februar d. J. ab beigeordnet worden.

— 43 —

5. Polizei-Wesen.

Ausweisung von Ausländern aus dem Reichsgebiete.

Laufende Nr.	Name und Stand der Ausgewiesenen.	Alter und Heimath	Grund der Bestrafung.	Behörde, welche die Ausweisung beschlossen hat.	Datum des Ausweisungs- beschlusses.
1.	2.	3.	4.	5.	6.
	a) Auf Grund des §. 39 des Strafgesetzbuchs.				
1.	Mathias Herrmanns, Artist,	geboren am 13. September 1874 zu Neckheim, Provinz Limburg, Belgien, ortsangehörig ebendaselbst,	Kuppelei (6 Monate Gefängniß laut Erkenntniß vom 9. August 1898),	Großherzoglich badischer Landeskommissär zu Freiburg.	10. Januar d. J.
	b) Auf Grund des §. 362 des Strafgesetzbuchs.				
2.	Ignaz Haid, Bergmann,	geboren am 15. August 1870 zu Stockach, Bezirk Kufstein, Tirol, ortsangehörig zu Bach, Bezirk Reutte, Tirol.	Landstreichen und Betteln,	Königlich bayerisches Bezirksamt Oberdorf.	20. Januar d. J.
3.	Jakob Helb, Musiker,	29 Jahre alt, geboren angeblich zu grober Unfug Carl, Tirol, österreichischer Staatsangehöriger,	und gewerbsmäßige Landstreicherei,	Kaiserlicher Bezirks-Präsident zu Straßburg.	31. Januar d. J.
4.	Robert Helb, früher Musiker,	64 Jahre alt, geboren zu Haidenschaft, Bezirk Görz, österreichischer Staatsangehöriger,	Landstreichen,	derselbe.	desgleichen.
5.	Joseph Kaplan, Bernsteindrechsler,	geboren am 24. Dezember 1858 zu Wien, österreichischer Staatsangehöriger,	Betteln,	Königlich preußischer Regierungs-Präsident zu Frankfurt a. O.	17. Dezember v. J.
6.	Maria Lahartinger, Köchin, ledig,	geboren am 7. März 1874 zu Fügen, Bezirk Schwaz, Tirol, ortsangehörig zu Uberno, ebenda,	gewerbsmäßige Unzucht,	Königlich bayerische Polizei-Direktion München.	3. Januar d. J.
7.	Chaim Lam,	geboren im Jahre 1880 zu Zarczyn, Gouvernement Warschau, Rußland, österreichischer Staatsangehöriger,	Landstreichen und Betteln,	Kaiserlicher Bezirks-Präsident zu Metz.	25. Januar d. J.
8.	Joseph Anton Lorz, Schlossergeselle,	geboren am 9. Januar 1870 zu Königswalde, Bezirk Schluckenau, Böhmen, österreichischer Staatsangehöriger,	desgleichen,	Königlich preußischer Regierungs-Präsident zu Aachen.	5. Januar d. J.
9.	Anna Oberhauser, Dienstmagd, ledig,	geboren am 8. Mai 1881, zu Hall, Bezirk Innsbruck, Tirol, ortsangehörig zu Söll, Bezirk Kufstein, Tirol,	gewerbsmäßige Unzucht,	Königlich bayerische Polizei-Direktion München.	9. Januar d. J.
10.	Wenzeslaus Pelaref, Maurer,	geboren im Jahre 1833 zu Stolschik, Bezirk Preßlig, Böhmen, österreichischer Staatsangehöriger,	Betteln,	Königlich bayerisches Bezirksamt Regen.	19. Januar d. J.
11.	Antonie Pilna, geborene Publik, Dienstmagd, verheirathet,	geboren am 17. März 1878 zu Großzbilau, Bezirk Prachatiß, Böhmen, ortsangehörig zu Tobry, Bezirk Strakoniß, Böhmen,	gewerbsmäßige Unzucht,	Königlich sächsische Kreishauptmannschaft Zwickau.	13. November v. J.
12.	Franz Walter, Handlungsgehülfe,	geboren am 28. Februar 1878 zu Troppau, Oesterreichisch-Schlesien, ortsangehörig ebendaselbst,	Betteln,	Königlich preußischer Regierungs-Präsident zu Breslau.	18. Januar d. J.
13.	Bernhard Wolf, Erdarbeiter,	geboren am 6. Mai 1851 zu Olderbrock, Provinz Gelderland, Niederlande,	desgleichen,	Königlich preußischer Regierungs-Präsident zu Arnsberg.	25. Januar d. J.
14.	Andreas Zantl, Tagelöhner,	geboren am 28. Mai 1860 zu Gossengrün, Bezirk Falkenau, Böhmen, ortsangehörig zu Plumberg, ebenda,	Landstreichen und Betteln,	Königlich bayerisches Bezirksamt Tölz.	3. Januar d. J.

Berlin, Carl Heymanns Verlag. — Gedruckt bei Julius Sittenfeld in Berlin.

Central-Blatt für das Deutsche Reich.

Herausgegeben im Reichsamte des Innern.

Zu beziehen durch alle Postanstalten und Buchhandlungen.

XXVII. Jahrgang.   Berlin, Freitag, den 17. Februar 1899.   № 7.

Inhalt: 1. Konsulat-Wesen: Ernennung; — Entlassungen; — Exequatur-Ertheilung . . . . . Seite 45
2. Militär-Wesen: Ermächtigungen zur Ausstellung ärztlicher Zeugnisse für militärpflichtige Deutsche in Brasilien; — Abänderung der Landwehr-Bezirkseintheilung 46
3. Maß- und Gewichts-Wesen: Eröffnung einer Prüfungsstelle für ärztliche Thermometer im Reichsamte zu Gehlberg 47
4. Justiz-Wesen: Aenderungen in dem Verzeichnisse der zur Einziehung von Gerichtskosten bestimmten Stellen 47
5. Marine und Schiffahrt: Erscheinen der amtlichen Liste der Schiffe der deutschen Kriegs- und Handelsmarine für 1899 47
6. Polizei-Wesen: Ausweisung von Ausländern aus dem Reichsgebiete 48

1. Konsulat-Wesen.

Seine Majestät der Kaiser haben im Namen des Reichs den Ingenieur Heinrich Seedorf zum Konsul in Georgetown (Britisch Guayana) zu ernennen geruht.

Dem bisherigen Kaiserlichen Vize-Konsul in Rouen, C. M. Egerton, ist die erbetene Entlassung aus dem Reichsdienst ertheilt worden.

Dem bisherigen Kaiserlichen Vize-Konsul in Beira (Portugiesisch Ostafrika), Heinrich Hansing, ist die Entlassung aus dem Reichsdienst ertheilt worden.

Dem Königlich großbritannischen Konsul Ralph Bernal in Stettin ist das Exequatur Namens des Reichs ertheilt worden.

2. Militär-Wesen.

Bekanntmachung.

Den praktischen Aerzten Dr. med. Louis Apel zu Rio de Janeiro und Dr. med. Arnold Siegmund zu Porto Alegre ist auf Grund des §. 42 Ziffer 2 der Wehrordnung die Ermächtigung ertheilt worden, Zeugnisse der im §. 42 Ziffer 1a und b a. a. O. bezeichneten Art über die Untauglichkeit oder bedingte Tauglichkeit derjenigen militärpflichtigen Deutschen auszustellen, welche ihren dauernden Aufenthalt in Brasilien haben.

Berlin, den 12. Februar 1899.

Der Reichskanzler.
In Vertretung: Graf v. Posadowsky.

Die an die Stelle der Anlage 1 zu §. 1 der Wehrordnung vom 22. November 1888 getretene neue Landwehr-Bezirkseintheilung für das Deutsche Reich (Anhang zu Nr. 13 des Central-Blatts von 1895 S. 69ff.) wird gemäß §. 1 Ziffer 6 der Wehrordnung an den einschlägigen Stellen abgeändert wie folgt:

Armeekorps.	Infanterie-Brigade.	Landwehrbezirke.	Verwaltungs- (bezw. Aushebungs-) bezirke.	Bundesstaat. (Provinz, bezw. Regierungsbezirk.)
				Königreich Preußen.
VI.	24.	Beuthen O.-S.	Kreis Tarnowitz. Stadt Königshütte. • Beuthen. Landkreis Beuthen.	R.-B. Oppeln.
VIII.	29.	Rheydt.	Kreis Erkelenz. • Heinsberg. • Kempen. Stadt München-Gladbach. Kreis Gladbach.	R.-B. Aachen.
	1. Bezirk 30.	Neuß.	Kreis Neuß. • Grevenbroich. • Bergheim.	R.-B. Düsseldorf.
	2. Bezirk	Bonn.	Stadt Bonn. Landkreis Bonn. Kreis Euskirchen. • Rheinbach.	R.-B. Cöln.
XVII.	6.	Stolp.	Stadt Stolp. Landkreis Stolp. Kreis Lauenburg.	R.-B. Köslin.

Die auf das VIII. Armeekorps bezüglichen Aenderungen treten am 1. April d. J. in Kraft.

Berlin, den 13. Februar 1899.

Der Reichskanzler.
In Vertretung: Graf v. Posadowsky.

3. Maß- und Gewichts-Wesen.

Bekanntmachung.

Laut der im Deutschen Reichs- und Königlich Preußischen Staatsanzeiger Nr. 264 vom 7. November 1898 erlassenen Bekanntmachung des Herzoglich Sächsischen Staatsministeriums in Gotha vom 31. Oktober 1898 ist im Herzoglichen Aichamte zu Gehlberg eine unter der technischen Aufsicht der Physikalisch-Technischen Reichsanstalt stehende Prüfungsstelle für ärztliche Thermometer eröffnet worden. Für dieselbe sind die im Central-Blatt für das Deutsche Reich vom 11. Februar 1898 S. 76, veröffentlichten Prüfungsbestimmungen für Thermometer maßgebend. Die geprüften Thermometer werden mit dem Kennzeichen

Reichsadler II. S. G. (lfde. Nr.)

versehen.

Charlottenburg, den 3. Februar 1899.

Physikalisch-Technische Reichsanstalt.
Kohlrausch.

---

4. Justiz-Wesen.

Das Verzeichniß derjenigen Behörden (Kassen), an welche nach der vom Bundesrath unter dem 23. April 1880 beschlossenen Anweisung Ersuchen um Einziehung von Gerichtskosten zu richten sind (Central-Blatt für das Deutsche Reich von 1885 S. 79 ff.) erleidet folgende weitere Aenderungen:
1. Seite 105 fallen die auf das Amtsgericht in Kranichfeld bezüglichen Angaben in Folge der Aufhebung dieses Amtsgerichts weg.
2. Seite 119, 128 und 130 ist in der letzten Spalte des Verzeichnisses bei den die Amtsgerichte in Pößneck, Steinach und Themar betreffenden Stellen die Bezeichnung „Herzogliche Untereinnahme" durch die Bezeichnung „Herzogliche Amtseinnahme" zu ersetzen.

---

5. Marine und Schiffahrt.

Die im Reichsamte des Innern als Anhang zum internationalen Signalbuche herausgegebene „Amtliche Liste der Schiffe der deutschen Kriegs- und Handelsmarine mit ihren Unterscheidungs-Signalen für 1899" ist im Verlage der Buchhandlung Georg Reimer in Berlin erschienen.

Das Buch wird den Reichs- und Staatsbehörden bei direkter Bestellung sowie den Wiederverkäufern zum Preise von 1,20 ℳ. für das Exemplar von der Verlagsbuchhandlung geliefert. Im Buchhandel ist dasselbe zum Preise von 1,60 ℳ. für das Exemplar zu beziehen.

6. Polizei-Wesen.

Ausweisung von Ausländern aus dem Reichsgebiete.

Laufende Nr.	Name und Stand der Ausgewiesenen.	Alter und Heimath	Grund der Bestrafung.	Behörde, welche die Ausweisung beschlossen hat.	Datum des Ausweisungsbeschlusses
1.	2.	3.	4.	5.	6.
		Auf Grund des §. 362 des Strafgesetzbuchs.			
1	Johann Franz Weber,	geboren am 13. Juni 1862 zu Groß-Borič, Bezirk Neustadt a. d. Mettau, Böhmen, ortsangehörig zu Jizbic, ebenda.	Landstreichen und Betteln,	Königlich sächsische Kreishauptmannschaft Zwickau.	22. Dezember v. J.
2.	Joseph Herrmann, Schuhmacher,	geboren am 28. September 1864 zu Betlen, Oedenburg, Ungarn,		Königlich preußischer Regierungs-Präsident zu Potsdam,	1. Februar d. J.
3.	Wilhelm Jirasko, Schuhmacher,	geboren am 28. Mai 1887 zu Gitschin, Böhmen, österreichischer Staats-Angehöriger,	Landstreichen und Betteln,	Königlich preußischer Regierungs-Präsident zu Breslau,	4. Februar d. J.
4.	Florian Krause, Lohgerbergeselle,	geboren am 5. Mai 1858 zu Beth-bach, Bezirk Reichenberg, Böhmen, ortsangehörig ebendaselbst,	Betteln,	Königlich preußischer Regierungs-Präsident zu Potsdam,	31. Januar d. J.
5.	Ignatz Matjeka, Tuchweber,	geboren am 17. Januar 1872 zu desgleichen, Lobnik, Bezirk Jägerndorf, Oesterreichisch-Schlesien, ortsangehörig ebendaselbst,		Königlich preußischer Regierungs-Präsident zu Oppeln,	6. Januar d. J.
6.	Wenzel Sabél (Sabil), Handarbeiter,	geboren am 28. Juli 1856 zu Kosloo, Bezirk Ledetsch, Böhmen, ortsangehörig zu Tremošnice, Bezirk Caslau, Böhmen,	Landstreichen und Betteln,	Königlich sächsische Kreishauptmannschaft Zwickau,	30. Dezember v. J.
7.	Johann Weigend, Sattler- und Tapezierergeselle,	geboren am 28. Februar 1851 zu Schönau, Bezirk Teplitz, Böhmen, ortsangehörig daselbst,	Arbeitsberaubung und Betteln,	dieselbe,	16. Januar d. J.
8.	Ignatz Wisniowski, Schuhmacher,	geboren am 1. April 1859 zu Bochnia, Galizien, ortsangehörig ebendaselbst,	Landstreichen und Betteln,	Königlich preußischer Regierungs-Präsident zu Erfurt,	1. Februar d. J.

Berlin, Carl Heymanns Verlag. — Gedruckt bei Julius Sittenfeld in Berlin.

Central-Blatt für das Deutsche Reich.

Herausgegeben im Reichsamte des Innern.

Zu beziehen durch alle Postanstalten und Buchhandlungen.

XXVII. Jahrgang | Berlin, Freitag, den 24. Februar 1899. | № 8.

Inhalt: 1. Konsulat-Wesen: Ernennungen; — Ermächtigung zur Vornahme von Civilstands-Akten. Seite 49
2. Finanz-Wesen: Nachweisung der Einnahmen des Reichs vom 1. April 1898 bis Ende Januar 1899 . . . 50
3. Zoll- und Steuer-Wesen: Abänderung der Anweisung zur zollamtlichen Prüfung von Mühlenfabrikaten. 51
4. Polizei-Wesen: Ausweisung von Ausländern aus dem Reichsgebiete 52

1. Konsulat-Wesen.

Seine Majestät der Kaiser haben im Namen des Reichs den bisherigen Konsul in Rotterdam, Perl, zum Konsul in Madrid zu ernennen geruht.

Seine Majestät der Kaiser haben im Namen des Reichs den Ingenieur Paul Bauer zum Vize-Konsul in Corcondia (Argentien) zu ernennen geruht.

Dem bei dem Kaiserlichen General-Konsulat in Genua beschäftigten Vize-Konsul Zoepffel ist auf Grund des §. 1 des Gesetzes vom 4. Mai 1870 die Ermächtigung ertheilt worden, in Vertretung des Kaiserlichen General-Konsuls bürgerlich gültige Eheschließungen zwischen Reichsangehörigen vorzunehmen und diese Heirathen zu beurkunden.

2. Finanz-Wesen.

Nachweisung der zur Anschreibung gelangten Einnahmen (einschließlich der kreditirten Beträge) an Zöllen und gemeinschaftlichen Verbrauchssteuern sowie anderer Einnahmen im Deutschen Reiche für die Zeit vom 1. April 1898 bis zum Schlusse des Monats Januar 1899.

Bezeichnung der Einnahmen.	Die Soll-Einnahme beträgt vom Beginne des Rechnungsjahres bis zum Schlusse des obengenannten Monats	Ausfuhr-Vergütungen ꝛc.	Bleiben	Einnahme in demselben Zeitraume des Vorjahrs (Spalte 4)	Differenz zwischen den Spalten 4 und 5. + mehr − weniger
	ℳ	ℳ	ℳ	ℳ	ℳ
1.	2.	3.	4.	5.	6.
Zölle	449 862 648	13 092 282	436 770 356	405 093 182	+ 31 677 174
Tabacksteuer	10 202 078	111 784	10 090 294	10 188 844	− 98 550
Zuckersteuer und Zuschlag zu derselben	119 688 004	32 236 312	87 451 692	76 795 508	+ 10 656 184
Salzsteuer	40 704 524	13 375	40 690 149	40 649 718	+ 50 431
Maischbottich- und Branntweinmaterialsteuer	24 441 557	9 640 800	13 800 757	12 222 988	+ 1 577 769
Verbrauchsabgabe von Branntwein und Zuschlag zu derselben	103 389 937	345 899	103 054 038	104 150 021	− 1 095 983
Brennsteuer	2 662 632	2 474 168	188 464	584 652	− 396 188
Brausteuer	26 085 553	69 828	26 015 725	25 699 267	+ 316 458
Uebergangsabgabe von Bier	3 269 573	—	3 269 573	3 231 013	+ 38 560
Summe	779 302 496	57 974 448	721 331 048	675 605 223	+ 42 725 825
Stempelsteuer für					
a) Werthpapiere	15 697 517	—	15 697 517	12 298 201	+ 3 399 316
b) Kauf- u. sonstige Anschaffungsgeschäfte	10 735 888	40 820	10 694 997	11 441 768	− 746 771
c) Loose zu:					
Privatlotterien	3 043 093	—	3 043 093	2 458 862	+ 614 231
Staatslotterien	12 018 125	—	12 018 125	11 385 286	+ 632 839
Spielkartenstempel	—	—	1 256 278	1 238 632	+ 17 646
Wechselstempelsteuer	—	—	9 156 593	8 241 862	+ 914 731
Post- und Telegraphen-Verwaltung	—	—	294 454 190	272 421 622	+ 21 032 568
Reichseisenbahn-Verwaltung	—	—	66 845 000	63 150 000*)	+ 3 695 000

*) Die definitive Einnahme stellte sich im Vorjahr um 612 037 ℳ höher.

Anmerkung. Die zur Reichskasse gelangte Ist-Einnahme abzüglich der Ausfuhrvergütungen und Verwaltungskosten beträgt bei den nachbezeichneten Einnahmen:

Bezeichnung der Einnahmen.	Ist-Einnahme im Monat Januar			Ist-Einnahme vom Beginn des Rechnungsjahrs bis zum Schluß des Monats Januar		
	1899	1898	Mehr in 1899 + mehr − weniger	1898	1897	Mehr in 1898 + mehr − weniger
	ℳ	ℳ	ℳ	ℳ	ℳ	ℳ
1.	2.	3.	4.	5.	6.	7.
Zölle	53 254 957	49 740 989	+ 3 513 968	399 320 916	367 630 164	+ 31 690 752
Tabacksteuer	871 104	863 024	+ 8 080	10 845 538	10 516 441	+ 329 097
Zuckersteuer und Zuschlag zu derselben	11 148 173	9 329 283	+ 1 818 890	78 067 774	66 591 315	+ 11 476 458
Salzsteuer	4 512 825	4 505 366	+ 7 459	37 574 147	37 673 559	− 99 412
Maischbottich- und Branntweinmaterialsteuer	2 923 070	2 464 426	+ 458 644	13 068 038	12 077 521	+ 990 517
Verbrauchsabgabe von Branntwein und Zuschlag zu derselben	6 844 957	7 536 060	− 691 103	84 407 174	84 607 340	− 200 166
Brennsteuer	156 243	73 726	+ 82 517	84 974	2 460	+ 319 634
Brausteuer und Uebergangsabgabe von Bier	3 149 642	3 075 112	+ 74 530	24 887 517	24 584 973	+ 302 544
Summe	82 901 981	76 464 996	+ 5 992 985	648 086 169	603 915 973	+ 44 170 186
Spielkartenstempel	151 305	147 750	+ 3 555	1 185 966	1 151 230	+ 34 736

3. Zoll- und Steuer-Wesen.

Der Bundesrath hat in seiner Sitzung vom 10. d. M. beschlossen, daß die Ziffer II der Anweisung zur zollamtlichen Prüfung von Mühlenfabrikaten (Anlage zu dem Regulativ für Getreidemühlen und Mälzereien in der vom 1. Januar 1898 ab gültigen Fassung — Central-Blatt für 1897 S. 307 —) wie folgt zu gestalten ist:

„II. Bei der zollamtlichen Abfertigung von Kleie entscheiden die Zollbehörden nach freiem Ermessen darüber, ob ein als „Kleie" declarirtes Mühlenfabrikat zollamtlich als solches zu behandeln oder nach Nr. 25 q 2 des Tarifs zu verzollen ist.

Wenn die Beamten bei einem als Kleie aus Weizen oder Roggen declarirten und zweifellos aus diesem Rohmateriale gewonnenen Mühlenfabrikate wegen des Mehlgehalts Bedenken gegen die zollfreie Ablassung haben und die Betheiligten sich der Denaturirung widersetzen, so hat durch einen vereidigten Chemiker die Untersuchung der Waare auf ihren Aschengehalt mit der Maßgabe stattzufinden, daß die Waare ohne vorgängige Denaturirung zollfrei abzulassen ist, wenn ihr Aschengehalt mindestens 4,1 Prozent in der Trockensubstanz beträgt.

Bestehen Bedenken gegen die zollfreie Ablassung eines als Kleie aus Gerste declarirten, zweifellos aus diesem Rohmateriale gewonnenen Mühlenfabrikats und widersetzen sich die Betheiligten der Denaturirung, so ist die Waare zunächst dem in Ziffer I bezeichneten Siebverfahren zu unterwerfen. Beträgt hierbei das abgesiebte Mehl höchstens 50 Prozent und ist dasselbe von keiner helleren als einer weißlich-gelben Farbe, so kann die Waare ohne vorgängige Denaturirung zollfrei abgelassen werden. Bleiben auch nach dem Absieben noch Bedenken hinsichtlich der Beschaffenheit der Waare, namentlich mit Rücksicht auf die weiße Färbung des abgesiebten Mehles, so ist durch einen vereidigten Chemiker die Feststellung des Aschengehalts dieses Mehles mit der Maßgabe herbeizuführen, daß die zollfreie Ablassung der Waare ohne vorgängige Denaturirung zu erfolgen hat, wenn der Aschengehalt des Mehles mindestens 5 Prozent in der Trockensubstanz beträgt.

Ebenso ist bei einem von den Abfertigungsbeamten der Nr. 25 q 2 des Tarifs zugewiesenen Mühlenfabrikate die Ermittelung des Aschengehalts — bei Fabrikaten aus Gerste nach vorausgegangenem Siebverfahren — herbeizuführen, wenn die Betheiligten dies verlangen und für den Fall, daß das Ergebniß zu ihren Ungunsten ausfällt, also ein geringerer als der in den vorhergehenden beiden Absätzen bezeichnete Mindestgehalt an Asche festgestellt wird, die Kosten der Untersuchung übernehmen. In diesem Falle ist die zollfreie Ablassung der Waare auch nach vorgängiger Denaturirung nicht zulässig."

Berlin, den 21. Februar 1899.

Der Reichskanzler.
Im Auftrage: v. Koerner.

4. Polizei-Wesen.

Ausweisung von Ausländern aus dem Reichsgebiete.

Laufende Nr.	Name und Stand der Ausgewiesenen.	Alter und Heimath	Grund der Bestrafung.	Behörde, welche die Ausweisung beschlossen hat.	Datum des Ausweisungsbeschlusses.
1.	2.	3.	4.	5.	6.
	Auf Grund des §. 362 des Strafgesetzbuchs.				
1.	Thomas Choat, Sprachlehrer,	geboren am 5. Februar 1836 zu London, englischer Staatsangehöriger,	strafbare Obdachlosigkeit,	Königlich preußischer Regierungs-Präsident zu Magdeburg,	10. Februar d. J.
2.	Daniel Katz, Hausirer,	geboren im Jahre 1876 zu Cholojow, Bezirk Kamionka strumiłowa, Galizien, ortsangehörig ebendaselbst,	Betrug, Führung falscher Legitimationspapiere und Betteln,	Königlich sächsische Kreishauptmannschaft Leipzig,	8. November v. J.
3.	Christian Petersen, Maler,	geboren am 28. Dezember 1847 zu Barde, Jütland, Dänemark, ortsangehörig ebendaselbst,	Landstreichen,	Königlich bayerische Polizei-Direktion München,	27. Januar d. J.
4.	Henri Roussel, Mechaniker,	geboren am 11. August 1870 zu Paris, französischer Staatsangehöriger,	Landstreichen und Diebstahl,	Königlich preußischer Regierungs-Präsident zu Cöln,	9. Februar d. J.
5.	Joseph Wozella, Waldarbeiter,	geboren am 14. Januar 1861 zu Wien, ortsangehörig ebendaselbst,	Landstreichen und Betteln,	Großherzoglich badischer Landeskommissär zu Mannheim.	9. Februar d. J.

Central-Blatt für das Deutsche Reich.

Herausgegeben im Reichsamte des Innern.

Zu beziehen durch alle Postanstalten und Buchhandlungen.

XXVII. Jahrgang.   Berlin, Freitag, den 3. März 1899.   № 9.

Inhalt: 1. Marine und Schiffahrt: Betriebsordnung für den Kaiser Wilhelm-Kanal .... Seite 53, 67
2. Konsulat-Wesen: Ernennung; — Exequatur-Ertheilungen 53
3. Kolonial-Wesen: Ermächtigung zur Vornahme von Civilstands-Akten im Schutzgebiete der Neu-Guinea-Kompagnie 54
4. Polizei-Wesen: Ausweisung von Ausländern aus dem Reichsgebiete 54

1. Marine und Schiffahrt.

Zur Regelung des Verkehrs auf dem Kaiser Wilhelm-Kanal ist von dem Kaiserlichen Kanalamt in Kiel unter Aufhebung der Betriebsordnung vom 28. August 1896 (Central-Blatt S. 599 ff.) die in der Beilage abgedruckte Betriebsordnung vom 12. November 1898 erlassen.

Beilage.

2. Konsulat-Wesen.

Seine Majestät der Kaiser haben im Namen des Reichs den bisherigen Konsul in Hiogo—Osaka, von Krencki, zum Konsul in Stockholm zu ernennen geruht.

Dem Königlich spanischen Honorar-Konsul Paul Gustav Constans Erttel in Leipzig ist Namens des Reichs das Exequatur ertheilt worden.

Dem zum Konsul von Paraguay für die Provinz Westfalen mit dem Amtssitze in Gevelsberg ernannten Herrn Wilhelm Carl Schurhoff ist Namens des Reichs das Exequatur ertheilt worden.

Dem Konsularagenten der Vereinigten Staaten von Amerika, Paul H. J. Sartori in Kiel, ist Namens des Reichs das Exequatur ertheilt worden.

11

3. Kolonial-Wesen.

Auf Grund des §. 4 des Reichsgesetzes, betreffend die Rechtsverhältnisse der deutschen Schutzgebiete (Reichs-Gesetzbl. 1888 S. 71) und des §. 1 des Reichsgesetzes vom 4. Mai 1870, betreffend die Eheschließung und die Beurkundung des Personenstandes von Reichsangehörigen im Auslande (Bundes-Gesetzbl. S. 599) ist an Stelle des durch Erlaß vom 13. Januar v. J. zum Standesbeamten für Kaiser-Wilhelmsland ernannten kaufmännischen Beamten Richard Hoffschläger der Gerichtsassessor Paul Boether in Stephansort für seine Person und für die Dauer seines Aufenthalts im Schutzgebiete der Neu-Guinea-Kompagnie allgemein ermächtigt worden, in Kaiser-Wilhelmsland bezüglich aller Personen, die nicht Eingeborene sind, bürgerlich gültige Eheschließungen vorzunehmen und die Geburten, Heirathen und Sterbefälle zu beurkunden.

---

4. Polizei-Wesen.

Ausweisung von Ausländern aus dem Reichsgebiete.

Laufende Nr.	Name und Stand der Ausgewiesenen.	Alter und Heimath	Grund der Bestrafung.	Behörde, welche die Ausweisung beschlossen hat.	Datum des Ausweisungsbeschlusses.
1.	2.	3.	4.	5.	6.

a) Auf Grund des §. 39 des Strafgesetzbuchs.

1.	Constantin Mieszczalowski, Maler.	geboren am 18. März 1857 zu Birlou, Rußland, russischer Staatsangehöriger.	Diebstahl (3 Jahre Zuchthaus, laut Erkenntniß vom 9. Dezember 1896).	Königlich preußischer Regierungs-Präsident zu Bromberg.	15. Februar d. J.

b) Auf Grund des §. 362 des Strafgesetzbuchs.

2.	Wilhelm Bauer, Schlosser.	geboren am 11. August 1871 zu Castrop, Regierungs-Bezirk Arnsberg, ortsangehörig zu Neudorf, Bezirk Tachau, Böhmen.	Widerstand gegen die Staatsgewalt, grober Unfug, Landstreichen und Betteln.	Königlich bayerische Polizei-Direktion München.	30. Januar d. J.
3.	Johann Cavallo, Tagner.	geboren am 10. August 1858 zu Cintano, Provinz Turin, Italien, italienischer Staatsangehöriger.	Landstreichen.	Kaiserlicher Bezirks-Präsident zu Colmar.	18. Februar d. J.
4.	Maria Telfrari, auch Del Frari, Maurer.	geboren am 22. Mai 1852 zu Castelnovo, Provinz Udine, Italien, italienischer Staatsangehöriger.	Landstreichen und Betteln.	Königlich preußischer Regierungs-Präsident zu Breslau.	2. Februar d. J.
5.	Johann Tirschel, Glaspolirer.	geboren am 9. Oktober 1867 zu Muggenthal, Bezirksamt Neunburg v. W., Bayern, ortsangehörig zu Grafenried, Bezirk Bischofsteinitz, Böhmen.	Betteln.	Stadtmagistrat Nürnberg, Bayern.	1. Februar d. J.
6.	Eduard Gabriel Forche, Handarbeiter.	geboren am 26. Februar 1848 zu Böhmisch-Trübau, Bezirk Landskron, Böhmen, ortsangehörig zu Wildenschwerdt, ebenda.	Betteln und verbotswidrige Rückkehr.	Königlich sächsische Kreishauptmannschaft Zwickau.	10. Januar d. J.
7.	Georg Hollar, Tagelöhner.	geboren am 17. Januar 1877 zu Meigelshof, Bezirk Taus, Böhmen, österreichischer Staatsangehöriger.	Widerstand gegen die Staatsgewalt, grober Unfug, Landstreichen und Betteln.	Königlich bayerisches Bezirksamt Viechtach.	3. Februar d. J.

Laufende Nr.	Name und Stand der Ausgewiesenen.	Alter und Heimath.	Grund der Bestrafung.	Behörde, welche die Ausweisung beschlossen hat.	Datum des Ausweisungsbeschlusses.
1.	2.	3.	4.	5.	6.
8.	Pius Mayer, Tagelöhner,	geboren am 7. Mai 1881 zu Losenstein, Bezirk Steyr, Ober-Oesterreich, ortsangehörig zu Grünburg, Bezirk Kirchdorf, ebenda,	Landstreichen und Betteln,	Königlich bayerische Polizei-Direktion München,	27. Januar d. J.
9.	Karoline Nagel, Dienstmagd,	geboren am 15. Oktober 1878 zu Zürich, Schweiz, ortsangehörig ebendaselbst,	desgleichen,	Kaiserlicher Bezirks-Präsident zu Straßburg,	15. Februar d. J.
10.	Friedrich August Reupert, Dienstknecht,	geboren am 8. Juni 1869 zu Reuberg, Bezirk Aich, Böhmen, ortsangehörig ebendaselbst,	desgleichen,	Königlich sächsische Kreishauptmannschaft Zwickau,	12. Januar d. J.
11.	Joseph Schoner, Tagner,	geboren am 17. Mai 1879 zu Niedermorschweiler, Ober-Elsaß, ortsangehörig zu Wytikon, Kanton Zürich, Schweiz,	einfacher und schwerer Diebstahl, Hehlerei, Genußmittelentwendung, Landstreichen und Betteln,	Kaiserlicher Bezirks-Präsident zu Colmar,	10. Februar d. J.
12.	Johanna Pirchl, Dienstmagd, ledig,	geboren am 24. Mai 1840 zu Zirl, Bezirk Innsbruck, Tirol, ortsangehörig ebendaselbst,	gewerbsmäßige Unzucht und Landstreichen,	Königlich bayerische Polizei-Direktion München,	2. November v. J.
13.	Johann Pospisil (Pospischl), Schuhmacher,	geboren am 28. November 1857 zu Pisek, Böhmen, ortsangehörig zu Jinoschitz, Bezirk Beneschau, Böhmen,	Landstreichen und Betteln,	Stadtmagistrat Nürnberg, Bayern,	1. Februar d. J.
14.	Othmar Stieg, Kellner,	geboren am 16. Oktober 1881 zu Bruck an der Mur, Steiermark, österreichischer Staatsangehöriger,	Landstreichen und Führung falscher Legitimationspapiere,	Königlich preußischer Regierungs-Präsident zu Breslau,	17. Februar d. J.
15.	Emil Benischuh, Bäckergehülfe,	geboren am 27. Januar 1871 zu Bodau, Bezirk Schribbs, Nieder-Oesterreich, ortsangehörig zu Naumburg, Böhmen,	Betteln,	Königlich sächsische Kreishauptmannschaft Dresden,	27. Januar d. J.

Beilage
zu
Nr. 9 des Central-Blatts für das Deutsche Reich.

Berlin, Freitag, den 3. März 1899.

Betriebsordnung für den Kaiser Wilhelm-Kanal.

(Die Neuerungen gegen die Betriebsordnung vom 29. August 1896 sind durch „Sperrdruck" kenntlich gemacht.)

Abschnitt I.
Allgemeine Bestimmungen.

§. 1.

Jeder Schiffsführer, der den Kanal befährt, muß einen auf Verlangen ihm auszuhändigenden Abdruck dieser Betriebsordnung, die auch für das Rechtsverhältniß zwischen Kanalverwaltung und ihm bezw. seinem Rheder **maßgebend ist**, an Bord haben und ist für die genaue Befolgung ihrer Vorschriften sowie derjenigen des in Anlage 3 beigefügten Zollregulativs für den Kaiser Wilhelm-Kanal durch die gesammte Besatzung seines Fahrzeuges verantwortlich.

Das Deutsche Reich übernimmt keinerlei Verpflichtung zur Ersatzleistung für Schäden, welche die Schiffe im Kanal, auf den beiderseitigen Rheden oder in den Vorhäfen oder auf den am Kanal liegenden Schiffsliegeplätzen erleiden, selbst wenn ein Verschulden der Kanallootsen oder anderer Angestellter der Kanalverwaltung dabei in Frage kommt.

Für die Rechtsstreitigkeiten, welche aus Anlaß der Fahrt durch den Kanal zwischen der Kanalverwaltung und dem Schiffer, dem Rheder oder sonstigen am Schiffe Betheiligten anhängig werden, ist, sofern nicht ein anderer Gerichtsstand im Inlande begründet ist, das Landgericht in Kiel in erster Instanz zuständig.

§. 2.

Der Kanal darf von Schiffen aller Nationen nach Zahlung der in dem dieser Betriebsordnung beigefügten Tarife festgesetzten Abgaben — bezw. nach Lösung eines Passirscheins (s. Anl. 2 Abschn. II) — bei Tag und bei Nacht befahren werden, sofern folgende Dimensionen nicht überschritten werden:

Tiefgang: 8 Meter,
größte Breite: 20 Meter,
Länge: 135 Meter,
Mastenhöhe: 40 Meter über der Wasserlinie.

Fremde Kriegsschiffe und Kriegsfahrzeuge dürfen in den Kanal nur nach vorgängiger, auf diplomatischem Wege zu erwirkender Genehmigung einlaufen.

§. 3.

Die Kanalverwaltung behält sich vor,
a) offene oder nicht voll gedeckte Fahrzeuge, wenn sie nicht mindestens 0,50 m Freibord haben,

b) Schiffe, die eine Decklast führen, welche ihre Stabilität oder Manövrirfähigkeit erheblich beeinträchtigt,
c) Schiffe, deren mangelhafte Manövrirfähigkeit im Kanal erfahrungsmäßig oder nach vorgenommener Probe feststeht, oder die in Bezug auf ihr Schiffspersonal zu Bedenken Anlaß geben,

ganz zurückzuweisen oder ihre Zulassung zur Kanalfahrt von der Erfüllung bestimmter Bedingungen abhängig zu machen (vgl. auch §. 5).

§. 4.

Bagger, Kastenschuten und andere von der gebräuchlichen Schiffsform abweichende schwimmende Gefäße oder Maschinen dürfen nur mit besonderer, für jeden einzelnen Fall nachzusuchender Genehmigung des Kaiserlichen Kanalamts und unter genauer Beobachtung der von diesem festzusetzenden Bedingungen und Vorschriften durch den Kanal geführt werden, Flöße unter keiner Bedingung.

Die zu zahlende Abgabe wird für jeden einzelnen Fall vom Kanalamte festgesetzt.

§. 5.

Dampfer dürfen beim Durchfahren des Kanals ihre eigene Maschinenkraft benutzen, jedoch bleibt der Betriebsleitung (Betriebsdirektor, Hafenkapitäne) das Recht vorbehalten, in besonderen Fällen, namentlich, wenn die eigene Geschwindigkeit eines Dampfers im Kanale nicht 8 km in der Stunde erreicht, sein Durchschleppen anzuordnen oder einen oder mehrere Begleitdampfer zur event. Hülfeleistung mitzugeben, wofür die tarifmäßigen Gebühren zu entrichten sind.

Was hier, wie überhaupt in dieser Betriebsordnung für Dampfer angeordnet ist, gilt ebenso für alle durch Maschinen bewegten Fahrzeuge, mögen jene durch Elektrizität, Benzin, Petroleum oder sonstwie getrieben werden.

§. 6.

Segelschiffe, welche
a) den ganzen Kanal durchfahren wollen, ohne Ansehung ihrer Größe,
b) nach Orten am Kanal oder den mit ihm in Verbindung stehenden Wasserstraßen fahren oder davon kommen, und mehr als 35 Reg.-Tons Brutto-Raumgehalt haben,

unterliegen dem Schleppzwange.*)

§. 7.

Segelschiffe, die nicht geschleppt werden, dürfen sich nur bei mehr als halbem Winde der Segel bedienen, andernfalls müssen sie treideln. <u>Allen Dampfern müssen sie, und zwar stets nach Steuerbord, ausweichen.</u>

Das Segeln bei Nacht**) und bei unsichtigem Wetter, sowie das Kreuzen im Kanal ist verboten, Treideln nur erlaubt, soweit es durch Menschenkraft möglich ist.

§. 8.

Alle den Kanal befahrenden Schiffe, soweit sie nicht durch §. 10 besonders davon befreit sind, sind dem Lootsenzwang unterworfen.

Ob geschleppte Schiffe außer dem auf dem Schleppdampfer befindlichen Lootsen noch besondere Lootsen haben müssen, entscheidet die Kanalverwaltung.

§. 9.

Der Lootsenzwang beginnt:
a) für die von der Elbe kommenden Schiffe: auf der Rhede bei Brunsbüttel,
b) für die aus der Ostsee kommenden: beim Zollwachtschiff bei Friedrichsort,
c) für die von Kiel kommenden: auf der Holtenauer Rhede,
d) für die von Rendsburg und der Obereider kommenden Schiffe: bei der Einfahrt in das Kanalgebiet bei km 65.

---

*) Die besonderen Vorschriften über das Schleppen von Fahrzeugen durch den Kanal s. unter Abschnitt VII §§ 46—60.
**) Unter „Nacht" im Sinne dieser Betriebsordnung ist die Zeit zu verstehen, während deren die Kanalbeleuchtung im Betrieb ist, unter „Tag" die übrige Zeit.

§. 10.

Befreit vom Lootsenzwange sind nur diejenigen Segelschiffe, welche dem Schleppzwange nicht unterliegen, sowie kleine offene Dampf= und Motorboote; jedoch ist das Kanalamt befugt, weitere Befreiungen eintreten zu lassen.

§. 11.

Die Kanallootsen üben außer dem Lootsdienst die zollamtliche und innerhalb der ihnen ertheilten Befugnisse die polizeiliche Aufsicht auf den betreffenden Schiffen bezw. Schleppzügen aus.

§. 12.

Kanallootsen=Stationen sind vorhanden:
1. in Brunsbüttel } in unmittelbarer Nähe der Kanalmündungen,
2. in Holtenau
3. bei Rübbel (km 57,2), wo für die den ganzen Kanal durchfahrenden Schiffe der Regel nach Lootsenwechsel eintritt.

Die Kanallootsen kommen an Bord:
1. bei Brunsbüttel auf der Elbe in der Nähe der Kanalmündung,
2. bei Holtenau zwischen dem Zollwachtschiffe bei Friedrichsort und der Kanalmündung, bezw. an Bord aus Kiel kommender Fahrzeuge auf der Holtenauer Rhede.

§. 13.

Ein Schiff, welches einen Kanallootsen wünscht, hat bei Tage am Vortopp die nationale Lootsenflagge mit dem Antwortwimpel des Internationalen Signalbuchs darunter zu heißen; bei Nacht sind zwei weiße Laternen nebeneinander am Bug zu zeigen. Gegensignale als „Verstanden" werden von den Lootsenstationen nicht gemacht; nur wenn aus irgend einem Grunde Lootsen nicht an Bord geschickt werden können, werden von den Lootsenstationen an den Kanalmündungen:

a) bei Tage der Wimpel I) des Internationalen Signalbuchs unter der Reichsdienstflagge,
b) bei Nacht drei rothe Laternen untereinander

gezeigt.

Die Lootsenfahrzeuge bezeichnen, wenn sie auf Rhede sind, ihre Lage durch Abbrennen von Flackerfeuern in Zwischenräumen von mindestens 15 Minuten.

§. 14.

Lootspflichtige Schiffe, die
a) aus der Unterelbe kommend, in den Kanal gehen, können ihren Kanallootsen schon bei dem Lootsenhause zu Rübbel an Bord nehmen, jedoch fährt der Lootse bis zum Eintritt in das Kanalgebiet bei km 65 nur als Passagier mit;
b) von Orten an der Kieler Föhrde aus in den Kanal gehen, können ihren Kanallootsen schon vor ihrer Abfahrt erhalten, wenn sie diesen Wunsch rechtzeitig unter genauer Angabe von Ort und Zeit der Abfahrt dem Hafenkapitän zu Holtenau mittheilen und entweder selbst den Lootsen von der Lootsenstation in Holtenau abholen, oder sich verpflichten, die durch seine Beförderung an Bord entstehenden baaren Auslagen dem Lootsen zu erstatten;
c) von einem am Kanal oder bei Rendsburg belegenen Schiffsliegeplatz aus ihre Fahrt durch den Kanal antreten wollen, haben die Bestellung des Kanallootsen unter genauer Angabe von Ort und Zeit der Abfahrt bei der nächstgelegenen Lootsenstation zu beantragen.

Dem Lootsen ist gleich bei seiner Ankunft an Bord das vorgeschriebene Wegegeld (s. Anl. 2 Abschn. I Nr. III) zu entrichten.

Auf das gleiche Wegegeld haben diejenigen Lootsen Anspruch, die von einem Schiffe, das seine Fahrt an einem der unter c bezeichneten Plätze beendigt oder bei km 65 den Kanal verläßt, dort abgesetzt werden.

Die Lootsen sind verpflichtet, für die so empfangenen Beträge auf Verlangen Quittung zu leisten.

§. 15.

Der Lootse stellt seine Erfahrungen und seine Ortskenntnisse dem Schiffer zur Verfügung und ist für alle seine Anordnungen der Kanalverwaltung, aber auch nur dieser, verantwortlich.

Der Schiffsführer ist für die richtige und pünktliche Ausführung der vom Lootsen ergangenen Anordnungen verantwortlich, auch ist er verpflichtet, jenen von etwa vorhandenen besonderen Manövrir-eigenschaften seines Schiffes rechtzeitig in Kenntniß zu setzen, sowie ihm alle etwa weiter gewünschte Auskunft über die Eigenschaften seines Schiffes eingehend zu ertheilen.

§. 16.

Die mit der Führung oder Bewachung eines Schiffes betrauten Kanallootsen haben während ihres dienstlichen Aufenthalts an Bord Anspruch auf unentgeltliche Theilnahme an den regelmäßigen Mahlzeiten des Schiffsführers, sowie im Bedarfsfalle auf angemessene reinliche Unterkunft an Bord.

Alle den Kanal befahrenden Schiffe sind verpflichtet, Kanallootsen auf ihr Verlangen mitzunehmen und ihnen gegen eine vom Lootsen direkt zu zahlende **Vergütung** von

15 Pf. für das Frühstück,
40 = = = Mittagessen,
25 = = = Abendbrot

die Theilnahme an den oben bezeichneten Mahlzeiten, sowie im Bedarfsfalle reinliche Unterkunft an Bord — diese unentgeltlich — zu gestatten.

Den höheren Beamten des Kanalamts steht das Recht zu, auf jedem den Kanal passirenden Schiffe sich einzuschiffen, ihnen ist auf Verlangen ihrem Stande entsprechende Verpflegung und Unterkunft zu angemessenen bezw. üblichen Preisen zu gewähren.

Abschnitt II.
Vorbereitung für die Kanalfahrt.

§. 17.

Jeder Schiffer, welcher den Kanal befahren will, hat das für die Kanalfahrt bestimmte Anmelde-formular nach dem vorgeschriebenen Muster (vgl. Anl. 2 Abschn. II) in zweifacher Ausfertigung wahr-heitsgetreu ausgefüllt, sowie den Meßbrief und sonstige, für die Berechnung der Kanalabgaben maßgebende Schiffspapiere zur Abgabe an der Eintrittsmündung bereit zu halten.

§. 18.

Die Zollzeichen (Flagge und Leuchte gemäß §§. 2 und 5 des Zollregulativs) sind bereit zu halten, außerdem bei Weichenschiffen (s. §. 28) eine grüne Kugellaterne; gegebenenfalls ist der Lootse zu benachrichtigen, daß sie von der Kanalverwaltung ermiethet werden sollen.*)

§. 19.

Segelschiffe haben sämmtliche Segel festzumachen, die Raaen über Backbord scharf anzubrassen, den Klüverbaum einzunehmen, eine genügend starke Schlepptrosse bereit zu legen und sich überhaupt klar zum Eingeschleppwerden zu machen.

§. 20.

Im Uebrigen sind folgende Vorbereitungen zu treffen:
1. Schiffe von mehr als 50 Reg.-Tons Brutto-Raumgehalt müssen einen Bug- und einen genügend starken Heckanker zum Fallen bereit halten (vergl. §. 22 Abs. 7 und §. 38);
2. sämmtliche Boote sind einzuschwingen bezw. aufzutoppen, mit Ausnahme eines, welches zum sofortigen Aussahren von Leinen und zu Rettungszwecken bereit sein muß. Dieses ist entweder an der Steuerbordseite ausgeschwungen zu halten oder im Schlepp zu führen;
3. die Stängen sind zu streichen, wenn sie höher als 40 Meter über Wasser sind;
4. der Großtopp ist mit einer Flaggleine oder Jolle zum Heißen von Laternen und Ballsignalen zu versehen;
5. an beiden Seiten, vorn und achtern, sind für das Einlaufen und Durchschleusen Leinen mit aufgesteckten Wurfleinen, sowie an den Schiffsseiten Fender bereit zu halten, welche jedoch

---

*) Die Miethe beträgt für die Zollzeichen 2 ℳ, für die grüne Laterne 1 ℳ für jede Fahrt. Die Zollzeichen und die Laternen sind beim Schleusenmeister der Ansgangsschleuse abzugeben. Bei Beschädigung oder Verlust der gemietheten Gegenstände ist in dem von der Kanalverwaltung festzusetzenden Betrage Entschädigung zu leisten.

nicht aus einem versinkbaren Material angefertigt sein und keine hervorstehenden Metallbeschlagtheile haben dürfen;

6. Dampfschiffe müssen ihre Dampffeuerspritze mit genügenden Schlauchlängen zum sofortigen Gebrauch bei etwa ausbrechendem Feuer bereit halten;

7. geladene Geschütze sind zu entladen.

Zum sofortigen Gebrauch sind ferner bereit zu legen:

a) bei Tagfahrten:

zwei schwarze Bälle oder Körper, von je 65 cm Durchmesser, welche auf mindestens 2 m Entfernung mit einander verbunden sind;

b) bei Nachtfahrten:

zwei rothe Lichter, jedes von mindestens 25 cm Durchmesser, die ebenfalls auf mindestens 2 m Entfernung mit einander zu verbinden sind, ferner einige weiße Laternen. Sämmtliche Laternen sind so unterzubringen, daß sie von außenbords nicht gesehen werden können.

Abschnitt III.
Einlaufen in den Vorhafen und Durchschleusen.

§. 21.

Lootspflichtige Dampfer und alle Schleppzüge dürfen nur unter Leitung von Kanallootsen in die Vorhäfen des Kanals einlaufen, Segelfahrzeuge aller Art — abgesehen von Nothfällen — **ausschließlich im Schlepp von Dampfern der Kanalverwaltung.** Die Segelfahrzeuge haben zum Zeichen, daß sie eingeschleppt werden wollen, die Nationalflagge in dem der Kanalmündung zugekehrten Want des Großmastes zu zeigen.

Nicht Lootspflichtige Dampfer dürfen nur einfahren, wenn durch Signal die Einfahrt freigegeben ist, und zwar in diejenige Schleuse, die durch Signal (Anl. 1 Nr. 6 und 7) bezeichnet ist; sie haben hierbei allen Anordnungen, die ihnen von Beamten der Kanalverwaltung ertheilt werden, unweigerlich nachzukommen. Größeren ebenfalls einfahrenden oder ausfahrenden Schiffen, sowie Schleppzügen haben sie **unter allen Umständen aus dem Wege zu gehen bezw. jene vorausfahren zu lassen.**

§. 22.

Die Reihenfolge der Zulassung zur Einfahrt in den Kanal bestimmt sich im Allgemeinen nach der Zeit der Ankunft auf der Rhede; jedoch ist die Hafenbehörde berechtigt, davon abweichende Anordnungen zu treffen.

Zur Unterstützung beim Ein- und Auslaufen dienen Dampfer der Kanalverwaltung. Für diese Hülfsleistung werden besondere Gebühren nicht berechnet.

Während des Einlaufens in die Vorhäfen sind Bug- und Heckanker zu besetzen und zum sofortigen Fallen klar zu halten.

Nachrichtlich wird bemerkt, daß die Stellung der Thorflügel in den Schleusen bei Nacht durch zwei, an jedem Flügel an der der Fahrtrichtung zugekehrten Seite neben der Schlagsäule über einander angebrachte Lichter zu erkennen ist. Bei geschlossenen Thoren zeigen sich 4 Lichter im Quadrat; die Lichter der Einfahrtsthore zeigen rothe, die der Ausfahrtsthore grüne Farbe.

§. 23.

Für die Feststellung und Zahlung der Kanalabgaben und Schleppgebühren und die Kontrole darüber, wie behufs der zollamtlichen Abfertigung hat jedes in den Kanal eintretende Schiff auf Verlangen der Hafenbehörde in der Einfahrtsschleuse oder an einer von der Hafenbehörde zu bestimmenden Stelle des Binnenhafens festzumachen.

Abschnitt IV.
Fahrt durch den Kanal.

§. 24.

Bezüglich des Ausweichens, der Führung von Lichtern u. s. w. gelten die Bestimmungen der Kaiserlichen Verordnung zur Verhütung des Zusammenstoßens von Schiffen auf See vom 9. Mai 1897 (Reichs-Gesetzbl. S. 203, 462), bezüglich der Lootsendampferfahrzeuge die Bestimmungen der Kaiserlichen Verordnung vom 10. Mai 1897 (Reichs-Gesetzbl. S. 215) mit den aus dieser Betriebsordnung sich ergebenden Modifikationen und der Maßgabe, daß das im Artikel 2 der Verordnung vom 9. Mai 1897 zugelassene zweite weiße Topplicht während der Kanalfahrt im Großtopp geführt werden muß.

§. 25.

Die Fahrgeschwindigkeit über den Grund darf überall 15 km = 8,1 Seemeilen, bei Schiffen von mehr als 2000 Reg.-Tons Brutto und mehr als 5 m Tiefgang 12 km = 6,5 Seemeilen in der Stunde nicht überschreiten.

Auch unter diese Maße muß sie in den durch hohe Ufer bei gewundenem Fahrwasser unübersichtlichen Strecken, ferner auf Anordnung der Betriebsleitung (Betriebsdirektor, Hafenkapitäne) oder auf Verlangen des Lootsen entsprechend ermäßigt werden, wenn dieser nach seinem pflichtmäßigen Ermessen von der gestatteten Fahrt Gefahren für die Kanalanlagen oder das Schiff befürchtet.

§. 26.

Außer den im §. 25 Satz 2 gedachten Fällen ist die Fahrgeschwindigkeit rechtzeitig zu vermindern bezw. auf Anordnung des Lootsen die Maschine zu stoppen für das Passiren von:
1. entgegenkommenden Schiffen,
2. Schiffen, welche festgemacht haben,
3. Baggern und beladenen Baggerprähmen,
4. mit Füllung der Bojen beschäftigten Gasprähmen, sowie bei der Taucherarbeit befindlichen Taucherprähmen (durch eine grüne Flagge kenntlich),
5. Strecken, welche durch die Signale Anl. 1 Nr. 35 kenntlich gemacht sind,
6. Weichenwärter-Stationen,
7. Fahrbuchten und zwar hier von den durch weißen Anstrich kenntlich gemachten Stangen der elektrischen Lichtleitung an bis zur Fahrbucht selbst;

ferner:

8. beim Lootsenwechsel zu Rüsbbel,
9. auf Anruf der Zollwachtboote oder der die Zollkontrole ausübenden Beamten,
10. wenn von Kanalbeamten durch Schwenken einer rothen Flagge bei Tage, einer rothen Laterne bei Nacht das allgemeine Haltesignal (Anl. 1 Nr. 36) gegeben wird,
11. wenn von einem Weichenwärter das Signal 25, 32 oder 33 gegeben wird.

Für die Fälle zu 2 bis 6 ist unter verminderter Geschwindigkeit eine solche Geschwindigkeit zu wählen, die keinen schädlichen Wellenschlag aufkommen läßt.

In den Strecken zwischen den beiderseitigen Vorsignalen der Dreh- und Pontonbrücken ist die Fahrgeschwindigkeit stets so weit zu ermäßigen, daß sie höchstens 4 Seemeilen in der Stunde gleichkommt.

§. 27.

Die Fahrt durch den Kanal ist ohne jeden, nicht durch zwingende Gründe gebotenen Aufenthalt bezw. nach Anweisung der Betriebsbeamten anzutreten und zu vollenden.

Die durch ungerechtfertigten Aufenthalt unmittelbar wie mittelbar entstehenden Kosten für Zollbewachung, längere Inanspruchnahme des Lootsen, des Schleppdampfers u. s. w. haben die Schiffsführer bezw. Rheder zu tragen (s. Tarif Anl. 2).

Die Kanalverwaltung ist insbesondere berechtigt, Fahrzeuge, die ohne triftigen Grund im Kanalgebiete sich aufhalten, hinausschleppen zu lassen und dafür die tarifmäßigen Schleppgebühren den Schiffsführern bezw. Rhedern aufzuerlegen.

Daraus, daß bei der Durchfahrt durch Festkommen des eignen oder eines anderen Schiffes oder durch Maßnahmen, welche im Interesse eines sicheren Verkehrs geboten sind, Verzögerungen eintreten, können keinerlei Ansprüche auf Schadenersatz wegen Zeitversäumniß erhoben werden.

§. 28.

Sämmtliche Schiffe, welche den Kanal befahren, müssen bei Tage ihre Nationalflagge, bei Nacht außer den vorgeschriebenen Lichtern — soweit sie nicht unter Zollleuchte fahren — ein weißes Licht am Heck führen.

Bei Schleppzügen braucht das Hecklicht nur von dem letzten Schiffe geführt werden.

Schiffe, welche wegen ihrer Größe, ihres Tiefgangs oder aus anderen Gründen nur in den Weichen, nachdem ihre Gegensegler oder sie selbst dort festgemacht haben, jene passiren oder von ihnen passirt werden dürfen („Weichenschiffe"), führen:
a) bei Tage einen schwarzen Ball oder Körper
b) bei Nacht statt des zweiten weißen Topplichts (f. §. 21) ein grünes } im Großtopp.

§. 29.

Es ist, falls nicht der Lootse aus besonderen Gründen ein Anderes anordnet, stets nach Steuerbord auszuweichen; kleinere Schiffe haben, soweit ihr Tiefgang es gestattet, den größeren und augenscheinlich tiefer gehenden die Mitte zu überlassen.

Bagger dürfen nur an der Seite passirt werden, welche durch Signal als „frei" bezeichnet ist. Kann ein Bagger aus irgend einem Grunde ein Schiff nicht passiren lassen, so hat er statt des grünen Balls bezw. Lichts solche von rother Farbe zu heißen und bei Annäherung eines Schiffes kurze Töne mit der Dampfpfeife zu geben, bis das Hinderniß beseitigt ist.

§. 30.

Es muß stets gut Ausguck sowohl nach vorn wie nach hinten gehalten werden.

§. 31.

In den Ausweichestellen („Weichen") haben die Schiffe nach Vorschrift des §. 42 festzulegen, wenn für sie das Weichensignal auf „Halt" (Nr. 19—23, 26—30 bezw. 33) gestellt ist, und dürfen ihre Fahrt erst fortsetzen, wenn sie durch Signal (Nr. 24, 31 bezw. 34) die Erlaubniß dazu erhalten.

Bei Nacht darf keine Weiche durchfahren werden, wenn nicht das Signal für freie Fahrt (Nr. 24 bezw. 31) steht. Ist Nachts beim Annähern an eine Weiche keinerlei Signal zu erkennen, so ist die Fahrt vor der Weiche zu ermäßigen bezw. zu stoppen und es sind mit der Dampfpfeife fortwährend kurze Töne zu geben, bis von der Weiche ein Signal gegeben wird, dem entsprechend dann zu verfahren ist.

§. 32.

Für das Passiren der **Eisenbahn-Drehbrücken** bei Osterrönfeld und Taterpfahl gelten folgende Vorschriften:

1. Zeigt das auf dem südlichen Kanalufer 600 Meter vor der Brücke aufgestellte **Vorsignal** bei der Annäherung eines Schiffes und mindestens noch zu der Zeit, wenn die Kommandobrücke des Schiffes den Signalmast passirt, die Stellung „freie Fahrt", so hat das Schiff seine Fahrt durch die Brückenpfeiler hindurch fortzusetzen und darf sich darin auch nicht beirren lassen, wenn es das auf dem südlichen Kanalufer 150 Meter vor der Brücke aufgestellte Warnungssignal in Haltestellung finden sollte.

   Das Vorfinden der Stellung des Vorsignals „freie Fahrt" und die Absicht, durchzufahren, ist durch Signal mit der Dampfpfeife: ein langer (6 Sekunden) Ton, anzuzeigen.

2. Steht das Vorsignal bei der Annäherung des Schiffes auf „Halt" oder wird es auf „Halt" gestellt, noch ehe die Kommandobrücke des Schiffes am Signal vorbei ist, so ist mit der Dampfpfeife das Signal „Verstanden" durch zweimal drei kurze (1 Sekunde) Töne zu geben, und an den Dalben vor dem Warnungssignal festzulegen, falls nicht inzwischen dieses auf „freie Fahrt" gestellt worden ist.

   Das festgelegte Schiff darf erst loswerfen, nachdem das Warnungssignal auf „freie Fahrt" gestellt ist.

§. 33.

Für das Passiren der **Straßendrehbrücke** bei Rendsburg und der **Pontonbrücke** bei Holtenau gelten folgende Vorschriften:

Bei der Annäherung an das auf dem südlichen Kanalufer, 900 Meter vor den Brücken, aufgestellte **Vorsignal** hat das Schiff durch drei lange (6 Sekunden) Töne mit der Dampfpfeife das Zeichen zum Oeffnen der Brücke zu geben.

Das Schiff hat zu stoppen und an den Dalben festzumachen, wenn vom Vorsignal-Wärter oder von der Brücke aus das allgemeine Haltesignal (Anl. 1 Nr. 36) gegeben wird, dessen Verstehen durch drei kurze Töne mit der Dampfpfeife anzuzeigen ist. Es darf die Fahrt erst wieder aufnehmen, wenn durch Winken mit einer **grünen Flagge** bezw. Laterne (Anl. 1 Nr. 37) die Aufforderung dazu ergeht.

§. 34.

Ruderboote, sowie die nach dem ersten Satze des §. 10 vom Lootsenzwange befreiten Fahrzeuge haben keinen Anspruch darauf, daß für sie die im §. 33 erwähnten Brücken besonders geöffnet werden, sie haben vielmehr an den Dalben vor der Brücke — event. nach Anordnung des Brückenmaschinisten bezw. des Brückenmeisters — festzumachen und abzuwarten, bis ihnen durch Winken mit einer grünen Flagge von dem ihnen zugekehrten Brückenende aus die Erlaubniß zum Durchfahren ertheilt wird.

§. 35.

Fahrzeuge, deren Höhe das Passiren der **geschlossenen** Drehbrücken gestattet, sind an vorstehende Bestimmungen (§§. 32 bis 34) nicht gebunden.

§. 36.

Für das Ueberholen **vorausfahrender Schiffe** gelten folgende Vorschriften:

1. Derjenige, der seinen bisherigen Vordermann überholen will, hat diesem seine Absicht durch vier kurze Töne mit der Dampfpfeife anzuzeigen.
2. Auf dieses Signal haben
    a) getreidelte und segelnde Fahrzeuge möglichst weit nach Steuerbord auszuscheeren;
    b) Schleppzüge, wenn sie das Vorbeifahren ihres bisherigen Hintermanns im gewöhnlichen Kanalprofil ohne Gefahr für beide Theile zulassen zu können meinen, ebenfalls möglichst weit nach Steuerbord (nur auf besondere Anordnung des Lootsen nach Backbord) auszuscheeren, geeignetenfalls an den Pollern am Ufer festzumachen und jenem nun durch drei Töne — lang-kurz-lang — anzuzeigen, daß er nun vorbeifahren kann; andernfalls aber fünf kurze Töne mit der Dampfpfeife zu geben, ihre Fahrt bis zur nächsten Ausweiche fortzusetzen, dort unter möglichster Verminderung der Fahrgeschwindigkeit nach Steuerbord auszuscheeren bezw. zu stoppen und festzumachen und durch drei Töne — lang-kurz-lang — mit der Dampfpfeife anzuzeigen, daß nunmehr vorbeigefahren werden darf.
3. Einzelfahrende Dampfer dürfen von anderen, wenn diese einen größeren Tiefgang als 2 Meter haben, in Fahrt nur in den Weichen überholt werden, nachdem die oben zu 1 und 2 b am Ende bezeichneten Signale gewechselt sind, aber auch hier nicht, wenn der vorausfahrende Dampfer durch 5 kurze Töne zu erkennen giebt, daß er das Vorbeifahren nicht gestatten kann.
4. Auf dieselben Stellen ist das Ueberholen von Schleppzügen durch andere Schleppzüge oder durch Weichenschiffe (f. §. 28) beschränkt.
5. In allen Fällen hat das überholende Schiff beim Vorbeifahren die Fahrgeschwindigkeit so weit zu vermindern, daß kein schädlicher Sog entstehen kann; auch die zu überholenden Schiffe bezw. Schleppzüge haben ihre Fahrt nach Möglichkeit zu vermindern.

Nicht tiefer als 2 m gehende Fahrzeuge der Kanalverwaltung und zur Zollaufsicht auf dem Kanal dienende Fahrzeuge sind an vorstehende Bestimmungen nicht gebunden und müssen stets, wenn sie die Absicht des Ueberholens durch das oben zu 1. bezeichnete Signal zu erkennen geben, vorbeigelassen werden; das Schiff, das überholt wird, hat nach Möglichkeit nach Steuerbord auszuweichen und seine Fahrt zu mindern.

6. Im Allgemeinen ist ein Ueberholen nur dort gestattet, wo ein die gefahrlose Ausführung des Manövers gewährleistender freier Blick nach vorn vorhanden ist und etwaige Gegensegler noch so weit entfernt sind, daß der Ueberholende sicher ist, bis zum Begegnen mit jenen sein Manöver vollständig beendet und den im §. 39 vorgeschriebenen Abstand von dem überholten Schiff erreicht zu haben. In den *1000 m* Kurven darf eine Ueberholung überhaupt nicht stattfinden.

§. 36a.

Ein im Kanal festsitzendes Schiff darf von einem anderen nur passirt werden, nachdem auf das diese Absicht des letzteren zu erkennen gebende Signal mit der Dampfpfeife von jenem die Erlaubniß dazu durch drei Töne mit der Dampfpfeife (lang-kurz-lang) ertheilt worden ist. Antwortet das festsitzende Schiff mit fünf kurzen Tönen, so darf es nicht passirt werden. Hat es aber die Erlaubniß zum Passiren ertheilt, so ist es verpflichtet, für die Dauer des Vorbeifahrens des anderen Schiffes alle Manöver einzustellen, die das Vorbeikommen erschweren könnten.

§. 37.

Außer den in den §§. 31, 32, 33, 36, 36a und 45 vorgeschriebenen Signalen mit der Dampfpfeife sind solche zu geben:
1. bei Nebel und unsichtigem Wetter in Zwischenräumen von je einer Minute;
2. bei Annäherung an festliegende Schiffe, Boote, Bagger, Baggerprähme, an die durch Signal bezeichneten Stellen (§. 26 Nr. 5) und Fähren, und zwar hier bei den durch weißen Anstrich kenntlich gemachten Stangen der elektrischen Lichtleitung*);
3. beim Eintritt in jede einzelne der zwischen km 27 und 31, sowie zwischen km 72 und 117 vorhandenen Kurven;

und zwar geben in den Fällen zu *1–3* westwärts steuernde Schiffe einen, ostwärts steuernde zwei schnell hintereinander folgende lange Töne.

§. 38.

Beim Insichtkommen von entgegenfahrenden Schiffen, beim Eintritt in die Weichen, vor den Drehbrücken und der Pontonbrücke, sowie beim Einlaufen in die Binnenhäfen sind Bug- und Heckanker zu besetzen und zum sofortigen Fallen klar zu halten.

§. 39.

Die Entfernung vom Vordermann darf bei fahrenden Schiffen nicht weniger als etwa 1000 Meter betragen.

§. 40.

Verengungen des Fahrwassers durch Baggerarbeiten oder aus anderen Ursachen haben die westwärts steuernden Schiffe und Schleppzüge in der Regel zuerst zu passiren. Glaubt jedoch ein ostwärts steuerndes Schiff, welches starken Wind und Strom von hinten hat, an solchen Stellen einem entgegenkommenden Schiffe oder Schleppzuge, dem es unter den obwaltenden Umständen ein Leichtes ist, auszuweichen, bezw. zu stoppen, ohne eigene Gefährdung nicht ausweichen zu können, so hat es, um dies anzuzeigen, das Warnungssignal Nr. 54 mit der Dampfpfeife oder Sirene zu geben, worauf das entgegenkommende Schiff oder der Schleppzug mit 3 kurzen Tönen antwortet, stoppt bezw. ausweicht und das ostwärts steuernde Schiff zuerst passiren läßt.

Abschnitt V.
Allgemeine Verbote.
§. 41.

Verboten ist:
1. das Ankern im Fahrwasser des Kanals mit Ausnahme unvermeidlicher Fälle auf Anordnung des Lootsen;

---

*) Für die Fähre bei Audenfee (km 6,1) haben ostwärts fahrende Schiffe das Signal erst dann abzugeben, wenn die Kommandobrücke die Pfeiler der Eisenbahnbrücke bei Taterpfahl passirt.

2. das Ueberbordwerfen von Ballast, Kohlen, Asche oder sonstigen Gegenständen, welche das Fahrwasser verschlechtern oder behindern können.

Ist etwas derartiges über Bord gefallen, so ist davon sofort dem Lootsen, unter Angabe des Ortes und der Menge, Anzeige zu machen. Versuche zur Wiedererlangung über Bord gefallener Gegenstände dürfen während der Fahrt nicht gemacht, können aber auf Antrag von dem Kanalamte auf Kosten des Antragstellers angeordnet werden.

3. die Vornahme von Schiffsreinigungsarbeiten und die Benutzung bezw. Entleerung der Aborte auf den Schiffen während des Aufenthalts in den Schleusen und Binnenhäfen bei Brunsbüttel und Holtenau;
4. das Schießen, Jagen, Fischen und Baden im ganzen Kanalpolizeibezirk ohne vorherige Erlaubniß der Kanalverwaltung;
5. das Festmachen an den Stangen der Telegraphen- und Lichtleitung;
6. das Stechen mit Haken und Schiebestangen in die Böschungen über, wie unter Wasser;
7. der Gebrauch der Dampfpfeife und der Sirene außer in den Fällen und in der Art, wie sie von der Betriebsordnung vorgeschrieben sind.

Abschnitt VI.
Besondere Vorkommnisse.

§. 42.
Anlegen und Festmachen.

1. In der Regel darf nur in den Weichen, an den Leitwerken der Schleusen, an den Dalben vor den Drehbrücken bis zum Warnungssignal, soweit sie nicht durch rothen Anstrich der Köpfe als nicht zum Anlegen bestimmt bezeichnet sind, an den Kais, Ladebrücken und Dalben der Innenhäfen und an den Ladestellen des Kanals festgemacht werden.
2. Im Nothfalle sowie im Falle des §. 36 zu 2 b darf auch an den Pollern festgelegt werden, welche längs des ganzen Kanals angebracht sind.
3. In der Regel soll an der Steuerbordseite festgelegt werden; an der Backbordseite darf dies nur dann geschehen, wenn starker Wind von Backbord quer zum Kanal steht.
4. Zum Festmachen dürfen, außer in den Innenhäfen, Stahltrossen nicht verwendet werden.
5. In den Weichen müssen Dampfer und Schleppzüge stets an den in ihrer Fahrtrichtung vorderen freien Dalben festmachen, falls nicht der Weichenwärter — dessen Anordnungen überhaupt im Weichengebiet — zwischen den beiderseitigen Vorsignalen — unweigerlich zu befolgen sind — ausdrücklich anderes anordnet.
6. Schiffe, die in den Weichen oder im Kanalprofil festmachen wollen oder müssen, haben — und zwar im ersteren Falle von den ihnen zugekehrten Vorsignal ab — dasselbe Signal wie beim Festkommen (S. 45) zu setzen und dürfen es erst niederholen, wenn sie so festliegen, daß sie gefahrlos passirt werden können. Alsdann sind bei Nacht die Seitenlichter zu löschen und je eine weiße Laterne vorn und hinten an der dem Fahrwasser zugekehrten Seite möglichst tief auszuhängen.

    Bei Schleppzügen hat der Schleppdampfer das Signal zu machen, im Uebrigen genügt es bei ihnen, sofern sie aus mehr als einem geschleppten Fahrzeuge bestehen, wenn die dem Fahrwasser zunächst liegenden Schiffe an der dem Fahrwasser zugekehrten Seite je ein weißes Licht, und zwar das vorderste Schiff am Bug, das hinterste am Heck und die dazwischen liegenden in der Mitte ihrer Länge, führen.

§. 43.
Festliegen.

1. Auf jedem festgelegten Schiffe sind Leute und Werkzeuge zum Fiehren bezw. Kappen der Trossen bei der Vorbeifahrt anderer Schiffe bereit zu halten.

2. Die das Fahrwasser sperrenden Trossen müssen weggesehrt werden, wenn ein anderes Schiff passiren will.
3. Das Probiren der Schiffsmaschinen ist an den Anlegeplätzen nur unmittelbar vor dem jedesmaligen Abgange gestattet; es darf nur mit der zulässig geringsten Dampfkraft ausgeführt und nicht über wenige Minuten ausgedehnt werden.
4. Schiffe, die in den Obereiderseen (von km 65—70,8) ankern, müssen unter ihrer Anterlaterne noch eine rothe zeigen.

§. 44.
Ablegen.

Als Regel gilt, daß die vordersten Schiffe zuerst ablegen; abweichenden Anordnungen des Weichenwärters ist unbedingt Folge zu leisten.

Wenn vor den Drehbrücken Schiffe gleichzeitig an beiden Seiten derselben festgemacht haben, so haben die von Osten kommenden Schiffe zuerst abzulegen, und die von Westen kommenden so lange zu warten, bis jene vorbei sind.

§. 45.
Festkommen und Havarien.

1. Ist ein Schiff festgekommen, oder gewahrt es solche Havarie an Schiff oder Maschine, die ein sofortiges Halten bedingt, so hat es dies ihm sich nähernden Schiffen durch schnell aufeinander folgende kurze Töne mit der Dampfpfeife sofort anzuzeigen und möglichst schleunig an Signalen zu heißen:
   a) **bei Tage:** 2 schwarze Bälle oder Körper senkrecht übereinander und mindestens 2 m von einander entfernt im Großtopp vorgeheißt;
   b) **bei Nacht:** 2 rothe Lichter senkrecht übereinander und mindestens 2 m von einander entfernt an derselben Stelle.

   Die Bälle bezw. Lichter müssen so beschaffen und so angebracht sein, daß sie von vorn und hinten gut zu sehen sind.

   Die Seitenlichter und bei Dampfern auch die weißen Topplichter, sind zu löschen bezw. zu bedecken.

   Auch nachdem vorstehendes Signal gezeigt ist, sind beim Herannahen von fahrenden Schiffen fortwährend kurze Töne mit der Dampfpfeife als Warnungssignal zu geben.

2. Nur den Beamten der Kanalverwaltung steht das Recht zu, die für das Loskommen festgekommener oder die Hebung gesunkener Schiffe nöthig erscheinenden Maßregeln zu treffen und Hülfsmittel zu requiriren. Die etwa durch diese Maßnahmen entstehenden Kosten fallen dem Schiffe zur Last.

3. Hülfsleistung durch andere Schiffe als die der Kanalverwaltung ist nur mit besonderer Genehmigung der Kanalbeamten gestattet. Etwaigen Requisitionen dieser haben jene Folge zu leisten.

4. Ueber das Vorbeifahren anderer Schiffe s. §. 36a.

Abschnitt VII.
Vorschriften für das Schleppen von Fahrzeugen.

§. 46.

Zum Schleppen von Segelschiffen und anderen nicht mit eigenem ausreichenden Motor versehenen Schiffsgefäßen durch den Kanal hält die Kanalverwaltung eine Anzahl von Schleppdampfern bereit, die an den beiden Eingangspunkten des Kanals stationirt sind. Die dafür zu entrichtende Gebühr wird nach dem in Anlage 2, Abschn. I, Nr. II festgestellten Tarif berechnet.

§. 47.

Wenn ein zu schleppendes Schiffsgefäß nicht für sich allein einen besonderen Schleppdampfer beansprucht, oder nach dem allein maßgebenden Urtheile der Eingangs-Hafenbehörde wegen seiner Dimensionen oder wegen seiner für die Fahrt im Kanal nicht genügenden Manövrirfähigkeit nicht für sich allein geschleppt werden muß, so wird es in einen der regelmäßigen bezw. nach Bedarf im Kanal verkehrenden, von Dampfern der Kanalverwaltung geführten Schleppzüge eingereiht.

§. 48.

An den Sonntagen, den beiden Feiertagen von Weihnachten, Ostern und Pfingsten, dem Neujahrstage, Gründonnerstag, Charfreitag, Himmelfahrtstag, dem allgemeinen Buß- und Bettage, sowie am Geburtstage des Deutschen Kaisers werden Schleppzüge in der Regel nicht abgelassen, besondere Schleppdampfer nur ausnahmsweise auf genügend begründeten Antrag gestellt.

Für die Nacht machen die Schleppzüge der Kanalverwaltung regelmäßig fest.

§. 49.

Der Schiffsführer, der sein Fahrzeug in einem Schleppzuge der Kanalverwaltung durch den Kanal geschleppt haben will, hat dies dem dienstthuenden Hafenmeister anzuzeigen, der ihm möglichst sofort die Zeit des Abganges des Schleppzuges, in den sein Fahrzeug eingereiht werden soll, mittheilt. Der Schiffsführer hat dafür Sorge zu tragen, daß sein Fahrzeug zur angegebenen Zeit nach Vorschrift des §. 19 klar zum Geschlepptwerden ist und die Schleppgebühren bezahlt sind.

Die Schlepptrossen sind von den zu schleppenden Schiffen selbst in einer den zu stellenden Ansprüchen genügenden Beschaffenheit vorzuhalten.

§. 50.

Die Schleppzüge werden in den Binnenhäfen zu Brunsbüttel und Holtenau durch den dienstthuenden Hafenmeister zusammengestellt, dessen Anordnungen unweigerlich Folge zu leisten ist. Der Hafenmeister bestimmt auch, auf welche der zu schleppenden Schiffe die dem Schleppzuge selbst etwa beizugebenden Kanallootsen zu setzen sind.

§. 51.

Die Führer von Fahrzeugen, die von den am Kanal liegenden Schiffsliegeplätzen oder den Obereiderseen (km 65—70,8) aus in einen Schleppzug der Kanalverwaltung eingereiht zu werden wünschen, haben dies unter genauer Angabe des Namens des Schiffes und seines Führers, der Plätze, woher und wohin sie geschleppt werden wollen und des **Brutto-Raumgehalts** (in Registertons) mit dem Hinzufügen, ob ganz, theilweise oder nicht beladen, bei der nächsten Fernsprechstelle am Kanal zu beantragen. Die Anmeldung darf erst erfolgen, wenn das Schiff segelfertig ist.

Zu der hierauf ergehenden angegebenen Zeit ist das Fahrzeug klar zum Geschlepptwerden zu machen (§. 19) und zum Zeichen, daß dies geschehen, die **Nationalflagge in dem dem Fahrwasser zugekehrten Kant des Großmastes zu heißen**.

Beim Heraunahen des Schleppzuges, dem das Fahrzeug eingereiht werden soll, hat dieses auf einen langgezogenen und einen kurzen Ton mit der Dampfpfeife des Schleppdampfers, die Schlepptrosse klar zum Hinübergeben haltend, sich der Fahrrinne des Kanals soweit zu nähern, daß zu seiner Aufnahme der Schleppdampfer möglichst keinen Umweg zu machen braucht, nie aber so dicht, daß der übrige Schiffsverkehr im Kanal behindert wird.

Nicht ordnungsmäßig angemeldete Schiffe dürfen von den Schleppzügen der Kanalverwaltung nicht mitgenommen werden.

§. 52.

Die Schleppdampfer der Kanalverwaltung befahren regelmäßig nur den Kanal selbst, so daß Schiffe, die nach Orten an der Eider bestimmt sind, nur bis zur Fahrwasserboje im Audorfer See bei km 65 geschleppt werden; Schiffe, die, von jenen Orten herkommend, in einem Schleppzuge der Kanalverwaltung weiter geschleppt werden wollen, haben ihn in der Nähe jener Boje abzuwarten.

§. 53.

Wer beim Ordnen seines Schleppzuges im Abgangshafen nicht bereit zur Einreihung in ihn ist, oder wer von einem an der Kanalstrecke belegenen Schiffsliegeplatz aus sich zum Geschlepptwerden angemeldet hat und durch eigene oder seiner Leute Schuld die Mitnahme durch den dazu bestimmten Schleppzug von dem gemeldeten Platze aus vereitelt, verwirkt dadurch den Anspruch auf Erlaß des gestundeten oder Erstattung des gezahlten Schlepplohns und kann nur durch nochmalige Anmeldung und Entrichtung des tarifmäßigen Schlepplohns Aufnahme in einen Schleppzug der Kanalverwaltung erlangen.

§. 54.

Die Schleppzüge der Kanalverwaltung werden möglichst ohne jeden Aufenthalt durch den Kanal geführt, Wünsche einzelner Schiffsführer auf Unterbrechung der Fahrt können nicht berücksichtigt werden. Trennt ein Schiff sich vor Erreichung des angegebenen Zieles freiwillig von seinem Schleppzuge, so hat es keinen Anspruch auf Rückzahlung des entsprechenden Theiles des gezahlten, oder auf theilweisen Erlaß des entsprechend der Anmeldung zu zahlenden Schlepplohns.

§. 55.

Wenn der Schleppzug nicht zur angekündigten Zeit vom Ausgangshafen abgeht oder an dem Orte, wo er ein Fahrzeug aufnehmen soll, eintrifft, oder in der Fahrt, aus welchem Grunde es auch sei, Verzögerungen entstehen, so können daraus keinerlei Entschädigungsansprüche an die Kanalverwaltung hergeleitet werden.

§. 56.

Fahrzeuge, die von Brunsbüttel bezw. Holtenau weiter in die Elbe bezw. in die Kieler Föhrde fahren, werden bis auf die betreffende Rhede geschleppt. Zum Loswerfen haben sie hier — ebenso auch, wenn sie innerhalb des Kanals aus dem Schleppzuge ausscheiden wollen — die Aufforderung des Führers des Schleppdampfers oder des begleitenden Lootsen abzuwarten und nach seiner Anordnung zu manövriren, bis sie vom Schleppzuge frei sind.

§. 57.

Auf das Schleppen einzelner Fahrzeuge oder Schiffsgefäße durch Dampfer der Kanalverwaltung finden die Vorschriften der §§. 49, 51—56 sinngemäße Anwendung.

§. 58.

Außer den dazu bestimmten Dampfern der Kanalverwaltung dürfen auch im Besitze anderer Reichs-, Staats- oder Kommunalverwaltungen oder Privater befindliche Dampfer u. s. w. Schleppdienste im Kanal verrichten, sofern sie durch ihre Bauart, ihre Einrichtung, ihre Maschinenkräfte u. s. w. nach dem allein maßgebenden Urtheile der Kanalverwaltung sich dazu eignen.

§. 59.

Für diesen Schleppbetrieb gelten folgende besondere Vorschriften:
1. Auch für den Schleppdampfer selbst ist die tarifmäßige Kanalabgabe zu entrichten;
2. die Länge des Anhangs — vom Heck des Schleppers bis zum Heck des letzten Fahrzeugs gemessen — darf 100 m, seine Breite 20 m nicht überschreiten;
3. mehr wie zwei Fahrzeuge dürfen nicht neben einander geschleppt werden;
4. Schleppen längsseit ist nur mit besonderer Erlaubniß zulässig;
5. beim Einfahren in die Kanalmündung bezw. in die Schleusen ist auf Verlangen und nach Anordnung der Hafenbehörde der Schleppzug zu theilen;
6. Schleppzüge dürfen nicht schneller als *10 km* in der Stunde (über den Grund) fahren. Andererseits muß aber der Schleppdampfer so stark sein, daß er seinen Anhang mit einer Geschwindigkeit von mindestens 7 km (über den Grund) in der Stunde bewegt, widrigenfalls die Kanalverwaltung berechtigt ist, den Anhang zu theilen und nach Befinden den vom Schleppzug abgetrennten Theil durch Dampfer der Kanalverwaltung gegen die tarifmäßige Schleppgebühr weiterzubringen, oder, wo dies nicht angängig, dem Schleppdampfer auf seine Kosten einen genügend starken Dampfer zur Hülfe beizugeben;
7. Fahrzeuge, die einen Raumgehalt von mehr wie 500 Reg.-Tons Brutto haben, müssen einen Schlepper für sich haben;
8. die Schleppzüge dürfen nur bei Tage, außerdem nicht bei unsichtigem Wetter und bei Sturm fahren. In Fahrt befindliche Schleppzüge haben sich daher so einzurichten, daß sie vor Eintritt der Dunkelheit in einer Weiche festmachen. Beim unerwarteten Eintritt von schlechtem Wetter dürfen sie, wenn sie die nächste Weiche nicht mehr erreichen können, an den Pollern am Kanalufer festmachen (s. auch §. 42).

§. 60.

Bei allen geschleppten Fahrzeugen muß während der Fahrt das Steuerruder stets durch einen seefahrtskundigen Erwachsenen besetzt sein und genau nach den Weisungen des Führers des Schleppdampfers bezw. des Lootsen gelegt werden.

Abschnitt VIII.
Allgemeine polizeiliche Vorschriften.

§. 61.

Schiffe mit **Sprengstoffen** von mehr als 35 kg Gewicht müssen als Warnungszeichen eine von weitem erkennbare, stets ausgespannt zu haltende schwarze Flagge mit einem weißen P führen; im Uebrigen gelten für diese Schiffe die für den Verkehr mit explosiven und feuergefährlichen Gegenständen ergangenen Bestimmungen.

Schiffe mit derartiger Ladung müssen **völlig isolirt**, also event. von einem besonderen Schleppdampfer **ohne jeden Aufenthalt** durchgeführt werden.

Auf die Munition der Kriegsschiffe findet diese Vorschrift keine Anwendung.

§. 62.

Schiffe, welche Vieh aus solchen Ländern geladen haben, aus denen die Ein- und Durchfuhr für die Provinz Schleswig-Holstein im Uebrigen verboten oder Einschränkungen unterworfen ist, dürfen unter folgenden Bedingungen den Kaiser Wilhelm-Kanal passiren:

1. Thierische Abfallstoffe dürfen während der Fahrt durch den Kanal von den Schiffen nicht entfernt, insbesondere nicht in das Kanalwasser geworfen werden;
2. Personen, welche mit der Wartung oder Verpflegung der auf dem Schiffe befindlichen Thiere zu thun haben, oder sonst mit denselben in Berührung kommen, dürfen während der Fahrt durch den Kanal das Land nicht betreten.
3. Zum Zwecke der Kontrole der obigen Verbote hat ein Angestellter jedes mit Vieh beladene Schiff während der Fahrt durch den Kanal zu begleiten, wofür eine Gebühr **von 13 Mark**, die mit den Kanalabgaben erhoben wird, zu erlegen ist.

§. 63.

Einer gesundheitspolizeilichen Kontrole unterliegt jedes den Kanal befahrende Schiff, welches im Abgangshafen oder während der Reise Fälle von Cholera, Pest oder von Gelbfieber an Bord gehabt hat, oder welches aus einem Hafen kommt, gegen dessen Herkünfte die Ausübung der Kontrole angeordnet worden ist, in den Quarantäneanstalten zu Voßbrook bezw. Cuxhaven nach näherer Bestimmung der zuständigen Behörden — soweit es sich um Gelbfieber handelt jedoch nur in der Zeit vom 15. Mai bis 15. September —.

Diese Schiffe werden erst nach Vollziehung dieser Kontrole zur Einfahrt in den Kanal zugelassen. Die Führer dieser Schiffe sind verpflichtet, die ihnen für die Fahrt durch den Kanal auferlegten Verhaltungsmaßregeln genau zu beachten und den hierauf gerichteten Anordnungen der Lootsen und etwa besonders beigegebenen Begleiter unweigerlich Folge zu leisten.

Abschnitt IX.
Beschwerden.

§. 64.

Etwaige Beschwerden über die Beamten oder die Einrichtungen des Kanals sind schriftlich beim Kanalamt, dem Betriebsdirektor oder den Hafenkapitänen zu Holtenau und Brunsbüttel anzubringen, bei letzteren sind sie in ein dort ausliegendes Beschwerdebuch einzutragen.

Kiel, den 12. November 1898.

Kaiserliches Kanalamt.
Loewe.

Signal-Verzeichniß.

Anlage 1.

Lfd. Nr.	Bei Tage	Signal	Bedeutung	Signal	Bei Nacht
	A. Von Land an die Schiffe.				
	a. Signale von den Hafen-Aemtern.				
1	Auf einem 20 m hohen, seitlich von der Einfahrtsschleuse befindlichen Mast: 2 schräg nach aufwärts gerichtete Flügel.		Einfahrt ist nicht frei.	● ●	Auf einem 20 m hohen, seitlich von der Einfahrtsschleuse befindlichen Mast: zwei rothe Lichter nebeneinander.
2	Auf dem ad 1 beschriebenen Mast: 2 schräg nach unten gerichtete Flügel.		Einfahrt ist frei.	● ●	Wie 1 zwei grüne Lichter nebeneinander.
3	wie 2, jedoch eine oder mehrere Flaggen des Internationalen Signalbuchs an der am Mast befindlichen Raa.		Die Einfahrt ist nur für dasjenige Schiff frei, das von dem Hafenlootsen geführt wird, dem das betr. Flaggen- bezw. Nachtsignal zugetheilt ist.	● ● ● ○	wie 2, jedoch ein bis drei rothe oder weiße, oder rothe und weiße Lichter unter den beiden Lichtern.
4	kein Signal.		Einfahrts-Schleusenthor ist geschlossen.	● ● ● ●	Vier rothe Lichter in Quadratform auf dem Einfahrtsthor der betreffenden Schleuse.
5	kein Signal.		Ausfahrts-Schleusenthor ist geschlossen.	● ● ● ●	Vier grüne Lichter in Quadratform auf dem Ausgangsthor der betreffenden Schleuse.
6	an der Raa eines auf dem nächsten Schleusenmittelhaupt stehenden Mastes: ein grüner Ball links vom Mast.		Aufforderung an das Schiff zum Einlaufen in die in der Fahrtrichtung linke Schleuse.	●	auf dem äußeren Schleusenmittelhaupt: ein grünes Licht.
7	an der Raa eines auf dem nächsten Schleusenmittelhaupt stehenden Mastes: rechts vom Mast ein rother Ball.		Aufforderung an das Schiff zum Einlaufen in die in der Fahrtrichtung rechte Schleuse.	●	auf dem äußeren Schleusenmittelhaupt: ein rothes Licht.
	b. Signale von den Eisenbahn-Drehbrücken.				
8	Vorsignal: 600 m vor den Brücken auf 10 m hohem Mast am südlichen Ufer: 2 schräg nach abwärts gerichtete Flügel.		Durchfahrt ist frei.	●	Vorsignal: 600 m vor den Brücken auf 10 m hohem Mast am südlichen Ufer: ein grünes Licht.
9	Warnungssignal: auf 10 m hohem Mast am südlichen Kanalufer, 150 m vor den Brücken: horizontal liegende quadratische rothe Scheibe.		Durchfahrt ist frei.	●	Warnungssignal: auf 10 m hohem Mast am südlichen Kanalufer, 150 m vor den Brücken: ein grünes Licht.

Lfd. Nr.	Bei Tage	Signal	Bedeutung	Signal	Bei Nacht
10	**Brückensignal:** am Mast über dem Drehpfeiler: eine rothe Scheibe in der Richtung des Kanals.		Durchfahrt ist frei.	●	**Brückensignal:** am Mast über dem Drehpfeiler: ein grünes Licht.
11	**Vorsignal:** wie 8 mit 2 schräg nach aufwärts gerichteten Flügeln.		"Halt" bis Signale 8 und 9 stehen.	●	**Vorsignal:** wie 8 mit rothem Licht.
12	**Warnungssignal:** wie 9 rothe quadratische Scheibe quer zum Kanal.		"Halt" bis Signale 8 und 9 stehen.	●	**Warnungssignal:** wie 9 rothes Licht.
13	**Brückensignal:** wie 10 eine runde rothe Scheibe quer zum Kanal.		"Halt" bis Signale 8 und 9 stehen.	●	**Brückensignal:** wie 10 rothes Licht.

c. **Signale von der Straßen-Drehbrücke bei Rendsburg und der Prahm-Drehbrücke bei Holtenau.**

14	**Vorsignal:** auf 5 m hohem Mast am südlichen Ufer, 900 m vor der Brücke: eine runde rothe Scheibe.		Es soll das Signal 15 mit der Dampfpfeife gegeben werden.	●	**Vorsignal:** auf 5 m hohem Mast am südlichen Ufer, 900 m vor der Brücke: ein grünes Licht über einem rothen.
15	**Brückensignal für die Straßen-Drehbrücke:** am Mast auf dem Drehpfeiler: rothe Scheibe in der Richtung des Kanals.		Brücke ist offen.	●	**Brückensignal für die Straßen-Drehbrücke:** am Mast auf dem Drehpfeiler: grünes Licht.
16	**Ebendaselbst:** rothe Scheibe quer zum Kanal.	●	Brücke ist geschlossen.	●	**Ebendaselbst:** ein rothes Licht.
17	**Brückensignal auf der Prahm-Drehbrücke bei Holtenau:** kein Signal.		Brücke ist offen.		**Brückensignal auf der Prahm-Drehbrücke bei Holtenau:** kein Signal.
18	**Ebendaselbst:** eine rothe runde Scheibe auf jedem der beiden Flügel.	● ●	Brücke ist geschlossen.	● ●	**Ebendaselbst:** am Mast ein rothes Licht auf jedem der beiden Flügel.

d. **Signale von den Weichen an die Schiffe.**
1. **Ost-Signale auf der Nordseite der Aa.**

19	ein rother Ball.		Halt und Festlegen für Schiffe von mehr wie zwei Meter Tiefgang.	●	ein rothes Licht.
20	drei rothe Bälle.		Halt und Festlegen für Weichenschiffe.	● ○	ein rothes Licht über einem weißen.

— 73 —

Lfd. Nr.	Bei Tage	Signal	Bedeutung	Signal	Bei Nacht
21	vier rothe Bälle.		Halt und Festlegen für Alle (absolute Sperre).	○ ●	ein weißes Licht über einem rothen.
22	ein rother Ball über einer rothen Flagge.		Halt und Festlegen nur für Schleppzüge in der Weiche.		kein Signal.
23	eine rothe Flagge über einem rothen Ball.		Halt und Festlegen für Schleppzüge in der nächsten Lösch- und Ladestelle.		kein Signal.
24	Niederholen des Haltsignals bezw. kein Signal.		Die Durch- bezw. Weiterfahrt ist gestattet.	●	ein grünes Licht.
25	zwei rothe Bälle.		Langsam fahren, bezw. sich auf der Stelle halten, bis die Weiche frei gegeben wird.	● ○	ein grünes Licht über einem weißen.

2. Weft-Signale auf der Südseite der Aa.

26	ein rother Kegel.		Halt und Festlegen für Schiffe von mehr wie zwei Meter Tiefgang.	● ● ●	drei rothe Lichter übereinander.
27	drei rothe Kegel.		Halt und Festlegen für Weichenschiffe.	● ● ○	zwei rothe Lichter über einem weißen.
28	vier rothe Kegel.		Halt und Festlegen für Alle (absolute Sperre).	○ ● ●	ein weißes Licht über zwei rothen.
29	ein rother Kegel über einer rothen Flagge.		Halt und Festlegen nur für Schleppzüge in der Weiche.		kein Signal.
30	eine rothe Flagge über einem rothen Kegel.		Halt und Festlegen für Schleppzüge in der nächsten Lösch- und Ladestelle.		kein Signal.

Lfd. Nr.	Bei Tage	Signal	Bedeutung	Signal	Bei Nacht
31	Niederholen des Haltsignals bezw. kein Signal.		Die Durch- bezw. Weiterfahrt ist gestattet.	● ●	zwei grüne Lichter über einander.
32	zwei rothe Kegel.	▲▼	Langsam fahren, bezw. sich auf der Stelle halten, bis die Weiche frei gegeben wird.	● ● ○	zwei grüne Lichter über einem weißen.

e. Signale von den Weichen bei Nebel und unsichtigem Wetter für Schiffe in beiden Fahrtrichtungen.

33	ca. 300 m vor der Einfahrt in die Weichen auf Seite der Weichenwärterwohnung auf 10 m hohem Mast zwei schräg nach aufwärts gerichtete Flügel.	Y	Halt und Festlegen.	●	ca. 300 m vor der Einfahrt in die Weichen auf Seite der Weichenwärterwohnung auf 10 m hohem Mast ein rothes Licht.
34	wie zu 33 aber zwei schräg nach abwärts gerichtete Flügel.	⋏	Die Weiterfahrt bezw. die Fahrt durch die Weiche hindurch ist gestattet.	●	wie zu 33 aber ein grünes Licht.

f. Signale von Arbeits- und Gefahrenstellen.

35	weiße Scheiben, die mit A (Anfang) und E (Ende) bezeichnet sind.	Ⓐ Ⓔ	Wellenschlag ist den Stellen schädlich.	Ⓐ ● Ⓔ	Weiße Scheibe mit A und E und ein grünes Licht über derselben.

g. Allgemeine Haltesignale.

36	Schwenken einer rothen Flagge vom Lande oder den Brücken aus.	▽	"Halt", ein unvorhergesehenes Hinderniß für die Weiterfahrt ist vorhanden.	● ●	Schwenken einer rothen Laterne vom Lande oder den Brücken aus*).
37	Schwenken einer grünen Flagge vom Lande oder den Brücken aus*).	▽	Das Hinderniß für die Weiterfahrt ist gehoben; die Fahrt ist aufzunehmen.	● ●	Schwenken einer grünen Laterne vom Lande oder den Brücken aus*).

h. Signale von Baggern.

38	grüner Ball.	●	Die Verkehrsseite.	●	grünes Licht.
39	rother Ball.	●	ich darf nicht passirt werden.	●	rothes Licht.

i. Signale zur Bezeichnung von Wracks.

40	eine grüne Tonne mit einem Besen darauf.	🛟		🛟	ein weißes Licht auf der grünen Bojentonne.

*) Statt durch Signal kann die Erlaubniß zur Weiterfahrt auch durch Zuruf gegeben werden.

— 75 —

Lfd. Nr.	Bei Tage	Signal	Bedeutung	Signal	Bei Nacht
	A. Signale von den Lootsenstationen am Lande.				
41	Wimpel D des Internationalen Signalbuchs.	▶	Kanallootse kann nicht an Bord kommen.	● ● ●	drei rothe Lichter über einander.
42	Lootsenflagge.		Kennzeichnung der Lootsendampffahrzeuge, welche sich im Lootsendienst in Fahrt befinden.	○ ●	ein weißes Topplicht, 2½ m unter diesem ein rothes. Beide Lichter über den ganzen Horizont sichtbar. Außerdem mindestens alle 15 Minuten ein Flackerfeuer.
	B. Signale von den Schiffen nach den Lootsenstationen.				
43	Nationale Lootsenflagge oder das Signal PT des Internationalen Signalbuchs, beides mit Antwort-Wimpel darunter.		Kanallootse gewünscht.	○ ○	zwei weiße Lichter nebeneinander vorn über der Reeling.
	C. Signale von im Kanal befindlichen Schiffen.				
	a. Signale an die Weichen.				
44	ein schwarzer Ball oder Körper im Großtopp vorgeheißt.		„Weichenschiff".		Grünes Licht an Stelle des zweiten weißen Topplichtes.
45	fortwährend kurze Töne mit der Dampfpfeife oder Sirene, bis ein Signal von der Weiche gezeigt ist.	∿∿∿ ∿∿∿	ich warte vor der Weiche, weil ich kein Signal vorgefunden habe.		Wie das Tagsignal.
	b. Signale an die Eisenbahn-Drehbrücken.				
46	Am Vorsignal (cfr. 8) zu geben: ein langer*) Ton mit Dampfpfeife oder Sirene.	—	Habe Vorsignal „frei" gefunden und passire die Brücke.		Wie das Tagsignal.
47	Ebendaselbst zu geben: zweimal 3 kurze Töne mit der Dampfpfeife oder Sirene.	∿∿∿ ∿∿∿	Habe „Vorsignal" auf „Halt" gefunden, stoppe und lege fest.		Wie das Tagsignal.
	c. Signale an die Straßen-Drehbrücke bei Rendsburg und die Prahm-Drehbrücke bei Holtenau.				
48	Am Vorsignal (cfr. 14) zu geben: 3 lange Töne mit der Dampfpfeife oder Sirene.	— — —	Brücke öffnen, will durchfahren.		Wie das Tagsignal.
49	Zwei mal 3 kurze Töne mit der Dampfpfeife oder Sirene.	∿∿∿ ∿∿∿	Habe das Haltesignal Nr. 16 resp. 18 verstanden, stoppe und lege fest.		Wie das Tagsignal.

*) Die langen Töne haben eine Dauer von 6, die kurzen eine Dauer von 1 Sekunde. Die Pausen zwischen den einzelnen Tönen sind 6 Sekunden lang.

— 76 —

Lfd. Nr.	Bei Tage	Signal	Bedeutung	Signal	Bei Nacht
			d. Signal: „Achtung".		
50	Lange Töne mit der Dampfpfeife oder Sirene, westwärts steuernd je einer, ostwärts steuernd je zwei.		Bei Nebel und unsichtigem Wetter, beim Befahren der Kurven zwischen km 27 und 31 und km "2—0", bei Annäherungen an Schiffe, Baggert, Bagger- und Rauchersprähme, die mit Signal Nr. 55 bezeichneten Kirchen, Boote, Fähren und Brücke.		Wie das Tagsignal.
		e. Signale beim Ueberholen.			
51	Vier kurze Töne mit der Dampfpfeife oder Sirene.	∿∿∿∿	Ich will Sie überholen.		Wie das Tagsignal.
52	Ein langer, ein kurzer und ein langer Ton mit der Dampfpfeife oder Sirene.	— ‧ —	Ich bin bereit, laufen Sie vorbei.		Wie das Tagsignal.
53	Fünf kurze Töne mit der Dampfpfeife oder Sirene.	∿∿∿∿∿	Ich kann das Vorbeifahren jetzt nicht gestatten.		Wie das Tagsignal.
		f. Warnungs-Signale.			
54	2 schwarze Bälle oder Körper, mindestens 2 m von einander entfernt im Grosstopp vorgeheißt. Bis zum Zeigen der Körper oder Bälle sind fortwährend kurze Töne mit der Dampfpfeife oder Sirene zu geben.	∿∿∿ ● ●	Ich sitze fest oder Ich bin manövrirunfähig.	∿∿∿ ● ●	Zwei rothe Lichter, mindestens 2 m von einander entfernt, im Strahlenapparat. Die Seitenlichter und bei Dampfern auch das weiße Topplicht, sind zu löschen, beim zu brechen, wenn das Schiff festliegt. Bis zum Zeigen des Lichtsignals sind fortwährend kurze Töne mit der Dampfpfeife oder Sirene zu geben.
55	Fortwährend kurze Töne mit der Dampfpfeife oder Sirene.	∿∿∿∿	Habe Havarie an Schiff oder Maschine, muß sofort stoppen.		Wie das Tagsignal.
		g. Nebel-Signale.			
56	Jede Minute ein langer Ton mit der Dampfpfeife oder Sirene, Segelschiffe mit dem Nebelhorn.	—	Schiff steuert westwärts.		Wie das Tagsignal.
57	Jede Minute zwei lange Töne mit der Dampfpfeife oder Sirene, Segelschiffe mit dem Nebelhorn.	— —	Schiff steuert ostwärts.		Wie das Tagsignal.
58	Mindestens alle 2 Minuten Schläge mit der Schiffsglocke.		Schiff ist nicht in Fahrt.		Wie das Tagsignal.
		D. Signal des Schleppdampfers an zu schleppende Schiffe.			
59	Ein langer und ein kurzer Ton mit der Dampfpfeife.	— ‧	Ich hole Sie ab, werfen Sie los.		—
		E. Stromsignale.			
60	Ball im Topp des Signalmastes.	✢	Ost-Strom.	✢	Ein weißes Licht an Stelle des Balles.
61	Kegel im Topp des Signalmastes.	✢	West-Strom.	○ ○	Zwei weiße Lichter an Stelle des Kegels.

Anlage 2.

Bestimmungen
über die
Abgaben-Erhebung auf dem Kaiser Wilhelm-Kanal.

Abschnitt I.
„Tarife."

I. Tarif für die Fahrt auf dem Kaiser Wilhelm-Kanal.

Für die Fahrt auf dem Kaiser Wilhelm-Kanal werden von sämmtlichen Fahrzeugen, mit Ausnahme der zur Kaiserlichen Marine und zur Kanalverwaltung gehörigen, Abgaben nach folgenden Sätzen erhoben:

A. von beladenen Fahrzeugen.

	Mark
1. Im Durchgangsverkehr (von der Elbe zur Kieler Föhrde oder umgekehrt).	
a) im allgemeinen Durchgangsverkehr	
für die ersten 400 Registertons Netto je	0,60
für die überschießenden, bis einschließlich 600 Registertons Netto je	0,40
für die weiter überschießenden, bis einschließlich 800 Registertons Netto je	0,30
für die weiter überschießenden Registertons Netto je	0,20
mindestens aber	10,00
b) im deutschen Küstenfrachtverkehr (Gesetz vom 22. Mai 1881 — Reichs-Gesetzbl. S. 97 —) bei einer Schiffsgröße bis zu 50 Registertons Netto einschließlich, für jede Registerton Netto	0,40
mindestens aber	6,00
2. Im Theilstreckenverkehr (von der Elbe oder der Ostsee nach einem Platze am Kanal oder umgekehrt oder zwischen Plätzen am Kanal)	
für jede Registerton Netto	
a) für das Passiren einer der Endschleusen	0,20
b) für jede Strecke von 5 km (angefangene für voll gerechnet)	0,01
mindestens aber, wenn eine Endschleuse passirt ist	4,00
sonst	1,00
mit folgenden Ausnahmen:	
α) Fahrzeuge im Küstenfrachtverkehr (Gesetz vom 22. Mai 1881 — Reichs-Gesetzbl. S. 97 —) bis 50 Registertons Netto einschließlich zahlen für jede Registerton Netto:	
a) für das Passiren einer der Endschleusen	0,10
b) für jede Strecke von 5 km (angefangene für voll gerechnet)	0,01
mindestens aber, wenn eine Endschleuse passirt ist	3,00
sonst	1,00
β) Fahrzeuge, die nachweislich an einem der durch den Kanal abgeschnittenen Wasserläufe der Burg-Kudenseer Niederung beheimathet sind, zahlen für die Strecke von der Elbe bis km 23 einschließlich überhaupt	
für jede Registerton Netto	0,10
mindestens aber	1,00
γ) Kleinere offene nur durch Ruder oder Segel zu bewegende Boote fahren im Kanal frei, für das Passiren einer der Endschleusen zahlen sie	1,00

B. von leeren oder in Ballast laufenden Fahrzeugen

nach den um 20 Prozent verminderten Sätzen zu 1 und 2, unbeschadet der dort festgesetzten Mindestabgaben.

II. Tarif für die im Kaiser Wilhelm-Kanal zu zahlenden Schlepplöhne.

	Für die ersten 500 Reg.-Tons Netto je ℳ.	Für die überschießenden Reg. Tons Netto je ℳ.
1. An Schlepplohn ist zu zahlen:		
A. bei Benutzung der regelmäßigen Schleppzüge der Kanalverwaltung:		
1. im Durchgangsverkehr		
a) beladene	0,40	0,30
b) leere oder in Ballast gehende	0,25	0,20
c) im Küstenfrachtverkehr fahrende bis 50 Reg.-Tons Netto einschließlich	0,25	
2. im Theilstreckenverkehr und zwar für jede Strecke von 5 km (angefangene für voll gerechnet)		
a) beladene	0,02	0,015
mindestens aber	0,10	0,10
b) im Küstenfrachtverkehr fahrende bis 50 Reg.-Tons Netto einschließlich	0,015	
mindestens aber	0,10	
c) leere oder in Ballast gehende Fahrzeuge die um 20 Prozent verminderten Sätze zu 2a und b,		
mindestens aber	0,10	0,10
B. bei Gestellung eines besonderen Schleppdampfers der Kanalverwaltung:	ℳ	
a) wenn dieser durch den ganzen Kanal schleppt:		
1. für einen Schleppdampfer der Klasse A	180	
2. = = = = = B	135	
3. = = = = = C	90	
b) wenn er nur durch einen Theil des Kanals schleppt, für jede Strecke von 10 km (angefangene für voll gerechnet)		
1. für einen Schleppdampfer der Klasse A	15	
2. = = = = = B	12,50	
3. = = = = = C	10	

sofern nach den Sätzen unter A nicht ein höherer Betrag zu entrichten ist.

2. Dampfer, die den Kanal mit eigner Kraft durchfahren, denen aber auf Anordnung der Betriebsleitung oder auf eignen Wunsch Schleppdampfer der Kanalverwaltung zur event. Hülfeleistung beigegeben werden, zahlen für jeden Dampfer die Hälfte der zu Ba und Bb bestimmten Sätze.

Ergiebt sich im Laufe der Fahrt die Nothwendigkeit, daß der Dampfer wirklich geschleppt werden muß, so ist für die Strecke, auf der dies geschehen, die Differenz gegen die vollen Sätze zu 1B im Ausgangshafen nachzuzahlen.

3. Erleidet durch die Schuld des Schiffsführers der Antritt oder die Vollendung der Kanalfahrt eine Verzögerung von mehr als 2 Stunden, so sind für jede angefangene oder volle Stunde der weiteren Verzögerung Gebühren nach den Sätzen zu 1Bb zur Hälfte zu entrichten.

III. Tarif für die den Kanallootsen im Falle des §. 14 zu c der Betriebsordnung zu zahlenden Wegegelder.

Laufende Nr.	Von der Schiffsliegestelle bei (km)		ist der Kanallootse zu erfordern aus (bezw. zu entlassen nach) der Lootsenstation	und ihm an Wegegeld zu entrichten ℳ	eventl. zu benutzen die Fernsprechstelle bei
1	3,3	Thiermoor	Brunsbüttel	0,80	—
2	6,3 bzw. 7,3	Kudensee	„	1,60	Fähre Kudensee
3	13,8	Burg i./D.	„	2,80	„ Burg i./D.
4	18,0	Hochdonn	„	3,60	„ Hochdonn
5	20,8	Tüteroswisch	„	4,20	Weiche Hohenhörn
6	22,9	Hohenhörn bezw. Schafstedt	„	4,60	„ Hohenhörn
7	30,0	Grünenthal	Rübbel	5,60	Kanalmeister in Grünenthal
8	34,7	Fischerhütte	„	4,60	Weiche Fischerhütte
9	40,0	Eldenbüttel	„	3,60	Fähre Eldenbüttel
10	49,0	Hammeddel bezw. Breiholz	„	1,80	Weiche Breiholz
11	49,5	An der Luhnau	„	1,60	
12	56,0	Schülp	„	0,40	
13	58,3	Westerrönfeld	„	0,40	Weiche bei Westerrönfeld
14	61,0	Rendsburg (Kreishafen am Kanal)	„	0,80	
15	62,8	Werft am Saatsee	„	1,20	Werft am Saatsee
16	65,0	Hafen an der Obereider westlich km 65	„	1,50	
17	66,8	Borgstedt	„	2,50	Weiche Audorf
18	68,2	Lehmbeck	„	3,00	Beobachtungsposten Lehmbeck
19	69,5	Rade bezw. Schirnau	„	3,60	Weiche Rade
20	71,8	Steinwehr	„	4,00	
21	75,0	Sehestedt	„	4,60	Fähre Sehestedt
22	80,0	Al. Königsförde	Holtenau	3,80	Beobachtungsposten Königsförde
23	84,0	Rosenkranz	„	3,00	Weiche Groß-Nordsee
24	85,0	Flemhuder See	„	2,80	
25	86,0	Landwehr	„	2,60	Fähre Landwehr
26	92,6	Levensau	„	1,40	Kanalmeister Levensau
27	95,2	Knoop	„	0,80	Signalstation für die Prahm-Drehbrücke

IV. Tarif für längeres Behalten des Lootsen an Bord.

Wünscht bei freiwilligem, länger als zwei Stunden dauerndem, Aufenthalt innerhalb der Kanalstrecke der Schiffsführer für die Dauer jenes den Lootsen an Bord zu behalten, so hat er dafür eine besondere Gebühr von 1 M. für jede überschießende, angefangene oder vollendete Stunde beim Ausgangsamte zu zahlen.

V. Tarif für die Vermiethung von Zollzeichen ꝛc.

a. Zollzeichen ꝛc. der Kanalverwaltung:
Für die Anmiethung von Zollzeichen (Flagge und Leuchte) sind für jede Fahrt zu zahlen 2,00 M.
„ „ „ einer grünen Kugellaterne 1,00 „
Die Gegenstände sind auf der Austrittsstation dem Lootsen zurück zu geben.
Für beschädigte Gegenstände ist Entschädigung bis zum vollen Betrage des Werthobjekts zu leisten.

b. Zollzeichen des Hamburgischen Staats:
Für die Anmiethung eines vollständigen Satzes 6,00 M.
„ „ „ der Zollflagge allein 2,00 „

Erläuterungen zu den Tarifen.

1. Passagier- und Lustfahrzeuge, sowie Kriegsschiffe gelten stets als **beladene Fahrzeuge**.
2. Dampfschiffe, (Motorboote) sowie Ruderboote zahlen, **wenn sie einen ordnungsmäßigen Schleppzug benutzen**, die gleichen Schleppgebühren wie Segelfahrzeuge.
3. Lustfahrzeuge, Baggerschuten und Schleppdampfer fahren nicht im Küstenfrachtverkehr. Schleppdampfer gelten als „leer", sofern sie nicht eigene Ladung haben.
4. Die nach Vorstehendem zu entrichtenden Abgaben werden je für sich auf volle 10 Pfennig in der Weise abgerundet, daß Beträge unter 5 Pfennig garnicht, von 5 Pfennig ab für volle 10 Pfennig gerechnet werden.
   Desgleichen werden Bruchtheile von einem halben Registerton und mehr für ein volles Registerton gerechnet, kleinere Bruchtheile außer Ansatz gelassen.
5. Bei der Feststellung des Gesammtbetrags der zu entrichtenden Abgaben für den Durchgangsverkehr werden Bruchtheile einer Mark nach oben auf volle Mark abgerundet.
6. In den vorstehenden Abgaben ist der Ersatz für die Benutzung der sämmtlichen Betriebseinrichtungen des Kanals, sowie für das Lootsen zwischen den Lootsenstationen Brunsbüttel, Rüßbel und Friedrichsort mit einbegriffen.
7. Den aus der Nordsee kommenden oder dorthin gehenden Fahrzeugen wird das für die Strecke zwischen der Nordsee und Brunsbüttel zu zahlende Elblootsgeld auf die Kanalabgabe in Anrechnung gebracht; reicht die nach Tarif I zu zahlende Kanalabgabe zur Deckung des Elblootsgeldes nicht aus, so muß der Mehrbetrag an Elblootsgeldern nachgezahlt werden, sofern ein Elblootse verlangt wird.

Abschnitt II.

Erhebung der Abgaben, Schleppkötze und Lootsengelder.

§. 1.
Allgemeines.

1. Die Zahlung aller Abgaben hat in der Regel bei den Eintrittsämtern*) auf Grund des durch einen deutschen oder in Deutschland anerkannten fremden Meßbrief nachgewiesenen Netto-Raumgehalts und der in zwei Ausfertigungen vorzulegenden Anmeldezettel,**) welche gleichzeitig als Quittung dienen, zu erfolgen. Dabei ist derjenige Meßbrief maßgebend, der bei der Anmeldung zum Nachweise des Raumgehalts vorgelegt und vom Nebenzollamt als gültig anerkannt worden ist. Von diesen Anmeldezetteln bleibt der eine bei der Hebestelle, der andere dient dem Schiffsführer als Ausweis während der Kanalfahrt. Beim Verlassen des Kanals hat der Schiffsführer den zweiten Anmeldezettel nach Abtrennung der Quittung entweder an den Kanallootsen bezw. den Führer des Schleppdampfers oder an den Schleusenmeister bezw. dessen Vertreter abzugeben.

2. Die Einfahrt in den Kanal bezw. die Ausfahrt aus demselben wird nicht eher gestattet, als bis der Schiffsführer durch Vorzeigung der abgestempelten Quittung den Nachweis geliefert hat, daß die Abgaben bezahlt sind.

Schiffe, die keinen Lootsen haben, oder die keinem Schleppzuge angehören, haben die Quittung dem dienstthabenden Schleusenmeister vorzuzeigen.

3. Schiffe, die von einem Orte außerhalb des Kanals nach einem an diesem belegenen Orte fahren, um auf demselben Wege zurückzukehren, haben beim Eintritt in den Kanal sofort die Abgaben für beide Fahrten zu entrichten.

4. Die auf Passirschein (§. 2 B 2) abgefertigten Schiffe haben die Abgaben spätestens innerhalb acht Tagen nach Ausstellung des Scheins bei der in diesem angegebenen Hebestelle zu entrichten.

§. 2.
Anmeldeformulare.***)

A. Durchgangsverkehr.

Für die Strecke Holtenau-Brunsbüttel und umgekehrt sind die weißen Anmeldeformulare nach Muster A zu benutzen.

B. Theilstreckenverkehr.

1. Für Fahrten von außen nach einem Orte am Kanal und in umgekehrter Richtung sind Anmeldeformulare nach Muster B mit rothem Streifen zu benutzen. (Vergl. auch §. 1, 3.)

2. Bei Fahrten zwischen 2 am Kanal gelegenen Orten sind bei den Weichenwärtern, Fährwärtern oder Kanalmeistern Passirscheine nach Muster C mit gelbem Streifen zu lösen.†)

3. Für den Verkehr auf der Strecke von Brunsbüttel bis km 23 und umgekehrt sind Anmeldeformulare nach Muster D mit grünem Streifen zu benutzen.

§. 3.
Kontrole der in den Anmeldeformularen gemachten Angaben.

Die Beamten der Kanalverwaltung sind jederzeit berechtigt, sich von der Richtigkeit der von dem Schiffsführer gemachten Angaben in geeigneter Weise zu überzeugen. Die Schiffsführer sind verpflichtet, die Beamten nach Kräften zu unterstützen.

---

*) Nebenzollämter zu Brunsbüttel und Holtenau.
**) Die Formulare zu den Anmeldungen werden dem Schiffsführer von den Kanallootsen oder dem Hebeamt in einzelnen Exemplaren unentgeltlich verabfolgt. Größere Mengen Anmeldeformulare werden gegen Erstattung der Druckkosten — 1 ℳ. für 100 Stück — von den Hebeämtern des Kanalamts verabfolgt.
***) Die Muster dieser Formulare und des Stabscheinheftes (§. 5) sind nicht mit abgedruckt.
†) Lootsenpflichtige Schiffe, welche ihren Lootsen schon bei Rüppel oder in der Rendsburger Schleuse an Bord nehmen, können ihre Passirscheine von diesem erhalten.

Bei Fahrten im Theilstreckenverkehr ist der Endpunkt bezw. auch der Anfangspunkt der Fahrt dem Hebungsbeamten glaubhaft nachzuweisen.

§. 4.
Abschätzung des Raumgehalts.

Schiffe, welche keinen ordnungsmäßigen Meßbrief (§. 1) besitzen, werden von Beamten der Kanalverwaltung vorbehaltlich der Befugnisse der letzteren eine Vermessung oder Nachvermessung der Schiffe vorzunehmen auf ihren Netto-Raumgehalt abgeschätzt und nach dieser Abschätzung tarifirt.

Wird diese Abschätzung nicht als zutreffend anerkannt, so hat der Schiffsführer sofort, der Rheder innerhalb 14 Tagen seinen Widerspruch zu erklären und innerhalb 3 Monaten einen ordnungsmäßigen, im Deutschen Reiche anerkannten Meßbrief dem Kanalamte vorzulegen, widrigenfalls der Anspruch auf Rückerstattung des etwa zuviel gezahlten Betrags erlischt.

§. 5.
Fahrscheinhefte.

Schiffe, die wiederholt den ganzen Kanal unter gleichen Voraussetzungen durchfahren wollen, können Fahrscheinhefte nach Muster E lösen, in welchen 50 Fahrten enthalten sind.

Diese Fahrscheinhefte, welche vom Tage ihrer Ausstellung gerechnet 2 Jahre Gültigkeit haben, werden von dem Kaiserlichen Kanalamte zu Kiel und von den Nebenzollämtern zu Holtenau und Brunsbüttel auf mündlichen oder schriftlichen Antrag ausgegeben. Dem Antrage sind das weiße Anmeldeformular A in doppelter Ausfertigung und die Schiffspapiere beizufügen.

§. 6.
Stundung der Abgaben.

Das Kanalamt ist ermächtigt, nicht aber verpflichtet, solchen Rhedereien, deren Schiffe den Kanal wiederholt benutzen und monatlich mindestens 300 *M*. Kanalabgaben entrichten, auf besonderen Antrag eine einmonatliche Stundung der Abgaben zu gewähren.

Die Bedingungen dafür werden auf Verlangen vom Kaiserlichen Kanalamte mitgetheilt.

§. 7.
Zahlungsmittel.

Die Zahlungen können außer in deutscher Reichswährung auch in englischer, skandinavischer, holländischer, russischer und Franken-Währung geleistet werden. Diese fremden Geldsorten werden nach einem in den Hebestellen aushängenden Tarif in Zahlung angenommen.

An Stelle der Einzahlung des baaren Geldes ist Ueberweisung im Reichsbankverkehr an die Kaiserliche Oberpostkasse (Kanalverwaltung) in Kiel gestattet.

§. 8.
Kontrole.

Die Kanalverwaltung behält sich das Recht vor, sich jederzeit durch ihre Beamten die Ueberzeugung zu verschaffen, daß Schiffe, die den Kanal befahren, ihre Abgaben ordnungsmäßig entrichtet haben.

§. 9.

Wenn ein im Theilstreckenverkehr fahrender Schiffer trotz wiederholter Mahnungen seine Abgaben nicht bezahlt, so kann ihm die Benutzung des Kanals mit seinem Schiffe vom Kanalamte so lange untersagt werden, bis er den Nachweis liefert, daß die rückständigen Abgaben entrichtet sind.

Berlin, Carl Heymanns Verlag. — Gedruckt bei Julius Sittenfeld in Berlin.

Central-Blatt für das Deutsche Reich.

Herausgegeben im Reichsamte des Innern.

Zu beziehen durch alle Postanstalten und Buchhandlungen.

XXVII. Jahrgang. Berlin, Freitag, den 10. März 1899. № 10.

Inhalt: 1. **Konsulat-Wesen:** Exequatur-Ertheilungen Seite 83. 2. **Bank-Wesen:** Status der deutschen Notenbanken Ende Februar 1899 . . . . . 84. 3. **Marine und Schiffahrt:** Feststellung der Formulare zu den Zeugnissen über die Prüfung und die Befähigung zum Schiffer auf kleiner Fahrt sowie über die Befugniß zur Führung von Hochseefischereifahrzeugen in kleiner und in der Islandfahrt . . . . . 86. 4. **Polizei-Wesen:** Ausweisung von Ausländern aus dem Reichsgebiete . . . . . 91.

1. Konsulat-Wesen.

Dem zum Konsul der Republik Liberia für das Deutsche Reich mit dem Sitze in Hamburg ernannten Herrn Georg Goedelt jun. ist das Exequatur Namens des Reichs ertheilt worden.

Dem zum Vize-Konsul der Vereinigten Staaten von Amerika in Solingen ernannten Herrn Max Brab ist Namens des Reichs das Exequatur ertheilt worden.

2. Bank-

Status der deutschen Noten
nach den im Reichsanzeiger veröffentlichten Wochenüber

(Die Beträge lauten

Passiva.

Laufende Nummer	Bezeichnung der Banken	Grund- Kapital	Reserve- fonds	Noten- Umlauf	Gegen 31. Jan. 1899	Unge- deckte Noten	Gegen 31. Jan. 1899	Sonstige täglich fällige Ver- bindlich- keiten	Gegen 31. Jan. 1899	Ver- bindlich- keiten mit Kündi- gungs- frist	Gegen 31. Jan. 1899	Sonstige Passiva	Gegen 31. Jan. 1899	Summe der Passiva	Gegen 31. Jan. 1899	Quot. Ver- bindlich- keiten und weiterge- gebenen verfall- barer Wechsel
1.	2.	3.	4.	5.	6.	7.	8.	9.	10.	11.	12.	13.	14.	15.	16.	17.
1.	Reichsbank	120 000	30 000	1 049 675	− 62 521	126 339	− 107 086	484 631	+ 60 401	—	—	38 721	+ 246	1 723 027	− 1 874	
2.	Frankfurter Bank . .	18 000	4 808	14 796	− 1 528	9 187	− 108	4 550	− 127	13 084	+ 151	5	− 156	57 155	− 232	233
3.	Bayerische Notenbank	7 500	2 156	57 288	− 1 687	16 240	− 4 324	7 508	+ 183	—	—	4 230	+ 406	76 650	− 1 093	
4.	Sächsische Bank zu Dresden	30 000	5 037	43 166	− 1 793	9 340	− 2 172	21 604	+ 291	16 333	+ 3 100	3 75	− 270	119 273	+ 1 611	14?
5.	Württembergische Notenbank	9 000	851	22 160	− 181	10 076	+ 112	2 446	− 62	270	10	1 027	− 116	36 330	− 308	77
6.	Badische Bank . .	9 000	1 734	15 365	− 577	10 006	− 432	5 076	− 587	—	—	1 009	+ 1	32 084	− 1 297	141
7.	Bank für Süddeutschland	15 872	1 790	14 118	− 420	9 301	− 65	94	+ 1	—	—	1 170	+ 73	32 832	− 355	20?
8.	Braunschweigische Bank.	10 500	811	7 040	− 60	1 483	+ 19	3 547	+ 7	1 167	+ 45	653	− 502	18 748	+ 666	5?
	Zusammen	219 672	47 177	1 230 023	− 68 782	191 872	− 108 609	529 406	+ 60 333	34 794	+ 1 637	47 217	+ 501	2 096 390	− 2 950	91?

Bemerkungen.

Zu Spalte 5°: Davon in Abschnitten zu 100 ℳ = 916 974 600 ℳ.
    »   »   500 » = 18 562 000 ℳ (bei den Banken Nr. 1, 2, 4).
    »   » 1 000 » = 282 757 000 ℳ (. . . . 1 und 2).
Zu Spalte 9 Nr. 2°: Darunter 128 900 ℳ noch nicht zur Einlösung gelangte Guldennoten.
  »   » 9 » 7°: »   90 789 ℳ . . . . . Gulden- und Thalernoten.

Wesen.

banken Ende Februar 1899
sichten, verglichen mit demjenigen Ende Januar 1899.
auf Tausend Mark.)

Activa.

Metall-Bestand.	Gegen 31. Jan. 1899.	Reichs-kassen-scheine.	Gegen 31. Jan. 1899.	Noten anderer Banken.	Gegen 31. Jan. 1899.	Wechsel.	Gegen 31. Jan. 1899.	Lombard.	Gegen 31. Jan. 1899.	Effekten.	Gegen 31. Jan. 1899.	Sonstige Aktive.	Gegen 31. Jan. 1899.	Summe der Aktive.	Gegen 31. Jan. 1899.	Laufende Nummer.
18.	19.	20.	21.	22.	23.	24.	25.	26.	27.	28.	29.	30.	31.	32.	33.	34.
846 326	+ 48 466	23 289	+ 1 961	13 821	— 852	592 737	— 49 696	95 545	+ 10 009	7 807	— 5 523	105 602	— 289	1 728 027	— 1 874	1.
5 897	— 414	26	— 22	246	— 922	34 804	+ 742	9 863	— 300	6 664	+ 496	3 646	+ 92	60 696	— 244	2.
33 290	+ 423	63	— 25	7 611	+ 2 244	34 712	— 4 045	1 147	— 100	27	— 4	1 847	+ 415	78 690	— 1 099	3.
28 200	+ 1 144	701	+ 89	5 635	— 5 498	70 979	+ 7 012	2 152	— 721	611	— 29	10 100	— 608	119 273	+ 1 611	4.
11 991	+ 134	144	+ 7	745	— 404	21 677	+ 263	1 004	— 6	8	— 1	981	— 814	36 550	— 308	5.
5 150	— 851	35	— 11	74	— 147	23 000	— 251	636	— 77	80	+ 20	3 115	+ 17	32 084	— 1 297	6.
1 845	— 374	45	+ 5	27	+ 13	20 328	+ 1 561	2 100	— 201	3 458	— 716	2 049	— 586	32 832	— 359	7.
526	— 24	11	— 1	20	— 66	7 026	+ 1 658	1 678	+ 29	225	+ 88	9 311	— 708	18 799	+ 544	8.
975 065	+ 13 525	24 816	+ 2 002	27 879	— 5 642	805 263	— 43 326	114 415	+ 8 617	18 872	— 5 701	137 650	— 1 681	2 101 370	— 3 206	

3. Marine und Schiffahrt.

Auf Grund der Bestimmungen unter Nr. 2 der Bekanntmachung, betreffend Abänderung der Vorschriften über den Nachweis der Befähigung als Seeschiffer und Seesteuermann auf deutschen Kauffahrteischiffen, vom 4. März 1899 und im §. 5 der Bekanntmachung, betreffend die Zulassung zur Führung von Hochseefischereifahrzeugen in kleiner und in der Islandfahrt, vom 10. Februar 1899 (Reichs-Gesetzbl. S. 134 und 129) werden die Formulare zu den Zeugnissen über die Prüfung und über die Befähigung zum Schiffer auf kleiner Fahrt sowie über die Befugniß zur Führung von Hochseefischereifahrzeugen in kleiner und in der Islandfahrt nach Maßgabe der Anlagen D, E, Q, R und S festgestellt.

Berlin, den 6. März 1899.

Der Reichskanzler.
In Vertretung: Graf v. Posadowsky.

Formular D.

Zeugniß
über die Prüfung
zum
Schiffer auf kleiner Fahrt.

Der (Seemann N. N.) [Vor- und Zunamen], geboren zu ...., den .. ten ...... 18.., wohnhaft in ...., welcher nach Ablauf seines fünfzehnten Lebensjahr.. Monate zur See gefahren ist, hat die Prüfung zum Schiffer auf kleiner Fahrt .... bestanden.

.........., den .. ten .... 19..

Die Prüfungskommission.

(Siegel.)   (Unterschriften.)

Deutsches Reich.

Zeugniß
über die Befähigung
zum
Schiffer auf kleiner Fahrt.

Dem (Seemann N. N.) [Vor- und Zunamen], geboren zu . . . ., den . . ten . . . . . 18. ., wohnhaft in . . . ., welcher die vorschriftsmäßige Fahrzeit zur See zurückgelegt und die Prüfung zum Schiffer auf kleiner Fahrt . . . . bestanden hat, wird hierdurch auf Grund der Bekanntmachungen vom 6. August 1887, 10. Februar 1899 und 4. März 1899 (Reichs-Gesetzbl. 1887 S. 395, 1899 S. 129 und 134) die Befugniß beigelegt,
1. deutsche Kauffahrteischiffe von weniger als 400 Kubikmeter Brutto-Raumgehalt,
2. Schleppdampfschiffe jeder Größe, welche nicht dem Güter- oder Reiseverkehr dienen,
3. Fahrzeuge jeder Größe, welche nach ihrer Bauart und Ausrüstung zu selbständiger Seefahrt nicht bestimmt sind, sofern sie in der Schleppfahrt verwendet werden und nicht zur Beförderung von Reisenden dienen, und
4. Fischereidampfschiffe jeder Größe,

in der Ostsee, in der Nordsee bis zum 61. Grade nördlicher Breite und im Englischen Kanale zu führen.

. . . ., den . . ten . . . . 19 . .

(Siegel.)   (Firma und Unterschrift der Behörde.)

Formular Q.

Deutsches Reich.

Zeugniß
über die Befugniß
zur
Führung von Hochseefischerei-Segelfahrzeugen in kleiner Fahrt.

Dem (Seemann N. N.) [Vor- und Zunamen], geboren zu . . . . . ., den . . ten . . . . . . 18 . ., wohnhaft in . . . . . ., welcher die vorschriftsmäßige Fahrzeit zur See zurückgelegt hat, wird hierdurch auf Grund des §. 1a der Bekanntmachung vom 10. Februar 1899 (Reichs-Gesetzbl. S. 129) die Befugniß beigelegt, Hochseefischerei-Segelfahrzeuge jeder Größe, auch wenn sie mit einer Hülfsmaschine ausgestattet sind, in der Ostsee, in der Nordsee bis zum 61. Grade nördlicher Breite und im Englischen Kanale zu führen.

. . . , den . . ten 19

(Siegel.)   (Firma und Unterschrift der Behörde.)

Formular R.

Deutsches Reich.

Zeugniß
über die Befugniß

zur

Führung von Hochseefischereifahrzeugen in kleiner Fahrt.

Dem N. N. (Vor= und Zunamen), geboren zu ...., den .. ten .... 18 . ., wohnhaft in ...., wird hierdurch auf Grund des §. 2 der Bekanntmachung vom 10. Februar 1899 (Reichs=Gesetzbl. S. 129) die Befugniß beigelegt,
1. Hochseefischerei=Segelfahrzeuge jeder Größe, auch wenn sie mit einer Hülfsmaschine ausgestattet sind, und
2. Fischereidampfschiffe jeder Größe,

in der Ostsee, in der Nordsee bis zum 61. Grade nördlicher Breite und im Englischen Kanale zu führen.

.........., den .. ten .... 19 . .

(Siegel.)   (Firma und Unterschrift der Behörde.)

Deutsches Reich.

(Reichswappen.)

Zeugniß

über die Befugniß

zur

Führung von Fischereidampfschiffen in der Islandfahrt.

Dem Schiffer auf kleiner Fahrt N. N. (Vor- und Zunamen), geboren zu ...., den .. ten .... 18.., wohnhaft in ......, welcher die vorschriftsmäßige Fahrzeit auf einem deutschen Fischereidampfschiffe zurückgelegt hat, wird hierdurch auf Grund des §. 3 der Bekanntmachung vom 10. Februar 1899 (Reichs-Gesetzbl. S. 129) die Befugniß beigelegt, deutsche Fischereidampfschiffe jeder Größe nach den Fischgründen bei Island, mit Ausschluß des Weges durch den Englischen Kanal und den Atlantischen Ozean, zu führen.

Dieses Zeugniß verliert mit dem 1. April 1902 seine Gültigkeit.

.........., den .. ten .... 19..

(Siegel.)　　　　　　　　　　(Firma und Unterschrift der Behörde.)

4. Polizei-Wesen.

Ausweisung von Ausländern aus dem Reichsgebiete.

Laufende Nr.	Name und Stand der Ausgewiesenen.	Alter und Heimath	Grund der Bestrafung.	Behörde, welche die Ausweisung beschlossen hat.	Datum des Ausweisungs-beschlusses.
1.	2.	3.	4.	5.	6.

a) Auf Grund des §. 39 des Strafgesetzbuchs.

1.	Bertha Aubert, Dienstmagd, ledig,	geboren am 11. Februar 1875 zu Saaz, Böhmen,	schwerer Diebstahl (2 Jahre Zuchthaus, laut Erkenntniß vom 18. Februar 1897),	Königlich preußischer Regierungs-Präsident zu Liegnitz,	1. März d. J.

b) Auf Grund des §. 362 des Strafgesetzbuchs.

2.	Engelbert Bergmann, Kutscher,	geboren am 17. Juni 1861 zu Prichowitz, Bezirk Gablonz, Böhmen, ortsangehörig ebendaselbst,	Betteln,	Königlich sächsische Kreishauptmannschaft Bautzen,	31. Januar d. J.
3.	Peter Dagnoli, Erdarbeiter,	geboren am 28. Februar 1822 zu Mori, Bezirk Roveredo, Tirol, österreichischer Staatsangehöriger,	Landstreichen und Betteln,	Kaiserlicher Bezirks-Präsident zu Colmar,	23. Februar d. J.
4.	Karl August Tillenseger, Fuhrknecht,	geboren am 24. Februar 1882 zu Urbeis, Elsaß, französischer Staatsangehöriger,	Angabe eines falschen Namens, Landstreichen und Betteln,	derselbe,	25. Februar d. J.
5.	Joseph Anton Seipl, Gerber,	geboren am 3. März 1852 zu Eger, Böhmen, österreichischer Staatsangehöriger,	Betteln,	Königlich bayerisches Bezirksamt Miltenberg,	18. Februar d. J.
6.	Christian Jensen, Korkschneider,	geboren am 7. August 1857 zu Kopenhagen, dänischer Staatsangehöriger,	dergleichen,	Königlich sächsische Kreishauptmannschaft Zwickau,	30. Januar d. J.
7.	Peter Hans Jensen, Schneider,	geboren am 3. Oktober 1874 zu Toilum, Amt Aarhus, Jütland, ortsangehörig zu Linau, Jütland,	Landstreichen,	Königlich bayerische Polizei-Direktion München,	10. Februar d. J.
8.	Anton Müller, Steinmetzgehülfe,	geboren am 18. Januar 1811 zu Schluckenau, Böhmen, ortsangehörig ebendaselbst,	Betteln,	Königlich sächsische Kreishauptmannschaft Bautzen,	5. Dezember v. J.
9.	Nikolaus Scholla, Rammmacher,	geboren am 12. April 1856 zu Budapest, russischer Staatsangehöriger,	Landstreichen und Betteln,	Königlich bayerisches Bezirksamt Ochsenfurt,	7. Februar d. J.
10.	Johann Schuch, Schmiedegeselle,	geboren am 15. Juni 1854 zu Grafenberg, Bezirk Horn, Nieder-Oesterreich, österreichischer Staatsangehöriger,	Betteln,	Königlich bayerisches Bezirksamt Kelheim,	16. Februar d. J.
11.	Nikolaus Bodenhuber, Wagner und Kellner,	geboren am 1. Januar 1871 zu Ischl, Bezirk Gmunden, Ober-Oesterreich, österreichischer Staatsangehöriger,	Fälschung von Legitimationspapieren, Landstreichen und Betteln,	Stadtmagistrat Nürnberg, Bayern,	8. Februar d. J.
12.	Friedrich Weiß, Säger,	geboren im Januar 1852 zu Kaltenbach, Bezirk Prachatitz, Böhmen, österreichischer Staatsangehöriger,	Landstreichen und Betteln,	Königlich bayerisches Bezirksamt Passau,	10. Februar d. J.

Central-Blatt für das Deutsche Reich.

Herausgegeben im Reichsamte des Innern.

Zu beziehen durch alle Postanstalten und Buchhandlungen.

XXVII. Jahrgang.   Berlin, Freitag, den 17. März 1899.   № 11.

Inhalt: 1. *Konsulat-Wesen:* Ernennungen; — Ermächtigung zur Vornahme von Civilstandsakten; — Entlassung; — Ableben eines Konsuls; — Exequatur-Ertheilung . . . . Seite 93. — 2. *Zoll- und Steuer-Wesen:* Veränderungen in dem Stande oder den Befugnissen der Zoll- und Steuerstellen. 94 — 3. *Polizei-Wesen:* Ausweisung von Ausländern aus dem Reichsgebiete . . . . 96.

1. Konsulat-Wesen.

Seine Majestät der Kaiser haben im Namen des Reichs den bisherigen Konsul in Paris, von Faber du Faur, zum Konsul in Christiania zu ernennen geruht.

Seine Majestät der Kaiser haben im Namen des Reichs den Kaufmann Johann Dauelsberg zum Konsul in Mozambique zu ernennen geruht.

Dem Verweser des Kaiserlichen Vize-Konsulats in Hankau, Vize-Konsul Grunenwald, ist auf Grund des §. 1 des Gesetzes vom 4. Mai 1870 in Verbindung mit §. 85 des Gesetzes vom 6. Februar 1875 für den Amtsbezirk des Vize-Konsulats und für die Dauer seiner dortigen Geschäftsführung die Ermächtigung ertheilt worden, bürgerlich gültige Eheschließungen von Reichsangehörigen und Schutzgenossen, mit Einschluß der unter deutschem Schutze lebenden Schweizer, vorzunehmen und die Geburten, Heirathen und Sterbefälle von solchen zu beurkunden.

Dem Kaiserlichen Konsul Carl Voigt in Cap Haïti ist die erbetene Entlassung aus dem Reichsdienst ertheilt worden.

Der Kaiserliche Konsul Jul. Schumacher in Palermo ist gestorben.

Dem zum Konsul der Dominikanischen Republik in Altona ernannten Freiherrn Heinrich von Richthofen ist Namens des Reichs das Exequatur ertheilt worden.

2. Zoll- und Steuer-Wesen.

Veränderungen in dem Stande oder den Befugnissen der Zoll- und Steuerstellen.

Im Königreiche Preußen.

Das Nebenzollamt II zu Kotten im Bezirke des Hauptzollamts zu Vreden ist in ein Nebenzollamt I umgewandelt worden. Die Steuerämter I zu Bochum in der Stadt und am rheinischen Bahnhofe sind aufgehoben worden. An Stelle des Steueramts am rheinischen Bahnhof ist eine Zollabfertigungsstelle getreten. Dieser Zollabfertigungsstelle sind folgende Abfertigungsbefugnisse beigelegt:

zur Ausfertigung und Erledigung von Begleitscheinen I und II über zollpflichtige Waaren und inländisches Salz, zur Ausfertigung und Erledigung von Versendungsscheinen I und II über inländischen Tabak, zu Abfertigungen im Eisenbahnverkehr und zwar:

zum Waaren-Ein- und Ausgang (§§. 63 und 66 bis 71 d. V.Z.G.), zu Aus- und Umladungen der unter Wagenverschluß beförderten Güter (§. 65 d. V.Z.G.), zur Wiederanlegung des amtlichen Verschlusses bei Verschlußverletzungen (§. 96 d. V.Z.G. und §. 27 des Eisenbahn-Zollregulativs), zur Abfertigung der unter Eisenbahnwagenverschluß eingehenden Begleitscheingüter;

ferner die Befugniß zur Abfertigung von Wollenwaaren, Nr. 41 d 5 und 6 des Zolltarifs, zu anderen als den höchsten Zollsätzen dieser Nummer, zur Abfertigung des mit dem Anspruch auf Steuervergütung ausgehenden Bieres, Branntweins und Tabaks, zur Erhebung von Uebergangsabgaben sowie Ausfertigung und Erledigung von Uebergangsscheinen.

In Bochum ist ein Hauptsteueramt errichtet, welchem folgende Abfertigungsbefugnisse beigelegt worden sind:

zur Ausfertigung und Erledigung von Begleitscheinen I und II über zollpflichtige Waaren und inländisches Salz, zur Ausfertigung und Erledigung von Versendungsscheinen I und II über inländischen Tabak, zur Ausfertigung von Musterpässen über Gegenstände des freien Verkehrs, zur Abfertigung von Wollenwaaren, Nr. 41 d 5 und 6 des Zolltarifs, zu anderen als den höchsten Zollsätzen dieser Nummern, zur Abfertigung des mit dem Anspruch auf Steuervergütung ausgehenden Bieres, Branntweins und Tabaks, zur Erhebung der Reichsstempelabgabe von Aktien, Renten- und Schuldverschreibungen nach Ziffer 1 bis 3 des Tarifs zum Reichsstempelgesetze vom 27. April 1894 und zur Abstempelung dieser Urkunden, jedoch mit Ausschluß der Befugniß zur stempelfreien Abstempelung von inländischen Aktien nach der Befreiungsvorschrift zur Tarifnummer 1 und zur Abstempelung von Genußscheinen nach der Annerkung zur Tarifnummer 1 und 3 Absatz 2, zur Erhebung der Reichsstempelabgabe und zur Abstempelung von Lotterielosen nach Tarifnummer 5, sowie zur Erhebung von Uebergangsabgaben und Ausfertigung und Erledigung von Uebergangsscheinen.

Dem Hauptsteueramte zu Bochum sind unterstellt die bisher zum Hauptsteueramte zu Münster gehörigen Steuerämter I zu Dorsten und Recklinghausen und die bisher zum Hauptsteueramte zu Dortmund gehörigen Steuerämter I zu Gelsenkirchen und Wanne, sowie die Zollabfertigungsstelle am rheinischen Bahnhofe zu Bochum.

Das Hauptsteueramt zu Rheine ist aufgehoben worden. An seine Stelle ist das Steueramt I zu Rheine getreten, welchem folgende Abfertigungsbefugnisse beigelegt worden sind:

zur Ausfertigung von Begleitscheinen I über den aus dem Privattransitlager der Firma J. G. Nadorf zu Rheine zu versendenden Rohtabak, zur Erledigung von Begleitscheinen I und II über zollpflichtige Waaren und inländisches Salz, zur Erledigung von Versendungsscheinen I und II über inländischen Tabak, zur Wiederanlegung des amtlichen Verschlusses bei Verschlußverletzungen (§. 96 b. V.Z.G. und §. 27 des Eisenbahn-Zollregulativs), zur Abfertigung von Baumwollengarnen Nr. 2 e 1, 2 und 3, Leinengarnen Nr. 22a und b, Wollenwaaren Nr. 41 d 5 und 6 des Zolltarifs zu anderen als den höchsten Zollsätzen dieser Nummern.

Das Salzsteueramt I zu Rheine-Gottesgabe ist in ein Salzsteueramt II mit der Ortsbezeichnung „Gottesgabe" umgewandelt worden.

Die bisher zum Bezirke des Hauptsteueramts zu Rheine gehörigen Steuerämter I zu Burgsteinfurt, Ibbenbüren und Warendorf und Steuerämter II zu Greven, Lengerich und Telgte (letzteres im Aemter-Verzeichniß bisher als Steueramt I aufgeführt) sowie das neuerrichtete Steueramt I zu Rheine und das Salzsteueramt II zu Gottesgabe sind dem Hauptsteueramte zu Münster unterstellt worden.

Von dem Bezirke des Hauptsteueramts zu Münster sind ferner die Steuerämter I zu Beckum, Oelde und Wadersloh abgezweigt, welche dem Hauptsteueramte zu Lippstadt zugetheilt worden sind.

Im Bezirke des Hauptsteueramts zu Dortmund ist die Zollabfertigungsstelle am Bergisch-Märkischen Bahnhofe zu Dortmund nach dem Südbahnhofe daselbst verlegt worden.

Die Zollabfertigungsstelle am Südbahnhofe zu Dortmund hat folgende Abfertigungsbefugnisse: Zur Ausfertigung und Erledigung von Begleitscheinen I und II über zollpflichtige Waaren und inländisches Salz, zur Ausfertigung von Versendungsscheinen I und II und zur Erledigung von Versendungsscheinen II über inländischen Taback, zu Abfertigungen im Eisenbahnverkehr und zwar: Waaren-Ein- und Ausgang (§§. 63 und 66 bis 71 b. V.Z.G.), Aus- und Umladungen der unter Wagenverschluß beförderten Güter (§. 65 b. V.Z.G.), Wiederanlegung des amtlichen Verschlusses bei Verschlußverletzungen (§. 96 b. V.Z.G. und §. 27 des Eisenbahn-Zollregulativs), Abfertigung der unter Eisenbahnwagenverschluß eingehenden Begleitscheingüter; ferner die Befugniß zur Abfertigung von Leinengarn der Nr. 22 a und b, Leinenwaaren der Nr. 22 f, 22 g 1 und 2, sowie der Anmerkung zu Nr. 22 f und g des Zolltarifs und Wollenwaaren der Nr. 41 d 5 und 6 des Zolltarifs zu anderen als den höchsten Sätzen dieser Nummern, zur Abfertigung des mit dem Anspruch auf Steuervergütung ausgehenden Bieres, Branntweins und Tabacks und zur Erhebung von Uebergangsabgaben sowie Ausfertigung und Erledigung von Uebergangsscheinen.

Es ist ertheilt worden:

dem Hauptsteueramte zu Gleiwitz die Befugniß zur Erledigung von Zollbegleitscheinen I über Waaren, die für die Firmen Adolf Rose Nachfolger, J. Krebs und Julian Bartenstein daselbst eingehen,

dem Steueramte I zu Coepenick im Bezirke des Hauptsteueramts zu Eberswalde die Befugniß zur Ausfertigung von Begleitscheinen I über das in der chemischen Fabrik von Balzer & Co. in Grünau als Nebenprodukt gewonnene, unbenaturirt abzulassende Salz,

dem Steueramte I zu Dorsten im Bezirke des Hauptsteueramts zu Bochum die Befugniß zur zollamtlichen Abfertigung der unter Eisenbahnwagenverschluß für die Firma Stevens & Schürholz zu Dorsten-Hochfeld mit Begleitschein I oder Begleitzettel eingehenden Kokosgarne,

dem Nebenzollamte II zu Bojanowitz im Bezirke des Hauptzollamts zu Landsberg O.-S. die Befugniß zur Abfertigung von Getreide, welches mit dem Anspruch auf Ertheilung von Einfuhrscheinen zur Ausfuhr angemeldet wird, und

dem Steueramte I zu Scharmbeck im Bezirke des Hauptzollamts zu Geestemünde die unbeschränkte Befugniß zur Ausfertigung und Erledigung von Begleitscheinen I.

Im Königreiche Bayern.

Das Nebenzollamt I mit Aufschlag-Einnehmerei zu Hindelang im Bezirke des Hauptzollamts zu Pfronten ist in ein Nebenzollamt II mit Aufschlag-Einnehmerei umgewandelt worden.

Im Königreiche Sachsen.

Das Steueramt zu Wilsdruff im Bezirke des Hauptsteueramts zu Dresden ist in ein Untersteueramt und das Untersteueramt zu Limbach im Bezirke des Hauptsteueramts zu Chemnitz in ein Steueramt umgewandelt worden.

Am Bahnhofe Plagwitz-Lindenau ist eine dem Hauptzollamte zu Leipzig unterstellte Zollabfertigungsstelle mit folgenden Befugnissen errichtet worden:

Ausfertigung und Erledigung von Begleitscheinen I und II, auch über inländisches Salz, Ausfertigung und Erledigung von Versendungsscheinen I und II über inländischen Taback, Ausfertigung von Musterpässen über Gegenstände des freien Verkehrs, unbeschränkte Abfertigungen im Eisenbahnverkehre (Waaren-Ein- und Ausgang, Aus- und Umladungen, Wiederanlegung des amtlichen Verschlusses, Abfertigung der unter Eisenbahnwagenverschluß eingehenden Begleitscheingüter), Abfertigung von Baumwollengarnen der Nr. 2 c 1, 2 und 3, Leinengarnen der Nr. 22 a und b, Leinwand der Nr. 22 f, g 1 und 2 und der Anmerkung zu f und g, Wollenwaaren der Nr. 41 d 5 und 6 und hartem Kammgarn aus Glanzwolle der Nr. 41 e 2 zu anderen als den höchsten Zollsätzen dieser Nummern sowie Abfertigung der mit dem Anspruch auf Steuervergütung ausgehenden Biere, Branntweine, Branntweinfabrikate und eingesalzenen Gegenstände.

Dem Nebenzollamte I zu Schöna im Bezirke des Hauptzollamts zu Schandau ist die Befugniß zur Ausfertigung von Begleitscheinen I auch über solche Güter beigelegt worden, die von der in Herrnskretschen gelegenen Filiale der Dresdener Nähmaschinenzwirnfabrik mit der Eisenbahn eingeführt werden.

Im Königreiche Württemberg.

Das Kameralamt zu Weinsberg ist zur Ausfertigung von Versendungsscheinen I und II über inländischen Branntwein ermächtigt worden.

Im Großherzogthume Baden.

Es ist ertheilt worden:

der Steuer-Einnehmerei zu Osterburken im Bezirke des Finanzamts zu Buchen die Befugniß zur Ausfertigung von Branntweinversendungsscheinen I und II,

dem Nebenzollamte II zu Grenzacherhorn im Bezirke des Hauptsteueramts zu Lörrach die Abfertigungsbefugnisse eines Nebenzollamts I,

den Steuer-Einnehmereien zu Zell im Bezirke des Hauptsteueramts zu Baden, zu Neuershausen im Bezirke des Hauptsteueramts zu Freiburg und zu Hartheim im Bezirke des Finanzamts zu Breisach die Befugniß zur Ausfertigung von Versendungsscheinen I und II sowie zur Erledigung von Versendungsscheinen I über Tabak aus und nach den dort befindlichen Privatlagern für unversteuerten inländischen Tabak.

Im Großherzogthum Oldenburg.

Die Steuer-Receptur zu Westerstede im Bezirke des Hauptsteueramts zu Oldenburg wird zum 1. April d. J. in ein Steueramt umgewandelt und dem letzteren die Ermächtigung zur Erledigung von Zoll- und Salzbegleitscheinen II ertheilt werden.

---

3. Polizei-Wesen.

Ausweisung von Ausländern aus dem Reichsgebiete.

Laufende Nr.	Name und Stand der Ausgewiesenen.	Alter und Heimath	Grund der Bestrafung.	Behörde, welche die Ausweisung beschlossen hat.	Datum des Ausweisungs-beschlusses
1.	2.	3.	4.	5.	6.

a) Auf Grund des §. 30 des Strafgesetzbuchs.

| 1. | Joseph Reitinger, Schuhmacher, | geboren am 17. März 1864 zu Marburg, Steiermark, ortsangehörig zu Oberrakitsch, Bezirk Radkersburg, Steiermark. | einfacher und schwerer Diebstahl im wiederholten Rückfalle (2 Jahre 6 Monate Zuchthaus, laut Erkenntniß vom 16. August 1895). | Großherzoglich badischer Landeskommissär zu Mannheim. | 26. Januar d. J. |

b) Auf Grund des §. 362 des Strafgesetzbuchs.

| 2. | Theodor Pockorit, Arbeiter, | geboren am 23. November 1867 zu Vetten, Toorenburg, Provinz Gelderland, Niederlande, ortsangehörig ebendaselbst. | Betteln. | Königlich preußischer Regierungs-Präsident zu Düsseldorf. | 6. März d. J. |

Laufende Nr.	Name und Stand der Ausgewiesenen.	Alter und Heimath	Grund der Bestrafung.	Behörde, welche die Ausweisung beschlossen hat.	Datum des Ausweisungs-beschlusses.
1.	2.	3.	4.	5.	6.
3.	Wenzel Wonsel, Schuhmacher.	geboren am 23. September 1849 zu desgleichen, Kolodrz, Bezirk Koldauthein, Böhmen, österreichischer Staatsangehöriger,	desgleichen	Königlich preußischer Regierungs-Präsident zu Liegnitz.	1. März d. J.
4.	Franz Kral, Kaminkehrer.	geboren am 8. Dezember 1861 zu Landstreichen und Kusialetz, Bezirk Klattau, Böhmen, österreichischer Staatsangehöriger,	Landstreichen und Betteln.	Königlich bayerisches Bezirksamt Regensburg.	24. Februar d. J.
5.	Franz Lequari, Glasschleifer.	geboren am 29. März 1878 zu Sulz, Gemeinde Sankt-Martin, Bezirk Cilli, Steiermark, ortsangehörig zu Sankt-Martin.	Widerstand gegen die Staatsgewalt, Landstreichen und Betteln.	Königlich bayerisches Bezirksamt München II.	18. Februar d. J.
6.	Alegis Popoff, Tischler.	geboren am 11. März 1865 zu Arkhangeloskoelo, Rußland, russischer Staatsangehöriger.	Landstreichen.	Königlich preußischer Regierungs-Präsident zu Magdeburg.	4. März d. J.
7.	Johann Wilhelm Towandl, Bahnarbeiter.	geboren am 10. Juli 1867 zu Platz, Bezirk Kralowitz, Böhmen, ortsangehörig zu Jemnischt, Bezirk Beneschau, Böhmen.	Betteln.	Königlich sächsische Kreishauptmannschaft Zwickau.	11. Januar d. J.
8.	Anton Tomann, Metzger.	geboren am 13. April 1861 zu Hennersdorf, Bezirk Bruck an der Leitha, Nieder-Oesterreich, österreichischer Staatsangehöriger.	Landstreichen, Betteln, Gebrauch gefälschter Legitimationspapiere und grober Unfug.	Königlich bayerisches Bezirksamt Regen.	27. Februar d. J.

Berlin, Carl Heymanns Verlag. — Gedruckt bei Julius Sittenfeld in Berlin.

Central-Blatt für das Deutsche Reich.

Herausgegeben im Reichsamte des Innern.

Zu beziehen durch alle Postanstalten und Buchhandlungen.

| XXVII. Jahrgang. | Berlin, Freitag, den 24. März 1899. | № 12. |

Inhalt: 1. Konsulat-Wesen: Ernennungen; — Exequatur-Ertheilung . . . . Seite 99
2. Finanz-Wesen: Nachweisung der Einnahmen des Reichs vom 1. April 1898 bis Ende Februar 1899 . . 100
3. Zoll- und Steuer-Wesen: Ausschließung der im Ausland entzogenen Weißblechabfälle von der in Ziffer 2 des Schlußprotokolls zum Zollvereinsvertrage vom 8. Juli 1867 vorgesehenen Zollbegünstigung . . . 101
4. Kolonial-Wesen: Ermächtigung zur Vornahme von Civilhandakten im Schutzgebiete Kamerun . . 101
5. Polizei-Wesen: Ausweisung von Ausländern aus dem Reichsgebiete 101

1. Konsulat-Wesen.

Seine Majestät der Kaiser haben im Namen des Reichs den bisherigen Konsul in Madrid von Jecklin zum Konsul in Paris zu ernennen geruht.

Seine Majestät der Kaiser haben im Namen des Reichs den bisherigen Konsul in St. Louis, Meier, zum Konsul in Rotterdam zu ernennen geruht.

Seine Majestät der Kaiser haben im Namen des Reichs den bisherigen Konsul in Jerusalem, General-Konsul von Tischendorf, zum Konsul in Algier zu ernennen geruht.

Dem zum Konsul der Dominikanischen Republik in Berlin ernannten Kaufmann Sally Segall ist das Exequatur Namens des Reichs ertheilt worden.

2. Finanz-Wesen.

Nachweisung der zur Anschreibung gelangten Einnahmen (einschließlich der kreditirten Beträge) an Zöllen und gemeinschaftlichen Verbrauchssteuern sowie anderer Einnahmen im Deutschen Reiche für die Zeit vom 1. April 1898 bis zum Schlusse des Monats Februar 1899.

Bezeichnung der Einnahmen.	Die Soll-Einnahme beträgt vom Beginne des Rechnungsjahrs bis zum Schlusse des obengenannten Monats ℳ	Ausfuhr-Vergütungen ꝛc. ℳ	Bleiben ℳ	Einnahme in demselben Zeitraume des Vorjahrs (Spalte 4) ℳ	Differenz zwischen den Spalten 4 und 5. + mehr − weniger ℳ
1.		2.	3.	4.	5.
Zölle	483 861 178	14 007 832	469 853 341	436 684 271	+ 33 169 070
Tabacksteuer	11 585 968	132 462	11 433 506	11 556 312	− 122 806
Zuckersteuer und Zuschlag zu derselben	129 930 155	83 434 425	96 495 730	85 504 629	+ 10 991 101
Salzsteuer	44 512 169	13 494	44 498 675	44 318 365	+ 180 310
Maischbottich- und Branntweinmaterialsteuer	29 242 789	10 304 943	18 937 846	17 507 367	+ 1 430 479
Verbrauchsabgabe von Branntwein und Zuschlag zu derselben	112 160 749	362 782	111 797 967	112 500 998	− 703 031
Brennsteuer	3 162 254	2 689 907	472 347	796 067	− 323 720
Braustener	28 475 973	78 702	28 397 271	28 023 270	+ 374 001
Uebergangsabgabe von Bier	3 600 298	—	3 600 298	3 554 608	+ 45 630
Summe	846 511 528	61 024 547	785 486 981	740 445 947	+ 45 041 034
Stempelsteuer für					
a) Werthpapiere	16 812 063	—	16 812 063	13 151 692	+ 3 657 371
b) Kauf- u. sonstige Anschaffungsgeschäfte	12 323 710	44 375	12 279 335	12 584 865	− 305 530
c) Loose zur:					
Privatlotterien	3 452 326	—	3 452 326	2 576 382	+ 875 944
Staatslotterien	14 131 466	—	14 131 466	13 305 848	+ 825 618
Spielkartenstempel	—	—	1 399 180	1 386 237	+ 12 943
Wechselstempelsteuer	—	—	10 036 639	9 060 897	+ 978 742
Post- und Telegraphen-Verwaltung	—	—	317 809 997	295 012 621	+ 22 797 376
Reichseisenbahn-Verwaltung	—	—	72 916 000	69 012 000*)	+ 3 904 000

*) Die definitive Einnahme stellte sich im Vorjahr um 334 413 ℳ. höher.

Anmerkung. Die zur Reichskasse gelangte Ist-Einnahme abzüglich der Ausfuhrvergütungen und Verwaltungskosten beträgt bei den nachbezeichneten Einnahmen:

Bezeichnung der Einnahmen.	Ist-Einnahme im Monat Februar			Ist-Einnahme vom Beginne des Rechnungsjahrs bis zum Schlusse des Monats Februar		
	1899 ℳ	1898 ℳ	Mithin 1899 + mehr − weniger ℳ	1898 ℳ	1897/98 ℳ	Mithin 1898 + mehr − weniger ℳ
1.	2.	3.	4.	5.	6.	7.
Zölle	39 322 465	36 159 231	+ 2 163 234	437 643 411	403 789 395	+ 33 854 016
Tabacksteuer	872 330	863 154	+ 9 176	11 717 868	11 379 595	+ 338 273
Zuckersteuer und Zuschlag zu derselben	9 306 808	8 622 389	+ 684 419	87 374 581	75 213 704	+ 12 160 877
Salzsteuer	4 801 583	4 899 963	− 98 380	42 375 730	42 573 522	− 197 792
Maischbottich- und Branntweinmaterialsteuer	2 866 947	2 913 895	− 46 948	15 934 985	14 991 416	+ 943 569
Verbrauchsabgabe von Branntwein und Zuschlag zu derselben	7 939 193	8 406 444	− 467 251	92 346 367	93 013 784	− 667 417
Brennsteuer	219 610	152 214	+ 67 626	134 866	386 874	− 252 008
Braustener und Uebergangsabgabe von Bier	2 305 236	2 248 083	+ 57 143	27 192 753	26 833 066	+ 359 687
Summe	66 634 472	64 265 383	+ 2 369 019	714 720 561	668 181 356	+ 46 539 205
Spielkartenstempel	146 602	143 191	+ 3 411	1 332 568	1 294 421	+ 38 147

3. Zoll- und Steuer-Wesen.

Der Bundesrath hat in seiner Sitzung vom 9. März 1899 beschlossen, daß im Blechabfälle zu der in Ziffer 2 des Schlußprotokolls zum Zollvereinsvertrage vom 8. Juli 1867 vorgesehenen Zollbegünstigung bis auf Weiteres nicht zuzulassen sind.

---

4. Kolonial-Wesen.

Auf Grund des §. 4 des Gesetzes, betreffend die Rechtsverhältnisse der deutschen Schutzgebiete (Reichs-Gesetzbl. 1888 S. 75), des §. 1 des Gesetzes vom 4. Mai 1870 (Reichs-Gesetzbl. S. 599) und der Kaiserlichen Verordnung vom 21. April 1886 (Reichs-Gesetzbl. S. 128) ist dem Bezirksamtmann Boeder für seine Person und für die Dauer seiner amtlichen Thätigkeit im Schutzgebiete Kamerun die Ermächtigung ertheilt worden, im Bezirke Victoria bezüglich aller Personen, die nicht Eingeborene sind, bürgerlich gültige Eheschließungen vorzunehmen und deren Geburten und Sterbefälle zu beurkunden.

---

5. Polizei-Wesen.

Ausweisung von Ausländern aus dem Reichsgebiete.

Laufende Nr.	Name und Stand der Ausgewiesenen.	Alter und Heimath.	Grund der Bestrafung.	Behörde, welche die Ausweisung beschlossen hat.	Datum des Ausweisungsbeschlusses.
1.	2.	3.	4.	5.	6.
	a) Auf Grund des §. 39 des Strafgesetzbuchs.				
1.	Wilhelm Bartl, Arbeiter,	geboren am 1. Dezember 1878 zu Brežnic, Bezirk Kaaden, Böhmen, ortsangehörig ebendaselbst.	Hehlerei, versuchter Diebstahl und Beilegung eines falschen Namens (1 Jahr Gefängniß und 1 Woche Haft, laut Erkenntniß vom 17. März 1898),	Königlich preußischer Regierungs-Präsident zu Breslau,	8. März d. J.
2.	Ferdinand Howorka, Schneidergeselle,	29 Jahre alt, aus Báringen, Bezirk Joachimsthal, Böhmen,	Diebstahl im wiederholten Rückfalle (1 Jahr 4 Monate Zuchthaus, laut Erkenntniß vom 11. Mai 1897),	Polizeikommission des hohen bremischen Senats,	4. März d. J.
3.	Joseph Schwandner, Glasschleifer,	geboren am 29. Dezember 1872 zu Zirnau, Bezirk Tachau, Böhmen, ortsangehörig zu Neulosimthal, ebenda,	einfacher und schwerer Diebstahl im Rückfalle (2 Jahre 6 Monate Zuchthaus, laut Erkenntniß vom 13. Januar 1897),	Königlich bayerisches Bezirksamt Bamberg II,	16. Januar d. J.

Laufende Nr.	Name und Stand der Ausgewiesenen.	Alter und Heimath	Grund der Bestrafung.	Behörde, welche die Ausweisung beschlossen hat.	Datum des Ausweisungsbeschlusses.
1.	2.	3.	4.	5.	6.

b) Auf Grund des §. 362 des Strafgesetzbuchs.

4.	Giacomo Aborigene, Tagelöhner und Maurer,	geboren am 23. November 1851 zu Roveuta bi Piave, Provinz Venezia, Italien,	Hausfriedensbruch, Landstreichen und Betteln,	Großherzoglich badischer Landeskommissär zu Konstanz,	25. Februar d. J.
5.	Wenzel Balcar, Schmiedegeselle,	geboren am 17. Oktober 1842 zu Jaßena, Bezirk Königinhof, Böhmen, österreichischer Staatsangehöriger,	Betteln,	Stadtmagistrat Hof, Bayern,	7. Februar d. J.
6.	Heinrich Blaschke, Bäcker und Müllergeselle,	geboren am 7. Februar 1865 zu Teutsch-Jahnik, Bezirk Kruttischein, Mähren, österreichischer Staatsangehöriger,	desgleichen,	Königlich preußischer Regierungs-Präsident zu Breslau,	10. März d. J.
7.	Joseph Ehrlich, Glasmacher,	geboren am 27. Juni 1863 zu Schirgbach bei Tauba, Böhmen, ortsangehörig zu Liebowitz, Bezirk Tauba, Böhmen,	desgleichen,	Königlich sächsische Kreishauptmannschaft Bautzen,	20. Februar d. J.
8.	Adolph Halis auch Halir, Maler,	geboren am 6. Januar 1852 zu Hohenelbe, Böhmen, österreichischer Staatsangehöriger,	desgleichen,	Königlich preußischer Regierungs-Präsident zu Breslau,	10. März d. J.
9.	Franz Kaller, Fabrikarbeiter,	geboren am 22. Dezember 1851 zu Altenfurth, Bezirk Schüttenhofen, Böhmen, österreichischer Staatsangehöriger,	desgleichen,	Königlich bayerisches Bezirksamt Richach,	20. Februar d. J.
10.	Armin Polaf, Maurer,	geboren am 5. Februar 1854 zu Budapest, ortsangehörig ebendaselbst,	Landstreichen,	Königlich bayerische Polizei-Direktion München,	28. Februar d. J.
11.	Isidor Sekeles, Gypser,	geboren am 12. Mai 1842 zu Prag, ortsangehörig ebendaselbst,	Landstreichen und Betteln,	Königlich preußischer Regierungs-Präsident zu Düsseldorf,	15. März d. J.
12.	Ernst Siegel, Journierarbeiter,	geboren am 7. August 1851 zu Judemantel, Bezirk Freiwaldau, Oesterreichisch-Schlesien, ortsangehörig ebendaselbst,	Betteln,	Königlich preußischer Regierungs-Präsident zu Oppeln,	10. Februar d. J.
13.	Joseph Simonelli, Arbeiter,	geboren am 11. Juni 1861 zu Arone, Italien,	Landstreichen,	Kaiserlicher Bezirks-Präsident zu Metz,	9. März d. J.
14.	Franz Swiadap, Arbeiter,	geboren am 9. Dezember 1866 zu Strunki, Russisch-Polen, russischer Staatsangehöriger,	Betteln,	Königlich preußischer Regierungs-Präsident zu Magdeburg,	7. März d. J.
15.	Marie Gleibel, ledig,	etwa 28 Jahre alt, geboren zu Groß-Triebendorf, Bezirk Mährisch-Trübau, Mähren, österreichische Staatsangehörige,	Landstreichen und Betteln,	Königlich preußischer Regierungs-Präsident zu Frankfurt a. O.	31. Januar d. J.
16.	Marie Biliskova, Arbeiterin, ledig,	geboren am 25. Februar 1852 zu Stratonitz, Böhmen, ortsangehörig zu Petrowitz, Bezirk Schuttenhofen, Böhmen,	Betteln und Ruhestörung,	Stadtmagistrat Teggendorf, Bayern,	9. Februar d. J.
17.	Karl Johann Heinrich Wartha, Bäcker,	geboren am 29. August 1871 zu Hokau, Bezirk Bischofsteinitz, Böhmen, ortsangehörig ebendaselbst,	Landstreichen,	Königlich bayerische Polizei-Direktion München,	23. Februar d. J.

Central-Blatt für das Deutsche Reich.

Herausgegeben im Reichsamte des Innern.

Zu beziehen durch alle Postanstalten und Buchhandlungen.

| XXVII. Jahrgang. | Berlin, Freitag, den 31. März 1899. | № 13. |

Inhalt: 1. Konsulat-Wesen: Ernennungen; — Ermächtigung zur Vornahme von Civilstands-Akten; — Entlassung; — Exequatur-Ertheilungen . Seite 103
2. Zoll- und Steuer-Wesen: Abänderung der Ausführungsvorschriften zum Reichsstempelgesetze; — Abänderung der Bestimmungen, betreffend die Befreiung des zu landwirthschaftlichen und gewerblichen Zwecken bestimmten Salzes von der Salzabgabe . . . 104
3. Justiz-Wesen: Ergänzung des Verzeichnisses derjenigen Stellen, an welche Ersuchen um Einziehung von Gerichtskosten zu richten sind 105
4. Polizei-Wesen: Ausweisung von Ausländern aus dem Reichsgebiete 105

1. Konsulat-Wesen.

Seine Majestät der Kaiser haben im Namen des Reichs, nach erfolgter Umwandlung des Konsulats in Nantes in ein Vize-Konsulat, den Privatlehrer Grimm zum Vize-Konsul daselbst zu ernennen geruht.

Seine Majestät der Kaiser haben im Namen des Reichs den Kaufmann Eberhard Focke zum Vize-Konsul in Wellington (Neu-Seeland) zu ernennen geruht.

Seine Majestät der Kaiser haben im Namen des Reichs den Kaufmann Paul Maier zum Konsul in San Pedro Sula (Honduras) zu ernennen geruht.

Dem Verweser des Kaiserlichen Konsulats in La Paz, Hagemann, ist auf Grund des §. 1 des Gesetzes vom 4. Mai 1870 in Verbindung mit §. 85 des Gesetzes vom 6. Februar 1875 für den Amtsbezirk des Konsulats und für die Dauer seiner Geschäftsführung die Ermächtigung ertheilt worden, bürgerlich gültige Eheschließungen von Reichsangehörigen und unter deutschem Schutze lebenden Schweizern vorzunehmen und die Geburten, Heirathen und Sterbefälle von solchen zu beurkunden.

Dem bisherigen Kaiserlichen Vize-Konsul in Batum, Friedrich Burckhardt sen., ist die erbetene Entlassung aus dem Reichsdienst ertheilt worden.

Dem an Stelle des verstorbenen bisherigen Konsuls Ernst Hardt zum Konsul von Peru in Cöln a. Rh. ernannten Herrn Franz Ulrich Hubert Hagen ist Namens des Reichs das Exequatur ertheilt worden.

Dem zum Konsul von Paraguay in Cöln a. Rh. ernannten bisherigen paraguayischen Konsul in Solingen, Otto Kirschbaum, ist Namens des Reichs das Exequatur ertheilt worden.

2. Zoll- und Steuer-Wesen.

Der Bundesrath hat in seiner Sitzung vom 9. März d. J. beschlossen,

1. an die Stelle der in den Bundesrathsbeschlüssen vom 19. Januar 1882, vom 24. Januar 1884 und vom 4. Mai 1893 (Central-Blatt von 1882 S. 26, von 1884 S. 27, von 1893 S. 143) enthaltenen und in der Anmerkung zu Ziffer 3 der Ausführungsvorschriften zum Reichsstempelgesetze vom 27. April 1894 (Central-Blatt S. 122) wiedergegebenen Bestimmungen die nachfolgende treten zu lassen:

    „Behufs Umrechnung der in einer anderen als der Reichswährung ausgedrückten Werthe zum Zwecke der Berechnung der Wechselstempelsteuer und der Reichsstempelabgabe werden für die nachstehend bezeichneten Währungen die dabei bemerkten, allgemein zu Grunde zu legenden Mittelwerthe bis auf Weiteres festgesetzt:

1 Pfund Sterling	= 20,40 ℳ.
1 Frank, Lira, Peseta (Gold), Leu, finnische Mark	= 0,80 "
1 österreichischer Gulden (Gold)	= 2,00 "
1 " " (Währung)	= 1,70 "
1 österreichisch-ungarische Krone	= 0,85 "
1 Gulden holländischer Währung	= 1,70 "
1 skandinavische Krone	= 1,125 "
1 alter Goldrubel	= 3,20 "
1 Rubel	
1 alter Kreditrubel }	= 2,16 "
1 türkischer Piaster	0,18 "
1 Peso (Gold)	= 4,00 "
1 Dollar	= 4,20 "
1 japanischer Yen	
1 deutsch-ostafrikanische oder indische Rupie	= 1,35 " ."

2. in Ziffer 2 des Bundesrathsbeschlusses vom 7. Juli 1881 (Bekanntmachung vom 16. Juli 1881, Reichs-Gesetzbl. S. 245) hinter den Worten „niedergeschrieben werden." die Worte: „Auch kann der Verwendungsvermerk ganz oder theilweise mittelst der Schreibmaschine oder durch Stempelaufdruck hergestellt werden; in diesem Falle braucht das Datum nicht an der durch den Vordruck bezeichneten Stelle zu stehen."

3. in den Ausführungsvorschriften zum Reichsstempelgesetze vom 27. April 1894 (Central-Blatt S. 121) in Ziffer 17 Absatz 5 hinter dem Worte „theilweise" die Worte: „mittelst der Schreibmaschine oder" einzuschalten.

Berlin, den 23. März 1899.

Der Reichskanzler.
Im Auftrage: v. Koerner.

Der Bundesrath hat in seiner Sitzung vom 16. März 1899 folgenden Beschluß gefaßt:

In den Bestimmungen, betreffend die Befreiung des zu landwirthschaftlichen und gewerblichen Zwecken bestimmten Salzes von der Salzabgabe (Central-Blatt 1898, S. 642 ff.), wird hinter Abs. 1 als künftiger Abs. 2 eingeschaltet: „Unter Viehfütterung im Sinne der Ziffer 1 ist die Fütterung von Thieren jeder Art zu verstehen. Die für Landwirthe in Ansehung der Verwendung von Salz zur Viehfütterung nachstehend getroffenen Bestimmungen gelten auch für alle sonstigen Besitzer von Thieren."

3. Justiz-Wesen.

Das Verzeichniß derjenigen Behörden (Kassen), an welche nach der vom Bundesrath unter dem 23. April 1880 beschlossenen Anweisung Ersuchen um Einziehung von Gerichtskosten zu richten sind (Central-Blatt für das Deutsche Reich von 1885 S. 79 ff.), wird in Folge der Errichtung eines Amtsgerichts in Znin dahin ergänzt, daß Seite 138 hinter den das Amtsgericht in Zittau betreffenden Angaben einzuschalten ist:

Für den Bezirk des Amtsgerichts	In dem Staate	Gehört zum		Betreffende Kasse resp. Behörde
		Landgericht	Oberlandesgericht	
Znin.	Preußen.	Bromberg.	Posen.	Königl. Gerichtskasse in Znin.

4. Polizei-Wesen.

Ausweisung von Ausländern aus dem Reichsgebiete.

Laufende Nr.	Name und Stand der Ausgewiesenen	Alter und Heimath	Grund der Bestrafung	Behörde, welche die Ausweisung beschlossen hat	Datum des Ausweisungs-beschlusses
1.	2.	3.	4.	5.	6.

a) Auf Grund des §. 39 des Strafgesetzbuchs.

1.	Wenzel Delsbahr, Hutmacher,	geboren am 5. Januar 1871 zu Turnau, Böhmen, ortsangehörig zu Groß-Stal, Bezirk Turnau, Böhmen.	schwerer Diebstahl (2 Jahre Zuchthaus, laut Erkenntniß vom 18. Februar 1897),	Königlich preußischer Regierungs-Präsident zu Oppeln.	21. Dezember v. J.
2.	Heinrich Naumont, Schustergeselle,	geboren am 7. April 1871 zu Tulle, Departement Corrèze, Frankreich, französischer Staatsangehöriger.	Bandendiebstahl (2 Jahre Zuchthaus, laut Erkenntniß vom 20. März 1897),	Kaiserlicher Bezirks-Präsident zu Colmar.	15. März d. J.

Laufende Nr.	Name und Stand der Ausgewiesenen.	Alter und Heimath.	Grund der Bestrafung.	Behörde, welche die Ausweisung beschlossen hat.	Datum des Ausweisungsbeschlusses
1.	2.	3.	4.	5.	6.
	b) Auf Grund des §. 362 des Strafgesetzbuchs.				
3.	Johann Azmann, Arbeiter,	geboren am 24. Dezember 1881 zu Grulich, Bezirk Senftenberg, Böhmen, österreichischer Staatsangehöriger,	Landstreichen und Betteln,	Königlich preußischer Regierungs-Präsident zu Breslau,	20. März d. J.
4.	Joseph Dovin, Müller,	geboren am 24. März 1846 zu Boseletz, Bezirk Strakonitz, Böhmen, origiangehörig ebendaselbst,	Widerstand gegen die Staatsgewalt, Beleidigung und Landstreichen,	Stadtmagistrat Straubing, Bayern,	Straubing 10. Februar d. J.
5.	Joseph Lorenz, Bäcker,	geboren am 24. Mai 1859 zu Chwalsowic, Bezirk Strakonitz, Böhmen, österreichischer Staatsangehöriger,	Landstreichen,	Königlich bayerisches Bezirksamt Bergreichenstein,	6. März d. J.

Berlin, Carl Heymanns Verlag. — Gedruckt bei Julius Sittenfeld in Berlin.

Tektur zum Central-Blatt für das Deutsche Reich 1899.

Auf Seite 101 — Nr. 12 — des Central-Blattes fehlen in einem Theil der Auflage die letzten Worte in der ersten Zeile. Zur Ergänzung wird der Beschluß des Bundesraths vom 9. März 1899 als besonderes Deckblatt beigefügt:

Der Bundesrath hat in seiner Sitzung vom 9. März 1899 beschlossen, daß im Ausland entzinnte Weißblechabfälle zu der in Ziffer 2 des Schlußprotokolls zum Zollvereinsvertrage vom 8. Juli 1867 vorgesehenen Zollbegünstigung bis auf Weiteres nicht zuzulassen sind.

Central-Blatt
für das
Deutsche Reich.
Herausgegeben im
Reichsamte des Innern.

Zu beziehen durch alle Postanstalten und Buchhandlungen.

XXVII. Jahrgang.   Berlin, Freitag, den 7. April 1899.   **№ 14.**

Inhalt: 1. Handels- und Gewerbe-Wesen: Kündigung der „Vorläufigen Ausgleichung" vom 26. Juni 1816, betreffend den grenzüberspringenden Fabrikverkehr, gegenüber der Königlich niederländischen und der Königlich belgischen Regierung . . . Seite 107 — 2. Konsulat-Wesen: Exequatur-Ertheilung . . . 107 — 3. Polizei-Wesen: Ausweisung von Ausländern aus dem Reichsgebiete 108

1. Handels- und Gewerbe-Wesen.

Die auf Grund des Artikels 34 des Preußisch-Niederländischen Grenzvertrags vom 26. Juni 1816 zur Regelung des grenzüberspringenden Fabrikverkehrs am gleichen Tage vereinbarte „Vorläufige Ausgleichung zu Gunsten der auf der Grenze beider Staaten wohnhaften Fabrikanten, betreffend die ungehinderte und abgabenfreie Ein- und Ausfuhr der rohen Produkte und nicht völlig verarbeiteten Manufakturwaaren aus ihren resp. aktiven Anlagen" (Anhang zur Preußischen Gesetz-Sammlung 1818, S. 95 ff.) ist gegenüber der Königlich niederländischen und der Königlich belgischen Regierung auf den Ablauf des 30. Juni d. J. gekündigt worden.

Berlin, den 2. April 1899.

Der Stellvertreter des Reichskanzlers.
Graf v. Posadowsky.

2. Konsulat-Wesen.

Dem Brasilianischen Vize-Konsul José Marcellino de Moraes Barros in Bremen ist Namens des Reichs das Exequatur ertheilt worden.

3. Polizei-Wesen.

Ausweisung von Ausländern aus dem Reichsgebiete.

Laufende Nr.	Name und Stand der Ausgewiesenen.	Alter und Heimath	Grund der Bestrafung.	Behörde, welche die Ausweisung beschlossen hat.	Datum des Ausweisungsbeschlusses.
1.	2.	3.	4.	5.	6.

Auf Grund des §. 362 des Strafgesetzbuchs.

1.	Joseph Adolf, Hausarbeiter,	geboren am 12. August 1868 zu Ober-Hohenelbe, Bezirk Hohenelbe, Böhmen, ortsangehörig zu Spindelmühle, ebenda,	Landstreichen und Betteln,	Königlich sächsische Kreishauptmannschaft Dresden,	17. Januar d. J.
2.	Emanuel Drexler, Maurer,	geboren am 17. Februar 1876 zu Hombok, Bezirk Olmütz, Mähren, ortsangehörig zu Giebau, Bezirk Sternberg, Mähren,	desgleichen,	Königlich bayerisches Bezirksamt Mühldorf,	16. März d. J.
3.	Anna Eichler, geb. Böhme, Tagearbeiterin, Wittwe,	geboren am 15. Juli 1857 zu Rumburg, Böhmen, ortsangehörig ebendaselbst,	gewerbsmäßige Unzucht,	Königlich sächsische Kreishauptmannschaft Bautzen,	28. Februar d. J.
4.	Johann Fuhrmann, Glasmacher,	geboren am 1. November 1866 zu Einsiedel, Bezirk Freudenthal, Oesterreichisch-Schlesien, ortsangehörig ebendaselbst,	Betteln,	Königlich preußischer Regierungs-Präsident zu Merseburg,	20. März d. J.
5.	Konstantin Glauser, Schuhmacher,	geboren am 28. Mai 1859 zu Rüthi, Kanton Bern, Schweiz, ortsangehörig ebendaselbst,	Landstreichen,	Königlich bayerische Polizei-Direktion München,	15. März d. J.
6.	Wenzl Häusl, auch Heisel, Tagelöhner,	geboren am 21. September 1847 zu Husinetz, Bezirk Prachatitz, Böhmen, österreichischer Staatsangehöriger,	Landstreichen und Führung verbotener Waffen,	Königlich bayerisches Bezirksamt Vilsbiburg,	13. März d. J.
7.	Johann Reichel, Fleischergeselle,	geboren am 12. October 1863 zu Spachendorf, Bezirk Freudenthal, Oesterreichisch-Schlesien, ortsangehörig ebendaselbst,	Betteln,	Königlich preußischer Regierungs-Präsident zu Oppeln,	21. Februar d. J.
8.	Augustin Tost, Weber,	geboren am 8. Februar 1845 zu Braunseifen, Bezirk Römerstadt, Mähren, österreichischer Staatsangehöriger,	desgleichen,	Königlich preußischer Regierungs-Präsident zu Breslau,	19. März d. J.

Berlin, Carl Heymanns Verlag. — Gedruckt bei Julius Sittenfeld in Berlin.

Central-Blatt für das Deutsche Reich.

Herausgegeben im Reichsamte des Innern.

Zu beziehen durch alle Postanstalten und Buchhandlungen.

| XXVII. Jahrgang. | Berlin, Freitag, den 14. April 1899. | № 15. |

Inhalt: 1. **Konsulat-Wesen:** Ernennung; — Ableben eines Konsuls; — Exequatur-Ertheilungen Seite 109. 2. **Bank-Wesen:** Status der deutschen Notenbanken Ende März 1899 . . . 110. 3. **Marine- und Schiffahrt:** Nachtrag zum Vertrag über die Unterhaltung deutscher Postdampfschiffsverbindungen mit Ostasien und Australien vom 12. September 1898/30. Oktober 1898 112. 4. **Handels- und Gewerbe-Wesen:** Bekanntmachung, betreffend die für die Pflanzeneinfuhr geöffneten ausländischen Zollstellen . . . 112. 5. **Maß- und Gewichts-Wesen:** Bekanntmachung, betreffend die Beglaubigung der Schmelzpunkte leichtflüssiger Metall-Legirungen für Dampfkessel-Sicherheitsapparate 113. 6. **Polizei-Wesen:** Ausweisung von Ausländern aus dem Reichsgebiete . . . 113.

1. Konsulat-Wesen.

Seine Majestät der Kaiser haben im Namen des Reichs den bisherigen Kaiserlichen Konsul in Havana, Falcke, zum Konsul in Asuncion zu ernennen geruht.

Der Kaiserliche Konsul in Puerto Plata (Dominikanische Republik) Carl Moritz Klüsener ist gestorben.

Dem zum General-Konsul von Nicaragua für Deutschland mit dem Amtssitz in Hamburg ernannten Herrn Eduard Levy ist Namens des Reichs das Exequatur ertheilt worden.

Dem zum Konsul für Mexiko in Hannover ernannten bisherigen mexikanischen Vize-Konsul daselbst, Carl Solling, ist Namens des Reichs das Exequatur ertheilt worden.

2. Bank.

Status der deutschen Noten
nach den im Reichsanzeiger veröffentlichten Wochenüber
(Die Beträge lauten

Passiva.

Laufende Nummer	Bezeichnung der Banken	Grund-Kapital	Reserve-Fonds	Noten-Umlauf	Gegen 28. Febr. 1899	Unge-deckte Noten	Gegen 28. Febr. 1899	Sonstige täglich fällige Ver-bindlich-keiten	Gegen 28. Febr. 1899	Ver-bindlich-keiten mit Kündi-gungs-frist	Gegen 28. Febr. 1899	Sonstige Passiva	Gegen 28. Febr. 1899	Summe der Passiva	Gegen 28. Febr. 1899	Über-ein-stimmung aus nicht gedeckten be-legten Rechten
1.	2.	3.	4.	5.	6.	7.	8.	9.	10.	11.	12.	13.	14.	15.	16.	17.
1	Reichsbank	120 000	30 000	1 265 014	+ 215 367	463 305	+ 276 066	503 172	+ 18 361	—	—	18 079	− 20 682	1 936 271	+ 213 244	
2	Frankfurter Bank	10 000	4 800	16 693	+ 1 897	9 763	− 3½	4 452	− 98	15 863	− 638	379	+ 374	60 187	+ 3 082	319
3	Bayerische Notenbank	7 504	2 380	63 290	+ 6 074	50 973	+ 14 733	7 940	+ 402	—	—	2 947 − 1 352	83 973	+ 5 274		2 231
4	Sächsische Bank zu Dresden	20 000	5 277	56 677	+ 12 711	20 400	+ 11 066	23 715	+ 2 111	16 974	− 3 876	523	+ 206	131 105	+ 11 868	1 611
5	Württembergische Notenbank	9 000	900	23 979	+ 1 023	10 143	+ 67	2 686	+ 412	279	+ 9	450	− 577	37 496	+ 946	1 130
6	Badische Bank	9 000	1 734	15 572	+ 107	9 858	− 147	6 143	+ 1 057	—	—	1 109	+ 100	83 358	+ 1 274	917
7	Bank für Süddeutschland	15 672	1 810	14 447	+ 338	9 494	− 293	91	− 3	—	—	1 199	+ 29	32 225	+ 373	100
8	Braunschweigische Bank	10 500	841	2 163	+ 125	1 551	− 98	4 162	+ 50½	1 279	+ 112	245	− 416	19 162	+ 414	663
	Zusammen	219 672	47 644	1 457 655	+ 237 654	495 508	+ 303 636	552 563	+ 25 073	32 395	− 2 398	21 891	− 22 326	2 334 838	+ 236 450	11 740

Bemerkungen.

Zu Spalte 5°: Davon in Abschnitten zu 100 ℳ = 1 041 038 400 ℳ.
„ „ „ „ 500 ℳ = 27 851 500 ℳ (bei den Banken Nr. 1, 2, 4),
„ „ „ „ 1 000 ℳ = 387 035 000 ℳ (. . . . 1 und 2).
Zu Spalte 9 Nr. 2°: Darunter 126 900 ℳ noch nicht zur Einlösung gelangte Guldennoten.
„ „ 9 „ 7°: „ 90 789 ℳ . . . . . Gulden- und Thalernoten.

banken Ende März 1899
sichten, verglichen mit demjenigen Ende Februar 1899.
auf Tausend Mark.)

Activa

Notenbank.	Gegen 28. Febr. 1899.	Reichskassenscheine.	Gegen 28. Febr. 1899.	Noten anderer Banken.	Gegen 28. Febr. 1899.	Wechsel.	Gegen 28. Febr. 1899.	Lombard.	Gegen 28. Febr. 1899.	Effekten.	Gegen 28. Febr. 1899.	Sonstige Aktiva.	Gegen 28. Febr. 1899.	Summe der Aktiva.	Gegen 28. Febr. 1899.	Laufende Nummer.
18.	19.	20.	21.	22.	23.	24.	25.	26.	27.	28.	29.	30.	31.	32.	33.	34.
827 831	− 58 695	21 178	− 2 111	12 720	− 795	854 297	+ 271 560	120 514	+ 27 168	9 082	+ 1 283	80 636	− 25 166	1 926 271	+ 219 244	1.
5 830	+ 628	13	− 13	1 067	+ 271	35 280	+ 476	9 654	+ 291	6 155	− 509	3 483	− 163	61 482	+ 1 396	2.
30 121	− 3 168	68	− 22	9 149	− 5 468	48 973	+ 14 261	1 057	− 90	54	+ 25	1 583	− 264	83 973	+ 5 274	3.
26 530	− 1 870	782	− 9	6 965	+ 3 330	70 325	+ 7 846	3 790	+ 1 638	958	+ 321	11 846	+ 947	131 166	+ 11 803	4.
11 647	− 544	154	+ 10	2 033	+ 1 290	21 813	+ 136	854	− 50	6	−	885	− 96	37 406	+ 946	5.
5 332	+ 182	12	+ 7	120	+ 63	22 647	+ 697	579	− 54	125	+ 30	1 461	+ 348	34 276	+ 1 274	6.
4 892	+ 47	66	+ 1	15	− 12	21 286	+ 938	1 925	− 175	3 422	− 86	1 650	− 390	33 726	+ 373	7.
557	+ 81	2	− 9	35	+ 85	7 500	+ 474	1 731	+ 58	280	+ 5	9 112	− 201	19 187	+ 369	8.
912 740	− 63 125	22 360	− 2 166	27 145	− 734	1 101 141	+ 295 878	140 167	+ 28 772	20 040	+ 1 138	112 645	− 24 985	2 336 156	+ 234 780	

3. Marine und Schiffahrt.

Nachtrag

zum Vertrag über die Unterhaltung deutscher Postdampfschiffsverbindungen mit Ostasien und Australien vom 12. September/30. Oktober 1898.

Zwischen dem Reichskanzler Fürsten zu Hohenlohe, handelnd im Namen des Reichs, einerseits und dem Norddeutschen Lloyd in Bremen, vertreten durch den Director Bremermann und den Prokuranten Leist, andererseits ist heute, in Abänderung des Vertrags über die Unterhaltung deutscher Postdampfschiffsverbindungen mit Ostasien und Australien vom 12. September/30. Oktober 1898, das Folgende vereinbart worden:

1.

Der im Artikel 39 Abs. 1 des Vertrags auf den 1. April 1899 festgesetzte Zeitpunkt des Beginns der fünfzehnjährigen Vertragsdauer wird auf den 1. Oktober 1899 verlegt.

2.

Demgemäß tritt bei der Zeitbestimmung im Abs. 2 des genannten Artikels an Stelle des Monats März 1914 der Monat September 1914, ferner bei den Zeitbestimmungen in der Ueberschrift der Spalten 3 und 4 des Artikels 4, im Artikel 34 und im Artikel 35 Abs. 1 an Stelle des April 1899 der Oktober 1899.

Diese Vereinbarung ist urkundlich in zweifacher Ausfertigung von beiden Theilen unterschrieben und untersiegelt worden.

Berlin, den 24. März 1899.   Bremen, den 18. März 1899.

(L. S.)   Der Reichskanzler.   (L. S.)   Norddeutscher Lloyd.
Fürst zu Hohenlohe.   Bremermann.   Leist.

---

4. Handels- und Gewerbe-Wesen.

Bekanntmachung,

betreffend die für die Pflanzeneinfuhr geöffneten ausländischen Zollstellen vom 6. April 1899.

Das unter dem 27. April 1898 veröffentlichte Gesammtverzeichniß derjenigen ausländischen Zollstellen, über welche die Einfuhr der zur Kategorie der Rebe nicht gehörigen Pflänzlinge, Sträucher und sonstigen Vegetabilien aus dem Reichsgebiete nach den bei der internationalen Reblauskonvention betheiligten Staaten erfolgen darf (Central-Blatt S. 240), wird unter 6. Oesterreich-Ungarn (n. die im Reichsrathe vertretenen Königreiche und Länder) dahin abgeändert, daß die k. k. Reben-Zollämter I Fürth a/W. und Seidenberg hinzutreten.

Berlin, den 6. April 1899.

Der Reichskanzler.
Im Auftrage: Hopf.

5. Maß- und Gewichts-Wesen.

Bekanntmachung,
betreffend die Beglaubigung der Schmelzpunkte leichtflüssiger Metall-Legirungen für Dampfkessel-Sicherheitsapparate. Vom 1. April 1899.

Unter Bezugnahme auf die Bekanntmachung vom 5. Oktober 1887 (Central-Blatt S. 507) wird hiermit bekannt gemacht, daß die in Nr. 7 der Bestimmungen vom 22. Juni 1886 (Central-Blatt S. 215) für die Prüfung von Legirungseinsätzen festgesetzten Einheitsgebühren von zehn Pfennig auf dreißig Pfennig erhöht worden sind.

Charlottenburg, den 1. April 1899.

Physikalisch-Technische Reichsanstalt.
Kohlrausch.

---

6. Polizei-Wesen.

Ausweisung von Ausländern aus dem Reichsgebiete.

Laufende Nr.	Name und Stand der Ausgewiesenen.	Alter und Heimath	Grund der Bestrafung.	Behörde, welche die Ausweisung beschlossen hat.	Datum des Ausweisungsbeschlusses.
1.	2.	3.	4.	5.	6.
	a) Auf Grund des §. 39 des Strafgesetzbuchs.				
1.	Michael Harner, Bräuknecht,	geboren am 21. Mai 1863 zu Haltenhaslach, Bezirksamt Altötting, Bayern, ortsangehörig zu Hochburg-Ach, Bezirk Braunau, Ober-Oesterreich,	neunzehn Verbrechen des schweren Diebstahls und zwei Vergehen des Diebstahls (10 Jahre Zuchthaus, laut Erkenntniß vom 26. März 1889),	Königlich bayerisches Bezirksamt Altötting,	17. März d. J.
2.	Heinrich Schlesinger, Kaufmann und Schauspieler,	geboren am 21. Oktober 1861 zu Paris, ortsangehörig zu Hohenems, Bezirk Feldkirch, Vorarlberg,	Rückfallsdiebstahl, versuchter und vollendeter Rückfallsbetrug und Urkundenfälschung (5 Jahre Zuchthaus und 450 Mark Geldstrafe, laut Erkenntniß vom 12. März 1894),	Königlich sächsische Kreishauptmannschaft Dresden,	19. Januar d. J.
	b) Auf Grund des §. 362 des Strafgesetzbuchs.				
3.	Gustav Linspinner, auch Einspinner, Kaufmann,	geboren am 18. April 1872 zu Arnfels, Bezirk Leibnitz, Steiermark, österreichischer Staatsangehöriger,	Landstreichen und Gebrauch gefälschter Legitimationspapiere,	Königlich preußischer Regierungs-Präsident zu Breslau,	30. März d. J.

Laufende Nr.	Name und Stand der Ausgewiesenen.	Alter und Heimath	Grund der Bestrafung.	Behörde, welche die Ausweisung beschlossen hat.	Datum des Ausweisungs- beschlusses.
1.	2.	3.	4.	5.	6.
4.	Anton Hermann Banus, Kesselschmied,	geboren am 4. September 1845 zu Setteln, Verndam, Provinz Groningen, Niederlande.	Betteln,	Königlich preußischer Regierungs-Präsident zu Osnabrück.	30. März d. J.
5.	Michael Graf, Wagner,	geboren am 29. September 1829 zu Triesgloben, Bezirk Tachau, Böhmen, österreichischer Staatsangehöriger.	Landstreichen und Betteln,	Königlich bayerisches Bezirksamt Münchberg.	28. Februar d. J.
6.	Arthur Groß, Tagner,	geboren am 11. Mai 1857 zu Mülhausen, Ober-Elsaß, französischer Staatsangehöriger.	Betteln,	Kaiserlicher Bezirks-Präsident zu Metz.	1. April d. J.
7.	Peter Hansen, Matrose,	geboren am 2. Februar 1859 zu Odense auf Fünen, Dänemark.	Betteln und Widerstand gegen die Staatsgewalt.	Königlich preußischer Regierungs-Präsident zu Stettin.	7. März d. J.
8.	Henriette Hollmann, geborene Grimm, geschieden,	geboren am 8. Januar 1862 zu Groß-Böhmen, ortsangehörig zu Ober-Döbernen, Bezirk Hohenelbe, Böhmen.	Landstreichen und gewerbsmäßige Unzucht.	Königlich preußischer Regierungs-Präsident zu Merseburg.	25. März d. J.
9.	Emil Müller, Dienstknecht,	geboren am 21. Dezember 1867 zu Schwarz, ortsangehörig ebendaselbst.	Betteln,	Königlich preußischer Regierungs-Präsident zu Hildesheim.	25. März d. J.
10.	Emil Joseph Remy, Tagner,	geboren am 2. Januar 1871 zu Servance, Departement Haute-Saône, Frankreich, französischer Staatsangehöriger.	Landstreichen und Betteln,	Kaiserlicher Bezirks-Präsident zu Colmar.	10. März d. J.
11.	Redworka Weiba, Arbeiterin,	geboren im Jahre 1885 zu Kalbarein, Bezirk Troppau, Oesterreichisch-Schlesien, ortsangehörig ebendaselbst.	Betteln,	Königlich preußischer Regierungs-Präsident zu Oppeln.	9. Februar d. J.

Berlin, Carl Heymanns Verlag. — Gedruckt bei Julius Sittenfeld in Berlin.

Central-Blatt
für das
Deutsche Reich.
Herausgegeben im
Reichsamte des Innern.

Zu beziehen durch alle Postanstalten und Buchhandlungen.

| XXVII. Jahrgang. | Berlin, Freitag, den 21. April 1899. | № 16. |

Inhalt: 1. **Konsulat-Wesen:** Ernennungen; Ermächtigung zur Vornahme von Civilstands-Akten; Ableben eines Konsuls . . . . . . Seite 115
2. **Finanz-Wesen:** Nachweisung der Einnahmen des Reichs vom 1. April 1898 bis Ende März 1899 . . . 116
3. **Allgemeine Verwaltungs-Sachen:** Bekanntmachung, betreffend das Verzeichniß der Weinbaubezirke . . 117
4. **Justiz-Wesen:** Nachweisung der zur Vertretung des Militär-Fiskus bei Pfändung des Diensteinkommens von Militärpersonen berufenen Militärbehörden im Ressort der Königlich sächsischen Militärverwaltung . . . 118
5. **Polizei-Wesen:** Ausweisung von Ausländern aus dem Reichsgebiete 120

1. Konsulat-Wesen.

Seine Majestät der Kaiser haben im Namen des Reichs den bisherigen Konsul in Jaffa, Ohnesseit zum Konsul in Riga zu ernennen geruht.

Seine Majestät der Kaiser haben im Namen des Reichs Herrn Giovanni Maria d'Alì zum Vize-Konsul in Trapani (Italien) zu ernennen geruht.

Dem Kaiserlichen Konsul Perl in Madrid ist auf Grund des §. 1 des Gesetzes vom 4. Mai 1870 für seinen Amtsbezirk die Ermächtigung ertheilt worden, bürgerlich gültige Eheschließungen von Reichsangehörigen vorzunehmen und die Geburten, Heirathen und Sterbefälle von solchen zu beurkunden.

Der Kaiserliche Konsul Georg Wentzel in Björneborg (Finland) ist gestorben.

2. Finanz-Wesen.

Nachweisung der zur Anschreibung gelangten Einnahmen (einschließlich der kreditirten Beträge) an Zöllen und gemeinschaftlichen Verbrauchssteuern sowie anderer Einnahmen im Deutschen Reiche für die Zeit vom 1. April 1898 bis zum Schlusse des Monats März 1899.

Bezeichnung der Einnahmen.	Die Soll-Einnahme beträgt vom Beginne des Rechnungsjahrs bis zum Schlusse des obengenannten Monats ℳ	Ausfuhr-Vergütungen ꝛc. ℳ	Bleiben ℳ	Einnahme in demselben Zeitraume des Vorjahrs (Spalte 4) ℳ	Differenz zwischen den Spalten 4 und 5. + mehr − weniger ℳ
1.	2.	3.	4.	5.	6.
Zölle	519 139 962	15 107 936	504 032 026	470 276 472	+ 33 755 554
Tabacksteuer	12 711 408	140 932	12 570 476	12 723 124	− 152 648
Zuckersteuer und Zuschlag zu derselben	141 478 916	34 769 490	106 709 456	94 980 898	+ 11 728 558
Salzsteuer	47 965 733	13 494	47 952 239	47 627 695	+ 324 544
Maischbottich- und Branntweinmaterialsteuer	33 537 492	10 983 601	22 547 891	20 708 727	+ 1 839 164
Verbrauchsabgabe von Branntwein und Zuschlag zu derselben	122 039 347	396 001	121 643 346	122 061 715	− 418 369
Brennsteuer	3 746 385	2 893 284	853 102	1 070 724	− 217 622
Brausteuer	30 820 572	79 271	30 820 501	30 408 987	+ 411 314
Uebergangsabgabe von Bier	3 929 071	—	3 929 071	3 858 173	+ 70 898
Summe	915 447 946	64 390 098	851 057 908	803 716 515	+ 47 341 393
Stempelsteuer für a) Werthpapiere	18 479 705		18 479 705	15 163 361	+ 3 316 344
b) Kauf- u. sonstige Anschaffungsgeschäfte	13 566 489	18 597	13 547 892	13 726 072	− 178 180
c) Loose zu: Privatlotterien	3 554 735		3 554 735	2 771 172	+ 783 623
Staatslotterien	15 703 058		15 703 058	14 622 355	+ 1 080 703
Spielkartenstempel	1 533 173		1 533 173	1 532 767	+ 406
Wechselstempelsteuer	10 989 430	—	10 989 430	9 947 029	+ 1 042 401
Post- und Telegraphen-Verwaltung	349 039 638		349 039 638	324 622 994	+ 24 416 644
Reichseisenbahn-Verwaltung	79 403 000		79 403 000	75 084 000*)	+ 4 319 000

*) Die definitive Einnahme stellte sich im Vorjahr um 431 174 ℳ höher.

Anmerkung. Die zur Reichskasse gelangte Ist-Einnahme abzüglich der Ausfuhrvergütungen und Verwaltungskosten beträgt bei den nachbeschriebenen Einnahmen:

Bezeichnung der Einnahmen	Ist-Einnahme im Monat März			Ist-Einnahme vom Beginne des Rechnungsjahrs bis zum Schlusse des Monats März		
	1899 ℳ	1898 ℳ	Mithin 1899 + mehr − weniger ℳ	1898 ℳ	1897/98 ℳ	Mithin 1898 + mehr − weniger ℳ
1.	2.	3.	4.	5.	6.	7.
Zölle	36 605 556	36 036 741	+ 568 815	474 248 967	439 826 136	+ 34 422 831
Tabacksteuer	788 604	813 656	− 25 052	12 506 472	12 193 251	+ 313 221
Zuckersteuer und Zuschlag zu derselben	9 180 794	9 207 835	− 272 959	96 855 375	84 421 539	+ 12 433 836
Salzsteuer	4 659 849	4 812 416	− 47 433	47 085 579	47 185 938	− 150 359
Maischbottich- und Branntweinmaterialsteuer	2 107 945	1 736 579	+ 371 366	18 042 930	16 727 995	+ 1 314 935
Verbrauchsabgabe von Branntwein und Zuschlag zu derselben	8 334 045	8 299 727	+ 34 328	100 680 422	101 313 511	− 633 089
Brennsteuer	444 803	240 615	+ 204 188	579 669	597 489	− 17 820
Brausteuer und Uebergangsabgabe von Bier	2 339 792	2 286 807	+ 52 985	29 532 545	29 119 873	+ 412 672
Summe	64 761 388	63 204 376	+ 1 557 022	779 481 959	731 385 732	+ 48 096 227
Spielkartenstempel	155 837	152 169	+ 3 668	1 488 405	1 303 399	+ 185 006

3. Allgemeine Verwaltungs-Sachen.

Bekanntmachung,
betreffend das Verzeichniß der Weinbaubezirke.

Das Verzeichniß der in den Weinbaugebieten des Reichs gebildeten Weinbaubezirke (Bekanntmachung vom 5. Mai 1893 — Central-Blatt S. 131) erhält unter I. Preußen, Regierungsbezirk Trier, Weinbaubezirke Nr. 42—44 folgende Fassung:

Bundesstaat und Verwaltungsbezirk.	Laufende Nr.	Umfang des Weinbaubezirkes.	Namen des Weinbaubezirkes.
I. **Preußen.** Reg.-Bezirk Trier.	42.	Kreis Bitburg, Bürgermeisterei Tawern mit Ausnahme der Gemeinden Kanzem und Wawern, Bürgermeisterei Saarburg—Land mit Ausnahme der Gemeinden Ayl, Bibelhausen, Kruttweiler, Niederleuken und Trassem, Bürgermeistereien Perl, Sinz—Remig und Orscholz des Kreises Saarburg, Bürgermeistereien Aach—Igel—Trierweiler, Ralingen, Schleidweiler, Welschbillig, sowie Gemeinden Oberbillig, Wasserliesch—Reinig, Kordel, Butzweiler und Naurath (Eifel) des Landkreises Trier.	Wincheringen.
	43.	Bürgermeistereien Zerf, Josch—Beurig, Freudenberg, Stadt Saarburg und Gemeinden Kanzem, Wawern, Ayl, Bibelhausen, Kruttweiler, Niederleuken und Trassem des Kreises Saarburg, Stadtkreis Trier, Landkreis Trier mit Ausnahme der Bürgermeistereien Aach—Igel—Trierweiler, Ralingen, Schleidweiler, Welschbillig, sowie der Gemeinden Oberbillig, Wasserliesch—Reinig, Kordel, Butzweiler und Naurath (Eifel).	Trier.
	44.	Kreis Bernkastel und Kreis Wittlich mit Ausnahme der Gemeinden Reil und Kövenich.	Bernkastel.

Berlin, den 14. April 1899.

Der Reichskanzler.
Im Auftrage: Hopf.

4. Justiz-Wesen.

In Folge der Errichtung eines zweiten Königlich sächsischen Armeekorps ist eine neue Nachweisung derjenigen Behörden aufgestellt worden, welche im Ressort der Königlich sächsischen Militärverwaltung bei der Pfändung des Diensteinkommens und der Pensionen von Offizieren und von Beamten der Militärverwaltung sowie der aus Militärfonds fließenden Gebührnisse der Hinterbliebenen von Personen des Soldatenstandes und von Beamten der Militärverwaltung zur Vertretung des Reichs-Militär-Fiskus als Drittschuldners im Sinne der §§ 730 ff. der Civilprozeßordnung berufen sind (Central-Blatt 1898 S. 366). Die neue Nachweisung wird nachstehend mitgetheilt:

Nachweisung

derjenigen Behörden, welche im Ressort der Königlich sächsischen Militärverwaltung bei der Pfändung des Diensteinkommens von Offizieren*) und von Beamten der Militärverwaltung sowie der Pensionen dieser Personen nach deren Versetzung in den Ruhestand und der aus Militärfonds fließenden Gebührnisse der Hinterbliebenen von Personen des Soldatenstandes und von Beamten der Militärverwaltung berufen sind, den Reichs-Militär-Fiskus als Drittschuldner im Sinne der §§. 730 ff.**) der Civilprozeßordnung zu vertreten.

Laufende Nr.	Der Pfändungsbeschluß ist zuzustellen:		Bemerkungen.
	A. Betreffs der aktiven Offiziere und Beamten:		Bei Pfändung des Diensteinkommens der à la suite der Truppentheile stehenden Offiziere hat die Zustellung an das Kriegs-Ministerium (siehe A III) zu erfolgen.
I.	den Regimentskommandeuren, den Kommandeuren der selbständigen (nicht regimentirten) Bataillone, der Unteroffizierschule und der Unteroffizier-Vorschule sowie den Kommandeuren der Landwehrbezirke und dem Vorstande des Bekleidungsamts.	Bei Pfändung des Diensteinkommens der ihnen unterstellten, Gehalt empfangenden Offiziere und Beamten einschließlich der aggregirten Offiziere; jedoch mit Ausnahme der à la suite der Truppentheile stehenden Offiziere.	
II.	der Militär-Intendantur des betreffenden Armeekorps (Korps-Intendantur).	Bei Pfändung des Diensteinkommens	
		1. der Regimentskommandeure, der Kommandeure der selbständigen (nicht regimentirten) Bataillone, der Unteroffizierschule und der Unteroffizier-Vorschule;	
		2. der Auditeure und Militärgerichts-Aktuarien;	
		3. des Korps-Generalarztes und des bei diesem fungirenden Ober- oder Assistenzarztes, der Generaloberärzte, der Garnisonärzte, des Korps-Stabsapothekers sowie des Garnisonapothekers;	
		4. der Militär-Oberpfarrer, der Divisions- und Garnisonpfarrer sowie der Divisions- und Garnisonküster;	
		5. des Korps-Roßarztes;	
		6. der Platzmajore;	
		7. der Militär-Intendantur-Beamten mit Ausnahme des Militär-Intendanten.	Wegen des Militär-Intendanten siehe A III.

---

*) Soweit die Nachweisung keine besonderen Bestimmungen enthält, sind unter der Bezeichnung „Offiziere" auch die Sanitätsoffiziere (Militärärzte) inbegriffen.

**) §§. 829 ff. der Civilprozeßordnung in der vom 1. Januar 1900 an geltenden Fassung.

Laufende Nr.	Der Pfändungsbeschluß ist zuzustellen:		Bemerkungen.
III.	dem Kriegsministerium.	8. der Beamten der Proviantämter; 9. der Beamten der Garnisonverwaltungen; 10. der Beamten des Garnison-Bauwesens; 11. der Beamten der Garnisonlazarethe. Bei Pfändung des Diensteinkommens sämmtlicher übrigen unter den Nummern A I und II nicht inbegriffenen Offiziere und Beamten der Militärverwaltung.	
	B. Betreffs der Pension u. s. w. beziehenden Offiziere und Beamten: derjenigen Behörde, auf deren Anweisung die nebenstehend aufgeführten Personen ihre Pensions- ꝛc. Gebührnisse empfangen, d. i.	Bei Pfändung der Pension und des sonstigen aus Reichs - Militärfonds fließenden Einkommens:	
a[1])	dem Kriegsministerium.	1. der sämmtlichen mit Pension zur Disposition gestellten Offiziere und oberen Militärbeamten. 2. der sämmtlichen auf Wartegeld gesetzten oberen Beamten der Militärverwaltung. 3. der sämmtlichen mit Pension gänzlich verabschiedeten Offiziere und oberen Beamten der Militärverwaltung.	
b[2])	der Militär-Intendantur des Armeekorps (Korps-Intendantur), in dessen Bereiche die Betreffenden wohnen.[3])	der sämmtlichen auf Wartegeld gesetzten oder mit Pension gänzlich verabschiedeten unteren Beamten der Militärverwaltung.	
	C. Betreffs der Hinterbliebenen von Personen des Soldatenstandes und Beamten: derjenigen Behörde, auf deren Anweisung die nebenstehend aufgeführten Personen ihre Pensions- ꝛc. Gebührnisse empfangen, d. i.	Bei Pfändung des aus Militärfonds fließenden Einkommens (Wittwen- und Waisenpension aus der Königlich sächsischen Militär-Wittwen- und Waisenkasse, Wittwen- und Waisengeld, Unfallrenten, gesetzliche Behüfen) der Hinterbliebenen von	
a[4])	dem Kriegsministerium.	1. Offizieren und oberen Beamten der Militärverwaltung;	
b[5])	der Militär-Intendantur des Armeekorps (Korps-Intendantur), in dessen Bereiche die Betreffenden wohnen.[5])	2. Personen des Unteroffiziers- und Soldatenstandes sowie von unteren Beamten der Militärverwaltung.	

[1]) Der Geschäftskreis des Kriegsministeriums erstreckt sich auch auf die außerhalb Sachsens wohnenden sächsischen Militärpensionäre (Offiziere und obere Beamte der Militärverwaltung).
[2]) Der Geschäftskreis der Intendantur des XII. (1. Königl. Sächs.) Armeekorps erstreckt sich auf alle pensionirten unteren Beamten der sächsischen Militärverwaltung, welche außerhalb Sachsens wohnen.
[3]) Gewöhnlich — aber nicht immer — empfangen die Betreffenden ihre Pensionsgebührnisse auf Anweisung derjenigen Korps-Intendantur, in deren Bezirke sie wohnen. Andernfalls hat die Letztere den ihr zugestellten Pfändungsbeschluß ohne Verzug an die Korps-Intendantur abzugeben, welche die Anweisung besorgt hat.
[4]) Dieser Geschäftskreis erstreckt sich auf alle außerhalb Sachsens wohnenden Hinterbliebenen sächsischer Offiziere ꝛc.
[5]) Der Geschäftskreis der Intendantur des XII. (1. Königl. Sächs.) Armeekorps erstreckt sich auf alle außerhalb Sachsens wohnenden Hinterbliebenen von Personen des Unteroffiziers- und Soldatenstandes ꝛc.
[6]) Das in Anmerkung 3 Gesagte gilt auch in Ansehung der Hinterbliebenen ꝛc. von Personen des Unteroffiziers- und Soldatenstandes ꝛc.

5. Polizei-Wesen.

Ausweisung von Ausländern aus dem Reichsgebiete.

Laufende Nr.	Name und Stand der Ausgewiesenen.	Alter und Heimath	Grund der Bestrafung	Behörde, welche die Ausweisung beschlossen hat.	Datum des Ausweisungsbeschlusses.
1.	2.	3.	4.	5.	6.

Auf Grund des §. 362 des Strafgesetzbuchs.

1.	Franz Eisert, Bürstenbinder,	geboren am 21. November 1870 zu Pilsen, Böhmen, ortsangehörig zu Radotic, Bezirk Pilsen, Böhmen.	Landstreichen.	Königlich bayerisches Bezirksamt Mühldorf.	4. April d. J.
2.	Franz Enoch, Seiler,	geboren am 16. Mai 1858 zu Salzburg, ortsangehörig ebendaselbst.	Betteln.	Stadtmagistrat Augsburg, Bayern.	11. März d. J.
3.	Franz Fahrner, Schlosser,	geboren am 22. Februar 1870 zu Pilsen, Böhmen, ortsangehörig ebendaselbst.	Führung falscher Legitimationspapiere, Betteln und unbefugte Verwendung eines Stempels.	derselbe.	desgleichen.
4.	Valentin Frula, Arbeiter,	geboren im Jahre 1863 zu Rožnau, Bezirk Walachisch-Meseritsch, Mähren, ortsangehörig ebendaselbst.	Betteln unter Drohungen.	Königlich preußischer Regierungs-Präsident zu Oppeln.	17. Februar d. J.
5.	Engelbert Garant, Erdarbeiter,	geboren am 11. Juni 1861 zu Rotthalmünster, Bezirksamt Griesbach, Bayern, ortsangehörig zu Innergefild, Bezirk Schüttenhofen, Böhmen.	Landstreichen.	Königlich bayerisches Bezirksamt Mühldorf.	29. März d. J.
6.	Robert Hocke, Schuhmacher,	geboren am 12. März 1860 zu Matzdorf, Bezirk Jägerndorf, Oesterreichisch-Schlesien, ortsangehörig ebendaselbst.	Betteln.	Königlich preußischer Regierungs-Präsident zu Oppeln.	27. Februar d. J.
7.	Therese Golloji, ledig,	geboren am 2. April 1872 zu Güns, Ungarn, ungarische Staatsangehörige.	Erregung ruhestörenden Lärms, öffentliche Beleidigung und Sittenpolizei-Uebertretung.	Königlich preußischer Regierungs-Präsident zu Magdeburg.	10. April d. J.
8.	Josepha Kaiser, geb. Eichich, Fabrikarbeitersehefrau,	geboren am 19. März 1855 zu Hombolec, ortsangehörig zu Oberreichau, Bezirk Schüttenhofen, Böhmen.	Anschiften von Minderjährigen zum Betteln.	Königlich bayerisches Bezirksamt Augsburg.	21. Februar d. J.
9.	Karl Kaiser, Fabrikarbeiter, Sohn der Vorigen,	geboren am 21. Januar 1882 zu Augsburg, Bayern, ortsangehörig zu Oberreichau, Bezirk Schüttenhofen, Böhmen.	Betteln.	dieselbe.	desgleichen.
10.	Rosa Klotz, Dienstmagd, ledig,	geboren am 2. Januar 1870 zu Meran, Tirol, ortsangehörig zu St. Martin in Passeier, Bezirk Meran, Tirol.	gewerbsmäßige Unzucht.	Königlich bayerische Polizei-Direktion München.	29. März d. J.
11.	Joseph Krapf, Seifensieder,	geboren am 14. August 1844 zu Sistrans, Bezirk Innsbruck, Tirol, österreichischer Staatsangehöriger.	Landstreichen und Betteln.	Königlich preußischer Regierungs-Präsident zu Magdeburg.	5. April d. J.
12.	Franz Kreuter, Korbmacher und Musiker, Zigeuner,	geboren im Jahre 1871 zu Brüssel, belgischer Staatsangehöriger.	Landstreichen.	Kaiserlicher Bezirks-Präsident zu Colmar.	12. April d. J.
13.	Adolf Lubojatzki, Fleischer,	geboren im Jahre 1849 zu Königsberg, Bezirk Troppau, Oesterreichisch-Schlesien, ortsangehörig ebendaselbst.	Landstreichen und Betteln.	Königlich preußischer Regierungs-Präsident zu Oppeln.	25. Januar d. J.
14.	Maria Maaßen, Dienstmagd,	geboren am 12. Januar 1870 zu Nil, Provinz Nordbrabant, Niederlande, ortsangehörig ebendaselbst.	gewerbsmäßige Unzucht.	Königlich preußischer Regierungs-Präsident zu Düsseldorf.	24. März d. J.

— 121 —

Laufende Nr.	Name und Stand der Ausgewiesenen.	Alter und Heimath	Grund der Bestrafung.	Behörde, welche die Ausweisung beschlossen hat	Datum des Ausweisungs- beschlusses.
1.	2.	3.	4.	5.	6.
15.	Franz Marak, Setzer,	geboren am 12. März 1870 zu Tito-Lettin unter Pro- witz, Bezirk Walachisch-Meseritsch, Mähren, ortsangehörig ebendaselbst,	Betteln, hungen.	Königlich preußischer Regierungs-Präsident zu Oppeln,	17. Februar d. J.
16.	Johann Omer- haag, Arbeiter,	geboren am 9 Mai 1845 zu Vlissingen, Provinz Zeeland, Niederlande, an- geblich niederländischer Staatsange- höriger,	Landstreichen und Betteln,	Königlich preußischer Regierungs-Präsident zu Minden,	8. April d. J.
17.	Eduard Pfauser, Metallschleifer,	geboren am 3. Juni 1860 zu Wien, österreichischer Staatsangehöriger,	Betteln,	Königlich bayerisches Bezirksamt Kirchach.	11. März d. J.
18.	Anton Powilee- wir, Maler,	geboren am 14. November 1872 zu Lawodbin, Ungarn, ungarischer Staatsangehöriger,	desgleichen,	Königlich preußischer Regierungs-Präsident zu Magdeburg,	5. April d. J.
19.	Antonie Renger geb. Karl, Tage- löhnerin, Wittwe,	geboren am 8. Mai 1853 zu Caslau, Böhmen, ortsangehörig zu Hermes- dorf, Bezirk Gabel, Böhmen,	Landstreichen,	Königlich bayerisches Bezirksamt Wasserburg,	20. März d. J.
20.	Karl Schütze, Weber,	geboren am 15. Juni 1868 zu Stern- berg, Mähren, ortsangehörig eben- daselbst,	Landstreichen und Betteln,	Königlich sächsische Kreishauptmannschaft Zwickau,	26. Januar d. J.
21.	Leopold Schwarz- bauer, Dienst- knecht,	geboren am 15. November 1865 zu Rheaberg, Bezirk Rohrbach, Ober- Oesterreich, ortsangehörig ebenda- selbst,	Landstreichen und falsche Namensan- gabe,	Königlich bayerisches Be- zirksamt Tirschenreuth,	28. März d. J.
22.	Maurus Weiß, Schneidergehülfe,	geboren am 17. April 1858 zu Bu- dapest, ortsangehörig ebendaselbst,	Widerstand gegen die Staatsgewalt, Be- leidigung, Unter- schlagung, grober Unfug und Land- streichen,	Königlich bayerische Po- lizei-Direktion München,	22. März d. J.
23.	Franz Weled, Bäckergeselle,	geboren am 2. April 1864 zu Planier, Bezirk Klattau, Böhmen, ortsange- hörig ebendaselbst,	Betteln,	Königlich bayerisches Be- zirksamt Grafenau,	24. März d. J.
24.	Johann Zundam, Handlanger,	geboren am 18. Juli 1857 zu Rotter- dam, Niederlande,	desgleichen,	Königl. preußischer Regierungs-Präsident zu Düsseldorf,	4. April d. J.

Central-Blatt
für das
Deutsche Reich.
Herausgegeben im
Reichsamte des Innern.

Zu beziehen durch alle Postanstalten und Buchhandlungen.

| XXVII. Jahrgang. | Berlin, Freitag, den 28. April 1899. | № 17. |

Inhalt: 1. Konsulat-Wesen: Ernennungen; Ermächtigungen zur Vornahme von Civilstands-Akten Seite 123. 2. Handels- und Gewerbe-Wesen: Bekanntmachung, betreffend die Auslegung der Prüfungsordnungen für Aerzte, Zahnärzte und Apotheker . . . . . 124. 3. Zoll- und Steuer-Wesen: Bestellung von Stationskontroleuren; Zollfreier Einlaß der von der in St. Petersburg stattfindenden internationalen Gartenbau-Ausstellung zurückgebrachten deutschen Güter . . . . 125. 4. Polizei-Wesen: Ausweisung von Ausländern aus dem Reichsgebiete . . . . 126.

1. Konsulat-Wesen.

Seine Majestät der Kaiser haben im Namen des Reichs den bisherigen Konsul in Riga, Freiherrn von Brück, zum Konsul in Havana zu ernennen geruht.

Seine Majestät der Kaiser haben im Namen des Reichs den Kaufmann Friedrich Wilhelm Hunicke zum Vize-Konsul in Cienfuegos (Cuba) zu ernennen geruht.

Dem Kaiserlichen Minister-Residenten und General-Konsul von Saldern in Bangkok ist auf Grund des §. 1 des Gesetzes vom 4. Mai 1870 in Verbindung mit §. 85 des Gesetzes vom 6. Februar 1875 für das Königreich Siam die Ermächtigung ertheilt worden, bürgerlich gültige Eheschließungen von Reichsangehörigen und Schutzgenossen, mit Einschluß der unter deutschem Schutze lebenden Schweizer, vorzunehmen und die Geburten, Heirathen und Sterbefälle von solchen zu beurkunden.

Dem Verweser des Kaiserlichen Konsulats in Jassy, Legationsrath Flügel, ist auf Grund des §. 1 des Gesetzes vom 4. Mai 1870 für den Amtsbezirk des Konsulats und für die Dauer seiner dortigen Geschäftsführung die Ermächtigung ertheilt worden, bürgerlich gültige Eheschließungen von Reichsangehörigen vorzunehmen und die Geburten, Heirathen und Sterbefälle von solchen zu beurkunden.

2. Handels- und Gewerbe-Wesen.

Bekanntmachung,
betreffend die Auslegung der Prüfungsordnungen für Aerzte, Zahnärzte und Apotheker.

Auf Grund der Bestimmungen im §. 29 der Gewerbeordnung für das Deutsche Reich hat der Bundesrath beschlossen, daß den Prüfungsordnungen für Aerzte, Zahnärzte und Apotheker fortan folgende Auslegung gegeben werde:

1. Als Universitätsstudium im Sinne
   des §. 3 Abs. 2b und Abs. 3 der Bekanntmachung, betreffend die ärztliche Vorprüfung, vom 2. Juni 1883 (Central-Blatt für das Deutsche Reich S. 198),
   des §. 4 Abs. 4 Ziffer 2 und 3 der Bekanntmachung, betreffend die ärztliche Prüfung, vom 2. Juni 1883 (Central-Blatt für das Deutsche Reich S. 191),
   des § 4 Abs. 1 Ziffer 3 der Bekanntmachung, betreffend die Prüfung der Zahnärzte, vom 5. Juli 1889 (Central-Blatt für das Deutsche Reich S. 417),
   des §. 4 Abs. 3 Ziffer 3 der Bekanntmachung, betreffend die Prüfung der Apotheker, vom 5. März 1875 (Central-Blatt für das Deutsche Reich S. 167)
   gilt auch die Zeit, in welcher die zur Prüfung sich Meldenden gastweise (als Hospitanten oder Hospitantinnen) an einer Universität — bei der Apothekerprüfung auch an einer gleichstehenden Lehranstalt — Vorlesungen besucht haben, sofern sie ungeachtet des Nachweises der für die Zulassung zur Prüfung vorgeschriebenen schulwissenschaftlichen Vorbildung sowie der erforderlichen sittlichen Führung aus Gründen der Universitätsverwaltung von der Immatrikulation ausgeschlossen waren, und die Einhaltung eines ordnungsmäßigen akademischen Studienganges dargethan wird.

2. Als Universitäts-Abgangszeugniß im Sinne
   des §. 3 Abs. 4 und des §. 9 Abs. 1 der Bekanntmachung, betreffend die ärztliche Vorprüfung,
   des §. 4 Abs. 4 Ziffer 2 und des §. 23 Abs. 2 der Bekanntmachung, betreffend die ärztliche Prüfung,
   des §. 11 Abs. 2 der Bekanntmachung, betreffend die Prüfung der Zahnärzte,
   des §. 4 Abs. 3 Ziffer 3 und des §. 17a Abs. 2 der Bekanntmachung, betreffend die Prüfung der Apotheker,
   gilt in den unter 1 bezeichneten Fällen jede Bescheinigung der Universitäts- oder Anstaltsbehörde über die vollständige Erledigung des Studiums.

3. Als Anmeldebuch im Sinne des §. 3 Abs. 4 der Bekanntmachung, betreffend die ärztliche Vorprüfung, gilt in den unter 1 bezeichneten Fällen jede Bescheinigung der Universitätsbehörde über die Annahme von Vorlesungen.

4. Der Immatrikulation im Sinne des §. 1 Abs. 1 und des §. 8 der Bekanntmachung, betreffend die ärztliche Vorprüfung, wird in den unter 1 bezeichneten Fällen die Zulassung zum gastweisen Besuche der Vorlesungen gleich geachtet.

5. Dem wissenschaftlichen Qualifikationszeugnisse für den einjährig-freiwilligen Militärdienst im Sinne des §. 4 Abs. 3 Ziffer 1 der Bekanntmachung, betreffend die Prüfung der Apotheker, steht das Zeugniß einer als berechtigt anerkannten Schule über den Erwerb der entsprechenden wissenschaftlichen Vorbildung gleich.

Berlin, den 24. April 1899.

Der Reichskanzler.
In Vertretung: Graf v. Posadowsky.

3. Zoll- und Steuer-Wesen.

Auf Grund der Bestimmung im Artikel 36 der Reichsverfassung ist nach Vernehmung des Ausschusses des Bundesraths für Zoll- und Steuerwesen
1. der Königlich preußische Steuerinspektor Stoß in Halle a. S. an Stelle des in den Landesdienst zurückberufenen Steuerinspektors Godlewski den Königlich bayerischen Hauptzollämtern zu Augsburg, Fürth, Nürnberg, Regensburg, Schweinfurt und Würzburg, dem Großherzoglich sächsischen Amte Ostheim sowie dem Herzoglich sachsen-coburg-gothaischen Amte Königsberg mit dem Wohnsitz in Nürnberg,
2. der Königlich preußische Steuerinspektor Brügmann in Stralsund an Stelle des in den Landesdienst zurückberufenen Königlich preußischen Steuerinspektors Friß den hamburgischen Hauptzollämtern zu Hamburg mit dem Wohnsitz in Hamburg
und
3. der Königlich preußische Steuerinspektor Heuser in Köln an Stelle des in den Landesdienst zurückberufenen Königlich preußischen Steuerinspektors Ramthun dem Hauptzollamte zu Schirmeck und den Hauptsteuerämtern zu Hagenau, Saargemünd und Straßburg i. E. mit dem Wohnsitz in Straßburg i. E.

als Stationskontroleur vom 1. April 1899 ab beigeordnet worden.

Der Bundesrath hat in seiner Sitzung vom 13. d. M. Folgendes beschlossen:
1. Deutsche Güter, welche aus dem deutschen Zollgebiete zu der in der Zeit vom 17. bis 27. Mai 1899 in St. Petersburg stattfindenden internationalen Gartenbau-Ausstellung gesendet worden sind und von derselben mit dem Anspruch auf zollfreien Einlaß zurückgebracht werden, sind vor dem Abgang in St. Petersburg von dem zuständigen Versender dem Kaiserlichen General-Konsul daselbst unter Uebergabe von Verzeichnissen über den Inhalt der zu versendenden Kolli anzumelden.
2. Der Kaiserliche General-Konsul ertheilt nach erfolgter Prüfung den Rücksendungsnachweis nach Maßgabe eines Formulars, welches die Bezeichnung des Empfängers, an den die Sendung zurückgeht, Zeichen und Nummer, Anzahl, Art der Verpackung, Gewicht und Inhalt der Kolli zu enthalten hat. Die Gewichtsangabe kann unterbleiben, wenn sich das Gewicht der Kolli wegen unzureichender Tragfähigkeit der auf der Ausstellung vorhandenen Waagen nicht feststellen läßt. In diesem Falle ist von dem Kaiserlichen General-Konsul eine bezügliche Bescheinigung in dem Formular abzugeben.
3. Von Anlage eines Zollverschlusses wird abgesehen, dagegen die Zollfreiheit der Güter davon abhängig gemacht, daß die Kolli mit von dem Kaiserlichen General-Konsul zu liefernden und seine Amtsbezeichnung tragenden Zetteln versehen werden, auf welchen der Name des Empfängers des zurückgehenden Ausstellungsguts, der Bestimmungsort und die Ordnungsnummer angegeben ist. Das Anbringen von solchen Zetteln an die einzelnen Kolli kann jedoch unterbleiben, wenn letztere in den Ausstellungsräumen in Eisenbahnwagen verladen und diese russischerseits mit Plomben zollamtlich verschlossen werden. In solchen Fällen sind zum Ausweise für die Einfuhr nach dem deutschen Zollgebiete die Schiebethüren der Eisenbahnwagen mit je einem der fraglichen Zettel zu versehen.
4. Sendungen dieser Art können auf Grund des Rücksendungsnachweises an der Grenze zollfrei in den freien Verkehr gesetzt werden; wird die Abfertigung bei dem Amte des Bestimmungsorts beantragt, oder ergeben sich bei der Abfertigung an der Grenze Anstände, so sind die Güter unter Zollkontrole mit dem Rücksendungsnachweise dem zuständigen Amte zu überweisen, welchem die Schlußabfertigung obliegt.
5. Soweit der nach Ziffer 2 ertheilte Rücksendungsnachweis Menge und Gattung der Güter nicht so genau bezeichnet, daß hiernach die Einreihung der Waaren unter eine statistische Nummer erfolgen kann, auch die Grenzeingangsdeklaration nicht zur sofortigen Ergänzung

der erforderlichen Daten im Stande ist, kann die Ablassung der Güter in den freien Verkehr dennoch gemäß Ziffer 4 erfolgen. Die Ergänzung der statistischen Angaben erfolgt nach den Vorschriften im §. 1 Abs. 6 der Ausführungsbestimmungen zum Gesetze, betreffend die Statistik des Waarenverkehrs.

Berlin, den 25. April 1899.

Der Reichskanzler.
Im Auftrage: v. Koerner.

4. Polizei-Wesen.

Ausweisung von Ausländern aus dem Reichsgebiete.

Laufende Nr.	Name und Stand der Ausgewiesenen.	Alter und Heimath	Grund der Bestrafung.	Behörde, welche die Ausweisung beschlossen hat.	Datum des Ausweisungs-beschlusses.
1.	2.	3.	4.	5.	6.

a) Auf Grund des §. 39 des Strafgesetzbuchs.

| 1. | Rudolph Knollmüller, Bäcker, | geboren am 11. April 1869 zu Haslach, Bezirk Rohrbach, Ober-Oesterreich, ortsangehörig zu Helfenberg ebenda, | 15 Verbrechen des schweren Diebstahls und ein Vergehen des Diebstahls, laut Erkenntniß vom 81. März 1891, | Königlich bayerische Polizei-Direktion München, | 28. Februar d. J. |
| 2. | Leiser Mahler, auch David Bibulla genannt, Arbeiter, | geboren am 27. September 1857 zu Wisnicznowy, Bezirk Bochnia, Galizien, österreichischer Staatsangehöriger, | Diebstahl (5 Jahre Zuchthaus, laut Erkenntniß vom 30. April 1891, | Königlich preußischer Regierungs-Präsident zu Posen, | 24. Dezember v. J. |

b) Auf Grund des §. 362 des Strafgesetzbuchs.

3.	Joseph Balaba, Fleischergeselle,	geboren am 1. Mai 1858 zu Holitz, Bezirk Pardubitz, Böhmen, ortsangehörig ebendaselbst,	Betteln,	Königlich sächsische Kreishauptmannschaft Bautzen,	21. März d. J.
4.	Stephan Bittner, Fabrikarbeiter,	geboren am 10. Juli 1879 zu Niederhof, Bezirk Hohenelbe, Böhmen,	Landstreichen und Betteln,	Königlich preußischer Regierungs-Präsident zu Arnsberg,	12. April d. J.
5.	Leiser Blumert, Handelsmann,	geboren im Sommer 1854 zu Wisna, Gouvernement Lomscha, Rußland, ortsangehörig ebendaselbst,	Landstreichen und Betteln,	Königlich bayerische Polizei-Direktion München,	5. April d. J.
6.	Joseph Fiedler, Fleischer,	geboren am 6. August 1864 zu Chrast, Böhmen, ortsangehörig ebendaselbst,	Betteln,	Königlich preußischer Regierungs-Präsident zu Oppeln,	8. März d. J.
7.	Franz Mahler, Tischler,	geboren am 15. Januar 1875 zu Landstreichen, Mährisch-Ostrau, Bezirk Mistel, Mähren, österreichischer Staatsangehöriger,		Königlich preußischer Regierungs-Präsident zu Breslau,	15. April d. J.
8.	Jakob Müller, Zimmermann,	geboren am 10. Januar 1838 zu Altentraugen, Kanton Thurgau, Schweiz, schweizerischer Staatsangehöriger,	Landstreichen und Betteln,	Kaiserlicher Bezirks-Präsident zu Colmar,	17. Februar d. J.
9.	Heinrich Peter Peeters, Zuckerbäcker,	geboren am 2. Juni 1861 zu Hamont, Provinz Limburg, Belgien, ortsangehörig ebendaselbst,	desgleichen,	Königlich bayerische Polizei-Direktion München,	29. März d. J.
10.	Dominik Posluszny, Arbeiter,	60 Jahre alt, geboren zu Rossow, Bezirk Kolbuszow, Galizien, österreichischer Staatsangehöriger,	desgleichen,	Königl. preußischer Regierungs-Präsident zu Breslau,	14. April d. J.
11.	Paul Schrampf, Tagelöhner,	geboren am 2. Februar 1848 zu Murrod, Bezirk Radkersburg, Steiermark, ortsangehörig ebendaselbst,	Betteln,	Großherzoglich badischer Landeskommissär zu Mannheim,	27. Januar d. J.

Berlin, Carl Heymanns Verlag. — Gedruckt bei Julius Sittenfeld in Berlin.

Central-Blatt für das Deutsche Reich.

Herausgegeben im Reichsamte des Innern.

Zu beziehen durch alle Postanstalten und Buchhandlungen.

XXVII. Jahrgang. | Berlin, Freitag, den 5. Mai 1899. | № 18.

Inhalt: 1. Konsulat-Wesen: Ernennung; — Entlassung. Seite 127. 2. Auswanderungs-Wesen: Bestellung eines Stellvertreters des Norddeutschen Lloyds als Auswanderungsunternehmer; — Ertheilung der Erlaubniß zur Beförderung von Auswanderern . . . 127. 3. Militär-Wesen: Verleihung der Berechtigung zur Ausstellung von Zeugnissen für den einjährig-freiwilligen Militärdienst für die deutsche Schule in Konstantinopel . . . 128. 4. Zoll- und Steuer-Wesen: Abänderung der Auslüftungsbestimmungen zum Zuckersteuergesetz; — Veränderungen in dem Stande oder den Befugnissen der Zoll- und Steuerstellen; — Aenderung von Taralätzen . . . 131. 5. Polizei-Wesen: Ausweisung von Ausländern aus dem Reichsgebiete . . . 132.

1. Konsulat-Wesen.

Seine Majestät der Kaiser haben im Namen des Reichs den Kaufmann Eduard Peratoner-Jacob zum Vize-Konsul in Catania (Sizilien) zu ernennen geruht.

Dem bisherigen Kaiserlichen Konsul in Rabat (Marokko) J. Frost, ist die erbetene Entlassung aus dem Reichsdienst ertheilt worden.

2. Auswanderungs-Wesen.

Bekanntmachung.

Der Norddeutsche Lloyd hat mit meiner Genehmigung Herrn Otto Brockenhaupt in Bremen zu seinem Stellvertreter für den Geschäftsbetrieb als Auswanderungsunternehmer bestellt.

Berlin, den 23. April 1899.

Der Reichskanzler.
Im Auftrage: Rothe.

Bekanntmachung.

Mit Zustimmung des Bundesraths habe ich auf Grund des Gesetzes über das Auswanderungswesen vom 9. Juni 1897 (Reichs-Gesetzbl. S. 463) in der aus dem Nachstehenden näher ersichtlichen Weise die der Hamburg-Amerika-Linie in Hamburg ertheilte Erlaubniß zur Beförderung von Auswanderern erweitert.

Berlin, den 30. April 1899.

Der Reichskanzler.
Im Auftrage: Rothe.

Fünfter Nachtrag

zu dem Verzeichnisse der auf Grund des Gesetzes über das Auswanderungswesen vom 9. Juni 1897 zugelassenen Auswanderungs-Unternehmer (Central-Blatt 1898 S. 221, 273, 289 und 335; 1899 S. 2, 42 und 127).

Namen der Unternehmer.	Häfen, über welche nach welchen Ländern Auswanderer befördert werden dürfen.	Art der Beförderung.	Besondere Bedingungen, deren Erfüllung dem Unternehmer auferlegt ist.
Zu 2. Hamburg-Amerikanische Packetfahrt-Aktien-Gesellschaft (Hamburg-Amerika-Linie) in Hamburg.	Boulogne sur mer.	—	—

3. Militär-Wesen.

Der unter Leitung des Dr. Hans Karl Schwallo stehenden Realschule der deutschen und schweizer Schulgemeinde zu Konstantinopel ist gestattet worden, Befähigungszeugnisse für den einjährig-freiwilligen Militärdienst auszustellen. Die Anstalt darf solche Zeugnisse nur denjenigen ihrer Schüler ertheilen, welche eine unter Leitung eines Regierungs-Kommissars abgehaltene Entlassungsprüfung bestanden haben, sofern für diese Prüfung die Prüfungsordnung von Aufsichtswegen genehmigt ist. Dispensationen von der mündlichen Prüfung oder einzelnen Theilen derselben sind unstatthaft.

Der Verleihung der Berechtigung ist rückwirkende Kraft für die im Juni 1898 abgehaltene Reifeprüfung beigelegt worden; sie hat vorläufig bis zum Ostertermin 1901 einschließlich Geltung.

Berlin, den 29. April 1899.

Der Reichskanzler.
In Vertretung: Graf v. Posadowsky.

4. Zoll- und Steuer-Wesen.

Der Bundesrath hat in seiner Sitzung vom 20. April 1899 folgenden Beschluß gefaßt:
1. Im §. 26 der Anlage D der Ausführungsbestimmungen zum Zuckersteuergesetz erhält die Ziffer 2 folgende Fassung:

"Die Denaturirung ist durch Vermischung des Zuckers in gemahlenem Zustande mit Oelkuchenmehl, Fleischfuttermehl, Fischfuttermehl oder Fischguano in einer Menge von mindestens 20, oder mit Reisfuttermehl in einer Menge von mindestens 30 vom Hundert des Nettogewichts des Zuckers zu bewirken.

Von der Vermahlung des Zuckers kann im Bedürfnißfalle mit Genehmigung des Hauptamts abgesehen werden. Die Direktivbehörden sind ermächtigt, in besonderen Fällen weitere Ausnahmen zuzulassen."

2. Die Bestimmungen in Ziffer 4 Abs. 2 sowie in den Ziffern 5, 7 und 8 a. a. O. werden aufgehoben.

Berlin, den 1. Mai 1899.

Der Reichskanzler.
Im Auftrage: v. Koerner.

Veränderungen in dem Stande oder den Befugnissen der Zoll- und Steuerstellen.

Im Königreiche Preußen.

Zu Lauterbach a. Rügen ist im Bezirke des Hauptzollamts zu Stralsund ein Nebenzollamt II mit folgenden Befugnissen errichtet worden:

zur unbeschränkten Erledigung von Begleitscheinen I und II über Getreide, zur Erledigung von Begleitscheinen I und II über inländisches Salz und zur Abfertigung von Getreide, welches mit dem Anspruch auf Ertheilung von Einfuhrscheinen zur Ausfuhr angemeldet wird.

Das zu demselben Hauptamtsbezirke gehörige Steueramt II zu Bergen a. Rügen sowie das Steueramt II zu Szittkehmen im Bezirke des Hauptzollamts zu Eydtkuhnen ist aufgehoben worden.

Zu Torgau im Bezirke des Hauptsteueramts zu Mühlberg ist ein Steueramt I unter der Bezeichnung "Steueramt I am Hafen zu Torgau" mit folgenden Abfertigungs-Befugnissen errichtet worden:

Ausfertigung und Erledigung von Begleitscheinen I und II über zollpflichtige Waaren, Ausfertigung von Begleitscheinen I und II über inländisches Salz, Ausfertigung und Erledigung von Begleitscheinen I und II über inländischen Zucker, Ausfertigung von Versendungsscheinen I und II und Erledigung von Versendungsscheinen I über inländischen Tabak, Ausfertigung und Erledigung von Versendungsscheinen I und II über inländischen Branntwein, Ausfertigung von Musterpässen über Gegenstände des freien Verkehrs, Abfertigung von Getreide, das mit dem Anspruch auf Ertheilung von Einfuhrscheinen zur Ausfuhr angemeldet wird, Abfertigungen im Eisenbahnverkehr, und zwar:

    a) Waareneingang mittelst Ladungsverzeichnisses (§§. 66 bis 68 des Vereinszollgesetzes),
    b) Aus- und Umladungen der unter Wagenverschluß beförderten Güter (§. 65 des Vereinszollgesetzes),
    c) Wiederanlegung des amtlichen Verschlusses bei Verschlußverletzungen (§. 56 des Vereinszollgesetzes und §. 27 des Eisenbahn-Zollregulativs) und
    d) Abfertigung der unter Eisenbahnwagenverschluß eingehenden Begleitscheingüter,

Abfertigung von baumwollenen Garnen der Nummer 2 c 1, 2 und 3 des Zolltarifs, von Leinengarnen der Nummer 22a und b des Zolltarifs und von Wollenwaaren der Nummer 41 d 5 und 6 des Zolltarifs zu anderen als den höchsten Zollsätzen der betreffenden Tarifnummern sowie von Wollengarn als hartes Kammgarn aus Glanzwolle über 20 Centimeter Länge zu den Zollsätzen der Nummer 41 e 2 des Zolltarifs, Abfertigung des mit dem Anspruch auf Gewährung von Ausfuhrzuschüssen ausgehenden oder niederzulegenden Zuckers nach §. 110b und c der Ausführungsbestimmungen zum Zuckersteuergesetze, Abfertigung des mit dem Anspruch auf Steuervergütung ausgehenden Bieres und Abfertigung des mit dem Anspruch auf Steuervergütung ausgehenden Rohtabacks, der entrippten Blätter und Tabackfabrikate.

Es ist ertheilt worden:

dem Steueramt I zu Brieg im Bezirke des Hauptsteueramts zu Oels die unbeschränkte Befugniß zur Ausfertigung und Erledigung von Begleitscheinen I über ausländische unbearbeitete Tabackblätter, sowie die Befugniß zur Erledigung von Versendungsscheinen I über inländischen Taback,

dem Steueramt I zu Mayen im Bezirke des Hauptsteueramts zu Coblenz die unbeschränkte Befugniß zur Erledigung von Begleitscheinen II,

dem Steueramt I zu Spandau im Bezirke des Hauptsteueramts zu Potsdam die Befugniß zur Erledigung von Zollbegleitscheinen I und II,

der Zollabfertigungsstelle am Südbahnhofe zu Dortmund die Befugniß zur Ausfuhrabfertigung von zuckerhaltigen Fabrikaten, für welche die Gewährung von Steuervergütung beansprucht wird,

dem Steueramt I zu Trebbin im Bezirke des Hauptsteueramts zu Potsdam die Befugniß zur Erledigung von Begleitscheinen II über unbearbeitete Tabackblätter.

Im Königreiche Bayern.

Die Uebergangsstelle zu Mittelsinn im Bezirke des Hauptzollamts zu Würzburg ist aufgehoben worden.

Dem Nebenzollamte II zu Oberjoch im Bezirke des Hauptzollamts zu Pfronten ist die Befugniß zur Ausfertigung von Begleitscheinen I sowie zur Erledigung von Begleitscheinen I im Durchgangsverkehr und dem Nebenzollamte II zu Finsterau im Bezirke des Hauptzollamts zu Zwiesel die Befugniß zur Ausfertigung von Begleitscheinen I über grobe rohe Holzwaaren der Tarifnummer 13d auf das Hauptzollamt Passau beigelegt worden.

Im Königreiche Sachsen.

Auf dem neuen Grenzübergangsbahnhofe zu Johanngeorgenstadt im Bezirke des Hauptzollamts zu Eibenstock ist ein Nebenzollamt I mit folgenden Abfertigungsbefugnissen errichtet worden:

Ausfertigung und Erledigung von Begleitscheinen I und II, auch über inländisches Salz, Ausfertigung und Erledigung von Versendungsscheinen I sowie II über inländischen Taback, unbeschränkte Abfertigungen im Eisenbahnverkehre (Waaren-Ein- und Ausgang, Aus- und Umladungen, Wiederanlegung des amtlichen Verschlusses, Abfertigung der unter Eisenbahnwagenverschluß eingehenden Begleitscheingüter), Abfertigung und Ertheilung der Ausgangsbescheinigung in Betreff des mit dem Anspruch auf Steuervergütung ausgehenden Tabacks und der ausgehenden eingesalzenen Gegenstände, Ertheilung der Ausgangsbescheinigung über die mit Steuervergütungsanspruch ausgehenden Biere und Branntweine, Erhebung der Stempelsteuer und Abstempelung von Spielkarten der Reisenden, Erhebung der Uebergangsabgaben für Bier und Branntwein sowie Ausfertigung und Erledigung von Uebergangsscheinen über Bier, Branntwein, Wein und geschrotenes Malz. Das seitherige Nebenzollamt II Johanngeorgenstadt ist gleichzeitig in eine Abtheilung des neuerrichteten Amtes verwandelt und hat die Bezeichnung Nebenzollamt I Johanngeorgenstadt, Abtheilung an der Straße, erhalten; das Nebenzollamt I Wittigsthal bleibt unter dieser Bezeichnung, jedoch als Geschäftsabtheilung des zuerst genannten Nebenzollamts bis auf Weiteres bestehen. In den Abfertigungsbefugnissen dieser beider Aemter tritt vorläufig keine Aenderung ein.

Es ist ertheilt worden:

dem Steueramte zu Nossen im Bezirke des Hauptsteueramts zu Freiberg die Befugniß zur Erledigung von Begleitscheinen II über unbearbeitete Tabackblätter sowie von Versendungsscheinen II über inländischen Taback, und

dem Untersteueramte zu Penig im Bezirke des Hauptsteueramts zu Chemnitz die Befugniß zur Ausfertigung und Erledigung von Begleitscheinen I über Maschinen und Maschinentheile der Nr. 15b, 2β, γ und δ des Zolltarifs und der Anmerkung zu Nr. 15b, 2β, γ.

Im Großherzogthume Baden.

Der Steuereinnehmerei zu Karlsdorf im Bezirke des Finanzamts zu Bruchsal ist die Befugniß zur Ausfertigung von Versendungsscheinen I und II sowie zur Erledigung von Versendungsscheinen I über Tabacksendungen aus und nach den dortigen Privatlagern für unversteuerten inländischen Taback beigelegt worden.

Im Großherzogthum Oldenburg.

Das Nebenzollamt I zu Rüsterfiel im Bezirke des Hauptzollamts zu Varel ist in ein Nebenzollamt II umgewandelt und dem letzteren die Befugniß zur Erledigung von Begleitscheinen II über zollkontrolepflichtige Gegenstände und inländisches Salz ertheilt worden.

Im Herzogthum Anhalt.

Die der Zuckersteuerstelle I zu Cöthen unterstellt gewesene Zuckerfabrik zu Kleinpaschleben ist eingegangen und sodann die genannte Zuckersteuerstelle nur noch für die Zuckerfabriken zu Ebberitz, Gerlebogk und Bienborf zuständig.

In Elsaß-Lothringen.

Das Nebenzollamt I zu Saales im Bezirke des Hauptzollamts zu Schirmeck ist in ein Nebenzollamt II mit der Befugniß zur unbeschränkten Eingangsverzollung von Wein, und das Nebenzollamt II zu Deutsch-Oth im Bezirke des Hauptzollamts zu Diedenhofen in ein Nebenzollamt I mit der unbeschränkten Befugniß zur Ausfertigung und Erledigung von Begleitscheinen I umgewandelt worden. Die Befugnisse des bisherigen Nebenzollamts I zu Saales zur Eingangsabfertigung der zur Kategorie der Rebe nicht gehörigen Pflänzlinge, Sträucher u. s. w. und zur Abfertigung unbedruckter und bedruckter wollener Tuch- und Zeugwaaren der Nummer 41 d 5 und 41 d 6 des Zolltarifs zu anderen als den höchsten Zollsätzen dieser Nummern sind in Wegfall gekommen.

Der Bundesrath hat in seiner Sitzung vom 20. April 1899 beschlossen, daß vom 1. Juni 1899 ab für die in nachstehender Tabelle aufgeführten Waaren, welche mit dem Anspruch auf Zollnachlaß oder auf Ertheilung von Einfuhrscheinen ausgeführt werden (zu vergl. Central-Blatt 1897 S. 367 und 1898 S. 100), die aus der Tabelle ersichtlichen Tarasätze Anwendung finden.

Tarasätze.

Laufende Nummer.	Bezeichnung der Waare.	Art der Umschließung.	Tarasätze in Prozenten des Bruttogewichts	
			bisher.	künftig.
1.	2.	3.	4.	5.
1.	Getreide	in Säcken	1,5	1
2.	Hülsenfrüchte	" "	1,5	1
3.	Raps und Rübsaat (Rübsen)	" "	1,5	1
4.	Mehl aus Getreide und Hülsenfrüchten	" "	1 und 2	1
5.	Andere Mühlenfabrikate aus Getreide und Hülsenfrüchten	" "	2	1

Berlin, den 3. Mai 1899.

Der Reichskanzler.
Im Auftrage: v. Koerner.

5. Polizei-Wesen.

Ausweisung von Ausländern aus dem Reichsgebiete.

Laufende Nr.	Name und Stand der Ausgewiesenen.	Alter und Heimath	Grund der Bestrafung.	Behörde, welche die Ausweisung beschlossen hat.	Datum des Ausweisungsbeschlusses.
1.	2.	3.	4.	5.	6.

Auf Grund des §. 362 des Strafgesetzbuchs.

1.	Einar Albert Andersen, Maschinenschlosser,	geboren am 1. Mai 1879 zu Aarhuus, Dänemark, dänischer Staatsangehöriger,	Betteln,	Polizei-Behörde zu Hamburg,	26. April d. J.
2.	Anton Breite, Weber und Ziegelarbeiter,	geboren am 7. Februar 1868 zu Glaserei, Bezirk Gabel, Böhmen, ortsangehörig ebendaselbst,	desgleichen,	Königlich sächsische Kreishauptmannschaft Bautzen,	7. März d. J.
3.	Marie Demmelbauer, ledig, Rednerin,	geboren am 30. Dezember 1874 zu Taufkirchen, Bezirk Schärding, Ober-Oesterreich, ortsangehörig ebendaselbst,	gewerbsmäßige Uebertretung der Meldevorschriften,	Königlich bayerische Polizei-Direktion München,	11. April d. J.
4.	Johann Gunowicz, Hutmacher,	geboren am 29. August 1872 zu Wien, ortsangehörig zu Podgoria, Komitat Bas, Ungarn,	Landstreichen und Betteln,	dieselbe,	30. März d. J.
5.	Maier Löbl Gorge, Lohgerber,	geboren am 5. Juni 1862 zu Boden-stadt, Bezirk Weißkirchen, Mähren, österreichischer Staatsangehöriger,	Betteln,	Königlich preußischer Regierungs-Präsident zu Magdeburg,	19. April d. J.
6.	Joseph Hawle, Schuhmacher,	geboren am 7. April 1860 zu Gablonz, Bezirk Böhmisch-Leipa, Böhmen, ortsangehörig ebendaselbst,	desgleichen,	Königlich sächsische Kreishauptmannschaft Bautzen,	30. März d. J.
7.	Joseph Jastulski, Handlungsgehülfe,	geboren am 8. Mai 1869 zu Zyrardow, Gouvernement Warschau, Rußland,	Landstreichen,	Königlich preußischer Regierungs-Präsident zu Hildesheim,	19. April d. J.
8.	Jakob Jutzi, Maler,	geboren am 5. Oktober 1857 zu Jegensdorf, Kanton Bern, Schweiz, ortsangehörig zu Nieder-Hünigen, ebenda,	Betteln,	Großherzoglich badischer Landeskommissär zu Mannheim,	25. April d. J.
9.	Stephan Klaus, Gürtler und Tagearbeiter,	geboren am 2. Mai 1871 zu Johannesthal, Bezirk Böhmisch-Leipa, Böhmen, ortsangehörig ebendaselbst,	Hausbruch und Betteln,	Königlich sächsische Kreishauptmannschaft Bautzen,	8. März d. J.
10.	Die Zigeuner: a) Barbara Kugler, ledig, b) Richard Kugler, Sohn der vorigen,	geboren im Jahre 1859, 18 Jahre alt, beide ortsangehörig zu Wehlowitz, Bezirk Melnik, Böhmen,	Landstreichen,	Königlich sächsische Kreishauptmannschaft Dresden,	17. März d. J.
11.	Joseph Müller, Weber,	geboren am 19. März 1881 zu Wien, ortsangehörig zu Roßbach, Bezirk Asch, Böhmen,	Landstreichen und Betteln,	Stadtmagistrat Nürnberg, Bayern,	22. März d. J.
12.	Franz Placnid, Metzger,	geboren am 17. Juni 1860 zu Wien, ortsangehörig zu Seehow, Gemeinde Bohmnitic, Bezirk Lebetsch, Böhmen,	Diebstahl und Betteln,	Königlich bayerisches Bezirksamt Wasserburg,	1. April d. J.
13.	Robert Rudolfi, Musikus,	geboren am 18. Dezember 1854 zu Klostergrab, Bezirk Teplitz, Böhmen, österreichischer Staatsangehöriger,	Betteln,	Königlich preußischer Regierungs-Präsident zu Frankfurt a. O.,	19. Februar d. J.

Laufende Nr.	Name und Stand der Ausgewiesenen.	Alter und Heimath	Grund der Bestrafung.	Behörde, welche die Ausweisung beschlossen hat.	Datum des Ausweisungsbeschlusses.
1.	2.	3.	4.	5.	6.
14.	Paul Coubry-Berenger, Maurer,	45 Jahre alt, geboren zu Jeanville, Frankreich, französischer Staatsangehöriger,	Landstreichen,	Kaiserlicher Bezirks-Präsident zu Metz,	20. April d. J.
15.	August Strohbach, Konditor,	geboren am 26. Februar 1845 zu Freudenberg, Bezirk Tetschen, Böhmen, österreichischer Staatsangehöriger,	Betteln,	Königlich preußischer Regierungs-Präsident zu Frankfurt a. O.	7. März d. J.
16	Joseph Banek, Drechsler,	geboren am 19. März 1879 zu Klostergrab, Bezirk Teplitz, Böhmen, österreichischer Staatsangehöriger,	Landstreichen, Anfertigung falscher Arbeitszeugnisse und Führung verbotener Waffen,	Königlich bayerisches Bezirksamt Roding,	11. April d. J.

Berlin, Carl Heymanns Verlag. — Gedruckt bei Julius Sittenfeld in Berlin.

Central-Blatt für das Deutsche Reich.

Herausgegeben im Reichsamte des Innern.

Zu beziehen durch alle Postanstalten und Buchhandlungen.

| XXVII. Jahrgang. | Berlin, Freitag, den 12. Mai 1899. | № 19. |

Inhalt: 1. Konsulat-Wesen: Ernennung; — Ableben eines Vize-Konsuls . . . . . Seite 135. 2. Bank-Wesen: Status der deutschen Notenbanken Ende April 1899 . . . . . 136. 3. Militär-Wesen: Abänderung des Verzeichnisses der den Militäranwärtern im Reichsdienste vorbehaltenen Stellen; — Fünfter Nachtrag zu dem Gesammtverzeichnisse der den Militäranwärtern in den Bundesstaaten vorbehaltenen Stellen . . . . . 138. 4. Polizei-Wesen: Ausweisung von Ausländern aus dem Reichsgebiete . . . . . 160.

1. Konsulat-Wesen.

Seine Majestät der Kaiser haben im Namen des Reichs den bisherigen Vize-Konsul bei dem General-Konsulat in St. Petersburg Frommann zum Konsul in Saint Louis zu ernennen geruht.

Der Kaiserliche Vize-Konsul Michaël Calzado in Marbella (Spanien) ist gestorben.

---

2. Bank-

Status der deutschen Noten
nach den im Reichsanzeiger veröffentlichten Wochenüber
(Die Beträge lauten

Passiva.

Laufende Nummer	Bezeichnung der Banken.	Grund-Kapital.	Reserve-Fonds.	Noten-Umlauf.	Gegen 31. März 1899.	Ange-bothe Noten.	Gegen 31. März 1899.	Sonstige täglich fällige Ver-bindlich-keiten.	Gegen 31. März 1899.	Ver-bindlich-keiten mit Kündi-gungsfrist.	Gegen 31. März 1899.	Sonstige Passiva.	Gegen 31. März 1899.	Summe der Passiva.	Gegen 31. März 1899.	Ver-bindlich-keiten auf weiter-gegebene in län-dischen Wechsel
1.	2.	3.	4.	5.	6.	7.	8.	9.	10.	11.	12.	13.	14.	15.	16.	17.
1.	Reichsbank	170 000	30 000	1 136 245	− 166 795	249 956	− 153 346	525 950	+ 22 767	—	—	18 838	+ 299	1 852 542	− 83 784	
2.	Frankfurter Bank	16 000	4 000	14 635	2 000	9 201	− 561	4 811	+ 354	14 391	− 147	384	+ 19	57 031	− 3 156	4 374
3.	Bayerische Notenbank	7 500	2 300	63 929	646	20 996	+ 23	7 486	− 452	—	—	3 137	+ 158	84 357	+ 84	672
4.	Sächsische Bank zu Dresden	30 000	5 277	44 664	8 017	16 982	4 418	19 549	− 4 106	16 142	+ 116	657	+ 34	120 183	− 10 561	1 0..
5.	Württembergische Notenbank	9 000	900	23 781	195	10 335	+ 217	2 991	603	249	+ 36	520	+ 70	36 765	791	...
6.	Badische Bank	9 000	1 794	15 166	216	9 473	− 386	6 907	+ 834	—	—	506	− 603	33 478	+ 75	1 045
7.	Bank für Süddeutschland	15 672	1 814	13 623	824	8 963	− 525	2 604	+ 1624	—	—	537	− 667	31 908	1 317	1 3..
8.	Braunschweigische Bank	10 500	811	1 750	464	1 187	− 354	4 588	+ 426	1 356	+ 670	116	− 128	19 671	+ 511	614
	Zusammen	219 672	47 701	1 339 799	117 914	326 123	− 159 396	574 824	+ 19 241	32 780	+ 703	24 103	− 766	2 235 834	98 004	10 3..

Bemerkungen.

Zu Spalte 5a: Davon in Abschnitten zu 100 ℳ = 982 868 000 ℳ.
         „   500 „ = 21 207 000 ℳ (bei den Banken Nr. 1, 2, 4).
         „   1 000 „ = 333 934 000 ℳ („   „   1 und 2).
Zu Spalte 9 Nr. 2a: Darunter 126 900 ℳ noch nicht zur Einlösung gelangte Guldennoten.
  „   9 „ 7a: „   90 771 ℳ   „   „   „   Gulden- und Thalernoten.

Wesen.

banken Ende April 1899
ichten, verglichen mit denjenigen Ende März 1899.
In Tausend Mark.)

Activa.

Anlage-Bestand.	Gegen 31. März 1899	Reichs-kassen-scheine.	Gegen 31. März 1899.	Noten anderer Banken.	Gegen 31. März 1899	Wechsel	Gegen 31. März 1899	Lombard	Gegen 31. März 1899.	Effekten	Gegen 31. März 1899.	Sonstige Aktiva.	Gegen 31. März 1899.	Summe der Aktiva.	Gegen 31. März 1899	
18.	19.	20.	21.	22.	23.	24.	25.	26.	27.	28.	29.	30.	31.	32.	33.	34.
873 513	+ 45 694	22 793	+ 1 615	11 961	— 745	796 666	— 67 629	73 075	— 47 439	10 624	+ 1 535	63 896	— 16 750	1 852 542	— 83 724	1.
5 190	649	46	+ 23	190	— 871	34 645	— 685	9 245	— 400	6 033	— 122	3 091	292	58 146	— 3 686	2.
50 103	— 18	48	+ 5	2 779	+ 636	48 817	— 156	1 045	— 12	45	— 8	1 520	— 63	64 357	+ 364	3.
29 234	+ 1 704	741	— 41	3 705	— 5 262	74 533	— 3 792	2 778	— 1 008	2 813	+ 1 875	7 386	— 1 469	120 185	— 10 981	4.
12 118	+ 471	105	— 49	1 298	— 830	21 264	— 582	877	— 127	6	—	1 161	+ 796	36 795	— 791	5.
5 308	+ 176	47	+ 5	138	— 1	20 665	— 23	347	— 25	91	— 84	3 437	— 24	23 483	+ 73	6.
4 576	— 316	54	+ 8	24	+ 9	19 038	— 2 173	1 979	+ 54	3 519	+ 97	2 663	+ 1 094	31 968	1 817	7.
412	— 115	5	+ 2	66	+ 11	8 501	+ 1 081	1 679	— 52	163	— 70	8 950	— 222	19 743	+ 556	8.
950 666	+ 46 546	23 829	+ 1 579	20 092	— 7 055	1 027 183	— 73 958	91 172	— 49 015	23 263	+ 3 273	92 054	— 20 641	2 227 319	— 16 859	

3. Militär-Wesen.

Bekanntmachung.

In dem Verzeichnisse der den Militäranwärtern im Reichsdienste vorbehaltenen Stellen (Anlage D der Anstellungsgrundsätze für Militäranwärter vom 7./21. März 1882, Central-Blatt S. 123) erhält der Abschnitt Ia (Bekanntmachung vom 25. Januar 1899, Central-Blatt S. 23) folgende Fassung:

Ia. Reichsamt des Innern.

1. Kaiserliches Statistisches Amt:
   Sekretariats-Assistenten, mindestens zur Hälfte.

   Anmerkung. Die Sekretariats-Assistenten-Stellen bilden nicht den Uebergang zu den Sekretär-Stellen.

2. Kaiserliches Kanalamt zu Kiel:
   Kanalschreiber,
   *)Maschinisten,   } mindestens zur Hälfte.
   Maschinisten-Assistenten,
   *)Lootsen, mindestens zu einem Drittel.
   Kanzlisten,
   Büreaudiener,
   Drucker,
   Baggermeister (sofern die erforderlichen technischen Kenntnisse nachgewiesen werden),
   * Materialien-Verwalter,
   *° Schiffsführer,
   " Steuermänner,
   Magazin-Aufseher,
   Nachtwächter,
   *° Oberlootsen,
   *° Obermaschinisten,
   * " Hafenmeister,
   *° Oberschleusenmeister,
   *° Schleusenmeister,
   Telegraphisten,
   ° Schleusenwärter,
   ° Fährwärter.

*) Diejenigen Stellen, welche den Militäranwärtern vorbehalten, aber regelmäßig nur im Wege des Aufrückens oder der Beförderung zugängig sind, sind mit einem ° bezeichnet.

") Diejenigen Stellen, welche nur den anstellungsberechtigten Deckoffizieren und den Militäranwärtern der Marine vorbehalten sind, sind mit einem " bezeichnet.

Der durch Bekanntmachung vom 19. September 1894 (Central-Blatt S. 414) veröffentlichte, unter dem 7. Januar 1898 (Central-Blatt S. 57) und 25. Januar 1899 (Central-Blatt S. 23) abgeänderte, auf die „Marineverwaltung" bezügliche Abschnitt III wird an der betreffenden Stelle ergänzt, wie folgt:

III. Marineverwaltung.*)

× Gerichtsaktuare.

Zugleich wird das durch Bekanntmachung vom 19. September 1894 (Central-Blatt S. 415) veröffentlichte, unter dem 7. Januar 1898 (Central-Blatt S. 63) und 25. Januar 1899 (Central-Blatt S. 24) abgeänderte Verzeichniß der für Bewerbungen um Stellen der Marineverwaltung zuständigen Behörden betreffenden Orts ergänzt, wie folgt:

Nummer des Stellenverzeichnisses, Anlage I).	Bezeichnung der Behörden, bei welchen die Stellen vorhanden sind.	Bezeichnung der Behörden, an welche die Anmeldungen zu richten sind.	Bemerkungen.
	Marineverwaltung.*)		
III.	Kommando der Marinestation der Ostsee zu Kiel bezw. der Nordsee zu Wilhelmshaven: × Gerichtsaktuare, Küster.	Das betreffende Stationskommando zu Kiel oder Wilhelmshaven.	

Endlich wird nachstehend ein fünfter Nachtrag zu dem durch Bekanntmachung vom 26. November 1895 (Central-Blatt S. 397) veröffentlichten Gesammtverzeichnisse der den Militäranwärtern in den Bundesstaaten vorbehaltenen Stellen zur öffentlichen Kenntniß gebracht.

Berlin, den 1. Mai 1899.

Der Reichskanzler.

In Vertretung: Graf v. Posadowsky.

*) Die mit einem × bezeichneten Stellen sind solche, bei welchen Unteroffiziere der Marine vor Unteroffizieren des Landheerrs zu berücksichtigen sind.

Fünfter Nachtrag

zu

dem Gesammtverzeichnisse der den Militäranwärtern in den Bundesstaaten vorbehaltenen Stellen.

Anmerkungen: 1. Die in den Verzeichnissen aufgeführten Stellen sind den Militäranwärtern ausschließlich vorbehalten, sofern bei den einzelnen etwas anderes nicht ausdrücklich bemerkt ist.
2. Diejenigen Stellen, welche den Militäranwärtern vorbehalten, aber denselben nur im Wege des Aufrückens oder der Beförderung zugängig sind, sind mit einem * bezeichnet.

Bezeichnung der Stellen.	Angabe bei den für Militäranwärter nicht ausschließlich bestimmten Stellen, in welchem Umfange dieselben vorbehalten sind.	Bezeichnung der Behörden, an welche die Bewerbungen zu richten sind, wenn es nicht die Behörde selbst ist, bei welcher die Anstellung gewünscht wird.	Bemerkungen.

I. Königreich Preußen.
IV. Ministerium der öffentlichen Arbeiten.

Unter Ziffer 2:
Allgemeine Bauverwaltung
  (Central-Blatt 1895, S 402/3)
ist statt:
  Magazinverwalter und Hafenbauschreiber
zu setzen:
  Magazinverwalter, Hafenbau- und Materialienschreiber.
Die Worte
  „am Oberländischen Kanal" hinter „Maschinenführer"
sind zu streichen,
  ebenso bei der Ruhrschiffahrts- und Ruhrhafenverwaltung die Stellen der Schleusenmeister.

Bezeichnung der Stellen.	Angabe bei den für Militäranwärter nicht ausschließlich bestimmten Stellen, in welchem Umfange dieselben vorbehalten sind.	Bezeichnung der Behörden, an welche die Bewerbungen zu richten sind, wenn es nicht die Behörde selbst ist, bei welcher die Anstellung gewünscht wird.	Bemerkungen.
V. Ministerium für Handel und Gewerbe.			
Zu Ziffer 1: **Handels- und Gewerbeverwaltung ꝛc.** (Central-Blatt 1895, S. 408/4) ist bei den Stellen der Hafenmeister in der dritten Spalte		zwischen Danzig und Schleswig einzufügen „Stralsund, Merseburg";	
desgl. bei den Stellen: Untere Schiffahrts- und Hafenpolizeibeamte		zwischen Danzig und Stettin „Potsdam"	
Hinter Hafenpolizeisekretäre tritt hinzu Büreaubeamter bei dem Staatskommissar der Berliner Börse.	alternirend, d. h. zwischen Militär- und Civilanwärter abwechselnd.	Oberpräsident zu Potsdam.	
Berichtigung. Unter Ziffer 2: Berg-, Hütten- und Salinenverwaltung (Central-Blatt 1897, S. 8) muß es im Absatz 3 statt „Revierbüreau-Diätarien" heißen „Büreaudiätarien".			
VI. Justizministerium.			
Bei Ziffer 2: **Gefängnißverwaltung** (Central-Blatt 1895, S. 405) ist statt Waschmeister zu setzen: Wasch- und Bademeister. Die Worte „Sekretär bei den besonderen Gefängnissen" sind zu streichen.			
VIII. Ministerium für Landwirthschaft, Domänen und Forsten.			
Zu Ziffer 7: **Gestütsverwaltung** (Central-Blatt 1899, S. 84) ist in der letzten Spalte an Stelle der Worte: „sind mit Offizieren zu besetzen" zu sagen: „sind Offizieren zugängig."			

Bezeichnung der Stellen.	Angabe bei den für Militäranwärter nicht ausschließlich bestimmten Stellen, in welchem Umfange dieselben vorbehalten sind.	Bezeichnung der Behörden, an welche die Bewerbungen zu richten sind, wenn es nicht die Behörde selbst ist, bei welcher die Anstellung gewünscht wird.	Bemerkungen.
IX. Ministerium der geistlichen, Unterrichts- und Medizinal-Verwaltung.			
Bei Ziffer 4: Universitäten (Central-Blatt 1895, S. 408) treten hinter: *Büreau- und *Kassenbeamte hinzu: Expedienten bei den Universitätsbibliotheken.	mindestens zur Hälfte.	Der Direktor der Universitätsbibliothek in Berlin sowie die Kuratorien der übrigen Universitäten.	
Die Ziffer 8: Königliche Bibliothek zu Berlin (Central-Blatt 1895, S. 408) ist folgendermaßen zu ergänzen: *Büreaubeamte, Expedienten	) mindestens zur Hälfte.	Der Generaldirektor der Königlichen Bibliothek zu Berlin.	
X. Kriegsministerium.			
Bei Ziffer 1: Verwaltung des Zeughauses zu Berlin (Central-Blatt 1895, S. 409) ist vor: *Oberzeugwart einzuschalten: Büreauassistent.			

II. Königreich Bayern.
C. Staatsministerium des Innern.

Ziffer 6: Etat für Industrie und Kultur. Gestütswesen (Central-Blatt 1895, S. 415) hat nunmehr zu lauten: Offiziant bei der Landgestütsverwaltung, *Oberaufseher bei den Land- und Stammgestüten, *Bote und Diener bei der Landgestütsverwaltung, Aufseher bei den Land- und Stammgestüten, Gestütswärter bei den Land- und Stammgestüten.	— — — — —	Landgestütsverwaltung zu München.	

Bezeichnung der Stellen.	Angabe bei den für Militäranwärter nicht ausschließlich bestimmten Stellen, in welchem Umfange dieselben vorbehalten sind.	Bezeichnung der Behörden, an welche die Bewerbungen zu richten sind, wenn es nicht die Behörde selbst ist, bei welcher die Anstellung gewünscht wird.	Bemerkungen.
F. Kriegsministerium. (Central-Blatt 1895, S. 428.)			
Bei Ziffer 1: **Ministerium** treten als neue Stellen hinzu nach „Kanzleivorsteher und "Kanzleisekretäre": Kalkulatoren, dann nach „Kanzleifunktionäre": *Werkmeister,	—	Kriegsministerium.	
Bei Ziffer 2: **Militärkassenwesen** sind zu streichen: unter lit. a) Generalmilitärkasse: α) bei „Buchhalter" der Stern und β) die Stellen der „Kassenassistenten", unter lit. b) Korpszahlungsstellen: γ) bei „Buchhalter" der Stern und δ) die Stellen der „Kassenassistenten".			
Unter Ziffer 3: **Militär-Intendanturen** ist a) bei „Intendantur-Sekretäre" und bei „Intendantur-Registratoren" der Stern zu streichen; sind b) die Stellen der „Intendantur-Sekretariats-Assistenten" und die der „Intendantur-Registratur-Assistenten" zu streichen.			
Bei Ziffer 5: **Generalstab** kommt die Stelle des „Werkführers" in Wegfall und ist zu streichen.			
Ziffer 7: **Bekleidung und Ausrüstung der Truppen** erhält folgende Fassung: *Rendanten, Assistenten, Maschinisten und Heizer, Packmeister, Lagerdiener.		Kriegsministerium.	
Bei Ziffer 8: **Garnisonverwaltungs- und Servis wesen** tritt als neue Stelle hinzu und ist nach „Kasernenwärter" einzuschalten: Baldwärter.		Kriegsministerium.	
Nach Ziffer 8: ist einzuschalten als neue Ziffer: 8a. **Garnisonbauwesen:** Garnisonbauschreiber.		Kriegsministerium.	

Bezeichnung der Stellen.	Angabe bei den für Militäranwärter nicht ausschließlich bestimmten Stellen, in welchem Umfange dieselben vorbehalten sind.	Bezeichnung der Behörden, an welche die Bewerbungen zu richten sind, wenn es nicht die Behörde selbst ist, bei welcher die Anstellung gewünscht wird.	Bemerkungen.
Bei Ziffer 11: Militär-Erziehungs- und Bildungswesen: bei Inspektion der Militär-Bildungsanstalten: ist der Vortrag: „Hausdiener, Büreaudiener"; zu streichen und dafür zu setzen: Büreau- und Hausdiener; bei Kadettenkorps: tritt als neue Stelle hinzu und ist nach „Kanzleifunktionär" einzuschalten: Kompagnieverwalter, Unter Ziffer 16: Allgemein: ist der Vortrag „Schreiber und Aufseher beim Garnisonsbauwesen" zu streichen.		Inspektion der Militär-Bildungsanstalten.	

III. Königreich Sachsen.
VI. Finanzministerium.
(Central-Blatt 1895, S. 484.)

13. Eisenbahnverwaltung: Es heißen die früheren Billeteure jetzt „Fahrgeldkassirer", die früheren Güterexpeditionskassirer jetzt „Güterkassirer" und die früheren Expeditionshülfsarbeiter jetzt „Büreauaspiranten" oder „Stationsaspiranten", je nachdem sie im Büreau- oder im Stationsdienste beschäftigt werden.			

IV. Königreich Württemberg.
III. Im Departement der auswärtigen Angelegenheiten.
(Central-Blatt 1895, S. 486.)
B. Abtheilung für die Verkehrsanstalten.
b) Eisenbahnverwaltung.

Im Verzeichniß hinter „Tagschreiber" einzufügen: Bauschreiber,		Königliche Generaldirektion der Staatseisenbahnen.	

c) Post- und Telegraphenverwaltung.

Im Verzeichniß hinter „Tagschreiber" einzufügen: Bauschreiber,		Königliche Generaldirektion der Posten und Telegraphen.	

IV. Im Departement des Innern.

4. Kanzleiaufwärter bei dem Ministerium des Innern, bei den Kollegialbehörden des Departements des Innern und bei dem Staatsanzeiger, 9. Büreaugehülfe bei der Centralstelle für Gewerbe und Handel,	unverändert.	unverändert.	

Bezeichnung der Stellen.	Angabe bei den für Militäranwärter nicht ausschließlich bestimmten Stellen, in welchem Umfange dieselben vorbehalten sind.	Bezeichnung der Behörden, an welche die Bewerbungen zu richten sind, wenn es nicht die Behörde selbst ist, bei welcher die Anstellung gewünscht wird.	Bemerkungen.
15. Die weiteren Aufseher (einschließl. eines Küchenmeisters) und der Thorwart bei dem Arbeitshaus zu Vaihingen,	unverändert.	unverändert.	
16. *Oberwärter und Vizeoberwärter bei den Staatsirrenanstalten,			
30. Aufseher und Hausknecht beim Landesgewerbemuseum. Aufwärter beim chemischen Laboratorium und der Modellirwerkstätte und zumaliger Aufseher bei der Sammlung der Gypsabgüsse,			
33. Büreauassistenten bei dem hydrographischen Büreau.			

VI. Großherzogthum Hessen.
I. Geschäftsbereich des Staatsministeriums.

1. Ständehausbeschließer,	—		
2. Kanzleidiener des Staatsministeriums,	—		
3. Kanzleidiener des Verwaltungsgerichtshofs,	—	Staatsministerium.	
4. Kanzleidiener der Haus- und Staatsarchivdirektion,	—		
5. Kanzlisten der Oberrechnungskammer,	—		
6. Kanzleigehülfen der Oberrechnungskammer,	—	Präsident der Oberrechnungskammer.	
7. Kanzleidiener der Oberrechnungskammer,	—		
8. Kanzleiwärter der Oberrechnungskammer.	—		

II. Geschäftsbereich des Ministeriums des Innern.

1. Kanzlisten bei dem Ministerium,	—		Ziffer 5. Bewerber müssen genügende Kenntnisse im Registraturdienst und im gymnastischen Zeichnen besitzen.
2. Kanzleigehülfen bei dem Ministerium,	—		
3. Kanzleidiener bei dem Ministerium,	—	Ministerium des Innern.	
4. Kanzleiwärter im Kanzleigebäude,	—		
5. Kanzlei- und Registraturbeamte bei der Oberen Bergbehörde und dem Landes-Versicherungsamt,	zur Hälfte.		
6. Verwalter in dem Arbeitshause,			1) Stellen, zu deren Erlangung der Nachweis einer bestandenen Prüfung erforderlich ist, sind mit einem † bezeichnet.
7. †Werkmeister am Arbeitshause zu Dieburg,			
8. Aufseher und Wärter am Arbeitshause,		Provinzialdirektion Starkenburg.	
9. †Büreaugehülfe bei dem Landeshospital,	zu einem Drittel.		
10. †Büreaugehülfe bei der Landesirrenanstalt,			
11. Pförtner bei der Landesirrenanstalt und bei dem Landeshospital,			
12. Kreisdiener,			
13. Diener bei der Entbindungsanstalt zu Mainz,			
14. Kanzlisten bei der Landesuniversität,	—		
15. Kanzleigehülfen bei der Landesuniversität,	—		
16. †Büreaugehülfen an den akademischen Kliniken der Landesuniversität,			
17. †Verwalter an den akademischen Kliniken der Landesuniversität,	zur Hälfte.	Ministerium des Innern.	
18. Büreaubeamten der Landesuniversität,			
19. Kanzleidiener bei der Landesuniversität,			
20. Hausbeschließer am Kollegiengebäude der Landesuniversität,			

Bezeichnung der Stellen.	Angabe bei den für Militäranwärter nicht ausschließlich bestimmten Stellen, in welchem Umfange dieselben vorbehalten sind.	Bezeichnung der Behörden, an welche die Bewerbungen zu richten sind, wenn es nicht die Behörde selbst ist, bei welcher die Anstellung gewünscht wird.	Bemerkungen.
21. Anatomiediener bei der Landesuniversität.	—		
22. Bibliothekdiener bei der Landesuniversität.			
23. Universitätsdiener.			
24. Diener bei der Landesuniversität unterstehenden Entbindungsanstalt zu Gießen.			
25. Diener der Veterinäranstalt.			
26. Diener am anatomischen Institut der Veterinäranstalt.			
27. †Lehrschmied bei der Veterinäranstalt.			
28. Bureaubeamte an der technischen Hochschule.	zur Hälfte.		
29. Pedellen an der technischen Hochschule.			
30. Hülfspedellen an der technischen Hochschule.			
31. Pförtner an der technischen Hochschule.			
32. Diener am chemischen Laboratorium der technischen Hochschule.	—		
33. Wärter am physikalischen Institut der technischen Hochschule.			
34. Hülfsdiener in den Gebäuden der technischen Hochschule.			
35. Hofbibliothek-Kanzleiinspektor.	zur Hälfte.		
36. Hofbibliothekdiener.		Ministerium des Innern.	
37. Museumsdiener.			
38. Pedellen und Hülfspedellen an den Gymnasien, Realgymnasien und Oberrealschulen.			
39. Pedellen und Hülfspedellen an den Realschulen.			
40. Diener an den Schullehrerseminarien und Präparandenanstalten.			
41. Diener an den Taubstummenanstalten.			
42. Schuldiener an der Obstbauschule zu Friedberg.			
43. † Werkmeister an der Blindenanstalt.			
44. †Kalkulatoren bei der Centralstelle für die Landesstatistik.	zur Hälfte.		
45. Kanzleidiener bei der Centralstelle für die Landesstatistik.			
46. Kanzleidiener bei der oberen landwirthschaftlichen Behörde.			
47. Landgestüts-Fourageneister, -Diener und -Beiknechte.			
48. Kanzleidiener bei der Centralstelle für die Gewerbe und bei der Landesbaugewerkschule.			
49. Kanzleidiener bei der Brandversicherungskammer.	—		
III. Geschäftsbereich des Ministeriums der Justiz.			
1. Kanzlisten und Kanzleigehülfen bei dem Ministerium.			Ziffer 1–3. Diese Stellen sind den Geschäftsbereichen der Ministerien des Innern und der Justiz gemeinsam. Bewerbungen aber nur an das erstere Ministerium zu richten.
2. Kanzleidiener bei dem Ministerium.	—	Ministerium des Innern.	
3. Kanzleiwärter im Kanzleigebäude.			
4. †Werkmeister an der Zellenstrafanstalt zu Butzbach und an den Gefängnissen.	zur Hälfte.		
5. Kanzleidiener, Hülfsdiener und Hausbeschließer bei den Kollegialgerichten und Staatsanwaltschaften.		Ministerium der Justiz.	

Bezeichnung der Stellen.	Angabe bei den für Militäranwärter nicht ausschließlich bestimmten Stellen, in welchem Umfange dieselben vorbehalten sind.	Bezeichnung der Behörden, an welche die Bewerbungen zu richten sind, wenn es nicht die Behörde selbst ist, bei welcher die Anstellung gewünscht wird.	Bemerkungen.
6. †Registratoren bei den Kollegialgerichten,	zur Hälfte.		
7. Kanzleiinspektoren bei den Kollegialgerichten,		Ministerium der Justiz.	
8. Kanzlisten und Kanzleigehülfen bei den Kollegialgerichten,			
9. Schreibgehülfen des Generalstaatsanwalts,		Generalstaatsanwalt. Oberstaatsanwalt.	
10. Schreibgehülfen bei den Staatsanwaltschaften,			
11. Amtsgerichtsdiener, Hülfsdiener und Hauswärter bei den Amtsgerichten,			
12. Kriminalschutzmänner bei den Staatsanwaltschaften,		Ministerium der Justiz.	
13. Verwalter an den Provinzialarresthäusern,	zur Hälfte.		
14. Gefangenaufseher und Gefangenwärter an der Zellenstrafanstalt zu Butzbach, an dem Landeszuchthaus Marienschloß, an den Gefängnissen und an den Provinzialarresthäusern,		Generalstaatsanwalt.	
15. Gefangenaufseher und Gefangenwärter an den Haftlokalen,	—		
16. Hülfsgerichtsschreiber bei den Untersuchungsrichtern,		Ministerium der Justiz.	
17. †Gerichtsvollzieher.			Zu Ziffer 17. Bis zur Anstellung der nach dem 2. September 1867, aber vor dem 15. November 1861 geworfenen Civilalspiranten ist nur die Hälfte der Gerichtsvollzieherstellen mit Militäranwärtern zu besetzen.

IV. Geschäftsbereich des Ministeriums der Finanzen.

Bezeichnung der Stellen.			
1. Kanzlisten bei dem Ministerium,	—		
2. Kanzleigehülfen bei dem Ministerium,	—		
3. Kanzleidiener bei dem Ministerium,	—		
4. Kanzleiwärter bei dem Ministerium,	—		
5. Kanzlist bei der Hauptstaatskasse,	—		
6. Kanzleigehülfen bei der Hauptstaatskasse,			
7. Kassediener bei der Hauptstaatskasse,			
8. Kanzleiwärter bei der Hauptstaatskasse,	·		
9. Kanzlist bei dem Erbschaftssteueramt,			
10. †Stantmeister,		Ministerium der Finanzen.	
11. †Steuer- und Salzsteueraufseher,			
12. Hauptsteueramtsdiener,			
13. †Materialrechner und Kontroleur bei den Salinen und Bergwerken,			
14. Aufseher bei den Salinen,			
15. †Unterkassier bei den Salinen und Bergwerken,			
16. Diener bei den Salinen,			
17. Hausverwalter und Bademeister bei der Saline Bad-Nauheim,	—		
18. †Dammwärter,	—		
19. †Brückenmeister,	—		
20. †Oberbrückenwärter,	—		
21. †Brückenwärter,	—		

Bezeichnung der Stellen	Angabe bei den für Militäranwärter nicht ausschließlich bestimmten Stellen, in welchem Umfange dieselben vorbehalten sind.	Bezeichnung der Behörden, an welche die Bewerbungen zu richten sind, wenn es nicht die Behörde selbst ist, bei welcher die Anstellung gewünscht wird.	Bemerkungen
22. †Kanzlisten bei den Eisenbahndirektionen,		Ziffer 22—41. Für die hessischen Stellen bei der Main-Neckar-Bahn und den Nebenbahnen Oberstadt-Pfungstadt, Weinheim-Fürth und Bickenbach-Erzheim das Ministerium der Finanzen, für die hessischen Stellen in den Direktionsbezirken Mainz und Frankfurt a. M. die Königlich preußische und Großherzoglich hessische Eisenbahndirektion Mainz, bezw. die Königliche Eisenbahndirektion Frankfurt a. M.	
23. †Kanzlisten der Oberbeamten (des Ober-Betriebsinspektors, des Maschineningenieurs, des Güterverwalters) und der Bau- und Betriebsinspektoren,	—		
24. Kanzleigehülfen bei den Eisenbahndirektionen und den Oberbeamten,			
25. Büraudiener der Eisenbahndirektionen und der Oberbeamten,			
26. Büraudienergehülfen der Eisenbahndirektionen,			
27. Kassediener,	—		
28. Magazinaufseher,			
29. Billetdrucker,	—		
30. †Stationsdiener,			
31. †Bahnwärter,			
32. †Weichensteller,			
33. †Lademeister,			
34. †Stationsvorsteher,			
35. †Stationsassistenten,	zur Hälfte.		
36. Gehülfen für den Stations- und Expeditionsdienst,			
37. †Haltestellenaufseher,			
38. †Haltepunktwärter,			
39. †Zugführer,			
40. †Schaffner,			
41. †Bremser,			
42. Diener und Schreibgehülfe bei dem Hochbauamt zu Darmstadt.	—	Ministerium der Finanzen.	

VIII. Großherzogthum Sachsen.

1. Bei sämmtlichen Verwaltungen.

Statt Absatz 3 (Central-Blatt 1897, S. 6) ist zu setzen:

Wirthschaftsbeamte (darunter derjenige bei dem Carl Friedrich-Hospital zu Blankenhain), Hausmeister, Wachtmeister, Wächter, Aufseher, Oberwärter, Abtheilungswärter, Wärter (Gefangenenwärter), Badewärter (auch bei der medizinischen Abtheilung des Landkrankenhauses zu Jena), Hausmänner und Pförtner nebst Gehülfen bei den Staatsanstalten.	—	Das betreffende Großherzogliche Ministerial-Departement.	Ausgenommen sind diejenigen Unterbeamten, welche der landwirtschaftlichen Kundigkeit bedürfen, wie z. B. der Wirthschaftsbeamte bei der Landesirrenanstalt zu Jena und der Ökonom bei dem Carl Friedrich-Hospital zu Blankenhain.

XX. Fürstenthum Reuß jüngerer Linie.
(Central-Blatt 1895, S. 471.)

Die Ziffer
4. Straßenmeister
ist zu streichen.

Bezeichnung der Stellen.	Angabe bei den für Militäranwärter nicht ausschließlich bestimmten Stellen, in welchem Umfange dieselben vorbehalten sind.	Bezeichnung der Behörden, an welche die Bewerbungen zu richten sind, wenn es nicht die Behörde selbst ist, bei welcher die Anstellung gewünscht wird.	Bemerkungen.
XXV. Freie und Hansestadt Hamburg. (Central-Blatt 1895, S. 476.)			
Ziffer 10 erhält folgende Fassung: 10. Hamburgische Gerichts- und Verwaltungsbehörde: *Kanzlisten, *Schreiber,¹) Büreaudiätarien, Hülfsschreiber, Gerichtsdiener, Boten.	mindestens zur Hälfte.	Senatskanzlei zu Hamburg, als Centralstelle für die Meldung von Militäranwärtern.	¹) Diese Stellen sind den bisherigen
XXVI. Elsaß-Lothringen. **VI. Verwaltung der Justiz und des Kultus.** (Central-Blatt 1895, S. 481 und 1897, S. 7.)			
1. Oberlandesgericht, Landgerichte, Amtsgerichte: Sekretariatsassistenten.	—	Ministerium.	
2. Strafanstalten, Bezirksgefängnisse, Besserungsanstalten und Arbeitshausverwaltung: Inspektoren, Oberaufseher, Aufseher, Erzieher und Hülfserzieher.	Die Stellen der Inspektoren können bis zu einem Fünftel anstellungsberechtigten Unterofficieren verliehen werden.	Ministerium.	Die Stellen der Expedienten sind in Wegfall gekommen.
VII. Verwaltung für Finanzen, Gewerbe und Domänen. (Central-Blatt 1895, S. 482.)			
6. Meliorationsbauverwaltung: Flußwärter.	—	Ministerium.	

4. Polizei-Wesen.

Ausweisung von Ausländern aus dem Reichsgebiete.

Laufende Nr.	Name und Stand der Ausgewiesenen.	Alter und Heimath	Grund der Bestrafung.	Behörde, welche die Ausweisung beschlossen hat.	Datum des Ausweisungsbeschlusses.
1.	2.	3.	4.	5.	6.
	a) Auf Grund des §. 39 des Strafgesetzbuchs.				
1.	Sara Zalubowitsch, ledig,	geboren im Jahre 1872 zu Diwjalow, Gouvernement Kalisch, Russland, russische Staatsangehörige,	fortgesetzter theils versuchter, theils schwerer Diebstahl (4 Jahre Zuchthaus, laut Erkenntniß vom 6. Mai 1895),	Königlich preußischer Regierungs-Präsident zu Liegnitz,	25. April d. J.
2.	Franz Peterka, Viehkastrirer,	geboren am 11. November 1871 zu Wibbin, Mähren, ortsangehörig zu Bzowa, Bezirk Ungarisch-Brod, Mähren,	schwerer und einfacher Diebstahl, versuchter Diebstahl, sowie Betrug (8 Jahre 6 Monate Zuchthaus, laut Erkenntnisse vom 12. November 1895 und 12. Mai 1896),	Königl. preußischer Regierungs-Präsident zu Königsberg,	14. April d. J.
3.	Schmul Rosengarl, Schuhmacher,	angeblich im Oktober 1878 zu Warschau geboren, russischer Staatsangehöriger,	fortgesetzter versuchter, theils schwerer Diebstahl (4 Jahre Zuchthaus, laut Erkenntniß vom 6. Mai 1895),	Königlich preußischer Regierungs-Präsident zu Posen,	14 Januar d. J.
4.	Joseph Norbert Zenger, Bildhauer,	geboren am 18. April 1875 zu Brünn, Mähren, ortsangehörig ebendaselbst,	einfacher Rückfalldiebstahl (2 Jahre Zuchthaus und 3 Tage Haft, laut Erkenntniß vom 25. März 1897),	Königlich sächsische Kreishauptmannschaft Dresden,	10. Februar d. J.
5.	David Hirsch Surowicz, Schneider,	geboren im Jahre 1864 zu Warschau, russischer Staatsangehöriger,	fortgesetzter theils versuchter, theils schwerer Diebstahl (4 Jahre Zuchthaus, laut Erkenntniß vom 6. Mai 1895),	Königlich preußischer Regierungs-Präsident zu Posen,	22. Januar d. J.
	b) Auf Grund des §. 362 des Strafgesetzbuchs.				
6.	Desire Boniface, Weber,	geboren am 24. August 1844 zu St. Cuentin, Departement Indre, Frankreich, französischer Staatsangehöriger,	Landstreichen,	Kaiserlicher Bezirks-Präsident zu Straßburg,	28. April d. J.
7.	Joseph Marie Carillo, Erdarbeiter,	geboren am 16. Dezember 1857 zu Haufren ohne Nam, Moftennem, Algerien, französischer Staatsangehöriger,	derselbe, bergewerbeschein und Landstreichen,	desgleichen,	desgleichen.
8.	Joseph Fiebler, Sattler,	geboren am 11. Dezember 1870 zu Neuhaus, Bezirk Neuhaus, Böhmen, ortsangehörig ebendaselbst,	Landstreichen und Betteln,	Königlich bayerisches Bezirksamt Mühldorf,	21. April d. J.
9.	Joseph Goldmann, Müllergeselle,	geboren am 14. August 1843 zu Bigstadt, Bezirk Troppau, Oesterreichisch Schlesien, ortsangehörig ebendaselbst,	Betteln,	Königlich sächsische Kreishauptmannschaft Bautzen,	10. April d. J.

Laufende Nr.	Name und Stand der Ausgewiesenen.	Alter und Heimath	Grund der Bestrafung	Behörde, welche die Ausweisung beschlossen hat.	Datum des Ausweisungsbeschlusses.
1.	2.	3.	4.	5.	6.
10.	Peter Kotas, Arbeiter,	geboren am 27. oder 29. Juni 1876 zu Porzecin, Bezirk Brzesko, Galizien, ortsangehörig ebendaselbst.	Betteln,	Königlich preußischer Polizei-Präsident zu Berlin,	21. März d. J.
11.	Heinrich Walden, Buchbinder,	geboren am 12. Mai 1857 zu Tannhausen, Transvaal, transvaalischer Staatsangehöriger.	Sachbeschädigung, Hausfriedensbruch, grober Unfug, Landstreichen und Betteln,	Kaiserlicher Bezirks-Präsident zu Straßburg,	28. April d. J.
12.	Georg Pösl, Hafner,	geboren am 17. Juni 1848 zu Oberteschau, Bezirk Schüttenhofen, Böhmen, ortsangehörig ebendaselbst,	Betteln,	Königlich bayerisches Bezirksamt Wasserburg,	8. April d. J.
13.	Johann Kobuner, Weber,	geboren am 26. November 1840 zu Grunwald, Kanton St. Gallen, Schweiz.	Landstreichen und Betteln,	Großherzoglich badischer Landeskommissär zu Konstanz,	15. April d. J.
14.	Theodor Gerhard Rynders, auch Reinders, Haudlanger,	geboren am 10. Juli 1866 zu Grave, Provinz Nordbrabant, Niederlande,	Betteln,	Königlich preußischer Regierungs-Präsident zu Düsseldorf,	27. April d. J.
15.	Jakob Schwager, Tagner,	geboren am 2. Dezember 1872 zu Lommis, Kanton Thurgau, Schweiz, schweizerischer Staatsangehöriger,	desgleichen,	Kaiserlicher Bezirks-Präsident zu Colmar,	26. April d. J.
16.	Joseph Strucel, Kaminkehrer,	geboren am 18. März 1860 zu Ober-Zetan, Bezirk Hohenmauth, Böhmen, ortsangehörig ebendaselbst.	desgleichen,	Königlich bayerische Polizei-Direktion München,	15. April d. J.
17.	Adolph Ullmann, Müller,	geboren am 2. August 1887 zu Reichenberg, Böhmen, ortsangehörig zu Langenbruck, Bezirk Reichenberg, Böhmen,	Uebertretung des Gesetzes, betreffend die Besteuerung des Gewerbebetriebs im Umherziehen, Landstreichen und Betteln,	Königlich bayerisches Bezirksamt Mühldorf,	15. April d. J.
18.	Wenzel Wanzorel, Müller,	geboren am 16. Mai 1858 zu Kolduch, Bezirk Pilsen, Böhmen, ortsangehörig ebendaselbst,	Landstreichen und Betteln,	Königlich preußischer Regierungs-Präsident zu Oppeln,	17. März d. J.

Die Ausweisung des Cigarrenarbeiters Simon Peters aus dem Reichsgebiete (Central-Blatt für 1894 S. 4(a) Z. 6) ist aufgehoben worden, da sich herausgestellt hat, daß der Ausgewiesene den angegebenen Namen fälschlicher Weise geführt hat und preußischer Staatsangehöriger ist.

Central-Blatt
für das
Deutsche Reich
Herausgegeben im
Reichsamte des Innern.

Zu beziehen durch alle Postanstalten und Buchhandlungen.

| XXVII. Jahrgang. | Berlin, Freitag, den 19. Mai 1899. | № 20. |

Inhalt: 1. Konsulat-Wesen: Ernennungen; — Ermächtigung zur Vornahme von Civilstands-Akten Seite 153 2. Finanz-Wesen: Nachweisung der Einnahmen des Reichs vom 1. April 1899 bis Ende April 1899 . . . 154 3. Zoll- und Steuer-Wesen: Aenderung von Tarasätzen; — Bestimmungen über den zollfreien Einlaß der von dem internationalen landwirthschaftlichen Maschinenmarkt in Wien zurückgelangten deutschen Güter; — Errichtung eines Freibezirks in Stettin sowie Eröffnung des erleichterten Freibezirks bei Neufahrwasser . . . . 155 4. Marine und Schiffahrt: Erscheinen des ersten Nachtrags zur Amtlichen Liste der Schiffe der deutschen Kriegs- und Handelsmarine für 1899 . . . . . 157 5. Polizei-Wesen: Ausweisung von Ausländern aus dem Reichsgebiete 157

1. Konsulat-Wesen.

Seine Majestät der Kaiser haben im Namen des Reichs den bisherigen Konsular-Agenten, Kaufmann C. L. Schmidt, zum Konsul in Kolding (Dänemark) zu ernennen geruht.

Seine Majestät der Kaiser haben im Namen des Reichs den Plantagenbesitzer Richard Sapper zum Vize-Konsul in Coban (Guatemala) zu ernennen geruht.

Dem Dragomanats-Eleven Brode beim Kaiserlichen Konsulat in Zanzibar ist auf Grund des §. 1 des Gesetzes vom 4. Mai 1870 in Verbindung mit §. 85 des Gesetzes vom 6. Februar 1875 die Ermächtigung ertheilt worden, in Vertretung des Kaiserlichen Konsuls bürgerlich gültige Eheschließungen von Reichsangehörigen und Schutzgenossen mit Einschluß der unter deutschem Schutze lebenden Schweizer, vorzunehmen und die Geburten, Heirathen und Sterbefälle von solchen zu beurkunden.

2. Finanz-Wesen.

Nachweisung der zur Anschreibung gelangten Einnahmen (einschließlich der kreditirten Beträge) an Zöllen und gemeinschaftlichen Verbrauchssteuern sowie anderer Einnahmen im Deutschen Reiche für die Zeit vom 1. April 1899 bis zum Schlusse des Monats April 1899.

Bezeichnung der Einnahmen.	Die Soll-Einnahme beträgt vom Beginne des Rechnungsjahrs bis zum Schlusse des obengenannten Monats ℳ	Ausfuhr-Vergütungen ꝛc. ℳ	Bleiben ℳ	Einnahme in demselben Zeitraume des Vorjahrs (Spalte 4) ℳ	Differenz zwischen den Spalten 4 und 5. + mehr − weniger ℳ
1.	2.	3.	4.	5.	6.
Zölle	38 161 514	2 800 186	35 361 328	34 060 968	+ 1 800 360
Tabacksteuer	735 191	2 243	732 948	656 993	+ 75 955
Zuckersteuer und Zuschlag zu derselben	9 794 622	2 890 251	6 904 371	6 482 564	+ 421 807
Salzsteuer	3 145 560	—	3 145 560	3 160 383	− 14 823
Maischbottich- und Branntweinmaterialsteuer	1 445 499	709 563	735 936	733 744	+ 2 192
Verbrauchsabgabe von Branntwein und Zuschlag zu derselben	10 537 280	38 414	10 498 866	9 930 777	+ 568 089
Brennsteuer	483 194	227 911	255 283	233 362	+ 21 921
Brausteuer	2 945 758	86	2 945 670	2 848 400	+ 102 270
Uebergangsabgabe von Bier	291 067	—	291 067	297 788	− 6 701
Summe	67 539 705	6 168 656	61 371 049	58 399 979	+ 2 971 070
Stempelsteuer für a) Werthpapiere	1 848 527	—	1 848 527	2 753 434	− 904 907
b) Kauf- u. sonstige Anschaffungsgeschäfte	1 658 771	1 566	1 657 205	1 139 382	+ 517 823
c) Loose zu: Privatlotterien	309 866	—	309 866	231 420	+ 78 446
Staatslotterien	887 365	—	887 365	853 353	+ 34 012
Spielkartenstempel	—	—	114 589	117 284	− 2 695
Wechselstempelsteuer	—	—	960 935	925 990	+ 34 945
Post- und Telegraphen-Verwaltung	—	—	38 170 573	31 055 230	+ 2 115 293
Reichseisenbahn-Verwaltung	—	—	6 730 000	6 349 000*)	+ 381 000

*) Die definitive Einnahme stellte sich im Vorjahr um 380 381 ℳ höher.

Anmerkung. Die zur Reichskasse gelangte Ist-Einnahme abzüglich der Ausfuhrvergütungen und Verwaltungskosten beträgt bei den nachbezeichneten Einnahmen:

Bezeichnung der Einnahmen.	Ist-Einnahme vom Beginne des Rechnungsjahrs bis zum Schlusse des Monats April		
	1899 ℳ	1898 ℳ	Mithin 1899 + mehr − weniger ℳ
1.	2.	3.	4.
Zölle	35 674 699	32 330 201	+ 3 344 498
Tabacksteuer	895 797	841 342	+ 54 455
Zuckersteuer und Zuschlag zu derselben	10 442 314	8 933 121	+ 1 509 193
Salzsteuer	3 989 976	3 763 569	+ 226 407
Maischbottich- und Branntweinmaterialsteuer	1 404 716	1 371 091	+ 33 625
Verbrauchsabgabe von Branntwein und Zuschlag zu derselben	9 350 955	9 656 281	− 305 326
Brennsteuer	255 283	178 947	+ 76 336
Brausteuer und Uebergangsabgabe von Bier	2 759 135	2 671 110	+ 61 025
Summe	64 765 875	59 745 662	+ 5 020 213
Spielkartenstempel	140 285	149 008	− 8 723

3. Zoll- und Steuer-Wesen.

Der Bundesrath hat in seiner Sitzung vom 20. April 1899 beschlossen, daß vom 1. Juli 1899 ab in den für die Verzollung maßgebenden Tarasätzen die hierunter ersichtlich gemachten Aenderungen einzutreten haben:

Tarasätze.

Laufende Nummer.	Numer des Zolltarifs.	Benennung der Gegenstände.	Art der Umschließung.	Tarasätze in Prozenten des Bruttogewichts	
				bisher.	künftig.
1.	2.	3.	4.	5.	6.
1.	25 v 1.	Unbearbeitete Tabackblätter, Stengel.	Umschließungen aus Bastplatten oder dicken Palmblättern (dicken Palmblattplatten), geschnürt mit Baststricken, auch mit Leinenumhüllung.	13	11
2.	26 h.	Andere schmalzartige Fette.	Eimer und Kübel.	—	15
			Fässer aus Eichenholz, mit mindestens 14 Holzreifen oder 2 Eisen- und mindestens 12 Holzreifen, von 170 kg und darüber.	13 und für Oleomargarin 17	17
			andere Fässer aus hartem Holze über 150 kg.	13	15
			sonstige Fässer und Kisten.	13	13
3.	38 f.	Porzellan und porzellanartige Waaren (Parian, Jaspis u. s. w.): Blumen, auch in Verbindung mit Draht, und Tafelgeschirr.	Kisten.	22	45

Berlin, den 9. Mai 1899.

Der Reichskanzler.
Im Auftrage: v. Koerner.

Der Bundesrath hat in seiner Sitzung vom 27. April d. J. Folgendes beschlossen:

1. Deutsche Güter, welche aus dem deutschen Zollgebiete zu dem in der Zeit vom 20. bis 29. Mai 1899 in Wien stattfindenden internationalen landwirthschaftlichen Maschinenmarkte gesendet worden sind und von demselben mit dem Anspruch auf zollfreien Einlaß zurückgebracht werden, sind vor dem Abgang in Wien von dem zuständigen Versender dem Kaiserlichen General-Konsul daselbst unter Uebergabe von Verzeichnissen über den Inhalt der zu versendenden Kolli anzumelden.

2. Der Kaiserliche General-Konsul ertheilt nach erfolgter Prüfung den Rücksendungsnachweis nach Maßgabe eines Formulars, welches die Bezeichnung des Empfängers, an den die Sendung zurückgeht, Zeichen und Nummer, Anzahl, Art der Verpackung, Gewicht und Inhalt der Kolli zu enthalten hat. Die Gewichtsangabe kann unterbleiben, wenn sich das Gewicht der Kolli wegen unzureichender Tragfähigkeit der auf dem Maschinenmarkte vorhandenen Waagen nicht feststellen läßt. In diesem Falle ist von dem General-Konsul eine bezügliche Bescheinigung in dem Formular abzugeben.

3. Von Anlage eines Zollverschlusses wird abgesehen, dagegen die Zollfreiheit der Güter davon abhängig gemacht, daß die Kolli mit von dem Kaiserlichen General-Konsul zu liefernden Zetteln versehen werden, auf welchen der Name des Empfängers des zurückgehenden Ausstellungsguts, der Bestimmungsort und die Ordnungsnummer angegeben ist. Das Anbringen von solchen Zetteln an die einzelnen Kolli kann jedoch unterbleiben, wenn letztere in den Ausstellungsräumen in Eisenbahnwagen verladen und diese österreichischerseits mit Plomben zollamtlich verschlossen werden. In solchen Fällen sind zum Ausweise für die Einfuhr nach dem deutschen Zollgebiete die Schiebethüren der Eisenbahnwagen mit je einem der fraglichen Zettel zu versehen.

4. Sendungen dieser Art können auf Grund des Rücksendungsnachweises an der Grenze zollfrei in den freien Verkehr gesetzt werden; wird die Abfertigung bei dem Amte des Bestimmungsorts beantragt, oder ergeben sich bei der Abfertigung an der Grenze Anstände, so sind die Güter unter Zollkontrole mit dem Rücksendungsnachweise dem zuständigen Amte zu überweisen, welchem die Schlußabfertigung obliegt.

5. Soweit der nach Ziffer 2 ertheilte Rücksendungsnachweis Menge und Gattung der Güter nicht so genau bezeichnet, daß hiernach die Einreihung der Waaren unter eine statistische Nummer erfolgen kann, auch der Grenzeingangsdeklarant nicht zur sofortigen Ergänzung der erforderlichen Daten im Stande ist, kann die Ablassung der Güter in den freien Verkehr dennoch gemäß Ziffer 4 erfolgen. Die Ergänzung der statistischen Angaben erfolgt nach den Vorschriften im §. 1 Abf. 6 der Ausführungsbestimmungen zum Gesetze, betreffend die Statistik des Waarenverkehrs.

Berlin, den 10. Mai 1899.

Der Reichskanzler.

Im Auftrage: v. Koerner.

Zufolge des Beschlusses des Bundesraths vom 5. März 1896 ist in Stettin auf den der Stadtgemeinde gehörigen früheren Möllnwiesen ein Freibezirk errichtet und am 27. Oktober 1898 zollamtlich eröffnet worden. Die Eröffnung des bei Neufahrwasser errichteten Freibezirks (vergl. Central-Blatt 1896 S. 380) ist am 5. April d. J. erfolgt.

4. Marine und Schiffahrt.

Der erste Nachtrag zur Amtlichen Liste der Schiffe der deutschen Kriegs- und Handelsmarine mit ihren Unterscheidungs-Signalen für 1899 ist erschienen.

---

5. Polizei-Wesen.

Ausweisung von Ausländern aus dem Reichsgebiete.

Laufende Nr.	Name und Stand der Ausgewiesenen.	Alter und Heimath	Grund der Bestrafung.	Behörde, welche die Ausweisung beschlossen hat.	Datum des Ausweisungsbeschlusses.
1.	2.	3.	4.	5.	6.
	Auf Grund des §. 362 des Strafgesetzbuchs.				
1.	Karl Ballmer, Gypler,	geboren am 30. Juli 1876 zu Lausen, Kanton Basel-Landschaft, Schweiz,	Landstreichen und Betteln,	Kaiserlicher Bezirks-Präsident zu Colmar,	6. Mai d. J.
2.	Franz Klauber, Schmied,	geboren am 15. Februar 1864 zu Eitzpeschütz, Bezirk Kromau, Mähren,	Unterschlagung und Betteln,	Großherzoglich badischer Landeskommissär zu Karlsruhe,	17. April d. J.
3.	Vincenz Kofeß, Schmiedegeselle,	geboren am 5. April 1879 zu Zwischenwässern, Bezirk St. Veit, Krain,	Betteln,	Königlich preußischer Regierungs-Präsident zu Elabe,	5. Mai d. J.
4.	Franz Maresch, auch Mares, Schneider,	geboren am 23. April 1858 zu Pardubitz, Böhmen, ortsangehörig ebendaselbst,	Urkundenfälschung, Beilegung eines falschen Namens, Vergehen gegen die persönliche Freiheit, Landstreichen und Betteln,	Königlich preußischer Regierungs-Präsident zu Oppeln,	16. März d. J.
5.	Johann Schifferer, Tagelöhner,	geboren am 11. Juni 1869 zu Leutasch, Bezirk Innsbruck, Tirol, ortsangehörig ebendaselbst,	Nichtbefolgung polizeilicher Aufforderung zur Beschaffung eines Unterkommens,	Königlich bayerische Polizei-Direktion München,	19. April d. J.
6.	Jakob Büß, Schneider,	geboren am 29. September 1868 zu Lupfig, Kanton Aargau, Schweiz, ortsangehörig ebendaselbst,	Betteln und Bedrohung mit der Begehung eines Verbrechens,	Großherzoglich badischer Landeskommissär zu Freiburg,	5. Mai d. J.

Central-Blatt
für das
Deutsche Reich.
Herausgegeben im
Reichsamte des Innern.

Zu beziehen durch alle Postanstalten und Buchhandlungen.

XXVII. Jahrgang. | Berlin, Freitag, den 26. Mai 1890. | № 21.

Inhalt: 1. Konsulat-Wesen: Ernennungen; — Bestellung eines Konsular-Agenten . . . . Seite 159
2. Handels- und Gewerbe-Wesen: Bekanntmachung, betreffend die für die Pflanzen-Einfuhr geöffneten ausländischen Zollstellen 160
3. Polizei-Wesen: Ausweisung von Ausländern aus dem Reichsgebiete 160

1. Konsulat-Wesen.

Seine Majestät der Kaiser haben im Namen des Reichs den Rechtsanwalt Harwood de Courcy Woodwark zum Vize-Konsul in Lynn (England) zu ernennen geruht.

Seine Majestät der Kaiser haben im Namen des Reichs den Kaufmann A. Friederichs zum Vize-Konsul in Penang zu ernennen geruht.

Von dem Kaiserlichen Konsul in Livorno ist der Kaufmann G. L. Tillmanns zum Konsular-Agenten in Carrara bestellt worden.

---

2. Handels- und Gewerbe-Wesen.

Bekanntmachung,
betreffend die für die Pflanzen-Einfuhr geöffneten ausländischen Zollstellen. Vom 18. Mai 1899.

Das unter dem 27. April v. J. veröffentlichte Gesammtverzeichniß derjenigen ausländischen Zollstellen, über welche die Einfuhr der zur Kategorie der Rebe nicht gehörigen Pflänzlinge, Sträucher und sonstigen Vegetabilien aus dem Reichsgebiete nach den bei der internationalen Reblauskonvention betheiligten Staaten erfolgen darf, (Central-Blatt S. 210) wird unter 5. Niederlande dahin abgeändert, daß das Zollamt in Philippine, Provinz Zeeland, für die Einfuhr auf dem Landwege hinzutritt.

Berlin, den 18. Mai 1899.

Der Reichskanzler.
Im Auftrage: Hopf.

3. Polizei-Wesen.

Ausweisung von Ausländern aus dem Reichsgebiete.

Laufende Nr.	Name und Stand der Ausgewiesenen.	Alter und Heimath	Grund der Bestrafung.	Behörde, welche die Ausweisung beschlossen hat.	Datum des Ausweisungsbeschlusses.
1.	2.	3.	4.	5.	6.

Auf Grund des §. 362 des Strafgesetzbuchs.

1.	Joseph Gürtler, Arbeiter,	geboren am 17. März 1860 zu Zettlen, Böhmisch-Leipa, Böhmen, ortsangehörig ebendaselbst,	Betteln,	Königlich preußischer Regierungs-Präsident zu Magdeburg.	16. April b. J.
2.	Alexander Jastrzinski, Schmied,	geboren am 15. März 1870 zu Lipa, (Gouvernement Kinel, Rußland, ortsangehörig ebendaselbst.	desgleichen,	Königlich preußischer Regierungs-Präsident zu Hildesheim,	9. Mai b. J.
3.	Heinrich Rout, Schuhmachergehülfe,	geboren am 7. Juni 1859 zu Miletin, Bezirk Königgrätz, österreichischer Staatsangehöriger,	desgleichen,	Königlich preußischer Regierungs-Präsident zu Breslau.	10. Mai b. J.
4.	Emanuel Krepella, Blumentischmacher,	geboren am 15. Juli 1872 zu Teutsch-Brüß, Bezirk Pilsen, Böhmen, ortsangehörig zu Stein-Chota, Bezirk Ledetsch, Böhmen.	Diebstahl, falsche Namensangabe, Landstreichen und Führung falscher Legitimationspapiere,	Stadtmagistrat Nürnberg, Bayern.	29. März b. J.
5.	Paul Lanz, Arbeiter,	geboren am 8. Januar 1864 zu Stoischau, Bezirk Pleß, Oesterreichisch-Schlesien, ortsangehörig ebendaselbst.	Betteln,	Königlich preußischer Regierungs-Präsident zu Oppeln.	15. Mai b. J.
6.	Josephine Madsen, Zirkusreiterin,	geboren am 21. August 1879 zu Hoilbæk (Kopenhagen), Dänemark,	Nichtbeschaffung eines Unterkommens.	Königlich preußischer Regierungs-Präsident zu Stettin.	13. Mai b. J.
7.	Joseph Visar, Tischler,	geboren im Jahre 1855 zu Lucina, Bezirk Hohenmauth, Böhmen, österreichischer Staatsangehöriger,	Landstreichen,	Königlich bayerisches Bezirksamt Vilshofen.	8. Mai b. J.
8.	Emil Joseph Sibille, Fabrikarbeiter,	angeblich geboren am 15. Februar 1864 zu Bouzey, Departement Vosges, Frankreich, französischer Staatsangehöriger.	desgleichen,	Kaiserlicher Bezirks-Präsident zu Straßburg.	16. Mai b. J.
9.	Clementine Sibille, geb. Thyriel, Ehefrau des vorigen,	angeblich geboren am 26. Juni 1861 zu Dommartin-au-bois, Departement Vosges, Frankreich, französische Staatsangehörige,	desgleichen,	derselbe,	desgleichen.

Berlin, Carl Heymanns Verlag. — Gedruckt bei Julius Sittenfeld in Berlin.

Central-Blatt für das Deutsche Reich.

Herausgegeben im Reichsamte des Innern.

Zu beziehen durch alle Postanstalten und Buchhandlungen.

XXVII. Jahrgang. Berlin, Freitag, den 2. Juni 1899. № 22.

Inhalt: 1. Konsulat-Wesen: Ernennung; Ermächtigung zur Vornahme von Civilstands-Akten; Exequatur Ertheilung . . . . . . Seite 161
2. Finanz-Wesen: Nachweisung der Einnahmen des Reichs für das Rechnungsjahr 1898 . . . 162
3. Marine und Schifffahrt: Erscheinen eines weiteren Heftes der Entscheidungen des Ober-Seeamts und der Seeämter 163
4. Polizei-Wesen: Ausweisung von Ausländern aus dem Reichsgebiete 163

1. Konsulat-Wesen.

Seine Majestät der Kaiser haben im Namen des Reichs den Kaufmann Emil Zollinger zum Konsul in Aleppo zu ernennen geruht.

Seine Majestät der Kaiser haben im Namen des Reichs den Rentner Carl Maria Franz Franken zum Vize-Konsul in Lugano zu ernennen geruht.

Seine Majestät der Kaiser haben im Namen des Reichs den Kaufmann Louis Hölzer zum Vize-Konsul in Amasia (Türkei) zu ernennen geruht.

Dem Verweser des Kaiserlichen Vize-Konsulats in Swatau, Dolmetschereleven von Barchwitz ist auf Grund des §. 1 des Gesetzes vom 4. Mai 1870 in Verbindung mit §. 85 des Gesetzes vom 6. Februar 1875 für den Amtsbezirk des Vize-Konsulats und für die Dauer seiner dortigen Geschäftsführung die Ermächtigung ertheilt worden, bürgerlich gültige Eheschließungen von Reichsangehörigen und Schutzgenossen, mit Einschluß der unter deutschem Schutze lebenden Schweizer, vorzunehmen und die Geburten, Heirathen und Sterbefälle von solchen zu beurkunden.

Dem zum Königlich dänischen Konsul in Breslau ernannten Kaufmann Eugen Zietursch ist Namens des Reichs das Exequatur ertheilt worden.

2. Finanz-Wesen.

Nachweisung der zur Anschreibung gelangten Einnahmen (einschließlich der kreditirten Beträge) an Zöllen und gemeinschaftlichen Verbrauchssteuern sowie anderer Einnahmen im Deutschen Reiche für das Rechnungsjahr 1898.

Bezeichnung der Einnahmen.	Die Soll-Einnahme beträgt für das Rechnungsjahr 1898	Ausfuhr-Vergütungen ꝛc.	Bleiben	Einnahme in demselben Zeitraum des Vorjahres (Spalte 4)	Differenz zwischen den Spalten 4 und 5. + mehr − weniger
	ℳ	ℳ	ℳ	ℳ	ℳ
1.	2.	3.	4.	5.	6.
Zölle	520 593 052	15 154 012	505 439 040	472 015 600	+ 33 423 440
Tabacksteuer	12 829 736	149 595	12 680 141	12 830 918	− 150 777
Zuckersteuer und Zuschlag zu derselben	142 673 863	34 795 752	107 878 111	96 084 012	+ 11 794 099
Salzsteuer	48 348 566	24 186	48 324 380	47 979 120	+ 345 260
Maischbottich- und Branntwein-Materialsteuer	36 601 001	11 104 134	25 496 867	23 396 673	+ 2 100 194
Verbrauchsabgabe von Branntwein und Zuschlag zu derselben	122 113 668	396 863	121 716 805	121 993 730	− 276 925
Brennsteuer	3 842 562	2 926 876	916 186	1 158 687	− 242 501
Brausteuer	31 545 344	98 339	31 447 005	31 039 843	+ 407 162
Uebergangsabgabe von Bier	3 980 712	—	3 980 712	3 906 274	+ 74 438
Summe	922 528 504	64 649 257	857 879 247	810 404 857	+ 47 474 390
Stempelsteuer für					
a) Werthpapiere	18 480 254	—	18 480 254	14 968 744	+ 3 511 510
b) Kauf- u. sonstige Anschaffungsgeschäfte	13 597 253	52 181	13 545 072	13 728 803	− 183 731
c) Loose zu:					
Privatlotterien	3 555 954	—	3 555 954	2 803 940	+ 752 014
Staatslotterien	17 702 370	—	17 702 370	16 371 026	+ 1 331 344
Spielkartenstempel			1 534 697	1 534 195	+ 502
Wechselstempelsteuer			10 989 430	9 947 029	+ 1 042 401

Anmerkung. Die zur Reichskasse gelangte Ist-Einnahme abzüglich der Ausfuhrvergütungen und Verwaltungskosten beträgt bei den nachbezeichneten Einnahmen:

Bezeichnung der Einnahmen.	Ist-Einnahme im Rechnungsjahr		Mithin 1898 + mehr − weniger
	1898	1897/98	
	ℳ	ℳ	ℳ
1.	2.	3.	4.
Zölle	475 770 992	440 968 152	+ 34 802 840
Tabacksteuer	12 449 346	12 121 277	+ 328 069
Zuckersteuer und Zuschlag zu derselben	96 675 872	84 255 440	+ 12 420 432
Salzsteuer	47 915 317	47 968 688	− 53 371
Maischbottich- und Branntwein-Materialsteuer	19 793 739	18 301 217	+ 1 492 512
Verbrauchsabgabe von Branntwein und Zuschlag zu derselben	99 612 443	100 380 780	− 768 337
Brennsteuer	638 723	670 145	− 31 422
Brausteuer und Uebergangsabgabe von Bier	30 122 803	29 697 226	+ 425 577
Summe	782 979 225	733 662 925	+ 48 616 300
Spielkartenstempel	1 490 088	1 446 518	+ 43 570

3. Marine und Schiffahrt.

Das fünfte Heft des XII. Bandes der im Reichsamte des Innern herausgegebenen „Entscheidungen des Ober-Seeamts und der Seeämter des Deutschen Reichs" ist im Verlage von L. Friederichsen & Co. in Hamburg erschienen und zum Preise von 2,10 Mark zu beziehen.

4. Polizei-Wesen.

Ausweisung von Ausländern aus dem Reichsgebiete.

Laufende Nr.	Name und Stand der Ausgewiesenen.	Alter und Heimath	Grund der Bestrafung.	Behörde, welche die Ausweisung beschlossen hat.	Datum des Ausweisungs-beschlusses.
1.	2.	3.	4.	5.	6.
		a) Auf Grund des §. 39 des Strafgesetzbuchs.			
1.	Agnes Ludwig, geb. Salomo, Arbeiterfrau,	geboren am 14. Februar 1860 zu Jauernig, Bezirk Freiwaldau, Oesterreichisch-Schlesien,	Diebstahl im Rückfalle (2 Jahre Zuchthaus, laut Erkenntniß vom 2. Juni 1897),	Königlich preußischer Regierungs-Präsident zu Liegnitz.	6. Mai d. J.
		b) Auf Grund des §. 362 des Strafgesetzbuchs.			
2.	Jean Baptiste Garde, Friseur,	geboren am 9. August 1877 zu Créteil, Departement Seine, Frankreich, französischer Staatsangehöriger,	Landstreichen, verdächtig schweren Diebstahl, Widerstandsleistung und Sachbeschädigung.	Königlich preußischer Regierungs-Präsident zu Cöln.	9. Februar d. J.
3.	Albin Philibert Dumont, Sprachlehrer, auch Iwan Michaelowitsch Tschigorin sich nennend,	geboren am 24. Mai 1868 zu Fleurus, Provinz Hennegau, Belgien, belgischer Staatsangehöriger,	Führung falscher Legitimationspapiere und Landstreichen,	Stadtmagistrat Augsburg, Bayern.	17. Januar d. J.
4.	Karl Kaelin, auch Kölin, Arbeiter,	geboren am 5. September 1864 zu Mülhausen, Elsaß, schweizerischer Staatsangehöriger,	Unterschlagung und Landstreichen,	Kaiserlicher Bezirks-Präsident zu Colmar.	24. Februar d. J.
5.	Karl Kerschbaum, Müller,	geboren am 18. September 1857 zu Stubenbach, Bezirk Schüttenhofen, Böhmen, ortsangehörig ebendaselbst,	Landstreichen und Führung falscher Legitimationspapiere,	Königlich bayerisches Bezirksamt Vilsbiburg.	8. Mai d. J.
6.	Johann Nowotny, Schieferdecker,	geboren am 2. Juli 1858 zu Brünn, Mähren, ortsangehörig zu Kraburub, ebenda,	Betteln,	Königlich preußischer Regierungs-Präsident zu Breslau.	24. Mai d. J.
7.	Franz Ulrich, Arbeiter,	geboren im Januar 1845 zu Techlovic, Bezirk Königgrätz, Böhmen, ortsangehörig ebendaselbst.	wiederholte schwere Urkundenfälschung, vollendeter bezw. versuchter Betrug, Landstreichen und Betteln.	derselbe.	19. Mai d. J.

Berlin, Carl Heymanns Verlag. — Gedruckt bei Julius Sittenfeld in Berlin.

Central-Blatt
für das
Deutsche Reich.
Herausgegeben
im
Reichsamte des Innern.

Zu beziehen durch alle Postanstalten und Buchhandlungen.

| XXVII. Jahrgang. | Berlin, Dienstag, den 6. Juni 1899. | № 23. |

Inhalt: Militär-Wesen: Aenderungen der Deutschen Wehrordnung . . . . Seite 165

Militär-Wesen.

Auf Ihren Bericht vom 10. Mai d. J. will Ich die anliegenden Aenderungen der Deutschen Wehrordnung hierdurch genehmigen.

Neues Palais, den 22. Mai 1899.

Wilhelm.
Graf v. Posadowsky.

An den Reichskanzler.

Aenderungen der Deutschen Wehrordnung.*)

Die Wehrordnung wird geändert wie folgt:

§. 1.

Im ersten Absatz der Ziffer 1 wird für „19": „22" gesetzt.

Hinter dem dritten Absatz der Ziffer 1 wird für „R. M. G. §. 5.": „G. v. 25. 3. 99. Art. I §. 5." gesetzt.

§. 2.

Ziffer 2r und Ziffer 3r lauten:

„r) für Schaumburg-Lippe das Fürstlich schaumburg-lippische Ministerium zu Bückeburg."

---
*) Central-Blatt für 1889 S. 1, für 1893 S. 318.

Der fünfte Absatz der Ziffer 3 lautet:

„Im Königreiche Sachsen werden die Ersatzbehörden dritter Instanz innerhalb der Armeekorps durch den kommandirenden General und den Vorstand der in Betracht kommenden Kreishauptmannschaft — Kreishauptmann —, im Königreiche Württemberg durch den Ober-Rekrutirungsrath gebildet."

Im vierten Absatz der Ziffer 4 werden die Worte „Landwehrbezirke I und II Berlin und Teltow" durch die Worte „Landwehrbezirke I bis IV Berlin" ersetzt.

In der Anmerkung***) zu Ziffer 4 fallen die Worte „Sachsen durch die Ober-Rekrutirungsbehörde, in" fort.

§. 12.

Der zweite Absatz der Ziffer 2 lautet:

„Mannschaften der Fußtruppen, der fahrenden Feldartillerie und des Trains, welche freiwillig, und Mannschaften der Kavallerie und reitenden Artillerie, welche gemäß ihrer Dienstverpflichtung im stehenden Heere drei Jahre aktiv gedient haben, dienen in der Landwehr ersten Aufgebots nur drei Jahre.*) G. (F. V.) v. 25. 3. 99. Art. II §. 3."

An den Schluß der Seite tritt folgende Anmerkung:

„*) Diese Bestimmung gilt für Mannschaften der Fußtruppen, der fahrenden Feldartillerie und des Trains nur insoweit, als sie nach dem 31. März 1899 zur Entlassung gekommen sind."

§. 33.

Im zweiten Absatz der Ziffer 10 wird am Schlusse hinzugefügt:

„In gleicher Weise sind für die Zurückstellung der in den deutschen Schutzgebieten lebenden deutschen Militärpflichtigen die Kaiserlichen Gouvernements und Landeshauptmannschaften zuständig."

§. 42.

Der zweite Absatz der Ziffer 2 lautet:

„Auch sind die aktiven Aerzte der Marine, die Sanitätsoffiziere der Kaiserlichen Schutztruppen und die Regierungsärzte der deutschen Schutzgebiete befugt, dergleichen Zeugnisse auszustellen."

In Ziffer 3 tritt als vierter Absatz hinzu:

„In den deutschen Schutzgebieten treten die Gouverneure, Landeshauptleute und Bezirksamtmänner an die Stelle des Konsuls, die von ihnen beauftragten Beamten an die Stelle des Konsularbeamten."

§. 44.

In der Anmerkung*) zu Ziffer 8 fallen die Worte „Sachsen die Ober-Rekrutirungsbehörde, in" fort.

§. 54.

Die Anmerkung†) zu Ziffer 1 lautet:

„†) In Württemberg erfolgt die Korps-Ersatzvertheilung durch den Ober-Rekrutirungsrath."

§. 66.

In Ziffer 14 wird für „Eisenbahn- und Luftschiffertruppen": „Verkehrstruppen — Eisenbahn-, Telegraphen- und Luftschiffertruppen —" gesetzt.

§. 73.

Im zweiten Absatz der Ziffer 5 wird für „Eisenbahn- und Luftschiffertruppen": „Verkehrstruppen (Eisenbahn-, Telegraphen- und Luftschiffertruppen)" gesetzt.

§. 83.

Die Anmerkung*) zu Ziffer 4 lautet:

„*) In Württemberg entscheidet der Ober-Rekrutirungsrath."

§. 89.
Ziffer 4b lautet:

„b) die Einwilligung des gesetzlichen Vertreters mit der Erklärung*), daß für die Dauer des einjährigen Dienstes die Kosten des Unterhalts, mit Einschluß der Kosten der Ausrüstung, Bekleidung und Wohnung, von dem Bewerber getragen werden sollen; statt dieser Erklärung genügt die Erklärung des gesetzlichen Vertreters oder eines Dritten, daß er sich dem Bewerber gegenüber zur Tragung der bezeichneten Kosten verpflichte und daß, soweit die Kosten von der Militärverwaltung bestritten werden, er sich dieser gegenüber für die Ersatzpflicht des Bewerbers als Selbstschuldner verbürge.

Die Unterschrift des gesetzlichen Vertreters und des Dritten sowie die Fähigkeit des Bewerbers, des gesetzlichen Vertreters oder des Dritten zur Bestreitung der Kosten ist obrigkeitlich zu bescheinigen. Uebernimmt der gesetzliche Vertreter oder der Dritte die in dem vorstehenden Absatze bezeichneten Verbindlichkeiten, so bedarf seine Erklärung, sofern er nicht schon kraft Gesetzes zur Gewährung des Unterhalts verpflichtet ist, der gerichtlichen oder notariellen Beurkundung."

Die Anmerkung*) zu Ziffer 4b lautet:

„*) Bei Freiwilligen der seemännischen Bevölkerung genügt die Einwilligung des gesetzlichen Vertreters (§. 15,4)."

§. 92.
Die Anmerkung**) zu Ziffer 3 fällt fort.

In der Anmerkung***) zu Ziffer 3 fallen die Worte „Sachsen durch die Ober-Rekrutirungs-behörde, in" fort.

§. 94.
Im ersten Absatz der Ziffer 1 fallen die Worte „ausschließlich des Trains" und „bei dem Train am 1. November," fort.

Die Anmerkungen**) zu Ziffer 1 und zu Ziffer 12 fallen fort.

Die Anmerkung*) zu Ziffer 9 lautet:

„*) In Württemberg entscheidet hierüber der Ober-Rekrutirungsrath."

§. 95.
Die Anmerkung*) zu Ziffer 6 fällt fort.

§§. 97, 104, 105.
Die Anmerkung**) zu Ziffer 7 des §. 97 sowie die Anmerkungen*) zu Ziffer 2 des §. 104 und zu Ziffer 6 des §. 105 fallen fort.

§§. 100, 111.
In Ziffer 3b des §. 100 und im ersten Absatz der Ziffer 4 des §. 111 wird am Schlusse hinzugefügt:

„Den Konsulatsbescheinigungen stehen Bescheinigungen der Gouvernements, Landeshauptmannschaften und Bezirksämter in den deutschen Schutzgebieten gleich."

§. 106.
In Ziffer 7 wird hinter „Konsuln", eingeschoben:

„die Gouvernements, Landeshauptmannschaften und Bezirksämter in den deutschen Schutzgebieten,"

§. 111.
Im ersten Satze der Ziffer 14 werden hinter „Anmusterung" die Worte „und Abmusterung" eingeschoben.

§. 121.
Ziffer 2b lautet:

„b) der Marine stehen zur Verfügung:
1. alle Unteroffiziere, welche in der Marine gedient haben bezw. aus der Seewehr zum Landsturm übergetreten sind;

ferner, und zwar nur aus den Bezirken des I., II., IX., X. und XVII. Armeekorps:
2. alle übrigen Landsturmpflichtigen, welche der Seewehr angehört haben,
3. diejenigen Maschinisten, Maschinistengehülfen und Heizer von See- und Flußdampfern, welche aus dem Beurlaubtenstande des Heeres zum Landsturm übergetreten sind."

§. 126.

In der Anmerkung ††) zu Ziffer 1 fallen die Worte „Sachsen und" fort.

§. 127.

In Ziffer 2 tritt am Schlusse hinzu:
„Das Ergebniß ist vom Chef des Generalstabs der Armee der Inspektion der Verkehrstruppen mitzutheilen."

In Ziffer 3 werden der dritte und vierte Absatz durch folgende Bestimmungen ersetzt:
„Offiziere und Offizierstellvertreter können unter namentlicher Bezeichnung von dem Chef des Generalstabs der Armee oder dem Inspekteur der Verkehrstruppen für die von ihnen aufzustellenden Formationen beansprucht werden.

Den Bahnverwaltungen bleibt es anheimgestellt, Anträge auf Belassung einzelner schwer zu ersetzender Beamten bei der anfordernden Stelle vorzulegen.

Ueber den Abgang eines zu Feldeisenbahnformationen bestimmten Offiziers hat das heimathliche Generalkommando desselben Mittheilung an den Chef des Generalstabs der Armee oder zutreffendenfalls an den Inspekteur der Verkehrstruppen zu machen, welche den Ersatz bestimmen."

Im ersten Absatz der Ziffer 4 wird für „Chef des Generalstabs der Armee" gesetzt: „Inspekteur der Verkehrstruppen."

Im zweiten Absatz der Ziffer 4 wird am Schlusse hinzugefügt:
„Treten Aenderungen hinsichtlich der bestimmten Mannschaften ein, so haben die Generalkommandos im Benehmen mit den Bahnverwaltungen Ersatz sicher zu stellen. Mittheilung über solche Neubestimmungen erfolgt durch Vermittelung der Generalkommandos an die Inspektion der Verkehrstruppen."

§. 128.

In Ziffer 3b tritt am Schlusse hinzu:
„Das Ergebniß ist von Ersterem der Inspektion der Verkehrstruppen mitzutheilen."

Muster 4.

In der Anmerkung wird zwischen „bei den Pionieren: braun" und „bei dem Train: hellblau" eingefügt:
„bei den Telegraphentruppen: braun mit blauer Einfassung."

Muster 13.

In der Spalte „Garde" wird hinter „Eisenbahntruppen" und in der Spalte „Provinzialwaffen" hinter „Pioniere" je eine Längsspalte: „Telegraphentruppen" eingefügt.

In der Klammer der Spalte „Bemerkungen" wird für „Eisenbahn- und Luftschiffertruppe": „Verkehrstruppen — Eisenbahn-, Telegraphen- und Luftschiffertruppen" — gesetzt.

Muster 21.

In Spalte 8 wird für „des Chefs des Generalstabs der Armee": „der Inspektion der Verkehrstruppen" gesetzt.

Anlage 1.

Landwehr-Bezirkseintheilung für das Deutsche Reich.

In der Spalte „Bundesstaat" der Ueberschrift werden die Worte „und Bayern" durch die Worte „Bayern und Sachsen" ersetzt.

Die Landwehr-Bezirkseintheilungen werden beim I., IV., XI., XII. (1. Königlich sächsischen) und XIV. Armeekorps, wie folgt, geändert; hinter der Landwehr-Bezirkseintheilung des XVII. Armeekorps werden diejenigen des XVIII. und XIX. (2. Königlich sächsischen) Armeekorps eingeschoben:

Armeekorps	Infanterie-brigade	Landwehrbezirke	Verwaltungs-(bezw. Aushebungs-)bezirke	Bundesstaat (im Königreiche Preußen, Bayern und Sachsen auch Provinz, bezw. Regierungsbezirk).
				Königreich Preußen.
		Wehlau	Kreis Labiau • Wehlau • Niederung	R.-B. Königsberg.
	1.	Tilsit	Kreis Heydekrug Stadt Tilsit Landkreis Tilsit	R.-B. Gumbinnen.
			Kreis Memel	R.-B. Königsberg.
	2.	Insterburg	Kreis Ragnit • Insterburg • Darkehmen	R.-B. Gumbinnen.
		Gumbinnen	Kreis Stallupönen • Gumbinnen • Pillkallen	
I.		Bartenstein	Kreis Pr. Eylau • Friedland O.-Pr. • Heilsberg	R.-B. Königsberg.
	3.	Lötzen	Kreis Sensburg • Johannisburg • Lyck • Lötzen	R.-B. Gumbinnen.
		Königsberg	Kreis Fischhausen Stadt Königsberg Landkreis Königsberg	
	4.	Braunsberg	Kreis Braunsberg • Heiligenbeil • Pr. Holland • Mohrungen	R.-B. Königsberg.
	73.	Goldap	Kreis Angerburg • Goldap • Oletzko	R.-B. Gumbinnen.
		Rastenburg	Kreis Rastenburg • Rössel • Gerdauen	R.-B. Königsberg.
	75.	Allenstein	Kreis Allenstein • Ortelsburg	

Armeekorps	Infanterie-brigade	Landwehrbezirke	Verwaltungs- (bezw. Aushebungs-) bezirke	Bundesstaat (im Königreich Preußen, Bayern und Sachsen auch Provinz, bezw. Regierungsbezirk).
IV.	13. (1. Bezirk*) (2. Bezirk*)	Burg	Kreis Jerichow I - Jerichow II	Königreich Preußen.
		Magdeburg	Stadt Magdeburg Kreis Wanzleben	
		Neuhaldensleben	Kreis Gardelegen - Neuhaldensleben - Wolmirstedt	R.-B. Magdeburg.
		Stendal	Kreis Stendal - Osterburg - Salzwedel	
	14.	Halberstadt	Stadt Halberstadt Landkreis Halberstadt Kreis Oschersleben - Wernigerode	
		Aschersleben	Kreis Calbe - Aschersleben	
		Sangerhausen	Mansfelder Gebirgskreis Kreis Sangerhausen	R.-B. Merseburg.
	15.	Dessau	Kreis Dessau - Zerbst	
		Bernburg	Kreis Cöthen - Bernburg - Ballenstedt	Herzogthum Anhalt.
		Halle a. S.	Saalkreis Stadt Halle a. S. Mansfelder Seekreis	Königreich Preußen.
	16. (1. Bezirk**) (2. Bezirk**)	Bitterfeld	Kreis Delitzsch - Bitterfeld - Wittenberg	R.-B. Merseburg.
		Torgau	Kreis Torgau - Schweinitz - Liebenwerda	
		Altenburg	Ostkreis (Altenburg) Westkreis (Roda)	Herzogthum Sachsen-Altenburg.
		Naumburg a. S.	Kreis Naumburg - Querfurt - Eckartsberga	Königreich Preußen.
		Weißenfels	Kreis Merseburg Stadt Weißenfels Landkreis Weißenfels Kreis Zeitz	R.-B. Merseburg.
XI.	43.	Arolsen	Fürstenthum Waldeck und Pyrmont Kreis Wolfhagen - Frankenberg	Fürstenthum Waldeck und Pyrmont. Königreich Preußen.
		I. Cassel	Stadt Cassel Landkreis Cassel Kreis Witzenhausen - Hofgeismar	R.-B. Cassel.

*) Der 1. Bezirk ist dem Kommandeur der 13. Infanteriebrigade, der 2. Bezirk dem Kommandeur der 7. Kavalleriebrigade im Frieden unterstellt.
**) Der 1. Bezirk ist dem Kommandeur der 16. Infanteriebrigade, der 2. Bezirk dem Kommandeur der 8. Kavalleriebrigade im Frieden unterstellt.

Armeekorps	Infanterie-brigade	Landwehrbezirke	Verwaltungs- (bezw. Aushebungs-) bezirke	Bundesstaat (im Königreiche Preußen, Bayern und Sachsen auch Provinz, bezw. Regierungsbezirk).
XI.	44 { 1. Bezirk*) 2. Bezirk*)	48. Marburg	Kreis Biedenkopf • Marburg • Kirchhain • Ziegenhain	Königreich Preußen. R.-B. Wiesbaden. R.-B. Cassel.
		Meiningen	Kreis Meiningen • Hildburghausen • Sonneberg • Saalfeld	Herzogthum Sachsen-Meiningen.
		Mühlhausen i. Th.	Stadt Mühlhausen Landkreis Mühlhausen Kreis Worbis • Heiligenstadt • Langensalza	Königreich Preußen. R.-B. Erfurt.
		II. Cassel	Kreis Melsungen • Eschwege • Fritzlar • Homberg	
		Hersfeld	Kreis Rotenburg a. F. • Schmalkalden • Hünfeld • Hersfeld	R.-B. Cassel.
		Erfurt	Stadt Erfurt Landkreis Erfurt Kreis Schleusingen	R.-B. Erfurt.
			Oberherrschaft Arnstadt	Fürstenthum Schwarzburg-Sondershausen.
		76. Sondershausen	Kreis Ziegenrück Stadt Nordhausen Kreis Grafschaft Hohenstein • Weißensee	Königreich Preußen. R.-B. Erfurt.
			Unterherrschaft Sondershausen	Fürstenthum Schwarzburg-Sondershausen.
		Gotha	Kreis Gotha • Coburg • Ohrdruf • Waltershausen	Herzogthum Sachsen-Coburg und Gotha.
		Weimar	I. Verwaltungsbezirk (Weimar) II. Verwaltungsbezirk (Apolda) V. Verwaltungsbezirk (Neustadt a. O.)	
		88. Eisenach	III. Verwaltungsbezirk (Eisenach) IV. Verwaltungsbezirk (Dermbach)	Großherzogthum Sachsen.
		Gera	Unterländischer Bezirk (Gera) Oberländischer Bezirk (Schleiz)	Fürstenthum Reuß jüngerer Linie.
			Fürstenthum Reuß älterer Linie	Fürstenthum Reuß älterer Linie.

*) Der 1. Bezirk ist dem Kommandeur der 44. Infanteriebrigade, der 2. Bezirk dem Kommandeur der 22. Kavalleriebrigade im Frieden unterstellt.

— 172 —

Armeekorps	Infanterie-brigade	Landwehrbezirke	Verwaltungs- (bezw. Aushebungs-) bezirke	Bundesstaat (im Königreiche Preußen, Bayern und Sachsen auch Provinz, bezw. Regierungsbezirk).
XI.	83.	Gera	Landrathsamtsbezirk Rudolstadt Landrathsamtsbezirk Königsee Landrathsamtsbezirk Frankenhausen	Fürstenthum Schwarzburg-Rudolstadt.
XII. (1. Königlich sächsisches.)	45. (1. Königlich sächsische)	Dresden-Altstadt	der links der Elbe gelegene Theil der Stadt Dresden (Altstadt) Amtshauptmannschaft Dresden-Altstadt der links der Elbe gelegene Theil der Amtshauptmannschaft Dresden-Neustadt	Königreich Sachsen. R.-B. Dresden.
		Dresden-Neustadt	der rechts der Elbe gelegene Theil der Stadt Dresden (Neustadt) der rechts der Elbe gelegene Theil der Amtshauptmannschaft Dresden-Neustadt	
	46. (2. Königlich sächsische)	Zittau	Amtshauptmannschaft Zittau Löbau	R.-B. Bautzen.
		Bautzen	Amtshauptmannschaft Bautzen Kamenz	
	63. (5. Königlich sächsische)	Meißen	Amtshauptmannschaft Meißen	R.-B. Dresden.
		Großenhain	Amtshauptmannschaft Großenhain	
	64. (6. Königlich sächsische)	Pirna	Amtshauptmannschaft Pirna Dippoldiswalde	
		Freiberg	Amtshauptmannschaft Freiberg	
XIV.	55.	1. Bezirk*) Mosbach	Bezirksamt Tauberbischofsheim " Wertheim " Buchen " Adelsheim " Mosbach " Eberbach " Boxberg	Großherzogthum Baden.
		Mannheim	Bezirksamt Mannheim " Schwetzingen	
		2. Bezirk*) Bruchsal	Bezirksamt Eppingen " Wiesloch " Bretten " Bruchsal	
		Heidelberg	Bezirksamt Heidelberg " Sinsheim " Weinheim	

*) Der 1. Bezirk ist dem Kommandeur der 55. Infanteriebrigade, der 2. Bezirk dem Kommandeur der 24. Kavalleriebrigade im Frieden unterstellt.

Armeekorps	Infanterie-brigade	Landwehrbezirke	Verwaltungs- (bezw. Aushebungs-) bezirke	Bundesstaat (im Königreiche Preußen, Bayern und Sachsen auch Provinz, bezw. Regierungsbezirk).
XIV.	56.	Karlsruhe	Bezirksamt Durlach " Ettlingen " Pforzheim " Karlsruhe	Großherzogthum Baden.
		Rastatt	Bezirksamt Rastatt " Baden " Bühl " Achern	
	57.	Donaueschingen	Bezirksamt Triberg " Villingen " Donaueschingen " Neustadt " St. Blasien " Bonndorf " Waldshut	
		Stockach	Bezirksamt Engen " Stockach " Meßkirch " Ueberlingen " Pfullendorf " Konstanz	
	58.	Mülhausen i. E.	Kreis Mülhausen i. E. " Altkirch	Elsaß-Lothringen.
		Gebweiler	Kreis Gebweiler " Thann	
	82.	Colmar	Kreis Colmar " Rappoltsweiler	
		Lörrach	Bezirksamt Müllheim " Lörrach " Schönau " Schopfheim " Säckingen	
	84.	Offenburg	Bezirksamt Oberkirch " Kehl " Wolfach " Offenburg " Lahr " Ettenheim	Großherzogthum Baden.
		Freiburg	Bezirksamt Emmendingen " Waldkirch " Breisach " Freiburg " Staufen	
XVIII.	41.	Oberlahnstein (1. Bezirk*)	Unterlahnkreis Kreis St. Goarshausen Unterwesterwaldkreis	Königreich Preußen.
		Limburg a. L.	Oberlahnkreis Kreis Westerburg Oberwesterwaldkreis Kreis Limburg	R.-B. Wiesbaden.
		Wetzlar	Dillkreis Kreis Wetzlar	R.-B. Coblenz.

*) Der 1. Bezirk ist dem Kommandeur der 41. Infanteriebrigade, der 2. Bezirk dem Kommandeur der 21. Kavallerie-brigade im Frieden unterstellt.

Armeekorps	Infanterie-brigade	Landwehrbezirke	Verwaltungs- (bezw. Aushebungs-) bezirke	Bundesstaat (im Königreiche Preußen, Bayern und Sachsen auch Provinz, bezw. Regierungsbezirk).
				Königreich Preußen.
	41. (2. Bezirk*)	Meschede	Kreis Brilon • Meschede • Arnsberg • Wittgenstein	R.-B. Arnsberg.
		Siegen	Kreis Siegen • Olpe • Altena	
		Wiesbaden	Stadt Wiesbaden Kreis Höchst Landkreis Wiesbaden Rheingaukreis Untertaunuskreis	R.-B. Wiesbaden.
	42.	Frankfurt a. M.	Stadt Frankfurt a. M. Landkreis Frankfurt a. M. Obertaunuskreis Kreis Usingen Stadt Hanau Landkreis Hanau	
XVIII.		Fulda	Kreis Fulda • Gelnhausen • Schlüchtern • Gersfeld	R.-B. Cassel.
	49. (1. Groß-herzoglich hessische)	Friedberg	Kreis Friedberg • Büdingen	
Groß-herzoglich hessische (25.) Division	(2. Großherzoglich hessische)	Gießen	Kreis Gießen • Alsfeld • Lauterbach • Schotten	
	50. (1. Bezirk**)	Mainz	Kreis Mainz • Bingen	
		Worms	Kreis Worms • Oppenheim • Alzey	Großherzogthum Hessen.
	2. Bezirk**)	I. Darmstadt	Kreis Darmstadt • Offenbach	
		II. Darmstadt	Kreis Dieburg • Bensheim • Groß-Gerau	
		Erbach	Kreis Erbach • Heppenheim	

*) Der 1. Bezirk ist dem Kommandeur der 41. Infanteriebrigade, der 2. Bezirk dem Kommandeur der 21. Kavalleriebrigade im Frieden unterstellt.

**) Der 1. Bezirk ist dem Kommandeur der 50. Infanteriebrigade (2. Großherzoglich hessischen), der 2. Bezirk dem Kommandeur der 25. Kavalleriebrigade (Großherzoglich hessischen) im Frieden unterstellt.

— 175 —

Armeekorps	Infanterie-brigade	Landwehrbezirke	Verwaltungs- (bezw. Aushebungs-) bezirke	Bundesstaat (im Königreiche Preußen, Bayern und Sachsen auch Provinz, bezw. Regierungsbezirk).
XIX. (2. Königlich sächsisches)	47. (3. Königlich sächsische) 1. Bezirk*) 2. Bezirk*)	Leipzig	Stadt Leipzig Amtshauptmannschaft Leipzig	Königreich Sachsen. R.-B. Leipzig.
		Wurzen	Amtshauptmannschaft Grimma " Oschatz	
		Döbeln	Amtshauptmannschaft Döbeln	
	48. (4. Königlich sächsische)	Borna	Amtshauptmannschaft Borna " Rochlitz	
		Glauchau	Amtshauptmannschaft Glauchau	
	88. 1. Bezirk**) 2. Bezirk**) (7. Königlich sächsische)	I. Chemnitz	Stadt Chemnitz	R.-B. Zwickau.
		II. Chemnitz	Amtshauptmannschaft Chemnitz " Flöha	
		Annaberg	Amtshauptmannschaft Annaberg Amtshauptmannschaft Marienberg	
		Schneeberg	Amtshauptmannschaft Schwarzenberg Amtshauptmannschaft Auerbach	
	89. (8. Königlich sächsische)	Zwickau	Amtshauptmannschaft Zwickau	
		Plauen	Amtshauptmannschaft Plauen " Oelsnitz	

*) Der 1. Bezirk ist dem Kommandeur der 2. Kavalleriebrigade Nr. 24, der 2. Bezirk dem Kommandeur der 3. Infanteriebrigade Nr. 47 im Frieden unterstellt.
**) Der 1. Bezirk ist dem Kommandeur der 7. Infanteriebrigade Nr. 88, der 2. Bezirk vom 1. 4. bis 30. 9. 1899 dem Kommandeur der Feldartilleriebrigade Nr. 12, vom 1. 10. 1899 ab dem Kommandeur der Feldartilleriebrigade Nr. 40 im Frieden unterstellt. Die Feldartilleriebrigaden unterstehen in allen die Bezirkskommandos betreffenden Angelegenheiten der 4. Division Nr. 40.

Zu Anlage 1.

Das alphabetische Verzeichniß lautet:

Landwehrbezirke	Armeekorps	Infanteriebrigade	Bemerkungen	Landwehrbezirke	Armeekorps	Infanteriebrigade	Bemerkungen
Aachen	VIII.	29.		I. Cassel	XI.	43.	
Ahrensstein	I.	75.		II. Cassel	XI.	44. (2. Bezirk)	
Altenburg	IV.	16. (1. Bezirk)		Celle	X.	40.	
I. Altona	IX.	36. (2. Bezirk)		I. Chemnitz	XIX.	88. (7. K. sächs.)	(1. Bezirk)
II. Altona	IX.	36. (2. Bezirk)			(2. K. sächs.)		
Amberg	II. K. bay.	5. K. bay.		II. Chemnitz	XIX.	88. (7. K. sächs.)	(1. Bezirk)
Anclam	II.	5.			(2. K. sächs.)		
Andernach	VIII.	81. (1. Bezirk)		Coblenz	VIII.	81. (2. Bezirk)	
Annaberg	XIX.	88. (7. K. sächs.)		Cöln	VIII.	30. (1. Bezirk)	
	(2. K. sächs.)	(2. Bezirk)		Colmar	XIV.	82.	
Ansbach	II. K. bay.	6. K. bay.		Conitz	XVII.	69.	
Arolsen	XI.	48.		Cosel	VI.	23. (1. Bezirk)	
Aschaffenburg	II. K. bay.	7. K. bay.		Cottbus	III.	10.	
Aschersleben	IV.	14.		Crefeld	VII.	26. (1. Bezirk)	
Augsburg	I. K. bay.	3. K. bay.		Crone (Deutsch)	II	7.	
Aurich	X.	37.		(Deutsch-Crone)			
				Crossen	III.	10.	
Bamberg	II. K. bay.	7. K. bay.		Cüstrin	III.	9.	
Barmen	VII.	27.					
Bartenstein	I.	8.		Danzig	XVII.	71.	
Bautzen	XII.	46. (2. K. sächs.)		I. Darmstadt	XVIII.	50. (2. Bezirk)	
	(1. K. sächs.)			II. Darmstadt	XVIII.	50. (2. Bezirk)	
Bayreuth	II K. bay	8. K. bay.		Dessau	IV.	15.	
Belgard	II.	6		Detmold	VII	26. (1. Bezirk)	
I. Berlin	III.			Deutz	VIII.	30. (2. Bezirk)	
II. Berlin	III.	Ldw. Inspekt.		Diedenhofen	XVI.	66.	
III. Berlin	III.	Berlin.		Dillingen	I. K. bay.	4. K. bay.	
IV. Berlin	III.			Döbeln	XIX.	47. (1. K. sächs.)	(2. Bezirk)
Bernburg	IV.	15.			(2. K. sächs.)		
Beuthen	VI.	24.		Donaueschingen	XIV.	57.	
Biberach	XIII.	54. (4. K. württ.)		Dortmund	VII.	25. (1. Bezirk)	
Bielefeld	VII.	26. (1. Bezirk)		Dresden-Altstadt	XIX.	45. (1. K. sächs.)	
Bitterfeld	IV.	16. (1. Bezirk)			(1. K. sächs.)		
I. Bochum	VII.	25. (2. Bezirk)		Dresden-Neustadt	XII.	45. (1. K. sächs.)	
II. Bochum	VII.	25. (2. Bezirk)			(1. K. sächs.)		
Bonn	VIII.	30. (1. Bezirk)		Düsseldorf	VII.	28. (1. Bezirk)	
Borna	XIX.	48. (4. K. sächs.)					
	(2. K. sächs.)			Ehingen	XIII.	54. (4. K. württ.)	
Brandenburg a. H.	III	11.		Eisenach	XI.	63.	
Braunsberg	I.	4.		Ellwangen	XIII.	53. (8. K. württ.)	
I. Braunschweig	X.	40.				(1. Bezirk)	
II. Braunschweig	X.	40.		Erbach i. O.	XVIII.	50. (2. Bezirk)	
I. Bremen	IX.	33. (2. Bezirk)		Erfurt	XI.	76.	
II. Bremen	IX.	33. (2. Bezirk)		Erlangen	II K. bay.	6. K. bay.	
I. Breslau	VI.	22. (1. Bezirk)		Essen	VII.	28. (2. Bezirk)	
II. Breslau	VI.	22. (2. Bezirk)		Eßlingen	XIII.	53. (8. K. württ.)	
Brieg	VI.	22. (1. Bezirk)				(2. Bezirk)	
Bromberg	II.	7.		Exlau (Deutsch)	XVII.	72.	
Bruchsal	XIV.	55. (2. Bezirk)		(Deutsch-Exlau)			
Burg	IV.	18. (1. Bezirk)					
				Flensburg	IX.	35.	
Calau	III.	10.		Forbach	XVI.	66.	
Calw	XIII.	51. (1. K. württ.)		Frankfurt a. M.	XVIII.	42.	
		(1. Bezirk)					

Landwehrbezirke	Armeekorps	Infanteriebrigade	Bemerkungen	Landwehrbezirke	Armeekorps	Infanteriebrigade	Bemerkungen
Frankfurt a. O.	III	9.		Kitzingen	II. K. bay.	6. K. bay.	
Freiberg	XII (1. K. sächs.)	64. (6. K. sächs.)		Königsberg	I.	4.	
Freiburg	XIV.	84.		Kosten	V.	19.	
Friedberg	XVIII.	49.		Kreuzburg	VI.	24.	
Fulda	XVIII.	42.		Kreuznach	VIII	31. (2. Bezirk)	
Gebweiler	XIV.	56.		Landau	II. K. bay.	9. K. bay.	
Geldern	VII.	28. (1. Bezirk)		Landsberg a. W.	III.	9.	
Gera	XI.	63.		Landshut	I. K. bay.	2. K. bay.	
Gießen	XVIII.	49.		Lauban	V.	17. (2. Bezirk)	
Glatz	VI.	21.		Leipzig	XIX. (2. K. sächs.)	47. (3. K. sächs.) (1. Bezirk)	
Glauchau	XIX. (2. K. sächs.)	46. (4. K. sächs.)		Lennep	VII.	27.	
Gleiwitz	VI.	28. (1. Bezirk)		Leonberg	XIII.	52. (2. K. württ.) (1. Bezirk)	
Glogau	V.	17. (1. Bezirk)		Liegnitz	V.	16.	
Gmünd	XIII	53. (3. K. württ.) (1. Bezirk)		Limburg a. L.	XVIII	41. (1. Bezirk)	
Gnesen	II.	8.		Lingen	X.	37.	
Görlitz	V.	17. (1. Bezirk)		Lörrach	XIV.	82.	
Göttingen	X.	39.		Lötzen	I.	3.	
Goldap	I.	73.		Ludwigsburg	XIII.	52. (2. K. württ.) (1. Bezirk)	
Gotha	XI.	76.		Ludwigshafen a. Rh.	II. K. bay.	9. K. bay.	
Graudenz	XVII.	70.		Lübeck	IX.	38. (1. Bezirk)	
Großenhain	XII. (1. K. sächs.)	63. (5. K. sächs.)		Lüneburg	X.	40.	
Guben	III	10.		Magdeburg	IV.	13. (1. Bezirk)	
Gumbinnen	I.	2.		Mainz	XVIII.	50. (1. Bezirk)	
Gunzenhausen	I. K. bay.	4. K. bay.		Mannheim	XIV.	55. (1. Bezirk)	
Hagen	VII.	25. (2. Bezirk)		Marburg	XI.	42.	
Hagenau	XV.	62.		Marienburg	XVII.	72.	
Halberstadt	IV.	14.		Meiningen	XI.	44. (1. Bezirk)	
Hall	XIII.	52. (2. K. württ.) (2. Bezirk)		Meißen	XII (1. K. sächs.)	63. (5. K. sächs.)	
Halle a. S.	IV.	15.		Mergentheim	XIII.	53. (3. K. württ.) (1. Bezirk)	
Hamburg	IX.	38. (1. Bezirk)					
Hannover	X.	38.		Meschede	XVIII.	41. (2. Bezirk)	
Heidelberg	XIV.	55. (2. Bezirk)		Metz	XVI.	66.	
Heilbronn	XIII.	52. (2. K. württ.) (2. Bezirk)		Mindelheim	I. K. bay.	3. K. bay.	
Herofeld	XI.	44. (2 Bezirk)		Minden	VII.	26 (1. Bezirk)	
Hildesheim	X.	39.		Molsheim	XV.	61.	
Hirschberg	V.	18.		Montjoie	VIII	29.	
Hof	II. K. bay.	8. K. bay.		Mosbach	XIV.	55. (2. Bezirk)	
Horb	XIII.	51. (1. K. württ.) (2. Bezirk)		Mühlhausen i. Th.	XI.	44. (1. Bezirk)	
				Mülhausen i. E.	XIV.	58.	
Jauer	V.	18.		Mülheim a. d. R.	VII.	26. (2. Bezirk)	
Ingolstadt	I. K. bay.	4. K. bay.		I. München	I. K. bay.	1. K. bay.	
Inowraclaw	II.	8.		II. München	I. K. bay.	2. K. bay.	
Insterburg	I.	2		I. Münster	VII.	26. (2. Bezirk)	
St. Johann	VIII.	32. (1. Bezirk)		II. Münster	VII.	26. (2. Bezirk)	
Jülich	VIII.	29.		Münsterberg	VI.	21.	
Jüterbog	III.	11.		Muskau	V.	17. (1. Bezirk)	
Kaiserslautern	II. K. bay.	9. K. bay.		Naugard	II.	6.	
Karlsruhe	XIV.	56.		Naumburg a. S.	IV.	15. (2. Bezirk)	
Kattowitz	VI.	28. (2. Bezirk)		Neiße	VI.	21.	
Kempten	I. K. bay.	3. K. bay.		Neuhaldensleben	IV.	13. (1. Bezirk)	
Kiel	IX.	36. (1. Bezirk)		Neusalz a. O.	V.	17. (2. Bezirk)	
Kissingen	II. K. bay.	7. K. bay.					

Landwehrbezirke	Armeekorps	Infanteriebrigade	Bemerkungen	Landwehrbezirke	Armeekorps	Infanteriebrigade	Bemerkungen
Reuß	VIII.	30. (1. Bezirk)		Schweidnitz	VI.	21.	
Neustadt W. Pr.	XVII.	71.		Schwerin	IX.	34. (2. Bezirk)	
Neustettin	II.	7.		Siegburg	VIII.	30. (2. Bezirk)	
Neustrelitz	IX.	34. (1. Bezirk)		Siegen	XVIII.	41. (2. Bezirk)	
Neutomischel	V.	19.		Soest	VII.	25. (1. Bezirk)	
Neuwied	VIII.	31. (1. Bezirk)		Solingen	VII.	27.	
Nienburg a. d. W.	X.	38.		Sondershausen	XI.	76.	
Nürnberg	II. R. bay.	6. R. bay.		Sprottau	V.	17. (2. Bezirk)	
				Stade	IX.	38. (2. Bezirk)	
Oberlahnstein	XVIII.	41. (1. Bezirk)		Stargard i. Pom.	II.	6.	
Oels	VI.	22. (2. Bezirk)		Stargardt i. Pr. (Preußisch Stargardt)	XVII.	71.	
Offenburg	XIV.	84.					
I. Oldenburg	X.	37.		Stendal	IV.	13. (2. Bezirk)	
II. Oldenburg	X.	37.		Stettin	II.	5.	
Oppeln	VI.	24.		Stockach	XIV.	57.	
Osnabrück	X.	38.		Stolp	XVII.	69.	
Osterode	XVII.	72.		Stralsund	II.	6.	
Ostrowo	V.	20		Strasburg	XV.	61.	
				Straubing	II. R. bay.	5. R. bay.	
Paderborn	VII.	25. (1. Bezirk)		Striegau	VI.	21.	
Passau	I R. bay.	2. R. bay.		Stuttgart	XIII	51. (1. R. württ.) (1. Bezirk)	
Prenzlau	III.	12.					
Pirna	XII (1. R. sächs.)	64. (6. R. sächs.)		Thorn	XVII	70.	
Plauen	XIX. (2. R. sächs.)	89. (8. R. sächs.)		Tilsit	I.	1.	
				Torgau	IV.	16. (1. Bezirk)	
Posen	V.	19.		I. Trier	VIII.	32. (2. Bezirk)	
Potsdam	III	11.		II. Trier	VIII.	32. (2. Bezirk)	
Prenzlau	III.	12.					
Rastatt	XIV.	56.		Ulm	XIII.	53. (3. R. württ.) (2. Bezirk)	
Rastenburg	I.	73.					
Ratibor	VI.	23. (2. Bezirk)					
Ravensburg	XIII.	54. (4. R. württ.)		Vilshofen	I. R. bay.	2. R. bay.	
Rawitsch	V.	20.					
Recklinghausen	VII.	26. (2. Bezirk)		Waren	IX.	34. (1. Bezirk)	
Regensburg	II. R. bay.	5. R. bay.		Wasserburg	I. R. bay.	1. R. bay.	
Rendsburg	IX	36. (1. Bezirk)		Wehlau	I	1.	
Reutlingen	XIII.	51. (1. R. württ.) (2. Bezirk)		Weiden	II. R. bay.	8. R. bay.	
				Weilheim	I. R. bay.	1. R. bay.	
Rheydt	VIII.	29.		Weimar	XI.	68.	
Rosenheim	I. R. bay.	1. R. bay.		Weißenfels	IV.	16. (2. Bezirk)	
Rostock	IX.	34. (1. Bezirk)		St. Wendel	VIII.	32. (1. Bezirk)	
Rottweil	XIII.	51. (1. R. württ.) (2. Bezirk)		Wesel	VII	29. (2. Bezirk)	
Ruppin	III.	12.		Wetzlar	XVIII.	41. (1. Bezirk)	
Rybnik	VI.	23. (2. Bezirk)		Wiesbaden	XVIII.	42.	
				Wismar	IX.	34. (2. Bezirk)	
Saargemünd	XV	62.		Wohlau	VI.	22. (2. Bezirk)	
Saarlouis	VIII.	32. (1. Bezirk)		Woldenberg	III	9.	
Samter	V.	19.		Worms	XVIII.	50. (1. Bezirk)	
Sangerhausen	IV.	14.		Wurzen	XIX. (2. R. sächs.)	47. (3. R. sächs.) (2. Bezirk)	
Schlawe	XVII.	69.					
Schleswig	IX.	35.		Würzburg	II. R. bay.	7. R. bay.	
Schlettstadt	XV.	61.					
Schneeberg	XIX. (2. R. sächs.)	44. (7. R. sächs.) (2. Bezirk)		Zittau	XII (1. R. sächs.)	46. (2. R. sächs.)	
Schneidemühl	II.	8.		Zweibrücken	II. R. bay	9. R. bay.	
Schrimm	V.	20.		Zwickau	XIX. (2. R. sächs.)	89. (8. R. sächs.)	
Schroda	V.	20.					

Anlage 4.

Im zweiten Absatz der Ziffer 5 tritt am Schlusse hinter dem Worte „anzugeben" der folgende Satz hinzu:

„Auch haben die Seemannsämter von jeder Abmusterung dieser Mannschaften dem zuständigen Bezirkskommando sofort Mittheilung zu machen (§. 111,14 der Wehrordnung)."

Im ersten Satze der Ziffer 6 werden hinter „Anmusterung" die Worte „und Abmusterung" eingeschoben.

Daselbst werden die Worte „dem zuständigen Kommando der Matrosendivision, Torpedoabtheilung oder Werftdivision" durch die Worte ersetzt: „dem Kommando derjenigen Matrosendivision, Torpedoabtheilung oder Werftdivision, bei welcher der Betreffende gedient hat."

Auf Seite 2 des Musters a (Postkarte) wird hinter der dritten Spalte eine neue Längsspalte mit der Ueberschrift: „Datum der Abmusterung, Name des Schiffes, Heimath desselben" eingeschoben.

Am Schlusse der Abkürzungen tritt hinzu:

„G. (F.P.) v. 25. 3. 99. Gesetz, betreffend die Friedenspräsenzstärke des deutschen Heeres (vom 25. März 1899).

G. v. 25. 3. 99. Gesetz, betreffend Aenderungen des Reichs-Militärgesetzes vom 2. Mai 1874 (vom 25. März 1899)."

Central-Blatt für das Deutsche Reich.

Herausgegeben im Reichsamte des Innern.

Zu beziehen durch alle Postanstalten und Buchhandlungen.

XXVII. Jahrgang. Berlin, Freitag, den 9. Juni 1899. **№ 24.**

Inhalt: 1. Konsulat-Wesen: Ernennung; — Einziehung eines Vize-Konsulats und Bestellung eines Konsular-Agenten; — Entlassung; — Ableben eines Konsuls; — Exequatur Ertheilungen . . Seite 181
2. Bank-Wesen: Status der deutschen Notenbanken Ende Mai 1899 182
3. Allgemeine Verwaltungs-Sachen. Einreihung der Beamten der Verwaltung des Reichsheeres in die nach der Verordnung, betreffend die Tagegelder ec., aufgeführten Beamtenklassen; — Bekanntmachung, betreffend die Gewährung von Jahresprämien an Lootsen des Kaiser Wilhelm-Kanals 184
4. Zoll- und Steuer-Wesen: Veränderungen in dem Stande oder den Befugnissen der Zoll- und Steuerstellen 187
5. Polizei-Wesen: Ausweisung von Ausländern aus dem Reichsgebiete 188

1. Konsulat-Wesen.

Seine Majestät der Kaiser haben im Namen des Reichs den bisherigen Dolmetscher bei der Kaiserlichen Gesandtschaft in Teheran, Dr. Rosen, zum Konsul in Jerusalem zu ernennen geruht.

Nachdem dem Kaiserlichen Vize-Konsul Hermann Stoll in Acapulco die nachgesuchte Dienstentlassung ertheilt worden ist, ist das Vize-Konsulat in Acapulco (Mexiko) zur Einziehung gelangt und der Kaufmann Adolf Stoll zum Konsular-Agenten daselbst bestellt worden.

Dem bisherigen Kaiserlichen Konsul Eduard Peschau in Wilmington (Nord-Karolina) ist die nachgesuchte Entlassung aus dem Reichsdienst ertheilt worden.

Der Kaiserliche Konsul in Moulmein (Burmah), Ferdinand Louis Foucar, ist gestorben.

Dem an Stelle des Herrn Charles H. Day zum Vize- und Deputy-General-Konsul der Vereinigten Staaten von Amerika in Berlin ernannten Herrn Dean B. Mason ist das Exequatur Namens des Reichs ertheilt worden.

Dem zum Königlich griechischen Konsul in Cöln ernannten Baron August von der Heydt ist Namens des Reichs das Exequatur ertheilt worden.

2. Bank-

Status der deutschen Noten
nach den im Reichsanzeiger veröffentlichten Wochenüber
(Die Beträge lauten

Passiva.

Laufende Nummer	Bezeichnung der Banken.	Grund-kapital.	Reserve-fonds.	Noten-umlauf.	Gegen 30. April 1899.	Lager bedte Noten.	Gegen 30. April 1899.	Sonstige täglich fällige Verbindlichkeiten.	Gegen 30. April 1899.	Verbindlichkeiten mit Ständiger Gegen 30. April 1899.		Sonstige Passiva.	Gegen 30. April 1899.	Summe der Passiva.	gegen 30. April 1899.	Sonst. Verbindlichkeiten und vorher gehörige ausländische Passiva.
1	2	3	4	5	6	7	8	9	10	11	12	13	14	15	16	17
1	Reichsbank	120 000	30 000	1 105 618	— 54 627	166 960	— 100 986	591 094	+ 65 043	—	—	20 090	+ 1 751	1 861 911	+ 13 380	
2	Frankfurter Bank	18 000	4 800	14 215	— 420	9 182	— 21	2 938	— 878	12 522	— 2 050	346	— 142	54 551	— 3 564	6 144
3	Bayerische Notenbank	7 500	2 300	62 041	— 985	26 620	— 2 30	8 120	+ 622	—	—	8 299	+ 127	94 185	— 194	695
4	Sächsische Bank zu Dresden	30 000	5 277	49 019	+ 354	6 391	— 7 591	26 272	+ 6 725	17 425	+ 1 393	693	+ 97	128 896	+ 3 401	1 613
5	Württembergische Notenbank	9 000	900	23 152	— 617	9 970	— 39	2 285	+ 81	290	—	504	+ 76	36 238	— 477	931
6	Badische Bank	9 000	1 794	13 537	+ 291	9 934	+ 461	6 132	— 812	—	—	606	+ 82	39 009	— 364	1 413
7	Bank für Süddeutschland	15 872	1 816	13 954	+ 311	9 083	+ 114	108	— 132	—	—	621	+ 84	82 191	+ 245	1 481
8	Braunschweigische Bank	10 500	811	1 592	— 105	1 089	99	4 612	+ 224	1 571	— 287	87	— 29	19 376	— 297	869
	Zusammen	219 872	47 704	1 284 231	— 55 308	225 239	— 110 868	613 629	+ 70 844	31 627	— 1 183	26 115	+ 2 016	2 257 018	+ 16 194	13 059

Bemerkungen.

Zu Spalte 5⁰: Davon in Abschnitten zu 100 ℳ = 944 950 700 ℳ.
, 500 , = 22 345 000 ℳ (bei den Banken Nr. 1, 2, 4),
, 1 000 , = 315 206 000 ℳ (, , , 1 und 2).
Zu Spalte 3 Nr. 2⁰: Darunter 125 900 ℳ noch nicht zur Einlösung gelangte Guldennoten.
, , 3 , 7⁰: , 90 686 ℳ , , , , , Gulden- und Thalernoten.

Wesen.

banken Ende Mai 1899
fichten, verglichen mit demjenigen Ende April 1899.
auf Tausend Mark.)

Activa.

Gesammt-Bestand.	Gegen 30. April 1899.	Reichs-kassen-scheine.	Gegen 30. April 1899.	Noten anderer Banken.	Gegen 30. April 1899.	Wechsel.	Gegen 30. April 1899.	Lombard.	Gegen 30. April 1899.	Effekten.	Gegen 30. April 1899.	Sonstige Aktiva.	Gegen 30. April 1899.	Summe der Aktiva.	Gegen 31. April 1899	Laufende Nummer.
18.	19.	20.	21.	22.	23.	24.	25.	26.	27.	28.	29.	30.	31.	32.	33.	34.
916 196	+ 42 681	24 863	+ 2 070	13 799	+ 1 818	767 010	− 29 638	75 820	+ 3 784	10 009	− 621	57 161	− 6 725	1 864 911	+ 12 369	1.
4 917	− 273	41	− 5	75	− 121	83 341	− 1 301	8 004	− 1 241	5 689	− 344	2 981	− 110	35 051	− 3 325	2.
31 011	+ 941	64	+ 16	3 205	+ 424	47 067	− 1 750	1 365	+ 542	40	− 5	1 567	− 157	84 166	− 191	3.
20 835	+ 602	868	+ 125	10 926	+ 7 373	74 728	+ 195	3 351	+ 576	2 641	− 760	7 830	+ 417	125 346	+ 8 601	4.
17 016	− 102	173	+ 18	1 043	− 162	21 441	+ 183	820	− 7	8	−	774	− 407	30 228	− 477	5.
5 370	− 138	13	− 34	210	+ 102	23 900	+ 213	570	+ 23	120	+ 34	2 047	− 500	33 063	− 364	6.
4 728	+ 150	64	+ 10	61	+ 37	19 792	+ 690	2 077	+ 96	1 473	− 47	1 550	− 704	82 151	+ 264	7.
411	− 81	15	+ 19	80	+ 14	8 349	− 152	1 615	− 64	146	− 14	1 074	− 16	19 480	− 258	8.
1 003 516	+ 43 830	26 049	+ 2 210	29 127	+ 9 235	995 651	− 31 529	93 683	+ 2 811	21 531	− 1 762	83 792	− 8 262	2 233 652	+ 16 223	

31*

3. Allgemeine Verwaltungs-Sachen.

Auf Grund des §. 19 der Verordnung, betreffend die Tagegelder, die Fuhrkosten und die Umzugskosten der Reichsbeamten, vom 21. Juni 1875 (Reichs-Gesetzbl. S. 249) ist die Einreihung der Beamten der Verwaltung des Reichsheeres in die unter Nr. III bis VII des §. 1 und unter Nr. II bis VII des §. 10 dieser Verordnung aufgeführten Beamtenklassen nach Maßgabe des unterm 13. Juni 1895 (Central-Blatt für das Deutsche Reich S. 207 bis 212) veröffentlichten Verzeichnisses festgestellt worden. Letzteres wird bezüglich der nachstehend aufgeführten Reichsbeamten ergänzt und abgeändert, wie folgt:

Verzeichniß der Reichsbeamten.

§. 1 §. 10
der Verordnung, betreffend die Tagegelder, die Fuhrkosten und die Umzugskosten der Reichsbeamten, vom 21. Juni 1875.

Verwaltung des Reichsheeres.

Klasse III.	Klasse II.
Vortragende Räthe der obersten Reichsbehörden.	Vortragende Räthe der obersten Reichsbehörden.

2. Sachsen.

Es muß heißen:
Zeile 2: statt Militär-Intendant „Militär-Intendanten".

Klasse IV.	Klasse III.
Mitglieder der übrigen Reichsbehörden.	Mitglieder der höheren Reichsbehörden.

1. Preußen etc.

Es treten hinzu:
Divisions-, Gouvernements- und Garnison-Auditeure, denen der Stellenrang der vierten Klasse der höheren Provinzialbeamten verliehen worden ist.

2. Sachsen.

Es treten hinzu:
Divisions-, Gouvernements- und Garnison-Auditeure, denen die Befugniß zum Tragen der Uniform und Abzeichen eines Korps-Auditeurs verliehen worden ist.
Studiendirektor beim Kadettenkorps.

Es fällt weg:
Vortragender Baurath im Kriegsministerium.

Es muß heißen:
Zeile 1: „Rath beim Oberkriegsgericht".
    „ 2: „Korps-Auditeure".
    „ 3: „Vortragende Räthe vom Civil".

3. Württemberg.

Es treten hinzu:
Divisions-, Gouvernements- und Garnison-Auditeure, welchen der Rang auf der 6. Stufe der Rangordnung verliehen worden ist.

Klasse IV.
Mitglieder der übrigen Reichsbehörden.

§. 1   1. **Preußen etc.**   §. 10

Es treten hinzu:
    Armee-Musikinspizient.
    Oberingenieur bei der Feldzeugmeisterei.
    Direktor und Abtheilungsvorstände (Chemiker und Physiker) des Militärversuchsamts in Spandau.

Es ist einzuschalten:
    hinter: Divisions-, Gouvernements- und Garnison-Auditeure: „soweit ihnen nicht der Stellenrang der vierten Klasse der höheren Provinzialbeamten verliehen worden ist".

Es fallen weg:
    Direktor und Abtheilungsvorstände (Chemiker und Physiker) der Versuchsstelle für Sprengstoffe.

2. Sachsen.

Es ist einzuschalten:
    hinter: Divisions-, Gouvernements- und Garnison-Auditeure: „soweit ihnen nicht die Befugniß zum Tragen der Uniform und Abzeichen eines Korps-Auditeurs verliehen worden ist".

Es muß heißen:
    in der letzten Zeile: „Oberingenieur, Ingenieure und Chemiker bei den technischen Instituten der Artillerie".

3. Württemberg.

Es ist einzuschalten:
    hinter: Divisions-, Gouvernements- und Garnison-Auditeure: „soweit ihnen nicht der Rang auf der 6. Stufe der Rangordnung verliehen worden ist".

Klasse V.	Klasse V.
Sekretäre der höheren Reichsbehörden.	Sekretäre der höheren Reichsbehörden.

1. Preußen etc.

Es treten hinzu:
    Bibliothekar bei der Kriegsakademie und der Haupt-Kadettenanstalt.
    Kassenkontroleur bei der Haupt-Kadettenanstalt.
    Rendant des Militärversuchsamts in Spandau.
                     Civilerzieher beim Kadettenkorps.

Es fallen weg:
    Armee-Musikinspizient.
    Rendant der Pulverfabrik Spandau.

Ferner ist hinter „Festungs-Bauwarte" zu streichen: I. Klasse.

2. Sachsen.

Es treten hinzu:
    Technischer Inspektor beim Generalstabe.

Es muß heißen:
    Zeile 2: „Expedienten, Registratoren und Kalkulatoren beim Kriegsministerium sowie Sekretäre beim Kriegszahlamt".
      "   7: statt selbständige Kaserneninspektoren „Garnisonverwaltungs-Kontroleure".
      "   8: „Rendanten bei den Bekleidungsämtern".
      " 15: „Militärgerichts-Aktuarien".
      " 22 und 23: „Administratoren und auf Lebenszeit angestellte Wirthschaftsinspektoren, Rechnungsführer und Roßärzte bei den Remontedepots".

Ferner ist hinter „Festungs-Bauwart" — Zeile 21 — zu streichen „I. Klasse".

§. 1   3. **Württemberg.**   §. 10

  Es treten hinzu:
    Garnisonverwaltungs-Kontroleure.
    Auf Lebenszeit angestellter Rechnungsführer beim Remontedepot.
        Klasse VI.   **Klasse VI.**
Subalterne der übrigen Reichsbehörden.   Subalterne der übrigen Reichsbehörden.

                  1. **Preußen etc.**

  Es treten hinzu:
    Garnisonapotheker.
    Registratoren bei der Feldzeugmeisterei (Central-Abtheilung, Inspektionen der technischen Institute der Infanterie und der Artillerie und Artilleriedepot-Inspektion).
  Es fallen weg:
    Sekretariats- und Registraturassistenten der Militär-Intendanturen. Kassenassistenten bei der General-Militärkasse und bei der Zahlungsstelle des XIV. Armeekorps.
    Festungs-Bauwarte II. Klasse.

                  2. **Sachsen.**

  Es treten hinzu:
    Garnison-Bauwarte.
    Garnison-Bauschreiber.
    Garnisonapotheker.
    Hausverwalter der Militär-Genesungsanstalt Glasewalds-Ruhe.
    Revisionsbeamte bei der Waffeninstandsetzungswerkstatt des Artilleriedepots Dresden.
    Revisoren bei den technischen Instituten der Artillerie.
  Es fallen weg:
    Sekretariats- und Registraturassistenten bei der Militär-Intendantur.
    Assistenten beim Kriegszahlamte.
    Kupferdrucker beim topographischen Büreau des Generalstabes.
    Hausverwalter und Kompagnieverwalter beim Kadetten-Korps.
    Festungs-Bauwart II. Klasse.
  Es muß heißen:
    Zeile 1: Kanzleisekretäre des Kriegsministeriums.
      » 2: Kanzlisten der Militär-Intendanturen.
      » 4: statt „Militär-Intendantur, „Militär-Intendanturen".
      » 8: Assistenten bei den Bekleidungsämtern.
      » 21 und 22: Roßärzte bei den Truppen sowie bei der Militär-Abtheilung der thierärztlichen Hochschule und Lehrschmiede in Dresden.
    Zeile 24 und 25: statt beim Remontedepot, „bei den Remontedepots".
Ferner sind vor „Kaserneninspektoren" — Zeile 6 — zu streichen die Worte „Nicht selbständige".

                  3. **Württemberg.**

  Es treten hinzu:
    Garnison-Bauwarte.
    Garnison-Bauschreiber.
    Garnisonapotheker.
Auf Kündigung angestellter Rechnungsführer beim
  Remontedepot
    Es fallen weg:
      Sekretariats- und Registraturassistenten bei den Militär-Intendanturen.
      Assistent beim Kriegszahlamte.

Berlin, den 1. Juni 1899.   Der Reichskanzler.
                In Vertretung: Freiherr v. Thielmann.

Bekanntmachung,
betreffend die Gewährung von Fahrprämien an Loosen des Kaiser Wilhelm-Kanals.
Vom 1. Juni 1899.

1. Für das einwandfreie Durchloosen der „Weichenschiffe" durch den Kaiser Wilhelm-Kanal — mit Ausnahme der Loosungen deutscher Kriegsschiffe von 5000 Tons Deplacement und darüber, für welche besondere Bestimmungen gelten — können den Kanallootsen besondere Prämien nach folgenden Sätzen gewährt werden:

    a) An die Streckenlootsen

für die einwandfreie Loosung zwischen einer der Endschleusen und Rübbel für jedes Schiff bis zu . . . . 10 ℳ

Ist in Rübbel ein Lootsenwechsel nicht eingetreten und hat der Lootse das Schiff von einer Endschleuse zur anderen geloost, so kann er den vorangegebenen Betrag für jede von beiden Theilstrecken erhalten, demnach im Ganzen bis zu . . 20 "

    b) An die Hafenlootsen in Brunsbüttel

für das einwandfreie Einloosen eines „Weichenschiffes" für jedes Schiff bis zu . . 3 ".

2. Welche Schiffe als „Weichenschiffe" zu behandeln sind, entscheidet der Hafenkapitän der Eintrittsstation bezw. der Betriebsdirektor. Wird die Weichenbesetzung erst von der Strecke aus beantragt, so hat der Hafenkapitän der Austrittsstation die Nothwendigkeit dieser Maßregel zu beurtheilen.

3. War die Loosung nicht einwandfrei, so ist je nach dem Grade des Verschuldens die Prämie nur zu einem Theilbetrag oder garnicht zu bewilligen.

4. Die Festsetzung der Prämienbeträge sowie die Anweisung zur Auszahlung erfolgt allmonatlich auf Vorschlag des Betriebsdirektors durch den Präsidenten des Kanalamts.

5. Den Lootsen steht auf die Gewährung von Prämien ein Rechtsanspruch nicht zu.

6. Ein Lootse, welchem für die Durchloosung eines Schiffes der Kaiserlichen Marine eine Prämie seitens der Marineverwaltung gewährt worden ist, hat über den empfangenen Betrag alsbald dem Hafenkapitän der Austrittsstation Anzeige zu machen. Die Hafenkapitäne haben nach näherer Bestimmung des Kanalamts Nachweisungen über die den Lootsen aus Mitteln der Marineverwaltung zugeflossenen Prämien zu führen.

Berlin, den 1. Juni 1899.

    Der Staatssekretär des Innern.
    In Vertretung: Rothe.

---

4. Zoll- und Steuer-Wesen.

Veränderungen in dem Stande oder den Befugnissen der Zoll- und Steuerstellen.

Im Königreiche Preußen.

Es ist ertheilt worden:

dem Nebenzollamte II zu Lemkenhafen im Bezirke des Hauptzollamts zu Neustadt i. H. die Befugniß zur Erledigung von Begleitscheinen I über Reis und Waaren der Nummer 9 des Zolltarifs,

dem Steueramte I zu Herborn im Bezirke des Hauptsteueramts zu Marburg die Befugniß zur Erledigung von Begleitscheinen II über zollpflichtige Waaren und inländisches Salz,

dem Nebenzollamte I zu Preußisch Herby im Bezirke des Hauptzollamts zu Landsberg O.S. die unbeschränkte Befugniß zur Ausfertigung und Erledigung von Begleitscheinen I,

dem Steueramte II zu Liebenwerda im Bezirke des Hauptsteueramts zu Mühlberg a. E. die Befugniß zur Erledigung von Begleitscheinen I über die für Rechnung der Firma A. Reiß in Liebenwerda zur Reparatur nach der Schweiz ausgegangenen Vermessungs- und Präcisionsinstrumente bei deren Wiedereintritt in das Zollgebiet,

dem Steueramte I zu Göttingen im Bezirke des Hauptsteueramts zu Münden die Befugniß zur Ausfertigung von Begleitscheinen I über Waaren der Nummern 13 f und 15a 2 des Zolltarifs im Veredelungsverkehr und

dem Steueramte I zu Beuthen O.S. im Bezirke des Hauptzollamts zu Myslowitz die Befugniß zur Erledigung von Uebergangsscheinen über Bier, welches aus Bayern unter Eisenbahnwagenverschluß eingeht.

Im Königreiche Bayern.

Der Aufschlag-Einnehmerei zu Freyung im Bezirke des Hauptzollamts zu Zwiesel ist die Befugniß zur Erledigung von Versendungsscheinen I über steuerfreien unbenaturirten Branntwein zu Heilzwecken beigelegt worden.

Im Königreiche Sachsen.

Die Bezeichnung des am Bahnhofe zu Warnsdorf in Böhmen bestehenden dem Hauptzollamte zu Zittau unterstellten Nebenzollamts I Großschönau-Warnsdorf ist in „Nebenzollamt I Warnsdorf" abgeändert worden.

Das Steueramt zu Mutzschen im Bezirke des Hauptsteueramts zu Grimma wird mit dem 1. Juli d. Js. in ein Untersteueramt umgewandelt.

Im Großherzogthume Baden.

Der Zollabfertigungsstelle Mannheim-Rheinau im Bezirke des Hauptzollamts zu Mannheim ist die Befugniß zur Abfertigung von Getreide zur Ausfuhr mit dem Anspruch auf Ertheilung von Einfuhrscheinen ertheilt worden.

---

5. Polizei-Wesen.

Ausweisung von Ausländern aus dem Reichsgebiete.

Laufende Nr.	Name und Stand der Ausgewiesenen.	Alter und Heimath	Grund der Bestrafung.	Behörde, welche die Ausweisung beschlossen hat.	Datum des Ausweisungsbeschlusses.
1.	2.	3.	4.	5.	6.
a) Auf Grund des §. 39 des Strafgesetzbuchs.					
1.	Louis Dumonteuil, Handlungsreisender.	geboren am 27. Februar 1878 zu Diebstahl, Unterschlagung, Betrug und falsche Namensangabe (3 Jahre Gefängniß und 6 Wochen Haft, laut Erkenntniß vom 4. Mai 1896),		Kaiserliches Bezirks-Präsident zu Colmar.	9. Mai d. J.
2.	Friedrich Loreth, Kellner.	geboren am 1. Mai 1879 zu Ingolstadt, Bayern, ortsangehörig zu Böhmischdorf, Bezirk Tachau, Böhmen,	räuberischer Erpressungsversuch (1 Jahr Zuchthaus, laut Erkenntniß vom 19. Februar 1898),	Königlich bayerisches Bezirksamt Bamberg II.	31. Januar d. J.
3.	Thomas Novák, auch Nowak, Schlossergeselle und Handarbeiter.	geboren am 8. Dezember 1862 zu Rückfallsdiebstahl Wien, ortsangehörig zu Krč, Bezirk und verbotswidrige Pilsen, Böhmen,	Rückfallsdiebstahl und verbotswidrige Rückkehr (1 Jahr Zuchthaus und 8 Wochen Haft, laut Erkenntniß vom 26. April 1898).	Königlich sächsische Kreishauptmannschaft Bautzen.	28. März d. J.

— 189 —

Laufende Nr.	Name und Stand der Ausgewiesenen.	Alter und Heimath	Grund der Bestrafung.	Behörde, welche die Ausweisung beschlossen hat.	Datum des Ausweisungsbeschlusses.
1.	2.	3.	4.	5.	6.
	b) Auf Grund des §. 362 des Strafgesetzbuchs.				
4.	Franz Andolfatta, Steinmetz,	29 Jahre alt, aus Bove, Provinz Vicenza, Italien, italienischer Staatsangehöriger,	Landstreichen und Betteln,	Königlich preußischer Regierungs-Präsident zu Bromberg,	24. Mai d. J.
5.	Johann Bechyna, Schneider,	geboren am 18. April 1854 zu Hermanmeritz, Bezirk Chrudim, Böhmen, ortsangehörig ebendaselbst,	Betteln und grober Unfug,	Königlich preußischer Regierungs-Präsident zu Magdeburg,	10. Mai d. J.
6.	Anna Bubla, ledig,	geboren am 15. Juni 1860 zu Karlov, Bezirk Bisek, Böhmen, österreichische Staatsangehörige,	Landstreichen,	Königlich preußischer Regierungs-Präsident zu Liegnitz,	24. Mai d. J.
7.	Johann Lichtblau, Kellner,	geboren am 20. März 1861 zu Wien, ortsangehörig zu Oberrsdorf, Bezirk Jaegerndorf, Oesterreichisch-Schlesien,	Landstreichen und Betteln,	Königlich preußischer Regierungs-Präsident zu Breslau,	10. Mai d. J.
8.	Therese Oberndorfer, Artistin, ledig,	geboren am 24. September 1865 zu Lambach, Bezirk Wels, Ober-Oesterreich, ortsangehörig ebendaselbst,	gewerbsmäßige Unzucht,	Königlich bayerische Polizei-Direction München,	25. Mai d. J.
9.	Michael Beer, Brauergeselle,	geboren am 18. April 1857 zu Jägerndorf, Oesterreichisch-Schlesien, österreichischer Staatsangehöriger,	grober Unfug und Landstreichen,	Königlich preußischer Regierungs-Präsident zu Breslau,	28. Mai d. J.
10.	Julius Richon, Tagner,	geboren am 4. Juni 1869 zu Etampes, Frankreich, französischer Staatsangehöriger,	Landstreichen und Betteln,	Kaiserlicher Bezirks-Präsident zu Metz,	26. Mai d. J.
11.	Michael Steiner, Schneider,	geboren am 8. März 1861 zu Auersthal, Bezirk Groß-Enzersdorf, Nieder-Oesterreich, ortsangehörig zu Raßen, ebenda,	Landstreichen, Betteln und Tragen verbotener Waffen,	Königlich bayerisches Bezirksamt Mühldorf,	20. Mai d. J.
12.	Anton Weigel, Tischlergeselle,	geboren am 5. März 1842 zu Reichen, Bezirk Teischen, Böhmen, ortsangehörig ebendaselbst,	Diebstahl und Betteln,	Königlich sächsische Kreishauptmannschaft Dresden,	19. April d. J.

Central-Blatt für das Deutsche Reich.

Herausgegeben im Reichsamte des Innern.

Zu beziehen durch alle Postanstalten und Buchhandlungen.

XXVII. Jahrgang.   Berlin, Freitag, den 16. Juni 1899.   **№ 25.**

Inhalt: 1. **Konsulat-Wesen:** Ernennung; — Ermächtigung zur Vornahme von Civilstands-Akten; — Exequatur-Ertheilungen . . . . Seite 191
2. **Militär-Wesen:** Abänderung des Verzeichnisses der in den Bundesstaaten eingesetzten Vermittlungsbehörden 192
3. **Handels- und Gewerbe-Wesen:** Rücktritt des Fürstenthums Montenegro von der Berner Uebereinkunft, betreffend die Bildung eines internationalen Verbandes zum Schutze von Werken der Literatur und Kunst 192
4. **Zoll- und Steuer-Wesen:** Ergänzung der Ausführungsbestimmungen zum Zuckersteuergesetze; — Ermächtigung einer Aktiengesellschaft zur Abgabe des von ihr hergestellten zu Denaturirungszwecken bestimmten Holzgeistes 192
5. **Finanz-Wesen:** Nachtrag zur Nachweisung der Einnahmen des Reichs für das Rechnungsjahr 1898 . 193
6. **Polizei-Wesen:** Ausweisung von Ausländern aus dem Reichsgebiete 193

1. Konsulat-Wesen.

Seine Majestät der Kaiser haben im Namen des Reichs den Kaufmann Heinrich Carosus zum Vize-Konsul in Feodosia (Krim) zu ernennen geruht.

Dem bei dem Kaiserlichen General-Konsulat in Barcelona beschäftigten Vize-Konsul Zoepffel ist auf Grund des §. 1 des Gesetzes vom 4. Mai 1870 die Ermächtigung ertheilt worden, in Vertretung des Kaiserlichen General-Konsuls bürgerlich gültige Eheschließungen von Reichsangehörigen vorzunehmen und die Geburten, Heirathen und Sterbefälle von solchen zu beurkunden.

Dem zum Vize-General-Konsul der Vereinigten Staaten von Amerika in Frankfurt a. M. ernannten Herrn Simon W. Hanauer ist Namens des Reichs das Exequatur ertheilt worden.

Dem Kaiserlich russischen Konsul, Staatsrath von Ostrowsky in Leipzig ist Namens des Reichs das Exequatur ertheilt worden.

2. Militär-Wesen.

Das durch Bekanntmachung vom 26. November 1895 (Central-Blatt S. 496) veröffentlichte „Verzeichniß der in den Bundesstaaten eingesetzten Vermittelungsbehörden" (§§. 16 und 23 der Anstellungsgrundsätze für Militäranwärter) wird an den betreffenden Stellen ergänzt und geändert wie folgt:

Laufende Nr.	Bundesstaat.	Vermittelungsbehörden.
1.	Preußen.	n) Für den Bezirk der 21. Division (XVIII. Armeekorps): Bezirkskommando Fulda.
16.	Schwarzburg-Sondershausen . . .	Bezirkskommando Marburg.
17.	Schwarzburg-Rudolstadt	= Marburg.
19.	Reuß ä. L. (Greiz)	= Marburg.
20.	Reuß j. L. (Gera)	= Marburg.

Hiernach ist auch die für Preußen ergangene Zusatzbestimmung Nr. 3 zu §. 16 der Anstellungsgrundsätze zu berichtigen.

3. Handels- und Gewerbe-Wesen.

Das Fürstenthum Montenegro hat bei dem schweizerischen Bundesrathe seinen Rücktritt von der am 9. September 1886 zu Bern geschlossenen Uebereinkunft, betreffend die Bildung eines internationalen Verbandes zum Schutze von Werken der Literatur und Kunst (Reichs-Gesetzbl. 1887 S. 493 ff.), und somit auch von dem 4. Mai 1896 in Paris zu dieser Uebereinkunft getroffenen Zusatzübereinkommen, nämlich einer Zusatzakte und einer Deklaration (Reichs-Gesetzbl. 1897 S. 750 ff. und S. 769 ff.), angezeigt.
Infolge dessen wird die genannte Uebereinkunft nebst den Zusatzabkommen im Verhältniß zu dem Fürstenthum Montenegro am 1. April 1900 außer Kraft treten.

4. Zoll- und Steuer-Wesen.

Der Bundesrath hat in seiner Sitzung vom 31. Mai d. J. beschlossen, im §. 122 der Ausführungsbestimmungen zum Zuckersteuergesetze (Central-Blatt 1896 S. 231) zwischen dem zweiten und dritten Absatze folgenden neuen Absatz einzuschalten:

„Desgleichen ist dem handelsüblich als Perl-, Kastor- oder Grieszucker bezeichneten Krystallzucker von mindestens 99½ Prozent Zuckergehalt, wenn dessen einzelne, an sich den gesetzlichen Erfordernissen entsprechende Krystalle zu kleinen, nicht durchscheinenden Knäueln oder Klümpchen verbunden sind, lediglich aus letzterem Grunde der Zuschuß der Klasse b nicht zu versagen. Ob die gedachte Voraussetzung zutrifft, ist nöthigenfalls mittelst der Lupe oder des Mikroskops festzustellen."

Berlin, den 12. Juni 1899.

Der Reichskanzler.

Im Auftrage: v. Koerner.

Der Schlesischen Aktiengesellschaft für chemische Industrie in Weißwasser O./L. ist die Erlaubniß ertheilt worden, den von ihr hergestellten, zu Denaturirungszwecken bestimmten Holzgeist in ihrer Fabrik amtlich untersuchen und verschließen zu lassen und außer an Fabriken, die zur Zusammensetzung des allgemeinen Branntwein-Denaturirungsmittels ermächtigt sind, auch an Gewerbtreibende und solche Händler abzugeben, denen der Verkauf von methylirtem Branntwein gestattet ist.

5. Finanz-Wesen.

Nachweisung verschiedener Einnahmen des Reichs für das Rechnungsjahr 1898.*)

Bezeichnung der Einnahmen.	Die Einnahme beträgt für das Rechnungsjahr 1898 ℳ	Die Einnahme des Vorjahrs beträgt ℳ	Mithin im Rechnungsjahr 1898 mehr ℳ
Post- und Telegraphen-Verwaltung . . .	349 150 753	324 783 297	24 367 456
Reichseisenbahn-Verwaltung	80 134 235	75 515 174	4 619 061

6. Polizei-Wesen.

Ausweisung von Ausländern aus dem Reichsgebiete.

Laufende Nr.	Name und Stand der Ausgewiesenen.	Alter und Heimath.	Grund der Bestrafung.	Behörde, welche die Ausweisung beschlossen hat.	Datum des Ausweisungsbeschlusses.
1.	2	3.	4.	5.	6.

a) Auf Grund des §. 39 des Strafgesetzbuchs.

1.	Franz Drechsler, auch Trägler, Broncearbeiter,	geboren am 24. März 1874 zu Wien, ortsangehörig zu Podstuß, Bezirk Korneuburg, Nieder-Oesterreich,	schwerer Diebstahl und Urkundenfälschung (1 Jahr 4 Monate Zuchthaus, laut Erkenntnisse vom 9. Februar 1898 und 8. Oktober 1898),	Königlich preußischer Regierungs-Präsident zu Lüneburg,	4. April b. J.

*) Die Nachweisung der Einnahme an Zöllen und Steuern ist veröffentlicht im Central-Blatt für 1899 S. 162.

Laufende Nr.	Name und Stand der Ausgewiesenen.	Alter und Heimath.	Grund der Bestrafung.	Behörde, welche die Ausweisung beschlossen hat.	Datum des Ausweisungs- beschlusses.
1.	2.	3.	4.	5.	6.
	b) Auf Grund des §. 362 des Strafgesetzbuchs.				
2.	Christine Alisch, Arbeiterin,	geboren im Jahre 1847 zu Grojec, Gouvernement Warschau, Rußland, russische Staatsangehörige.	Landstreichen und Betteln,	Königlich preußischer Regierungs-Präsident zu Bromberg.	18. Mai d. J.
3.	Eduard Rust, Tage- arbeiter,	geboren am 25. März 1862 zu Hermann- stadt, Bezirk Freiwaldau, Öster- reichisch-Schlesien, ortsangehörig eben- daselbst.	desgleichen,	Königlich preußischer Regierungs-Präsident zu Oppeln.	8. März d. J.
4.	Franziska Brunner, Kellnerin, ledig,	geboren am 18. Mai 1870 zu Rum, Bezirk Innsbruck, Tirol, ortsangehörig ebendaselbst.	gewerbsmäßige Un- zucht,	Königlich bayerische Po- lizei-Direktion München.	25. Mai d. J.
5.	Andreas Kurilla, Arbeiter,	geboren am 11. Januar 1658 zu Mischlin, Ungarn, ungarischer Staats- angehöriger.	Landstreichen,	Königlich preußischer Regierungs-Präsident zu Magdeburg.	31. Mai d. J.
6.	Franz Rawisch, Steinbrecher,	geboren am 1. Januar 1855 zu Schlatenau, Siebenbürgen, ungarischer Staatsangehöriger.	Landstreichen und Betteln,	Kaiserlicher Bezirks-Prä- sident zu Colmar.	2. Juni d. J.

Die Ausweisung des Steinbrechers Johann Weitgasser aus dem Reichsgebiete (Central-Blatt für 1898 S. 164 3. 5) ist zurückgenommen worden.

Central-Blatt für das Deutsche Reich.

Herausgegeben im Reichsamte des Innern.

Zu beziehen durch alle Postanstalten und Buchhandlungen.

XXVII. Jahrgang.   Berlin, Freitag, den 23. Juni 1899.   № 26.

Inhalt: 1. Konsulat-Wesen: Entlassungen; — Exequatur-Ertheilung . . . . Seite 195. 2. Finanz-Wesen: Nachweisung der Einnahmen des Reichs für die Zeit vom 1. April 1899 bis Ende Mai 1899 196. 3. Zoll- und Steuer-Wesen: Zollbehandlung der im Inlande veredelten Seidengewebe; — Aenderung des Salzsteuergesetzes in Bezug auf die Verwendung abgabefreien Salzes zum Einsalzen von Fischen . . . 197. 4. Justiz-Wesen: Erscheinen des neunten Bandes der im Reichs-Justizamte bearbeiteten „Deutschen Justiz-Statistik" . . . . 197. 5. Polizei-Wesen: Ausweisung von Ausländern aus dem Reichsgebiete . . . . 198.

1. Konsulat-Wesen.

Dem bisherigen Kaiserlichen Konsul in Boston, Arthur J. Donner, ist die erbetene Entlassung aus dem Reichsdienst ertheilt worden.

Dem bisherigen Kaiserlichen Konsul in Rangoon (Burmah), Friedrich Eggena, ist die erbetene Entlassung aus dem Reichsdienst ertheilt worden.

Dem zum persischen General-Konsul in Cöln a. Rh. ernannten Kaufmann Carl Stollwerck ist Namens des Reichs das Exequatur ertheilt worden.

2. Finanz-Wesen.

Nachweisung der zur Anschreibung gelangten Einnahmen (einschließlich der kreditirten Beträge) an Zöllen und gemeinschaftlichen Verbrauchssteuern sowie anderer Einnahmen im Deutschen Reiche für die Zeit vom 1. April 1899 bis zum Schlusse des Monats Mai 1899.

Bezeichnung der Einnahmen.	Die Soll-Einnahme beträgt vom Beginne des Rechnungsjahrs bis zum Schluß des obengenannten Monats ℳ	Ausfuhr-Vergütungen ꝛc. ℳ	Bleibt. ℳ	Einnahme in demselben Zeitraume des Vorjahrs (Spalte 4) ℳ	Differenz zwischen den Spalten 4 und 5. + mehr − weniger ℳ
1.	2.	3.	4.	5.	6.
Zölle	75 971 126	3 949 416	72 021 709	73 467 290	− 1 445 581
Tabacksteuer	1 602 103	12 867	1 589 236	1 491 022	+ 98 244
Zuckersteuer und Zuschlag zu derselben	21 462 505	7 441 811	14 020 694	13 326 999	+ 693 695
Salzsteuer	6 543 871	—	6 543 871	6 523 498	+ 20 373
Maischbottich- und Branntwein-Materialsteuer	4 952 130	1 995 545	2 956 585	2 852 988	+ 103 597
Verbrauchsabgabe von Branntwein und Zuschlag zu derselben	20 627 281	76 746	20 550 535	18 650 083	+ 1 900 452
Brennsteuer	1 103 770	627 626	476 144	475 971	+ 173
Brausteuer	5 483 351	977	5 482 374	5 241 758	+ 240 616
Uebergangsabgabe von Bier	659 053	—	659 053	643 355	+ 15 698
Summe	138 405 189	14 104 961	124 300 228	122 672 961	+ 1 627 267
Stempelsteuer für					
a) Werthpapiere	3 347 183	—	3 347 188	4 280 891	− 933 703
b) Kauf- u. sonstige Anschaffungsgeschäfte	3 384 666	6 374	3 378 292	2 417 593	+ 960 699
c) Loose zu:					
Privatlotterien	723 602	—	723 602	673 193	+ 50 409
Staatslotterien	1 216 974	—	1 216 974	1 091 095	+ 125 879
Spielkartenstempel	—	—	225 049	218 582	+ 6 467
Wechselstempelsteuer	—	—	1 905 786	1 778 122	+ 127 664
Post- und Telegraphen-Verwaltung	—	—	60 711 986	56 255 674	+ 4 456 312
Reichseisenbahn-Verwaltung	—	—	13 483 000	12 874 000*)	+ 609 000

*) Die definitive Einnahme stellte sich im Vorjahr um 292 271 ℳ höher.

Anmerkung. Die zur Reichskasse gelangte Ist-Einnahme abzüglich der Ausfuhrvergütungen und Verwaltungskosten beträgt bei den nachbezeichneten Einnahmen:

Bezeichnung der Einnahmen.	Ist-Einnahme im Monat Mai			Ist-Einnahme vom Beginne des Rechnungsjahrs bis zum Schlusse des Monats Mai		
	1899 ℳ	1898 ℳ	Mithin 1899 + mehr − weniger ℳ	1899 ℳ	1898 ℳ	Mithin 1899 + mehr − weniger ℳ
1.	2.	3.	4.	5.	6.	7.
Zölle	31 658 760	34 315 024	− 2 656 264	67 333 459	66 645 225	+ 688 234
Tabacksteuer	791 454	755 639	+ 35 815	1 687 251	1 596 981	+ 90 270
Zuckersteuer und Zuschlag zu derselben	8 810 054	7 435 156	+ 1 374 898	19 252 368	16 368 277	+ 2 884 091
Salzsteuer	3 698 013	3 545 049	+ 152 964	7 687 989	7 308 618	+ 379 371
Maischbottich- und Branntwein-Materialsteuer	2 307 639	2 435 285	− 127 646	3 712 355	3 806 376	− 94 021
Verbrauchsabgabe von Branntwein und Zuschlag zu derselben	9 473 175	8 940 691	+ 532 484	18 824 130	18 596 972	+ 227 158
Brennsteuer	220 862	176 060	+ 44 802	476 145	355 007	+ 121 138
Brausteuer und Uebergangsabgabe von Bier	2 468 833	2 333 230	+ 135 603	5 220 968	5 004 340	+ 216 628
Summe	59 428 790	59 936 134	− 507 344	124 194 665	119 681 796	+ 4 512 869
Spielkartenstempel	128 785	149 008	− 20 223	269 070	283 917	− 14 847

3. Zoll- und Steuer-Wesen.

Der Bundesrath hat in seiner Sitzung vom 8. Juni 1899 beschlossen:

Ungemusterte, taffetbindige sowie geköperte und broschirte Gewebe aus Seide des Maulbeerspinners ohne jede Beimischung von Floretseide oder von Seide des Eichenspinners oder von anderen Spinnstoffen und beiderseitig mit festen Kanten gewebt, ferner Gewebe aus Rohseide des Eichenspinners oder anderer wilder Seidenwürmer (Korahs und Tussahs oder Tussors), roh, auch abgekocht (gebleicht), dürfen zur Veredelung durch Waschen, Bleichen, Appretiren, Färben oder Bedrucken mit der Maßgabe zugelassen werden, daß die Verzollung der im Inlande verbleibenden Waare nach ihrem Gewicht im veredelten Zustand und ohne Rücksicht auf ihre Herkunft aus einem nicht meistbegünstigten Lande nach dem vertragsmäßigen Satze der Tarifnummer 30 e 1 erfolgt, soweit nicht auf die Gewebe tarifmäßig der Satz von 300 Mark Anwendung zu finden hat.

Die Anordnung der erforderlichen Kontrolvorschriften bleibt den Zolldirektivbehörden überlassen.

Berlin, den 17. Juni 1899.

Der Reichskanzler.

Im Auftrage: v. Koerner.

Der Bundesrath hat in seiner Sitzung vom 8. Juni 1899 beschlossen:

„Zur Ausführung der Vorschrift im §. 20 Ziffer 3 des Salzsteuergesetzes wird bestimmt:

Bei folgenden, als Gegenstand des feineren Tafelgenusses dienenden Fischen:

Steinbutt (Rhombus maximus L.), Tarrbutt (Glattbutt, Kleist, Rhombus laevis L.), Seezunge (Solea solea L.), Rothzunge (Kleinköpfige Scholle, Pleuronectes microcephalus Donovan), Stör (Acipenser sturio L.), Lachse (Salmo L.), Neunaugen (Petromyzon L.), Schnäpel (Coregonus oxyrhynchus L.), Hecht (Esox lucius L.), Zander (Lucioperca lucioperca L.), Karpfen (Cyprinus carpio L.) und Schlei (Tinca tinca L.),

ist die Verwendung steuerfreien Salzes zum Einsalzen auszuschließen, bei allen anderen See- und Küstenfischen dagegen zuzulassen."

Berlin, den 18. Juni 1899.

Der Reichskanzler.

Im Auftrage: v. Koerner.

---

4. Justiz-Wesen.

Im Verlage von Vullkammer und Mühlbrecht, Buchhandlung für Staats- und Rechtswissenschaft hierselbst (N.W. Unter den Linden Nr. 64), ist ein neunter Band der im Reichs-Justizamte bearbeiteten

„Deutschen Justiz-Statistik"

erschienen und im Buchhandel zum Preise von 8 M. zu beziehen.

5. Polizei-Wesen.

Ausweisung von Ausländern aus dem Reichsgebiete.

Laufende Nr.	Name und Stand der Ausgewiesenen.	Alter und Heimath	Grund der Bestrafung.	Behörde, welche die Ausweisung beschlossen hat.	Datum des Ausweisungs-beschlusses.
1.	2.	3.	4.	5.	6.
		Auf Grund des §. 362 des Strafgesetzbuchs.			
1.	Heinrich Riedler, Handarbeiter,	geboren am 2. Januar 1860 zu Parschnitz, Bezirk Trautenau, Böhmen, ortsangehörig zu Wildschütz, ebenda,	Landstreichen, Betteln, Erregung ruhestörenden Lärms und Beleidigung.	Königlich sächsische Kreishauptmannschaft Zwickau,	24. Februar d. J.
2.	Emilie Friede, Dienstmagd,	geboren am 5. September 1877 zu Buchbergsthal, Bezirk Freiwaldau, Oesterreichisch-Schlesien, ortsangehörig ebendaselbst,	Landstreichen,	Königlich preußischer Regierungs-Präsident zu Oppeln,	21. Mai d. J.
3.	Hermann Janßen, Maurergeselle,	geboren am 26. August 1844 zu Deventer, Provinz Overyssel, Niederlande, niederländischer Staatsangehöriger,	Landstreichen und Betteln,	Königlich preußischer Regierungs-Präsident zu Münster,	11. April d. J.
4.	Karl Karger, Gerbergeselle,	geboren am 16. Februar 1868 zu Johlee, Bezirk Landskron, Böhmen, österreichischer Staatsangehöriger,	Betteln,	Königlich preußischer Regierungs-Präsident zu Breslau,	3. Juni d. J.
5.	Elias Lindenbaum, Handelsmann,	geboren im März 1854, aus Dolina, Galizien, österreichischer Staatsangehöriger,	Landstreichen und Betteln,	Königlich preußischer Regierungs-Präsident zu Posen,	10. Juni d. J.
6.	Joseph Michalski, Schmiedegeselle,	25 Jahre alt, geboren zu Poblezie, Russisch-Polen, russischer Staatsangehöriger,	Landstreichen,	Königlich preußischer Regierungs-Präsident zu Oppeln,	31. Mai d. J.
7.	Heinrich Bilz, Arbeiter,	geboren am 28. Juli 1870 zu Mittendorf, Nieder-Oesterreich, österreichischer Staatsangehöriger,	Landstreichen, Betteln und Führung eines falschen Namens,	Königlich preußischer Regierungs-Präsident zu Königsberg,	4. Juni d. J.
8.	Anton Tschöpe, Schuhmacher,	geboren am 17. November 1864 zu Endersdorf, Bezirk Freiwaldau, Oesterreichisch-Schlesien, ortsangehörig ebendaselbst,	Landstreichen und Betteln,	Königlich preußischer Regierungs-Präsident zu Oppeln,	27. Mai d. J.
9.	Anton de Wael, Kaufmann und Photograph,	geboren am 13. October 1855 zu Brügge, Belgien, belgischer Staatsangehöriger,	dergleichen,	Königlich preußischer Regierungs-Präsident zu Münster,	9. April d. J.

Die Ausweisung des Tapeziers Franz Tittmann aus dem Reichsgebiete (Central-Blatt für 1898 S. 884 Z. 7) ist zurückgenommen worden.

Central-Blatt für das Deutsche Reich.

Herausgegeben im Reichsamte des Innern.

Zu beziehen durch alle Postanstalten und Buchhandlungen.

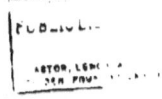

XXVII. Jahrgang.   Berlin, Freitag, den 30. Juni 1899.   № 27.

Inhalt: 1. Konsulat-Wesen: Ernennungen; - Exequatur-Ertheilung . . . . Seite 199. 2. Zoll- und Steuer-Wesen: Ableben eines Stations-Kontroleurs . . . . 199. 3. Polizei-Wesen: Ausweisung von Ausländern aus dem Reichsgebiete . . . . 200.

1. Konsulat-Wesen.

Seine Majestät der Kaiser haben im Namen des Reichs den bisherigen Konsul in Christiania, charakterisirten General-Konsul, Coates, zum General-Konsul für Japan in Yokohama zu ernennen geruht.

Seine Majestät der Kaiser haben im Namen des Reichs den Kaufmann Joachim Hinrich Emil Frese zum Vize-Konsul in Livingston (Guatemala) zu ernennen geruht.

Dem zum Spanischen Honorar-Vizekonsul in Memel ernannten Herrn Richard Schneider jr. ist Namens des Reichs das Exequatur ertheilt worden.

2. Zoll- und Steuer-Wesen.

Der Stations-Kontroleur in Hof, Königlich preußischer Hauptzollamts-Kontroleur und Steuerinspektor Bassel, ist gestorben.

3. Polizei-Wesen.

Ausweisung von Ausländern aus dem Reichsgebiete.

Laufende Nr.	Name und Stand der Ausgewiesenen.	Alter und Heimath	Grund der Bestrafung	Behörde, welche die Ausweisung beschlossen hat.	Datum des Ausweisungsbeschlusses.
1.	2.	3.	4.	5.	6.
		Auf Grund des §. 362 des Strafgesetzbuchs.			
1.	Thomas Kornheyer, Sattler,	geboren am 28. Dezember 1854 zu Milet, Bezirk Neuhaus, Böhmen, ortsangehörig ebendaselbst,	Landstreichen,	Königlich bayerisches Bezirksamt Mühldorf,	2. Juni d. J.
2.	Joseph Krother, Maurer,	geboren am 8. August 1870 zu Niederthal, Bezirk Kaplitz, Böhmen, österreichischer Staatsangehöriger,	Betteln,	Polizei-Behörde zu Hamburg,	20. Juni d. J.
3.	Joseph Leibl, Drechslergehülfe,	geboren am 6. Juni 1871 zu Eisvar, Oesterreich-Ungarn, österreichischer Staatsangehöriger,	Landstreichen und Betteln,	Königlich bayerisches Bezirksamt Donauwörth,	20. Mai d. J.
4.	Eduard Patel, Feilenhauer,	geboren am 6. September 1874 zu Bärnwald, Bezirk Senftenberg, Böhmen, österreichischer Staatsangehöriger,	Betteln und Beleidigung,	Königlich preußischer Regierungs-Präsident zu Breslau,	16. Juni d. J.
5.	Anton Schrober, Commis,	geboren am 11. September 1877 zu Hanau, Regierungsbezirk Cassel, ortsangehörig zu New-York,	Bruch der Landesverweisung, Landstreichen und falsche Namensangabe,	Königlich bayerische Polizei-Direktion München,	6. Juni d. J.
6.	August Strybac, Arbeiter,	geboren am 28. Oktober 1866 zu Lochowitz, Bezirk Horovic, Böhmen, österreichischer Staatsangehöriger,	Landstreichen und Betteln,	Königlich preußischer Regierungs-Präsident zu Frankfurt a. O.,	17. April d. J.
7.	Vincenz Tauschmann, Müller,	geboren am 8. Januar 1866 zu Giland, Bezirk Teschen, Böhmen, österreichischer Staatsangehöriger,	Betteln,	derselbe.	10. Mai d. J.
8.	Anton Ullmann, Gürtler,	geboren am 27. Januar 1868 zu Dessendorf, Bezirk Gablonz, Böhmen, ortsangehörig ebendaselbst,	Landstreichen, Betteln und Gebrauch falscher Legitimationspapiere,	Königlich preußischer Regierungs-Präsident zu Cassel,	15. Juni d. J.
9.	Hermann Urban, Bäckergeselle,	geboren am 15. August 1874 zu Wien, ortsangehörig zu Graupen, Bezirk Teplitz, Böhmen,	Bannbruch und Betteln,	Königlich sächsische Kreishauptmannschaft Zwickau,	24. Mai d. J.
10.	Rudolf Walter, Mußler (Zigeuner),	etwa 20 Jahre alt, angeblich geboren zu Schlettau, Amtshauptmannschaft Annaberg, Sachsen, ortsangehörig zu Chlistau, Bezirk Klattau, Böhmen,	Landstreichen,	Königlich bayerisches Bezirksamt Vegscheid,	6. Juni d. J.
11.	Maria Zeh, Kellnerin,	geboren am 17. Dezember 1875 zu Komotau, Böhmen, ortsangehörig zu Wildstein, Bezirk Eger, Böhmen,	gewerbsmäßige Unzucht,	Königlich sächsische Kreishauptmannschaft Zwickau,	21. Dezember v. J.

Central-Blatt für das Deutsche Reich.

Herausgegeben im Reichsamte des Innern.

Zu beziehen durch alle Postanstalten und Buchhandlungen.

XXVII. Jahrgang.   Berlin, Freitag, den 7. Juli 1899.   № 28.

Inhalt: 1. **Konsulat-Wesen:** Ernennung; — Ermächtigungen zur Vornahme von Civilstands-Akten; — Exequatur-Ertheilungen . . . . Seite 201
2. **Allgemeine Verwaltungs-Sachen:** Verbot der in Krakau erscheinenden Zeitung „Nowa Reforma" 202
3. **Marine und Schiffahrt:** Bekanntmachung, betreffend die Richtordnung für die Binnenschiffahrt auf der Elbe 202
4. **Zoll- und Steuer-Wesen:** Aenderung der Bestimmungen über die Ursprungszeugnisse der aus meistbegünstigten Ländern eingehenden Waaren; Bestellung eines Stationskontroleurs 226
5. **Polizei-Wesen:** Ausweisung von Ausländern aus dem Reichsgebiete 227

Anhang. **Militär-Wesen:** Gesammtverzeichniß der zur Ausstellung von Zeugnissen über die Befähigung für den einjährig-freiwilligen Militärdienst berechtigten Lehranstalten 229

1. Konsulat-Wesen.

Seine Majestät der Kaiser haben im Namen des Reichs den bisher mit der Verwaltung des Konsulats in Prag beauftragten Konsul Freiherrn von Seckendorff zum Konsul daselbst zu ernennen geruht.

Dem Kaiserlichen Gesandten Freiherrn von Menzingen in Tanger ist auf Grund des §. 1 des Gesetzes vom 4. Mai 1870 in Verbindung mit §. 85 des Gesetzes vom 6. Februar 1875 für das Sultanat Marokko die Ermächtigung ertheilt worden, bürgerlich gültige Eheschließungen von Reichsangehörigen und Schutzgenossen, mit Einschluß der unter deutschem Schutze lebenden Schweizer, vorzunehmen und die Geburten, Heirathen und Sterbefälle von solchen zu beurkunden.

Dem Kaiserlichen General-Konsul Coates in Yokohama ist auf Grund des §. 1 des Gesetzes vom 4. Mai 1870 in Verbindung mit §. 85 des Gesetzes vom 6. Februar 1875 für seinen Amtsbezirk die Ermächtigung ertheilt worden, bürgerlich gültige Eheschließungen von Reichsangehörigen und Schutzgenossen vorzunehmen und die Geburten, Heirathen und Sterbefälle von solchen zu beurkunden.

Dem Vertreter des beurlaubten Kaiserlichen Konsuls in Sarajevo, Vize-Konsul Freiherrn von Schauenburg, ist auf Grund des §. 1 des Gesetzes vom 4. Mai 1870 in Verbindung mit §. 85 des Gesetzes vom 6. Februar 1875 für den Amtsbezirk des Konsulats und für die Dauer seiner Vertretung die Ermächtigung ertheilt worden, bürgerlich gültige Eheschließungen von Reichsangehörigen und unter deutschem Schutze lebenden Schweizer vorzunehmen und die Geburten, Heirathen und Sterbefälle von solchen zu beurkunden.

Dem zum großbritannischen General-Konsul für die Rheinprovinz und Westfalen mit dem Amtssitz in Düsseldorf ernannten Herrn Thomas Robert Mulvany und dem zum großbritannischen Konsul in Cöln a. Rh. ernannten Herrn C. A. Nießen ist Namens des Reichs das Exequatur ertheilt worden.

Dem Vize- und Deputy-Konsul der Vereinigten Staaten von Amerika Gordon Scott in Aachen ist Namens des Reichs das Exequatur ertheilt worden.

2. Allgemeine Verwaltungs-Sachen.

Nachdem durch rechtskräftige Urtheile des Königlichen Landgerichts zu Posen vom 13. März und 24. Mai b. J. gegen die in Krakau erscheinende Zeitung „Nowa Reforma" binnen Jahresfrist zwei Mal eine Verurtheilung auf Grund der §§. 41 und 42 des Strafgesetzbuchs erfolgt ist, wird auf Grund des §. 14 des Gesetzes über die Presse vom 7. Mai 1874 (Reichs-Gesetzbl. S. 65) die fernere Verbreitung dieser Druckschrift auf die Dauer von zwei Jahren hierdurch verboten.

Berlin, den 29. Juni 1899.

Der Reichskanzler.
In Vertretung: Graf v. Posadowsky.

3. Marine und Schifffahrt.

Bekanntmachung,
betreffend die Aichordnung für die Binnenschifffahrt auf der Elbe. Vom 30. Juni 1899.

Der Bundesrath hat in seiner Sitzung vom 15. Juni 1899 auf Grund des Artikel 4 Ziffer 9 der Reichsverfassung beschlossen, der nachstehenden Aichordnung für die Binnenschifffahrt auf der Elbe und den dazu gehörigen Ausführungsbestimmungen mit folgenden Maßgaben die Zustimmung zu ertheilen:

1. Als Revisionsbehörde nach §. 15 der Aichordnung für die Binnenschifffahrt auf der Elbe wird im Gebiete der deutschen Elbuferstaaten das Kaiserliche Schiffsvermessungsamt in Berlin bestellt.

    Das Schiffsvermessungsamt ist befugt, die von den deutschen Elbuferstaaten eingesetzten Aichbehörden für die Binnenschifffahrt auf der Elbe hinsichtlich der Handhabung der Aichordnung mit technischen Anweisungen zu versehen, von den Aufzeichnungen und Berechnungen der Vermessungsbehörden Einsicht zu nehmen und die Abstellung der dabei vorgefundenen Mängel herbeizuführen.

    Die Mitglieder des Schiffsvermessungsamts können der Aufnahme der Messungen beiwohnen.

    Sämmtliche Aichprotokolle sind zur Vornahme von Revisionen nach Stichproben dem Schiffsvermessungsamt einzureichen.

2. Die Revisionsbehörde hat sich mit einem Satze der in den Ausführungsbestimmungen zu §. 8 unter A bezeichneten Meßwerkzeuge zu versehen. Diese Meßwerkzeuge gelten als Probemaße.

    Jede Neubeschaffung von Meßwerkzeugen (vergl. Ausführungsbestimmungen zur Aichordnung zu §. 8 A 1 unter Ziffer I bis VI, VIII, XIII und XIV) erfolgt auf Antrag der Aichbehörde durch die Revisionsbehörde, welche eine Prüfung und Stempelung der Werkzeuge durch die Kaiserliche Normal-Aichungs-Kommission zu veranlassen hat.

Berlin, den 30. Juni 1899.

Der Reichskanzler.
Im Auftrage: Caspar.

Aichordnung für die Binnenschiffahrt auf der Elbe.

§. 1.

Fahrzeuge, welche ausschließlich oder vorzugsweise zum Binnenverkehr auf der Elbe bestimmt sind, unterliegen der Aichung nach Maßgabe der folgenden Bestimmungen:

§. 2.

Voraussetzung für die Vornahme der Aichung ist:
1. daß das Schiff in seinem gegenwärtigen Zustande nicht bereits nach Maßgabe dieser Aichordnung geaicht ist, und nicht einen noch gültigen Aichschein hat;
2. daß das Schiff mit der vollen Ausrüstung versehen ist.

§. 3.

Das Aichverfahren beginnt mit der Festsetzung der Leerlinie, d. h. derjenigen Linie, bis zu welcher das mit voller Ausrüstung und mit der erforderlichen Mannschaft belastete Schiff in sonst unbelastetem Zustand eintaucht. Bei Dampfschiffen gehört zur vollen Ausrüstung die betriebsmäßige Füllung der Kessel. Soweit es hieran fehlt, wird das Schiff mit entsprechendem Gewichte belastet.

Das Schiff muß sich in normaler Schwimmlage dergestalt befinden, daß die Oberkante beider Borde mittschiffs gleich hoch über dem Wasserspiegel liegt.

§. 4.

Die Leerlinie wird an jeder Seite des Schiffes vorn, in der Mitte und hinten durch Leermarken bezeichnet.

§. 5.

Ueber jeder Leermarke wird senkrecht zum Wasserspiegel ein Tiefgangsanzeiger — §. 11 der Polizeiverordnung für die Schiffahrt und Flößerei auf der Elbe — angebracht, auf welchem jedes zehnte Centimeter durch eine Marke bezeichnet wird. An diesen Tiefgangsanzeigern werden Theilstriche von zwei Centimeter Höhe mit Farbe bezeichnet.

Der Tiefgangsanzeiger erhält den Nullpunkt in derjenigen wagerechten Ebene, welche bei normaler Schwimmlage (§. 3) des Schiffes durch den tiefsten Punkt der äußeren Fläche des Schiffsbodens geht.

Der mittschiffs angebrachte Tiefgangsanzeiger reicht bis zu der oberen Aichebene. Die vorn und hinten angebrachten Tiefgangsanzeiger reichen 20 cm höher hinauf.

Die obere Aichebene ist die wagerechte Ebene, welche unter dem tiefsten Punkte der Bordoberkante dergestalt durch den Schiffskörper gelegt wird, daß das Schiff

bei mehr als 15 Tonnen Tragfähigkeit 25 cm, bei kleineren Fahrzeugen 15 cm

freie Bordhöhe behält. Wenn die Tragfähigkeit eines Schiffes bei 25 cm freier Bordhöhe 15 Tonnen oder weniger, bei 15 cm freier Bordhöhe aber mehr als 15 Tonnen beträgt, so genügt eine freie Bordhöhe von 15 cm. Bei Schiffen mit festem Decke werden wasserdicht aufgesetzte Scheerstöcke bei den Luken in die Bordhöhe mit eingerechnet, jedoch darf die obere Aichebene nicht höher liegen, als das Schandeck. Bei Dampfschiffen ist die freie Bordhöhe vom tiefsten Punkte der am tiefsten liegenden Fensteröffnung abwärts zu messen.

§. 6.

Als Aichraum gilt der Raum, welcher
  von der durch die Leerlinie gehenden Ebene (Leerebene),
  von der oberen Aichebene und
  von den zwischen diesen beiden Ebenen liegenden Außenseiten der Schiffswandung
begrenzt wird.

§. 7.

Behufs Feststellung seiner Größe wird der Aichraum in halber Höhe zwischen der Leerebene und der oberen Aichebene mittelst einer wagerechten Ebene (die mittlere Einsenkungsebene) in zwei Aichschichten getheilt.

§. 8.

Der Raumgehalt des Aichraums und einer jeden von beiden Aichschichten wird nach näherer Vorschrift der Ausführungs-Bestimmungen in Kubikmetern ermittelt.

§. 9.

Das Gewicht einer Ladung beträgt soviel Tonnen (zu 1000 kg), als der damit zur Eintauchung gebrachte Aichraum Kubikmeter enthält.

§. 10.

Für das geaichte Schiff wird ein Aichschein ausgefertigt, welcher für jede zur Leerebene parallele Eintauchung des Schiffskörpers nach je 2 cm des Tiefganges, von der Leerebene bis zur oberen Aichebene das Ladungsgewicht in Tonnen (zu 1000 kg) angiebt.

Vor Ausfertigung des Aichscheins ist neben jeder Leermarke und neben dem höchsten Punkte jedes Tiefgangsanzeigers das Aichzeichen anzubringen; außerdem ist das Schiff an denjenigen Stellen, an denen sich die durch Polizeiverordnung für die Schiffahrt und Flößerei auf der Elbe vorgeschriebene Bezeichnung (§. 6 a. a. O.) befindet, in gleicher Ausführung der Buchstaben und Ziffern mit einer Inschrift zu versehen, welche die Tonnenzahl bis zur oberen Aichebene und das Aichzeichen ergiebt.

Das Aichzeichen enthält den Anfangsbuchstaben des Stromes, zu dessen Flußgebiete die Aichbehörde gehört, und des Heimathstaats des Schiffes sowie den Anfangs- und den Endbuchstaben des Ortes, an dem die Aichbehörde ihren Sitz hat.

§. 11.

Aichprüfung. Geaichte Schiffe werden zur Feststellung des den Angaben des Aichscheins entsprechenden Zustandes auf Antrag einer Aichprüfung unterzogen.

Eine Aichprüfung soll erfolgen:
1. spätestens drei Monate nach Vollendung jedes Umbaues, nach jeder größeren Ausbesserung des Schiffes sowie nach jeder Beschädigung oder Beseitigung der Leermarken oder der aufgestempelten Aichzeichen;
2. ohne daß das Schiff Veränderungen erlitten hat, bei Schiffen, die zumeist aus Holz erbaut sind, spätestens fünf Jahre, bei Schiffen, die zumeist aus Eisen oder Stahl erbaut sind (auch bei eisernen Schiffen mit hölzernem Boden), spätestens zehn Jahre nach der Ausfertigung des Aichscheines.

Zur Stellung des Antrags auf Aichprüfung ist außer dem Schiffseigenthümer oder Schiffer auch die Schiffahrtspolizeibehörde befugt, wenn sie Veränderungen der unter Ziffer 1 erwähnten Art festgestellt hat. Zum Zwecke einer von Schiffahrtspolizei beantragten Aichprüfung soll die Entlöschung belabener Fahrzeuge während der Reise nicht verlangt werden.

Unterbleibt die Aichprüfung in diesen Fällen, so wird die geschehene Aichung ungültig.

Ungültig gewordene Aichscheine sind einzuziehen. Wird der ungültige Aichschein nicht zurückgeliefert, so ist die Ungültigkeit öffentlich bekannt zu machen.

§. 12.

Zur Vornahme der Aichprüfung wird das Schiff in die normale Schwimmlage (§. 3) gebracht. Sodann wird geprüft, ob die Leermarken (§. 4) und die Nullpunkte der Tiefgangsanzeiger (§. 5) noch in der richtigen Ebene liegen.

Wenn sich ergiebt, daß der tiefste Punkt der äußeren Fläche des Schiffsbodens mehr als fünf Centimeter tiefer liegt als der Nullpunkt eines der Tiefgangsanzeiger, so wird das Schiff neu geaicht.

Wenn sich ergiebt, daß die durch die Leermarken bezeichnete Ebene von der wirklichen Leerebene im Durchschnitte der bei den Marken senkrecht zum Wasserspiegel zu messenden Abstände mehr als drei Centimeter entfernt ist, so wird unter Tilgung der alten Leermarken die Lage der Leerebene durch neue Leermarken bezeichnet und ein neuer Aichschein ausgefertigt.

Wenn sich ergiebt, daß die Abweichungen des Nullpunkts des Tiefgangsanzeigers oder der Leerebene geringer als fünf beziehungsweise drei Centimeter sind, so wird das Verfahren nur auf besonderen Antrag des Eigenthümers oder des Führers des Schiffes fortgesetzt und ein neuer Aichschein ausgefertigt. Wird ein solcher Antrag nicht gestellt, so bleibt die geschehene Aichung nach Maßgabe des §. 11 Nr. 2 auf weitere fünf oder zehn Jahre gültig. Das Ergebniß der Prüfung wird in dem Aichscheine vermerkt.

§. 13.

Nach Abschluß ihrer Aichprüfung hat die Aichbehörde das Schiff, soweit dasselbe ihr Aichzeichen nicht bereits trägt, nach Vorschrift des §. 10 unter Tilgung älterer Aichzeichen zu stempeln. Gleichzeitig sind die Inschriften des Schiffes nach dem Ergebnisse der Prüfung sowie hinsichtlich des Aichzeichens zu berichtigen.

§. 14.

An geeigneten Stellen werden Aichbehörden bestellt. Sie haben diejenigen Schiffe zu aichen und *Nachbehörden* zu prüfen (§. 11), welche zu dem Behuf ihnen bereitgestellt werden.

An Stelle besonderer Aichbehörden kann jeder Uferstaat mit deren Obliegenheiten andere Behörden betrauen.

§. 15.

Ueber den Aichbehörden werden Revisionsbehörden bestellt.

Diesen liegt ob:
1. die von den Aichbehörden vorgenommenen Messungen und Berechnungen von Amtswegen durch Stichproben oder auf Beschwerde des Schiffseigners zu prüfen und nach Befinden zu berichtigen,
2. die von den Aichbehörden angewendeten Meßwerkzeuge von Zeit zu Zeit zu prüfen.

§. 16.

Die Aichung oder Aichprüfung eines Schiffes ist von dem Eigenthümer oder dem Schiffer bei derjenigen Aichbehörde, welcher das Schiff bereitgestellt werden soll, schriftlich zu beantragen. Dem Antrage ist
1. der etwa früher für das Schiff schon ausgestellte Aichschein,
2. die Angabe der für das Fahrzeug erforderlichen Mannschaftszahl,
3. ein Verzeichniß der zur vollen Ausrüstung gehörigen Gegenstände
beizufügen.

Der Eigenthümer oder Schiffer hat der Aichbehörde das Schiff unbeladen vorzuführen und dieser jede Hülfe zu gewähren, welche für die Durchführung des Verfahrens beansprucht wird.

§. 17.

Die Gebühren für die Aichung und für die Ausfertigung des Aichscheins betragen:
1. Für die erste und jede wiederholte vollständige Aichung eines Schiffes für jede Tonne Tragfähigkeit . . . . 5 Pfennig.

Der Mindestbetrag der Gebühren beträgt 2 Mark.

Von der Aichbehörde werden die Aichklammern und Aichnägel ohne weiteres Entgelt geliefert. Die Anbringung der Tiefgangsanzeiger (§. 5) liegt dem Antragsteller ob (§. 16 Abs. 2).
2. Für eine nicht zur Neuaichung, sondern nur zur Erneuerung der Aichklammern oder des Aichscheins führende Aichprüfung die Hälfte der Sätze unter 1.
3. Für eine weder zur Neuaichung noch zur Erneuerung der Aichklammern oder des Aichscheins führende Aichprüfung nichts.
4. Wird die Aichung oder Aichprüfung auf Antrag nicht am Sitze der Aichbehörde, sondern anderswo vorgenommen, so hat der Antragsteller nicht nur einen für die Aichung geeigneten Platz zur Verfügung zu stellen, sondern außer den tarifmäßigen Gebühren auch noch die der Aichbehörde erwachsenden baaren Auslagen zu zahlen.
5. Bis die vorstehend genannten Gebühren und Kosten entrichtet sind oder Sicherheit für die Zahlung geleistet ist, kann die Aushändigung des Aichscheins verweigert werden.
6. Für die auf Grund der Bestimmung in §. 18 während der ersten zwei Jahre nach dem Inkrafttreten der Aichordnung behufs Ersetzung der bisherigen Aichscheine und Meßbriefe vorgenommenen Aichungen beträgt die Gebühr für jede Tonne Tragfähigkeit 3 Pfennig.

§. 18.

Die bisherigen Aichscheine, Meßbriefe der Binnenfahrzeuge zc. verlieren ihre Gültigkeit nach *Uebergangs-* Ablauf von zwei Jahren, nachdem diese Aichordnung in Kraft getreten ist, sofern nicht bereits früher *u. Schluß-* gemäß §. 11 eine Aichprüfung erforderlich wird. *stimmungen.*

§. 19.

Diese Aichordnung, welche auf Grund einer Vereinbarung der Regierungen im Deutschen Reiche und in Oesterreich gleichlautend erlassen wird, tritt am 1. Oktober 1899 in Kraft.

Ausführungsbestimmungen zur Aichordnung für die Binnenschiffahrt auf der Elbe.

Zu §. 3.

1. Aichungen und Aichprüfungen finden in der Regel am Sitze der Schiffsaichbehörde statt.

   Die Behörde kann auf Wunsch das in Antrag gebrachte Verfahren auch außerhalb ihres Amtssitzes vornehmen. In solchen Fällen hat der Antragsteller einen nach dem Urtheile der Behörde für das Verfahren geeigneten Platz zur Verfügung zu stellen und die Kosten zu tragen.

2. Nachdem die Masten und beweglichen Schornsteine des Schiffes niedergelegt sind, wird dasselbe an einer vor Wind, Strömung und Wellenschlag geschützten Stelle festgelegt und nöthigenfalls durch Verschieben von Ausrüstungsgegenständen in die normale Schwimmlage gebracht. Unter dem Schiffsboden muß eine Wassertiefe von überall mindestens $0{,}x$ m vorhanden sein. Das Schiff muß, ohne irgendwo anzuliegen oder das Ufer zu berühren, frei und ruhig schwimmen und mit einem Boote ungehindert umfahren werden können.

3. Die Höhe des Bodenwassers im Schiffsraume darf an der tiefsten Stelle bei hölzernen Schiffen nicht mehr als 5 cm, bei hölzernen Schiffen mit eisernen Spanten und bei eisernen Schiffen mit Holzboden nicht mehr als 3 cm betragen; eiserne Schiffe müssen im Allgemeinen frei von Bodenwasser sein, etwa vorhandenes Bodenwasser ist soweit als möglich zu entfernen.

4. Der zur Kesselheizung erforderliche Kohlenvorrath gehört nicht zur Ausrüstung im Sinne dieses Paragraphen.

Zu §. 4.

1. Als Leermarken an Schiffen mit Holzwänden dienen Aichklammern, dieselben sind aus verzinktem Eisenblech von 8 cm Länge, 2 cm Höhe, 2 bis 3 mm Stärke hergestellt und an ihren beiden abgerundeten Enden mit ausgeschmiedeten Spitzen versehen, welche mindestens 1,5 cm kürzer sind, als die Dicke der Schiffswand beträgt. Die Unterkanten der Leermarken sollen mit der Leerlinie zusammenfallen, die Abstände der Leermarken von einander auf beiden Seiten des Schiffes möglichst gleich sein.

2. Als Leermarken an eisernen Schiffen sowie an Schiffen mit eisernen Borden dienen je 5 Körnerschläge in je 3 cm Entfernung von einander, deren Mittelpunkte in der Leerlinie liegen sollen.

3. Vor Anbringung der Leermarken ist die Leerlinie zunächst an jeder Seite des Schiffes und zwar in der Mitte seiner Länge sowie an den Enden der Leerebene vorn und hinten scharf zu bezeichnen, demnächst ist das Schiff durch Verschiebung von Ausrüstungsgegenständen so weit nach einer Seite überzulegen, daß die Anbringung der Leermarken und Aichzeichen auf der ausgelauchten Schiffsseite ohne Schwierigkeit erfolgen kann. Ist dies auf der einen Schiffsseite geschehen, so wird dasselbe Verfahren für die andere Seite wiederholt.

Zu §. 5.

1. Behufs Ermittelung des tiefsten Punktes der äußeren Fläche des Schiffsbodens wird, nachdem die beiden Schenkel des Tiefenmaßes (zu §. 8 A V) nach dem großen Winkelmaße (zu §. 8 A VI) rechtwinklig zu einander festgestellt sind, der längere Schenkel fest anliegend unter den Schiffsboden geschoben und der kürzere Schenkel nach dem Lothe in senkrechte Stellung gebracht, so daß auf dessen Maßeintheilung der Wasserspiegel anzeigt, wie tief das Schiff an der untersuchten Stelle unter Wasser liegt. In gleicher Weise wird durch Untersuchung der Tiefenlage des Schiffsbodens auf seiner ganzen Länge die größte Tiefe (Leertiefe) ermittelt und damit die Tiefenlage des Nullpunktes der Tiefgangsanzeiger festgestellt. Von diesem Nullpunkt ab werden über jeder Leermarke Tiefgangsanzeiger mittelst des Tiefgangstheilers (zu §. 8 A VIII) auf die Bordwand übertragen. Zu dem Zwecke wird der Gleitstock in senkrechter Stellung an der Schiffswand befestigt und demnächst jedes zehntel Meter durch einen leichten Schlag auf den in dem Einschnitt des Schiebers gelegten Markirstift angezeichnet.

2. Bei Schiffen an denen der Tiefgangstheiler mit Markirstift wegen starker Neigung der Schiffswand nicht anzuwenden ist, wird die Eintheilung der Tiefgangsanzeiger vom Wasserspiegel aufwärts mittelst eines senkrecht gehaltenen Meterstocks bestimmt.

3. Die Marken der Tiefgangsanzeiger werden bei hölzernen Schiffen durch Aichnägel (schmiedeeiserne Nägel von 2 cm Schaftlänge mit kegelförmigem Kopfe von 1,7 cm Durchmesser), bei eisernen Schiffen sowie bei Schiffen mit eisernen Vorbau durch Körnerschläge, deren Mittelpunkte die Theilung bilden, bezeichnet.
4. Zur leichteren Unterscheidung werden die vollen Meter durch 3, die halben Meter durch 2, die zehntel Meter durch je einen Aichnagel oder Körnerschlag bezeichnet. Aichnägel und Körnerschläge sind auf 5 cm Entfernung von Mitte zu Mitte wagerecht neben einander anzuordnen.
5. Die Nägelköpfe erhalten einen Anstrich von hervortretender Farbe (weiß auf dunklem, schwarz auf hellem Grunde, die Körnerschläge einen mit seiner Unterkante den Mittelpunkt der Körnerschläge schneidenden horizontalen Strich von eben solcher Farbe, dessen Länge bei den vollen Metern 20 cm, bei den halben Metern 15 cm, bei den zehntel Metern 10 cm beträgt.
6. Nach Anbringung und Bezeichnung der Tiefgangsanzeiger wird bei jedem von ihnen die Entfernung zwischen der obersten Marke und der senkrecht darüber liegenden Bordkante ermittelt. Die gefundenen Maße werden in den Aichschein und das Aichprotokoll als "Erkennungsmaße" eingetragen.

Zu §. 8.
A. Meßgeräthe.

1. Bei der Vermessung des Aichraums sind anzuwenden:
   I. Zwei Dreimeterstöcke mit festem Messingschuh an jedem Ende und einer Nuth von 1 cm Breite und 0,5 cm Tiefe in der Mitte der Vorderseite auf der ganzen Länge.
   II. Ein Zweimeterstock, } wie die unter Nr. 1 bezeichneten Stöcke eingerichtet.
   III. Ein Einmeterstock,
   IV. Ein Meßband von Stahl, 15 bis 20 mm breit und 20 m lang, zum Aufrollen um einen Cylinder eingerichtet und an einem Ende mit einem kleinen Messingringe derart versehen, daß der Anfangspunkt der Längenmaßtheilung an der Außenkante des Ringes liegt.
   V. Ein Tiefenmaß, bestehend aus zwei Schenkeln von geeigneter Länge. Die Schenkel sind durch ein starkes Scharnier derart mit einander verbunden, daß sie sowohl zusammengelegt, wie durch einen sicheren Verschluß rechtwinklig zu einander festgestellt werden können. Jeder Schenkel ist an seinem Ende mit einem festen Messingschuhe versehen, an der vorderen Seite des kürzeren Schenkels ist eine Centimetertheilung derart angebracht, daß ihr Nullpunkt mit der inneren Spitze des rechten Winkels des Tiefenmaßes zusammenfällt.
   VI. Ein Satz Winkelmaße, bestehend aus:
       einem großen Winkelmaße mit Schenkeln von 1,5 beziehungsweise 1 m Länge,
       einem mittleren Winkelmaße mit Schenkeln von je 1 m Länge,
       einem kleinen Winkelmaße mit Schenkeln von je 0,5 m Länge.
   VII. Eine Leine von 20 mm Umfang und 60 m Länge.
   VIII. Ein Theiler für die Tiefgangsanzeiger zum Absetzen der Marken, bestehend aus einem Gleitstock mit feststellbarem Schieber von 2,5 m Länge mit festem Messingschuh an beiden Enden, nebst
       a) 2 Hefteisen mit Flügelmuttern zur Befestigung des Geräths an der äußeren Bordwand;
       b) 1 Markirstift zur Bezeichnung der Theilung auf den Tiefgangsanzeigern.
   IX. Eine Leine von 6 bis 7 mm Umfang und 6 m Länge mit einem Lothe von 1 kg Schwere und Vorrichtung zum Aufrollen versehen.
   X. Aichstempel (§. 10) und zwar:
       a) ein Brennstempel für hölzerne Schiffe;
       b) drei Schlagstempel aus Gußstahl für eiserne Schiffe.
   XI. Ein Körner von cylindrischer Form 10 cm Länge und 1 cm Durchmesser.
   XII. Drei Hämmer mit ebener Bahn von 0,5 und 0,75 und 1,25 kg Gewicht.
   XIII. Ein stählernes Metermaß von 1 m Länge mit Anschlag zum Prüfen der Längenmaße.
   XIV. Eine Messingrolle nebst einem eisernen Gewichtsstücke von 2,5 kg mit Haken zur Prüfung des unter Nr. IV bezeichneten Meßbandes.
   XV. Ein Kohlenkorb aus Eisenstäben zum Heißmachen des Aichstempelbrenneisens.

2. Jede Aichbehörde muß mindestens mit einem Satze der unter 1 bezeichneten Geräthe versehen sein.
3. Die Revisionsbehörden haben in geeigneten Zeitabschnitten, mindestens aber alle fünf Jahre, die Meterstöcke, das Tiefenmaß und den Tiefgangstheiler (Nr. I bis III, V, VIII) mittelst des stählernen Metermaßes (Nr. XIII), das Tiefenmaß (Nr. V) mittelst der Winkelmaße (Nr. VI) sowie das Meßband (Nr. IV) mittelst der Meterstöcke zu prüfen.

Die Prüfung der Meterstöcke mittelst des stählernen Metermaßes geschieht wie folgt: Bei den Dreimeterstöcken legt man erst das eine, sodann das andere Ende gegen den Anschlag des Metermaßes und liest den Abstand des nächsten Meterstriches von dem Ende des Metermaßes in Millimetern ab. Hierauf vergleicht man die Länge des mittleren Meterintervalls mit der Länge des Metermaßes, indem man das Intervall an diejenige Seite des mit durchgehenden Theilstrichen versehenen stählernen Metermaßes legt, an welcher kein Anschlag vorhanden ist. Die Summe der Fehler der drei Meterintervalle giebt den Gesammtfehler des Meterstocks.

Die Prüfung der Zwei- und Einmeterstöcke sowie des Tiefgangstheilers (Nr. VIII) erfolgt unter sinngemäßer Anwendung vorstehender Bestimmungen.

Die Prüfung des Meßbandes erfolgt derart, daß man dasselbe ausrollt und unausgespannt auf eine ebene Unterlage (Brett, Fußboden) hinlegt. Alsbann schiebt man die beiden Dreimeter- und den Zweimeterstock aneinander, bringt sie neben das Meßband und bestimmt mit Berücksichtigung der etwaigen innerhalb der Fehlergrenze sich haltenden Fehler der Meterstöcke, ob die für das Meßband festgesetzte Fehlergrenze eingehalten ist.

4. Bei den unter 1 Nr. I bis IV aufgeführten Meßgeräthen dürfen die folgenden Abweichungen von der Richtigkeit geduldet werden:
    bei Nr. I größte zulässige Abweichung der Gesammtlänge 3 mm,
    bei Nr. II größte zulässige Abweichung der Gesammtlänge 2 mm,
    bei Nr. III größte zulässige Abweichung der Gesammtlänge 2 mm,
    bei Nr. IV größte zulässige Abweichung für je 10 m Länge 1 cm.

Zeigen die Meßgeräthe größere als die hiernach zulässigen Abweichungen, so müssen sie so lange außer Gebrauch gesetzt bleiben, bis sie eine Richtigstellung erfahren haben.

B. Aufnahme der Maße.

Anlage 1.

1. Ueber das Aichverfahren wird nach dem anliegenden Muster ein Protokoll aufgenommen, in welches alle zur Aichung gehörigen Maße eingetragen und in welchem alle dazu gehörigen Rechnungen und Nebenrechnungen ausgeführt werden.

2. Alle Maße werden auf Centimeter abgerundet; Bruchtheile der Centimeter werden, soweit sie 0,5 oder mehr betragen als ein ganzes Centimeter gerechnet, kleinere Bruchtheile aber unberücksichtigt gelassen.

Die Maße sind derart in das über das Aichverfahren aufzunehmende Protokoll einzutragen, daß die zu den ganzen Metern hinzukommenden Centimeter als Dezimalstellen hinter die Meterzahlen gesetzt werden (z. B. 3,62 m, 0,25 m u. s. f.).

3. Behufs Aufnahme der Maße wird der Aichraum mittelst zweier senkrecht durch die beiden Enden der Leerebene und rechtwinklig zur Längenachse des Schiffes gelegter Querschnitte in drei Abtheilungen getheilt. Die Einsenkungsebenen jeder derselben werden für sich vermessen.

4. Vermessung der Einsenkungsebenen der mittleren Abtheilung des Aichraumes:
    a) Die Länge dieser Abtheilung wird zwischen den sie begrenzenden beiden Querschnitten parallel zur Längenachse des Schiffes ermittelt. Die Messung erfolgt bei vorhandenem glatten Deck unmittelbar auf diesem, bei anderer Deckform und bei ungedeckten Fahrzeugen an der zu dem Behufe zwischen den beiden höchstgelegenen festen Endpunkten des Schiffes gespannten Leine (A VII) mittelst der Meterstöcke.
    b) Die gefundene Länge wird in eine gerade Anzahl gleicher Theile getheilt, deren Länge bei einer Länge der Abtheilung bis zu 20 m über 3 m, bei einer Länge der Abtheilung von 20 m und mehr über 5 m nicht hinausgehen darf. Die Anzahl der Theile soll nicht größer sein, als zur Durchführung dieser Vorschrift erforderlich ist.

— 200 —

Nachdem mittelst eines Meterstocks oder des Meßbandes die einzelnen Theilpunkte abgesetzt sind, wird ihre Lage am Schiffe rechtwinklig zur Längsschiffsebene auf die beiden Bordwände übertragen.

c) Demnächst wird der Ort jedes Theilpunktes auf die darunter durch Kreidestriche bemerkbar gemachten, drei zu vermessenden Einsenkungsebenen übertragen.

Mittelst einer an jedem Theilpunkte querschiffs über das Fahrzeug gelegten und auf der einen Seite darüber hinausragenden Latte, oder, wenn das in Folge der Einrichtung des Fahrzeugs umständlich sein sollte, mittelst eines Bandmaßes wird in einer sich dazu eignenden Höhe die ganze, von Bord zu Bord sich erstreckende Breite des Fahrzeugs gemessen.

Demnächst wird mittelst eines am überragenden Theile der Latte oder eines entsprechend festgehaltenen Auslegers frei herabhängenden Lothes für jeden Theilpunkt der Länge des Fahrzeugs, auf einer seiner Seiten der Unterschied der soeben gemessenen Bordbreite und der Breite an jeder der drei Einsenkungsebenen bestimmt. Unter Verdoppelung dieses Unterschiedes findet man je nach der Form des Schiffes durch Addition oder Subtraktion für jeden Theilpunkt der Länge die gesuchten Breiten zwischen den äußeren Bordwänden in jeder der zu messenden drei Einsenkungsebenen.

d) Wenn die Schiffswand (wie bei klinkergebauten Schiffen) Absätze bildet, so wird jeder Abstand der Lothleine von der Bordwand, welcher in die Nähe eines solchen Absatzes fällt, sowohl oberhalb wie unterhalb desselben gemessen und das arithmetische Mittel zwischen beiden Maßen als der wahre Abstand angenommen.

5. Vor Aufnahme der Maße der mittleren Abtheilung ist festzustellen, in welcher Ausdehnung die Seitenwände des Schiffes parallel zu der durch die Längenachse des Schiffes gedachten senkrechten Ebene sind. In dieser Ausdehnung sind die Breitenmaße nur in einem Längentheilpunkt auf jeder Bordseite des Schiffes wirklich aufzumessen, während für alle übrigen Theilpunkte die den gemessenen gleichen Maße ohne Weiteres in das Protokoll übertragen werden.

6. Sind hiernach die einzelnen Breiten der die Richschichten nach oben und nach unten begrenzenden Ebenen für die mittlere Abtheilung festgestellt, so werden die Abstände des Vorder- und Hinterschiffs von dem vorderen beziehungsweise hinteren Querschnitt ermittelt. Zu diesem Zwecke wird das Loth in der Längenachse des Schiffes sowohl in dem vordersten wie dem hintersten festen Punkte des Schiffskörpers, oder wenn erforderlich an einem Ausleger frei spielend aufgehängt und mit Aufnahme der Abstände der Lothleine in den einzelnen Einsenkungsebenen ebenso verfahren, wie oben für die Aufnahme der Abstände von den Seitenwänden des Schiffes angegeben ist.

Bei Schiffen und Steven sind außerdem die Querbreiten der letzteren in der Leerebene, der mittleren Einsenkungsebene und der oberen Richebene zu messen. Bei Fahrzeugen, welche vorn oder hinten nicht durch einen Steven abgeschlossen sind, müssen die entsprechenden Querbreiten der an Stelle der Steven vorhandenen vordern und hintern Schiffstheile ermittelt werden. Ferner wird, wenn die Schiffsform es erfordert, für die obere Richebene und die mittlere Einsenkungsebene noch eine Zwischenbreite auf halber Länge dieser Ebenen im vorderen und hinteren Richraume gemessen.

7. Wird die Aufnahme einzelner Breiten durch vorspringende Theile, wie Schaufelräder ec., an der Aufnahmestelle verhindert, so darf die Breitenmessung ausnahmsweise an einer andern, der vorgeschriebenen möglichst naheliegenden Stelle vorgenommen werden. In solchen Fällen muß jedoch stets eine Berichtigung der aufgenommenen Maße, der Form des Schiffes entsprechend, erfolgen.

C. **Berechnung des Flächeninhalts der einzelnen die Richschichten begrenzenden Ebenen.**

1. Die Berechnungen sind in demselben Protokoll auszuführen, in welchem die Maße verzeichnet sind (B 1).
2. Jedes Protokoll ist nach Beendigung aller in demselben vorzunehmenden Berechnungen und Aufzeichnungen von der Aichbehörde zu unterzeichnen.

3. Alle Rechnungen sind mit 3 Dezimalstellen durchzuführen, und zwar ist die dritte Dezimalstelle um 1 zu erhöhen, wenn die darauf folgende vierte Stelle 5 oder mehr beträgt.

4. Die Berechnung der einzelnen Einsenkungsebenen erfolgt in nachstehender Weise:

Bei der Leerebene werden die gemessenen Breiten vom Vordertheile des Schiffes anfangend fortlaufend mit 1, 2, 3, 4, 5 u. s. f. bezeichnet und der Reihe nach mit 1, 4, 2, 4, 2, 4..... 4·1 multiplizirt. Die Summe dieser Produkte multiplizirt mit dem dritten Theile des gemeinsamen Abstandes der Längentheilpunkte von einander ergiebt den Flächeninhalt der Leerebene in Quadratmetern.

Die Flächeninhalte der übrigen Einsenkungsebenen setzen sich aus dem Inhalte der in den drei Abtheilungen des Aichraums befindlichen Theile derselben zusammen. Die Ermittelung des Inhalts der in der mittleren Aichraumabtheilung befindlichen Theile jeder dieser Ebenen erfolgt in der für die Leerebene vorgeschriebenen Weise, während die beiden anderen Theile je nach ihrer Form als Dreiecke, Trapeze oder von krummen Linien begrenzte Flächenstücke berechnet werden. Im letzteren Falle werden die drei Breiten (f. oben B 6 Abf. 2) mit 1, 4, 1 multiplizirt, die Produkte addirt und sodann wird durch Multiplikation dieser Summe mit dem dritten Theile des Abstandes dieser Breiten von einander der Flächeninhalt gefunden. Im Falle eines Dreiecks oder Trapezes wird die algebraische Summe der zwei Breiten mit der Hälfte des Abstandes dieser Breiten multiplizirt. Die Summe der Inhalte der drei Theile einer Einsenkungsebene ist der Flächeninhalt der letzteren.

D. Berechnung des Aichraums.

1. Die Berechnung des Inhalts des ganzen Aichraums erfolgt demnächst in der Weise, daß der ganze Flächeninhalt der Leerebene mit 1, der der mittleren Einsenkungsebene mit 4, der der oberen Aichebene mit 1 multiplizirt und die Summe dieser Produkte mit $^1/_3$ des gemeinsamen Abstandes der genannten drei Einsenkungsebenen von einander multiplizirt wird.

Das Ergebniß dieser Rechnung ist der Inhalt des ganzen Aichraums in Kubikmetern oder Tonnen.

2. Der Inhalt der oberen, zwischen der mittleren Einsenkungs- und der oberen Aichebene befindlichen Aichschicht wird gefunden, indem man die halbe Summe des ganzen Flächeninhalts jeder dieser beiden Haupteinsenkungsebenen mit ihrem Abstande von einander multiplizirt.

3. Den Inhalt der unteren, zwischen der Leer- und der mittleren Einsenkungsebene befindlichen Aichschicht erhält man, indem man vom Inhalte des ganzen Aichraums den der oberen Aichschicht subtrahirt.

Zu § 10 Abf. 1.

1. Zur Feststellung der Belastung, welche jeder im §. 10 der Aichordnung vorgesehenen Eintauchung des Aichraums entspricht, wird der Raumgehalt einer jeden Aichschicht durch die halbe Anzahl der Centimeter ihrer Höhe getheilt. Der Quotient gilt als die Belastung für je 2 cm der Eintauchung. Im Aichschein ist diese Belastung bis zur oberen Aichebene tabellarisch nachzuweisen.

2. Wenn die Eintauchung eines Schiffes nicht mit einer Marke des Tiefgangsanzeigers zusammenfällt, sondern zwischen zwei Marken liegt, so ist sie bis auf 2 cm genau festzustellen, wobei Maße unter 1 cm unberücksichtigt bleiben, größere aber als zwei volle Centimeter angenommen werden.

3. Ist die Eintauchung eines Schiffes nicht an sämmtlichen sechs Tiefgangsanzeigern gleich, so wird die Summe der Angaben von allen sechs Anzeigern durch sechs getheilt. Die gefundene Zahl gilt dann als Eintauchung des Schiffes.

Zu §. 10 Abf. 2 und 3.

1. Das Aichzeichen wird bei hölzernen Schiffen mit dem Brennstempel eingebrannt, bei eisernen Schiffen sowie bei Schiffen mit eisernen Borden mit einem der Schlagstempel eingeschlagen.

2. Die Buchstaben und Ziffern der Aichzeichen müssen in großer lateinischer Schrift 1 cm hoch nach dem folgenden Muster angeordnet sein:

E.
P. Mg.

3. Die Inschrift am Schiffe ist neben oder unter dem Namen des Schiffes beziehungsweise dem Namen und Geschäftssitze des Eigenthümers nach folgendem Muster

| 320 T. | E. P. Mg. |

in deutlich lesbarer Schrift von mindestens 15 cm Höhe der kleinsten Buchstaben und Ziffern, deren Grundstrichbreite nicht unter ein Fünftel der Höhe betragen soll, mit haltbarer Farbe hell auf dunklem oder dunkel auf hellem Grunde anzubringen.

4. Der Aichschein wird nach dem angeschlossenen Muster ausgefertigt und wie jeder spätere Vermerk darin von der Aichbehörde unterzeichnet.

Zu §. 11.

Die Ungültigkeitserklärung wird von der sie aussprechenden Aichbehörde allen übrigen Aichbehörden des Elbstromgebiets mitgetheilt und durch das von der Revisionsbehörde bestimmte öffentliche Blatt bekannt gemacht.

Zu §. 12.

Wird die Aichprüfung eines Fahrzeugs von einer Aichbehörde ausgeführt, welche die Aichung oder die letzte Aichprüfung nicht bewirkt hat, so ist das Aichprotokoll von der Behörde zu erbitten, bei welcher das letzte Verfahren vor sich gegangen ist. Das Aichprotokoll bleibt im Besitze derjenigen Behörde, bei welcher die letzte Aichung oder die letzte Aichprüfung erfolgt ist.

In dem über die Aichprüfung aufzunehmenden Protokolle sind nur diejenigen Rechnungen auszuführen, welche durch die Neumessung erforderlich werden; unveränderte Ergebnisse werden aus dem früheren Aichprotokolle summarisch übertragen.

Zu §. 14.

Die Aichbehörden haben Verzeichnisse zu führen, in welche die Ergebnisse der Aichungen und Aichprüfungen unter laufender Nummer einzutragen sind.

Alle auf die vorgenommenen Messungen und Berechnungen bezüglichen Aufzeichnungen sowie die zurückgelieferten Aichscheine erhalten dieselbe Nummer und sind aufzubewahren.

Schiffsaichbehörde
zu

Anlage I.
(Ausführungsbestimmungen zu §. 8 unter B.)

Eingetragen unter lfde. Nr.   des Verzeichnisses
der Aichungen und Aichprüfungen.

Protokoll
über

das auf Grund der Aichordnung vom

für (Bezeichnung der Schiffsgattung.)   (Name)   durchgeführte Aichverfahren.

Schiffsbeschreibung.

1. Schiffsgattung
2. Schiffsname
3. Heimathshafen
4. Erbauungszeit
5. Erbauungsort
6. Name des Schiffers
7. Name des Eigners
8. Bauart
9. Material des Bodens
10.   „   der Bordwände
11.   „   „ Bodenstücke
12.   „   „ Spanten
13. Art der Eindeckung
14. Art und indizirte Pferdestärke der Maschine
15. Art und Zahl der Kessel, Arbeitsdruck
16. Größe der festen Kohlenbehälter

Anmerkung. Bei Ausfüllung der vorstehenden Schiffsbeschreibung ist anzugeben unter:
    1. Ob durch Dampf oder andere Triebkraft bewegt (Schrauben, Seiten-, Hinterrad oder Turbinen) Segelschiff (Art der Takelung, Schleppschiff, Kahn, Kuff, Bark u. s. w.).
    4. Monat und Jahr des ersten Zuwasserlassens.
    8. Ob mit Kiel oder flachem Boden, Klinker oder Kraveel.
    9. bis 12. Ob Holz, Eisen, Stahl.
    13. Ob mit festem Deck, offen mit loser Bedachung oder ohne Bedachung.

Erkennungsmaße.

Senkrechter Abstand des festen Bordes von der obersten Marke:
    bei dem Tiefgangsanzeiger vorn rechts . . . . . m, vorn links . . . . . m.
    „ „ „ in der Mitte rechts . . . . m, in der Mitte links . . m.
    „ „ „ hinten rechts . . . . m, hinten links . . . m.

Grundmaße der Aichung.

Die Leerebene liegt über dem Nullpunkte der Tiefgangsanzeiger (Leertiefe) . . . . . m.
Die obere Aichebene liegt über dem Nullpunkte der Tiefgangsanzeiger (Leertiefe) . . . m.
Höhe des Aichraums . . . . m.

Berechnungen.

I. Berechnung der Flächeninhalte der 3 Einsenkungsebenen.

A. In der mittleren Abtheilung des Richraums, d. h. in der Länge der Leerebene.

Die Länge dieser Abtheilung beträgt   m, dieselbe ist gemäß §. 8 B 4b der Ausführungsbestimmungen in   Theile getheilt.

Der gemeinsame Abstand der aufzumessenden Breiten beträgt daher   m.

Nummer der Breiten der Einsenkungsebene.	Faktor.	Leerebene.		Mittlere Einsenkungsebene.		Obere Aichebene.	
		Breiten.	Produkte.	Breiten.	Produkte.	Breiten.	Produkte.
1	1						
2	4						
3	2						
4	4						
5	2						
6	4						
7	2						
8	4						
9	2						
10	4						
11	2						
12	4						
13	2						
14	4						
15	2						
16	4						
17	1						
Summe der Produkte							
$1/_3$ des gemeinsamen Abstandes der Breiten							
Inhalt des mittleren Theiles der Einsenkungsebene in Quadratmeter							

B. Inhalt der mittleren Einsenkungsebene in der vorderen und hinteren Abtheilung des Aichraums.

a) Vorderer Theil.

Länge . . . . m

		Faktor.	Produkt.
Vordere Breite . .	m	1	
Mittlere » . .	m	4	
Hintere » . .	m	1	
Summe der Produkte . .			

½ oder ⅓*) des Abstandes dieser Breiten von einander . . . .

Inhalt dieses Theiles . . . . . qm.

b) Hinterer Theil.

Länge . . . . m

		Faktor.	Produkt.
Vordere Breite . .	m	1	
Mittlere » . .	m	4	
Hintere » . .	m	1	
Summe der Produkte . .			

½ oder ⅓*) des Abstandes dieser Breiten von einander . . . .

Inhalt dieses Theiles . . . . . qm.

C. Inhalt der oberen Aichebene in der vorderen und hinteren Abtheilung des Aichraums.

a) Vorderer Theil.

Länge . . . . m

		Faktor.	Produkt.
Vordere Breite . .	m	1	
Mittlere » . .	m	4	
Hintere » . .	m	1	
Summe der Produkte . .			

½ oder ⅓*) des Abstandes dieser Breiten von einander . . . .

Inhalt dieses Theiles . . . . . qm.

b) Hinterer Theil.

Länge . . . . m

		Faktor.	Produkt.
Vordere Breite . .	m	1	
Mittlere » . .	m	4	
Hintere » . .	m	1	
Summe der Produkte . .			

½ oder ⅓*) des Abstandes dieser Breiten von einander . . . .

Inhalt dieses Theiles . . . . . qm.

*) ob der Faktor ½ oder ⅓ zu nehmen ist, richtet sich nach der Ausführungsbestimmung zu §. 8 Lit. C Ziffer 4.

D. Gesammtinhalt der mittleren Einsenkungsebene.

Vorderer Theil . . . . . . qm
Mittlerer » . . . . . . »
Hinterer » . . . . . . »
   Summe . . . qm.

E. Gesammtinhalt der oberen Aichebene.

Vorderer Theil . . . . . . qm
Mittlerer » . . . . . . »
Hinterer » . . . . . . »
   Summe . . . qm.

— 216 —

II. Berechnung des ganzen Aichraums.

		Faktor.	Produkt.
Inhalt der Leerebene	qm	1	
Inhalt der mittleren Einsenkungsebene	"	4	
Inhalt der oberen Aichebene	"	1	

Summe der Produkte . . .

⅓ des Abstandes der (Haupt-) Einsenkungsebenen von einander . . . . . .

Kubischer Inhalt des ganzen Aichraums . . . . ebm
oder Tragfähigkeit des Schiffes bis zur oberen Aichebene . . . . . . Tonnen.

III. Berechnung der oberen Aichschicht,

d. h. zwischen der mittleren Einsenkungs- und der oberen Aichebene.

Inhalt der oberen Aichebene . . . . qm
Inhalt der mittleren Einsenkungsebene . . . . "

Summe . . .

½ Summe . . .

Abstand der Einsenkungsebenen von einander . . . . .

Kubischer Inhalt der oberen Aichschicht . . . . ebm

$$\left.\begin{array}{c}\text{Mittlerer Inhalt dieser Aichschicht} \\ \text{für je zwei Centimeter Einsenkung}\end{array}\right\} = \frac{\text{Kubischer Inhalt dieser Schicht}}{\text{halbe Höhe der Aichschicht in Centimeter}} =$$

Tonnen.

IV. Berechnung der unteren Aichschicht,

d. h. zwischen der mittleren Einsenkungs- und Leerebene.

Kubischer Inhalt des Gesammtaichraums . . . . ebm
Kubischer Inhalt der oberen Aichschicht . . . . "
Kubischer Inhalt der unteren Aichschicht . . . . ebm

$$\left.\begin{array}{c}\text{Mittlerer Inhalt dieser Aichschicht} \\ \text{für je zwei Centimeter Einsenkung}\end{array}\right\} = \frac{\text{Kubischer Inhalt dieser Schicht}}{\text{halbe Höhe der Aichschicht in Centimeter}} =$$

Tonnen.

V. Nachweis der Tragfähigkeit.

Mittlerer Tiefgang	Tragfähigkeit	Mittlerer Tiefgang	Tragfähigkeit	Mittlerer Tiefgang	Tragfähigkeit	Mittlerer Tiefgang	Tragfähigkeit	Mittlerer Tiefgang	Tragfähigkeit	Mittlerer Tiefgang	Tragfähigkeit
Meter.	Tonnen.	Meter.	Tonnen.	Meter.	Tonnen.	Meter.	Tonnen.	Meter.	Tonnen.	Meter.	Tonnen.
(von 2 zu 2 Centimeter fortschreitend.)											

VI. Berechnung des Völligkeitskoeffizienten des Aichraums.

Gesammtlänge der oberen Aichebene . . . . m

Größte Breite des Aichraums . . . . m

              Produkt .   qm

Höhe des Aichraums . .   .   m

              Produkt . . .

Dieses Produkt ist gleich dem kubischen Inhalte des dem Aichraum umschriebenen Parallelepipedons.

Mithin:

$$\text{Völligkeitskoeffizient des Aichraums} = \frac{\text{Tragfähigkeit des Schiffes bis zur oberen Aichebene}}{\text{Inhalt des dem Aichraum umschriebenen Parallelepipedons}} = 0,$$

Die Aichung dieses Schiffes wurde durch   erforderlich. Dieselbe wurde am

zu   ausgeführt.

     , den   18

    Siegel.   **Schiffsaichbehörde.**
         (Unterschrift.)

Die Aichprüfung dieses Schiffes wurde durch   . erforderlich. Dieselbe wurde am

zu   ausgeführt und ergab, daß der tiefste Punkt der äußeren Fläche des Schiffsbodens   cm unter dem Nullpunkte der Tiefgangsanzeiger liegt, und daß der durchschnittliche senkrechte Abstand der Leermarken von der wirklichen Leerebene   cm beträgt.

     , den   18

    Siegel.   **Schiffsaichbehörde.**
         (Unterschrift.)

(Der Aichschein wird in Oktavformat gedruckt und mit festem Deckel versehen.)

Anlage II.
(Ausführungsbestimmungen zu §. 10 unter Ziffer 4.)

Aichschein.

1. Hauptangaben.

1. Die Tragfähigkeit des Schiffes bis zur oberen Aichebene beträgt   Tonnen.
2. Dieser Aichschein ist auf Grund der Aichung gültig bis zum   .
3. Die Aichung ist in das Verzeichniß der Aichungen und Aichprüfungen eingetragen unter Nr.   zu   .
4. Dieser Aichschein bleibt auf Grund der Aichprüfung gültig bis zum

2. Schiffsbeschreibung.

Bauart: Art der Eindeckung:

Hauptbaumaterial:

3. Erkennungsmaße.

Senkrechte Entfernung des festen Bordes von der obersten Marke:

    bei dem Tiefgangsanzeiger vorn rechts . . .   m, vorn links . . .   m

    · · ·   in der Mitte rechts . . .   m, in der Mitte links   m.

    · · ·   hinten rechts . .   m, hinten links . .   m

4. Grundmaße der Aichung.

Die Leerebene liegt über dem Nullpunkte der Tiefgangsanzeiger .   m.

Die obere Aichebene liegt über dem Nullpunkte der Tiefgangsanzeiger   m.

Höhe des Aichraums . . . .   m.

---

5. Ergebnisse der Aichprüfung.

Der tiefste Punkt der äußeren Fläche des Schiffsbodens liegt unter dem Nullpunkt eines der Tiefgangsanzeiger . . . .   cm.

Durchschnittlicher senkrechter Abstand der Leermarken von der wirklichen Leerebene . . . .   cm.

Ausgemessene Längen und Breiten.

Länge der Leerebene, also der mittleren Abtheilung des Nichraums ——— m.

Leerebene.	Breiten der	
	mittleren Einsenkungsebene in der mittleren Abtheilung des Nichraums.	oberen Nichebene.
1 =	1 =	1 =
2 = , 3 =	2 = , 3	2 = , 3
4 = , 5 =	4 = , 5	4 = , 5
6 = , 7 =	6 = , 7	6 = , 7
8 = , 9 =	8 = , 9	8 = , 9
10 = , 11 =	10 = , 11	10 = , 11
12 = , 13 =	12 = , 13	12 = , 13
14 = , 15 =	14 = , 15	14 = , 15
16 = , 17 =	16 = , 17 =	16 = , 17 =

Mittlere Einsenkungsebene.

a. Vorderer Theil

Länge . . . . m.
Vorderste Breite . . . . m.
Eventuelle mittlere Breite . . m.

b. Hinterer Theil

Länge . . . . m.
Hinterste Breite . . . . m.
Eventuelle mittlere Breite . . m.

Obere Rückebene.

a. Vorderer Theil

Länge . . . . m.
Vorderste Breite . . . . m.
Eventuelle mittlere Breite . . m.

b. Hinterer Theil

Länge . . . . m.
Hinterste Breite . . . . m.
Eventuelle mittlere Breite . . m.

Fälligkeitscoëffizient des Richraums = 0.

Nachweis der Tragfähigkeit.

| Mittlerer Tiefgang | Tragfähigkeit | Mittlerer Tiefgang | Tragfähigkeit | Mittlerer Tiefgang | Tragfähigkeit |
Meter.	Tonnen.	Meter.	Tonnen.	Meter.	Tonnen.

Nachweis der Tragfähigkeit.

Mittlerer Tiefgang	Tragfähigkeit	Mittlerer Tiefgang	Tragfähigkeit	Mittlerer Tiefgang	Tragfähigkeit
Meter	Tonnen	Meter	Tonnen	Meter	Tonnen

Schlußergebniß des Aichverfahrens:

Tragfähigkeit des Schiffes bis zur oberen Aichebene   Tonnen.

Ueber die am   ten   18
zu   beendete Aichung wird dieser
Aichschein ausgefertigt.

                    , den   ten   18

     Ziegel.   **Schiffsaichbehörde.**
                    (Unterschrift.)

Die Aichprüfung wurde am   ten   18
zu   vorgenommen in Folge

ihre Ergebnisse sind Seite 2 dieses Aichscheins, ihre Vornahme ist in das Verzeichniß der Aichungen und Aichprüfungen unter lfd. Nr.   der Aichbehörde
zu   eingetragen.

                    , den   ten   18

     Ziegel.   **Schiffsaichbehörde.**
                    (Unterschrift.)

4. Zoll- und Steuer-Wesen.

Der Bundesrath hat in seiner Sitzung vom 4. d. Mts. beschlossen:

I. Die Bekanntmachung des Reichskanzlers über die Beibringung von Ursprungszeugnissen vom 25. Juli 1896 (Central-Blatt von 1896 S. 411) sowie die Bestimmungen vom 30. Januar 1892, betreffend Ursprungszeugnisse für die aus meistbegünstigten Ländern eingehenden Waaren (Central-Blatt von 1892 S. 71), werden aufgehoben.

II. Für Wein und Most in Fässern (Nr. 25c 1 des Zolltarifs), welcher mit dem Anspruch auf Anwendung der vertragsmäßigen Zollsätze eingeführt wird, ist der Ursprung aus einem meistbegünstigten Lande durch behördliche, auf Erfordern in beglaubigter Uebersetzung beizubringende Atteste des Heimathlandes oder in anderer Weise (Vorlegung von Schiffspapieren, Fakturen, Frachtbriefen, kaufmännischen Korrespondenzen u. s. w.) glaubhaft nachzuweisen.

III. Beim Eingange von Wein und Most in Fässern aus Oesterreich-Ungarn bedarf es des Produktionsnachweises nicht; vielmehr hat gemäß Artikel 3 des mit diesem Staate abgeschlossenen Handelsvertrags vom 6. Dezember 1891 die Anwendung des vertragsmäßigen Zollsatzes zu erfolgen, sofern der Nachweis der Herkunft aus dem freien Verkehre der österreichisch-ungarischen Zollgebiets erbracht wird.

IV. Wenn über den Ursprung oder die Herkunft des Weins oder Mostes in Fässern aus einem meistbegünstigten Lande Zweifel nicht bestehen, so kann mit Genehmigung des Amtsvorstandes von der Beibringung eines besonderen Nachweises über den Ursprung oder die Herkunft Abstand genommen werden.

V. Wenn andere in den geltenden Verträgen zollbegünstigte Gegenstände mit dem Anspruch auf Anwendung der vertragsmäßigen Zollbegünstigungen eingeführt werden, so kann das Eingangsamt, sofern bei ihm Bedenken gegen den Anspruch bestehen, die Anwendung der begünstigten Zollsätze davon abhängig machen, daß ein Nachweis der in Ziffer II bezeichneten Art über den Ursprung oder, soweit es nach den geltenden Verträgen auf die Herkunft ankommt, über die Herkunft der Waare in glaubhafter Weise erbracht wird.

VI. Für den kleinen Grenzverkehr können von den obersten Landes-Finanzbehörden Erleichterungen hinsichtlich der Ursprungs- oder Herkunftsnachweise gewährt werden.

VII. Bei Passagiergut von Reisenden bedarf es eines Ursprungs- oder Herkunftsnachweises überhaupt nicht.

Berlin, den 5. Juli 1899.

Der Reichskanzler.
Im Auftrage: v. Koerner.

Auf Grund der Bestimmung im Artikel 36 der Reichsverfassung ist nach Vernehmung des Ausschusses des Bundesraths für Zoll- und Steuerwesen der Königlich preußische Steuerinspektor Geißler in Danzig an Stelle des in den Landesdienst zurückberufenen Königlich preußischen Steuerinspektors Kaulfuß den Königlich bayerischen Hauptzollämtern zu Lindau, Memmingen, München, Pfronten und Rosenheim mit dem Wohnsitz in München vom 1. Juli d. J. ab als Stationskontroleur beigeordnet worden.

5. Polizei-Wesen.

Ausweisung von Ausländern aus dem Reichsgebiete.

Laufende Nr.	Name und Stand der Ausgewiesenen	Alter und Heimath	Grund der Bestrafung	Behörde, welche die Ausweisung beschlossen hat.	Datum des Ausweisungsbeschlusses.
1.	2.	3.	4.	5.	6.

Auf Grund des §. 362 des Strafgesetzbuchs.

Nr.	Name und Stand	Alter und Heimath	Grund	Behörde	Datum
1.	Georg Böhl, Färber,	geboren am 1. September 1871 zu Asch, Böhmen, österreichischer Staatsangehöriger,	Betteln und Führung falscher Legitimationspapiere,	Königlich bayerisches Bezirksamt Eschenbach,	30. Mai d. J.
2.	Joseph Egler, Weber,	geboren am 24. Juni 1842 zu Johannesthal, Bezirk Troppau, Oesterreichisch-Schlesien, ortsangehörig ebendaselbst,	Betteln,	Königlich preußischer Regierungs-Präsident zu Oppeln,	6. Juni d. J.
3.	Franz Jandera, Galanteriejchlosser,	geboren am 15. Juni 1860 zu Trenetowes, Bezirk Königgrätz, Böhmen,	desgleichen,	Königlich preußischer Regierungs-Präsident zu Arnsberg,	20. Juni d. J.
4.	Karl Laubinger, Tagelöhner,	geboren am 24. August 1879 zu Stockerau, Bezirk Korneuburg, Nieder-Oesterreich, ortsangehörig ebendaselbst.	Landstreichen,	Königlich bayerische Polizei-Direktion München,	18. Juni d. J.
5.	Anton Kovard, Tagelöhnerssohn,	geboren im Jahre 1865 zu Taus, Böhmen, ortsangehörig ebendaselbst,	desgleichen,	Stadtmagistrat Deggendorf, Bayern,	14. Juni d. J.
6.	Karl Mauert, Fabrikarbeiter,	geboren am 22. Februar 1881 zu Schönlinde, Bezirk Rumburg, Böhmen, österreichischer Staatsangehöriger,	Landstreichen und Betteln,	Kaiserlicher Bezirks-Präsident zu Metz,	26. Juni d. J.
7.	Viktoria Meinl, Tagelöhnerstochter,	geboren im Jahre 1888 zu Taus, Böhmen, ortsangehörig ebendaselbst,	Landstreichen,	Stadtmagistrat Deggendorf, Bayern,	14. Juni d. J.
8.	Peter Valek, auch Valed, Tagelöhner,	geboren am 29. Februar 1868 zu Bittow, Bezirk Klattau, Böhmen, ortsangehörig zu Korourov, ebenda.	desgleichen,	derselbe,	desgleichen.
9.	Rosalie Valek, auch Valed, geborene Drojchak, Ehefrau des Vorigen,	geboren im Jahre 1869 zu Bulov, Bezirk Taus, Böhmen, ortsangehörig zu Korourov, Bezirk Klattau, Böhmen,	desgleichen,	derselbe,	desgleichen.
10.	Isaak de Roos, Schreiber,	geboren am 20. Oktober 1843 zu Leeuwarden, Provinz Friesland, Niederlande,	Betteln,	Königlich preußischer Regierungs-Präsident zu Aachen,	2. Juni d. J.
11.	Magdalena Schwestka, ledig,	geboren am 16. April 1872 zu Wien, ortsangehörig ebendaselbst.	Beilegung eines falschen Namens und Uebertretung sittenpolizeilicher Vorschriften,	Königlich preußischer Polizei-Präsident zu Berlin,	1. Juni d. J.
12.	Franz Swoboda, auch Swoboda, Kutscher,	geboren am 18. März 1841 zu Jesborig, Bezirk Pardubig, Böhmen,	Landstreichen, Betteln und Gebrauch falscher Legitimationspapiere,	Großherzoglich badischer Landeskommissär zu Konstanz,	14. Juni d. J.

Berlin, Carl Heymanns Verlag. — Gedruckt bei Julius Sittenfeld in Berlin.

Anhang
zu Nr. 28 des Central-Blatts für das Deutsche Reich.

Berlin, Freitag, den 7. Juli 1899.

Militär-Wesen.

Gesammtverzeichniß

derjenigen Lehranstalten, welche gemäß §. 90 der Wehrordnung zur Ausstellung von Zeugnissen über die Befähigung für den einjährig-freiwilligen Militärdienst berechtigt sind.

Bemerkungen.

1. Die mit * bezeichneten Gymnasien (A. a) und Progymnasien (B. a und C. a) an Orten, an welchen sich keine der zur Ertheilung wissenschaftlicher Befähigungszeugnisse berechtigten Anstalten unter A. b, B. b und c oder C. b (Real-Gymnasium, Real-Progymnasium, Realschule) mit obligatorischem Unterricht im Latein befindet, sind befugt, Befähigungszeugnisse auch ihren von dem Unterricht im Griechischen befreiten Schülern auszustellen, wenn letztere an dem für jenen Unterricht eingeführten Ersatzunterricht regelmäßig theilgenommen und nach mindestens einjährigem Besuche der Sekunda auf Grund besonderer Prüfung ein Zeugniß über genügende Aneignung des entsprechenden Lehrpensums erhalten haben.
2. Die mit einem † bezeichneten Lehranstalten haben keinen obligatorischen Unterricht im Latein.

Uebersicht.

Oeffentliche Lehranstalten.	Seite		Seite
Gymnasien (A. a)	230	Real-Progymnasien (C. b)	239
Real-Gymnasien (A. b)	235	Realschulen (C. c)	240
Ober-Realschulen (A. c)	237	Höhere Bürgerschulen (C. d)	243
Progymnasien (B. a)	237	Oeffentliche Schullehrer-Seminare (C. e)	243
Real-Progymnasien (B. b)	238	Andere öffentliche Lehranstalten (C. f)	246
Realschulen (B. c)	238	Privat-Lehranstalten	246
Proggymnasien (C. a)	238	Lehranstalten im Auslande	249

Oeffentliche Lehranstalten.

A. Lehranstalten, bei welchen der einjährige, erfolgreiche Besuch der zweiten Klasse zur Darlegung der Befähigung genügt.

a. Gymnasien.

I. Königreich Preußen.

Aachen: Kaiser Karls-Gymnasium,
    Kaiser Wilhelms-Gymnasium,
Allenstein,
Altona,
Anklam,
Arnsberg,
*Aschersleben,
Attendorn,
Aurich,
Barmen,
Bartenstein,
Bebburg: Ritter-Akademie,
Belgard,
Berlin: Askanisches Gymnasium,
    Französisches Gymnasium,
    Friedrichs-Gymnasium,
    Friedrich-Werdersches Gymnasium,
    Friedrich Wilhelms-Gymnasium,
    Humboldts-Gymnasium,
    Joachimsthalsches Gymnasium,
    Gymnasium zum grauen Kloster,
    Köllnisches Gymnasium,
    Königstädtisches Gymnasium,
    Leibniz-Gymnasium,
    Lessing-Gymnasium,
    Luisen-Gymnasium,
    Luisenstädtisches Gymnasium,
    Sophien-Gymnasium,
    Wilhelms-Gymnasium,
Beuthen i. Ober-Schlesien,
Bielefeld: Gymnasium (verbunden mit Real-Gymnasium),
Bochum,
Bonn: Königliches Gymnasium,
    *Städtisches Gymnasium (verbunden mit Ober-Realschule),
Brandenburg: Gymnasium,
    Ritter-Akademie,
Braunsberg,
Breslau: Elisabeth-Gymnasium,
    Friedrichs-Gymnasium,
    Johannes-Gymnasium,
    König Wilhelms-Gymnasium,
    Magdalenen-Gymnasium,
    Matthias-Gymnasium,

Brieg,
Brilon,
Bromberg,
Bunzlau,
Burg i. d. Provinz Sachsen,
*Burgsteinfurt,
Cassel: Friedrichs-Gymnasium,
    Wilhelms-Gymnasium,
Celle,
Charlottenburg,
*Clausthal,
Cleve,
Coblenz,
Cöln: Gymnasium an der Apostelkirche,
    Friedrich Wilhelms-Gymnasium,
    Kaiser Wilhelms-Gymnasium,
    Gymnasium an Marzellen,
    Städtisches Gymnasium in der Kreuzgasse (verbunden mit Real-Gymnasium),
Coesfeld,
Conitz,
Culm,
Danzig: Königliches Gymnasium,
    Städtisches Gymnasium,
*Demmin,
Deutsch-Krone,
Dillenburg,
Dortmund,
Dramburg,
Düren,
Düsseldorf: Königliches Gymnasium,
    Städtisches Gymnasium (verbunden mit Real-Gymnasium),
Duisburg,
Eberswalde,
Eisleben,
Elberfeld,
Elbing,
Emden,
Emmerich,
Erfurt,
Essen,
Flensburg: Gymnasium (verbunden mit Real-Gymnasium),
Frankfurt a. Main: Kaiser Friedrichs-Gymnasium,
    Goethe-Gymnasium,
    Lessing-Gymnasium,

Frankfurt a. d. Oder,
Fraustadt,
Freienwalde a. d. Oder,
Friedeberg i. d. Neumark,
Fürstenwalde,
Fulda,
Garz a. d. Oder,
Glatz,
Gleiwitz,
Glogau: Evangelisches Gymnasium,
   Katholisches Gymnasium,
Glückstadt,
Gnesen,
Görlitz: Gymnasium (verbunden mit Real-Gymnasium),
Göttingen,
Goslar: Gymnasium (verbunden mit Real-Gymnasium),
Graudenz,
Greifenberg i. Pommern,
Greifswald: Gymnasium (verbunden mit Real-Progymnasium),
Groß-Lichterfelde,
Groß-Strehlitz,
Guben: Gymnasium (verbunden mit Real-Gymnasium und Realschule),
Gütersloh,
Gumbinnen,
Hadamar,
*Haderslebeu,
Hagen i. Westfalen: Gymnasium (verbunden mit Real-Gymnasium),
Halberstadt,
Halle a. d. Saale: Lateinische Hauptschule der Franckeschen Stiftungen,
   Städtisches Gymnasium,
Hameln: Gymnasium (verbunden mit Real-Progymnasium),
*Hamm,
Hanau,
Hannover: Lyzeum I.,
   Lyzeum II.,
   Kaiser Wilhelms-Gymnasium,
Heiligenstadt,
*Herford,
*Hersfeld,
Hildesheim: Gymnasium Andreanum,
   Gymnasium Josephinum,
Hirschberg,
Höxter,
*Husum,
Jauer,
Jlfeld: Klosterschule,
Inowrazlaw,

Insterburg: Gymnasium (verbunden mit Real-Gymnasium),
Kattowitz,
Kempen i. d. Rheinprovinz,
Kiel,
Königsberg i. d. Neumark,
Königsberg i. Ostpreußen: Altstädtisches Gymnasium,
   Friedrichs-Kollegium,
   Kneiphöfisches Gymnasium,
   Wilhelms-Gymnasium,
Königshütte,
Köslin,
Kolberg: Gymnasium (verbunden mit Real-Gymnasium),
Kottbus,
Krefeld,
Kreuzburg,
Kreuznach,
Krotoschin,
Küstrin,
Landsberg a. d. Warthe: Gymnasium (verbunden mit Real-Gymnasium und Realschule),
Lauban,
Leer: Gymnasium (verbunden mit Real-Gymnasium),
Leobschütz,
Liegnitz: *Ritter-Akademie,
   Städtisches Gymnasium,
Linden bei Hannover,
*Lingen,
Lissa,
Luckau,
Lüneburg: Gymnasium (verbunden mit Real-Gymnasium),
Lyck,
Magdeburg: Pädagogium des Klosters U. L. Frauen,
   Dom-Gymnasium,
   König Wilhelms-Gymnasium,
Marburg,
Marienburg i. Westpreußen,
Marienwerder,
Meldorf,
Memel,
Meppen,
Merseburg: Dom-Gymnasium,
Meseritz,
Minden,
Moers,
Montabaur,
Mühlhausen i. Thüringen: Gymnasium (verbunden mit Real-Progymnasium),
*Mülheim a. Rhein,
Mülheim a. d. Ruhr: Gymnasium (verbunden mit Realschule),

München-Gladbach: Gymnasium (verbunden mit
    Real-Progymnasium),
Münster i. Westfalen,
Münstereifel,
Nakel,
Naumburg a. d. Saale: Dom-Gymnasium,
Neiße,
Neuhaldensleben,
* Neu-Ruppin,[1])
Neuß,
Neustadt i. Ober-Schlesien,
Neustadt i. Westpreußen,
* Neustettin,
Neuwied: Gymnasium (verbunden mit Real-Pro-
    gymnasium),
* Norden,
Nordhausen a. Harz: Gymnasium (verbunden mit
    Real-Gymnasium),
Oels,
Ohlau,
Oppeln,
Osnabrück: Carolinum,
    Raths-Gymnasium,
Osterode i. Ostpreußen,
Ostrowo,
Paderborn,
Patschkau,
Pforta: Landesschule,
Pleß,
Plön,
Posen: Berger-Gymnasium (verbunden mit Real-
    Gymnasium und Realschule),[2])
    Friedrich Wilhelms-Gymnasium,
    Marien-Gymnasium,
Potsdam,
Prenzlau,
Prüm,
Pulbus: Pädagogium,
Pyritz,
Quedlinburg,
Rastenburg,
Ratibor,
Ratzeburg,
Rawitsch: *Gymnasium (verbunden mit Real-
    Gymnasium),
Recklinghausen,
Rendsburg: Gymnasium (verbunden mit Real-
    Gymnasium),
Rheine,
Rinteln,
Rössel,

Rogasen,
Roßleben: Klosterschule,
Saarbrücken,
Sagan,
Salzwedel,
Sangerhausen,
Schleswig: Gymnasium (verbunden mit Realschule),
Schleusingen,
Schneidemühl,
Schöneberg bei Berlin,
Schrimm,
Schwedt a. d. Oder,
Schweidnitz,
Seehausen i. d. Altmark,
Siegburg,
Sigmaringen,
* Soest,
Sorau,
Spandau,
* Stade,
Stargard i. Pommern,
Stargard, Preußisch-
Steglitz,
* Stendal,
Stettin: König Wilhelms-Gymnasium,
    Marienstifts-Gymnasium,
    Stadt-Gymnasium,
Stolp: Gymnasium (verbunden mit Real-Pro-
    gymnasium),
Stralsund,
Strasburg i. Westpreußen,
Strehlen,
Thorn: Gymnasium (verbunden mit Real-Gym-
    nasium),
Tilsit,
Torgau,
Trarbach,
Treptow a. d. Rega,
Trier: Friedrich Wilhelms-Gymnasium,
    * Kaiser Wilhelms-Gymnasium (verbunden mit
        Real-Gymnasium),
* Verden,
Waldenburg,
Wandsbek: Gymnasium (verbunden mit Realschule),
Warburg,
Warendorf,
Wehlau,
Weilburg,
Wernigerode,
Wesel: Gymnasium (verbunden mit Real-Pro-
    gymnasium),

---

[1]) Mit rückwirkender Kraft bis zum Michaelistermin 1897.
[2]) Mit rückwirkender Kraft bis zum Ostertermin 1899.

Wetzlar,
Wiesbaden,
*Wilhelmshaven,
Wittenberg: Melanchthon-Gymnasium,
Wittstock,
Wohlau,
Wongrowitz,
Zeitz,
Züllichau: Pädagogium.

II. Königreich Bayern.

Amberg,
Ansbach,
Aschaffenburg,
Augsburg: St. Anna-Gymnasium,
     Gymnasium zu St. Stephan,
Bamberg: Altes Gymnasium,
     Neues Gymnasium,
Bayreuth,
Burghausen,
Dillingen,
Eichstätt,
Erlangen,
Freising,
Fürth,
Hof,
Ingolstadt,
Kaiserslautern,
Kempten,
Landau,
Landshut,
Ludwigshafen a. Rhein,
Metten,
München: Ludwigs-Gymnasium,
     Luitpold-Gymnasium,
     Maximilians-Gymnasium,
     Theresien-Gymnasium,
     Wilhelms-Gymnasium,
Münnerstadt,
Neuburg a. d. Donau,
Neustadt a. d. Haardt,
Nürnberg: Altes Gymnasium,
     Neues Gymnasium,
Passau,
Regensburg: Altes Gymnasium,
     Neues Gymnasium,
Rosenheim,
Schweinfurt,
Speyer,
Straubing,
Würzburg: Altes Gymnasium,
     Neues Gymnasium,
Zweibrücken.

III. Königreich Sachsen.

Bautzen,
Chemnitz,
Dresden: Kreuzschule,
     Vitzthumsches Gymnasium,
     Wettiner Gymnasium,
Dresden-Neustadt,
Freiberg,
Grimma: Fürsten- und Landesschule,
Leipzig: Königliches Gymnasium,
     Nikolaischule,
     Thomasschule,
Meißen: Fürsten- und Landesschule,
Plauen i. Voigtlande,
Schneeberg,
Wurzen,
Zittau,
Zwickau.

IV. Königreich Württemberg.

Blaubeuren: Evangelisch-theologisches Seminar,
*Cannstatt,
*Ehingen,
*Ellwangen,
*Hall,
Heilbronn: Gymnasium (verbunden mit Realklassen),
*Ludwigsburg,
Maulbronn: Evangelisch-theologisches Seminar,
*Ravensburg,
*Reutlingen,
*Rottweil,
Schönthal: Evangelisch-theologisches Seminar,
Stuttgart: Eberhard Ludwigs-Gymnasium,
     Karls-Gymnasium,
*Tübingen,
Ulm,
Urach: Evangelisch-theologisches Seminar.

V. Großherzogthum Baden.

Baden,
Bruchsal,
Freiburg,
Heidelberg,
Karlsruhe,
Konstanz,
Lahr,
Lörrach: Gymnasium (verbunden mit Real-Pro-
     gymnasium),
Mannheim,
Offenburg,
Pforzheim,
Rastatt,
Tauberbischofsheim,
Wertheim.

VI. **Großherzogthum Hessen.**
Bensheim,
Büdingen,
Darmstadt: Ludwig Georgs-Gymnasium,
  Neues Gymnasium,
Gießen,
Laubach: Gymnasium (Fridericianum),
Mainz,
Offenbach a. Main: Gymnasium (verbunden mit Realschule),
Worms: Gymnasium (verbunden mit Realschule).

VII. **Großherzogthum Mecklenburg-Schwerin.**
Doberan: Gymnasium Friderico-Francisceum,
Güstrow: Domschule,
Parchim: Friedrich Franz=Gymnasium (verbunden mit Real-Progymnasium),
Rostock: Gymnasium (verbunden mit Real-Gymnasium),
Schwerin: Gymnasium Fridericianum,
Waren,
Wismar: Große Stadtschule (verbunden mit Realschule).

VIII. **Großherzogthum Sachsen.**
Eisenach,
Jena,
Weimar.

IX. **Großherzogthum Mecklenburg-Strelitz.**
Friedland,
*Neubrandenburg,
Neustrelitz.

X. **Großherzogthum Oldenburg.**
Birkenfeld: Gymnasium (verbunden mit Real-Abtheilung),
*Eutin,
Jever: *Marien-Gymnasium,
Oldenburg,
Vechta.

XI. **Herzogthum Braunschweig.**
Blankenburg,
Braunschweig: (Altes) Gymnasium Martino-Catharineum,
  Neues Gymnasium,
Helmstedt,
Holzminden,
Wolfenbüttel.

XII. **Herzogthum Sachsen-Meiningen.**
Hildburghausen: Gymnasium Georgianum,
Meiningen: Gymnasium Bernhardinum.

XIII. **Herzogthum Sachsen-Altenburg.**
Altenburg: Friedrichs-Gymnasium,
Eisenberg: Christianeum.

XIV. **Herzogthum Sachsen-Coburg und Gotha.**
Coburg: Gymnasium Casimirianum,
Gotha: Gymnasium Ernestinum (verbunden mit Realklassen).

XV. **Herzogthum Anhalt.**
Bernburg: Karls-Gymnasium,
Cöthen: Ludwigs-Gymnasium,
Dessau: Friedrichs-Gymnasium,
Zerbst: Gymnasium Francisceum (verbunden mit Realklassen).

XVI. **Fürstenthum Schwarzburg-Sondershausen.**
Arnstadt,
Sondershausen.

XVII. **Fürstenthum Schwarzburg-Rudolstadt.**
Rudolstadt: Gymnasium (verbunden mit Realklassen).

XVIII. **Fürstenthum Waldeck.**
Corbach.

XIX. **Fürstenthum Reuß älterer Linie.**
Greiz: Gymnasium (verbunden mit Real-Abtheilung).

XX. **Fürstenthum Reuß jüngerer Linie.**
Gera,
*Schleiz.

XXI. **Fürstenthum Schaumburg-Lippe.**
Bückeburg: Gymnasium Adolphinum (verbunden mit Real-Progymnasium und Lehrer-Seminar).

XXII. **Fürstenthum Lippe.**
Detmold: Gymnasium Leopoldinum (verbunden mit Real-Progymnasium),
Lemgo.

XXIII. **Freie und Hansestadt Lübeck.**
Lübeck: Catharineum (verbunden mit Real-Gymnasium).

XXIV. **Freie Hansestadt Bremen.**
Bremen,
Bremerhaven: Gymnasium (verbunden mit Realschule -- Real-Progymnasium --).

XXV. **Freie und Hansestadt Hamburg.**
Hamburg: Gelehrtenschule des Johanneums,
Wilhelm-Gymnasium.

XXVI. Elsaß-Lothringen.

Altkirch,
Buchsweiler: Gymnasium (verbunden mit Real-Abtheilung),
Colmar: *Lyzeum (verbunden mit Real-Abtheilung),
Diebenhofen,
*Gebweiler,
Hagenau: Gymnasium (verbunden mit Real-Abtheilung),
Metz: *Lyzeum,
Montigny bei Metz: Bischöfliches Gymnasium (Knabenseminar),
*Mülhausen i. Elsaß,
Saarburg,
Saargemünd: *Gymnasium (verbunden mit Real-Abtheilung),
Schlettstadt,
Straßburg i. Elsaß: *Lyzeum,
   Bischöfliches Gymnasium bei St. Stephan,
   Protestantisches Gymnasium,
*Weißenburg,
*Zabern.

b. Real-Gymnasien.

I. Königreich Preußen.

Aachen,
Altona: Real-Gymnasium (verbunden mit Realschule),
Barmen: Real-Gymnasium (verbunden mit Realschule),
Berlin: Andreas-Real-Gymnasium (Andreasschule),
   Dorotheenstädtisches Real-Gymnasium,
   Falk-Real-Gymnasium,
   Friedrichs-Real-Gymnasium,
   Kaiser Wilhelms-Real-Gymnasium,
   Königstädtisches Real-Gymnasium,
   Luisenstädtisches Real-Gymnasium,
   Sophien-Real-Gymnasium,
Bielefeld: Real-Gymnasium (verbunden mit Gymnasium),
Brandenburg,
Breslau: Real-Gymnasium zum heiligen Geist,
   Real-Gymnasium am Zwinger,
Bromberg,
Cassel,
Celle: Real-Gymnasium (verbunden mit Realschule),
Charlottenburg,
Coblenz,
Cöln: Real-Gymnasium in der Kreuzgasse (verbunden mit Städtischem Gymnasium),
Danzig: Johannisschule,
Dortmund,
Düsseldorf: Real-Gymnasium (verbunden mit Städtischem Gymnasium),
Duisburg,
Elberfeld,
Elbing,
Erfurt,
Essen,
Flensburg: Real-Gymnasium (verbunden mit Gymnasium),
Frankfurt a. Main: Musterschule,
   Wöhlerschule,
Frankfurt a. d. Oder,
Görlitz: Real-Gymnasium (verbunden mit Gymnasium),
Goslar: Real-Gymnasium (verbunden mit Gymnasium),
Groß-Lichterfelde: Haupt-Kadettenanstalt,
Grünberg,
Guben: Real-Gymnasium (verbunden mit Gymnasium und Realschule),
Hagen i. Westfalen: Real-Gymnasium (verbunden mit Gymnasium),
Halberstadt,
Hannover: Real-Gymnasium,
   Leibnizschule (Real-Gymnasium),
Harburg,
Hildesheim: Andreas-Real-Gymnasium (verbunden mit Realschule),
Insterburg: Real-Gymnasium (verbunden mit Gymnasium),
Iserlohn: Real-Gymnasium (verbunden mit Realschule),
Königsberg i. Ostpreußen: Burgschule (Real-Gymnasium, verbunden mit Ober-Realschule),
   Städtisches Real-Gymnasium,
Kolberg: Real-Gymnasium (verbunden mit Gymnasium),
Krefeld,
Landeshut,
Landsberg a. d. Warthe: Real-Gymnasium (verbunden mit Gymnasium und Realschule),
Leer: Real-Gymnasium (verbunden mit Gymnasium),
Lippstadt,
Lüneburg: Real-Gymnasium (verbunden mit Gymnasium),
Magdeburg: Real-Gymnasium,
   Real-Gymnasium (verbunden mit Ober-Realschule — Guericke-Schule —),
Münster i. Westfalen,

A. b. Real-Gymnasien.

Neisse,
Nordhausen a. Harz: Real-Gymnasium (verbunden mit Gymnasium),
Osnabrück,
Osterode i. Hannover,
Perleberg,
Posen: Berger-Real-Gymnasium (verbunden mit Gymnasium und Realschule),
Potsdam,
Quakenbrück,
Rawitsch: Real-Gymnasium (verbunden mit Gymnasium),
Reichenbach i. Schlesien: Wilhelmschule,
Rendsburg: Real-Gymnasium (verbunden mit Gymnasium),
Ruhrort,
Schalke,
Siegen,
Stettin: Friedrich-Wilhelmschule,
Schiller-Real-Gymnasium,
Stralsund,
Tarnowitz,
Thorn: Real-Gymnasium (verbunden mit Gymnasium),
Tilsit,
Trier: Real-Gymnasium (verbunden mit Kaiser Wilhelms-Gymnasium),
Wiesbaden,
Witten.

II. Königreich Bayern.

Augsburg,
München: Real-Gymnasium,
Kadettenkorps,
Nürnberg,
Würzburg.

III. Königreich Sachsen.

Annaberg,
Borna,
Chemnitz,
Döbeln: Real-Gymnasium (verbunden mit Landwirthschaftschule),
Dresden: Annen-Real-Gymnasium,
Dreikönigschule (Real-Gymnasium),
Freiberg,
Leipzig,
Zittau: Real-Gymnasium (verbunden mit Handels-Abtheilung),
Zwickau.

IV. Königreich Württemberg.

Gmünd,
Stuttgart,
Ulm.

V. Großherzogthum Baden.

Karlsruhe,
Mannheim.

VI. Großherzogthum Hessen.

Darmstadt,
Gießen: Real-Gymnasium (verbunden mit Realschule),
Mainz: Real-Gymnasium (verbunden mit Realschule).

VII. Großherzogthum Mecklenburg-Schwerin.

Bützow,
Güstrow,[1])
Ludwigslust,
Malchin,
Rostock: Real-Gymnasium (verbunden mit Gymnasium),
Schwerin.

VIII. Großherzogthum Sachsen.

Eisenach,
Weimar.

IX. Herzogthum Braunschweig.

Braunschweig.

X. Herzogthum Sachsen-Meiningen.

Meiningen,
Saalfeld.

XI. Herzogthum Sachsen-Altenburg.

Altenburg: Ernst-Real-Gymnasium.

XII. Herzogthum Sachsen-Coburg und Gotha.

Gotha: Realklassen des Gymnasiums.

XIII. Herzogthum Anhalt.

Bernburg: Karls-Real-Gymnasium,
Dessau: Friedrichs-Real-Gymnasium.

XIV. Fürstenthum Reuß jüngerer Linie.

Gera.

XV. Freie und Hansestadt Lübeck.

Lübeck: Real-Gymnasium des Catharineums.

XVI. Freie Hansestadt Bremen.

Bremen: Handelsschule (Real-Gymnasium),
Vegesack.

XVII. Freie und Hansestadt Hamburg.

Hamburg: Real-Gymnasium des Johanneums.

---

¹) Der Unterricht im Latein beginnt erst mit der Untertertia.

c. Ober-Realschulen.

I. Königreich Preußen.

Aachen: †Ober-Realschule mit Fachklassen,
†Barmen-Wupperfeld,
Berlin: †Friedrichs-Werdersche Ober-Realschule,
  †Luisenstädtische Ober-Realschule,
†Bochum,
Bonn: †Ober-Realschule (verbunden mit Städtischem Gymnasium),
†Breslau,
†Cassel,
†Charlottenburg,
†Cöln,
Düren: †Ober-Realschule (verbunden mit Real-Progymnasium),
†Düsseldorf,
†Elberfeld,
†Elbing,[1]
†Essen,
Flensburg: †Ober-Realschule (mit wahlfreiem Unterricht in der Handelswissenschaft — verbunden mit Landwirthschaftsschule),
Frankfurt a. Main: †Klingerschule,
†Gleiwitz,
†Halberstadt,
Halle a. d. Saale: †Ober-Realschule,
  Ober-Realschule bei den Franckeschen Stiftungen,
†Hanau,
†Hannover,
†Kiel,
Königsberg i. Ostpreußen: †Burgschule (Ober-Realschule, verbunden mit Real-Gymnasium),[1]
†Krefeld,
Magdeburg: †Guericke-Schule (verbunden mit Real-Gymnasium),
†Marburg,

†München-Gladbach,
Rheydt: †Ober-Realschule (verbunden mit Progymnasium),
†Saarbrücken,
†Weißenfels,[1]
†Wiesbaden.

II. Königreich Württemberg.

Cannstatt: †Realanstalt,
Eßlingen: †Realanstalt,
Heilbronn: †Realanstalt,
Reutlingen: †Realanstalt,
Stuttgart: †Friedrich Eugens-Realschule,
Ulm: †Realanstalt.

III. Großherzogthum Baden.

†Freiburg,
†Heidelberg,
Karlsruhe: †Ober-Realschule (verbunden mit Realschule),
†Mannheim,
†Pforzheim.

IV. Großherzogthum Oldenburg.

†Oldenburg.

V. Herzogthum Braunschweig.

†Braunschweig.

VI. Herzogthum Sachsen-Coburg und Gotha.

Coburg: †Ober-Realschule (Ernestinum).

VII. Elsaß-Lothringen.

†Metz,
Mülhausen i. Elsaß: †Ober-Realschule (Gewerbeschule),
†Straßburg i. Elsaß.

B. Lehranstalten, bei welchen der einjährige, erfolgreiche Besuch der ersten (obersten) Klasse zur Darlegung der Befähigung nöthig ist.

a. Progymnasien.

I. Königreich Württemberg.

Eßlingen: *Lyzeum,
Oehringen: *Lyzeum.

II. Großherzogthum Baden.

Donaueschingen,
Durlach: Progymnasium (verbunden mit Real-Abtheilung).

III. Großherzogthum Hessen.

Alzey: Progymnasium (verbunden mit Realschule),
Friedberg: Progymnasium (verbunden mit Realschule).

IV. Herzogthum Sachsen-Coburg und Gotha.

Ohrdruf: Progymnasium (verbunden mit Realschule).

---

[1] Mit rückwirkender Kraft bis zum Ostertermin 1899.

238   B. b. Real-Progymnasien.   k. c. Realschulen.   C. a. Progymnasien.

b. Real-Progymnasien.

I. Königreich Württemberg.
Böblingen: Real-Lyzeum,
Calw: Real-Lyzeum,
Geislingen: Real-Lyzeum,
Heilbronn: Realklassen des Gymnasiums,
Nürtingen: Real-Lyzeum.

II. Großherzogthum Baden.
Ettenheim,
Lörrach: Real-Progymnasium (verbunden mit Gymnasium).

III. Großherzogthum Mecklenburg-Schwerin.
Ribnitz.

IV. Großherzogthum Mecklenburg-Strelitz.
Schönberg: Realschule.

V. Großherzogthum Oldenburg.
Birkenfeld: Real-Abtheilung des Gymnasiums.

VI. Herzogthum Sachsen-Coburg und Gotha.
Ohrdruf: Realschule (verbunden mit Progymnasium).

VII. Fürstenthum Schwarzburg-Rudolstadt.
Frankenhausen.

VIII. Fürstenthum Reuß älterer Linie.
Greiz: Real-Abtheilung des Gymnasiums.

IX. Fürstenthum Schaumburg-Lippe.
Bückeburg: Real-Progymnasium (verbunden mit Gymnasium und Lehrer-Seminar).

X. Fürstenthum Lippe.
Detmold: Real-Progymnasium (verbunden mit Gymnasium).

XI. Freie Hansestadt Bremen.
Bremerhaven: Realschule (verbunden mit Gymnasium).

XII. Freie und Hansestadt Hamburg.
Bergedorf: Hansaschule.

c. Realschulen.

I. Königreich Württemberg.
Biberach: †Realanstalt,
Göppingen: †Realanstalt,
Hall: †Realanstalt,
Heidenheim: †Realanstalt,
Ludwigsburg: †Realanstalt,
Ravensburg: †Realanstalt,
Rottweil: †Realanstalt,
Stuttgart: †Wilhelms-Realschule,
Tübingen: †Realanstalt.

II. Großherzogthum Baden.
†Bruchsal.

Karlsruhe: †Realschule (verbunden mit Ober-Realschule),
†Konstanz.

III. Großherzogthum Mecklenburg-Strelitz.
Neustrelitz.

IV. Fürstenthum Schwarzburg-Sondershausen.
Arnstadt: Realschule (verbunden mit Handels-Abtheilung),
Sondershausen.

V. Freie Hansestadt Bremen.
Bremen: †Realschule in der Altstadt,
†Realschule beim Doventhor.

C. Lehranstalten, bei welchen das Bestehen der Entlassungsprüfung zur Darlegung der Befähigung gefordert wird.

a. Progymnasien.

I. Königreich Preußen.
*Altena,
Andernach,
Berent,
*Bocholt,
Boppard,
Brühl,
Dorsten,
*Duderstadt,
Eschwege: Progymnasium (verbunden mit Realschule),
Eschweiler: Progymnasium (verbunden mit Real-Progymnasium),

C. b. Real-Progymnasien.

Eupen: Progymnasium (verbunden mit Real-Progymnasium),
Euskirchen,
Forst i. d. Lausitz: Progymnasium (verbunden mit Real-Progymnasium),
Frankenstein,
Geuthin,
*Grevenbroich,
Höchst a. Main: Progymnasium (verbunden mit Real-Progymnasium),
*Hofgeismar,
Homburg v. d. Höhe: Progymnasium (verbunden mit Realschule),
Jülich,
Kempen i. Posen,
*Lauenburg i. Pommern,
Limburg a. d. Lahn: Progymnasium (verbunden mit Real-Progymnasium),
Linz,
Löbau i. Westpreußen,
Lötzen,
Lüdenscheid: *Progymnasium (verbunden mit Realschule),
Malmedy,
*Münden,
Neumark i. Westpreußen,
Neumünster: Progymnasium (verbunden mit Real-Progymnasium),
*Neunkirchen (Reg.-Bez. Trier, Kreis Ottweiler),
*Nienburg,
*Northeim,
Preußisch-Friedland,
Rheinbach,
Rheydt: Progymnasium (verbunden mit Ober-Realschule),
Rietberg,
Saarlouis,
*Schlawe,
Schwelm: *Progymnasium (verbunden mit Realschule),
Schwetz,
Solingen: *Progymnasium (verbunden mit Realschule),
*Sprottau,
*Steele,[1]
*Striegau,

Tremessen,
Viersen: Progymnasium (verbunden mit Real-Progymnasium),
*Wattenscheid,
Weißenfels,
St. Wendel,
Wipperfürth.

II. Königreich Bayern.

Bergzabern,
Dinkelsbühl,
Donauwörth,
Dürkheim,
Ebenkoben,
Frankenthal,
Germersheim,
Grünstadt,
Günzburg,
St. Ingbert,
Kirchheimbolanden,
Kitzingen,
Kusel,
Lohr,
Memmingen,
Neustadt a. d. Aisch,
Nördlingen,
Oettingen,
Pirmasens,
Rothenburg o. d. Tauber,
Schäftlarn,
Schwabach,
Uffenheim,
Weißenburg am Sand,
Windsbach,
Windsheim,
Bunsiedel.

III. Königreich Württemberg.

Kornthal: *Gemeinde-Lateinschule (Progymnasial-Abtheilung und † Realschul-Abtheilung).

IV. Elsaß-Lothringen.

Bischweiler,
Oberehnheim,
Thann.

b. Real-Progymnasien.

I. Königreich Preußen.

Biedenkopf,
Culm,
Delitzsch,

Düren: Real-Progymnasium (verbunden mit Ober-Realschule),
Eilenburg,
Einbeck,

[1] Mit rückwirkender Kraft bis zum Ostertermin 1899.

Eschweiler: Real-Progymnasium (verbunden mit Progymnasium),
Eupen: Real-Progymnasium (verbunden mit Progymnasium),
Forst i. d. Lausitz: Real-Progymnasium (verbunden mit Progymnasium),
Greifswald: Real-Progymnasium (verbunden mit Gymnasium),
Hameln: Real-Progymnasium (verbunden mit Gymnasium),
Havelberg,
Höchst a. Main: Real-Progymnasium (verbunden mit Progymnasium),
Jenkau,
Langenberg,
Langensalza,
Limburg a. d. Lahn: Real-Progymnasium (verbunden mit Progymnasium),
Luckenwalde,
Marne,
Mühlhausen i. Thüringen: Real-Progymnasium (verbunden mit Gymnasium),
München-Gladbach: Real-Progymnasium (verbunden mit Gymnasium),
Nauen,
Neumünster: Real-Progymnasium (verbunden mit Progymnasium),
Neuwied: Real-Progymnasium (verbunden mit Gymnasium),
Oberhausen,
Oberlahnstein,
Oldesloe,
Papenburg,
Pillau,
Rathenow,
Ratibor,
Remscheid: Real-Progymnasium (verbunden mit Realschule),

Riesenburg,
Schmalkalden,
Spremberg,
Stargard i. Pommern,
Stolp: Real-Progymnasium (verbunden mit Gymnasium),
Uelzen,
Viersen: Real-Progymnasium (verbunden mit Progymnasium),[1]
Wesel: Real-Progymnasium (verbunden mit Gymnasium),
Wolgast,
Wollin,
Wriezen.

II. Großherzogthum Baden.

Baden: Real-Progymnasium (verbunden mit Realschule),
Durlach: Real-Abtheilung des Progymnasiums,
Mosbach.

III. Großherzogthum Mecklenburg-Schwerin.

Grabow,
Parchim: Real-Progymnasium (verbunden mit Gymnasium).

IV. Herzogthum Braunschweig.

Gandersheim.

V. Herzogthum Anhalt.

Zerbst: Realklassen des Gymnasiums.

VI. Fürstenthum Schwarzburg-Rudolstadt.

Rudolstadt: Realklassen des Gymnasiums.

VII. Fürstenthum Waldeck.

Arolsen.

c. Realschulen.

I. Königreich Preußen.

Altona: †Realschule (verbunden mit Real-Gymnasium),
†Arnswalde,
Barmen: †Realschule (verbunden mit Real-Gymnasium),
†(Gewerbeschule (Realschule mit Fachklassen),
Berlin: †Erste Realschule,
†Zweite Realschule,
†Dritte Realschule,
†Vierte Realschule,
†Fünfte Realschule,

†Sechste Realschule,
†Siebente Realschule,
†Achte Realschule,
†Neunte Realschule,
†Zehnte Realschule,
†Elfte Realschule,
†Zwölfte Realschule,
†Biebrich,[1]
†Bitterfeld,
†Blankenese,
Breslau: †Erste evangelische Realschule,

---

[1] Mit rückwirkender Kraft bis zum Ostertermin 1899.

Breslau: †Zweite evangelische Realschule,
    †Katholische Realschule,
†Buxtehude,¹)
†Cassel,
Celle: †Realschule (verbunden mit Real-Gymnasium),¹)
†Cöln,
Danzig: †Realschule zu St. Petri,
†Diez,¹)
†Dirschau,¹)
Dortmund: †Gewerbeschule (Realschule),
†Dülken,
Düsseldorf: †Realschule an der Prinz Georg-Straße,
†Eisleben,
†Elberfeld,
†Elmshorn,¹)
Emden: †Kaiser Friedrichs-Schule,
†Ems,¹)
†Erfurt,
Eschwege: †Realschule (verbunden mit Progymnasium),
Frankfurt a. Main: †Realschule der israelitischen Religionsgesellschaft,
    †Realschule der israelitischen Gemeinde,
    †Adlerflychtschule,
    †Liebig-Realschule,
    †Selektenschule,
†Freiburg i. Schlesien,¹)
†Fulda,
Garbelegen: †Realschule mit progymnasialen Nebenabtheilungen in den drei unteren Klassen,¹)
†Geestemünde,
†Geisenheim,¹)
†Gevelsberg,¹)
†Görlitz,
†Göttingen,
†Graudenz,
Guben: †Realschule (verbunden mit Gymnasium und Real-Gymnasium),
Gumbinnen,¹)
†Hagen i. Westfalen,
Hannover: †Erste Realschule,
    †Zweite Realschule,
†Hechingen,
Herford: †Realschule (verbunden mit Landwirthschaftschule),¹)
Hildesheim: †Realschule (verbunden mit dem Andreas-Real-Gymnasium),¹)
Homburg v. d. Höhe: †Realschule (verbunden mit Progymnasium),

Iserlohn: †Realschule (verbunden mit Realgymnasium),
†Itzehoe,
Königsberg i. Ostpreußen: †Realschule im Löbenicht,
†Köpenick,¹)
†Kottbus,
†Kreuznach,
Krossen: †Realschule mit wahlfreiem Lateinunterricht in den Klassen Sexta, Quinta und Quarta,¹)
Landsberg a. d. Warthe: †Realschule (verbunden mit Gymnasium und Real-Gymnasium),¹)
Lauenburg a. d. Elbe: † Albinusschule,
†Lennep,¹)
Liegnitz: †Wilhelmsschule,
†Löwenberg,¹)
†Lübben,¹)
Lüdenscheid: †Realschule (verbunden mit Progymnasium),¹)
†Magdeburg,
†Meiderich,
Mülheim a. d. Ruhr: †Realschule (verbunden mit Gymnasium),
Naumburg a. d. Saale,
Oschersleben: † Realschule mit gymnasialem Nebenkursus in den drei unteren Klassen,
†Ottensen,
†Otterndorf,¹)
†Peine,
Posen: †Berger-Realschule (verbunden mit Gymnasium und Realgymnasium),¹)
†Potsdam,
†Quedlinburg,
Remscheid: †Realschule (verbunden mit Real-Progymnasium),¹)
Schleswig: † Realschule (verbunden mit Gymnasium),¹)
†Schönebeck,
Schwelm: †Realschule (verbunden mit Progymnasium),¹)
Segeberg: †Wilhelmsschule,¹)
†Sobernheim,¹)
Solingen: † Realschule (verbunden mit Progymnasium),
†Sonderburg,¹)
†Steglitz,
†Uhna,
Wandsbek: †Realschule (verbunden mit Gymnasium).

¹) Mit rückwirkender Kraft bis zum Ostertermin 1899.

II. Königreich Bayern.

†Amberg,
†Ansbach,
†Aschaffenburg,
Augsburg: †Kreisrealschule,
†Bamberg,
Bayreuth: †Kreisrealschule,
†Dinkelsbühl,
†Eichstätt,
†Erlangen,
†Freising,
†Fürth,
†Gunzenhausen,
†Hof,
†Ingolstadt,
Kaiserslautern: †Kreisrealschule,
†Kaufbeuren,
†Kempten,
†Kissingen,
†Kitzingen,
†Kronach,
†Kulmbach,
†Landau,
†Landsberg,
†Landshut,
†Lindau,
†Ludwigshafen a. Rhein,
†Memmingen,
München: †Ludwigs-Kreisrealschule,
   †Luitpold-Kreisrealschule,
†Neuburg a. d. Donau,
†Neustadt a. d. Haardt,
†Neu-Ulm,
†Nördlingen,
Nürnberg: †Kreisrealschule,
Passau: †Kreisrealschule,
†Pirmasens,
Regensburg: †Kreisrealschule,
†Rosenheim,
†Rothenburg o. d. Tauber,
†Schweinfurt,
†Speyer,
†Straubing,
†Traunstein,
†Wasserburg,
†Weilheim,
†Weißenburg am Sand,
Würzburg: †Kreisrealschule,
†Wunsiedel,
†Zweibrücken.

III. Königreich Sachsen.

†Auerbach,[1]
†Bautzen,
†Chemnitz,
†Crimmitschau,
†Dresden-Johannstadt,
Dresden - Striesen: †Realschule (Freimaurer-Institut),[1]
†Frankenberg,[1]
†Glauchau,[1]
†Grimma,[1]
†Großenhain,[1]
Leipzig: †Erste Realschule,
   †Zweite Realschule,
   †Dritte Realschule,
†Leisnig,[1]
†Löbau,
†Meerane,[1]
†Meißen,[1]
†Mittweida,
†Oschatz,[1]
†Pirna,[1]
†Plauen i. Voigtlande,
†Reichenbach i. Voigtlande,[1]
†Rochlitz,[1]
†Stollberg,[1]
†Werdau.

IV. Königreich Württemberg.

Freudenstadt: †Realanstalt,
Sindelfingen: †Realanstalt.

V. Großherzogthum Baden.

Baden: †Realschule (verbunden mit Real-Progymnasium),
†Bretten,
†Eberbach,
†Emmendingen,
†Kenzingen,
†Ladenburg,
†Müllheim,
†Schopfheim,
†Sinsheim,
†Ueberlingen,
†Villingen,
†Waldshut.

VI. Großherzogthum Hessen.

†Alsfeld,
Alzey: †Realschule (verbunden mit Progymnasium),
†Bingen,
†Butzbach,

---

[1] Mit diesen Schulen sind Progymnasialklassen verbunden, welche den Klassen Sexta, Quinta und Quarta der Gymnasien entsprechen.

†Darmstadt,
Friedberg: †Realschule (verbunden mit Progymnasium),
†Gernsheim,
Gießen: †Realschule (verbunden mit Real-Gymnasium),
Groß-Umstadt: †Realschule (verbunden mit Landwirthschaftsschule),
†Heppenheim a. d. Bergstraße,
Mainz: †Realschule (verbunden mit Real-Gymnasium),
†Michelstadt,
Offenbach a. Main: †Realschule (verbunden mit Gymnasium),
†Oppenheim,
†Wimpfen am Berg,
Worms: †Realschule (verbunden mit Gymnasium).

VII. Großherzogthum Mecklenburg-Schwerin.
†Teterow,
Wismar: †Realschule der großen Stadtschule.

VIII. Großherzogthum Sachsen.
Apolda: †Wilhelm und Louis Zimmermanns Realschule,
†Neustadt a. d. Orla.

IX. Großherzogthum Oldenburg.
†Oberstein-Idar.

X. Herzogthum Braunschweig.
†Wolfenbüttel.

XI. Herzogthum Sachsen-Meiningen.
†Pößneck,
†Sonneberg.

XII. Herzogthum Sachsen-Coburg und Gotha.
†Gotha.

XIII. Herzogthum Anhalt.
Cöthen: †Friedrichs-Realschule.

XIV. Fürstenthum Lippe.
†Salzuflen.

XV. Freie und Hansestadt Lübeck.
†Lübeck.

XVI. Freie und Hansestadt Hamburg.
†Cuxhaven,
Hamburg: †Realschule in Eilbeck,
†Realschule in Eimsbüttel,
†Realschule vor dem Holstenthore,
†Realschule vor dem Lübeckerthore,
†Realschule in St. Pauli,
†Realschule auf der Ulenhorst.[1]

XVII. Elsaß-Lothringen.
†Barr,
Buchsweiler: †Real-Abtheilung des Gymnasiums,
Colmar: †Real-Abtheilung des Lyzeums,
†Forbach,
Hagenau: †Real-Abtheilung des Gymnasiums,
†Markirch,
†Münster,
†Rappoltsweiler,
Saargemünd: †Real-Abtheilung des Gymnasiums,
Straßburg i. Elsaß: †Realschule bei St. Johann.

d. Höhere Bürgerschulen.

I. Großherzogthum Hessen.
Dieburg: Höhere Bürgerschule (†Realschul-Abtheilung und Progymnasial-Abtheilung).

II. Großherzogthum Mecklenburg-Schwerin.
†Rostock.

e. Oeffentliche Schullehrer-Seminare.

I. Königreich Preußen.
Alfeld: Evangelisches Seminar,
Altdöbern: Evangelisches Seminar,
Angerburg: Evangelisches Seminar,
Aurich: Evangelisches Seminar,
Barby: Evangelisches Seminar,
Bederkesa: Evangelisches Seminar,
Berent: Katholisches Seminar,
Berlin: Evangelisches Seminar für Stadtschullehrer,
Boppard: Katholisches Seminar,
Braunsberg: Katholisches Seminar,
Breslau: Katholisches Seminar,
Brieg: Evangelisches Seminar,

---

[1] Mit rückwirkender Kraft bis zum Michaelistermin 1898.

Bromberg: Evangelisches Seminar,
Brühl: Katholisches Seminar,
Büren: Katholisches Seminar,
Bütow: Evangelisches Seminar,
Bunzlau: Evangelisches Seminar,
Cammin: Evangelisches Seminar,
Cornelimünster: Katholisches Seminar,
Delitzsch: Evangelisches Seminar,
Dillenburg: Paritätisches Lehrer-Seminar,
Dramburg: Evangelisches Seminar,
Drossen: Evangelisches Seminar,
Eckernförde: Evangelisches Seminar,
Eisleben: Evangelisches Seminar,
Elsterwerda: Evangelisches Seminar,
Elten: Katholisches Seminar,
Erfurt: Evangelisches Seminar,
Exin: Katholisches Seminar,
Franzburg: Evangelisches Seminar,
Friedeberg i. d. Neumark: Evangelisches Seminar,
Fulda: Katholisches Seminar,
Genthin: Evangelisches Seminar,
Graudenz: Katholisches Seminar,
Gütersloh: Evangelisches Seminar,
Habelschwerdt: Katholisches Seminar,
Haderöleben: Evangelisches Seminar,
Halberstadt: Evangelisches Seminar,
Hannover: Evangelisches Seminar,
Heiligenstadt: Katholisches Seminar,
Herdecke: Evangelisches Seminar,
Hilchenbach: Evangelisches Seminar,
Hildesheim: Katholisches Seminar,
Hohenstein: Evangelisches Seminar,
Homberg: Evangelisches Seminar,
Karalene: Evangelisches Seminar,
Kempen (Regierungsbezirk Düsseldorf): Katholisches Seminar,
Königsberg i. d. Neumark: Evangelisches Seminar,
Köpenick: Evangelisches Seminar,
Köslin: Evangelisches Seminar,
Koschmin: Evangelisches Seminar,
Kreuzburg: Evangelisches Seminar,
Kyritz: Evangelisches Seminar,
Liebenthal: Katholisches Seminar,
Liegnitz: Evangelisches Seminar,
Linnich: Katholisches Seminar,
Löbau: Evangelisches Seminar,
Lüneburg: Evangelisches Seminar,
Marienburg i. Westpreußen: Evangelisches Seminar,
Mettmann: Evangelisches Seminar,
Moers: Evangelisches Seminar,
Montabaur: Paritätisches Lehrer-Seminar,
Mühlhausen i. Thüringen: Evangelisches Seminar,
Münsterberg: Evangelisches Seminar,
Münstermaifeld: Katholisches Seminar,

Neu-Ruppin: Evangelisches Seminar,
Neuwied: Evangelisches Seminar,
Neuzelle: Evangelisches Seminar,
Northeim: Evangelisches Seminar,
Ober-Glogau: Katholisches Seminar,
Odenkirchen: Katholisches Seminar,
Oels: Evangelisches Seminar,
Oranienburg: Evangelisches Seminar,
Ortelsburg: Evangelisches Seminar,
Osnabrück: Evangelisches Seminar,
Osterburg: Evangelisches Seminar,
Osterode i. Ostpreußen: Evangelisches Seminar,
Ottweiler: Evangelisches Seminar,
Paradies: Katholisches Seminar,
Peiskretscham: Katholisches Seminar,
Petershagen: Evangelisches Seminar,
Pilchowitz: Katholisches Seminar,
Pölitz: Evangelisches Seminar,
Preußlau: Evangelisches Seminar,
Preußisch-Eylau: Evangelisches Seminar,
Preußisch-Friedland: Evangelisches Seminar,
Proskau: Katholisches Seminar,
Prüm: Katholisches Seminar,
Pyritz: Evangelisches Seminar,
Ragnit: Evangelisches Seminar,
Ratzeburg: Evangelisches Seminar,
Rawitsch: Paritätisches Seminar,
Reichenbach i.b.Ober-Lausitz: Evangelisches Seminar,
Rheydt: Evangelisches Seminar,
Rosenberg: Katholisches Seminar,
Rüthen: Katholisches Seminar,
Sagan: Evangelisches Seminar,
Schlüchtern: Evangelisches Seminar,
Segeberg: Evangelisches Seminar,
Siegburg: Katholisches Seminar,
Soest: Evangelisches Seminar,
Stade: Evangelisches Seminar,
Steinau a. d. Oder: Evangelisches Seminar,
Tondern: Evangelisches Seminar,
Tuchel: Katholisches Seminar,
Uetersen: Evangelisches Seminar,
Usingen: Paritätisches Lehrer-Seminar,
Verden: Evangelisches Seminar,
Waldau: Evangelisches Seminar,
Warendorf: Katholisches Seminar,
Weißenfels: Evangelisches Seminar,
Willich: Katholisches Seminar,
Wunstorf: Evangelisches Seminar,
Ziegenhals: Katholisches Seminar,
Zülz: Katholisches Seminar.

II. **Königreich Bayern.**

Altdorf: Schullehrer-Seminar,
Amberg: Lehrerbildungsanstalt,

Bamberg: Schullehrer-Seminar,
Bayreuth: Lehrerbildungsanstalt,
Eichstätt: Lehrerbildungsanstalt,
Freising: Schullehrer-Seminar,
Kaiserslautern: Lehrerbildungsanstalt,
Lauingen: Schullehrer-Seminar,
Schwabach: Schullehrer-Seminar,
Speyer: Lehrerbildungsanstalt,
Straubing: Schullehrer-Seminar,
Würzburg: Schullehrer-Seminar.

III. Königreich Sachsen.

Annaberg: Königliches Seminar,
Auerbach: Königliches Seminar,
Bautzen: Landständisches evangelisches Seminar,
   Domstiftliches katholisches Seminar,
Borna: Königliches Seminar,
Dresden-Friedrichstadt: Königliches Seminar,
Dresden-Neustadt: Freiherrlich v. Fletcher'sches Seminar,
Grimma: Königliches Seminar,
Löbau: Königliches Seminar,
Nossen: Königliches Seminar,
Oschatz: Königliches Seminar,
Pirna: Königliches Seminar,
Plauen (bei Dresden): Königliches Lehrer-Seminar,
Plauen im Voigtlande: Königliches Seminar,
Rochlitz: Königliches Seminar,
Schneeberg: Königliches Seminar,
Waldenburg: Fürstlich Schönburg'sches Seminar,
Zschopau: Königliches Seminar.

IV. Königreich Württemberg.

Eßlingen: Evangelisches Schullehrer-Seminar,
Gmünd: Katholisches Schullehrer-Seminar,
Künzelsau: Evangelisches Schullehrer-Seminar,
Nagold: Evangelisches Schullehrer-Seminar,
Nürtingen: Evangelisches Schullehrer-Seminar,
Saulgau: Katholisches Schullehrer-Seminar.

V. Großherzogthum Baden.

Ettlingen: Großherzogliches Lehrer-Seminar,
Karlsruhe: Großherzogliches Lehrer-Seminar I,
   Großherzogliches Lehrer-Seminar II,
Meersburg: Großherzogliche Lehrer-Bildungsanstalt.

VI. Großherzogthum Hessen.

Alzey: Großherzogliches Schullehrer-Seminar,
Bensheim: Großherzogliches Schullehrer-Seminar,
Friedberg: Großherzogliches Schullehrer-Seminar.

VII. Großherzogthum Mecklenburg-Schwerin.

Neukloster: Großherzogliches Lehrer-Seminar.

VIII. Großherzogthum Sachsen.

Eisenach: Großherzogliches Schullehrer-Seminar,
Weimar: Großherzogliches Schullehrer-Seminar.

IX. Herzogthum Braunschweig.

Braunschweig: Herzogliches Lehrer-Seminar,
Wolfenbüttel: Herzogliches Lehrer-Seminar.

X. Herzogthum Sachsen-Meiningen.

Hildburghausen: Herzogliches Landes-Schullehrer-Seminar.

XI. Herzogthum Sachsen-Altenburg.

Altenburg: Herzogliches Schullehrer-Seminar.

XII. Herzogthum Sachsen-Coburg und Gotha.

Coburg: Herzogliches Ernst Albert-Schullehrer-Seminar,
Gotha: Herzog Ernst-Seminar.

XIII. Herzogthum Anhalt.

Cöthen: Herzogliches Landes-Seminar.

XIV. Fürstenthum Schwarzburg-Sondershausen.

Sondershausen: Fürstliches Landes-Seminar.

XV. Fürstenthum Reuß älterer Linie.

Greiz: Fürstliches Schullehrer-Seminar.

XVI. Fürstenthum Reuß jüngerer Linie.

Schleiz: Fürstliches Seminar.

XVII. Fürstenthum Schaumburg-Lippe.

Bückeburg: Fürstliches Lehrer-Seminar (verbunden mit Gymnasium Adolphinum und Real-Progymnasium).

XVIII. Fürstenthum Lippe.

Detmold: Fürstliches Lehrer-Seminar.

XIX. Freie und Hansestadt Lübeck.

Lübeck: Schullehrer-Seminar.

XX. Freie Hansestadt Bremen.

Bremen: Staatliches Volks-Schullehrer-Seminar.

XXI. Freie und Hansestadt Hamburg.

Hamburg: Staatliches Lehrer-Seminar.

XXII. Elsaß-Lothringen.

Colmar: Lehrer-Seminar I,
   Lehrer-Seminar II,
Metz: Lehrer-Seminar,
Oberehnheim: Lehrer-Seminar,
Pfalzburg: Lehrer-Seminar,
Straßburg i. Elsaß: Lehrer-Seminar.

F. Andere öffentliche Lehranstalten.

I. Königreich Preußen.

Bitburg: †Landwirthschaftsschule,
Brieg: †Landwirthschaftsschule,
Cleve: †Landwirthschaftsschule,
Dahme: †Landwirthschaftsschule,
Eldena: †Landwirthschaftsschule,
Flensburg: †Landwirthschaftsschule (verbunden mit Ober-Realschule),
Heiligenbeil: †Landwirthschaftsschule,
Herford: †Landwirthschaftsschule (verbunden mit Realschule),
Hildesheim: †Landwirthschaftsschule,
Liegnitz: †Landwirthschaftsschule,
Lüdinghausen: †Landwirthschaftsschule,
Marggrabowa i. Ostpreußen: †Landwirthschaftsschule,
Marienburg i. Westpreußen: †Landwirthschaftsschule,
Samter: †Landwirthschaftsschule,
Schivelbein i. Pommern: †Landwirthschaftsschule,
Weilburg: †Landwirthschaftsschule.

II. Königreich Bayern.

Augsburg: †Industrieschule,
Lichtenhof: †Kreislandwirthschaftsschule,
München: †Handelsschule,
†Industrieschule,
Nürnberg: †Handelsschule,
†Industrieschule.

III. Königreich Sachsen.

Chemnitz: †Oeffentliche Handels-Lehranstalt,
Döbeln: †Landwirthschaftsschule (verbunden mit Real-Gymnasium),
Dresden: †Oeffentliche Handels-Lehranstalt der Dresdener Kaufmannschaft (höhere Handelsschule),
Leipzig: †Oeffentliche Handels-Lehranstalt,
Zittau: †Handels-Abtheilung des Real-Gymnasiums.

IV. Großherzogthum Hessen.

Groß-Umstadt: †Landwirthschaftsschule (verbunden mit Realschule).

V. Großherzogthum Oldenburg.

Varel: †Landwirthschaftsschule.

VI. Herzogthum Braunschweig.

Helmstedt: †Landwirthschaftliche Schule Marienberg nebst †Real-Abtheilung.

VII. Fürstenthum Schwarzburg-Sondershausen.

Arnstadt: †Handels-Abtheilung der Realschule.

VIII. Elsaß-Lothringen.

Rufach: †Landwirthschaftsschule.

Privat-Lehranstalten.[x]

Königreich Preußen.

Berlin: †Handelsschule von Paul Lach,
Cosel i. Ober-Schlesien: Höhere Privat-Knabenschule unter Leitung des Vorstehers G. Schwartzkopf,
Erfurt: †Handels-Fachschule von Albin Körner,
Falkenberg i. d. Mark: Viktoria-Institut von Albert Siebert,

Frankfurt a. Main: †Knoff-Hassel'sches Erziehungs-Institut von Karl Schwarz,
Friedrichsdorf bei Homburg v. d. Höhe: †Garnier'sche Lehr- und Erziehungs-Anstalt des Dr. Ludwig Pröscholdt,
Gaesdonck (Rheinprovinz): Privat-Unterrichts- und Erziehungs-Anstalt unter Leitung des Dr. Joseph Brunn,[1]

---

[x] Die nachfolgenden Anstalten dürfen Befähigungszeugnisse nur auf Grund des Bestehens einer unter Leitung eines Regierungs-Kommissars abgehaltenen Entlassungsprüfung ausstellen, sofern für diese Prüfung die Prüfungsordnung von der Aufsichtsbehörde genehmigt ist. Befreiungen von der mündlichen Prüfung oder einzelnen Theilen derselben sind unstatthaft.

[1] Die Anstalt ist befugt, das Befähigungszeugniß für den einjährig-freiwilligen Militärdienst denjenigen Schülern der Untersekunda auszustellen, welche die Entlassungsprüfung unter Vorsitz eines staatlichen Kommissars auf Grund der Ordnung der Reifeprüfung für die preußischen Progymnasien vom 6. Januar 1892 bestanden haben.
Die Verleihung der Berechtigung hat vorläufig nur bis zum Ostertermin 1899 einschließlich Geltung.

— Privat-Lehranstalten. — 247

Gnadenfrei: †Höhere Privat-Bürgerschule unter Leitung des Diakonus G. Lenz,
St. Goarshausen: †Erziehungs-Institut (Institut Hofmann) des Dr. Gustav Müller (früher Karl Harrach),
Godesberg (Rheinprovinz): Evangelisches Pädagogium (†realistische und progymnasiale Abtheilung) von Otto Kühne,
Kemperhof bei Coblenz: †Katholische Knaben-Unterrichts- und Erziehungs-Anstalt des Dr. Christian Joseph Jonas,
Lauterberg a. Harz: †Höhere Privat-Knabenschule des Dr. Paul Bartels,
Niesky: Pädagogium unter Leitung des Vorstehers Hermann Bauer,[1]
Obercassel bei Bonn: †Unterrichts- und Erziehungs-Anstalt von Ernst Kalluhl,
Osnabrück: †Nölle'sche Handelsschule des Dr. L. Lindemann,
Ostrau (früher Ostrowo) bei Filehne: Progymnasiale und realprogymnasiale Abtheilung des Pädagogiums des Professors Dr. Max Beheim-Schwarzbach,
Paderborn: †Unterrichts-Anstalt (Privat-Realschule) von Heinrich Reismann,
Plötzensee bei Berlin: Pädagogium (Progymnasium) des evangelischen Johannisstifts unter Leitung des Stiftsvorstehers Pastors W. Philipps und des wissenschaftlichen Lehrers Theodor Menzel.[2]
Sachsa a. Harz: †Lehr- und Erziehungs-Anstalt (Privat-Realschule) von Wilbrand Rhoterl,
Telgte: Progymnasiale und †höhere Bürgerschul-Abtheilung des Erziehungs-Instituts des Dr. Franz Knickenberg.

II. **Königreich Bayern.**

Augsburg: †Allgemeine Handels-Lehranstalt von Johann Stahlmann,
Donnersberg bei Marnheim (Pfalz): †Real- und Erziehungs-Anstalt unter Leitung des Dr. Ernst Goebel,
Frankenthal (Pfalz): †Real-Lehr-Institut von Valentin Trautmann und Eugen Wehrle,

Fürth: †Israelitische Realschule des Dr. Moritz Stern (früher Dr. Samuel Dessau),[2]
Marktbreit a. Main: † Real- und Handelsschule des Joseph Damm,
Nürnberg: †Real- und Handels-Lehranstalt (Institut M. Gombrich).

III. **Königreich Sachsen.**

Dresden: †Real-Institut von G. Müller-Gelinek und Dr. P. Th. Schumann,[4]
†Real-Abtheilung der Lehr- und Erziehungs-Anstalt des Pastors a. D. Johannes Friedr. Ludwig Prinzhorn (früher Ernst Böhme),
†Realklassen der Unterrichts- und Erziehungs-Anstalt des Dr. Ernst Seidler,[4]
Leipzig: †Erziehungs-Anstalt des Dr. E. J. Barth,
†Privatschule des Dr. Friedrich Thomas Roth,
†Privat-Realschule von Otto Albert Toller.

IV. **Königreich Württemberg.**

Stuttgart: †Höhere Handelsschule unter Leitung des Professors Eugen Bonhöffer,
†Realistische Abtheilung der Privat-Lehranstalt des Professors Karl Widmann (des Instituts Rauscher).

V. **Großherzogthum Baden.**

Waldkirch: †Erziehungs-Anstalt des Dr. Andolph Pläyn,
Weinheim: Privatanstalt des Dr. D. W. Bender (verbunden mit staatlicher höherer Bürgerschule).

VI. **Großherzogthum Hessen.**

Offenbach a. Main: † Goetheschule des Dr. Pius Sad,[3]
† Privat-Handelsschule des Dr. Wilhelm Schlottmann (früher Dr. Konrad Tolle).[3]

VII. **Großherzogthum Sachsen.**

Jena: †Lehr- und Erziehungs-Anstalt von Ernst Pfeiffer,
†Erziehungs-Anstalt des Dr. Heinrich Stoy.

---

[1] Die Anstalt ist befugt, das Befähigungszeugniß für den einjährig-freiwilligen Militärdienst auf Grund des Bestehens der Abschlußprüfung nach dem sechsten Jahrgange unter Anwendung der preußischen Prüfungsordnung vom 6. Januar 1892 zu ertheilen.
[2] Die Verleihung der Berechtigung hat vorläufig nur bis zum Michaelistermin 1899 einschließlich Geltung.
[3] Die Verleihung der Berechtigung hat vorläufig nur bis zum Ostertermin 1900 einschließlich Geltung.
[4] Auf diesen Anstalten ist der obligatorische Unterricht im Latein auf die drei unteren Klassen beschränkt.

VIII. **Herzogthum Braunschweig.**
Braunschweig: †Privat-Lehranstalt des Dr. Hermann Jahn,
Seesen a. Harz: †Jacobson-Schule unter Leitung des Professors Dr. Emil Philippson,
Wolfenbüttel: †Samson-Schule unter Leitung des Dr. Ludwig Tachau.

IX. **Herzogthum Sachsen-Meiningen.**
Salzungen: †Privat-Realschule von Heinrich Christian Wehner.

X. **Herzogthum Sachsen-Altenburg.**
Gumperda bei Kahla: †Lateinlose Abtheilung der Lehr- und Erziehungs-Anstalt des Professors Dr. Siegfried Schaffner.

XI. **Herzogthum Anhalt.**
Ballenstedt: Proggymnasiale Abtheilung (Privat-Proggymnasium) und †Real-Abtheilung des Privat-Instituts des Professors Dr. Otto Wolterstorff.

XII. **Fürstenthum Schwarzburg-Rudolstadt.**
Keilhau: †Erziehungs-Anstalt des Professors Dr. Johannes Barop.

XIII. **Fürstenthum Waldeck.**
Pyrmont: Pädagogium des Dr. Hermann Karl Gotthilf Caspari (Proggymnasial-Abtheilung und †Realschul-Abtheilung mit kaufmännischem Rechnen und Unterricht in der Buchführung).[1]

XIV. **Fürstenthum Reuß jüngerer Linie.**
Gera: †Anthor'sche höhere Privat-Handelsschule (Handels-Akademie) unter Leitung des Dr. Friedrich Clausen.

XV. **Freie und Hansestadt Lübeck.**
Lübeck: †Privat-Realschule des Dr. G. A. Reimann.

XVI. **Freie Hansestadt Bremen.**
Bremen: †Privat-Realschule von C. W. Debbe.

XVII. **Freie und Hansestadt Hamburg.**
Hamburg: †Schule des Dr. T. A. Bieber,
†Stiftungsschule von 1815 unter Leitung des Dr. Oskar Tränert,
†Schule des Dr. A. Richard Lange,
†Schule des Dr. Th. Wahnschaff,
†Realschule der Talmud-Tora unter Leitung des Dr. Joseph Goldschmidt,
†Realschule des unter Leitung des Direktors D. theol. J. Wichern und des wissenschaftlichen Lehrers Karl Harald von Damek stehenden Paulinums, Pensionat des Rauhen Hauses.

Lehranstalten im Auslande.

Constantinopel: †Realschule der deutschen und schweizer Schulgemeinde unter Leitung des Dr. Hans Karl Schwallo.[2]

Berlin, den 27. Juni 1899.

Der Reichskanzler.
Im Auftrage: v. Woedtke.

[1] Mit rückwirkender Kraft bis zum Michaelistermin 1898.
[2] Mit rückwirkender Kraft für die im Juni 1898 abgehaltene Reifeprüfung. Die Verleihung der Berechtigung hat vorläufig nur bis zum Osterternin 1901 einschließlich Geltung. Die Anstalt darf Befähigungszeugnisse nur auf Grund des Bestehens einer unter Leitung eines Regierungs-Kommissars abgehaltenen Entlassungsprüfung ausstellen, sofern für diese Prüfung die Prüfungsordnung von Aufsichtswegen genehmigt ist. Befreiungen von der mündlichen Prüfung oder einzelnen Theilen derselben sind unstatthaft.

Central-Blatt für das Deutsche Reich.

Herausgegeben im Reichsamte des Innern.

Zu beziehen durch alle Postanstalten und Buchhandlungen.

| XXVII. Jahrgang. | Berlin, Freitag, den 14. Juli 1899. | № 29. |

Inhalt: 1. Konsulat-Wesen: Ernennungen; — Entlassung. — Exequatur-Ertheilung . . . Seite 249. 2. Bank-Wesen: Status der deutschen Notenbanken Ende Juni 1899 . . . . 250. 3. Zoll- und Steuer-Wesen: Zusatz zu der Anweisung zur Ausführung des Vereinszollgesetzes; — Aenderungen des Mühlenregulativs vom 1. Januar 1896 und der Ausführungsbestimmungen zu §. 7 Ziffer 1 und 8 des Zolltarifgesetzes vom 1. März 1896 . . . . . 252. 4. Polizei-Wesen: Ausweisung von Ausländern aus dem Reichsgebiete . . . . 259.

1. Konsulat-Wesen.

Seine Majestät der Kaiser haben im Namen des Reichs den Ingenieur Ewald Bremer zum Vize-Konsul in Mariupol (Rußland) zu ernennen geruht.

Seine Majestät der Kaiser haben im Namen des Reichs den Kaufmann Peter Gustav Jansen zum Vize-Konsul in Trinidad de Cuba zu ernennen geruht.

Dem bisherigen Kaiserlichen Konsul in Laguna de Terminos (Mexiko), Johann Folten, ist die erbetene Entlassung aus dem Reichsdienst ertheilt worden.

Dem Verweser des Kaiserlichen Konsulats in Tamsui—Twatutia, Vize-Konsul Heinze, ist auf Grund des §. 1 des Gesetzes vom 4. Mai 1870 in Verbindung mit §. 85 des Gesetzes vom 6. Februar 1875 für den Amtsbezirk des Konsulats und für die Dauer seiner Geschäftsführung die Ermächtigung ertheilt worden, bürgerlich gültige Eheschließungen von Reichsangehörigen und Schutzgenossen vorzunehmen und die Geburten, Heirathen und Sterbefälle von solchen zu beurkunden.

— 250 —

2. Bank

Status der deutschen Noten
nach den im Reichsanzeiger veröffentlichten Wochenüber
(Die Beträge lauten

Passiva.

Laufende Nummer	Bezeichnung der Banken	Grund-kapital.	Reserve-fonds.	Noten-umlauf.	Gegen 31. Mai 1899.	Unge-deckte Noten.	Gegen 31. Mai 1899.	Sonstige täglich fällige Ver-bindlich-keiten.	Gegen 31. Mai 1899.	Verbindlich-keiten mit Kündi-gungs-frist.	Gegen 31. Mai 1899.	Sonstige Passiva.	Gegen 31. Mai 1899.	Summe der Passiva.	Gegen 31. Mai 1899.	[17]
1	2	3	4	5	6	7	8	9	10	11	12	13	14	15	16	17
1	Reichsbank	120 000	30 000	1 300 241	+ 106 628	432 106	+ 283 146	570 663	— 20 832			23 762	+ 3 673	2 044 666	+ 179 757	—
2	Frankfurter Bank	16 000	4 832	17 200	+ 2 900	9 581	+ 190	3 914*	— 34	16 280	+ 3 946	20	— 217	60 223	+ 6 697	3 313
3	Bayerische Notenbank	7 500	2 506	64 582	+ 1 591	20 161	+ 1 561	8 126	+ 6			3 121	— 178	85 385	+ 1 419	1 236
4	Sächsische Bank zu Dresden	30 000	8 777	57 956	+ 9 936	21 923	+ 13 581	21 604	— 7 628	16 685	— 940	683	+ 46	133 994	+ 3 896	2 044
5	Württembergische Notenbank	9 000	900	24 051	+ 899	10 308	+ 530	3 148	+ 845	403	+ 100	670	+ 76	38 171	+ 1 945	980
6	Badische Bank	9 000	1 794	15 295	— 303	9 745	+ 199	5 131	— 1 001			867	+ 86	31 890	— 1 180	1 101
7	Bank für Süddeutschland	15 672	1 916	14 821	+ 897	9 787	+ 654	107*	+ 6			762	+ 121	33 158	+ 1 697	938
8	Braunschweigische Bank	10 500	811	1 685	+ 280	1 850	+ 261	4 572	— 246	1 222	— 346	76	— 11	19 069	— 397	1 068
	Zusammen	219 672	47 706	1 495 980	+ 211 768	524 980	+ 299 691	619 292	— 23 377	34 393	+ 3 763	29 702	+ 3 587	2 416 762	+ 194 734	10 680

Bemerkungen.

Zu Spalte 5°: Davon in Abschnitten zu 100 ℳ = 1 068 221 500 ℳ,
          „   500   -   24 455 000 ℳ (bei den Banken Nr. 1, 2, 4),
          „   1 000 -   401 575 000 ℳ („   „   „   1 und 2).
Zu Spalte 9 Nr. 2°: Darunter 128 900 ℳ noch nicht zur Einlösung gelangte Guldennoten.
 „   „   9 „ 7°:   90 686 ℳ   „   „   „   Gulden- und Thalernoten.

Wesen.

banken Ende Juni 1899
sichten, verglichen mit demjenigen Ende Mai 1899
auf Tausend Mark.)

Activa.

Metall- bestand.	Gegen 31. Mai 1899.	Reichs- kassen- scheine.	Gegen 31. Mai 1899.	Noten anderer Banken.	Gegen 31. Mai 1899.	Wechsel.	Gegen 31. Mai 1899.	Lombard.	Gegen 31. Mai 1899.	Effekten.	Gegen 31. Mai 1899.	Sonstige Aktiva.	Gegen 31. Mai 1899.	Summe der Aktiva.	Gegen 31. Mai 1899.	Laufende Nummer.
18.	19.	20.	21.	22.	23.	24.	25.	26.	27.	28.	29.	30.	31.	32.	33.	34.
883 590	− 62 210	31 917	− 2 968	12 232	− 1 567	945 801	+ 176 771	130 751	+ 51 892	12 983	− 2 982	28 996	+ 21 835	2 044 053	+ 179 757	1
5 984	+ 1 087	27	− 14	1 846	+ 1 733	33 788	+ 444	10 549	+ 2 545	6 080	+ 391	3 584	+ 583	61 800	+ 6 749	2
30 416	− 548	55	− 9	3 800	+ 597	48 269	+ 1 193	1 524	+ 134	36	− 4	1 414	+ 51	85 585	+ 1 419	3
26 446	− 2 290	840	− 26	8 747	− 2 179	80 544	+ 5 816	5 695	+ 1 687	776	− 1 270	11 398	+ 3 765	133 964	+ 5 308	4
11 655	− 361	125	+ 2	1 763	+ 730	22 909	+ 1 463	874	+ 54	5	−	837	+ 63	38 171	+ 1 943	5
5 360	− 10	10	− 8	180	− 60	22 660	− 1 234	554	− 19	110	− 19	8 009	+ 162	31 889	− 1 180	6
4 994	+ 268	53	− 11	37	− 24	21 290	+ 1 428	1 937	− 140	3 417	− 55	1 486	− 464	33 158	+ 1 002	7
463	+ 72	2	− 13	50	− 20	7 016	− 1 335	1 712	+ 97	134	− 12	9 754	+ 877	19 148	− 348	8
919 604	− 64 112	23 079	− 3 020	28 617	− 810	1 180 204	+ 184 550	152 895	+ 50 253	23 544	+ 3 013	120 864	+ 26 872	2 448 398	+ 194 708	

16*

3. Zoll- und Steuer-Wesen.

Der Bundesrath hat in seiner Sitzung vom 28. Juni d. J. folgenden Beschluß gefaßt:

Die Nummer 32 der Anweisung zur Ausführung des Vereinszollgesetzes erhält in Ziffer I Abs. 2 hinter b folgenden Zusatz:

c) wenn gebrauchte Gegenstände, wie Betten, Hausgeräthe oder Handwerkszeug, nachweislich für Unbemittelte zur eigenen Benutzung als Geschenk aus dem Ausland eingehen.

Berlin, den 8. Juli 1899.

Der Reichskanzler.

Im Auftrage: v. Koerner.

Der Bundesrath hat in seiner Sitzung vom 4. d. M. beschlossen:

I. Die nachstehend unter A und B aufgeführten Aenderungen des Mühlenregulativs vom 1. Januar 1898 (Central-Blatt von 1897 S. 307 und von 1899 S. 51) und der Ausführungsbestimmungen zu §. 7 Ziffer 1 und 3 des Zolltarifgesetzes vom 1. März 1898 (Central-Blatt 1898 S. 100) werden mit der Maßgabe genehmigt, daß die neuen Vorschriften mit dem 1. Januar 1900 in Kraft treten, mit Ausnahme derjenigen unter A Ziffer 2, welche mit dem 1. Oktober d. J. in Wirksamkeit zu setzen ist.

II. Nach Maßgabe der Bestimmungen im §. 9 des Regulativs für Getreidemühlen und Mälzereien sind folgende Mustertypen zu bilden:

a) für Roggenmehl 2 Typen, welche entsprechen
    1. Type dem Durchschnitte der Ausbeuteprozente über 30 bis 60,
    2. „ „ „ „ „ „ 60 „ 65;

b) für Weizenmehl 4 Typen, welche entsprechen
    1. Type dem Durchschnitte der Ausbeuteprozente von 1 bis 30,
    2. „ „ „ „ „ „ über 30 „ 70,
    3. „ „ „ „ „ „ „ 70 „ 75,
    4. „ „ „ „ „ „ von 1 „ 70.

III. Diese Mustertypen sind in den Königlichen Mühlen zu Bromberg durch Vermahlung von Proben der in Betracht kommenden in- und ausländischen Getreidesorten, deren Beschaffung durch die Versuchsanstalt des Verbandes deutscher Müller an der landwirthschaftlichen Hochschule in Berlin zu erfolgen hat, herzustellen.

IV. Die Erneuerung der Mustertypen ist alljährlich zu bewirken.

V. Der Reichskanzler wird ermächtigt, eine Neuredaktion des Mühlenregulativs und der allgemeinen Ausführungsbestimmungen zu §. 7 Ziffer 1 und 3 des Zolltarifgesetzes unter Einsetzung des Einführungstermins „1. Januar 1900" vorzunehmen und im Central-Blatt für das Deutsche Reich zu veröffentlichen.

Berlin, den 8. Juli 1899.

Der Reichskanzler.

Im Auftrage: v. Koerner.

A. Aenderungen des Regulativs für Getreidemühlen und Mälzereien vom 1. Januar 1898.

1. Im §. 1 ist der dritte Absatz zu streichen.
2. Im §. 2 ist nach dem ersten Absatze der folgende neue Absatz einzufügen:
   „Die Bewilligung eines Privatlagers unter amtlichem Mitverschlusse neben dem Zollkonto ist unzulässig."
3. Im §. 2 Abs. 2 ist statt „Handels- und Fabrikationsbücher" zu setzen:
   „Handels-, Fabrikations- und Lagerbücher".
4. Im §. 2 ist der jetzige dritte — künftig vierte — Absatz wie folgt zu fassen:
   „Die Handels-, Fabrikations- und Lagerbücher müssen über die Ausbeute an Mehlen der verschiedenen Klassen, an anderen Mühlen- und Mälzereifabrikaten, sowie an Kleie und über den Mahlverlust Aufschluß geben. Sofern die Zollbehörde die in der Fabrikationsanstalt eingerichtete Buchführung zu dem bezeichneten Zwecke nicht für ausreichend erachtet, ist sie befugt, dem Gewerbetreibenden die Führung von Fabrikations-, Lager- und sonstigen Kontrolebüchern nach besonderem Muster aufzugeben."
5. Im §. 7 ist der Absatz 2 wie folgt zu fassen:
   „Die Ausfuhranmeldung ist der Hebestelle nach Muster B beziehungsweise B 1 in 2 Exemplaren einzureichen. Die Anmeldung muß insbesondere die handelsübliche Benennung des Fabrikats, bei Roggen- und Weizenmehl auch die Angabe der Ausbeuteklasse (§. 9) enthalten. Die Hebestelle trägt die Anmeldung in das nach Muster C beziehungsweise C 1 zu führende Anmelderegister ein und veranlaßt die spezielle Revision nach den im Begleitschein-Regulativ gegebenen allgemeinen Bestimmungen mit der Maßgabe, daß der Revisionsbefund hinsichtlich der Ausbeuteklasse und der Abschreibungsfähigkeit der vorgeführten Fabrikate von dem Ausgangs- oder Niederlageamte nicht beanstandet werden kann. Behufs Feststellung des Nettogewichts kann diejenige Tara, welche für die betreffende Waare und Verpackungsart vorgeschrieben ist, in Abrechnung gebracht oder die Verwiegung der leeren Umschließungen vor deren Befüllung vorgenommen werden. In letzterem Falle ist bei spezieller Deklaration eine probeweise Verwiegung der leeren Umschließungen zulässig. Von einer Verschlußanlage kann bei besonderen Schwierigkeiten abgesehen werden, wenn die Identität durch amtlich verschlossene Proben festgehalten wird."
6. Im §. 7 kommt der dritte Absatz in Wegfall.
7. Im §. 7 jetziger Absatz 5 — künftig Absatz 4 — kommt der zweite Satz in Wegfall.
8. Dem §. 7 ist folgender neuer — künftig siebenter — Absatz am Schlusse hinzuzufügen:
   „Der Ausfuhr der Fabrikate steht die Niederlegung derselben in eine Zollniederlage unter amtlichem Verschlusse gleich."
9. Im §. 8 Satz 1 ist statt „(§. 9)" zu setzen:
   „(§§. 9 bis 11)".
10. An die Stelle des §. 9 treten die folgenden drei neuen Paragraphen:

§. 9.

Für Roggen- und Weizenmehl werden folgende Ausbeuteklassen festgesetzt:

A. Roggenmehl.

1. Klasse	1 bis 60 Prozent,
2. „	über 60 - 65 „

B. Weizenmehl.

1. Klasse	1 bis 30 Prozent,
2. „	über 30 - 70 „
3. „	„ 70 - 75 „
4. „	„ 1 - 70 „

Für die Abrechnung gelten

60 kg Roggenmehl der	1.	Ausbeuteklasse gleich	95 kg	Roggen,
5 =	=	= 2.	=	= 5 =	=
30 =	Weizenmehl	= 1.	=	= 48 =	Weizen,
40 =	=	= 2.	=	= 47 =	=
5 =	=	= 3.	=	= 5 =	=
70 =	=	= 4	=	= 95 =	=

Es sind mithin abzuschreiben bei der Ausfuhr von 100 kg

Roggenmehl der 1. Klasse	158,33 kg	Roggen,
= = 2. =	100,00 =	=
Weizenmehl = 1. =	160,00 =	Weizen,
= = 2. =	117,50 =	=
= = 3. =	100,00 =	=
= = 4 =	135,71 =	=

In der Ausfuhranmeldung ist in Spalte 2 anzugeben, innerhalb welcher Ausbeuteklasse das vorgeführte Mehl gewonnen worden ist. Unrichtige Angaben unterliegen der gesetzlichen Strafe.

Das mit dem Anspruch auf Zollnachlaß zur Ausgangsabfertigung gestellte Roggen- und Weizenmehl solcher Mühlen, welche nicht unter dauernder zollamtlicher Kontrole stehen, ist nach Maßgabe der Ziffer 1 der beiliegenden „Anweisung zur zollamtlichen Prüfung von Mühlenfabrikaten" zu untersuchen.

Für Roggen- und Weizenmehl, welches unter einem höheren Ausbeuteverhältniß als 65 und 75 Prozent gewonnen worden ist, und für Mischungen solchen Mehles mit feinem Mehle wird ein Zollnachlaß nicht gewährt. Dies bezieht sich nicht auf Roggen- und Weizenschrot, d. h. das gesammte, aus dem verarbeiteten Getreide ohne Abzug von feinerem oder gröberem Mehle gewonnene Fabrikat (§. 11 Abs. 1).

§. 10.

Für Malz aus Gerste wird das Ausbeuteverhältniß auf 75 Prozent, für Malz aus Weizen auf 78 Prozent festgesetzt.

Unter Malz im Sinne dieser Bestimmungen ist nur Darrmalz sowie ohne Zusatz fremder Stoffe hergestelltes Farb- und Karamelmalz zu verstehen.

§. 11.

Wird Mehl aus Hafer, Gerste, Mais, Buchweizen oder Hülsenfrüchten, wird Malz aus Roggen oder Hafer oder werden aus Getreide oder Hülsenfrüchten andere Fabrikate (Schrot, Graupen, Gries, Grütze) hergestellt, so erfolgt die Festsetzung des Ausbeuteverhältnisses für jede einzelne Fabrikationsanstalt auf Grund besonderer Ermittelungen seitens der Direktivbehörde.

Für Mühlen und Mälzereien, welche auf den Antrag ihrer Inhaber unter dauernde zollamtliche Kontrole gestellt sind, kann mit Zustimmung der Direktivbehörde das thatsächliche Ausbeuteverhältniß in Rechnung gestellt werden. Auf Roggen- und Weizenmehle finden in diesem Falle die Bestimmungen im §. 9 Abs. 1, 2 und 5 Anwendung.

Mehl aus Hartweizen oder Gemisch von Mehl aus Hart- und Weichweizen oder Mehl, welches aus einer Mischung von Hart- und Weichweizen hergestellt ist, muß in der Anmeldung stets als solches bezeichnet und hinsichtlich der Ausbeute einer besonderen Prüfung unterworfen werden. Je nach dem Ausfalle der letzteren sind auf ein derartiges Mehl die Bestimmungen im §. 9 Abs. 1, 2 und 5 entsprechend anzuwenden. In Zweifelsfällen ist umgehend ein technisches Gutachten einzuholen.

11. Die §§. 10 bis 14 werden §§. 12—16.
12. Im §. 12 — künftig §. 14 — Absatz 1 Satz 1 ist statt „(§. 1 Absatz 3)" zu setzen: „(§. 7 Absatz 7)" und ebendaselbst Satz 4 statt „in den §§. 9 und 10" zu setzen: „in den §§. 9 bis 12".

13. In Muster A ist im Kopfe der Spalte 15 unter „Art" hinzuzufügen: „(Ausbeuteklasse)"; sodann ist in den Spalten 15 bis 17 statt der bisherigen Probeeintragungen zu setzen unter I. Weizen: „Mehl der 2. Ausbeuteklasse — 7500 — 8812,50"; unter II. Roggen: „Mehl der 1. Ausbeuteklasse — 3700 — 5858,33".

14. In Muster B ist im Kopfe der Spalten 2 und 8 unter „Art" hinzuzufügen: „(Ausbeuteklasse)"; sodann ist in Spalte 2 statt der bisherigen Probeeintragung zu setzen: „Weizenmehl der 2. Ausbeuteklasse".

15. In Muster C und C 1 ist die Bemerkung zu Spalte 7 auf Seite 1 zu streichen; sodann ist in Muster C im Kopfe der Spalten 4 und 12 unter „Art" hinzuzufügen: „(Ausbeuteklasse)" und ferner in demselben Muster statt der bisherigen Probeeintragungen zu setzen in Spalte 4: „Weizenmehl der 2. Ausbeuteklasse — Roggenmehl der 1. Ausbeuteklasse — Weizenmehl der 2. Ausbeuteklasse", und in Spalte 12: „Weizenmehl der 2. Ausbeuteklasse — Roggenmehl der 1. Ausbeuteklasse".

16. In Muster D ist in Spalte 7 statt der Probeeintragung „Weizenmehl" zu setzen: „Weizenmehl der 2. Ausbeuteklasse" und im Kopfe dieser Spalte unter „Art" hinzuzufügen: „(Ausbeuteklasse)".

17. Die Anlage „Anweisung zur zollamtlichen Prüfung von Mühlenfabrikaten" erhält folgende Fassung:

I. Bei der zollamtlichen Abfertigung von Roggen- und Weizenmehl, welches mit dem Anspruch auf Zollnachlaß oder auf Ertheilung eines Einfuhrscheins zur Ausfuhr angemeldet wird, findet das Typenverfahren Anwendung. Zu diesem Zwecke erhalten die betheiligten Zollstellen die den festgesetzten Ausbeuteklassen entsprechenden Mustertypen, deren Benutzung nach Maßgabe der „Anleitung zur Prüfung von Roggen- und Weizenmehl auf trockenem und nassem Wege (Pekarisiren)" (Anlage a) zu erfolgen hat.

Die Typen sind der zollamtlichen Abfertigung derart zu Grunde zu legen, daß Roggen- und Weizenmehl von geringerer Beschaffenheit als die der deklarirten Ausbeuteklasse entsprechende Type innerhalb dieser Ausbeuteklasse zur Entlastung des Zollkontos oder zur Ertheilung eines Einfuhrscheins nicht zuzulassen ist.

Ergiebt die Vergleichung mit den Typen erhebliche Zweifel an der Richtigkeit der Deklaration, so kann die Ermittelung des Aschengehalts von der Zollbehörde angeordnet werden. Sie muß erfolgen, wenn der Anmelder sie beantragt. Zu diesem Zwecke ist umgehend eine Probe des Mehles von mindestens 100 g nebst Mittheilung der deklarirten Ausbeuteklasse an die Versuchsanstalt des Verbandes deutscher Müller an der Königlichen landwirthschaftlichen Hochschule in Berlin, N. Invalidenstraße Nr. 42, zur Ermittelung des Aschengehalts und Begutachtung der Waare zu übersenden. Bleiben auch nach Vornahme der Aschenprobe Zweifel an der Richtigkeit der Deklaration bestehen, oder ist die beantragte Zollbegünstigung ohne vorherige Prüfung des Aschengehalts abgelehnt worden, so ist dem Anmelder der Nachweis der Herstellung innerhalb der deklarirten Klasse aus seinen Büchern zu gestatten.

Bei der Abfertigung von Mehl aus Hartweizen .... — wie bisher —.

II. Bei der zollamtlichen Abfertigung von Kleie .... — wie der Bundesrathsbeschluß vom 10. Februar 1899, §. 99 der Protokolle (Central-Blatt für das Deutsche Reich Seite 51), Absatz 1 bis 4; jedoch ist im dritten Absatze statt der Worte „in Ziffer I bezeichneten" zu setzen: „in der Anlage b näher beschriebenen" und im zweiten und dritten Absatze statt der Worte „durch einen vereidigten Chemiker" zu setzen: „umgehend durch die in Ziffer I genannte Versuchsanstalt".

In allen Fällen, in welchen bei der zollamtlichen Abfertigung von Kleie keine oder eine unvollständige Deklaration vorliegt, oder der Waarendisponent sich zur Abgabe einer solchen außer Stande erklärt, oder Zweifel an der Richtigkeit der abgegebenen Deklaration bestehen, oder Gemische verschiedener Kleiarten vorliegen, haben die Abfertigungsbeamten, erforderlichenfalls nach vorgängiger Vernehmung von Sachverständigen, zu entscheiden, welches von beiden Untersuchungsverfahren — ob dasjenige für Roggen- und Weizenkleie oder dasjenige für Gerstenkleie — anzuwenden ist.

18. Die Anlage a erhält die Ueberschrift:
„Anleitung zur Prüfung von Roggen- und Weizenmehl auf trockenem und nassem Wege (Bekarifiren)."

19. Die Anlage b erhält folgende Fassung:

„Anlage b."

Anleitung
für das Siebverfahren zur Prüfung von Gerstenkleie.

Zur Prüfung der Kleie benutze man ein einfaches, rechtwinkeliges Handsieb, bestehend in einem Holzrahmen von 22 cm Länge, 15 cm Breite und 5 cm Höhe, der mit bester Beutelgaze (Seidengaze) Nr. 8 bespannt ist. Von einem Deckel ist Abstand zu nehmen, da eine Beobachtung der Kleie während des Siebens zweckmäßig ist. Ebenso bedarf es eines Untersatzes nicht, weil nur das Gewicht der Rückstände von Belang ist.

Man schütte 50 g auf das Sieb und siebe in freier Hand so lange, bis nichts mehr durchfällt, höchstens aber 3 Minuten, unter fortwährendem Anstoßen des Siebes an die Handfläche, bald in drehender, bald in schüttelnder Bewegung. Man wiederhole alsdann die Siebung mit einer zweiten Probe von 50 g der Kleie, wäge jedesmal den Rückstand und rechne die Gewichte beider zusammen, wodurch man den Rückstand in Prozenten ermittelt.

Besonders ist darauf zu achten, daß trockene Kleie verwendet wird. Feuchte Kleie läßt sich durch Beutelgaze Nr. 8 nicht sieben und muß gegebenenfalls vorher getrocknet werden."

20. Die Anlage c fällt weg.

B. Aenderungen der Allgemeinen Ausführungsbestimmungen zu §. 7 Ziffer 1 und 3 des Zolltarifgesetzes vom 1. März 1898.

1. Im §. 3 fallen die Absätze 3 und 4 fort.

2. An Stelle der Vorschriften in den §§. 4 bis 9 treten die folgenden:

§. 4.

Für Roggen- und Weizenmehl werden folgende Ausbeuteklassen festgesetzt:

A. Roggenmehl.

1. Klasse . . . . 1 bis 60 Prozent,
2.   "   . . . . über 60 bis 65 Prozent.

B. Weizenmehl.

1. Klasse . . . . 1 bis 30 Prozent,
2.   "   . . . . über 30 bis 70 Prozent,
3.   "   . . . .   " 70 " 75   "
4.   "   . . . . 1 bis 70 Prozent.

Für die Abrechnung gelten

60 kg Roggenmehl der 1. Ausbeuteklasse gleich 95 kg Roggen,
 5 "   "   "   2.   "   "   5   "   "
30 " Weizenmehl   "   1.   "   "   48   "   Weizen,
40 "   "   "   2.   "   "   47   "   "
 5 "   "   "   3.   "   "   5   "   "
70 "   "   "   4.   "   "   95   "   " .

Es sind mithin abzuschreiben bei der Ausfuhr von 100 kg:

 Roggenmehl der 1. Klasse 158,33 kg Roggen,
   " " 2. " 100 " "
 Weizenmehl der 1. Klasse 100 kg Weizen,
   " " 2. " 117,50 " "
   " " 3. " 100 " "
   " " 4. " 135,71 " ".

In der Ausfuhranmeldung ist in Spalte 5 anzugeben, innerhalb welcher Ausbeuteklasse das vorgeführte Mehl gewonnen worden ist. Unrichtige Angaben unterliegen der gesetzlichen Strafe.

Das mit dem Anspruch auf Ertheilung eines Einfuhrscheins zur Ausgangsabfertigung gestellte Roggen- und Weizenmehl solcher Mühlen, welche nicht unter dauernder zollamtlicher Kontrole stehen, ist nach Maßgabe der Ziffer 1 der „Anweisung zur zollamtlichen Prüfung von Mühlenfabrikaten" (Anlage des Regulativs für Getreidemühlen und Mälzereien vom 1. Januar 1898) zu untersuchen.

Für Roggen- und Weizenmehl, welches unter einem höheren Ausbeuteverhältniß als 65 und 75 Prozent gewonnen worden ist, sowie für Mischungen solchen Mehles mit feinen Mehlen wird ein Einfuhrschein nicht ertheilt. Dies bezieht sich nicht auf Roggen- und Weizenschrot, b. h. das gesammte, aus dem verarbeiteten Getreide ohne Abzug von feinerem oder gröberem Mehle gewonnene Fabrikat (§. 6 Abs. 1).

§. 5.

Für Malz aus Gerste wird das Ausbeuteverhältniß auf 75 Prozent, für Malz aus Weizen auf 78 Prozent festgesetzt.

Unter Malz im Sinne dieser Bestimmungen ist nur Darrmalz sowie ohne Zusatz fremder Stoffe hergestelltes Farb- und Karamelmalz zu verstehen.

Die vorgeführten Mälzereifabrikate müssen gute, marktgängige Beschaffenheit haben, wovon an Amtsstelle durch Geschmacks- und Augenscheinsprüfungen nach Stichmustern Ueberzeugung zu nehmen ist. In Zweifelsfällen ist eine Untersuchung der Waare seitens Sachverständiger zu veranlassen.

Wenn in den Mälzereifabrikaten mehr als drei Gewichtsprozente fremder Bestandtheile (Schmutz 2c.) oder mehr als zehn Gewichtsprozente Wasser enthalten sind, ist die Ertheilung eines Einfuhrscheins zu versagen.

§. 6.

Wird Mehl aus Hafer, Gerste oder Hülsenfrüchten, wird Malz aus Roggen oder Hafer oder werden aus Getreide der im §. 1 bezeichneten Art oder Hülsenfrüchten andere Fabrikate (Schrot, Graupen, Gries, Grütze) hergestellt, so erfolgt die Festsetzung des Ausbeuteverhältnisses für jede einzelne Fabrikationsanstalt auf Grund besonderer Ermittelungen seitens der Direktivbehörde.

Für Mühlen und Mälzereien, welche auf den Antrag ihrer Inhaber unter dauernde zollamtliche Kontrole gestellt sind, kann mit Zustimmung der Direktivbehörde das thatsächliche Ausbeuteverhältniß in Rechnung gestellt werden. Auf Roggen- und Weizenmehle finden in diesem Falle die Bestimmungen im §. 4 Abs. 1, 2 und 5 Anwendung.

Mehl aus Hartweizen oder Gemisch von Mehl aus Hart- und Weichweizen oder Mehl, welches aus einer Mischung von Hart- und Weichweizen hergestellt ist, muß in der Anmeldung stets als solches bezeichnet und hinsichtlich der Ausbeute einer besonderen Prüfung unterworfen werden. Je nach dem Ausfalle der letzteren sind auf ein derartiges Mehl die Bestimmungen im §. 4 Abs. 1, 2 und 5 entsprechend anzuwenden. In Zweifelsfällen ist umgehend ein technisches Gutachten einzuholen.

§. 7.

Bei der Ausfuhr von Gemischen von Mühlen- oder Mälzereifabrikaten, welche aus verschiedenen Getreidearten hergestellt sind, findet eine Ertheilung von Einfuhrscheinen nicht statt.

§. 8.

Im Sinne dieser Bestimmungen steht die Aufnahme in eine öffentliche Niederlage oder in ein Transitlager unter amtlichem Mitverschlusse der Ausfuhr gleich.

§. 9.

Anmeldungen zur Ausfuhr mit dem Anspruch auf Ertheilung von Einfuhrscheinen sind zulässig:

 I. Hinsichtlich der im §. 1 genannten Fruchtarten:
  a) bei den Hauptzollämtern und Nebenzollämtern I an der Grenze,
  b) bei den Aemtern mit öffentlichen Niederlagen,
  c) bei den von der obersten Landes-Finanzbehörde besonders ermächtigten Aemtern.

 II. Hinsichtlich der Mühlen- und Mälzereifabrikate bei der Hebestelle, in deren Bezirke die betreffende Gewerbsanstalt belegen ist.

3. Im §. 10 Abs. 1 ist der erste Satz wie folgt zu fassen:

„Ueber die Mengen, welche mit dem Anspruch auf Ertheilung von Einfuhrscheinen ausgeführt oder niedergelegt werden sollen, ist der Amtsstelle (§. 9) eine Anmeldung nach Muster a in zwei Exemplaren zu übergeben."

4. Derselbe Absatz 1 erhält am Schlusse folgenden Zusatz:

„Bei Roggen- und Weizenmehl greift außerdem die Vorschrift im §. 4 Abs. 3 Platz."

5. Der 2. Absatz desselben Paragraphen erhält am Schlusse folgenden Zusatz:

„Der Revisionsbefund des Anmeldeamts bezüglich der Ausbeuteklasse und des Anspruchs der Mühlen- und Mälzereifabrikate auf Ertheilung eines Einfuhrscheins kann von dem Ausgangs- oder Niederlageamte nicht beanstandet werden."

6. Im §. 11 erhält der erste Absatz folgende Fassung:

„Behufs Feststellung des Nettogewichts kann diejenige Tara, welche für die betreffende Waare und Verpackungsart vorgeschrieben ist, in Abrechnung gebracht oder die Verwiegung der leeren Umschließungen vor deren Befüllung vorgenommen werden. In letzterem Falle ist bei spezieller Deklaration eine probeweise Verwiegung der leeren Umschließungen zulässig."

7. In demselben Paragraphen ist im Abs. 3 der Schluß des ersten Satzes wie folgt zu fassen:

„abgesehen werden, bei Mühlen- und Mälzereifabrikaten jedoch nur im Falle besonderer Schwierigkeiten und wenn die Identität durch amtlich verschlossene Proben festgehalten wird."

8. In Muster a ist im Kopfe der Spalten 5 und 11 unter „Art" hinzuzufügen:

„(Ausbeuteklasse)".

9. In Muster b ist der Kopf der Spalte 8 wie folgt zu fassen:

„Art des Getreides (Mühlenfabrikats, Malzes; Ausbeuteklasse des Mühlenfabrikats), für welches der Einfuhrschein in Anspruch genommen wird."

4. Polizei-Wesen.

Ausweisung von Ausländern aus dem Reichsgebiete.

Laufende Nr.	Name und Stand der Ausgewiesenen.	Alter und Heimath	Grund der Bestrafung.	Behörde, welche die Ausweisung beschlossen hat.	Datum des Ausweisungs-beschlusses.
1.	2.	3.	4.	5.	6.
		Auf Grund des §. 362 des Strafgesetzbuchs.			
1.	Joseph Egert, Tischler,	geboren am 28. Februar 1870 zu Bettels, Wsiovic, Bezirk Turnau, Böhmen, österreichischer Staatsangehöriger,		Königlich preußischer Regierungs-Präsident zu Breslau,	29. Juni d. J.
2.	Joseph Horal, Schuhmacher,	geboren am 17. August 1879 zu Daste, Bezirk Pardubitz, Böhmen, orts-angehörig zu Unter-Rebit, Bezirk Selcan, Böhmen,	desgleichen,	Königlich preußischer Polizei-Präsident zu Berlin,	8. Juni d. J.
3.	Wladislaus Katzo-rowski, Arbeiter,	geboren am 1. Januar 1850 zu Sierpe, Gouvernement Plozk, Rußland, russischer Staatsangehöriger,	desgleichen,	Königlich preußischer Regierungs-Präsident zu Marienwerder,	29. Juni d. J.
4.	Wenzel Kubat, Zimmermann,	geboren am 10. Oktober 1858 zu Cejov, Bezirk Deutschbrod, Böhmen, orts-angehörig ebendaselbst,	Widerstand gegen die Staatsgewalt, Be-amtenbeleidigung und Betteln,	Großherzoglich badischer Landeskommissär zu Mannheim,	25. Juni d. J.
5.	Franz Anton Stenzel, Tagner,	geboren am 5. Februar 1844 zu Neu-bois, französischer Staatsangehöriger,	Hausfriedensbruch und Landstreichen,	Kaiserlicher Bezirks-Präsident zu Straßburg,	29. Juni d. J.
6.	Otto Hermann Teubner, Arbeiter,	geboren am 25. Mai 1881 zu Spittel-grund, Bezirk Gabel, Böhmen, orts-angehörig ebendaselbst,	Betteln,	Königlich preußischer Polizei-Präsident zu Berlin,	12. Mai d. J.

Berlin, Carl Heymanns Verlag. — Gedruckt bei Julius Sittenfeld in Berlin.

Central-Blatt für das Deutsche Reich.

Herausgegeben im Reichsamte des Innern.

Zu beziehen durch alle Postanstalten und Buchhandlungen.

| XXVII. Jahrgang. | Berlin, Freitag, den 21. Juli 1899. | № 30. |

Inhalt: 1. Konsulat-Wesen: Ernennungen; — Bestellung von Konsular-Agenten; — Ermächtigung zur Vornahme von Civilstands-Akten . . . Seite 261 — 2. Polizei-Wesen: Ausweisung von Ausländern aus dem Reichsgebiete 262

1. Konsulat-Wesen.

Nachdem die Konsularbehörde des Reichs in Stockholm in ein General-Konsulat umgewandelt worden ist, haben Seine Majestät der Kaiser den bisherigen Konsul von Krencki in Stockholm Namens des Reichs zum General-Konsul daselbst zu ernennen geruht.

Seine Majestät der Kaiser haben im Namen des Reichs den Kaufmann Mc. Callum Grant zum Konsul in Halifax (Neu-Schottland) zu ernennen geruht.

Seine Majestät der Kaiser haben im Namen des Reichs den Kaufmann Paul Minck zum Vize-Konsul in Beira (Portugiesisch Ost-Afrika) zu ernennen geruht.

Von dem Kaiserlichen General-Konsul in Constantinopel ist der Sektionsingenieur J. Hafner in Dedeagatsch zum Konsular-Agenten daselbst bestellt worden.

Der Kaiserliche Konsul in Aux Cayes (Hayti) hat den Kaufmann Carl Seidel zum Konsular-Agenten in Aquin bestellt.

Dem Verweser des Kaiserlichen Konsulats in Lourenco Marques, Vize-Konsul Grafen von Hardenberg, ist auf Grund des §. 1 des Gesetzes vom 4. Mai 1870 in Verbindung mit §. 85 des Gesetzes vom 6. Februar 1875 für den Amtsbezirk des Konsulats und für die Dauer seiner Geschäftsführung die Ermächtigung ertheilt worden, bürgerlich gültige Eheschließungen von Reichsangehörigen und unter deutschem Schutze lebenden Schweizern vorzunehmen und die Geburten, Heirathen und Sterbefälle von solchen zu beurkunden.

2. Polizei-Wesen.

Ausweisung von Ausländern aus dem Reichsgebiete.

Laufende Nr.	Name und Stand der Ausgewiesenen.	Alter und Heimath	Grund der Bestrafung.	Behörde, welche die Ausweisung beschlossen hat.	Datum des Ausweisungs- beschlusses.
1.	2.	3.	4.	5.	6.
		a) Auf Grund des §. 39 des Strafgesetzbuchs.			
1.	Franziska Pfeil, geb. Hutezky, Maurersehefrau,	geboren am 6. Februar 1858 zu Peilstein, Bezirk Rohrbach, Ober-Oesterreich, ortsangehörig zu Kirchbach, ebenda,	schwerer Diebstahl und versuchter schwerer Diebstahl (1 Jahr 6 Monate Zuchthaus laut Erkenntniß vom 19. Januar 1898),	Königlich bayerisches Bezirksamt Wasserburg,	5. Juni d. J.
2.	Anna Zaruba, geb. Trömer, Schneidersehefrau,	geboren am 8. August 1867 zu Ochsengraben, Bezirk Hohenelbe, Böhmen, österreichische Staatsangehörige,	wiederholter versuchter Diebstahl in strafbarem Rückfall (2 Jahre Zuchthaus laut Erkenntniß vom 15. Juni 1897),	Königlich preußischer Regierungs-Präsident zu Frankfurt a. O.,	8. Mai d. J.
		b) Auf Grund des §. 362 des Strafgesetzbuchs.			
3.	Joseph Burkert, Schlosser,	geboren am 10. Juni 1877 zu Trautenau, Böhmen, ortsangehörig zu Schwarzenthal-Neudorf,	Betteln,	Königlich preußischer Regierungs-Präsident zu Osnabrück,	9. Juli d. J.
4.	Andreas Ferdinand Gallois, Tagner,	geboren am 8. Oktober 1878 zu Triel, Departement Seine-et-Oise, Frankreich, französischer Staatsangehöriger,	Landstreichen,	Kaiserlicher Bezirks-Präsident zu Metz,	9. Juli d. J.
5.	Joseph Haney, Musiker,	geboren am 28. Mai 1863 zu Rochlitz, Bezirk Starkenbach, Böhmen, österreichischer Staatsangehöriger,	Betteln und verbotswidrige Rückkehr,	Polizeibehörde zu Hamburg,	10. Juli d. J.
6.	Karl Hanka, Kaufmann,	geboren am 11. November 1854 zu Oriwitz, Bezirk Saaz, Böhmen, ortsangehörig zu Zerbeuz, ebenda,	Betteln,	Königlich sächsische Kreishauptmannschaft Dresden,	18. Mai d. J.
7.	Ferdinand Emil Job, Seiler,	geboren am 24. November 1879 zu Paris, französischer Staatsangehöriger,	Landstreichen,	Königlich bayerische Polizei-Direktion München,	21. Juni d. J.
8.	Johann Joseph Netuschill, Weber,	geboren am 2. Juni 1852 zu Lichtenau, Bezirk Senftenberg, Böhmen, ortsangehörig ebendaselbst,	Betteln,	Königlich preußischer Regierungs-Präsident zu Schleswig,	5. Juli d. J.
9.	Franz Wagner, Eisenbahnarbeiter,	geboren am 11. November 1859 zu Priethal, Bezirk Krumau, Böhmen, österreichischer Staatsangehöriger,	Landstreichen und Betteln,	Königlich bayerische Polizei-Direktion München,	24. Juni d. J.
10.	Andreas Weruli, Feldarbeiter,	geboren am 14. November 1868 zu Thalheim, Kanton Argau, Schweiz, ortsangehörig zu Erlisbach, ebenda,	Landstreichen,	Kaiserlicher Bezirks-Präsident zu Colmar,	5. Juli d. J.

Central-Blatt für das Deutsche Reich.

Herausgegeben im Reichsamte des Innern.

Zu beziehen durch alle Postanstalten und Buchhandlungen.

| XXVII. Jahrgang. | Berlin, Freitag, den 28. Juli 1899. | № 31. |

Inhalt: 1. Konsulat-Wesen: Ernennungen; Ermächtigungen zur Vornahme von Civilstands-Akten; Exequatur-Ertheilungen . . . . . Seite 263. 2. Maß- und Gewichts-Wesen: Bestimmungen über die Prüfung und Beglaubigung leichtflüssiger Metalllegirungen für Dampfkessel-Sicherheitsapparate . 264. 3. Allgemeine Verwaltungs-Sachen: Bekanntmachung, betreffend die Vollziehung der Ausweisung von Ausländern aus dem Reichsgebiete; — Grundsätze, betreffend die Besetzung der Subaltern- und Unterbeamtenstellen bei den Kommunalbehörden ꝛc. mit Militäranwärtern . . . . . 265. 4. Zoll- und Steuer-Wesen: Veränderungen in dem Stande oder den Befugnissen der Zoll- und Steuerstellen 282. 5. Finanz-Wesen: Nachweisung der Einnahmen des Reichs für die Zeit vom 1. April 1899 bis Ende Juli 1899 284. 6. Polizei-Wesen: Ausweisung von Ausländern aus dem Reichsgebiete . . . . . 285.

1. Konsulat-Wesen.

Nachdem die Konsularbehörde des Reichs in Kopenhagen in ein General-Konsulat umgewandelt worden ist, haben Seine Majestät der Kaiser den bisherigen Konsul in Kopenhagen, charakterisirten General-Konsul Martens, Namens des Reichs zum General-Konsul daselbst zu ernennen geruht.

Seine Majestät der Kaiser haben im Namen des Reichs den Kaiserlichen General-Konsul in Odessa, Focke, zum General-Konsul des Reichs in Kapstadt zu ernennen geruht.

Dem Kanzler-Dragoman bei dem Kaiserlichen Konsulat in Beirut, Büge, ist auf Grund des §. 1 des Gesetzes vom 4. Mai 1870 in Verbindung mit §. 85 des Gesetzes vom 6. Februar 1875 die Ermächtigung ertheilt worden, in Vertretung des Kaiserlichen Konsuls bürgerlich gültige Eheschließungen von Reichsangehörigen und Schutzgenossen mit Einschluß der unter deutschem Schutze lebenden Schweizer, vorzunehmen und die Geburten, Heirathen und Sterbefälle von solchen zu beurkunden.

Dem Verweser des Kaiserlichen Vize-Konsulats in Buschär, Dragoman Dr. Reinhardt, ist auf Grund des §. 1 des Gesetzes vom 4. Mai 1870 in Verbindung mit §. 85 des Gesetzes vom 6. Februar 1875 für den Amtsbezirk des Vize-Konsulats, soweit er persisches Gebiet umfaßt, und für die Dauer seiner Geschäftsführung die Ermächtigung ertheilt worden, bürgerlich gültige Eheschließungen von Reichsangehörigen und Schutzgenossen, mit Einschluß der unter deutschem Schutze lebenden Schweizer, vorzunehmen und die Geburten, Heirathen und Sterbefälle von solchen zu beurkunden.

Dem zum Kaiserlich und Königlich österreichisch-ungarischen Konsul mit dem Amtssitz in Bremen ernannten Kaufmann Georg Albrecht ist Namens des Reichs das Exequatur ertheilt worden.

Dem zum Konsul der Vereinigten Staaten von Amerika in Weimar ernannten bisherigen dortigen Handels-Agenten Thomas Ewing Moore ist Namens des Reichs das Exequatur ertheilt worden.

2. Maß- und Gewichts-Wesen.

Bekanntmachung.

Ueber die Prüfung und Beglaubigung leichtflüssiger Metalllegirungen für Dampfkessel-Sicherheitsapparate hat die Physikalisch-Technische Reichsanstalt die nachstehenden Bestimmungen erlassen, welche an die Stelle der von der Kaiserlichen Normal-Aichungs-Kommission unter dem 22. Juni 1886 (Central-Blatt S. 215) und von der Physikalisch-Technischen Reichsanstalt unter dem 1. April 1899 (Central-Blatt S. 113) bekannt gegebenen Bestimmungen treten.

Bestimmungen
über die Prüfung und Beglaubigung leichtflüssiger Metalllegirungen für Dampfkessel-Sicherheitsapparate.

1. Die Physikalisch-Technische Reichsanstalt — Abtheilung II — zu Charlottenburg übernimmt die Prüfung und Beglaubigung der zu Dampfkessel-Sicherheitsapparaten gehörigen Legirungskörper auf ihren Schmelzpunkt und Erweichungspunkt unter Druck nach Maßgabe folgender Bestimmungen.

2. Zur Prüfung werden nur solche Legirungskörper zugelassen, welche unbeschadet ihrer späteren Verwendung vermöge ihrer Form das Abtrennen von Probestücken und das Anbringen der amtlichen Stempelzeichen gestatten.

3. Die zu prüfenden, aus derselben Schmelze stammenden Legirungskörper sind in Reihen von je 50 bis 54 Stück einzusenden. Sie dürfen keinerlei Bezeichnung tragen. Bei der Einreichung ist der Schmelzpunkt bezw. der Erweichungspunkt und der zugehörige Druck, für welchen die Legirungskörper bestimmt sind, anzugeben.

4. Die Prüfung erstreckt sich auf sämmtliche Legirungskörper einer jeden Reihe. Für die Vorprüfung werden Probestücke abgetrennt und gemeinsam in einem Flüssigkeitsbade eingeschmolzen. Der Hauptprüfung, welche dem praktischen Gebrauche der Körper in Dampfkessel-Sicherheitsapparaten möglichst entsprechend ausgeführt wird, werden dann diejenigen beiden Legirungskörper unterworfen, deren Probestücke bei der Vorprüfung zuerst und zuletzt geschmolzen sind.

Es bleibt vorbehalten, der Hauptprüfung nach Bedarf mehr als zwei Legirungskörper derselben Reihe zu unterwerfen.

5. Ergiebt die Hauptprüfung, daß
   a) die Schmelztemperaturen
   der bis etwa 125° schmelzenden Legirungskörper (Wasserstandslegirungen) um nicht mehr als 5°,
   der über 125° schmelzenden Legirungskörper um nicht mehr als 2°,
   b) die Erweichungstemperaturen der unter Druck geprüften Legirungskörper um nicht mehr als 5° von einander abweichen, so wird eine solche Reihe zur Beglaubigung zugelassen.

6. Als Zeichen der Beglaubigung dient der Reichsadler. Außerdem wird das auf ganze Grade abgerundete Mittel der bei der Hauptprüfung gefundenen Schmelztemperaturen bezw. der Erweichungstemperaturen nebst zugehörigem Druck auf die Legirungskörper der betreffenden Reihe aufgeschlagen.

Auch kann auf besonderen Antrag gegen Erstattung der Einrichtungskosten ein Firmenzeichen auf die Körper aufgestempelt werden.

7. An Gebühren werden für jeden zur Hauptprüfung verwendeten und für jeden beglaubigten Legirungskörper 30 Pfennig, für jeden bei der Prüfung als nicht beglaubigungsfähig befundenen Körper 15 Pfennig erhoben.

Für die bei der Prüfung verbrauchten Körper wird kein Ersatz geleistet.

8. Sind für orientirende Versuche (Systemprüfungen u. dergl.) besondere Apparate oder Untersuchungen nothwendig, so trägt der Antragsteller die Hälfte der Kosten, wobei für die Arbeitsstunde 3 Mark berechnet werden.

Charlottenburg, den 12. Juli 1899.

Physikalisch-Technische Reichsanstalt.

Kohlrausch.

3. Allgemeine Verwaltungs-Sachen.

Bekanntmachung,

betreffend die Vollziehung der Ausweisung von Ausländern aus dem Reichsgebiete.

Das Verzeichniß der Reichsgrenzstationen, nach welchen die Transporte ausgewiesener Ausländer zu leiten sind (Central-Blatt 1890 S. 381; 1891 S. 27; 1893 S. 154; 1894 S. 264) wird durch das nachstehende Verzeichniß ersetzt.

Verzeichniß

der Reichsgrenzstationen, nach denen gemäß den vom Bundesrathe beschlossenen Vorschriften vom 10. Dezember 1890 (Central-Blatt S. 378) die Transporte ausgewiesener Ausländer zu leiten sind, mit Angabe der für diese Stationen zuständigen Grenzpolizeibehörden.

I. Bei Ausweisungen nach Dänemark.

a) Zu Lande.

1. Scherrebeck (Königr. Preußen, Reg.-Bez. Schleswig). Der Amtsvorsteher in Scherrebeck.
2. Rödding (Königr. Preußen, Reg.-Bez. Schleswig). Der Amtsvorsteher in Rödding.
3. Woyens (Königr. Preußen, Reg.-Bez. Schleswig). Der Amtsvorsteher in Woyens.
4. Christiansfeld (Königr. Preußen, Reg.-Bez. Schleswig). Die Polizeiverwaltung in Christiansfeld.

b) Zur See.

1. Kiel (Königr. Preußen, Reg.-Bez. Schleswig). Die Polizeidirektion in Kiel.
2. Lübeck (Freie und Hansestadt Lübeck). Das Polizeiamt in Lübeck.
3. Warnemünde (Großh. Mecklenburg-Schwerin). Das Gewett in Rostock.
4. Swinemünde (Königr. Preußen, Reg.-Bez. Stettin). Der Landrath in Swinemünde.

II. Bei Ausweisungen nach Norwegen.

a) Unmittelbar zwischen Deutschland und Norwegen.

Hamburg (Freie und Hansestadt Hamburg). Die Polizeibehörde in Hamburg.

b) Mit Berührung Schwedens.

Saßnitz (Königr. Preußen, Reg.-Bez. Stralsund). Der Landrath in Bergen auf Rügen.

c) Ueber Dänemark, mit oder ohne Berührung Schwedens.

1. Scherrebeck (Königr. Preußen, Reg.-Bez. Schleswig). Der Amtsvorsteher in Scherrebeck.
2. Rödding (Königr. Preußen, Reg.-Bez. Schleswig). Der Amtsvorsteher in Rödding.
3. Woyens (Königr. Preußen, Reg.-Bez. Schleswig). Der Amtsvorsteher in Woyens.
4. Christiansfeld (Königr. Preußen, Reg.-Bez. Schleswig). Die Polizeiverwaltung in Christiansfeld.
5. Kiel (Königr. Preußen, Reg.-Bez. Schleswig). Die Polizeidirektion in Kiel.
6. Lübeck (Freie und Hansestadt Lübeck). Das Polizeiamt in Lübeck.
7. Warnemünde (Großh. Mecklenburg-Schwerin). Das Gewett in Rostock.
8. Swinemünde (Königr. Preußen, Reg.-Bez. Stettin). Der Landrath in Swinemünde.

III. **Bei Ausweisungen nach Schweden.**

a) Unmittelbar zwischen Deutschland und Schweden.
1. Hamburg (Freie und Hansestadt Hamburg). Die Polizeibehörde in Hamburg.
2. Lübeck (Freie und Hansestadt Lübeck). Das Polizeiamt in Lübeck.
3. Saßnitz (Königr. Preußen, Reg.-Bez. Stralsund). Der Landrath in Bergen auf Rügen.

b) Mit Berührung Dänemarks.
1. Scherrebeck (Königr. Preußen, Reg.-Bez. Schleswig). Der Amtsvorsteher in Scherrebeck.
2. Röbbing (Königr. Preußen, Reg.-Bez. Schleswig). Der Amtsvorsteher in Röbbing.
3. Woyens (Königr. Preußen, Reg.-Bez. Schleswig). Der Amtsvorsteher in Woyens.
4. Christiansfeld (Königr. Preußen, Reg.-Bez. Schleswig). Die Polizeiverwaltung in Christiansfeld.
5. Kiel (Königr. Preußen, Reg.-Bez. Schleswig). Die Polizeidirektion in Kiel.
6. Lübeck (Freie und Hansestadt Lübeck). Das Polizeiamt in Lübeck.
7. Warnemünde (Großh. Mecklenburg-Schwerin). Das Gewett in Rostock.
8. Swinemünde (Königr. Preußen, Reg.-Bez. Stettin). Der Landrath in Swinemünde.

IV. **Bei Ausweisungen nach Rußland.**
1. Nimmersatt (Königr. Preußen, Reg.-Bez. Königsberg). Der Landrath des Kreises Memel.
2. Bajohren (Königr. Preußen, Reg.-Bez. Königsberg). Der Landrath des Kreises Memel.
3. Laugallen (Königr. Preußen, Reg.-Bez. Königsberg). Der Amtsvorsteher in Memel.
4. Kolletzischken (Königr. Preußen, Reg.-Bez. Gumbinnen). Der Landrath des Kreises Heydekrug.
5. Laugszargen (Königr. Preußen, Reg.-Bez. Gumbinnen). Der Landrath des Landkreises Tilsit.
6. Schmalleningken (Königr. Preußen, Reg.-Bez. Gumbinnen). Der Landrath des Kreises Ragnit.
7. Schirwindt (Königr. Preußen, Reg.-Bez. Gumbinnen). Der Landrath des Kreises Pillkallen.
8. Eydtkuhnen (Königr. Preußen, Reg.-Bez. Gumbinnen). Der Landrath des Kreises Stallupönen.
9. Wierunsken (Königr. Preußen, Reg.-Bez. Gumbinnen). Der Landrath des Kreises Oletzko.
10. Groß-Czymochen (Königr. Preußen, Reg.-Bez. Gumbinnen). Der Landrath des Kreises Lyck.
11. Borczymmen (Königr. Preußen, Reg.-Bez. Gumbinnen). Der Landrath des Kreises Lyck.
12. Prostken (Königr. Preußen, Reg.-Bez. Gumbinnen). Der Landrath des Kreises Lyck.
13. Dlottowen (Königr. Preußen, Reg.-Bez. Gumbinnen). Der Landrath des Kreises Johannisburg.
14. Friedrichshof (Königr. Preußen, Reg.-Bez. Königsberg). Der Landrath des Kreises Ortelsburg.
15. Opaleniec (Königr. Preußen, Reg.-Bez. Königsberg). Der Landrath des Kreises Ortelsburg.
16. Camerau (Königr. Preußen, Reg.-Bez. Königsberg). Der Landrath des Kreises Neidenburg.
17. Illowo (Königr. Preußen, Reg.-Bez. Königsberg). Der Landrath des Kreises Neidenburg.
18. Neu-Zielun (Königr. Preußen, Reg.-Bez. Marienwerder). Der Landrath des Kreises Strasburg.
19. Gorzno (Königr. Preußen, Reg.-Bez. Marienwerder). Der Landrath des Kreises Strasburg.
20. Fissakrug (Königr. Preußen, Reg.-Bez. Marienwerder). Der Landrath des Kreises Strasburg.
21. Gollub (Königr. Preußen, Reg.-Bez. Marienwerder). Der Landrath des Kreises Briesen.
22. Leibitsch (Königr. Preußen, Reg.-Bez. Marienwerder). Der Landrath des Kreises Thorn.
23. Thorn-Dilloschin (Königr. Preußen, Reg.-Bez. Marienwerder). Der Landrath des Kreises Thorn.
24. Inowrazlaw-Ctloschin (Königr. Preußen, Reg.-Bez. Bromberg). Der Landrath des Kreises Inowrazlaw.
25. Stralkowo (Königr. Preußen, Reg.-Bez. Posen). Der Landrath des Kreises Wreschen.
26. Borzykowo (Königr. Preußen, Reg.-Bez. Posen). Der Landrath des Kreises Wreschen.
27. Boguslaw (Königr. Preußen, Reg.-Bez. Posen). Der Landrath des Kreises Pleschen.
28. Skalmierzyce (Königr. Preußen, Reg.-Bez. Posen). Der Landrath des Kreises Ostrowo.
29. Podsamtsche (Königr. Preußen, Reg.-Bez. Posen). Der Landrath des Kreises Kempen.
30. Sogenannte Sandhäuser (Königr. Preußen, Reg.-Bez. Oppeln). Der Landrath des Kreises Kreuzburg.
31. Landsberg (Königr. Preußen, Reg.-Bez. Oppeln). Der Landrath des Kreises Rosenberg.
32. Preußisch-Herby (Königr. Preußen, Reg.-Bez. Oppeln). Der Landrath des Kreises Lublinitz.
33. Kattowitz (Königr. Preußen, Reg.-Bez. Oppeln). Der Landrath des Kreises Kattowitz.

V. Bei Ausweisungen nach Oesterreich-Ungarn.

1. Myslowitz (Königr. Preußen, Reg.-Bez. Oppeln). Die Polizeiverwaltung in Myslowitz.
2. Neuberun (Königr. Preußen, Reg.-Bez. Oppeln). Der Amtsvorsteher in Neuberun.
3. Pleß (Königr. Preußen, Reg.-Bez. Oppeln). Die Polizeiverwaltung in Pleß.
4. Ratibor (Königr. Preußen, Reg.-Bez. Oppeln). Die Polizeiverwaltung in Ratibor.
5. Pilsch (Königr. Preußen, Reg.-Bez. Oppeln). Der Gemeindevorsteher in Pilsch.
6. Leobschütz (Königr. Preußen, Reg.-Bez. Oppeln). Die Polizeiverwaltung in Leobschütz.
7. Neustadt O/S. (Königr. Preußen, Reg.-Bez. Oppeln). Die Polizeiverwaltung in Neustadt O/S.
8. Ziegenhals (Königr. Preußen, Reg.-Bez. Oppeln). Die Polizeiverwaltung in Ziegenhals.
9. Neiße (Königr. Preußen, Reg.-Bez. Oppeln). Die Polizeiverwaltung in Neiße.
10. Mittelwalde (Königr. Preußen, Reg.-Bez. Breslau). Die Polizeiverwaltung in Mittelwalde.
11. Friedland i/Schl. (Königr. Preußen, Reg.-Bez. Breslau). Die Polizeiverwaltung in Friedland i/Schl.
12. Liebau (Königr. Preußen, Reg.-Bez. Liegnitz). Die Polizeiverwaltung in Liebau.
13. Görlitz (Königr. Preußen, Reg.-Bez. Liegnitz). Die Polizeiverwaltung in Görlitz.
14. Zittau (Königr. Sachsen). Das Grenzpolizeikommissariat Zittau für Eisenbahntransporte und die Amtshauptmannschaft Zittau für andere Transporte.
15. Löbau (Königr. Sachsen). Die Amtshauptmannschaft Löbau.
16. Bautzen (Königr. Sachsen). Die Amtshauptmannschaft Bautzen.
17. Bodenbach (Oesterreich). Das Königlich sächsische Grenzpolizeikommissariat in Bodenbach (nur für Eisenbahntransporte).
18. Pirna (Königr. Sachsen). Die Amtshauptmannschaft Pirna (nur für Fußtransporte).
19. Dippoldiswalde (Königr. Sachsen). Die Amtshauptmannschaft Dippoldiswalde.
20. Sayda (Königr. Sachsen). Die amtshauptmannschaftliche Delegation zu Sayda.
21. Marienberg (Königr. Sachsen). Die Amtshauptmannschaft Marienberg.
22. Annaberg (Königr. Sachsen). Die Amtshauptmannschaft Annaberg.
23. Schwarzenberg (Königr. Sachsen). Die Amtshauptmannschaft Schwarzenberg.
24. Auerbach (Königr. Sachsen). Die Amtshauptmannschaft Auerbach.
25. Oelsnitz (Königr. Sachsen). Die Amtshauptmannschaft Oelsnitz.
26. Rehau (Königr. Bayern, Reg.-Bez. Oberfranken). Das Bezirksamt Rehau.
27. Wunsiedel (Königr. Bayern, Reg.-Bez. Oberfranken). Das Bezirksamt Wunsiedel.
28. Waldsassen (Königr. Bayern, Reg.-Bez. Oberpfalz und Regensburg). Der Sekretär am Amtsgerichte Waldsassen, in Vertretung des Bezirksamts Tirschenreuth.
29. Furth im Wald (Königr. Bayern, Reg.-Bez. Oberpfalz und Regensburg). Der Sekretär am Amtsgerichte Furth i. W., in Vertretung des Bezirksamts Cham.
30. Regen (Königr. Bayern, Reg.-Bez. Niederbayern). Das Bezirksamt Regen.
31. Passau (Königr. Bayern, Reg.-Bez. Niederbayern). Das Bezirksamt Passau.
32. Simbach am Inn (Königr. Bayern, Reg.-Bez. Niederbayern). Der Sekretär am Amtsgerichte Simbach am Inn, in Vertretung des Bezirksamts Pfarrkirchen.
33. Tittmoning (Königr. Bayern, Reg.-Bez. Oberbayern). Der Sekretär am Amtsgerichte Tittmoning in Vertretung des Bezirksamts Laufen.
34. Laufen (Königr. Bayern, Reg.-Bez. Oberbayern). Das Bezirksamt Laufen.
35. Traunstein (Königr. Bayern, Reg.-Bez. Oberbayern). Das Bezirksamt Traunstein.
36. Rosenheim (Königr. Bayern, Reg.-Bez. Oberbayern). Das Bezirksamt Rosenheim.
37. Lindau (Königr. Bayern, Reg.-Bez. Schwaben und Neuburg). Das Bezirksamt Lindau.
38. Friedrichshafen (Königr. Württemberg). Die Hafendirektion in Friedrichshafen.
39. Konstanz (Großh. Baden). Das Bezirksamt in Konstanz.

VI. Bei Ausweisungen nach der Schweiz.

1. Lindau (Königr. Bayern, Reg.-Bez. Schwaben und Neuburg). Das Bezirksamt Lindau.
2. Friedrichshafen (Königr. Württemberg). Die Hafendirektion in Friedrichshafen.
3. Konstanz (Großh. Baden). Das Bezirksamt in Konstanz.
4. Stockach (Großh. Baden). Das Bezirksamt in Stockach.
5. Engen (Großh. Baden). Das Bezirksamt in Engen.

6. Waldshut (Großh. Baden). Das Bezirksamt in Waldshut.
7. Säckingen (Großh. Baden). Das Bezirksamt in Säckingen.
8. Lörrach (Großh. Baden). Das Bezirksamt in Lörrach.
9. St. Ludwig (Elsaß-Lothringen). Der Polizeikommissar in St. Ludwig.

VII. Bei Ausweisungen nach den Niederlanden.
1. Bunde (Königr. Preußen, Reg.-Bez. Aurich). Der Landrath in Weener.
2. Bentheim (Königr. Preußen, Reg.-Bez. Osnabrück). Der Landrath in Bentheim.
3. Gronau (Königr. Preußen, Reg.-Bez. Münster). Die Ortspolizeibehörde in Gronau.
4. Borken (Königr. Preußen, Reg.-Bez. Münster). Die Ortspolizeibehörde in Borken.
5. Bocholt (Königr. Preußen, Reg.-Bez. Münster). Die Ortspolizeibehörde in Bocholt.
6. Emmerich (Königr. Preußen, Reg.-Bez. Düsseldorf). Der Bürgermeister in Emmerich.
7. Cleve (Königr. Preußen, Reg.-Bez. Düsseldorf). Der Bürgermeister in Cleve.
8. Cranenburg (Königr. Preußen, Reg.-Bez. Düsseldorf). Der Bürgermeister in Cranenburg.
9. Goch (Königr. Preußen, Reg.-Bez. Düsseldorf). Der Bürgermeister in Goch.
10. Straelen (Königr. Preußen, Reg.-Bez. Düsseldorf). Der Bürgermeister in Straelen.
11. Kaldenkirchen (Königr. Preußen, Reg.-Bez. Düsseldorf). Der Bürgermeister in Kaldenkirchen.
12. Dalheim (Königr. Preußen, Reg.-Bez. Aachen). Der Bürgermeister der Bürgermeisterei Wyhl.
13. Aachen (Königr. Preußen, Reg.-Bez. Aachen). Die Polizeidirektion in Aachen.

VIII. Bei Ausweisungen nach Belgien.
1. Herbesthal (Königr. Preußen, Reg.-Bez. Aachen). Der Bürgermeister in Herbesthal.
2. Aachen (Königr. Preußen, Reg.-Bez. Aachen). Die Polizeidirektion in Aachen.

IX. Bei Ausweisungen nach Luxemburg.
1. Burg-Reuland (Königr. Preußen, Reg.-Bez. Aachen). Die Gendarmeriestation bezw. der Bürgermeister in Burg-Reuland.
2. Trier (Königr. Preußen, Reg.-Bez. Trier). Der Landrath des Landkreises Trier.
3. Diedenhofen (Elsaß-Lothringen). Der Polizeikommissar in Diedenhofen.

X. Bei Ausweisungen nach Frankreich.
1. Fentsch (Elsaß-Lothringen). Der Grenzpolizeikommissar in Fentsch.
2. Novéant (Elsaß-Lothringen). Der Grenzpolizeikommissar in Novéant.
3. Deutsch-Avricourt (Elsaß-Lothringen). Der Grenzpolizeikommissar in Deutsch-Avricourt.
4. Alt-Münsterol (Elsaß-Lothringen). Der Grenzpolizeikommissar in Alt-Münsterol.

Berlin, den 17. Juli 1899.

Der Reichskanzler.
Im Auftrage: Hopf.

Die verbündeten Regierungen haben in der Sitzung des Bundesraths vom 28. Juni d. J. dem nachstehenden, an die Vorschriften in den Gesetzen über die Pensionirung und Versorgung der Militärpersonen ꝛc. (§§. 58, 75, 77 des Gesetzes vom 27. Juni 1871 — Reichs-Gesetzbl. S. 275 —, §. 10 des Gesetzes vom 4. April 1874 — Reichs-Gesetzbl. S. 25 —, Artikel 12 des Gesetzes vom 22. Mai 1893 — Reichs-Gesetzbl. S. 171 —) sich anschließenden Grundsätzen, betreffend die Besetzung der Subaltern- und Unterbeamtenstellen bei den Kommunalbehörden, bei den Invaliditäts- und Altersversicherungsanstalten sowie bei ständischen ꝛc. Instituten mit Militäranwärtern, nebst Anlagen und Erläuterungen, ihre Zustimmung ertheilt.

Berlin, den 25. Juli 1899.

Der Reichskanzler.
In Vertretung: Graf v. Posadowsky.

Grundsätze,

betreffend

die Besetzung der Subaltern- und Unterbeamtenstellen bei den Kommunalbehörden ꝛc.
mit Militäranwärtern.

§. 1.

Die Subaltern- und Unterbeamtenstellen bei den Kommunen und Kommunalverbänden, bei den Invaliditäts- und Altersversicherungsanstalten sowie bei ständischen oder solchen Instituten, welche ganz oder zum Theil aus Mitteln des Reichs, des Staates oder der Gemeinden unterhalten werden – ausschließlich des Forstdienstes –, sind unbeschadet der in den einzelnen Bundesstaaten bezüglich der Versorgung der Militäranwärter im Civildienst erlassenen weitergehenden Vorschriften gemäß den nachstehenden Grundsätzen vorzugsweise mit Militäranwärtern zu besetzen.

Militäranwärter im Sinne dieser Grundsätze ist jeder Inhaber des Civilversorgungsscheins nach Anlage A der Grundsätze für die Besetzung der Subaltern- und Unterbeamtenstellen bei den Reichs- und Staatsbehörden mit Militäranwärtern vom 7./21. März 1882 (Central-Blatt für das Deutsche Reich S. 123).

Die Anstellungsberechtigung eines Militäranwärters beschränkt sich auf denjenigen Bundesstaat, dessen Staatsangehörigkeit er seit zwei Jahren besitzt. Invaliditäts- und Altersversicherungsanstalten sowie ständische Institute ꝛc., deren Wirksamkeit sich auf mehrere Bundesstaaten erstreckt, sind zur Anstellung nur solcher Militäranwärter verpflichtet, welche in einem dieser Staaten die Staatsangehörigkeit besitzen.

§. 2.

Die Subaltern- und Unterbeamtenstellen in denjenigen Kommunen und Kommunalverbänden, welche weniger als 3 000 Einwohner haben, unterliegen den nachstehenden Grundsätzen nicht. Den Landesregierungen bleibt vorbehalten, diese Bestimmung auf Landgemeinden und ländliche Gemeindeverbände mit weniger als 3 000 Einwohnern zu beschränken.

§. 3.

Ausschließlich mit Militäranwärtern sind zu besetzen, sofern die Besoldung der Stellen einschließlich der Nebenbezüge mindestens 600 Mark beträgt:

1. die Stellen im Kanzleidienst, einschließlich derjenigen der Lohnschreiber, soweit deren Inhabern die Besorgung des Schreibwerkes (Abschreiben, Mundiren, Kollationiren ꝛc.) und der damit zusammenhängenden Dienstverrichtungen obliegt,
2. sämmtliche Stellen, deren Obliegenheiten im Wesentlichen in mechanischen Dienstleistungen bestehen und keine technischen Kenntnisse erfordern.

Die Landesregierungen sind befugt, den Antheil der Militäranwärter an den Stellen unter Ziffer 1 auf die Hälfte, an den Stellen unter Ziffer 2 auf zwei Drittel zu begrenzen, falls die Eigenart der Landesverhältnisse oder die dienstlichen Anforderungen oder die Organisation der einzelnen Verwaltungen den ausschließlichen Vorbehalt unthunlich macht.

§. 4.

Mindestens zur Hälfte mit Militäranwärtern sind zu besetzen die Stellen der Subalternbeamten im Büreaudienste (Journal-, Registratur-, Expeditions-, Kalkulatur-, Kassendienst u. dergl.), jedoch mit Ausnahme

1. derjenigen Stellen, für welche eine besondere wissenschaftliche oder technische Vorbildung erfordert wird,
2. der Stellen derjenigen Kassenvorsteher, welche eigene Rechnung zu legen haben, sowie derjenigen Kassenbeamten, welche Kassengelder einzunehmen, zu verwahren oder auszugeben haben, und ferner derjenigen Beamten, welchen die selbständige Kontrole des Kassen- und Rechnungswesens obliegt,

3. der Stellen der Büreauvorsteher bei den Invaliditäts- und Altersversicherungsanstalten und bei der Verwaltung von Städten mit mehr als 40 000 Einwohnern,
4. der Stellen der Subalternbeamten, welche bei Behörden, denen nach landesgesetzlicher Vorschrift Verrichtungen des Vormundschaftsgerichts, des Nachlaßgerichts oder des Grundbuchamts obliegen, in diesen Dienstzweigen als Büreaubeamte beschäftigt werden, oder welche nach landesgesetzlicher Vorschrift als kommunale Hülfsbeamte staatlicher Grundbuchämter bestellt sind.

§. 5.

In welchem Umfange die nicht unter die §§. 3 und 4 fallenden Subaltern- und Unterbeamtenstellen mit Militäranwärtern zu besetzen sind, ist unter Berücksichtigung der Anforderungen des Dienstes zu bestimmen. In Zweifelsfällen ist unter sinngemäßer Zugrundelegung der für die Reichs- und Staatsbehörden jeweilig geltenden Verzeichnisse der den Militäranwärtern vorbehaltenen Stellen Entscheidung zu treffen.

§. 6.

Insoweit in Ausführung der §§. 4 und 5 einzelne Klassen von Subaltern- und Unterbeamtenstellen den Militäranwärtern nicht mindestens zur Hälfte vorbehalten werden können, hat nach Möglichkeit ein Ausgleich in der Weise stattzufinden, daß andere derartige Stellen innerhalb derselben Verwaltung in entsprechender Zahl und Besoldung vorbehalten werden.

Enthält eine Klasse nur eine Stelle, und ist diese unter Berücksichtigung der Anforderungen des Dienstes zur Besetzung mit einem Militäranwärter geeignet, so braucht sie nur abwechselnd mit Militäranwärtern besetzt zu werden.

§. 7.

Ueber die gegenwärtig vorhandenen, den Militäranwärtern vorbehaltenen Stellen werden nach Beamtenklassen (§. 6) geordnete Verzeichnisse angelegt.

Gleichartige Stellen, welche in Zukunft errichtet werden, sind in die Verzeichnisse aufzunehmen.

§. 8.

Die den Militäranwärtern vorbehaltenen Stellen können auch verliehen werden:
1. Inhabern des Civilversorgungsscheins nach Anlage A 1, B und C der Grundsätze für die Besetzung der Subaltern- und Unterbeamtenstellen bei den Reichs- und Staatsbehörden mit Militäranwärtern (Central-Blatt für das Deutsche Reich 1882 S. 123 und 1895 S. 17);
2. Offizieren und Deckoffizieren, welchen beim Ausscheiden aus dem aktiven Dienste die Aussicht auf Anstellung im Civildienste verliehen worden ist;
3. ehemaligen Militäranwärtern, welche sich in einer auf Grund ihrer Versorgungsansprüche erworbenen etatsmäßigen Anstellung befinden oder in Folge eingetretener Dienstunfähigkeit in den Ruhestand versetzt worden sind;
4. ehemaligen Militärpersonen, welchen der Civilversorgungsschein lediglich um deswillen versagt worden ist, weil sie sich nicht fortgesetzt gut geführt haben, und welchen gemäß einer von der zuständigen Militärbehörde ihnen später ertheilten Bescheinigung eine den Militäranwärtern im Reichs- oder Staatsdienste vorbehaltene Stelle übertragen werden darf;
5. solchen Beamten und Bediensteten der betreffenden Verwaltung, welche für ihren Dienst unbrauchbar oder entbehrlich geworden sind und einstweilig oder dauernd in den Ruhestand versetzt oder entlassen werden müßten, wenn ihnen nicht eine den Militäranwärtern vorbehaltene Stelle verliehen würde; desgleichen solchen Beamten, welche in den Ruhestand versetzt worden sind, aber dienstlich wieder verwendet werden können;
6. sonstigen Personen, denen die Berechtigung zu einer Anstellung auf dem im §. 10 Ziffer 7 der Grundsätze für die Besetzung der Subaltern- und Unterbeamtenstellen bei den Reichs- und Staatsbehörden mit Militäranwärtern (Anlage 1) vorgesehenen Wege ausnahmsweise verliehen worden ist.

§. 9.

Stellen, welche den Militäranwärtern nur theilweise (zur Hälfte, zu einem Drittheil u. s. w.) vorbehalten sind, werden bei eintretender Erledigung in einer dem Antheilsverhältniß entsprechenden Reihenfolge mit Militäranwärtern oder Civilpersonen besetzt, und zwar ohne Rücksicht auf die Zahl der zur Zeit der Besetzung thatsächlich mit Militäranwärtern und Civilpersonen besetzten Stellen.

Wird die Reihenfolge auf Grund des §. 8 unterbrochen oder wird in Folge des §. 8 Ziffer 5 eine ausschließlich mit Militäranwärtern zu besetzende Stelle mit einem Bediensteten der Verwaltung besetzt, so ist bei sich bietender Gelegenheit eine Ausgleichung herbeizuführen. Dabei sind Personen, deren Anstellung auf Grund des §. 8 Ziffer 5 und 6 erfolgt, als Civilpersonen, Personen, deren Anstellung auf Grund des §. 8 Ziffer 1 bis 4 erfolgt, als Militäranwärter in Anrechnung zu bringen.

§. 10.

Die Militäranwärter haben sich um die von ihnen begehrten Stellen bei den Anstellungsbehörden zu bewerben.

Die Bewerbungen haben zu erfolgen:
- a) seitens der noch im aktiven Militärdienste befindlichen Militäranwärter durch Vermittelung der vorgesetzten Militärbehörde;
- b) seitens der übrigen Militäranwärter entweder unmittelbar oder durch Vermittelung des heimathlichen Bezirkskommandos, welches jede eingehende Bewerbung sofort der zuständigen Anstellungsbehörde mittheilt.

Militäranwärter sind zu Bewerbungen vor oder nach dem Eintritte der Stellenerledigung insolange berechtigt, bis sie eine etatsmäßige Stelle erlangt und angetreten haben, mit welcher Anspruch oder Aussicht auf Ruhegehalt oder dauernde Unterstützung verbunden ist. Bewerbungen um Stellen, welche nur im Wege des Aufrückens zu erlangen sind, werden jedoch hierdurch nicht ausgeschlossen.

§. 11.

Ueber die Bewerbungen um noch nicht erledigte Stellen haben die Kommunal- ꝛc. Behörden Verzeichnisse nach Anlage 2 anzulegen, in welche die Stellenanwärter nach dem Datum des Einganges der ersten Meldung eingetragen werden. War die Befähigung noch durch eine Prüfung (Vorprüfung) nachzuweisen, so kann die Eintragung auch nach dem Tage des Bestehens der Prüfung erfolgen.

Bei der Besetzung erledigter Stellen sind unter sonst gleichen Verhältnissen Unteroffiziere, welche mindestens acht Jahre im Heere oder in der Marine aktiv gedient haben, in erster Linie zu berücksichtigen.

Bewerbungen um noch nicht freigewordene Stellen sind alljährlich zum 1. Dezember zu erneuern, widrigenfalls dieselben als erloschen gelten.

§. 12.

Stellen, welche mit Militäranwärtern zu besetzen sind, müssen im Falle der Erledigung, wenn keine Bewerbungen von Militäranwärtern für dieselben vorliegen, seitens der Anstellungsbehörde der zuständigen Vermittelungsbehörde (Anlage 3) behufs der Bekanntmachung mittelst Einreichung einer nach dem Muster der Anlage 4 aufzustellenden Nachweisung bezeichnet werden.

Ist innerhalb vier Wochen nach der Bekanntmachung eine Bewerbung bei der Anstellungsbehörde nicht eingegangen, so hat dieselbe in der Stellenbesetzung freie Hand.

§. 13.

Die den Militäranwärtern vorbehaltenen Stellen dürfen, außer in dem Falle des §. 8, mit anderen Personen nicht besetzt werden, sofern sich Militäranwärter finden, welche zur Uebernahme der Stellen befähigt und bereit sind. Es macht dabei keinen Unterschied, ob die Stellen dauernd oder nur zeitweise bestehen, ob mit denselben ein etatsmäßiges Gehalt oder nur eine diätarische oder andere Remuneration verbunden ist, ob die Anstellung auf Lebenszeit, auf Kündigung oder auf Widerruf geschieht.

Zu vorübergehender Beschäftigung können jedoch auch Nichtversorgungsberechtigte angenommen werden.

In Ansehung derjenigen dienstlichen Verrichtungen, für welche wegen ihres geringen, die volle Zeit und Thätigkeit eines Beamten nicht in Anspruch nehmenden Umfanges und der Geringfügigkeit der damit verbundenen Remuneration besondere Beamte nicht angenommen, welche vielmehr an Privatpersonen, an andere Beamte als Nebenbeschäftigung oder an verabschiedete Beamte übertragen zu werden pflegen, behält es hierbei sein Bewenden.

§. 14.

Die Anstellungsbehörden haben darin freie Hand, welche ihrer Subaltern- und Unterbeamten sie in höhere oder besser besoldete Stellen aufrücken lassen wollen.

Ebenso sind die Behörden in der Versetzung eines besoldeten Subaltern- oder Unterbeamten auf eine andere mit Militäranwärtern zu besetzende besoldete Subaltern- oder Unterbeamtenstelle nicht beschränkt. Wäre die auf solche Weise mit einer Civilperson besetzte Stelle mit einem Militäranwärter zu besetzen gewesen, so ist bei sich bietender Gelegenheit eine Ausgleichung herbeizuführen.

Es ist darauf Bedacht zu nehmen, daß den aus den Militäranwärtern hervorgegangenen Beamten, soweit es mit den Interessen des Dienstes vereinbar ist, Gelegenheit gegeben werde, die für das Aufrücken in höhere Dienststellen erforderliche Befähigung zu erwerben.

§. 15.

Die Anstellungsbehörden sind zur Berücksichtigung von Bewerbungen nur dann verpflichtet, wenn die Bewerber eine genügende Befähigung für die fragliche Stelle beziehungsweise den fraglichen Dienstzweig nachweisen und in körperlicher sowie sittlicher Beziehung dafür geeignet sind.

Sind für gewisse Dienststellen oder für gewisse Gattungen von Dienststellen besondere Prüfungen (Vorprüfungen) vorgeschrieben, so hat der Militäranwärter auch diese Prüfungen abzulegen. Auch kann, wenn die Eigenthümlichkeit des Dienstzweigs dies erheischt, die Zulassung zu dieser Prüfung oder die Annahme der Bewerbung überhaupt von einer vorgängigen informatorischen Beschäftigung in dem betreffenden Dienstzweig abhängig gemacht werden, welche in der Regel nicht über drei Monate auszudehnen ist. Ueber die Zulässigkeit einer informatorischen Beschäftigung entscheidet in Zweifelsfällen die staatliche Aufsichtsbehörde.

Die Anstellung eines einberufenen Militäranwärters kann zunächst auf Probe erfolgen oder von einer Probedienstleistung abhängig gemacht werden. Die Probezeit darf vorbehaltlich der Abkürzung bei früher nachgewiesener Befähigung in der Regel höchstens sechs Monate, für den Dienst der Straßen- und Wasserbauverwaltung, mit Ausschluß der im §. 3 bezeichneten Stellen, ein Jahr betragen. Handelt es sich um Anstellungen im Büreau- insbesondere Kassendienste, so kann die Probezeit mit Genehmigung der staatlichen Aufsichtsbehörde unter Zustimmung der zuständigen Militärbehörde ausnahmsweise bis auf die Dauer eines Jahres verlängert werden. Während der Anstellung auf Probe ist dem Anwärter das volle Stelleneinkommen, während der Probedienstleistung eine fortlaufende Remuneration von nicht weniger als Dreiviertheil des Stelleneinkommens zu gewähren.

Einberufungen zur Probedienstleistung dürfen nur erfolgen, insoweit Stellen (§. 13 Abs. 1) offen sind; eine Entlassung Einberufener wegen mangelnder Vakanz kann nicht stattfinden.

Spätestens bei Beendigung der Probezeit hat die Anstellungsbehörde darüber Beschluß zu fassen, ob der Stellenanwärter in seiner Stelle zu bestätigen beziehungsweise in den Civildienst zu übernehmen oder wieder zu entlassen ist.

Die Art der Anstellung, namentlich auf Probezeit, Kündigung, Widerruf ꝛc. regelt sich nach den landesrechtlichen Bestimmungen.

Nach erfolgter etatsmäßiger Anstellung wird der Civilversorgungsschein zu den Akten genommen.

§. 16.

Welche Subaltern- und Unterbeamtenstellen und gegebenenfalls in welcher Anzahl dieselben gemäß den vorstehenden Grundsätzen den Militäranwärtern vorzubehalten sind, haben die Anstellungsbehörden festzustellen. Die aufgestellten Verzeichnisse sind der staatlichen Aufsichtsbehörde zur Genehmigung vorzulegen. Stellen, wegen deren eine solche Feststellung noch nicht stattgefunden hat, dürfen, insofern nicht Militäranwärter zur Anstellung gelangen oder das in diesen Grundsätzen bezüglich der Besetzung der Stellen mit Militäranwärtern vorgeschriebene Verfahren erledigt ist, nach dem 1. Oktober 1900 nur widerruflich besetzt werden. Die Anstellungsverhältnisse der Inhaber von solchen Stellen, welche gemäß den vorstehenden Grundsätzen den Militäranwärtern vorzubehalten, dagegen ohne Verletzung der bisherigen Bestimmungen an nicht Versorgungsberechtigte übertragen worden sind, bleiben hierdurch unberührt. Gleichfalls unberührt bleiben bereits erworbene Ansprüche von Militäranwärtern.

§. 17.

Von der Besetzung der den Militäranwärtern vorbehaltenen Stellen haben die Anstellungsbehörden am Schlusse des Quartals den Vermittelungsbehörden ihres Bezirkes durch Zusendung einer Nachweisung nach dem Muster der Anlage 5 Mittheilung zu machen.

Die Vermittelungsbehörden veranlassen eine entsprechende Bekanntmachung in der Vakanzenliste.

§. 18.

Die Landes-Zentralbehörden haben darüber zu wachen, daß bei der Besetzung der den Militäranwärtern bei den Kommunalbehörden ꝛc. vorbehaltenen Stellen nach den vorstehenden Grundsätzen verfahren wird.

Auf Beschwerden der Militäranwärter entscheiden die staatlichen Aufsichtsbehörden.

§. 19.

Die §§. 25 bis 29 der Grundsätze für die Besetzung der Subaltern- und Unterbeamtenstellen bei den Reichs- und Staatsbehörden mit Militäranwärtern*) finden sinngemäße Anwendung.

§. 20.

Ansprüche, welche schon bei dem Inkrafttreten dieser Grundsätze erworben waren, werden durch dieselben nicht berührt.

§. 21.

Die vorstehenden Grundsätze treten am 1. April 1900 in Kraft.

Anlage 1
(zu §§. 6 und 19).

Die Grundsätze für die Besetzung der Subaltern- und Unterbeamtenstellen bei den Reichs- und Staatsbehörden mit Militäranwärtern lauten in den hier in Betracht kommenden Stellen:

§. 10.

Auch können die den Militäranwärtern vorbehaltenen Stellen verliehen werden:

1. bis 6. ꝛc.
7. sonstigen Personen, welchen, sofern es sich um den Reichsdienst oder den Dienst der Landesverwaltung von Elsaß-Lothringen handelt, durch Erlaß des Kaisers, in anderen Fällen durch Erlaß des Landesherrn beziehungsweise Senats, ausnahmsweise die Berechtigung zu einer Anstellung verliehen worden ist. Dergleichen Verleihungen sollen jedoch nur für eine bestimmte Stelle oder für einen bestimmten Dienstzweig und auch nur dann beantragt werden, wenn ein besonderes dienstliches Interesse dafür geltend zu machen ist. Die Anträge sind, wenn die Anstellung im Reichsdienst oder im Dienste der Landesverwaltung von Elsaß-Lothringen erfolgen soll, unter Mitwirkung des Königlich preußischen Kriegsministeriums, wenn die Anstellung im Dienste eines Bundesstaats mit eigener Militärverwaltung oder in der Militärverwaltung desselben erfolgen soll, unter Mitwirkung des zuständigen Kriegsministeriums zu stellen. In den übrigen Bundesstaaten hat den Anträgen eine Mittheilung an diejenige Militärbehörde desjenigen Ersatzbezirkes, innerhalb welches die Stelle besetzt werden soll, voranzugehen. Auch ist dieser Militärbehörde von den ergehenden Entscheidungen sowie von etwaigen ohne Antrag erfolgten Verleihungen der Anstellungsberechtigung Kenntniß zu geben.

§. 25.

Im Falle der Eröffnung einer gerichtlichen Untersuchung gegen einen Militäranwärter ist der Civilversorgungsschein zu den Untersuchungsakten einzufordern. Führt die Untersuchung zu einem rechtskräftigen Erkenntnisse, welches auf die zeitige Unfähigkeit zur Bekleidung öffentlicher Aemter oder auf eine Strafe lautet, welche die dauernde oder zeitige Unfähigkeit zur Bekleidung öffentlicher Aemter von Rechtswegen zur Folge hat, so ist der Civilversorgungsschein unter Mittheilung der Urtheilsformel derjenigen Militärbehörde zu übersenden, welche den Schein ertheilt hat (§. 1). Anderenfalls ist der Civilversorgungsschein derjenigen Behörde zu übersenden, bei welcher der Militäranwärter angestellt oder beschäftigt ist. Militäranwärtern aber, welche im Civildienste noch nicht angestellt oder beschäftigt sind, zurückzugeben.

---

*) In Anlage 1 abgedruckt.

§. 26.

Der Civilversorgungsschein ist verwirkt, wenn gegen den Inhaber rechtskräftig auf eine Strafe erkannt worden ist, welche die dauernde Unfähigkeit zur Bekleidung öffentlicher Aemter von Rechtswegen zur Folge hat.

Lautet das rechtskräftige Erkenntniß nur auf zeitige Unfähigkeit zur Bekleidung öffentlicher Aemter oder auf eine Strafe, welche die zeitige Unfähigkeit zur Bekleidung öffentlicher Aemter zur Folge hat, so wird der Civilversorgungsschein nach Ablauf der Zeit, auf welche sich die Wirkung des Erkenntnisses erstreckt, zurückgegeben, zuvor jedoch von der Militärbehörde (§. 25) mit einem, den wesentlichen Inhalt des Erkenntnisses wiedergebenden Vermerke versehen. Die Anstellung des Inhabers in einer den Militäranwärtern vorbehaltenen Stelle ist lediglich dem freien Ermessen der betheiligten Behörden überlassen.

§. 27.

Erfolgt das Ausscheiden aus der Stelle unfreiwillig aus anderen als den im §. 26 bezeichneten Gründen, so sind dieselben in dem Civilversorgungsscheine zu vermerken, bevor dessen Rückgabe erfolgt.

Hat die unfreiwillige Entlassung eines Militäranwärters in Folge einer den Mangel an ehrliebender Gesinnung verrathenden Handlung oder wegen fortgesetzt schlechter Dienstführung stattgefunden, so sind die Behörden zur Berücksichtigung des Anstellungsgesuchs nicht verpflichtet.

§. 28.

Erfolgt das Ausscheiden aus der Stelle freiwillig, aber ohne Pension, so ist dies gleichfalls in dem Civilversorgungsscheine zu vermerken, bevor dessen Rückgabe erfolgt.

§. 29.

Der Civilversorgungsschein erlischt, sobald sein Inhaber aus dem Civildienste mit Pension (§. 13) in den Ruhestand tritt. Eine Rückgabe des Civilversorgungsscheins findet in diesem Falle nicht statt.

Anlage 2
(zu §. 11).

(Behörde.)

Liste

der

Anwärter für die Anstellung im (Bürcaudienste des Magistrats der Stadt Potsdam).

Anmerkungen.
1. Für jeden Dienstzweig ist eine besondere Liste zu führen.
2. Die Listen sind in folgende Abschnitte einzutheilen:
    I. Abschnitt. Unteroffiziere, welche mindestens acht Jahre in dem Heere oder in der Marine aktiv gedient haben.
    II. Abschnitt. Unteroffiziere, welche weniger als acht Jahre in dem Heere oder in der Marine aktiv gedient haben, sowie die Gemeinen.
3. Es bleibt den Behörden unbenommen, noch weitere Eintragungen in den Listen vorzunehmen, wenn dies für nothwendig gehalten wird.

Laufende Nummer.	Datum des Einganges der Meldung beziehungsweise der bestandenen Vorprüfung.	Beim Militär erdiente Charge.	Vor- und Zuname.	Jetziges Verhältniß. Aufenthaltsort.	Geburtstag und Jahr.	Geburtsort, Kreis, Provinz, Bundesstaat.
1.	5. März 1895.	Feldwebel.	Karl Wilhelm Frobe.	Eisenbahn-Büreaudiätar. Bromberg.	4. Juni 1860.	Potsdam. Potsdam. Brandenburg. Preußen.
2.	1. April 1895.	Sergeant.	Peter Albert Mai.	Sergeant im Grenadier-Regiment König Friedrich I. (4. Ostpreußisches) Nr. 5. Danzig.	1. Juli 1859.	Praust. Danzig. Westpreußen. Preußen.

Dienstzeit				Datum und Nummer des Civilversorgungsscheins.	Kautionsfähig bis zum Betrage von Mark.	Besondere Wünsche in Bezug auf die Anstellung.	Ob und für welche Stellen desselben Geschäftsbereichs der Anwärter notirt ist.	Behörde, bei welcher der Anwärter etatsmäßig angestellt ist. Datum der Anstellung.	Bemerkungen. (Datum der Wiederholung der Meldung.)
im Militär		im Civil							
von bis	Jahr.	von bis	Jahr.						
1. Oktober 1881 bis 1. Juli 1894.	12 9/12	—	—	1. Oktober 1893. III. 88/93.	1 000	—	—	Eisenbahndirektion Bromberg. 1. Juni 1895.	
1. Oktober 1880.	14 1/2	—	—	1. Oktober 1892. I. 50/92.	1 000	—	Kanzleidienst.	—	

Anlage 3
(zu §. 12).

Verzeichniß der Vermittelungsbehörden.

Lfde. Nr.	Bundesstaat.	Vermittelungsbehörden.
1.	Preußen	a) Für den Bezirk des I. Armeekorps: Bezirkskommando Braunsberg, b) " " " II. " " Stettin, c) " " " III. " " Potsdam, d) " " " IV. " " Magdeburg, e) " " " V. " " Neusalz a. O., f) " " " VI. " " II Breslau, g) " " " VII. " " I Münster, h) " " " VIII. " " Coblenz, i) " " " IX. " " Schleswig, k) " " " X. " " Hildesheim, l) " " " XI. " " Marburg, m) " " " XVII. " " Marienburg, n) " " " XVIII. " " Fulda.
2.	Bayern	a) " " " I. bayerischen Armeekorps: Bezirkskommando II München, b) Für den Bezirk des II. bayerischen Armeekorps: Bezirkskommando Würzburg.
3.	Sachsen (Königreich)	Landwehr-Bezirkskommando Dresden-Altstadt.
4.	Württemberg	Königlich württembergisches Kriegsministerium zu Stuttgart.
5.	Baden	Bezirkskommando Karlsruhe.
6.	Hessen	Für den Bezirk der Großherzoglich hessischen (25.) Division: Bezirkskommando II Darmstadt.
7.	Mecklenburg-Schwerin	Für den Bezirk der 34. Infanterie-Brigade: Bezirkskommando Schwerin.
8.	Sachsen (Großherzogthum)	
9.	Mecklenburg-Strelitz	Schwerin.
10.	Oldenburg	a) Für das Fürstenthum Birkenfeld: Bezirkskommando Coblenz, b) für das übrige Staatsgebiet: Bezirkskommando Hildesheim.
11.	Braunschweig	Bezirkskommando Hildesheim.
12.	Sachsen-Meiningen	" Marburg.
13.	Sachsen-Altenburg	" Magdeburg.
14.	Sachsen-Coburg u. Gotha	" Marburg.
15.	Anhalt	" Magdeburg.
16.	Schwarzburg-Sondershausen	" Marburg.
17.	Schwarzburg-Rudolstadt	" Marburg.
18.	Waldeck	" Marburg.
19.	Reuß ä. L. (Greiz)	" Marburg.
20.	Reuß j. L. (Gera)	" Marburg.
21.	Schaumburg-Lippe	" I Münster.
22.	Lippe	" I Münster.
23.	Lübeck	" Schleswig.
24.	Bremen	" Schleswig.
25.	Hamburg	" Schleswig.
26.	Elsaß-Lothringen	a) Für den Bereich des XIV. Armeekorps (Bezirk Oberelsaß): Bezirkskommando Karlsruhe, b) für den Bereich des XV. Armeekorps (Bezirk Unterelsaß und die Kreise Saarburg und Saargemünd im Bezirke Lothringen): Bezirkskommando Straßburg i Els., c) für den Bereich des XVI. Armeekorps (Bezirk Lothringen mit Ausnahme der Kreise Saarburg und Saargemünd): Bezirkskommando Metz.

— 279 —

(Behörde.) Anlage 4 (zu §. 12).

Nachweisung
einer (von)

Vakanz(en) in den für Militäranwärter vorbehaltenen Stellen.

1.	2.		3.	4.	5.	6.	7.	8.	9.	10.
Nr.	Die Vakanz tritt ein:		Nähere Bezeichnung der Stelle.	Bezeichnung der Anforderungen, welche an die Bewerber gestellt werden.	Dauer der etwa der Anstellung vorausgehenden Probezeit.	Die Anstellung erfolgt: a) auf Lebenszeit, b) auf Kündigung, c) in widerruflicher Weise.	Betrag der zu bestellenden Kaution und ob dieselbe durch Gehaltsabzüge gedeckt werden kann.	Einkommen der Stelle.	Angabe, ob Aussicht auf Verbesserungen vorhanden.	Bemerkungen.
	wann?	wo? bei welcher Behörde?								

N., den   18

Abgesandt:
Eingegangen:

(Unterschrift.)

Anlage 5
(zu §. 17).

(Behörde.)

Nachweisung
der

für Militäranwärter vorbehaltenen Stellen, welche im Laufe des   Vierteljahrs 18   besetzt worden sind.

Ort.	Probeweise*) besetzte Stellen.	Wirklich besetzte Stellen, und zwar durch		Nummer		Datum der Vakanzen-Nachweisung.	Bemerkungen.
		nicht etatsmäßige	etatsmäßige Anstellung.	des Civilversorgungsscheins.	der Anstellungsbescheinigung.		
A							

A. Anstellungen von Militäranwärtern.

I. In Stellen, welche durch die Vakanzenliste veröffentlicht sind.

Ort	Probeweise	nicht etatsm.	etatsm. Anstellung	Civilvers.	Anstellungsbesch.	Datum	Bem.
N.	Stadtsekretär N. N.	—	—	IX. 78 90.	—	5. 3. 95.	
M.	—	Schuldiener N. N.		XI. 68,93.	—	4. 4. 95.	

II. In Stellen, welche nicht durch die Vakanzenliste veröffentlicht sind.

S.	Materialienverwalter N. N.	—	—	I. 3/92.	—	—	
B.	—	—	Kanzlist N. N.	III. 5/94.	—	—	
O.	—	Bauaufseher N. N.	—	—	II. 5/91.	—	

B. Anstellungen von Civilanwärtern.

I. Weil sich überhaupt keine Militäranwärter gemeldet haben.

K.	Registrator N. N.	—	—	—	—	11. 1. 95.	
R.	—	Hülfsbote N. N.	—	—	—	5. 3. 95.	

II. Weil sich keine geeigneten Militäranwärter gemeldet haben.

L.	Gasanstaltsinspektor N. N.	—	—	—	—	4. 4. 95.	

N., den   ten   18   (Unterschrift.)

*) Probeweise Anstellung und Probedienstleistung.

Erläuterungen
zu
den Grundsätzen, betreffend die Besetzung der Subaltern- und Unterbeamtenstellen bei den Kommunalbehörden ꝛc. mit Militäranwärtern.

I. Zu §. 1. Der Civilversorgungsschein giebt dem Inhaber kein Recht auf eine bestimmte Dienststelle.

II. Zu §. 4. 1. Unter „Büreauvorstehern" werden diejenigen Subalternbeamten verstanden, welche an die Spitze eines Büreauorganismus gestellt sind. Die Vorsteher einzelner Büreauabtheilungen fallen nicht unter den Begriff. Ebensowenig ist die einem Beamten zustehende Amtsbezeichnung maßgebend; vielmehr sind hier sowohl, wie überhaupt für die Stellenklassifikation nach den §§. 3 und 4, die dienstlichen Obliegenheiten der Stelleninhaber allein entscheidend.

2. Bei Berechnung der Zahl der den Militäranwärtern vorzubehaltenden Stellen sind diejenigen Stellen nicht in Betracht zu ziehen, bezüglich welcher den Anstellungsbehörden freie Hand gelassen ist.

III. Zu §. 6. Unter einer „Klasse" ist die Gesammtheit der in einer Verwaltung beschäftigten Beamten zu verstehen, deren dienstliche Obliegenheiten ihrer Natur nach im Wesentlichen dieselben sind.

IV. Zu §. 7. In die anzulegenden Verzeichnisse sind auch die nur im Wege des Aufrückens erreichbaren Stellen aufzunehmen; dagegen brauchen Stellen, deren Inhaber — wenn sie auch in Pflicht genommen sein sollten — ihr Einkommen nicht unmittelbar aus der Kommunal- ꝛc. Kasse beziehen (Privatgehülfen), nicht aufgenommen zu werden.

Die Verzeichnisse werden den Militärbehörden auf Wunsch mitzutheilen sein.

V. Zu §. 8. Die Bestimmung unter Ziffer 5 soll den Kommunalbehörden ꝛc. die Möglichkeit gewähren, solche Personen, welche zur ferneren Verrichtung eines vielleicht anstrengenden Dienstes unfähig, oder welche entbehrlich geworden sind, desgleichen solche Beamte, welche bereits in den Ruhestand versetzt sind, in anderen Stellen noch zu verwenden, die sich mit Militäranwärtern zu besetzen sein würden. Diese Befugniß erstreckt sich in ihrem ersten Theile, wie der Ausdruck „Bedienstete" andeutet, auch auf die vermöge Privatvertrags zu dauernder Beschäftigung im Kommunal- ꝛc. Dienste angenommenen Personen.

VI. Zu §. 10. Die Anstellungsbehörden werden durch die Landesregierungen bezeichnet. Diesen soll unbenommen sein, Zentralstellen einzurichten, an welche sämmtliche Bewerbungen ausschließlich zu richten sind, welchen die Anstellungsbehörden die zu besetzenden Stellen mitzutheilen haben und welche den Anstellungsbehörden die in Betracht zu ziehenden Bewerbungen mittheilen.

Unter „etatsmäßigen Stellen", mit deren Erlangung die Befugniß zu weiteren Bewerbungen gemäß dem letzten Absatz erlöschen soll, sind auch Stellen im Reichs- oder im Staatsdienste sowie im Dienste von Privat-Eisenbahngesellschaften, denen die Verpflichtung zur Anstellung von Militäranwärtern auferlegt worden ist, zu verstehen. Umgekehrt erlischt die Berechtigung zur Bewerbung um eine Stelle im Reichs- oder im Staatsdienst im Sinne des §. 13 der Grundsätze für die Besetzung der Subaltern- und Unterbeamtenstellen bei den Reichs- und Staatsbehörden mit Militäranwärtern (Central-Blatt von 1882 S. 123) auch durch die Erlangung einer etatsmäßigen Stelle im Kommunal- ꝛc. Dienste. Sowohl hinsichtlich des Reichs- und Staatsdienstes als auch hinsichtlich des Kommunal- ꝛc. Dienstes handelt es sich hier nur um solche etatsmäßige Stellen, welche „Anspruch oder Aussicht auf Ruhegehalt oder dauernde Unterstützung" gewähren. Auch ist vorausgesetzt, daß die etatsmäßige Anstellung endgültig erfolgt ist. Während der Probedienstleistung oder der Anstellung auf Probe besteht die Berechtigung zu Bewerbungen fort.

VII. Zu §. 11 Abs. 2. Innerhalb jeder der beiden Klassen der civilversorgungsberechtigten Stellenanwärter (vergl. Anmerkung 2 zu Anlage 2) ist bei der Einberufung die Reihenfolge in der Bewerberliste in Betracht zu ziehen. Die Anstellungsbehörden sind jedoch nicht unbedingt an die Innehaltung der Reihenfolge gebunden, sondern zu Abweichungen innerhalb jeder dieser beiden Anwärterklassen berechtigt, sofern diese Abweichungen nach ihrem pflichtmäßigen Ermessen durch dienstliche Rücksichten bedingt werden.

VIII. Zu §. 12. Gemäß Abs. 1 bedarf es der Einreichung einer Nachweisung nicht, wenn die Wiederbesetzung der Stelle durch einen Militäranwärter erfolgt, dessen Bewerbung schon vorlag. Jedoch ist die Einreichung nachzuholen, wenn die Stelle einem solchen Bewerber wegen ungenügender Befähigung (§. 15) oder aus sonstigen Gründen nicht übertragen wird.

IX. Zu §. 14 Abs. 1. Bei Besetzung der den Militäranwärtern ausschließlich oder zum Theil vorbehaltenen Stellen, welche nur im Wege des Aufrückens erreicht werden können, dürfen bei sonst gleichen Voraussetzungen hinsichtlich der Qualifikation ehemalige Militäranwärter hinter anderen Angestellten nicht zurückgesetzt werden.

X. Zu §. 20. Es handelt sich hier nicht um erworbene Rechtsansprüche, sondern um Anwartschaften; so soll insbesondere ein erworbener Anspruch dann als vorhanden angenommen werden, wenn für gewisse Dienstzweige die Prüfung bestanden oder der Vorbereitungsdienst zum größeren Theile zurückgelegt ist.

---

4. Zoll- und Steuer-Wesen.

Veränderungen in dem Stande oder den Befugnissen der Zoll- und Steuerstellen.

Im Königreiche Preußen.

Im Bezirke des Hauptsteueramts zu Gleiwitz ist zu Zabrze ein Steueramt I mit der Befugniß zur Erledigung von Begleitscheinen II über zollpflichtige Waaren und über inländisches Salz errichtet worden.

Nachdem die Zuckerfabrik zu Arneburg eingegangen ist, hat das Steueramt II zu Arneburg im Bezirke des Hauptsteueramts zu Stendal aufgehört, Zuckersteuerstelle zu sein.

Es ist ertheilt worden:
der Zollabfertigungsstelle für die Petroleum-Raffinerie zu Cosel im Bezirke des Hauptsteueramts zu Gleiwitz die Befugniß zur Ausfertigung von Begleitscheinen II über die von der Anstalt zu versendenden Mineralöle,
der Zollabfertigungsstelle am Bahnhofe zu Ratibor im Bezirke des Hauptzollamts daselbst die Befugniß zur Abfertigung der unter die Tarifnummern 22f, 22g1, 22g2 und der Anmerkung zu 22f und g fallenden Waaren zu anderen als den höchsten Zollsätzen dieser Tarifnummern,
dem Hauptsteueramte zu Verden die Befugniß zur Abfertigung von Getreide, welches mit dem Anspruch auf Ertheilung von Einfuhrscheinen zur Ausfuhr angemeldet wird,
dem Steueramt I zu Salzuflen im Bezirke des Hauptsteueramts zu Lemgo die Befugniß zur Erledigung von Begleitscheinen I über den für die Aktiengesellschaft Hoffmann's Stärkefabriken in Salzuflen bestimmten Reis und über das für die Ammoniak-Sodafabrik von Hoffmann & Co. daselbst bestimmte Salz,
dem Steueramt I zu Gelnhausen im Bezirke des Hauptsteueramts zu Hanau die Befugniß zur Erledigung von Begleitscheinen II über zollpflichtige Waaren und über inländisches Salz
und
dem Steueramt I zu Essen im Bezirke des Hauptsteueramts zu Duisburg die Befugniß zur Abfertigung zuckerhaltiger Branntweinfabrikate, für welche die Gewährung von Steuervergütung beansprucht wird und deren Alkoholgehalt nicht unter Anwendung des Thermoalkoholometers ermittelt werden kann.

Im Königreiche Bayern.

Im Bezirke des Hauptzollamts zu Würzburg ist zu Oberfinn eine Uebergangsstelle mit der Befugniß zur Erhebung der Uebergangsabgabe von Bier sowie zur Ausfertigung und Erledigung von Uebergangsscheinen über Bier und von Uebergangs- und Transportscheinen über Wein errichtet worden.

Im Bezirke desselben Hauptzollamts ist der Aufschlageinnehmerei zu Volkach die Befugniß zur Ausfertigung und Erledigung von Uebergangs- und Transportscheinen über Wein ertheilt worden.

Im Bezirke des Hauptzollamts zu Memmingen ist zu Buxheim eine Uebergangsstelle mit der Befugniß zur Ausfertigung und Erledigung von Uebergangs- und Transportscheinen über Bier errichtet worden.

Dem Nebenzollamte zu Straubing im Bezirke des Hauptzollamts zu Landshut ist die Befugniß zur Vornahme von Abfertigungen im Eisenbahnverkehr nach Maßgabe des §. 63 und der §§. 66 bis 71 sowie des §. 96 des Vereinszollgesetzes ertheilt worden.

Im Königreiche Sachsen.

Dem Steueramte zu Glauchau im Bezirke des Hauptsteueramts zu Zwickau ist die Befugniß zur Abfertigung von Wollengarn als hartes Kammgarn aus Glanzwolle über 20 cm Länge zu den Zollsätzen der Tarifnummer 41 c 2 ertheilt worden.

Dem Untersteueramt Auerbach im Bezirke des Hauptsteueramts zu Plauen ist die Befugniß zur Erledigung von Begleitscheinen II beigelegt worden.

Im Großherzogthume Hessen.

Dem Hauptsteueramte zu Worms ist die Befugniß zur Abfertigung von zuckerhaltigen Fabrikaten, für welche die Gewährung von Steuervergütung beansprucht wird, ertheilt worden.

5. Finanz-Wesen.

Nachweisung der zur Anschreibung gelangten Einnahmen (einschließlich der kreditirten Beträge) an Zöllen und gemeinschaftlichen Verbrauchssteuern sowie anderer Einnahmen im Deutschen Reiche für die Zeit vom 1. April 1899 bis zum Schlusse des Monats Juni 1899.

Bezeichnung der Einnahmen.	Die Soll-Einnahme beträgt vom Beginne des Rechnungsjahrs bis zum Schlusse des obengenannten Monats	Ausfuhr-Vergütungen ꝛc.	Bleiben	Einnahme in demselben Zeitraume des Vorjahrs (Spalte 4)	Differenz zwischen den Spalten 4 und 5, + mehr − weniger
	ℳ	ℳ	ℳ	ℳ	ℳ
1.	2.	3.	4.	5.	6.
Zölle	114 666 520	5 270 067	109 396 453	112 624 818	− 3 228 365
Tabacksteuer	2 567 872	23 617	2 544 255	2 347 971	+ 196 284
Zuckersteuer und Zuschlag zu derselben	33 004 408	11 961 173	21 043 235	19 295 016	+ 1 748 219
Salzsteuer	10 005 915	—	10 005 915	9 810 293	+ 195 622
Maischbottich- u. Branntwein-Materialsteuer	6 846 687	3 343 863	3 502 824	3 011 799	+ 491 025
Verbrauchsabgabe von Branntwein und Zuschlag zu derselben	30 836 375	123 458	30 712 917	27 732 201	+ 2 980 716
Brennsteuer	1 560 753	1 056 261	504 492	560 491	− 55 999
Brausteuer	8 125 146	1 563	8 123 583	7 772 019	+ 351 564
Uebergangsabgabe von Bier	984 158	—	984 158	943 059	+ 41 099
Summe	208 597 834	21 780 002	186 817 832	184 097 667	+ 2 720 165
Stempelsteuer für a) Werthpapiere	5 078 817	—	5 078 817	5 994 559	− 915 742
b) Kauf- u. sonstige Anschaffungsgeschäfte	5 080 688	10 121	5 070 567	3 443 759	+ 1 626 808
c) Loose zu: Privatlotterien	1 159 384	—	1 159 384	1 301 272	− 141 888
Staatslotterien	2 884 489	—	2 884 489	1 820 295	+ 1 064 194
Spielkartenstempel	—	—	305 365	301 388	+ 3 977
Wechselstempelsteuer	—	—	2 892 348	2 658 531	+ 233 817
Post- und Telegraphen-Verwaltung	—	—	88 270 513	82 184 211	+ 6 136 302
Reichseisenbahn-Verwaltung	—	—	20 076 000	18 904 000*)	+ 1 172 000

*) Die definitive Einnahme stellte sich im Vorjahr um 711 542 ℳ höher.

Anmerkung. Die zur Reichskasse gelangte Ist-Einnahme abzüglich der Ausfuhrvergütungen und Verwaltungskosten beträgt bei den nachbezeichneten Einnahmen:

Bezeichnung der Einnahmen.	Ist-Einnahme im Monat Juni			Ist-Einnahme vom Beginne des Rechnungsjahrs bis zum Schlusse des Monats Juni		
	1899	1898	Mithin 1899 + mehr − weniger	1899	1898	Mithin 1899 + mehr − weniger
	ℳ	ℳ	ℳ	ℳ	ℳ	ℳ
1.	2.	3.	4.	5.	6.	7.
Zölle	33 379 415	34 896 233	− 1 516 818	100 712 874	101 541 458	− 828 584
Tabacksteuer	833 953	905 531	− 71 578	2 521 204	2 502 512	+ 18 692
Zuckersteuer und Zuschlag zu derselben	6 762 838	5 515 456	+ 1 247 382	26 015 200	21 883 733	+ 4 131 472
Salzsteuer	3 676 107	3 543 006	+ 138 101	11 364 096	10 851 624	+ 512 472
Maischbottich- und Branntwein-Materialsteuer	1 361 883	1 418 101	− 56 218	5 074 238	5 224 477	− 150 239
Verbrauchsabgabe von Branntwein und Zuschlag zu derselben	8 702 809	8 529 796	+ 173 043	27 526 969	27 126 768	+ 400 201
Brennsteuer	28 347	36 529	− 8 182	504 492	391 536	+ 112 956
Brausteuer und Uebergangsabgabe von Bier	2 521 481	2 404 219	+ 117 262	7 742 449	7 408 559	+ 333 890
Summe	57 266 863	57 248 871	+ 17 992	181 461 528	176 930 667	+ 4 530 861
Spielkartenstempel	117 043	131 637	− 14 594	386 113	415 554	− 29 441

6. Polizei-Wesen.

Ausweisung von Ausländern aus dem Reichsgebiete.

Laufende Nr.	Name und Stand der Ausgewiesenen.	Alter und Heimath	Grund der Bestrafung.	Behörde, welche die Ausweisung beschlossen hat.	Datum des Ausweisungs-beschlusses.
1.	2.	3.	4.	5.	6.
	a) Auf Grund des §. 39 des Strafgesetzbuchs.				
1.	Edwin Saitler, Konditor,	geboren am 4. August 1879 zu Falkenau, verlustig Böhmen, ortsangehörig zu Hochgart, Bezirk Graslitz, Böhmen,	schwerer Diebstahl (1 Jahr Zuchthaus laut Erkenntniß vom 29. April 1898),	Königlich sächsische Kreishauptmannschaft Leipzig,	7. März d. J.
	b) Auf Grund des §. 362 des Strafgesetzbuchs.				
2.	Adolph de Freese, Maurer,	geboren am 27. Januar 1842 zu Lockeren, Belgien, belgischer Staatsangehöriger,	Betteln,	Königlich preußischer Regierungs-Präsident zu Cöln,	14. Juli d. J.
3.	Alphons Hämmerle, Ziegler,	geboren am 14. Juli 1858 zu Lustenau, Bezirk Feldkirch, Vorarlberg,	Landstreichen und Betteln,	Großherzoglich badischer Landeskommissär zu Konstanz,	20. Juni d. J.
4.	Anna Hartl, Tagelöhnerin, ledig,	50 bis 60 Jahre alt, geboren zu Tepolbowig, Bezirk Klattau, Böhmen, ortsangehörig zu Oldomitz, ebenda,	desgleichen,	Königlich bayerisches Bezirksamt Wasserburg,	26. Juni d. J.
5.	Ludwig Herr, Tagner,	geboren am 11. November 1840 zu Bindernheim, Elsaß, französischer Staatsangehöriger,	Landstreichen,	Kaiserlicher Bezirks-Präsident zu Straßburg,	14. Juli d. J.
6.	Wenzel Hrdlicka, Schlosser,	geboren am 12. März 1872 zu Prag, Böhmen, ortsangehörig zu Humpolet, Bezirk Deutsch-Brod, Böhmen,	desgleichen,	Königlich bayerisches Polizei-Direktion München,	10. Juli d. J.
7.	Johann Leimgruber, Schweizer,	geboren am 24. Mai 1856 zu Arzl, Bezirk Innsbruck, Tirol, ortsangehörig ebendaselbst,	Betteln,	Königlich bayerisches Bezirksamt Lindau,	11. Juli d. J.
8.	Maximilian Leschniak, Schuhmachergeselle,	geboren am 29. September 1874 zu Kattowitz, österreichischer Staatsangehöriger,	Landstreichen und Betteln,	Königlich preußischer Regierungs-Präsident zu Oppeln,	15. Mai d. J.
9.	Johann Baptist Mair, Fabrikarbeiter,	geboren am 16. August 1880 zu Schelldorf, Königlich bayerisches Bezirksamt Kempten, ortsangehörig zu Haiming, Bezirk Imst, Tirol	Landstreichen,	Königlich bayerisches Bezirksamt Tölz,	26. Juni d. J.
10.	Kasimir Kadromsti, Arbeiter,	geboren am 28. Februar 1876 zu Czernikowo, Russisch-Polen, russischer Staatsangehöriger,	Landstreichen und Betteln,	Königlich preußischer Regierungs-Präsident zu Potsdam,	15. Juli d. J.
11.	Ignaz Robeck, Drechsler,	geboren am 30. Juni 1864 zu Morawan, Bezirk Gaga, Mähren, ortsangehörig ebendaselbst,	Widerstand gegen die Staatsgewalt, Beleidigung, Landstreichen und Betteln,	Königlich bayerisches Bezirksamt Wasserburg,	16. Juni d. J.
12.	Johann Sauer, Bädergeselle,	geboren am 12. November 1861 zu Bärn, Bezirk Sternberg, Mähren, österreichischer Staatsangehöriger,	Landstreichen und Betteln,	Königlich preußischer Regierungs-Präsident zu Münster,	4. Mai d. J.
13.	Nikolaus Szimny, Kaufmann,	geboren am 9. Mai 1851 zu Tschenstochow, Gouvernement Piotrkow, Rußland, russischer Staatsangehöriger,	Landstreichen, Betteln und Führung gefälschter Legitimationspapiere,	Stadtmagistrat Memmingen, Bayern,	11. Juli d. J.
14.	Alois Toffoll, Glaser,	geboren am 15. Mai 1876 zu Mariano, Bezirk Gradisca, österreichischer Staatsangehöriger,	Landstreichen und Betteln,	Königlich bayerisches Bezirksamt Oberdorf,	18. Juli d. J.

Central-Blatt
für das
Deutsche Reich.
Herausgegeben im
Reichsamte des Innern.

Zu beziehen durch alle Postanstalten und Buchhandlungen.

| XXVII. Jahrgang. | Berlin, Freitag, den 4. August 1899. | № 32. |

Inhalt: 1. **Konsulat-Wesen:** Ermächtigung zur Vornahme von Civilstands-Akten; — Exequatur-Ertheilungen. Seite 287 — 2. **Kolonial-Wesen:** Ermächtigung zur Vornahme von Civilstands-Akten im Schutzgebiete von Deutsch-Neu-Guinea . . . . . 287 — 3. **Marine und Schiffahrt:** Erscheinen des Handbuchs für die deutsche Handelsmarine auf das Jahr 1899 . 288 — 4. **Veterinär-Wesen:** Bekanntmachung, betreffend die Beseitigung von Ansteckungsstoffen bei Viehbeförderungen auf Eisenbahnen. Vom 26. Juli 1899 . . . . 288 — 5. **Polizei-Wesen:** Ausweisung von Ausländern aus dem Reichsgebiete 289

1. Konsulat-Wesen.

Dem Vertreter des beurlaubten Kaiserlichen Konsuls in Smyrna, Vize-Konsul von Versen, ist auf Grund des §. 1 des Gesetzes vom 4. Mai 1870 in Verbindung mit §. 85 des Gesetzes vom 6. Februar 1875 für den Amtsbezirk des Konsulats und für die Dauer der Vertretung die Ermächtigung ertheilt worden, bürgerlich gültige Eheschließungen von Reichsangehörigen und Schutzgenossen mit Einschluß der unter deutschem Schutze lebenden Schweizer, vorzunehmen und die Geburten, Heirathen und Sterbefälle von solchen zu beurkunden.

Dem Kaiserlich japanischen Konsul Max Nößler in Bremen ist Namens des Reichs das Exequatur ertheilt worden.

Dem griechischen General-Konsul Emil Kopp in Frankfurt a. M. ist Namens des Reichs das Exequatur ertheilt worden.

Dem Vize- und Deputy-Konsul der Vereinigten Staaten von Amerika in Freiburg i./B. Benjamin F. Liefeld ist Namens des Reichs das Exequatur ertheilt worden.

2. Kolonial-Wesen.

Auf Grund des §. 4 des Gesetzes, betreffend die Rechtsverhältnisse der deutschen Schutzgebiete, (Reichs-Gesetzbl. 1888 S. 75) und des Gesetzes, betreffend die Eheschließung und die Beurkundung des Personenstandes von Reichsangehörigen im Auslande, vom 4. Mai 1870 (Bundes-Gesetzbl. 1870 S. 599) ist

den nachbenannten Beamten und deren jedesmaligem Stellvertreter die allgemeine Ermächtigung ertheilt, bürgerlich gültige Eheschließungen bezüglich aller Personen, die nicht Eingeborene sind, vorzunehmen und deren Geburten und Sterbefälle zu beurkunden, und zwar
1. dem jedesmaligen Gouverneur des Schutzgebiets von Deutsch-Neu-Guinea innerhalb des ganzen Schutzgebiets,
2. den Kaiserlichen Richtern in Herbertshöhe und in Stephansort innerhalb ihres Amtsbezirkes,
3. den Gerichtsschreibern bei dem Kaiserlichen Gericht in Herbertshöhe und in Stephansort für die Fälle der Abwesenheit oder sonstigen Behinderung des Kaiserlichen Richters und dessen Stellvertreters innerhalb des betreffenden Amtsbezirkes.

3. Marine und Schiffahrt.

Die vom Reichsamte des Innern veranstaltete Ausgabe des Werkes „Handbuch für die deutsche Handelsmarine auf das Jahr 1899" ist im Verlage der Buchhandlung Georg Reimer in Berlin soeben erschienen und im Buchhandel zum Preise von 7,50 ℳ für das Exemplar zu beziehen. Das Buch wird den Reichs- und Staatsbehörden bei direkter Bestellung sowie den Wiederverkäufern zum Preise von 5,65 ℳ für das Exemplar von der Verlagsbuchhandlung geliefert.

4. Veterinär-Wesen.

Bekanntmachung,
betreffend die Beseitigung von Ansteckungsstoffen bei Viehbeförderungen auf Eisenbahnen.
Vom 26. Juli 1899.

Der Bundesrath hat in seiner Sitzung vom 4. Juli d. J. beschlossen, daß in der Bekanntmachung vom 20. Juni 1886, betreffend die Ausführung des Gesetzes vom 25. Februar 1876 über die Beseitigung von Ansteckungsstoffen bei Viehbeförderungen auf Eisenbahnen (Central-Blatt für das Deutsche Reich S. 200) von den Vorschriften unter II Ziffer 4
1. der erste Satz im Abs. 2 unter b) in nachstehender Weise abgeändert werde:
„in Fällen einer wirklichen Infektion des Wagens durch Rinderpest, Milzbrand, Maul- und Klauenseuche, Rotz oder Schweineseuche (einschließlich Schweinepest) oder des dringenden Verdachts einer solchen Infektion durch Anwendung des unter a) vorgeschriebenen Verfahrens sowie durch sorgfältiges Bepinseln der Fußböden, Decken und Wände mit fünfprozentiger Karbolsäurelösung."
2. der erste Satz im Abs. 3 folgende Fassung erhalte:
„Diese Art der Desinfektion (b) ist in der Regel nur auf Anordnung der zuständigen Polizeibehörde, ohne solche Anordnung jedoch auch dann vorzunehmen, wenn die Bahnbeamten von Umständen Kenntniß erlangen, welche es zweifellos machen, daß eine wirkliche Infektion des Wagens durch Rinderpest, Milzbrand, Maul- und Klauenseuche, Rotz oder Schweineseuche (einschließlich Schweinepest) vorliegt, oder welche den dringenden Verdacht einer solchen Infektion begründen."

Berlin, den 26. Juli 1899.
Der Reichskanzler.
In Vertretung:
Graf v. Posadowsky.

5. Polizei-Wesen.

Ausweisung von Ausländern aus dem Reichsgebiete.

Laufende Nr.	Name und Stand der Ausgewiesenen.	Alter und Heimath	Grund der Bestrafung.	Behörde, welche die Ausweisung beschlossen hat.	Datum des Ausweisungsbeschlusses.
1.	2.	3.	4.	5.	6.
		Auf Grund des §. 362 des Strafgesetzbuchs.			
1.	Johann Eger, Tagelöhner,	geboren am 16. März 1882 zu Neumdorf, ortsangehörig zu Kolautschen, Bezirk Taus, Böhmen,	Landstreichen,	Stadtmagistrat Straubing, Bayern,	16. Juni d. J.
2.	Marie Agnes Gürth, ledig,	geboren am 21. Mai 1869 zu Schluckenau, Böhmen, ortsangehörig ebendaselbst,	falsche Namensführung und Landstreichen,	Königlich preußischer Regierungs-Präsident zu Merseburg,	20. Juli d. J.
3.	Elisabeth Hülsbed, Arbeiterin,	geboren am 1. November 1858 zu Oldenzaal, Provinz Overijssel, Niederlande, niederländische Staatsangehörige,	gewerbsmäßige Unzucht,	Königlich preußischer Regierungs-Präsident zu Münster,	10. Juni d. J.
4.	Johann Janetschek, Tagelöhner,	geboren am 19. Mai 1858 zu Hustner, Bezirk Prachatiz, Böhmen, österreichischer Staatsangehöriger,	Landstreichen, Bettelnundführung falscher Legitimationspapiere,	Königlich bayerisches Bezirksamt Lauten,	9. Juli d. J.
5.	Benzl Mainz, Tagelöhner,	geboren im Jahre 1853 zu Taus, Böhmen, österreichischer Staatsangehöriger,	Landstreichen,	Stadtmagistrat Straubing, Bayern,	16. Juni d. J.
6.	Maria Mainz, geb. Schrepler, Ehefrau des Vorigen,	geboren am 2. Oktober 1853 zu Taus, Böhmen, ortsangehörig ebendaselbst,	Landstreichen und Nichtabhalten der Kinder vom Betteln,	derselbe,	desgleichen.
7.	Katharina Mainz, Tagelöhnerin, ledig, Tochter der unter Ziffer 6 und 7 bezeichneten Eheleute,	geboren im Jahre 1880 zu Wolchin, Bezirk Tabor, Böhmen, österreichische Staatsangehörige,	Hehlerei und Landstreichen,	derselbe,	22. Juni d. J.
8.	Benzl Masat, Tagelöhner,	geboren am 28. September 1843 zu Papau, Bezirk Pilgram, Böhmen, österreichischer Staatsangehöriger,	Landstreichen,	derselbe,	desgleichen.
9.	Rudolph Mozilek, Fleischergeselle,	geboren am 17. April 1874 zu Nesseldorf, Bezirk Neutitschein, Mähren, ortsangehörig ebendaselbst,	Betteln,	Königlich preußischer Regierungs-Präsident zu Oppeln,	28. Juni d. J.
10.	Johann Sperl, Tagelöhner,	geboren am 15. Juli 1878 zu Taus, Böhmen, österreichischer Staatsangehöriger,	Landstreichen und Diebstahl,	Stadtmagistrat Straubing, Bayern,	22. Juni d. J.
11.	Karoline Wondras auch Bondras, geb. Tschech, Tagelöhnerswittwe,	geboren im Jahre 1869 zu Taus, Böhmen, österreichische Staatsangehörige,	Landstreichen und Betteln,	derselbe,	desgleichen.
12.	Mathias Botawa auch Botawa, Tagelöhner,	geboren am 10. Juni 1874 zu Taus, Böhmen, österreichischer Staatsangehöriger,	Landstreichen,	derselbe,	16. Juni d. J.

Berlin, Carl Heymanns Verlag. — Gedruckt bei Julius Sittenfeld in Berlin.

Central-Blatt
für das
Deutsche Reich.
Herausgegeben
im
Reichsamte des Innern.

Zu beziehen durch alle Postanstalten und Buchhandlungen.

| XXVII. Jahrgang. | Berlin, Freitag, den 11. August 1899. | № 33. |

Inhalt: 1. Konsulat-Wesen: Ernennungen; — Exequatur-Ertheilung . . . . Seite 291. 2. Zoll- und Steuer-Wesen: Bestellung eines Reichsbevollmächtigten; — Charaktererhöhung eines Stationskontroleurs; — Druckfehlerberichtigung . . . . 292. 3. Polizei-Wesen: Ausweisung von Ausländern aus dem Reichsgebiete . . . . 292.

1. Konsulat-Wesen.

Nachdem die Konsularbehörde des Reichs in Christiania in ein General-Konsulat umgewandelt worden ist, haben Seine Majestät der Kaiser den bisherigen Konsul von Faber du Faur in Christiania Namens des Reichs zum General-Konsul daselbst zu ernennen geruht.

Seine Majestät der Kaiser haben im Namen des Reichs den bisherigen Konsul in Asuncion, Wilhelm von Sanden, zum Konsul in Montevideo (Uruguay) zu ernennen geruht.

Seine Majestät der Kaiser haben im Namen des Reichs den Grundbesitzer Hermann Eberhard zum Vize-Konsul in Puerto Gallegos (Argentinien) zu ernennen geruht.

Dem zum Konsular-Agenten der Vereinigten Staaten von Amerika in Swinemünde ernannten Herrn Gustav Ludwig ist Namens des Reichs das Exequatur ertheilt worden.

2. Zoll- und Steuer-Wesen.

Auf Grund der Bestimmung im Artikel 36 der Reichsverfassung ist nach Vernehmung des Ausschusses des Bundesraths für Zoll- und Steuerwesen der der Landesverwaltung von Elsaß-Lothringen angehörige Kaiserliche Regierungsrath Nar in Straßburg i./E. an Stelle des in den elsaß-lothringischen Landesdienst zurückberufenen Kaiserlichen Geheimen Regierungsraths Stahl den Königlich preußischen Provinzial-Steuer-Direktionen zu Königsberg in Preußen und Danzig als Reichsbevollmächtigter für Zölle und Steuern mit dem Wohnsitz in Königsberg in Preußen vom 1. August 1899 ab beigeordnet worden.

Der Stationskontroleur zu Emmerich, Großherzoglich hessische Hauptsteueramtsrevisor Steuerassessor Schäfer, ist von der Großherzoglich hessischen Regierung zum Regierungsassessor ernannt worden.

Druckfehlerberichtigung.

Auf Seite 253 letzte Zeile muß es heißen:
    4. Klasse . . . . 1 bis 70 Prozent (nicht über 1 bis 70 Prozent).

---

3. Polizei-Wesen.

Ausweisung von Ausländern aus dem Reichsgebiete.

Laufende Nr.	Name und Stand der Ausgewiesenen.	Alter und Heimath	Grund der Bestrafung.	Behörde, welche die Ausweisung beschlossen hat.	Datum des Ausweisungsbeschlusses.
1.	2.	3.	4.	5.	6.
	a) Auf Grund des §. 39 des Strafgesetzbuchs.				
1.	Konstantin Hellmann, Arbeiter,	35 Jahre alt, geboren zu Wröblew, Raub, Gouvernement Kalisch, Rußland, ortsangehörig ebendaselbst.	Raub, versuchter Raub und Betrug (8 Jahre Zuchthaus, laut Erkenntniß vom 28. November 1891),	Königlich preußischer Regierungs-Präsident zu Oppeln.	8. April d. J.
	b) Auf Grund des §. 362 des Strafgesetzbuchs.				
2.	Elisabeth Bießl, Händlerin, ledig,	geboren am 8. November 1870 zu Treubach, Bezirk Braunau, Ober-Oesterreich, ortsangehörig ebendaselbst,	gewerbsmäßige Unzucht,	Königlich bayerische Polizei-Direktion München,	11. Juli d. J.
3.	Joseph Cimilla, Schlosser,	geboren am 19. Dezember 1869 zu Hornhof (Horcheim) bei Warschau, russischer Staatsangehöriger,	Landstreichen und Betteln,	Fürstlich schwarzburgischer Landrath zu Gehren,	26. Juli d. J.
4.	Rudolf Hönig, Arbeiter,	geboren am 14. August 1871 zu Brünn, österreichischer Staatsangehöriger,	desgleichen,	Königlich preußischer Regierungs-Präsident zu Breslau,	30. Mai d. J.
5.	Dominikus Kleiber, Eisenbahnarbeiter,	geboren am 4. August 1866 zu Jägerndorf, Oesterreichisch-Schlesien, ortsangehörig ebendaselbst,	Betteln,	Königlich preußischer Regierungs-Präsident zu Oppeln,	21. Juni d. J.
6.	Ferdinand Pejskar, Weber,	geboren am 6. November 1876 zu Polit, Bezirk Braunau, Böhmen, österreichischer Staatsangehöriger,	Hehlerei und Betteln,	Königlich preußischer Regierungs-Präsident zu Breslau,	25. Juli d. J.

Laufende Nr.	Name und Stand der Ausgewiesenen.	Alter und Heimath	Grund der Bestrafung.	Behörde, welche die Ausweisung beschlossen hat.	Datum des Ausweisungsbeschlusses.
1.	2.	3.	4.	5.	6.
7.	Giovanni Bellarini, Ziegelarbeiter,	geboren am 16. Februar 1866 zu Udine, Italien, ortsangehörig ebendaselbst,	Landstreichen und Betteln,	Königlich bayerische Polizei-Direktion München,	14. Juli d. J.
8.	Die Zigeuner:				
a.	Susanna Braffel,	über 50 Jahre,			
b.	Cölestine Braffel,	21 Jahre,			
c.	Lewina Braffel,	28 "			
d.	Ludwina Braffel,	etwa 24 Jahre,			
e.	Margarethe Braffel,	28 Jahre,	Landstreichen,	Königlich preußischer Regierungs-Präsident zu Oppeln.	8. Juni d. J.
f.	Michael (Muschel) Braffel, (Susanna Braffel ist die Mutter der unter b—f aufgeführten Personen),	20 Jahre alt, sämmtlich aus Hotzenplotz, Bezirk Jägerndorf, Oesterreichisch-Schlesien, österreichische Staatsangehörige,			
9.	Johann Maria Ballet, Schuh-Leistenmacher,	geboren am 19. März 1876 zu Barigné, Departement Ille-et-Vilaine, Frankreich, ortsangehörig ebendaselbst,	desgleichen,	Kaiserlicher Bezirks-Präsident zu Metz,	26. Juli d. J.
10.	Maria Wild, Näherin, ledig,	geboren am 24. März 1873 zu Waldzell, Bezirk Ried, Ober-Oesterreich, ortsangehörig ebendaselbst,	gewerbsmäßige Unzucht,	Königlich bayerische Polizei-Direktion München.	14. Juli d. J.

Die auf Seite 107 unter Ziffer 11 des Central-Blatts für 1898 erfolgte Veröffentlichung der Ausweisung der Marie Steibel ist dahin zu berichtigen, daß die Ausgewiesene am 3. Februar 1847 zu Triebendorf, Bezirk Mährisch-Trübau, Mähren, geboren und auch dort ortsangehörig ist.

Berlin, Carl Heymanns Verlag. — Gedruckt bei Julius Sittenfeld in Berlin.

Central-Blatt
für das
Deutsche Reich.
Herausgegeben
im
Reichsamte des Innern.

Zu beziehen durch alle Postanstalten und Buchhandlungen.

| XXVII. Jahrgang. | Berlin, Freitag, den 18. August 1899. | № 34. |

Inhalt: 1. Eisenbahn-Wesen: Bekanntmachung, betreffend die technische Einheit im Eisenbahnwesen. Seite 295. 2. Bank-Wesen: Status der deutschen Notenbanken Ende Juli 1899 . . . 296. 3. Finanz-Wesen: Nachweisung der Einnahmen des Reichs für die Zeit vom 1. April 1899 bis Ende Juli 1899. 298. 4. Zoll- und Steuer-Wesen: Ermächtigung einer Firma zur Zusammensetzung des allgemeinen Branntwein-Denaturirungsmittels . . . . . . 299. 5. Konsulat-Wesen: Exequatur-Ertheilungen . . 299. 6. Marine und Schiffahrt: Erscheinen des II. Nachtrags zur Amtlichen Liste der Schiffe der deutschen Kriegs- und Handelsmarine für 1899 . . . 299. 7. Polizei-Wesen: Ausweisung von Ausländern aus dem Reichsgebiete . . . . 299.

1. Eisenbahn-Wesen.

Bekanntmachung,

betreffend die technische Einheit im Eisenbahnwesen. Vom 13. August 1899.

Im Anschluß an die Bekanntmachungen vom 17. Februar und 29. April 1887, vom 15. September 1890, vom 22. September 1891 und vom 20. Juni und 28. August 1896 (Central-Blatt für das Deutsche Reich von 1887 S. 50 und 115, von 1890 S. 319, von 1891 S. 285 und 1896 S. 149 und 465) wird zur öffentlichen Kenntniß gebracht, daß Rußland hinsichtlich der Warschau—Wiener Eisenbahn und der Zweigbahn nach Lodz den zwischen dem Deutschen Reiche, Frankreich, Italien, Oesterreich, Ungarn und der Schweiz getroffenen Vereinbarungen über die technische Einheit im Eisenbahnwesen beigetreten ist.

Berlin, den 13. August 1899.

Der Reichskanzler.
Fürst zu Hohenlohe.

2. Bank

Status der deutschen Noten
nach den im Reichsanzeiger veröffentlichten Wochenübe[rsichten]
(Die Beträge lauten [...])

Passiva.

Laufende Nummer	Bezeichnung der Banken	Grund-kapital	Reserve-fonds	Noten-umlauf	Gegen 30. Juni 1899	Unge-deckte Noten	Gegen 30. Juni 1899	Sonstige täglich fällige Ver-bindlich-keiten	Gegen 30. Juni 1899	Verbindlich-keiten mit Kündi-gungs-frist	Gegen 30. Juni 1899	Sonstige Passiva	Gegen 30. Juni 1899	Summe der Passiva	Gegen 30. Juni 1899	[Eventuelle weitere Spalte]
1	2	3	4	5	6	7	8	9	10	11	12	13	14	15	16	17
1.	Reichsbank	120 000	30 088	1 117 972	— 182 202	346 685	— 185 421	539 495	— 31 178			24 506	+ 831	1 832 063	— 212 605	—
2.	Frankfurter Bank	18 000	4 800	15 544	— 1 656	9 498	+ 117	3 628	— 91	15 780	— 492	20	—	57 975	— 2 346	1 640
3.	Bayerische Notenbank	7 500	3 200	68 427	— 1 110	30 007	— 174	7 643	— 68	—	—	2 773	340	83 644	— 1 941	390
4.	Sächsische Bank zu Dresden	30 000	5 277	40 056	— 8 894	12 289	— 9 680	30 412	+ 677	17 611	+ 1 128	678	45	153 034	— 950	1 457
5.	Württembergische Notenbank	9 000	900	24 056	+ 5	9 863	— 643	2 209	— 724	896	— 66	737	67	37 426	— 763	1 006
6.	Badische Bank	9 000	1 794	15 473	+ 177	9 670	— 75	5 357	+ 220	—	—	760	80	32 388	+ 404	506
7.	Bank für Süddeutschland	15 872	1 816	14 340	— 481	9 410	— 377	991	— 3	—	—	903	165	32 834	— 319	1 741
8.	Braunschweigische Bank	10 500	911	1 760	— 165	1 252	— 118	3 627	— 943	1 255	— 36	89	+ 18	18 022	— 1 047	792
	Zusammen	219 872	47 791	1 301 632	— 194 376	328 606	— 196 374	592 655	— 26 417	34 990	+ 568	30 500	+ 856	2 227 395	— 219 354	11 340

Bemerkungen.

Zu Spalte 5°: Davon in Abschnitten zu 100 ℳ = 991 987 600 ℳ.
" " " 500 " = 20 143 500 ℳ (bei den Banken Nr. 1, 2, 4).
" " " 1 000 " = 287 738 000 ℳ (. . . . . 1 und 2).
Zu Spalte 9 Nr. 2°: Darunter 128 900 ℳ noch nicht zur Einlösung gelangte Guldennoten.
" " 9 " 7°: 90 686 ℳ " " " " Gulden- und Thalernoten.

Wesen.

banken Ende Juli 1899

sichten, verglichen mit demjenigen Ende Juni 1899

auf Tausend Mark.)

Activa.

Metall-Bestand.	Gegen 30. Juni 1899.	Reichskassenscheine.	Gegen 30. Juni 1899.	Noten anderer Banken.	Gegen 30. Juni 1899.	Wechsel.	Gegen 30. Juni 1899.	Lombard.	Gegen 30. Juni 1899.	Effekten.	Gegen 30. Juni 1899.	Sonstige Aktiva.	Gegen 30. Juni 1899.	Summe der Aktiva.	Gegen 30. Juni 1899.	Laufende Nummer.
18.	19.	20.	21.	22.	23.	24.	25.	26.	27.	28.	29.	30.	31.	32.	33.	34
635 381	+ 1 306	21 424	− 498	14 483	+ 2 280	806 579	− 187 223	77 829	− 32 922	9 545	− 3 440	66 823	− 22 173	1 682 063	− 212 606	1.
5 496	− 458	89	+ 12	511	− 1 297	38 508	− 280	11 086	+ 457	6 001	− 79	8 134	− 480	59 895	− 2 105	2.
30 246	− 250	56	+ 1	3 113	− 687	46 660	− 1 600	1 642	+ 118	43	+ 7	1 884	+ 470	83 644	− 1 941	3.
77 450	+ 1 094	986	+ 96	8 481	− 816	60 900	+ 356	3 300	− 1 735	672	− 152	11 205	− 703	183 094	− 950	4.
11 640	− 15	124	− 1	2 477	+ 654	21 688	− 1 271	869	− 5	5	−	873	− 165	37 428	− 768	5.
5 394	+ 234	18	+ 8	190	+ 10	23 496	− 170	365	+ 11	87	− 28	3 482	+ 425	32 983	+ 498	6.
4 848	− 146	63	+ 10	19	− 18	21 716	+ 496	1 606	− 131	3 726	− 191	1 156	− 380	32 834	− 319	7.
446	− 85	87	+ 36	23	− 27	3 743	− 1 273	1 596	− 114	98	− 86	10 283	+ 382	18 289	− 918	8.
921 103	+ 1 699	23 697	− 332	29 196	+ 579	1 019 290	− 140 914	98 615	− 34 321	19 620	− 3 914	98 779	− 21 885	2 229 310	− 219 0[illegible]	

3. Finanz-Wesen.

Nachweisung der zur Anschreibung gelangten Einnahmen (einschließlich der kreditirten Beträge) an Zöllen und gemeinschaftlichen Verbrauchssteuern sowie anderer Einnahmen im Deutschen Reiche für die Zeit vom 1. April 1899 bis zum Schlusse des Monats Juli 1899.

Bezeichnung der Einnahmen.	Die Soll-Einnahme beträgt vom Beginne des Rechnungsjahrs bis zum Schlusse des obengenannten Monats ℳ	Ausfuhr-Vergütungen ꝛc. ℳ	Bleiben ℳ	Einnahme in demselben Zeitraume des Vorjahrs (Spalte 4) ℳ	Differenz zwischen den Spalten 4 und 5, + mehr − weniger ℳ
1.	2.	3.	4.	5.	6.
Zölle	161 945 908	5 048 710	156 897 198	163 350 656	− 6 453 458
Tabacksteuer	3 698 912	33 336	3 665 576	3 707 359	− 41 783
Zuckersteuer und Zuschlag zu derselben	46 550 393	15 533 447	31 016 946	30 078 424	+ 938 522
Salzsteuer	13 680 469	3 420	13 677 049	13 391 790	+ 285 259
Maischbottich- und Branntwein-Materialsteuer	6 951 489	4 850 920	2 100 569	1 968 784	+ 131 785
Verbrauchsabgabe von Branntwein und Zuschlag zu derselben	41 525 708	155 511	41 370 197	36 599 773	+ 4 770 424
Brennsteuer	1 697 990	1 523 715	174 275	448 000	− 273 725
Brausteuer	11 147 482	12 702	11 134 780	10 686 422	+ 448 358
Uebergangsabgabe von Bier	1 316 008	—	1 316 008	1 260 301	+ 55 707
Summe	291 514 359	30 161 761	261 352 598	263 491 509	− 2 138 911
Stempelsteuer für					
a) Werthpapiere	7 539 731	—	7 539 731	7 854 424	− 314 690
b) Kauf- u. sonstige Anschaffungsgeschäfte	6 228 116	14 557	6 213 559	4 355 636	+ 1 857 923
c) Loose zu:					
Privatlotterien	1 811 227	—	1 811 227	1 533 181	+ 278 046
Staatslotterien	3 655 518	—	3 655 518	3 616 747	+ 38 771
Spielkartenstempel	—	—	395 811	385 397	+ 10 424
Wechselstempelsteuer	—	—	3 891 536	3 593 809	+ 297 727

Anmerkung. Die zur Reichskasse gelangte Ist-Einnahme abzüglich der Ausfuhrvergütungen und Verwaltungskosten beträgt bei den nachbezeichneten Einnahmen:

Bezeichnung der Einnahmen.	Ist-Einnahme im Monat Juli			Ist-Einnahme vom Beginne des Rechnungsjahrs bis zum Schlusse des Monats Juli		
	1899 ℳ	1898 ℳ	Mithin 1899 + mehr − weniger ℳ	1899 ℳ	1898 ℳ	Mithin 1899 + mehr − weniger ℳ
1.	2.	3.	4.	5.	6.	7.
Zölle	44 602 560	49 194 361	− 4 591 801	145 315 434	150 735 819	− 5 420 385
Tabacksteuer	903 846	971 304	− 62 458	3 430 050	3 473 816	− 43 766
Zuckersteuer und Zuschlag zu derselben	6 852 121	6 320 105	+ 532 016	32 867 327	28 203 838	+ 4 663 489
Salzsteuer	3 260 951	3 253 299	+ 7 652	14 625 047	14 104 923	+ 520 124
Maischbottich- und Branntwein-Materialsteuer	55 556	446 338	− 390 782	5 129 794	5 670 815	− 541 021
Verbrauchsabgabe von Branntwein und Zuschlag zu derselben	10 009 263	8 465 689	+ 1 543 574	37 536 232	35 592 457	+ 1 943 775
Brennsteuer	330 218	142 433	+ 187 785	174 274	249 103	− 74 829
Brausteuer und Uebergangsabgabe von Bier	2 841 279	2 745 964	+ 95 315	10 583 728	10 154 523	+ 429 205
Summe	68 500 358	71 254 627	− 3 054 269	249 661 886	248 185 294	+ 1 476 592
Spielkartenstempel	104 397	109 065	− 4 668	490 510	524 619	− 34 109

4. Zoll- und Steuer-Wesen.

Dem Fabrikanten E. Renckhoff in Mülheim a. Ruhr ist die Erlaubniß zur Zusammensetzung des allgemeinen Branntwein-Denaturirungsmittels gemäß §. 9 des Regulativs, betreffend die Steuerfreiheit des Branntweins zu gewerblichen u. s. w. Zwecken, ertheilt worden.

5. Konsulat-Wesen.

Dem zum Konsul ad honorem von Venezuela in Düsseldorf ernannten bisherigen Venezolanischen Vize-Konsul Carl Dallmeier ist Namens des Reichs das Exequatur ertheilt worden.

Dem Konsular-Agenten der Vereinigten Staaten von Amerika Alexander Eckhardt in Königsberg ist Namens des Reichs das Exequatur ertheilt worden.

6. Marine und Schiffahrt.

Der zweite Nachtrag zur Amtlichen Liste der Schiffe der deutschen Kriegs- und Handelsmarine mit ihren Unterscheidungs-Signalen für 1899 ist erschienen.

7. Polizei-Wesen.

Ausweisung von Ausländern aus dem Reichsgebiete.

Laufende Nr.	Name und Stand der Ausgewiesenen.	Alter und Heimath	Grund der Bestrafung.	Behörde, welche die Ausweisung beschlossen hat.	Datum des Ausweisungs-beschlusses.
1.	2.	3.	4.	5.	6.
	Auf Grund des §. 362 des Strafgesetzbuchs.				
1.	Emerich Moro, Schlosser,	geboren am 15. Mai 1869 zu Easing, Bezirk Szenic, Ungarn, ortsangehörig ebendaselbst,	Landstreichen und Betteln,	Königlich preußischer Regierungs-Präsident zu Oppeln,	27. Juni d. J.
2.	Karl Reichl, Erd-arbeiter,	geboren am 10. März 1887 zu Kalisch, Böhmen, ortsangehörig ebendaselbst,	Betteln,	Königlich sächsische Kreishauptmannschaft Zwickau,	24. Juni d. J.
3.	Anton Schneeberger, Musiker,	gegen 30 Jahre alt, aus Neustadt, Böhmen, österreichischer Staatsangehöriger,	Landstreichen und Betteln,	Königlich sächsische Kreishauptmannschaft Bauzen,	26. Juni d. J.
4.	Marie Schneeberger, geborene Beinlich, Harfensängerin, Ehefrau des Vorigen.	etwa 29 Jahre alt, aus Neustadt, Böhmen, österreichische Staatsangehörige,	Landstreichen,	dieselbe,	desgleichen.
5.	Anna Simon, ledige Arbeiterin, (Dienstmagd),	geboren am 6. Mai 1868 zu Karlsbad, Böhmen, österreichische Staatsangehörige,	desgleichen,	Königlich bayerisches Bezirksamt Rothenburg o. T.,	29. Juli d. J.

Der Beschluß des Königlich preußischen Regierungs-Präsidenten zu Potsdam vom 15. Juli d. J. über die Ausweisung des Arbeiters Kasimir Radrowski (Central-Blatt S. 285 Z. 10) hat nicht zur Ausführung gelangen können, da der Genannte aus der Korrigenden-Anstalt entwichen ist.

Berlin, Carl Heymanns Verlag. — Gedruckt bei Julius Sittenfeld in Berlin.

Central-Blatt für das Deutsche Reich.

Herausgegeben im Reichsamte des Innern.

Zu beziehen durch alle Postanstalten und Buchhandlungen.

XXVII. Jahrgang. | Berlin, Freitag, den 25. August 1899. | № 35.

Inhalt: 1. Finanz-Wesen: Nachtrag zur Nachweisung der Einnahmen des Reichs vom 1. April 1899 bis Ende Juli 1899 . . . . . Seite 301. 2. Konsulat-Wesen: Ermächtigungen zur Vornahme von Civilstands-Akten; — Exequatur-Ertheilungen . 302. 3. Kolonial-Wesen: Ermächtigung zur Vornahme von Civilstands-Akten im Schutzgebiete von Deutsch- Ostafrika; — desgleichen in den Schutzgebieten von Kamerun und Togo . . . . 302. 4. Zoll- und Steuer-Wesen: Veränderungen in dem Stande oder den Befugnissen der Zoll- und Steuerstellen 303. 5. Polizei-Wesen: Ausweisung von Ausländern aus dem Reichsgebiete . . . . 303.

1. Finanz-Wesen.

Nachweisung verschiedener Einnahmen im Deutschen Reiche für die Zeit vom 1. April 1899 bis zum Schlusse des Monats Juli 1899.*)

Bezeichnung der Einnahmen.	Einnahme vom Beginne des Rechnungsjahrs bis zum Schlusse des obengenannten Monats ℳ	Einnahme in demselben Zeitraume des Vorjahrs ℳ	Mithin im Rechnungsjahr 1899 mehr ℳ
Post- und Telegraphen-Verwaltung . . .	121 927 447	113 241 277	8 686 170
Reichseisenbahn-Verwaltung	27 393 000	25 758 000**)	1 635 000

*) Die Nachweisung der Einnahme an Zöllen ꝛc. ist veröffentlicht im Central-Blatt für 1899 S. 298.
**) Die definitive Einnahme stellte sich im Vorjahr um 712 117 ℳ. höher.

2. Konsulat-Wesen.

Dem Kaiserlichen Gesandten Freiherrn von Ketteler in Peking ist auf Grund des §. 1 des Gesetzes vom 4. Mai 1870 in Verbindung mit §. 85 des Gesetzes vom 6. Februar 1875 für China die Ermächtigung ertheilt worden, bürgerlich gültige Eheschließungen von Reichsangehörigen und Schutzgenossen, mit Einschluß der unter deutschem Schutze lebenden Schweizer vorzunehmen und die Geburten, Heirathen und Sterbefälle von solchen zu beurkunden.

Dem Vertreter des beurlaubten Kaiserlichen Konsuls in Rustschuk, Konsul M. von Loehr ist auf Grund des §. 1 des Gesetzes vom 4. Mai 1870 in Verbindung mit §. 85 des Gesetzes vom 6. Februar 1875 für den Amtsbezirk des Konsulats und für die Dauer seiner Vertretung die Ermächtigung ertheilt worden, bürgerlich gültige Eheschließungen von Reichsangehörigen und Schutzgenossen, mit Einschluß der unter deutschem Schutze lebenden Schweizer vorzunehmen und die Geburten, Heirathen und Sterbefälle von solchen zu beurkunden.

Den bisherigen spanischen Vize-Konsuln Wilhelm Kunstmann in Swinemünde und Hermann Frommer in Königsberg i. Ostpr. ist, nachdem sie zu spanischen Honorar-Konsuln an den genannten Orten ernannt worden sind, Namens des Reichs das Exequatur ertheilt worden.

3. Kolonial-Wesen.

Auf Grund des §. 4 des Gesetzes, betreffend die Rechtsverhältnisse der deutschen Schutzgebiete — Reichs-Gesetzbl. 1888 S. 75 —, und des Gesetzes, betreffend die Eheschließung und die Beurkundung des Personenstandes von Reichsangehörigen im Auslande, vom 4. Mai 1870 — Bundes-Gesetzbl. 1870 S. 599 — ist den nachbenannten Beamten beim Kaiserlichen Gouvernement von Deutsch-Ostafrika:
 1. dem Großherzoglich badischen Referendar Vortisch,
 2. dem Büreau-Assistenten Ali
die allgemeine Ermächtigung ertheilt, innerhalb des Schutzgebiets bürgerlich gültige Eheschließungen bezüglich aller Personen, die nicht Eingeborene sind, vorzunehmen, und deren Geburten und Sterbefälle zu beurkunden.

Auf Grund des §. 4 des Gesetzes, betreffend die Rechtsverhältnisse der deutschen Schutzgebiete — Reichs-Gesetzbl 1888 S. 75 —, des Gesetzes, betreffend die Eheschließung und die Beurkundung des Personenstandes von Reichsangehörigen im Auslande, vom 4. Mai 1870 — Bundes-Gesetzbl. S. 599 — und der Kaiserlichen Verordnung, betreffend die Eheschließung und die Beurkundung des Personenstandes für die Schutzgebiete von Kamerun und Togo, vom 21. April 1886 — Reichs-Gesetzbl. S. 128 — ist den nachbenannten Beamten die allgemeine Ermächtigung ertheilt, bürgerlich gültige Eheschließungen betreffs aller Personen, welche nicht Eingeborene sind, vorzunehmen und Geburten und Sterbefälle derselben zu beurkunden, und zwar:
 1. dem jedesmaligen Kaiserlichen Bezirksamtmann in Kribi und seinem jedesmaligen Stellvertreter für den Bezirk Kribi,
 2. dem Regierungs-Assessor, Grafen von Oberndorff, für seine Person und für die Dauer seiner amtlichen Thätigkeit bei dem Kaiserlichen Gouvernement in Kamerun für die Fälle der Abwesenheit oder sonstigen Behinderung des Kaiserlichen Gouverneurs innerhalb des ganzen Schutzgebiets.

4. Zoll- und Steuer-Wesen.

Veränderungen in dem Stande oder den Befugnissen der Zoll- und Steuerstellen.

Im Königreiche Preußen.

Das Salzsteueramt I zu Orb im Bezirke des Hauptsteueramts zu Hanau ist aufgehoben worden.

Es ist ertheilt worden:

dem Hauptsteueramt in Elberfeld die Befugniß zur Erledigung und Ausfertigung von Begleitscheinen I über die für die Firma Schlieper & Baum zur Veredelung eingehenden beziehungsweise nach erfolgter Veredelung wieder auszuführenden baumwollenen Gewebe, und

dem Steueramt I zu Northeim im Bezirke des Hauptsteueramts zu Münden die Befugniß zur Abfertigung von Getreide, welches mit dem Anspruch auf Ertheilung von Einfuhrscheinen zur Ausfuhr angemeldet wird.

Im Königreiche Bayern.

Dem Nebenzollamt I zu Selb im Bezirke des Hauptzollamts zu Hof ist die Befugniß zur Erledigung von Begleitscheinen I über Porzellansendungen beigelegt worden, die unter Eisenbahnwagenverschluß eingehen.

Im Königreiche Sachsen.

Das Steueramt zu Reichenbach im Bezirke des Hauptsteueramts zu Plauen ist zur selbständigen Abfertigung von hartem Kammgarn aus Glanzwolle über 20 cm Länge zu den Zollsätzen der Tarifnummer 41 c 2 ermächtigt worden.

Die dem Steueramte zu Oschatz im Bezirke des Hauptsteueramts zu Meißen beigelegte Befugniß zur Erledigung von Begleitscheinen I über Waaren der Tarifnummer 27 f 2, 9 k und 25 h 1 ist zurückgezogen worden.

5. Polizei-Wesen.

Ausweisung von Ausländern aus dem Reichsgebiete.

Laufende Nr.	Name und Stand der Ausgewiesenen.	Alter und Heimath	Grund der Bestrafung.	Behörde, welche die Ausweisung beschlossen hat.	Datum des Ausweisungsbeschlusses.
1.	2.	3.	4.	5.	6.
	a) Auf Grund des §. 39 des Strafgesetzbuchs.				
1.	Ernst Haufe, Arbeiter,	geboren am 17. November 1874 zu Diebstahl im Rückfalle (2 Jahre Zuchthaus, laut Erkenntniß vom 16. Juni 1897),		Königlich preußischer Regierungs-Präsident zu Oppeln.	24. März d. J.
	b) Auf Grund des §. 362 des Strafgesetzbuchs.				
2.	Leo Bach, Tagner,	geboren am 30. März 1879 zu St. Dié, Departement Vosges, französischer Staatsangehöriger,	Landstreichen,	Kaiserlicher Bezirks-Präsident zu Colmar.	21. Juli d. J.
3.	Berthold Bloch (Blod), Kaufmann,	geboren am 18. April 1874 zu Groß-Zedlersdorf, Bezirk Korneuburg, Nieder-Oesterreich, ortsangehörig zu Köpcsény, Ungarn,	Landstreichen,	Königlich preußischer Regierungs-Präsident zu Osnabrück.	9. August d. J.

Laufende Nr.	Name und Stand der Ausgewiesenen	Alter und Heimath	Grund der Bestrafung	Behörde, welche die Ausweisung beschlossen hat	Datum des Ausweisungs-beschlusses
1.	2.	3.	4.	5.	6.
4.	Maria Greath, Dienstmädchen, ledig,	geboren am 30. Juni 1859 zu Petschau, Bezirk Karlsbad, Böhmen, ortsangehörig ebendaselbst,	Landstreichen,	Königlich preußischer Regierungs-Präsident zu Breslau,	9. August d. J.
5.	Philibert Fuetterer, Heizer,	geboren am 9. Dezember 1874 zu Winkel, Elsaß-Lothringen, französischer Staatsangehöriger,	Landstreichen und falsche Namensführung,	Großherzoglich sächsischer Bezirksdirektor zu Eisenach,	21. Juli d. J.
6.	Franz Gonbeck, Kürschner,	geboren am 5. Mai 1856 zu Hobrutja, Galizien, österreichischer Staatsangehöriger,	Landstreichen,	Kaiserlicher Bezirks-Präsident zu Colmar,	9. August d. J.
7.	Georg Hirsch, Glasmachergehilfe,	geboren am 29. November 1865 zu Eisenstraß, Böhmen, ortsangehörig ebendaselbst,	desgleichen,	Königlich bayerisches Bezirksamt Herzbruck,	9. August d. J.
8.	Peter Juretschka, Webergeselle,	geboren im Jahre 1842 zu Wigstadtl, Bezirk Troppau, Oesterreichisch-Schlesien, ortsangehörig ebendaselbst,	Landstreichen und Betteln,	Königlich preußischer Regierungs-Präsident zu Oppeln,	25. Mai d. J.
9.	Michael Jvan, Schieferdecker,	geboren am 25. November 1857 zu Obersiebenbrunn, Nieder-Oesterreich, ungarischer Staatsangehöriger,	Betteln,	Königlich bayerisches Bezirksamt Laufen,	2. August d. J.
10.	Josef Kooter, früher Eisenbahn-Bureau-Assistent,	geboren am 10. Mai 1862 zu Trie-bergen bei Utrecht, ortsangehörig zu Düsseldorf, Niederlande,	desgleichen,	Königlich preußischer Regierungs-Präsident zu Düsseldorf,	9. August d. J.
11.	Franz (Franz Michel) Mondwelt,	geboren am 11. Februar 1864 zu Jablunkau, Oesterreichisch-Schlesien, österreichischer Staatsangehöriger,	Landstreichen und Betteln,	Kaiserlicher Bezirks-Präsident zu Metz,	4. August d. J.

Berlin, Carl Heymanns Verlag. — Gedruckt bei Julius Sittenfeld in Berlin.

Central-Blatt
für das
Deutsche Reich.

Herausgegeben
im
Reichsamte des Innern.

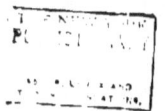

Zu beziehen durch alle Postanstalten und Buchhandlungen.

XXVII. Jahrgang.   Berlin, Freitag, den 1. September 1899.   №︁ 36.

Inhalt: 1. Konsulat-Wesen: Ernennungen; — Ermächtigung zur Vornahme von Civilstands-Akten; — Entlassung . . . . . . Seite 305. 2. Justiz-Wesen: Verlängerung des Abkommens zwischen dem Norddeutschen Bunde und der Schweiz wegen gegenseitiger Anerkennung der Rechtsfähigkeit der Aktiengesellschaften . . . . 306. 3. Polizei-Wesen: Ausweisung von Ausländern aus dem Reichsgebiete . . . . 306.

1. Konsulat-Wesen.

Seine Majestät der Kaiser haben im Namen des Reichs den bisher mit der Verwaltung des General-Konsulats in Schanghai betrauten General-Konsul Knappe zum General-Konsul in Schanghai zu ernennen geruht.

Seine Majestät der Kaiser haben im Namen des Reichs den General-Konsul von Zimmerer unter Belassung des Charakters als General-Konsul zum Konsul für den Staat Santa Catharina (Brasilien) und den Konsul Baerecke zum Konsul in Curitiba zu ernennen geruht.

Seine Majestät der Kaiser haben im Namen des Reichs den Kaufmann Robert Glaeser zum Vize-Konsul in Cartagena (Columbien) zu ernennen geruht.

Seine Majestät der Kaiser haben im Namen des Reichs den Kaufmann Emil Schmidt zum Vize-Konsul in Paranagua zu ernennen geruht.

Dem Verweser des Kaiserlichen Vize-Konsulats in Mombassa, Kaufmann Dieckmann, ist auf Grund des § 1 des Gesetzes vom 4. Mai 1870 in Verbindung mit § 85 des Gesetzes vom 6. Februar 1875 für den Amtsbezirk des dortigen Vize-Konsulats die Ermächtigung ertheilt worden, bürgerlich gültige Eheschließungen von Reichsangehörigen und Schutzgenossen, mit Einschluß der unter deutschem Schutze lebenden Schweizer, vorzunehmen und die Geburten, Heirathen und Sterbefälle von solchen zu beurkunden.

Dem bisherigen Kaiserlichen Konsul in Port Elizabeth (Südafrika), W. H. Dalldorf, ist die erbetene Entlassung aus dem Reichsdienst ertheilt worden.

2. Justiz-Wesen.

Das Abkommen zwischen dem Norddeutschen Bunde und der Schweiz wegen gegenseitiger Anerkennung der Rechtsfähigkeit der Aktiengesellschaften vom 13. Mai 1869 ist nach Kündigung der deutsch-schweizerischen Uebereinkunft zum Schutze des Urheberrechts und zwar unter Festsetzung einer einjährigen Kündigungsfrist und unter Ausdehnung des Abkommens auf das Deutsche Reich verlängert worden.

Berlin, den 24. August 1899.

Der Reichskanzler.
Im Auftrage: Rothe.

3. Polizei-Wesen.

Ausweisung von Ausländern aus dem Reichsgebiete.

Laufende Nr.	Name und Stand der Ausgewiesenen.	Alter und Heimath	Grund der Bestrafung	Behörde, welche die Ausweisung beschlossen hat.	Datum des Ausweisungs-beschlusses.
1.	2.	3.	4.	5.	6.

Auf Grund des §. 362 des Strafgesetzbuchs.

1.	Ferdinand Heinzel, Gerber.	geboren am 2. Dezember 1843 zu Hopenplotz, Bezirk Jägerndorf, Oesterreichisch-Schlesien, ortsangehörig daselbst.	Betteln.	Königlich preußischer Regierungs-Präsident zu Merseburg.	16. August d. J.
2.	Hermann Klomann, Arbeiter.	geboren am 24. Juli 1876 zu Klabingen, Niederlande, niederländischer Staatsangehöriger.	desgleichen.	Großherzoglich oldenburgisches Staatsministerium, Departement des Innern.	31. Juli d. J.
3.	Wenzel Kubal, Maurer.	geboren am 7. April 1866 zu Letonie, Bezirk Strakonig, Böhmen, ortsangehörig ebendaselbst.	desgleichen.	Königlich sächsische Kreishauptmannschaft Zwickau.	7. Juli d. J.
4.	Josef Langer, Dachdecker.	geboren am 1. Januar 1868 zu Troppau, Oesterreichisch-Schlesien, österreichischer Staatsangehöriger.	Landstreichen und Betteln.	Königlich preußischer Regierungs-Präsident zu Breslau.	14. August d. J.
5.	Louis Francois Maurice, Journalier.	geboren am 8. Dezember 1870 zu Paris, Frankreich, ortsangehörig zu Genf, Schweiz.	desgleichen.	Königlich preußischer Regierungs-Präsident zu Cassel.	17. August d. J.
6.	Isaak Michalowitz, Arbeiter.	geboren am 20. (8.) Februar 1884 zu Friedrichstadt, Gouvernement Kurland, Rußland, ortsangehörig ebendaselbst.	Landstreichen.	Königlich preußischer Regierungs-Präsident zu Lüneburg.	desgleichen.
7.	Anton Petrowerc, Barbier.	geboren am 28. März 1869 zu Laibach, Oesterreich, österreichischer Staatsangehöriger.	Betteln.	Königlich preußischer Regierungs-Präsident zu Stade.	18. August d. J.
8.	Olga Probaska, Kellnerin, ledig.	geboren am 11. April 1879 zu Aussig, Böhmen, österreichische Staatsangehörige.	gewerbsmäßige Unzucht.	Königlich bayerisches Bezirksamt Lichtenfels.	16. August d. J.
9.	Josef Emil Virey, Weber.	geboren am 28. Mai 1854 zu Zapois, Departement Vosges, Frankreich, französischer Staatsangehöriger.	Landstreichen und Betteln.	Kaiserlicher Bezirks-Präsident zu Colmar.	21. August d. J.

Die Ausweisung des Schneidergesellen Josef Grun (Grün) aus dem Reichsgebiete (Central-Blatt für 1897 S. 416 Z. 8) ist zurückgenommen worden.

Central-Blatt für das Deutsche Reich.

Herausgegeben im Reichsamte des Innern.

Zu beziehen durch alle Postanstalten und Buchhandlungen.

XXVII. Jahrgang. | Berlin, Freitag, den 8. September 1899. | № 37.

Inhalt: 1. Konsulat-Wesen: Ernennung; — Exequatur-Ertheilungen . . . . Seite 307. 2. Bank-Wesen: Status der deutschen Notenbanken Ende August 1899 . . . . 308. 3. Polizei-Wesen: Ausweisung von Ausländern aus dem Reichsgebiete . . . . 310.

1. Konsulat-Wesen.

Nachdem die Konsularbehörde des Reichs in Buenos Aires in ein General-Konsulat umgewandelt worden ist, haben Seine Majestät der Kaiser den bisherigen Konsul Steifensand in Buenos Aires Namens des Reichs zum General-Konsul daselbst zu ernennen geruht.

Dem Königlich großbritannischen Konsul Paul Ladenburg in Mannheim ist das Exequatur Namens des Reichs ertheilt worden.

Dem Vize- und Deputy-Konsul der Vereinigten Staaten von Amerika in Kehl, Max Abler, ist Namens des Reichs das Exequatur ertheilt worden.

Dem Vize-Konsul der Argentinischen Republik in Berlin, Wilhelm J. Staudt ist das Exequatur Namens des Reichs ertheilt worden.

2. Bank-

Status der deutschen Noten
nach den im Reichsanzeiger veröffentlichten Wochenüber
(Die Beträge lauten

Passiva.

Laufende Nummer.	Bezeichnung der Banken.	Grund-Kapital.	Reserve-Fonds.	Noten-Umlauf.	Gegen 31. Juli 1899.	Unge-deckte Noten.	Gegen 31. Juli 1899.	Sonstige täglich fällige Ver-bindlich-keiten.	Gegen 31. Juli 1899.	Ver-bindlich-keiten mit Kündi-gungs-frist.	Gegen 31. Juli 1899.	Sonstige Passiva.	Gegen 31. Juli 1899.	Summe der Passiva.	Gegen 31. Juli 1899.	Eigen-Ver-bindlich-keiten auf weitergegebene inländische Wechsel.
1.	2.	3.	4.	5.	6.	7.	8.	9.	10.	11.	12.	13.	14.	15.	16.	17.
1.	Reichsbank	120 000	30 000	1 070 179	27 783	250 561	— 16 324	534 634	— 4 861			27 945	+ 2 604	1 922 098	— 29 365	—
2.	Frankfurter Bank . . .	18 000	4 800	13 604	— 2 464	8 292	— 1 208	3 431	— 892	15 679	— 105	9	+ 11	55 003	— 2 972	6 513
3.	Bayerische Notenbank . .	7 500	2 800	61 940	1 471	25 156	— 4 851	8 485	+ 814	—	—	3 130	+ 357	83 371	273	1 613
4.	Sächsische Bank zu Dresden	30 000	5 277	45 754	3 302	16 064	+ 3 815	27 500	2 516	17 277	334	721	+ 49	126 923	— 6 109	1 713
5.	Württembergische Notenbank	9 000	900	22 549	1 507	10 087	+ 172	2 606	+ 200	104	+ 64	881	+ 94	36 293	— 1 134	1 051
6.	Badische Bank	9 000	1 794	15 208	207	9 104	172	6 455	+ 1 086	—	—	889	+ 129	83 348	+ 960	976
7.	Bank für Süddeutschland .	15 672	1 816	17 571	1 768	7 486	— 1 324	974	7	—	—	1 445	+ 586	31 590	— 1 285	7 291
8.	Braunschweigische Bank .	10 500	811	1 614	126	1 103	179	3 721	+ 94	1 077	— 179	67	— 73	17 700	872	613
	Zusammen	219 672	47 704	1 262 204	38 694	328 397	— 20 219	587 326	— 5 529	34 437	— 555	34 378	+ 3 815	2 396 618	— 40 165	14 770

Bemerkungen.

Zu Spalte 5º: Davon in Abschnitten zu 100 ℳ = 966 843 600 ℳ.
 " 500 ℳ = 17 357 500 ℳ (bei den Banken Nr. 1, 2, 4).
 " 1 000 ℳ = 276 974 000 ℳ (" " " 1 und 2).
Zu Spalte 9 Nr. 2º: Darunter 125 900 ℳ noch nicht zur Einlösung gelangte Gulbennoten.
 " 9 " 7º: " 90 686 ℳ " " " " Gulben- und Thalernoten.

Wesen.

banken Ende August 1899
sichten, verglichen mit demjenigen Ende Juli 1899.
auf Tausend Mark.)

Activa.

Metall-Bestand	Gegen 31. Juli 1899.	Reichs-kassen-scheine.	Gegen 31. Juli 1899.	Noten anderer Banken.	Gegen 31. Juli 1899.	Wechsel.	Gegen 31. Juli 1899.	Lombard.	Gegen 31. Juli 1899.	Effekten.	Gegen 31. Juli 1899.	Sonstige Aktiva.	Gegen 31. Juli 1899.	Summe der Aktiva.	Gegen 31. Juli 1899	Laufende Nummer.
18.	19.	20.	21.	22.	23.	24.	25.	26.	27.	28.	29.	30.	31.	32.	33.	34.
827 067	− 8 316	22 163	+ 739	10 588	− 3 824	800 638	− 6 141	70 569	− 7 660	10 215	+ 670	61 258	− 5 565	1 802 098	− 29 968	1.
4 622	874	41	+ 2	129	− 982	82 706	− 802	10 813	− 193	5 438	− 563	3 080	54	56 829	− 2 660	2.
51 356	+ 1 110	65	+ 9	5 371	+ 2 258	62 773	− 8 397	1 816	+ 174	29	− 14	1 961	+ 77	83 371	− 273	3.
25 974	− 1 478	222	714	3 504	− 4 927	84 095	+ 8 105	2 787	− 588	536	− 96	5 927	− 1 408	126 933	− 6 104	4.
11 469	171	102	− 22	941	− 1 486	22 166	+ 478	861	8			742	+ 70	36 389	− 1 138	5.
5 553	41	21	+ 2	183	− 57	23 735	+ 1 289	595	+ 30	92	+ 5	3 214	213	33 443	+ 961	6.
4 505	− 343	46	+ 3	111	+ 95	20 572	− 1 184	1 648	+ 42	3 276	−	1 308	+ 152	31 509	− 1 235	7.
478	− 25	9	28	79	+ 56	6 328	+ 7·0	1 708	+ 111	62	− 36	9 187	− 1 086	17 992	− 253	8.
910 969	− 10 154	22 669	− 8	20 858	− 8 827	1 032 878	− 5 412	90 778	− 7 837	19 596	− 34	10 877	− 8 102	2 188 448	− 40 654	

3. Polizei-Wesen.

Ausweisung von Ausländern aus dem Reichsgebiete.

Laufende Nr.	Name und Stand der Ausgewiesenen.	Alter und Heimath	Grund der Bestrafung.	Behörde, welche die Ausweisung beschlossen hat.	Datum des Ausweisungsbeschlusses.
1.	2.	3.	4.	5.	6.
	Auf Grund des §. 362 des Strafgesetzbuchs.				
1.	Ludwig Chopard, Arbeiter,	geboren am 11. August 1871 zu Lyon, Departement Rhône, Frankreich, französischer Staatsangehöriger,	Landstreichen und Betteln,	Kaiserlicher Bezirks-Präsident zu Metz,	15. Juni d. J.
2.	Anton Linzbauer, Fleischhauer,	geboren am 17. Februar 1873 zu Ober-Bierbaum, Bezirk St. Pölten, Nieder-Oesterreich, österreichischer Staatsangehöriger.	Betrug, Landstreichen und Betteln,	Königlich preußischer Regierungs-Präsident zu Oppeln,	29. April d. J.
3a.	Wilhelm Schramm, Arbeiter und Maurer,	geboren am 23. März 1867 zu Lobenstein, Bezirk Jägerndorf, Oesterreichisch-Schlesien, ortsangehörig ebendaselbst,	Landstreichen und Betteln,	derselbe,	30. Juni d. J.
b.	Andreas Bolln, Arbeiter,	geboren am 15. Februar 1857 zu Jägerndorf, Oesterreichisch-Schlesien, ortsangehörig ebendaselbst,			
4.	Franz Soukal, Maurer,	geboren am 17. Februar 1858 zu Kurau, Bezirk Polida, Böhmen, ortsangehörig ebendaselbst,	Betteln und Führung falscher Legitimationspapiere,	Königlich bayerisches Bezirksamt Mühldorf,	16. August d. J.

Central-Blatt
für das
Deutsche Reich.

Herausgegeben im

Reichsamte des Innern.

Zu beziehen durch alle Postanstalten und Buchhandlungen.

| XXVII. Jahrgang. | Berlin, Freitag, den 15. September 1899. | № 38. |

Inhalt: 1. **Marine und Schiffahrt:** Uebertragung der Obliegenheiten gemäß §. 24 Abs. 4 und 5 der Schiffsvermessungsordnung vom 1. März 1895 auf das Schiffsvermessungsamt . . . . Seite 311. 2. **Allgemeine Verwaltungs-Sachen:** Verzeichniß der Weinbaubezirke . . . . 312. 3. **Zoll- und Steuer-Wesen:** Charaktererhöhung eines Reichsbevollmächtigten . . . . . 818. 4. **Konsulat-Wesen:** Einziehung von Konsulaten . 818. 5. **Polizei-Wesen:** Ausweisung von Ausländern aus dem Reichsgebiete . . . . 819.

1. Marine und Schiffahrt.

Auf Grund der Bekanntmachung, betreffend die Abänderung der Schiffsvermessungsordnung vom 1. März 1895, vom 22. Mai 1899 (Reichs-Gesetzbl. S. 310) werden die in den Absätzen 4 und 5 des §. 24 der Schiffsvermessungsordnung vom 1. März 1895 bezeichneten Obliegenheiten für das Gebiet des preußischen Staates vom 1. Januar 1900 ab, für das Gebiet der freien und Hansestadt Lübeck vom 1. Oktober d. J. ab dem Kaiserlichen Schiffsvermessungsamt übertragen.

Berlin, den 7. September 1899.

Der Reichskanzler.
Im Auftrage: Rothe.

2. Allgemeine Verwaltungs-Sachen.

Bekanntmachung.

Gemäß der Vorschrift im §. 4 Abs. 1 des Gesetzes, betreffend die Abwehr und Unterdrückung der Reblaustrankheit, vom 3. Juli 1883 (Reichs-Gesetzbl. S. 149) wird nachstehend ein neues Verzeichniß der in den Weinbaugebieten des Reichs gebildeten Weinbaubezirke bekannt gemacht. Die früheren Bekanntmachungen treten hierdurch außer Kraft.

Bundesstaat und Verwaltungsbezirk.	Laufende Nr.	Umfang des Weinbaubezirkes.	Name des Weinbaubezirkes.
I. **Preußen.**			
Reg.-Bez. Posen.	1.	Kreise Bomst, Bus, Kosten und Meserip.	Kosten.
„ Liegnitz und Frankfurt.	2.	Regierungsbezirk Liegnitz mit den zur Provinz Brandenburg gehörigen Gemarkungen Crossen a. O., Merzdorf, Berg, Hundsbelle, Rußdorf, Deutsch- und Wendisch-Sagar, Gersdorf, Tschausdorf, Thiemendorf, Plau, Grunow, Logau und Tschicherzig.	Liegnitz.
„ Breslau.	3.	Regierungsbezirk Breslau.	Breslau.
„ Oppeln.	4.	„ Oppeln.	Oppeln.
„ Merseburg.	5.	Kreise Querfurt, Naumburg, Weißenfels.	Naumburg.
„ „	6.	Kreis Schweinitz.	Schweinitz.
„ Erfurt und Merseburg.	7.	Stadtkreis Erfurt, Landkreise Erfurt, Langensalza, Weißensee und Eckartsberga.	Erfurt.
„ Potsdam u. Frankfurt.	8.	Provinz Brandenburg mit Ausschluß der unter Nr. 2 genannten Gemarkungen.	Brandenburg.
„ Cassel.	9.	Stadt- und Landkreis Hanau mit Ausschluß der Gemarkung Langenselbold.	Hanau.
„ „	10.	Kreis Gelnhausen und die Gemarkung Langenselbold (Landkreis Hanau).	Gelnhausen.
„ Wiesbaden.	11.	Stadt- und Landkreis Frankfurt a. M.	Frankfurt a. M.
„ „	12.	Gemarkungen Neuenhain, Altenhain, Cronberg (Obertaunuskreis) und Soden (Kreis Höchst).	Neuenhain.
„ „	13.	Gemarkungen Hofheim, Marxheim (Kreis Höchst) und Diedenbergen (Landkreis Wiesbaden).	Diedenbergen.
„ „	14.	Gemarkungen Weilbach, Flörsheim, Wicker und Massenheim (Landkreis Wiesbaden).	Wicker.
„ „	15.	Gemarkung Hochheim.	Hochheim.
„ „	16.	Gemarkungen Deltenheim, Nordenstadt, Wallau und Breckenheim (Landkreis Wiesbaden).	Wallau.
„ „	17.	Gemarkungen Igstadt, Kloppenheim, Erbenheim (Landkreis Wiesbaden).	Igstadt.

Bundesstaat und Verwaltungsbezirk.	Laufende Nr.	Umfang des Weinbaubezirkes.	Name des Weinbaubezirkes.
Reg.-Bez. Wiesbaden.	18.	Stadtkreis Wiesbaden.	Wiesbaden.
" "	19.	Gemarkungen Biebrich-Mosbach, Dotzheim, Frauenstein, Schierstein (Landkreis Wiesbaden).	Frauenstein.
" "	20.	Gemarkungen Niederwalluf, Oberwalluf, Neudorf, Rauenthal, Elville, Kiedrich (Kreis Rheingau).	
" "	21.	Gemarkungen Erbach, Hattenheim, Hallgarten, Oestrich (Kreis Rheingau).	Oestrich.
" "	22.	Gemarkungen Mittelheim, Winkel, Johannisberg (Kreis Rheingau).	Winkel.
" "	23.	Gemarkungen Geisenheim, Eibingen, Rüdesheim (Kreis Rheingau).	Geisenheim.
" "	24.	Gemarkungen Aulhausen, Aßmannshausen (Kreis Rheingau).	Aßmannshausen.
" "	25.	Gemarkungen Lorch, Lorchhausen, Preßberg (Kreis Rheingau).	Lorch.
" "	26.	Gemarkungen Caub, Dörscheid, Sauerthal (Kreis St. Goarshausen).	Caub.
" "	27.	Gemarkungen Bornich, Patersberg, St. Goarshausen, Lierschied, Nochern, Wellmich (Kreis St. Goarshausen).	St. Goarshausen.
" "	28.	Gemarkungen Ehrenthal, Kestert, Camp, Filsen, Osterspai (Kreis St. Goarshausen).	Camp.
" "	29.	Gemarkungen Braubach, Oberlahnstein, Niederlahnstein (Kreis St. Goarshausen).	Oberlahnstein.
" "	30.	Gemarkungen Fachbach (Kreis St. Goarshausen), Ems, Dausenau, Nassau, Weinaehr, Oberthof, Seelbach (Unterlahnkreis).	Nassau.
" "	31.	Gemarkungen Balduinstein, Geilnau, Langenscheid (Unterlahnkreis).	Balduinstein.
" "	32.	Gemarkungen Schadeck, Runkel (Oberlahnkreis), Niederbrechen, Oberbrechen, Eisenbach (Kreis Limburg).	Runkel.
" Aachen.	33.	Kreis Düren.	Düren.
" Cöln.	34.	Stadt- und Landkreis Bonn, Kreis Rheinbach und Siegkreis.	Bonn.
" Coblenz.	35.	Kreis Wetzlar.	Wetzlar.
" "	36.	Kreis Neuwied und die Bürgermeistereien Ehrenbreitstein, Bendorf und Vallendar (Stadt und Land) des Landkreises Coblenz.	Neuwied.
" "	37.	Kreise Ahrweiler, Adenau und Mayen, letzterer mit Ausschluß der Bürgermeistereien Polch und Münstermaifeld.	Ahrweiler.
" "	38.	Kreis St. Goar mit Ausschluß der Bürgermeisterei Brodenbach, sowie die Gemarkungen Capellen und Rhens des Landkreises Coblenz.	St. Goar.
" Coblenz und Trier.	39.	Kreise Zell und Cochem, Bürgermeistereien Polch und Münstermaifeld des Kreises Mayen, Bürgermeisterei Brodenbach des Kreises St. Goar, Bürgermeisterei Winningen, sowie Gemarkungen Moselweiß und Wetternich des Landkreises Coblenz, Stadtkreis Coblenz, ferner Gemarkungen Reil und Kövenich des Kreises Wittlich (Reg.-Bez. Trier).	Cochem.

Bundesstaat und Verwaltungsbezirk.	Laufende Nr.	Umfang des Weinbaubezirkes.	Name des Weinbaubezirkes.
Reg.-Bez. Coblenz.	40.	Kreise Kreuznach, Meisenheim und Simmern.	Kreuznach.
" Trier.	41.	Kreise St. Wendel, Saarbrücken, Saarlouis und Merzig.	Saarbrücken.
" "	42.	Kreis Bitburg, Bürgermeisterei Tawern mit Ausnahme der Gemeinden Kanzem und Wawern, Bürgermeisterei Saarhausen—Land mit Ausnahme der Gemeinden Ayl, Bibelhausen, Kruttweiler, Niederleuten und Traffem, Bürgermeistereien Perl, Sinz—Rennig und Orscholz des Kreises Saarburg, Bürgermeistereien Aach-Igel—Trierweiler, Kalingen, Schleibweiler, Welschbillig, sowie Gemeinden Oberbillig, Wasserliesch—Reinig, Korbel, Butzweiler und Naurath (Eifel) des Landkreises Trier.	Wincheringen.
" "	43.	Bürgermeistereien Zerf, Josch—Beurig, Freudenberg, Stadt Saarburg und Gemeinden Kanzem, Wawern, Ayl, Bibelhausen, Kruttweiler, Niederleuten und Traffem des Kreises Saarburg, Stadtkreis Trier, Landkreis Trier mit Ausnahme der Bürgermeistereien Aach—Igel—Trierweiler, Kalingen, Schleibweiler, Welschbillig, sowie der Gemeinden Oberbillig, Wasserliesch—Reinig, Korbel, Butzweiler und Naurath (Eifel).	Trier.
" "	44.	Kreis Bernkastel und Kreis Wittlich mit Ausnahme der Gemeinden Reil und Kövenich.	Bernkastel.
II. Bayern. Reg.-Bez. Pfalz.	1.	Bezirksämter Neustadt a. H., Landau und Bergzabern, ferner die Gemeinde Lambsheim, Bezirksamts Frankenthal und die Gemeinden Alsheim, Assenheim, Böhl, Dannstadt, Fußgönheim, Hochdorf, Ruchheim und Schauernheim, Bezirksamts Ludwigshafen.	1. Pfälzischer Weinbaubezirk.
" "	2.	Bezirksämter Germersheim, Ludwigshafen (mit Ausnahme der dem 1. Weinbaubezirke zugetheilten 8 Gemeinden) und Speyer.	2. desgl.
" "	3.	Bezirksamt Frankenthal mit Ausnahme der Gemeinde Lambsheim, die Bezirksämter Kirchheimbolanden und Kusel, ferner die Amtsgerichtsbezirke Otterberg und Winnweiler.	3. desgl.
" "	4.	Bezirksamt Zweibrücken und die Gemeinde Landstuhl, Bezirksamts Homburg.	4. desgl.
" Unterfranken, bezw. Mittelfranken und Oberfranken.	5.	Sämmtliche Bezirksämter und unmittelbaren Städte des Regierungsbezirkes Unterfranken und Aschaffenburg, ferner vom Regierungsbezirk Oberfranken: die Stadt Bamberg und die Bezirksämter Bamberg I und II, Forchheim und Staffelstein, endlich vom Regierungsbezirke Mittelfranken: die Stadt Rothenburg a. T., sowie die Bezirksämter Rothenburg a. T., Scheinfeld und Uffenheim.	Unterfranken.
Reg.-Bez. Schwaben.	6.	Bezirksamt Lindau.	Lindau.

Bundesstaat und Verwaltungsbezirk.	Laufende Nr.	Umfang des Weinbaubezirkes.	Name des Weinbaubezirkes.
III. **Königreich Sachsen.** Kreishauptmannschaft Dresden.	1.	Amtshauptmannschaftliche Bezirke Großenhain, Meißen, Dresden-Altstadt, Dresden-Neustadt und Pirna, sowie Stadtbezirk Dresden.	
Kreishauptmannschaft Leipzig.	2.	Amtshauptmannschaftliche Bezirke Oschatz und Grimma.	
IV. **Württemberg.** Donaukreis.	1.	Oberamtsbezirke Ravensburg und Tettnang.	
Jagstkreis.	2.	Oberamtsbezirk Mergentheim mit Ausschluß der Gemeindemarkung Rengershausen, ferner die zu dem Oberamte Gerabronn gehörigen Gemeindemarkungen Oberstetten, Niederstetten und Wildenthierbach.	
Verschiedene Kreise.	3.	Oberamtsbezirke Rottenburg, Tübingen, Herrenberg, Reutlingen, Urach, Nürtingen, Kirchheim, Eßlingen, Cannstadt, Waiblingen, Schorndorf, Welzheim, Backnang, Marbach, Ludwigsburg, Stuttgart Stadt, Stuttgart Amt, Leonberg, Calw, Neuenbürg, Baihingen Maulbronn, Brackenheim, Besigheim, Heilbronn, Neckarsulm, Weinsberg, Oehringen, Hall, Künzelsau, sowie die Gemeindemarkungen Bächlingen und Langenburg, Oberamts Gerabronn, und die Gemeindemarkung Rengershausen, Oberamts Mergentheim.	
V. **Baden.**	1.	Kreis Mosbach.	
	2.	Kreise Mannheim, Heidelberg und Karlsruhe.	
	3.	Kreise Baden und Offenburg.	
	4.	Kreise Freiburg und Lörrach.	
	5.	Kreis Waldshut.	
	6.	Kreis Konstanz.	
VI. **Hessen.**	1.	Gemarkungen Schimsheim und Wallertheim im Kreise Oppenheim.	
	2.	Gemarkungen Armsheim, Gau-Bickelheim, Gau-Weinheim, Wolfsheim, Vendersheim, Sulzheim und Eichloch im Kreise Oppenheim, sowie Gumbsheim im Kreise Alzen (als Schutzbezirk).	
	3.	Die übrigen Gemarkungen des Kreises Oppenheim.	
	4.	Gemarkungen Kastel und Kostheim im Kreise Mainz.	
	5.	Kreis Mainz mit Ausnahme der Gemarkungen Kastel und Kostheim.	
	6.	Kreis Alzey mit Ausnahme der Gemarkung Gumbsheim.	
	7.	Kreis Bingen.	
	8.	Kreis Worms.	
	9.	Provinz Starkenburg.	
	10.	Provinz Oberhessen.	

Bundesstaat und Verwaltungsbezirk.	Laufende Nr.	Umfang des Weinbaubezirkes.	Name des Weinbaubezirkes.
VII. Sachsen-Weimar.	1.	Das ganze Gebiet des Großherzogthums.	
VIII. Oldenburg. (Fürstenthum Birkenfeld.)	1.	Bürgermeisterei Herrstein.	
IX. Sachsen-Meiningen. Kreis Saalfeld.	1.	Die Gemeinden Oberpreilipp und Unterpreilipp im Amtsgerichtsbezirke Saalfeld.	
	2.	Die Gemeinden Tümpling, Camburg, Rodameuschel, Wichmar, Döbritschen, Eckstädt, Schmiedehausen, Kaatschen, Unterneusulza, Münchengroßerstädt, Stöben und Weichau im Amtsgerichtsbezirke Camburg.	
X. Sachsen-Coburg und Gotha.	1.	Die Ortsfluren Königsberg und Naffach.	Königsberg in Franken.
XI. Elsaß-Lothringen.	1.	Die Kreise Straßburg-Stadt und -Land, Hagenau, Weißenburg und Zabern.	
	2.	Die Kreise Erstein, Molsheim, Schlettstadt, Rappoltsweiler und Colmar.	
	3.	Die Kreise Gebweiler, Thann, Mülhausen und Altkirch.	
	4.	Die Gemarkung Ancy.	Ancy.
	5.	Die Gemarkungen Scy-Chacelles, Moulins, Lessy und Châtel-St. Germain.	Scy-Chacelles.
	6.	Die Gemarkungen St. Julien, Vallières, Vantoux und Mey.	Vallières.
	7.	Die Gemarkung Jouy-aux-Arches.	Jouy-aux-Arches.
	8.	Die Gemarkung Longeville.	Longeville.
	9.	Die Gemarkung Rouilly.	Rouilly.
	10.	Die Gemarkungen Plantières-Queuleu und Borny.	Plantières.
	11.	Die Gemarkung Novéant.	Novéant.
	12.	Die Gemarkungen Amanweiler, Ban St. Martin, Bronvaux, Devant-le-Ponts, Fèves, Lorry bei Metz, Marange-Silvange, Norroy-le-Veneur, Pierrevillers, Plappeville, Plesnois, Rombach, Saulny, Semécourt und Woippy.	Marange-Silvange.
	13.	Die Gemarkungen Ars a. d. Mosel, Augny, Féy, Jussy, Magny, Marly, Montigny bei Metz, Rozérieulles, Sablon, St. Ruffine und Vaux.	Ars a. d. Mosel.
	14.	Die Gemarkungen Arry, Cheminot, Corny, Dornot, Goin, Gorze, Lorry-Marbigny, Louvigny, Marieulles, Pagny bei Goin, Jailly, St. Jure und Vigny.	Corny.

Bundesstaat und Verwaltungsbezirk.	Laufende Nr.	Umfang des Weinbaubezirkes.	Name des Weinbaubezirkes.
(XI. Elsaß-Lothringen.)	15.	Die Gemarkungen Alben, Anjerweiler, Antilly, Argancy, Ars-Laquenery, Ay, Bazoncourt, Béchy, Beux, Brittendorf, Chailly bei Ennery, Chauville, Charleville, Charly, Chérisey, Chieulles, Coincy, Ennery, Failly, Fleury, Flevy, Flocourt, Foville, Glatigny, Kurzel, Luppy, Maizeroy, Malroy, Mecleuves, Montoy, Noisseville, Orny, Pange, Peltre, Ponton, Pouilly, Pournoy-la-Grasse, Rémilly, Retonfey, St. Barbe, Sanry a. d. N., Sanry bei Bigy, Servigny bei St. Barbe, Silbernachen, Sorbey, Trémery, Vany, Verny, Villers-Bettnach, Villers-Stoncourt, Vremy, Vulmont und Wieblingen.	Pange.
	16.	Die Gemarkungen Amélécourt, Baudrecourt, Böllingen, Bréhain, Burlioncourt, Chatau-Bréhain, Château-Salius, Chicourt, Contil, Dalheim, Döbeling, Eschen, Fonteny, Frémery, Gerbecourt, Habubingen, Hampont, Harraucourt a. d. Seille, Lesse, Lubecourt, Lucy, Marsal, Marthil, Morville a. d. Ried, Morville bei Vic, Moyenvic, Obreck, Puttigny, Reich, Sotzeling, Vannecourt, Vaxy, Villers-auz-Dies und Zarbeling.	Château-Salius.
	17.	Die Gemarkungen Aboncourt, Ajoncourt, Attilloncourt, Aulnois, Bacourt, Bioncourt, Chambrey, Coutures, Craincourt, Delme, Fossieuz, Frésnes-en-Saulnois, Grémecey, Jallaucourt, Laneuveville-en-Saulnois, Lemoncourt, Malaucourt, Manhoué, Petioncourt, Prévocourt, Puzieuz, Salonnes, Tincry, Vic und Xocourt.	Vic.
	18.	Die Gemarkungen Albesdorf, Bensdorf, Bermeringen, Bessingen, Biebesdorf, Bourbonnaye, Burgaltdorf, Donnenheim, Donnelay, Dorsweiler, Durkastel, Gebling, Geinslingen, Geistkirch, Gisselfingen, Genesdorf, Güblingen, Kerprich bei Dieuze, Klein-Bessingen, Küttingen, Lagarde, Ley, Lezey, Liedersingen, Lindre-Basse, Losdorf, Maizières, Marimont, Moncourt, Montdidier, Münster, Mulcey, Nebing, Ommerau, St. Médard, Pahl, Vergaville, Wirmingen, Wittersburg, Wuisse und Xanrey sowie ferner den Kreis Saarburg.	Dieuze.
	19.	Die Gemarkungen Betringen, Buß, Bust, Diebenhofen, Ersingen, Eweringen, Fameck, Flörchingen, Ganbringen, Garsch, Groß-Hettingen, Hayingen, Illingen, Kansen, Lüttingen, Marspich, Monhofen, Niederginingen, Ober-Jeutz, Oetringen, Reichersberg, Rodemachern, Rörchingen, Roßlingen, Volkringen, Wallingen, Weimeringen und Wolsdorf.	Diebenhofen.

Bundesstaat und Verwaltungsbezirk.	Laufende Nr.	Umfang des Weinbaubezirkes.	Name des Weinbaubezirkes.
(XI. Elsaß-Lothringen.)	20.	Die Gemarkungen Apach, Beiern, Berg, Biblingen, Büdingen, Diesdorf, Elsingen, Endorf, Fixem, Homburg-Kebingen, Hüntingen, Inglingen, Kemplich, Kerlingen, Königsmachern, Laumesfeld, Mallingen, Merschweiler, Monnern, Montenach, Niederkontz, Oberkontz, Püttlingen, Rettel, Rusdorf, Sentzich, Sierck und Übern.	Sierck.
	21.	Die Gemarkung Reimeringen.	Reimeringen.
	22.	Die Kreise Bolchen ausschließlich Reimeringen, Forbach und Saargemünd.	Saargemünd.

Berlin, den 11. September 1890.

Der Reichskanzler.
Im Auftrage: Hopf.

3. Zoll- und Steuer-Wesen.

Dem Reichsbevollmächtigten für Zölle und Steuern, Regierungsrath Nar in Königsberg i. Pr. ist der Charakter als Kaiserlicher Geheimer Regierungsrath verliehen worden.

4. Konsulat-Wesen.

Das Kaiserliche Vize-Konsulat in Dieppe ist eingezogen worden.

Das bisherige Kaiserliche Vize-Konsulat in Marbella (Spanien) ist zur Einziehung gelangt.

5. Polizei-Wesen.

Ausweisung von Ausländern aus dem Reichsgebiete.

Laufende Nr.	Name und Stand der Ausgewiesenen.	Alter und Heimath	Grund der Bestrafung	Behörde, welche die Ausweisung beschlossen hat.	Datum des Ausweisungsbeschlusses.
1.	2.	3.	4.	5.	6.
	a) Auf Grund des §. 39 des Strafgesetzbuchs.				
1.	Ignaz Hladik, Kellner,	geboren am 25. August 1864 zu Kuttenberg, Böhmen, ortsangehörig ebendaselbst,	schwerer Diebstahl (2½ Jahre Zuchthaus, laut Erkenntniß vom 18. Februar 1897),	Königlich preußischer Regierungs-Präsident zu Breslau,	24. August d. J.
2.	Joseph Wodzcbalek, Fleischer,	geboren am 15. Oktober 1862 zu Hochstadl, Bezirk Gitschin, Böhmen, ortsangehörig ebendaselbst,	versuchter Diebstahl im Rückfalle (3 Jahre Zuchthaus, laut Erkenntniß vom 8. September 1896),	derselbe,	3. August d. J.
	b) Auf Grund des §. 362 des Strafgesetzbuchs.				
3.	Franz Barmettler, Viehwärter,	geboren am 16. Mai 1837 zu Stans, Kanton Unterwalden, Schweiz, schweizerischer Staatsangehöriger,	Betteln,	Großherzoglich hessisches Kreisamt Darmstadt,	28. August d. J.
4.	Josepha Formaus, geborene Haramia, Tagelöhnerswittwe,	geboren im März 1819 zu Leipa, Bezirk Teutsch-Brod, Böhmen, ortsangehörig ebendaselbst,	Landstreichen,	Königlich bayerisches Bezirksamt München II.	29. August d. J.
5.	Joseph Göttlicher, Handarbeiter,	geboren am 24. Januar 1860 zu Heinzendorf bei Altstadt, Mähren, ortsangehörig ebendaselbst,	Betteln,	Königlich sächsische Kreishauptmannschaft Leipzig,	15. August d. J.
6.	Joseph Graffe, Tischlergeselle,	geboren am 20. Mai 1872 zu Meichlowitz, Böhmen, ortsangehörig zu Unschwig, ebenda,	Betteln und Verübung groben Unfugs,	Königlich sächsische Kreishauptmannschaft Zwickau,	31. Juli d. J.
7.	Philomene Kutscher, Dienstmagd, ledig,	geboren am 10. August 1870 zu Breslau, Ober-Oesterreich, ortsangehörig zu Lud, Bezirk Klattau, Böhmen,	falsche Namensangabe und Landstreichen,	Stadtmagistrat Freising, Bayern,	24. August d. J.
8.	Jakob Lotz, Tagelöhner,	geboren im Jahre 1859 zu Canale, Bezirk Primiero, Tirol,	Betteln,	Großherzoglich hessisches Kreisamt Darmstadt,	29. August d. J.
9.	Mathias Pawelka, Tagelöhner,	geboren am 17. oder 27. März 1883 zu Völten, Nieder-Oesterreich, ortsangehörig zu Olawojai, Gemeinde Senozai, Bezirk Deutsch-Brod, Böhmen,	Landstreichen,	Königlich bayerisches Bezirksamt München II.,	28. August d. J.
10.	Johann Büchl (Büchl), Tagelöhner,	geboren am 10. August 1850 zu Paulusbrunn, Bezirk Tachau, Böhmen, österreichischer Staatsangehöriger,	Landstreichen und Betteln,	Königlich bayerisches Bezirksamt Tirschenreuth,	22. Februar d. J.
11.	Marcellinus Rinchard, Pflasterer,	geboren am 26. September 1848 zu Spy, Provinz Namur, Belgien, belgischer Staatsangehöriger,	Betteln,	Kaiserlicher Bezirks-Präsident zu Colmar,	31. August d. J.

Die auf Seite 476 unter Ziffer 2 des Central-Blatts für 1894 erfolgte Veröffentlichung der Ausweisung des Alons Federspieler ist dahin zu berichtigen, daß der Ausgewiesene Franz Jaruschel heißt und am 9. März 1872 zu Klein-Zbeschitz, Bezirk Mühlhausen, Böhmen, geboren und daselbst ortsangehörig ist.

Central-Blatt für das Deutsche Reich.

Herausgegeben im Reichsamte des Innern.

Zu beziehen durch alle Postanstalten und Buchhandlungen.

XXVII. Jahrgang.   Berlin, Freitag, den 22. September 1899.   № 39.

Inhalt: 1. Konsulat-Wesen: Ernennung; — Entlassung; Exequatur-Ertheilung . . . . . . Seite 321
2. Finanz-Wesen: Nachweisung der Einnahmen des Reichs vom 1. April 1899 bis Ende August 1899 . . 322
3. Zoll- und Steuer-Wesen: Bestellung eines Stationskontroleurs 323
4. Marine und Schiffahrt: Erscheinen eines weiteren Heftes der Entscheidungen des Ober-Seeamts und der Seeämter; — Erscheinen des Nautischen Jahrbuchs für das Jahr 1902 323
5. Polizei-Wesen: Ausweisung von Ausländern aus dem Reichsgebiete 323

1. Konsulat-Wesen.

Seine Majestät der Kaiser haben im Namen des Reichs den mit der Verwaltung des General-Konsulats in Batavia betrauten Konsul von Syburg zum General-Konsul daselbst zu ernennen geruht.

Dem bisherigen Kaiserlichen Konsul Andrew E. Baillon in Port Stanley (Falkland-Inseln) ist die erbetene Entlassung aus dem Reichsdienst ertheilt worden.

Dem Direktor der See- und Fluß-Versicherungs-Gesellschaft „Pomerania", E. Hans Wächter, in Stettin ist Namens des Reichs das Exequatur als Kaiserlich und Königlich österreichisch-ungarischer Honorar-Konsul daselbst ertheilt worden.

— 322 —

2. Finanz-Wesen.

Nachweisung der zur Anschreibung gelangten Einnahmen (einschließlich der kreditirten Beträge) an Zöllen und gemeinschaftlichen Verbrauchssteuern sowie anderer Einnahmen im Deutschen Reiche für die Zeit vom 1. April 1899 bis zum Schlusse des Monats August 1899.

Bezeichnung der Einnahmen.	Die Soll-Einnahme beträgt vom Beginne des Rechnungsjahrs bis zum Schlusse des obengenannten Monats	Ausfuhr-Vergütungen ꝛc.	Bleiben	Einnahme in demselben Zeitraume des Vorjahrs (Spalte 4)	Differenz zwischen den Spalten 4 und 5, + mehr − weniger
	ℳ	ℳ	ℳ	ℳ	ℳ
1.	2.	3.	4.	5.	6.
Zölle	201 734 027	9 323 250	192 410 777	203 193 337	− 10 782 560
Tabacksteuer	4 581 074	42 525	4 538 549	4 580 060	− 41 511
Zuckersteuer und Zuschlag zu derselben	59 203 965	18 426 142	40 777 823	39 448 629	+ 1 329 194
Salzsteuer	17 868 466	5 752	17 862 714	17 236 130	+ 626 584
Maischbottich- und Branntwein-Materialsteuer	6 970 177	6 489 011	481 166	758 005	− 276 839
Verbrauchsabgabe von Branntwein und Zuschlag zu derselben	54 090 138	185 231	53 904 907	47 191 445	+ 6 713 462
Brennsteuer	1 830 001	2 043 813	187 812	317 077	− 499 889
Brausteuer	13 752 942	23 115	13 729 827	13 042 042	+ 687 785
Uebergangsabgabe von Bier	1 651 138	—	1 651 138	1 589 902	+ 61 236
Summe	361 707 928	36 538 839	325 169 089	327 351 627	− 2 182 538
Stempelsteuer für					
a) Werthpapiere	8 928 207	—	8 928 207	9 078 621	− 150 414
b) Kauf- u. sonstige Anschaffungsgeschäfte	7 150 365	18 933	7 131 435	5 305 213	+ 1 826 222
c) Loose zu:					
Privatlotterien	2 138 964	—	2 138 964	1 947 299	+ 191 665
Staatslotterien	5 812 116	—	5 812 116	5 562 769	+ 249 347
Spielkartenstempel	497 438	—	497 438	481 410	+ 15 998
Wechselstempelsteuer	—	—	4 829 904	4 459 789	+ 370 115
Post- und Telegraphen-Verwaltung	—	—	149 255 139	138 412 151	+ 10 842 988
Reichseisenbahn-Verwaltung	—	—	35 463 000	33 141 000*)	+ 2 322 000

*) Die definitive Einnahme stellte sich im Vorjahr um 551 474 ℳ. höher.

Anmerkung. Die zur Reichskasse gelangte Ist-Einnahme abzüglich der Ausfuhrvergütungen und Verwaltungskosten beträgt bei den nachbezeichneten Einnahmen:

Bezeichnung der Einnahmen.	Ist-Einnahme im Monat August			Ist-Einnahme vom Beginne des Rechnungsjahrs bis zum Schlusse des Monats August		
	1899	1898	Mithin 1899 + mehr − weniger	1899	1898	Mithin 1899 + mehr − weniger
	ℳ	ℳ	ℳ	ℳ	ℳ	ℳ
1.	2.	3.	4.	5.	6.	7.
Zölle	33 176 334	34 993 886	− 1 817 552	178 491 768	185 729 705	− 7 237 937
Tabacksteuer	858 081	832 210	+ 25 871	4 288 131	4 306 076	− 17 945
Zuckersteuer und Zuschlag zu derselben	8 020 408	6 822 022	+ 1 198 386	40 887 785	35 025 910	+ 5 861 875
Salzsteuer	3 437 861	3 385 971	+ 51 890	18 063 908	17 490 894	+ 573 014
Maischbottich- und Branntwein-Materialsteuer	384 424	17 495	− 401 919	4 745 370	5 688 310	− 942 940
Verbrauchsabgabe von Branntwein und Zuschlag zu derselben	10 157 372	8 258 507	+ 1 898 865	47 693 604	43 850 964	+ 3 842 640
Brennsteuer	367 086	164 095	+ 197 991	187 812	85 008	+ 273 620
Brausteuer und Uebergangsabgabe von Bier	2 490 316	2 282 169	+ 208 147	13 074 044	12 486 692	+ 637 352
Summe	57 393 862	56 428 165	+ 965 697	307 055 148	304 613 459	+ 7 442 289
Spielkartenstempel	106 307	93 966	+ 12 341	596 817	618 585	− 21 768

3. Zoll- und Steuer-Wesen.

Auf Grund der Bestimmung im Artikel 36 der Reichsverfassung ist nach Vernehmung des Ausschusses des Bundesraths für Zoll- und Steuerwesen der Großherzoglich badische Finanz-Assessor Bürck zu Mannheim an Stelle des in den Landesdienst zurückberufenen Großherzoglich badischen Finanz-Assessors Frischmuth den Königlich preußischen Hauptzollämtern zu Aachen und Malmedy sowie den Königlich preußischen Hauptsteuerämtern zu Cöln am Rhein, Düren, Düsseldorf und Elberfeld als Stationskontroleur mit dem Wohnsitz in Cöln am Rhein vom 1. September d. J. ab beigeordnet worden.

---

4. Marine und Schiffahrt.

Das erste Heft des dreizehnten Bandes der im Reichsamte des Innern herausgegebenen „Entscheidungen des Ober-Seeamts und der Seeämter des Deutschen Reichs" ist im Verlage von L. Friederichsen u. Co. in Hamburg erschienen und zum Preise von 3,00 ℳ. zu beziehen.

Mit diesem Hefte wird das Register zum zwölften Bande der Entscheidungen zum Preise von 0,60 ℳ. ausgegeben.

Die vom Reichsamte des Innern veranstaltete Ausgabe des Werkes „Nautisches Jahrbuch oder Ephemeriden und Tafeln für das Jahr 1902 zur Bestimmung der Zeit, Länge und Breite zur See nach astronomischen Beobachtungen" ist im Verlage der Buchhandlung „Carl Heymanns Verlag" in Berlin soeben erschienen.

Das Buch wird den Reichs- und Staatsbehörden bei direkter Bestellung sowie den Wiederverkäufern zum Preise von 1,25 ℳ. für das Exemplar geliefert. Im Buchhandel ist dasselbe zum Preise von 1,50 ℳ. für das Exemplar zu beziehen.

---

5. Polizei-Wesen.

Ausweisung von Ausländern aus dem Reichsgebiete.

Laufende Nr.	Name und Stand der Ausgewiesenen.	Alter und Heimath	Grund der Bestrafung.	Behörde, welche die Ausweisung beschlossen hat.	Datum des Ausweisungsbeschlusses.
1.	2.	3.	4.	5.	6.

Auf Grund des §. 362 des Strafgesetzbuchs.

1.	Gottlieb Egle (Eglin), Tagner,	geboren am 30. Januar 1860 zu Basel, Landstreichen, Schweiz, schweizerischer Staatsangehöriger.		Kaiserlicher Bezirks-Präsident zu Colmar.	11. September d. J.
2.	Karl Goldschmidt, Metzger,	geboren am 11. September 1846 zu Setteln, Enschede, Provinz Oberyssel, Niederlande, ortsangehörig ebendaselbst,		Königlich preußischer Regierungs-Präsident zu Düsseldorf.	12. September d. J.
3.	Anton Havelka, Arbeiter,	geboren am 11. November 1851 zu desgleichen, Weipersdorf, Bezirk Landskron, Böhmen, österreichischer Staatsangehöriger.		Königlich preußischer Regierungs-Präsident zu Magdeburg.	6. September d. J.

Laufende Nr.	Name und Stand der Ausgewiesenen.	Alter und Heimath	Grund der Bestrafung.	Behörde, welche die Ausweisung beschlossen hat	Datum des Ausweisungsbeschlusses.
1.	2.	3.	4.	5.	6.
4.	Joseph Hermann, Regenschirmmacher, Zigeuner,	geboren am 21. Oktober 1864 zu Kojetitz, Bezirk Raaben, Böhmen, österreichischer Staatsangehöriger,	Landstreichen und Nichtabhalten der Kinder vom Betteln,	Königlich bayerisches Bezirksamt Hilpoltstein,	15. August d. J.
5.	Gerhard Ramminga, Arbeiter,	geboren am 20. Januar (oder am 4. Dezember) 1859 zu Leeuwarden, Provinz Friesland, Niederlande,	Landstreichen und Betteln,	Königlich preußischer Regierungs-Präsident zu Osnabrück,	7. September d. J.
6.	Mathias Konfol, Tagelöhner und Schieferdecker,	geboren am 17. März 1846 zu Pec-Charov, Bezirk Tabor, Böhmen, ortsangehörig ebendaselbst,	Landstreichen und Betteln,	Königliches Bezirksamt München II,	1. September d. J.
7.	Anton Novoiny, Weber,	geboren am 19. Dezember 1860 zu Zampach, Bezirk Senftenberg, Böhmen, ortsangehörig zu Lulawig, ebenda,	Landstreichen und Betteln,	Königlich preußischer Regierungs-Präsident zu Breslau,	5. September d. J.
8.	Alfons Lorenz Ercares, ohne Gewerbe, taubstumm,	17½ Jahre alt, geboren zu Liganes, Spanien, spanischer Staatsangehöriger,	desgleichen,	Kaiserlicher Bezirks-Präsident zu Colmar,	8. September d. J.
9.	Franz Stranz, Tuchmacher,	geboren am 30. Dezember 1851 zu Graz, Steiermark, ortsangehörig zu Pirching, Bezirk Feldbach, Steiermark,	Betteln,	Königlich bayerische Polizei-Direktion München,	30. August d. J.

Berlin, Carl Heymanns Verlag. — Gedruckt bei Julius Sittenfeld in Berlin.

Central-Blatt für das Deutsche Reich.

Herausgegeben im Reichsamte des Innern.

In beziehen durch alle Postanstalten und Buchhandlungen.

XXVII. Jahrgang. Berlin, Freitag, den 29. September 1899. № 40.

Inhalt: 1. Konsulat-Wesen: Ermächtigung zur Vornahme von Civilstands-Akten; — Entlassung; — Exequatur-Ertheilung . . . . . Seite 325. 2. Zoll- und Steuer-Wesen: Veränderungen in dem Stande oder den Befugnissen der Zoll- und Steuerstellen 326. 3. Polizei-Wesen: Ausweisung von Ausländern aus dem Reichsgebiete . . . . 328.

1. Konsulat-Wesen.

Dem Kaiserlichen Konsul Rosen in Jerusalem ist auf Grund des §. 1 des Gesetzes vom 4. Mai 1870 in Verbindung mit §. 85 des Gesetzes vom 6. Februar 1875 für seinen Amtsbezirk die Ermächtigung ertheilt worden, bürgerlich gültige Eheschließungen von Reichsangehörigen und Schutzgenossen, mit Einschluß der unter deutschem Schutze lebenden Schweizer, vorzunehmen und die Geburten, Heirathen und Sterbefälle von solchen zu beurkunden.

Dem bisherigen Kaiserlichen Konsul in San José de Costa Rica, Dr. Otto Littmann ist die erbetene Entlassung aus dem Reichsdienst ertheilt worden.

Dem zum Konsul von Peru in Elberfeld ernannten Herrn Walter Emminghaus ist Namens des Reichs das Exequatur ertheilt worden.

2. Zoll- und Steuer-Wesen.

Veränderungen in dem Stande oder den Befugnissen der Zoll- und Steuerstellen.

Im Königreiche Preußen.

Im Bezirke des Hauptsteueramts zu Naumburg ist die Zuckerfabrik zu Spora, welche der mit dem Steueramt I zu Zeitz verbundenen Zuckersteuerstelle unterstellt war, sowie im Bezirke des Hauptsteueramts zu Frankfurt a. O. die zur Zuckersteuerstelle Frankfurt a. O. gehörige Zuckerfabrik Lebus und die zur Zuckersteuerstelle in Seelow gehörige Zuckerfabrik Tucheband eingegangen.

Das Salzsteueramt I zu Peesenlaublingen im Bezirke des Hauptsteueramts zu Halle a. S. ist in ein Salzsteueramt II umgewandelt und das Steueramt II zu Arneburg im Bezirke des Hauptsteueramts zu Stendal ist aufgehoben worden.

Das Steueramt I zu Warmbrunn ist von dem Bezirke des Hauptzollamts zu Liebau abgezweigt und dem Hauptsteueramte zu Liegnitz zugetheilt worden.

Bei dem Steueramt I zu Saarlouis im Bezirke des Hauptsteueramts zu Saarbrücken ist eine öffentliche Niederlage errichtet worden.

Das Steueramt hat zugleich folgende Abfertigungsbefugnisse erhalten:

zur Ausfertigung und Erledigung von Begleitscheinen I und II über zollpflichtige Waaren und zur Erledigung von Begleitscheinen I und II über inländisches Salz, zur Erledigung von Versendungsscheinen I und II über inländischen Tabak, zur Ausfertigung von Musterpässen über Gegenstände des freien Verkehrs, zu sämmtlichen Abfertigungen im Eisenbahnverkehre, zur Abfertigung von Leinwand (Nr. 22 f, g 1 und 2 sowie Anmerkung zu 22 f und g des Zolltarifs) und von Wollenwaaren (Nr. 41 d 5 und 6 des Zolltarifs) zu anderen als den höchsten Zollsätzen dieser Tarifnummern, zur Abfertigung des mit dem Anspruch auf Steuervergütung ausgehenden Bieres und Prämienweins und zur Untersuchung der deklarirten Verschnittweine und -Moste auf ihre Eigenschaft als solche.

Zu Hemmoor im Bezirke des Hauptsteueramts zu Stade ist eine Zollabfertigungsstelle mit folgenden Befugnissen errichtet worden:

zur unbeschränkten Erledigung von Begleitscheinen I über das für das Privat-Transitlager der Cementfabrik Hemmoor bestimmte oder von ihr zu verzollende Nutzholz und zur Ausfertigung von Begleitscheinen I über die nach Füllung mit Cement in das Ausland auszuführenden, aus ausländischem Holze in dem vorbezeichneten Privatlager hergestellten Fässer.

Es ist ertheilt worden:

dem Steueramt I zu Hersfeld im Bezirke des Hauptsteueramts zu Hanau die Befugniß zur Erledigung von Begleitscheinen I über die daselbst in Bereitelungsverkehr eingehenden Handschuhsendungen,

dem Steueramt I zu Gelnhausen in demselben Hauptamtsbezirke die Befugniß zur Erledigung von Begleitscheinen I über Glas und Glaswaaren der Nr. 10a und b des Zolltarifs,

dem Steueramt I zu Dülken im Bezirke des Hauptsteueramts zu Crefeld hinsichtlich des für das Privatlager der Firma Ferd. Juesers zu Dülken bestimmten oder aus diesem Lager abgefertigten rohen Kaffees die Befugniß:

zur Ausfertigung von Begleitscheinen I und II, zur Erledigung von Begleitscheinen I und zwar auch für unter Eisenbahnwagenverschluß eingehendes Begleitscheingut, und zur Erledigung von Begleitzetteln (Ladungsverzeichnissen),

dem Steueramt I zu Warendorf im Bezirke des Hauptsteueramts zu Münster i. W. die Befugniß zur Erledigung von Versendungsscheinen II über inländischen Tabak und

dem Hauptsteueramte zu Preußisch-Stargardt die Befugniß zur Abfertigung mit Begleitschein I unter Eisenbahnwagenverschluß für das Privattheilungslager der Firma Goldfarb & Co. daselbst eingehender ausländischer unbearbeiteter Tabackblätter.

Im Königreiche Bayern.

Im Bezirke des Hauptzollamts zu Memmingen ist die Uebergangssteuerstelle zu Volkratshofen aufgehoben und zu Ferthofen eine Uebergangsstelle mit der Befugniß zur Ausstellung von Transportscheinen über Biersendungen errichtet worden.

Im Königreiche Sachsen.

In Folge Umwandlung des Ortsnamens führt das Untersteueramt Schellenberg im Bezirke des Hauptsteueramts zu Chemnitz künftig die Bezeichnung „Untersteueramt Augustusburg".

Im Großherzogthume Baden.

Der Steuer-Einnehmerei zu Neckargemünd im Bezirke des Hauptsteueramts zu Heidelberg ist die Befugniß zur Ausfertigung und Erledigung von Begleitscheinen I über Weinsendungen von und nach dem Theilungslager der Firma J. F. Menzer daselbst ertheilt worden.

Im Großherzogthume Hessen.

Die bisher mit dem Hauptsteueramte zu Mainz verbundene Zollstelle im Centralbahnhofe daselbst wird mit dem 1. Oktober d. J. in eine selbständige Abfertigungsstelle umgewandelt, die auch fernerhin dem genannten Hauptsteueramt unterstellt, die Bezeichnung:

"Hauptsteueramt Mainz, Zollabfertigungsstelle am Bahnhofe" führt. Dieser Stelle sind folgende Befugnisse ertheilt worden:

zur Ausfertigung und Erledigung von Zollbegleitscheinen I und II zur unbeschränkten Abfertigung im Eisenbahnverkehre, zur Ausfertigung von Musterpässen über Gegenstände des freien Verkehrs, zur Abfertigung der unter die Nummern 2 c, 22 a, b, f, g 1 und g 2 und die Anmerkung zu f und g sowie unter die Nummern 41 d 5 und 41 d 6 des Zolltarifs fallenden Waaren zu anderen als den höchsten Zollsätzen dieser Tarifnummern, auch zur Abfertigung von Plattstichgeweben aus Baumwolle (Nr. 2 d 5 des Zolltarifs) zu den vertragsmäßigen Zollsätzen, zur Erledigung von Begleitscheinen I und II über inländisches Salz und inländischen Zucker sowie von Versendungsscheinen I und II über inländischen Tabak und Branntwein, zur Abfertigung des mit dem Anspruch auf Steuervergütung ausgehenden Bieres und Branntweins (mit Ausschluß der Liköre und Fruchtsäfte), zur Ausfertigung und Erledigung von Uebergangsscheinen und zur Erhebung von Uebergangsabgaben.

Im Großherzogthume Mecklenburg-Schwerin.

Dem Steueramte zu Ludwigslust im Bezirke des Hauptsteueramts zu Schwerin ist die Befugniß zur Erledigung von Begleitscheinen II ertheilt worden.

Im Herzogthume Braunschweig.

Dem Hauptsteueramte zu Braunschweig und der Zollabfertigungsstelle am Bahnhofe daselbst ist die Befugniß zur Abfertigung von Wollengarn als hartes Kammgarn aus Glanzwolle über 20 cm Länge zu den Zollsätzen der Tarifnummer 41 c 2 ertheilt worden.

3. Polizei-Wesen.

Ausweisung von Ausländern aus dem Reichsgebiete.

Laufende Nr.	Name und Stand der Ausgewiesenen.	Alter und Heimath.	Grund der Bestrafung.	Behörde, welche die Ausweisung beschlossen hat.	Datum des Ausweisungs-beschlusses.
1.	2	3.	4.	5.	6.

a) Auf Grund des §. 39 des Strafgesetzbuchs.

1.	Heinrich Czermal, Fabrikarbeiter und Schuhmacher,	geboren am 9. August 1868 zu Basel, Bezirk Starkenbach, Böhmen, orts-angehörig ebendaselbst,	versuchter Mord (10 Jahre Zuchthaus, laut Erkenntniß vom 8. Juli 1889),	Königlich sächsische Kreishauptmannschaft Bautzen,	6. Juni d. J.

b) Auf Grund des §. 362 des Strafgesetzbuchs.

2.	Joseph Kunischer, Schuhmacher,	geboren im Juni 1884 zu Kunewald, Bezirk Neutitschein, Mähren, orts-angehörig ebendaselbst,	Landstreichen und Betteln,	Königlich preußischer Regierungs-Präsident zu Oppeln,	15. August d. J.
3.	Joseph Rösler, Glasbläser und Fitscherlgehülfe,	geboren am 9. Mai 1871 zu Niemes, Bezirk Böhmisch-Leipa, Böhmen, öster-reichischer Staatsangehöriger,	Diebstahl, Land-streichen und Betteln,	Königlich preußischer Regierungs-Präsident zu Königsberg,	14. September d. J.
4.	Maria Schwei-berer, Dienstmagd, ledig,	geboren im Mai 1880 zu Feldkirchen, Bezirk Braunau, Ober-Oesterreich, österreichische Staatsangehörige,	Landstreichen, Betteln und gewerbsmäßige Unzucht,	Königlich bayerisches Bezirksamt Laufen,	6. September d. J.

Die Ausweisung des Arbeiters Abraham Meyer aus dem Reichsgebiete (Central-Blatt für 1897 S. 208 Ziffer 6) ist zurückgenommen worden.

Central-Blatt
für das
Deutsche Reich.
Herausgegeben im
Reichsamte des Innern.

Zu beziehen durch alle Postanstalten und Buchhandlungen.

| XXVII Jahrgang. | Berlin, Freitag, den 6. Oktober 1899. | № 41. |

Inhalt: 1. **Konsulat-Wesen:** Ernennungen . Seite 329 . 2. **Polizei-Wesen:** Ausweisung von Ausländern aus dem Reichsgebiete . . . 330

1. Konsulat-Wesen.

Seine Majestät der Kaiser haben im Namen des Reichs den Kaufmann Carl J. Isakson zum Konsul in Hernösand (Schweden) zu ernennen geruht.

Seine Majestät der Kaiser haben im Namen des Reichs den Kaufmann Peter Tegeler zum Vize-Konsul in Rouen zu ernennen geruht.

2. Polizei-Wesen.

Ausweisung von Ausländern aus dem Reichsgebiete.

Laufende Nr.	Name und Stand der Ausgewiesenen.	Alter und Heimath	Grund der Bestrafung	Behörde, welche die Ausweisung beschlossen hat.	Datum des Ausweisungsbeschlusses.
1.	2.	3.	4.	5.	6.
	a) Auf Grund des §. 39 des Strafgesetzbuchs.				
1.	Franz Larisch, auch Schlichtinger und Arvory, Schmied,	angeblich vor 25 Jahren in Galizien geboren, österreichischer Staatsangehöriger,	schwerer Diebstahl im Rückfalle (3 Jahre Zuchthaus, laut Erkenntniß vom 28. August 1898),	Königlich preußischer Regierungs-Präsident zu Oppeln,	16. Mai d. J.
	b) Auf Grund des §. 362 des Strafgesetzbuchs.				
2.	Georg Bauer, Steinhauer,	geboren am 9. August 1868 zu Münster, Ober-Elsaß, ortsangehörig zu Montbéliard, Departement Doubs, Frankreich,	Landstreichen und Betteln,	Kaiserlicher Bezirks-Präsident zu Colmar,	25. September d. J.
3.	Philomene Hurle,	geboren am 4. Februar 1882 zu Reims, Departement Marne, Frankreich, französische Staatsangehörige,	gewerbsmäßige Unzucht,	Kaiserlicher Bezirks-Präsident zu Straßburg,	28. September d. J.
4.	Johann Baptist Tircot,	geboren am 24. Juni 1856 zu Lanfaius, Departement Côtes-du-Nord, Frankreich, französischer Staatsangehöriger,	Landstreichen und Betteln,	Kaiserlicher Bezirks-Präsident zu Metz,	21. September d. J.
5.	Bittoria Weller, geb Donagala, Zimmermannsehefrau,	geboren im Dezember 1869 zu Lipowiec, Bezirk Ciesyanow, Galizien, ortsangehörig zu Bissoki Brzeg, Galizien,	gewerbsmäßige Unzucht,	Königlich preußischer Regierungs-Präsident zu Oppeln,	15. August d. J.
6.	Ludwig Zohorna, Bäcker,	geboren am 14 August 1872 zu Wien, ortsangehörig zu Cpacna, Bezirk Neustadt, Böhmen,	Betteln,	Königlich preußischer Regierungs-Präsident zu Breslau,	26. September d. J.

Berlin, Carl Heymanns Verlag. — Gedruckt bei Julius Sittenfeld in Berlin.

Central-Blatt
für das
Deutsche Reich.
Herausgegeben
im
Reichsamte des Innern.

Zu beziehen durch alle Postanstalten und Buchhandlungen.

| XXVII. Jahrgang. | Berlin, Freitag, den 13. Oktober 1899. | № 42. |

Inhalt: 1. **Konsulat-Wesen:** Ermächtigungen zur Vornahme von Civilstandsakten; — Exequatur-Ertheilung Seite 331. 2. **Bank-Wesen:** Status der deutschen Notenbanken Ende September 1899 . . . . 332. 3. **Zoll- und Steuer-Wesen:** Bestellung von Stationskontroleuren . . . . 334. 4. **Polizei-Wesen:** Ausweisung von Ausländern aus dem Reichsgebiete . . . . 334.

1. Konsulat-Wesen.

Dem Verweser des Kaiserlichen Konsulats in Kanton, Vize-Konsul Zimmermann, ist auf Grund des §. 1 des Gesetzes vom 4. Mai 1870 in Verbindung mit §. 85 des Gesetzes vom 6. Februar 1875 für den Amtsbezirk des Konsulats und für die Dauer seiner Geschäftsführung die Ermächtigung ertheilt worden, bürgerlich gültige Eheschließungen von Reichsangehörigen und Schutzgenossen, mit Einschluß der unter deutschem Schutze lebenden Schweizer, vorzunehmen und die Geburten, Heirathen und Sterbefälle von solchen zu beurkunden.

Dem Vertreter des beurlaubten Kaiserlichen Konsuls in Bukarest, Dragoman Kraner, ist auf Grund des §. 1 des Gesetzes vom 4. Mai 1870 für den Amtsbezirk des Konsulats in Bukarest und für die Dauer der Vertretung die Ermächtigung ertheilt worden, bürgerlich gültige Eheschließungen von Reichsangehörigen und Schutzgenossen vorzunehmen und die Geburten, Heirathen und Sterbefälle von solchen zu beurkunden.

Dem zum Vize-Konsul für Schweden und Norwegen in Schleswig ernannten Rheder Franz Carl Christian Horn ist Namens des Reichs das Exequatur ertheilt worden.

— 332 —

2. Bank.

Status der deutschen Noten
nach den im Reichsanzeiger veröffentlichten Wochenübersichten

(Die Beträge lauten

Passiva.

Laufende Nummer	Bezeichnung der Banken	Grund-Kapital	Reserve-Fonds	Noten-Umlauf.	Gegen 31. Aug. 1899.	Ungedeckte Noten.	Gegen 31. Aug. 1899.	Sonstige täglich fällige Verbindlichkeiten.	Gegen 31. Aug. 1899.	Verbindlichkeiten mit Kündigungsfrist.	Gegen 31. Aug. 1899.	Sonstige Passiva.	Gegen 31. Aug. 1899.	Summe der Passiva.	Gegen 31. Aug. 1899.	Vom Verbindlichkeiten aus weitergegebenen inländischen Wechseln.
1.	2.	3.	4.	5.	6.	7.	8.	9.	10.	11.	12.	13.	14.	15.	16.	17.
1.	Reichsbank	120 000	80 000	1 382 731	+ 273 532	864 685	+ 434 772	443 010	− 51 624	—	—	31 204	+ 6 919	2 045 945	+ 217 647	—
2.	Frankfurter Bank	18 000	4 800	16 029	+ 2 945	9 781	+ 1 485	3 650	+ 215	15 215	− 461	8	− 1	57 702	+ 2 699	5 915
3.	Bayerische Notenbank	7 500	3 305	66 965	+ 5 037	36 014	+ 10 859	9 190	+ 708	—	—	3 420	+ 296	90 401	+ 6 930	2 111
4.	Sächsische Bank zu Dresden	30 000	5 277	61 437	+ 15 683	24 535	+ 8 294	32 082	+ 4 186	15 744	− 1 533	790	+ 84	145 330	+ 18 468	3 724
5.	Württembergische Notenbank	9 000	900	24 646	+ 1 807	10 524	+ 457	1 538	− 1 067	846	− 34	910	+ 76	37 140	+ 831	1 074
6.	Badische Bank	9 000	1 794	15 397	+ 897	9 878	+ 264	6 203	− 250	—	—	980	+ 91	33 376	+ 233	1 046
7.	Bank für Süddeutschland	15 872	1 816	15 191	+ 2 620	9 543	+ 2 057	960	− 1	—	—	1 097	− 346	33 872	+ 2 275	1 673
8.	Braunschweigische Bank	10 300	811	2 325	+ 711	1 670	+ 567	3 665	− 56	985	− 92	81	+ 17	18 370	+ 840	1 004
	Zusammen	219 672	97 704	1 584 741	+ 321 837	766 796	+ 458 407	539 436	− 47 800	32 790	− 2 167	41 493	+ 7 118	2 465 336	+ 278 918	16 559

Bemerkungen.

Zu Spalte 5a: Davon in Abschnitten zu 100 ℳ = 582 716 300 ℳ,
      »   »   »   500 » = 25 733 500 ℳ (bei den Banken Nr. 1, 2, 4),
      »   »   »   1 000 » = 974 565 300 ℳ (» » 1 und 3).
Zu Spalte 9 Nr. 2a: Darunter 128 900 ℳ noch nicht zur Einlösung gelangte Guldennoten.
  »   »   9   » 7a: »   90 686 ℳ » » » » Gulden- und Thalernoten.

Wesen.

anken Ende September 1899
chten, verglichen mit demjenigen Ende August 1899.
uf Tausend Mark.)

Activa.

Monats-Bestand.	Gegen 31. Aug. 1899.	Reichs-Kassen-scheine.	Gegen 31. Aug. 1899.	Noten anderer Banken.	Gegen 31. Aug. 1899.	Wechsel.	Gegen 31. Aug. 1899.	Lombard.	Gegen 31. Aug. 1899.	Effekten.	Gegen 31. Aug. 1899.	Sonstige Aktiva.	Gegen 31. Aug. 1899.	Summe der Aktiva.	Gegen 31. Aug. 1899.
18.	19.	20.	21.	22.	23.	24.	25.	26.	27.	28.	29.	30.	31.	32.	33.
686 601	− 140 376	17 365	− 4 578	13 872	+ 3 754	1 127 360	+226 922	110 953	+ 40 296	11 081	+ 846	82 761	+21 503	2 049 945	+247 84
5 611	+ 1 019	16	− 23	569	+ 460	52 738	+ 1 027	11 078	+ 263	5 500	+ 68	3 079	− 1	59 644	+ 7 81
29 976	− 2 380	43	− 23	1 855	− 5 418	54 922	+ 12 135	1 543	− 279	36	− 5	1 682	− 26	89 401	+ 5 03
22 883	− 3 141	266	+ 64	13 983	+10 481	98 473	+ 9 467	8 772	+ 1 005	415	− 111	10 887	+ 640	145 390	+ 18 40
11 204	− 263	81	− 18	2 634	+ 1 698	21 980	− 786	874	+ 13	9	+ 1	953	+ 713	37 140	+ 85
5 458	− 70	17	− 4	319	+ 86	23 604	− 81	579	− 16	50	− 33	8 565	+ 351	38 576	+ 29
5 130	+ 634	67	+ 1	43	− 72	23 576	+ 2 044	1 857	+ 19	3 060	− 297	1 292	− 16	52 872	+ 2 77
595	+ 173	−	+ 9	60	− 19	6 809	+ 246	1 488	− 221	65	+ 3	9 618	+ 631	18 635	+ 54
706 562	− 144 407	18 079	− 4 610	33 304	+12 645	1 389 912	+251 634	131 066	+ 41 088	20 930	+ 464	118 790	+23 113	2 467 543	+279 68

3. Zoll- und Steuer-Wesen.

Auf Grund der Bestimmung im Artikel 36 der Reichsverfassung ist nach Vernehmung des Ausschusses des Bundesraths für Zoll- und Steuerwesen

1. der Königlich preußische Steuerinspektor Espe in Crefeld an Stelle des in den Landesdienst zurückberufenen Königlich preußischen Steuerinspektors Klostermann den Königlich württembergischen Hauptzollämtern zu Heilbronn, Stuttgart und Ulm, dem Königlich württembergischen Kameral- und Hauptsteueramte zu Cannstatt sowie ferner in Bezug auf die Tabacksteuer und die Branntweinsteuer den in den Bezirken dieser Hauptämter gelegenen, mit der Verwaltung der gedachten Abgaben betrauten Königlich württembergischen Kameralämtern, Umgelds-Kommissariaten und dem Hauptsteueramte zu Stuttgart mit dem Wohnsitz in Stuttgart,

2. der Königlich preußische Steuerinspektor Bruns in Düsseldorf an Stelle des in den Landesdienst zurückberufenen Königlich preußischen Steuerinspektors Bölcher den Königlich preußischen Reichssteuererhebestellen in den hohenzollernschen Landen, dem Königlich württembergischen Hauptzollamte zu Friedrichshafen, den Großherzoglich badischen Hauptsteuerämtern zu Konstanz und Singen sowie in Bezug auf die Tabacksteuer und die Branntweinsteuer den in den Bezirken dieser Hauptämter gelegenen, mit der Verwaltung der gedachten Abgaben betrauten Königlich württembergischen Kameralämtern und Umgelds-Kommissariaten beziehungsweise Großherzoglich badischen Finanzämtern mit dem Wohnsitz in Konstanz

als Stationskontroleur vom 1. Oktober d. J. ab beigeordnet worden.

4. Polizei-Wesen.

Ausweisung von Ausländern aus dem Reichsgebiete.

Laufende Nr.	Name und Stand der Ausgewiesenen.	Alter und Heimath	Grund der Bestrafung.	Behörde, welche die Ausweisung beschlossen hat.	Datum des Ausweisungsbeschlusses.
1.	2.	3.	4.	5.	6.
	a) Auf Grund des §. 39 des Strafgesetzbuchs.				
1.	Frank Bailey-Allen, auch Frank Buck, Ingenieur,	geboren am 26. Dezember 1840 zu Philadelphia, staatsangehörig nach den Vereinigten Staaten von Amerika,	schwerer Diebstahl (10 Jahre Zuchthaus, laut Erkenntniß vom 21. September 1889),	Königlich bayerisches Bezirksamt Kulmbach,	27. September d. J.
2.	Otto Hochstrasser, Tagner,	geboren am 13. März 1870 zu Hägglingen, Kanton Aargau, Schweiz, schweizerischer Staatsangehöriger,	schwerer und einfacher Diebstahl (3 Jahre Zuchthaus, laut Erkenntniß vom 17. Oktober 1896),	Kaiserlicher Bezirks-Präsident zu Colmar,	28. September d. J.
	b) Auf Grund des §. 362 des Strafgesetzbuchs.				
3.	Franz Alala, Schneider,	geboren am 3. Dezember 1852 zu Vetteln, Schüttenhofen, Böhmen, ortsangehörig zu Langendorf, ebenda,		Stadtmagistrat Würzburg, Bayern,	15. September d. J.

Laufende Nr.	Name und Stand der Ausgewiesenen.	Alter und Heimath	Grund der Bestrafung.	Behörde, welche die Ausweisung beschlossen hat.	Datum des Ausweisungs- beschlusses.
1.	2.	3.	4.	5.	6.
4.	Franziska Hanzlit, geb. Publit, Müllerswittwe,	geboren am 24. August 1885 zu Stachau, Bezirk Schüttenhofen, Böhmen, ortsangehörig ebendaselbst,	Landstreichen,	Königlich bayerisches Be- zirksamt Riesbach,	22. September d. J.
5.	Maria Hanzlit, Fabrikarbeiterin, ledig,	geboren im Jahre 1866 zu Kleinstachau, Bezirk Schüttenhofen, Böhmen, orts- angehörig zu Stachau, ebenda,	Landstreichen und Nichtabhalten ihrer Kinder vom Betteln,	dasselbe,	desgleichen.
6.	Richard Huber, Handlungsgehülfe,	geboren am 1. März 1876 zu Brünn, Mähren, österreichischer Staatsange- höriger,	Landstreichen,	Kaiserlicher Bezirks- Präsident zu Colmar,	29. September d. J.
7.	Julian Riwiczti, Arbeiter,	22 Jahre alt, geboren zu Chenfa, Rußland, russischer Staatsange- höriger,	desgleichen,	Königlich preußischer Regierungs-Präsident zu Magdeburg,	28. September d. J.
8.	Robert Schreier, Tagelöhner,	geboren am 5. März 1867 zu Aussig, Böhmen, ortsangehörig ebendaselbst,	Landstreichen und Betteln,	Königlich preußischer Regierungs-Präsident zu Oppeln,	7. September d. J.

Berlin, Carl Heymanns Verlag. — Gedruckt bei Julius Sittenfeld in Berlin.

Central-Blatt
für das
Deutsche Reich.
Herausgegeben im
Reichsamte des Innern.

Zu beziehen durch alle Postanstalten und Buchhandlungen.

| XXVII. Jahrgang. | Berlin, Freitag, den 20. Oktober 1899. | № 43. |

Inhalt: 1. Konsulat-Wesen: Ernennungen; — Entlassungen; — Exequatur-Ertheilungen . . Seite 837. 2. Allgemeine Verwaltungs-Sachen: Bekanntmachung, betreffend das Verzeichniß der Weinbaubezirke . . 838. 3. Marine und Schiffahrt: Abänderung des Signalverzeichnisses der Betriebsordnung für den Kaiser Wilhelm-Kanal . . . . 838. 4. Zoll- und Steuer-Wesen: Gewährung von Brennsteuervergütungen; — Bestellung eines Stationskontroleurs . . . . . 839. 5. Polizei-Wesen: Ausweisung von Ausländern aus dem Reichsgebiete . . . . . 839.

1. Konsulat-Wesen.

Seine Majestät der Kaiser haben im Namen des Reichs den bisherigen Konsul in Jerusalem, General-Konsul von Tischendorf, zum Konsul in Algier zu ernennen geruht.

Seine Majestät der Kaiser haben im Namen des Reichs den Rheder Franz Mahlteus, an Stelle des auf seinen Antrag ausgeschiedenen bisherigen Konsuls C. E. Müller, zum Konsul in Middlesborough (England) zu ernennen geruht.

Seine Majestät der Kaiser haben im Namen des Reichs den Kaufmann Franciscus Carel Wilhelmus Noorduyn zum Konsul in Nymwegen zu ernennen geruht.

Seine Majestät der Kaiser haben im Namen des Reichs den Kaufmann Henry Boyer zum Vize-Konsul in Pensacola (Florida) zu ernennen geruht.

Dem bisherigen Kaiserlichen Konsul Hans Sibeth in Merida (Mexico) ist die erbetene Entlassung aus dem Reichsdienst ertheilt worden.

Dem bisherigen Kaiserlichen Vize-Konsul in Saffi (Marocco), Carl Schraber, ist die erbetene Entlassung aus dem Reichsdienst ertheilt worden.

Dem zum brasilianischen Konsul in Berlin ernannten bisherigen Vize-Konsul Moritz Herrmann ist Namens des Reichs das Exequatur ertheilt worden.

Dem Kaiserlich russischen Konsul Kollegien-Rath von Brunner in Leipzig ist Namens des Reichs das Exequatur ertheilt worden.

2. Allgemeine Verwaltungs-Sachen.

Bekanntmachung,
betreffend das Verzeichniß der Weinbaubezirke.

Das Verzeichniß der in den Weinbaugebieten des Reichs gebildeten Weinbaubezirke (Bekanntmachung vom 11. September d. J. — Central-Blatt S. 312) wird unter I Preußen, Reg.-Bezirk Wiesbaden dahin geändert, daß dem Weinbaubezirke Nr. 29 — Oberlahnstein — die Gemarkung Frücht, Kreis St. Goarshausen, hinzutritt.

Berlin, den 12. Oktober 1899.

Der Reichskanzler.
Im Auftrage: Hopf.

3. Marine und Schiffahrt.

Das Signalverzeichniß der Betriebsordnung für den Kaiser Wilhelm-Kanal vom 12. November 1898 (Beilage zu Nr. 9 des Central-Blatts vom 3. März 1899) ist unter A. d. 1 und 2 vom 1. Oktober d. J. abgeändert wie folgt:

I. Die Ueberschriften zu A. d. 1 und 2 lauten in Zukunft:
    1. An von Osten kommende Schiffe („Ost-Signale") auf der Nordseite der Raa;
    2. An von Westen kommende Schiffe („West-Signale") auf der Südseite der Raa.

II. Die beiden letzten Spalten der Nr. 26, 27, 28, 31, 32 lauten künftig, wie folgt:

Nr. 26.	●	ein rothes Licht.
Nr. 27.	● ○	ein rothes Licht über einem weißen.
Nr. 28.	○ ●	ein weißes Licht über einem rothen.
Nr. 31.	●	ein grünes Licht.
Nr. 32.	● ○	ein grünes Licht über einem weißen.

4. Zoll- und Steuer-Wesen.

Der Bundesrath hat in seiner heutigen Sitzung beschlossen:
1. Die für ausgeführten und zur Essigbereitung verwendeten Branntwein zugestandene Brennsteuervergütung von 6 ℳ. für jedes Hektoliter reinen Alkohols bleibt bis auf Weiteres unverändert.
2. Für denjenigen Branntwein, der mit dem allgemeinen Denaturirungsmittel denaturirt wird, ist vom 1. November 1899 ab statt der bisherigen Brennsteuervergütung von 3,50 ℳ. eine solche von 4,50 ℳ. für jedes Hektoliter reinen Alkohols zu gewähren.

Berlin, den 19. Oktober 1899.

Der Reichskanzler.
Im Auftrage: v. Koerner.

Auf Grund der Bestimmung im Artikel 36 der Reichsverfassung ist nach Vernehmung des Ausschusses des Bundesraths für Zoll- und Steuerwesen der Königlich preußische Steuerinspektor Chappuzeau in Tilsit an Stelle des verstorbenen Königlich preußischen Steuerinspektors Bassel den Königlich bayerischen Hauptzollämtern zu Bamberg, Bayreuth, Furth am Walde, Hof und Waldsassen sowie dem Königlich sächsischen Uebergangssteueramte zu Hof als Stationskontroleur mit dem Wohnsitz in Hof vom 1. Oktober 1899 ab beigeordnet worden.

5. Polizei-Wesen.

Ausweisung von Ausländern aus dem Reichsgebiete.

Laufende Nr.	Name und Stand der Ausgewiesenen.	Alter und Heimath	Grund der Bestrafung.	Behörde, welche die Ausweisung beschlossen hat.	Datum des Ausweisungsbeschlusses.
1.	2.	3.	4.	5.	6.
		a) Auf Grund des §. 39 des Strafgesetzbuchs.			
1.	Karl Failer, Weinhändler,	geboren am 19. September 1859 zu Ruppelei (2 Monate Kis-Körtvelyes), Komitat Bas, Ungarn, ortsangehörig ebendaselbst,	Königlich bayerische Gefängniß, laut Erkenntniß vom 21. Oktober 1894),	Polizei-Direktion München,	5. Juni d. J.
2.	Maria Failer, geb. Bed, Weinhandlersehefrau,	geboren am 9. September 1865 zu Ruppelei (3 Wochen Bangen, Württemberg, ungarische Staatsangehörige,	dieselbe Gefängniß, laut Erkenntniß vom 21. Oktober 1894),		29. Juli d. J.
3.	Giovanni Marin,	geboren am 22. Februar 1869 zu Cavalo, Provinz Treviso, Italien, italienischer Staatsangehöriger,	schwerer Diebstahl (3 Jahre Zuchthaus, laut Erkenntniß vom 21. Oktober 1896),	Kaiserlicher Bezirks-Präsident zu Colmar,	23. September d. J.
		b) Auf Grund des §. 362 des Strafgesetzbuchs.			
4.	Eduard Beck, Silberarbeiter und Uhrmacher,	geboren am 11. Februar 1870 zu Oberdorf, Bezirk Jägerndorf, Oesterreich-Schlesien, ortsangehörig ebendaselbst,	Landstreichen und Betteln,	Königlich bayerische Polizei-Direktion München,	3. Oktober d. J.
5.	Michael Potto, Tagelöhner,	geboren am 10. Dezember 1867 zu Comelico, Provinz Belluno, Italien, italienischer Staatsangehöriger,	Landstreichen,	Königlich bayerisches Bezirksamt Lausen,	27. September d. J.

Laufende Nr.	Name und Stand der Ausgewiesenen.	Alter und Heimath	Grund der Bestrafung.	Behörde, welche die Ausweisung beschlossen hat.	Datum des Ausweisungsbeschlusses
1.	2.	3.	4.	5.	6.
6.	Anton Grassi, Handlanger,	geboren am 21. Dezember 1868 zu Schilpario, Provinz Bergamo, Italien, italienischer Staatsangehöriger.	Landstreichen,	Kaiserlicher Bezirks-Präsident zu Metz,	2. Oktober d. J.
7.	Florian Gröger, Stellmacher,	geboren am 13. Februar 1866 zu Engelhaus, Bezirk Karlsbad, Böhmen, ortsangehörig ebendaselbst,	Betteln,	Königlich preußischer Polizei-Präsident zu Berlin,	20. September d. J.
8.	Emil Hille, Messerschleifer,	geboren am 2. Februar 1874 zu Nixdorf, Bezirk Schluckenau, Böhmen, ortsangehörig ebendaselbst,	Bedrohung und Betteln,	Königlich sächsische Kreishauptmannschaft Zwickau,	22. August d. J.
9.	Karl Pechan, Schlosser,	geboren am 14. März 1875 zu Zöptau, Bezirk Schönberg, Mähren, österreichischer Staatsangehöriger,	Betteln,	Stadtmagistrat Neuburg a. d. D., Bayern,	2. Oktober d. J.
10.	Franziska Sterzi, Dienstmagd, ledig,	geboren am 14. Dezember 1877 zu Salzburg, Oesterreich, ortsangehörig ebendaselbst,	gewerbsmäßige Unzucht und falsche Namensangabe,	Königlich bayerische Polizei-Direktion München,	15. September d. J.

Berlin, Carl Heymanns Verlag. — Gedruckt bei Julius Sittenfeld in Berlin.

Central-Blatt
für das
Deutsche Reich.
Herausgegeben
im
Reichsamte des Innern.

Zu beziehen durch alle Postanstalten und Buchhandlungen.

| XXVII. Jahrgang. | Berlin, Freitag, den 27. Oktober 1899. | № 44. |

Inhalt: 1. **Konsulat-Wesen:** Ernennung; — Ermächtigung zur Vornahme von Civilstands-Akten; — Exequatur-Ertheilungen . . . . . Seite 341. 2. **Finanz-Wesen:** Nachweisung der Einnahmen des Reichs vom 1. April 1899 bis Ende September 1899 . 342. 3. **Handels- und Gewerbe-Wesen:** Neues Verzeichniß der regelmäßigen Untersuchungen unterliegenden und den Anforderungen der Reblaus-Konvention entsprechend erklärten Gartenbau- 2c. Anlagen . . . . . 343. 4. **Zoll- und Steuer-Wesen:** Zulassung spanischer Verschnittweine und -Moste zum Vertragszollsatze . 364. 5. **Polizei-Wesen:** Ausweisung von Ausländern aus dem Reichsgebiete . . . . 364.

1. Konsulat-Wesen.

Seine Majestät der Kaiser haben im Namen des Reichs den bisherigen Konsul in Rustschuk, Feindel, zum Konsul in Sarajevo zu ernennen geruht.

Dem Verweser des Kaiserlichen Konsulats in Belgrad, Dürrenberger, ist auf Grund des §. 1 des Gesetzes vom 4. Mai 1870 in Verbindung mit §. 85 des Gesetzes vom 6. Februar 1875 für den Amtsbezirk des Konsulats und für die Dauer seiner Geschäftsführung die Ermächtigung ertheilt worden, bürgerlich gültige Eheschließungen von Reichsangehörigen und Schutzgenossen mit Einschluß der unter deutschem Schutze lebenden Schweizer, vorzunehmen und die Geburten, Heirathen und Sterbefälle von solchen zu beurkunden.

Dem zum griechischen General-Konsul in Berlin ernannten bisherigen Konsul Robert Abelssen ist Namens des Reichs das Exequatur ertheilt worden.

Den zu Kaiserlich russischen General-Konsuln in Berlin beziehungsweise Danzig ernannten Kaiserlich russischen Staatsräthen von Bogoslowsky und von Ostrowsky ist Namens des Reichs das Exequatur ertheilt worden.

2. Finanz Wesen.

Nachweisung der zur Anschreibung gelangten Einnahmen (einschließlich der kreditirten Beträge) an Zöllen und gemeinschaftlichen Verbrauchssteuern sowie anderer Einnahmen im Deutschen Reiche für die Zeit vom 1. April 1899 bis zum Schlusse des Monats September 1899.

Bezeichnung der Einnahmen.	Die Soll-Einnahme beträgt vom Beginne des Rechnungsjahrs bis zum Schlusse des obengenannten Monats ℳ	Ausfuhr-Vergütungen ꝛc. ℳ	Bleiben ℳ	Einnahme in demselben Zeitraume des Vorjahrs (Spalte 4) ℳ	Differenz zwischen den Spalten 4 und 5. + mehr — weniger ℳ
1.	2.	3.	4.	5.	6.
Zölle	241 844 156	10 351 430	231 492 726	241 549 793	— 10 057 067
Tabacksteuer	5 444 463	54 075	5 390 388	5 407 530	— 17 142
Zuckersteuer und Zuschlag zu derselben	69 569 718	21 045 393	48 524 325	47 697 593	+ 826 732
Salzsteuer	22 353 461	5 740	22 347 721	21 477 758	+ 869 963
Maischbottich- und Branntwein-Materialsteuer	7 107 242	8 095 305	— 988 068	— 304 865	— 683 198
Verbrauchsabgabe von Branntwein und Zuschlag zu derselben	66 998 965	223 690	66 775 275	57 903 247	+ 8 872 028
Brennsteuer	2 005 376	2 494 729	— 489 351	248 264	— 737 615
Brausteuer	16 165 184	24 020	16 141 164	15 260 008	+ 881 156
Uebergangsabgabe von Bier . .	1 999 488	—	1 999 488	1 899 573	+ 99 815
Summe	433 488 055	42 294 382	391 193 673	391 138 901	+ 54 772
Stempelsteuer für					
a) Werthpapiere	9 621 593	—	9 621 593	10 780 465	— 1 158 872
b) Kauf- u. sonstige Anschaffungsgeschäfte	8 070 031	22 657	8 017 374	6 288 512	+ 1 758 862
c) Loose zu:					
Privatlotterien	2 401 248	—	2 401 248	2 243 248	+ 158 000
Staatslotterien . . .	6 615 115	—	6 615 115	7 316 905	— 701 790
Spielkartenstempel	—	—	634 847	614 569	+ 20 278
Wechselstempelsteuer	—	—	5 847 636	5 369 197	+ 478 439
Post- und Telegraphen-Verwaltung .	—	—	178 491 646	165 530 335	+ 12 961 311
Reichseisenbahn-Verwaltung . .	—	—	43 759 000	40 538 000*)	+ 3 221 000

*) Die definitive Einnahme stellte sich im Vorjahr um 398 194 ℳ höher.

Anmerkung. Die zur Reichskasse gelangte Ist-Einnahme abzüglich der Ausfuhrvergütungen und Verwaltungskosten beträgt bei den nachbezeichneten Einnahmen:

Bezeichnung der Einnahmen	Ist-Einnahme im Monat September			Ist-Einnahme vom Beginne des Rechnungsjahrs bis zum Schlusse des Monats September		
	1899 ℳ	1898 ℳ	Mithin 1899 + mehr — weniger ℳ	1899 ℳ	1898 ℳ	Mithin 1899 + mehr — weniger ℳ
1.	2.	3.	4.	5.	6.	7.
Zölle	35 314 201	36 172 588	— 858 387	213 805 969	221 902 293	— 8 096 324
Tabacksteuer	801 482	734 603	+ 66 879	5 089 613	5 040 629	+ 48 984
Zuckersteuer und Zuschlag zu derselben	9 413 796	8 143 951	+ 1 269 845	50 301 531	43 169 811	+ 7 131 720
Salzsteuer	3 434 009	3 268 897	+ 165 112	21 496 917	20 759 791	+ 737 126
Maischbottich- und Branntwein-Materialsteuer	381 124	— 94 105	— 287 019	4 364 246	5 594 205	— 1 229 959
Verbrauchsabgabe von Branntwein und Zuschlag zu derselben	10 530 154	9 454 335	+ 1 075 819	58 223 758	53 305 299	+ 4 918 459
Brennsteuer	— 301 539	— 97 265	— 204 274	— 489 351	— 12 257	— 477 094
Brausteuer und Uebergangsabgabe von Bier	2 344 103	2 147 281	+ 196 822	15 418 147	14 583 973	+ 834 174
Summe	61 155 082	59 730 285	+ 1 424 797	368 210 830	364 343 744	+ 3 867 086
Spielkartenstempel	81 686	82 823	— 1 137	678 503	701 408	— 22 905

3. Handels- und Gewerbe-Wesen.

Bekanntmachung.

Unter Bezugnahme auf die Vorschrift im §. 7 Abs. 3 des Gesetzes vom 3. Juli 1883 (Reichs-Gesetzbl. Seite 140) wird das in der Bekanntmachung vom 18. Juni 1898 (Central-Blatt Seite 313) enthaltene Verzeichniß von Gartenbau- oder botanischen Anlagen, Schulen und Gärten, welche regelmäßigen Untersuchungen in angemessener Jahreszeit unterliegen und amtlich als den Anforderungen der internationalen Reblaus-Konvention entsprechend erklärt worden sind, durch das nachfolgende Verzeichniß ersetzt.

Lauf. Nr.	Ort der Gartenbau-Anlage.	Name des Besitzers und Art des Grundstücks.	Bemerkungen.
1.	Aachen, Preußen, Rheinprovinz.	Franneck, Max, Gärtnerei.	
2.	"	Kohnemann, L., Gärtnerei.	
3.	Achbrücke, Gemeinde Reutin, Bayern.	Haug, Georg, Handelsgärtnerei.	
4.	Aeschach, Bezirksamt Lindau, Bayern.	Brög, Ludwig, Handelsgärtnerei.	
5.	" "	Buchner, August, Handelsgärtnerei.	
6.	" "	Bühler, Gottlob, Handelsgärtnerei.	
7.	" "	Flachs, Johann Georg, Handelsgärtnerei.	
8.	" "	Sündermann, Franz, Gärtnerei.	
9.	Alster, Preußen, Rheinprovinz.	Langen, Heinrich, Gärtnerei und Baumschule.	
10.	Altwind, Gemeinde Hoyern, Bayern.	Brugger, Hermann, Handelsgärtnerei.	
11.	Alsenz, Bayern.	Lichtenberger, Benjamin, Handelsgärtnerei.	
12.	Altenburg, Sachsen-Altenburg.	Bauer, Kunst- und Handelsgärtnerei.	
13.	" "	Bobe, Alexander, Kunst- und Handelsgärtnerei.	
14.	" "	Bromme, Max, Handelsgärtnerei.	
15.	" "	Dietrich, Julius, Gärtnerei in Konkurs, Verwalter: Gärtner Ludwig Oskar Mahn.	
16.	" "	Düsterhöft, Wilhelm, Handelsgärtnerei.	
17.	" "	Fasold, Hermann, C. Frantze's Nachfolger, Handelsgärtnerei.	
18.	" "	Fischer, Edwin Emil, Handelsgärtnerei.	
19.	" "	Fischer, Franz Friedrich, Handelsgärtnerei.	
20.	" "	Fischer, Franz Julius, Handelsgärtnerei.	
21.	" "	Fischer, Gottfried, Handelsgärtnerei.	
22.	" "	Fischer, Johannes Arno, Handelsgärtnerei.	
23.	" "	Fischer, Richard Karl, Handelsgärtnerei.	
24.	" "	Friebel, Minna, verwittw., geb. Bretschneider, früher F. Gustav Bretschneider, Handelsgärtnerei.	
25.	" "	Gerbig, Friedrich Gustav, sen., Handelsgärtnerei.	
26.	" "	Gerbig, Otto, jun., Handelsgärtnerei.	
27.	" "	Günther, Paul, Handelsgärtnerei.	
28.	" "	Haugt, Max, Gärtnerei.	

Lauf. Nr.	Ort der Gartenbau-Anlage.	Name des Besitzers und Art des Grundstücks.	Bemerkungen.
29.	Altenburg, Sachsen-Altenburg.	Höpfner, Karl August Theodor, Handelsgärtnerei.	
30.	" "	Kunze, Franz, in Firma J. J. Kunze, Handelsgärtnerei.	
31.	" "	Kunze, Gustav, Handelsgärtnerei.	
32.	" "	Kunze, Robert, in Firma Kunze und Sohn, Handelsgärtnerei.	
33.	" "	Müller, Louis, Pachtgärtnerei.	
34.	" "	Raubold, Karl Theodor, Handelsgärtnerei.	
35.	" "	Rinnebach, Berthold und Rudolf, Gebrüder, Gärtnerei.	
36.	" "	Rothe, Bernhard, Handelsgärtnerei.	
37.	" "	Tillich, Friedrich Hermann, Handelsgärtnerei.	
38.	" "	Tillich, Julius, Kunst- und Handelsgärtnerei.	
39.	" "	Wassermann, Bernhard, Handelsgärtnerei.	
40.	Althörnitz bei Zittau, Königreich Sachsen.	Knebel, Gustav Reinhold, Handelsgärtnerei, Blumenzucht und Gemüsebau.	
41.	Auch: bei Corny, Elsaß-Lothringen.	Dausse.	
42.	Augsburg, Bayern.	Schramm, Richard, Handelsgärtnerei.	Zimmerstraße 16.
43.	Aulnois, Elsaß-Lothringen.	Majérus.	
	Bad Elster siehe unter Elster.		
44.	Baden-Baden, Baden.	Großherzogliche Holzgärtnerei.	
45.	" "	Leichtlin, Max, Gartengelände.	
46.	" "	Meier, Hermann, Kunst- und Handelsgärtnerei.	Gartengelände in Dos.
47.	" "	Vogel-Hartweg, Kunst- und Handelsgärtnerei.	
48.	Barmen, Preußen, Rheinprovinz.	Broegelmann, H., Gartenanlage.	
49.	" "	Heß, W., Gartenanlage.	
50.	Bayreuth, Bayern.	Freiberger, Martin, Pächter: Hermann Bleyl, Handelsgärtnerei.	
51.	" "	Herold, Karl, Handelsgärtnerei.	
52.	" "	Seeser, Peter, Kunstgärtnerei.	
53.	Beiberwiese (Bezirksamt Passau), Bayern.	Sterk, Hieronymus, Handelsgärtnerei.	
54.	Berlin, Preußen.	Bitterhof Sohn, August, Gärtnerei.	Frankfurter Allee 130.
55.	" "	Ernst Rappe & Hecht, Gartengrundstück.	Krausnickstraße 22.
56.	Bernstadt (Schlesien), Preußen.	Wiese, O., Baumschule.	
57.	Berthelsdorf bei Hainichen, Königreich Sachsen.	Hermsdorf, Kurt, Kunst- und Handelsgärtnerei.	
58.	Biethingen, Bezirksamt Konstanz, Baden.	Zolg, Kajetan, Handelsgärtnerei, Baumschule.	
59.	Birkenwerder bei Berlin, Preußen.	H. Hildmannsche Cacteenzüchterei und Gärtnerei (H. Fröhlich).	
60.	Böhlen bei Leipzig, Königreich Sachsen.	Richter, Oskar, Kunst- und Handelsgärtnerei.	
61.	Böhlitz-Ehrenberg bei Leipzig, Königreich Sachsen.	Fischer, J. G., Kunst- und Handelsgärtnerei.	
62.	" "	Tillich, B., Kunst- und Handelsgärtnerei.	
63.	Bollweiler, Elsaß-Lothringen.	Baumann.	

Lauf. Nr.	Ort der Gartenbau-Anlage.	Name des Besitzers und Art des Grundstücks.	Bemerkungen.
64.	Bollweiler, Elsaß-Lothringen.	Gay.	
65.	" "	Hérissé, Ferdinand, Handelsgärtnerei.	
66.	" "	Hérissé, Karl, Handelsgärtnerei.	
67.	Bonn, Preußen, Rheinprovinz.	Emmel, Karl, Gärtnerei.	
68.	" " "	Schmitz, Peter, Gärtnerei.	
69.	" " "	Schneider, Damian, Gärtnerei.	
70.	Bornim bei Potsdam, Preußen.	Geyer, J., Gärtnerei.	
71.	Borstel (Groß), Hamburg.	Ranne, Dr., Handelsgärtnerei.	
72.	Brandenburg, Preußen, Provinz Brandenburg.	Maugeot, A., Baumschule.	
73.	" "	Riemschneider, Baumschule.	
74.	Braunschweig.	Herzogliche Landesbaumschule.	
75.	"	Meyer, B. J., Samenhandlung.	Gartenbauanlage an der Eisenbüttler Mühle.
76.	"	Raap, Hugo, Gärtnerei.	Gartenbauanlage an der Salzdahlumerstr. 62.
77.	Bremen.	Karich, Christian Ludwig, Handelsgärtnerei und Baumschule.	
78.	Breslau, Preußen, Provinz Schlesien.	Laqua, Paul, Baumschule.	Ohlauer Chaussee und Wolfswinkel.
79.	Breslau-Scheitnig, Preußen, Provinz Schlesien.	Jettinger, Gärtnerei.	
80.	Britz, Preußen, Provinz Brandenburg.	Späth, L., Oekonomierath, Baumschule.	
81.	Bühl, Großherzogthum Baden.	Uhint, G. W., Baumschule.	
82.	Büsingen, Amt Konstanz, Baden.	Heller, Johann, Baumschule.	
83.	Caaschwitz, Reuß j. L.	Paezold, Otto, Rittergutsgärtnerei.	
84.	"	Patzer, Hermann, Handelsgärtnerei.	
85.	Cannstatt, Württemberg.	Binter und Eblen, Baumschulen.	Ludwigsburgerstraße, auf der Prag.
86.	" "	Gaucher, Nikolaus, Baumschulen.	Ludwigsburgerstraße, auf der Prag.
87.	Carow bei Berlin, Preußen.	Schwiglewski, A., Gärtnerei.	
88.	Cassel, Preußen, Provinz Hessen-Nassau.	Hördemann, Joh., Inhaber: Heinrich Hördemann & Lappe, Gärtnerei.	
89.	" " "	Hördemann, Wilhelm, Gärtnerei.	
90.	" " (Wehlheiden).	Müller & Sauber, Gärtnerei.	
91.	Charlottenburg, Preußen, Provinz Brandenburg.	Herzberg, Albert, Gärtnerei.	Am Tegeler Weg.
92.	Colditz, Königreich Sachsen.	Hegewald, Gärtnerei.	
93.	" "	Richter, Robert, Gärtnerei.	
94.	Colmar, Elsaß-Lothringen.	Koenig, Carl.	
95.	" "	Kürzner.	
96.	Corny, "	Thill.	
97.	Crefeld, Preußen, Rheinprovinz.	Cronenberg, Edmund, Gärtnerei.	
98.	" " "	Dyck, Anton, Gärtnerei und Baumschule.	
99.	" " "	Empling, Gebrüder, Gärtnerei und Baumschule.	

— 346 —

Lauf. Nr.	Ort der Gartenbau-Anlage.	Name des Besitzers und Art des Grundstücks.	Bemerkungen.
100.	Crefeld, Preußen, Rheinprovinz	Habermann, Walther, Gärtnerei.	
101.	" " "	Kempen, H., Gärtnerei.	
102.	" " "	Lange, Ernst, Gärtnerei.	
103.	" " "	Laurentius, Heinrich, Gärtnerei und Baumschule.	
104.	" " "	Laurentius & Co., Gärtnerei.	
105.	" " "	Ludwig, Herrmann, Gärtnerei.	
106.	" " "	Melzer, Heinrich, Gärtnerei.	
107.	" " "	Renard, Rudolf, Wittwe, Gärtnerei.	
108.	" " "	Samson, Albert, Gärtnerei und Baumschule.	
109.	" " "	Thiesen, Anton, Gärtnerei und Baumschule.	
110.	" " "	Vogelsang, Kurt, Gärtnerei.	
111.	" " "	Wiest, Gärtnerei und Baumschule.	
112.	Cronberg, Preußen, Provinz Hessen-Nassau.	Eichenauer, Christian, Rosenpflanzung.	
113.	" " "	Eichenauer, Carl, Rosenpflanzung.	
114.	" " "	Königliche Hofverwaltung Schloß Friedrichshof, Rosen- und Ziersträucherpflanzung.	
115.	" " "	Huttenlehner, Joh., Rosen- und Ziersträucherpflanzung.	
116.	Darmstadt, Hessen.	Arnheiter, Friedr., Handelsgärtnerei.	
117.	" "	Bessunger Hofgarten.	
118.	" "	Funk, Anton, Handelsgärtnerei.	
119.	" "	Großherzoglicher Orangeriegarten.	
120.	" "	Großherzoglicher Botanischer Garten.	
121.	" "	Heitzner, Philipp, Handelsgärtnerei.	
122.	" "	Krid, August, Handelsgärtnerei.	
123.	" "	Vetter, Johann, Handelsgärtnerei.	
124.	Debichwitz, Reuß j. L.	Knorz, Gärtnerei.	
125.	" "	Scheibe, Richard, Gärtnerei.	
126.	" "	Scheibe, Walther, Gärtnerei.	
127.	" "	Wesser's Nachfolger: Regner, Reinhold, Gärtnerei.	
128.	Degelstein, Gemeinde Hoyern, Bayern.	Brög, Gottlob, Handelsgärtnerei.	
129.	Delitzsch, Preußen, Provinz Sachsen.	Pönicke & Co., E. G. m. b. H., Gartenanlage und Baumschule.	
130.	Ditzingen, Oberamt Leonberg, Württemberg.	Brecht, Julius, Baumschule.	
131.	Dobritz bei Dresden, Königreich Sachsen.	Engelhardt, Gustav, Gewächshausgärtnerei.	
132.	Tölitz bei Leipzig, Königr. Sachsen.	Fischer, Franz, Kunst- und Handelsgärtnerei.	
133.	" "	Hante, Emil, Kunst- und Handelsgärtnerei.	
134.	" "	Schumann, Heinrich, Kunst- und Handelsgärtnerei.	
135.	" "	Wolf, Friedrich, Kunst- und Handelsgärtnerei.	
136.	Donzdorf, Oberamt Geislingen, Württemberg.	Schmid, Paul, Handelsgärtnerei.	

Lauf. Nr.	Ort der Gartenbau-Anlage.	Name des Besitzers und Art des Grundstücks.	Bemerkungen.
137.	Dortmund, Preußen, Provinz Westfalen.	Stoffregen, Wilhelm, Gärtnerei.	
138.	Dresden, Königreich Sachsen.	Meuter, R., Gewächshausgärtnerei.	
139.	„ -Pieschen, „	Hause Nachf., E., Gewächshausgärtnerei.	
140.	„ -Strehlen, „	Beyer, Robert, Gewächshaus- und Rosengärtnerei.	
141.	„ „	Döring, Curt, Gewächshausgärtnerei.	
142.	„ „	Einfeld, Friedrich, Georginengärtnerei.	
143.	„ „	Freudenberg, H., Kunst- und Handelsgärtnerei.	
144.	„ „	Geißler, Guido, Baumschule.	
145.	„ „	Hähnel, Bernhard, Baumschule.	
146.	„ „	Knöfel, Gebrüder, Gewächshausgärtnerei	
147.	„ „	Köhler, Adolf, Gewächshaus- und Rosengärtnerei.	
148.	„ „	Müller, Max, Gewächshausgärtnerei.	
149.	„ „	Müller, Robert, Gewächshausgärtnerei.	
150.	„ „	Raue, Hermann, Rosengärtnerei.	
151.	„ „	Richter, Albert, Gewächshausgärtnerei.	
152.	„ „	Rülcker, Carl, Gewächshausgärtnerei.	
153.	„ „	Ruschpler, Paul, Rosengärtnerei.	
154.	„ „	Simrugen, Theodor, Rosengärtnerei.	
155.	„ „	Wille, Otto, Gewächshausgärtnerei.	
156.	„ -Striesen, „	Hofmann, Herm. Ludw. Rob., Gewächshausgärtnerei.	
157.	„ „	Kernert, Johann, Gewächshausgärtnerei.	
158.	„ „	Kunze, Heinrich, Gewächshausgärtnerei.	
159.	„ „	Manewaldt, Carl, Gewächshausgärtnerei.	
160.	„ „	Nagel, Gustav Max, Gewächshausgärtnerei.	
161.	„ „	Olberg, Otto, Gewächshausgärtnerei.	
162.	„ „	Richter, Arwed Albin, Gewächshausgärtnerei.	
163.	„ „	Richter, Ludwig Richard, Gewächshausgärtnerei.	
164.	„ „	Richter, Emil, Gewächshausgärtnerei.	
165.	„ „	Roolf, Richard, Gewächshausgärtnerei.	
166.	„ „	Trauwitz, Martin, Gewächshaus- und Gemüsegärtnerei.	
167.	„ "Trachenberge„	Schneider, Heinrich, Gewächshausgärtnerei.	
168.	Ebingen, Oberamt Balingen, Württemberg.	Jebele, Johannes, Handelsgärtnerei.	
169.	Elberfeld, Preußen, Rheinprovinz.	Scholten, Wilhelm, Gärtnerei.	
170.	Elster, Bad, bei Oelsnitz, Königreich Sachsen.	Fleißner, Albin, Handelsgärtnerei.	
171.	„ „	Königliche Anstaltsgärtnerei.	
172.	„ „	Nabel, Gustav, Handelsgärtnerei.	
173.	„ „	Scharf, Otto, Handelsgärtnerei.	
174.	„ „	Wettiner Hof, Grand Hotel, Besitzer Julius Bretholz, Privatgärtnerei.	

— 348 —

Lauf. Nr.	Ort der Gartenbau-Anlage.	Name des Besitzers und Art des Grundstücks.	Bemerkungen.
175.	Eltville, Preußen, Provinz Hessen-Nassau.	Kreis, Franz, Rosenpflanzung.	
176.	" "	Schmitt, Karl, Rosenpflanzung.	
177.	Ems, Preußen, Provinz Hessen-Nassau.	Bars, A., Gärtnerei und Baumschule.	
178.	" "	Barth, Joh., Gärtnerei.	
179.	" "	Eisenbeis, Heinrich und Söhne, Gärtnerei.	
180.	" "	Hoffrichter, Paul, Gärtnerei.	
181.	" "	Lefèbre, Chr., Gärtnerei und Baumschule.	
182.	" "	Schulz, Chr., Gärtnerei.	
183.	" "	Weis, Heinrich, Gärtnerei.	
184.	" "	Wichtrich, Rudolph, Gärtnerei.	
185.	" "	Wurm, Franz, Gärtnerei.	
186.	Endenich, Preußen, Rheinprovinz.	Bouché, J., Gärtnerei und Baumschule.	
187.	Eningen, Oberamt Reutlingen, Württemberg.	Rall, Wilhelm, Handelsgärtnerei und Baumschule.	
188.	Erfurt, Preußen, Provinz Sachsen.	Benary, E., Gärtnerei.	
189.	" "	Chrestensen, N. L., Gärtnerei.	
190.	" "	Cropp, C., (Nachfolger), Inhaber E. Doß, Gärtnerei.	
191.	" "	Döppleb, J., Gärtnerei.	
192.	" "	Haage & Schmidt, Gärtnerei und Baumschule.	
193.	" "	Haage, Fr. Ad., jun., Gärtnerei.	
194.	" "	Haage, Fr. Ant., Gärtnerei.	
195.	" "	Heinemann, F. C., Gärtnerei.	
196.	" "	Jühlke, F., Nachfolger, Inhaber O. Putz, Gärtnerei.	
197.	" "	Knopff, O., & Co., Gärtnerei.	
198.	" "	Liebau, M., & Co., Gärtnerei.	
199.	" "	Lorenz, Chrn., Gärtnerei.	
200.	" "	Neumann, R., Baumschule.	
201.	" "	Pabst, Carl Albert, Gärtnerei.	
202.	" "	Petersen, M., Gärtnerei.	
203.	" "	Platz & Sohn, C., Gärtnerei und Baumschule.	
204.	" "	Schmidt, J. C., Gärtnerei und Baumschule.	
205.	" "	Stenger & Rotter, Gärtnerei.	
206.	" "	Sturm, Jacob, Gärtnerei.	
207.	" "	Weigelt, C., & Co., Gärtnerei und Baumschule.	
208.	Eßlingen, Württemberg.	von Palm'sche Gärtnerei, Rosen- und Baumschule.	Hohenkreuz.
209.	Euren, Preußen, Rheinprovinz.	Kesler, Johann, jun., Baum- und Rosenschule.	
210.	Feldkirch, Elsaß-Lothringen.	Holder.	
211.	Fellen (Bezirksamt Lohr), Bayern.	Fischer, Johann, Handelsgärtnerei.	
212.	Feuerbach, Oberamt Stuttgart, Württemberg.	Albinger, Wilhelm, Baumschulen.	
213.	Flensburg, Preußen, Provinz Schleswig-Holstein.	Durby, Gärtnerei.	
214.	" " "	Eneis, Baumschule.	Sylvana.

— 349 —

Lauf. Nr.	Ort der Gartenbau-Anlage.	Name des Besitzers und Art des Grundstücks.	Bemerkungen.
215.	Flensburg, Preußen, Provinz Schleswig-Holstein.	Möller, Chr., Gärtnerei.	
216.	"	Seehusen, R., Baumschule und Gärtnerei.	Friedrichshöh.
217.	Frankenberg, Königreich Sachsen.	Fontius, Walter, Gärtnerei.	
218.	Frankfurt am Main, Preußen, Provinz Hessen-Nassau.	Ditzel, Emil, Gärtnerei.	Hainerweg.
219.	" "	Fleisch-Daum, Gärtnerei.	Wiesenhüttenplatz 34.
220.	" "	Hoß, Gärtnerei.	Bornheim, Landwehr 97.
221.	" "	Kropff, Julius (Petersen Nachfolger), Gärtnerei.	Mainzer Landstraße.
222.	" "	Meyer, Joh. Philipp, Gärtnerei.	Gutleutstraße.
223.	" "	Müller, Joh. Friedrich, Gärtnerei.	Eschenheimer Landstraße.
224.	" "	Reber, Lorenz, Baumschulen.	Unterer Röderbergweg.
225.	" "	Rühl, Ph. Friedrich, Gärtnerei.	Mainzer Landstraße.
226.	" "	Schäfer, Franz, Gärtnerei.	Bornheim, Landwehr.
227.	" "	Steuerwaldi & Wilhelm, Gärtnerei.	Sachsenhausen, Darmstädter Landstraße.
228.	" "	Stock, Peter, Gärtnerei.	Sachsenhäuser Landwehr.
229.	" "	Straßheim, Konrad, Peter, Gärtnerei.	Forsthausstraße.
230.	" "	Vogel, C. A., Gärtnerei.	Sachsenhausen, Länderweg.
231.	" "	Wenzel, Johannes, Gärtnerei.	Haidestraße.
232.	Frankfurt a./Oder, Preußen, Provinz Brandenburg.	Jungclaussen, Baumschule.	
233.	Frauendorf, Bayern.	Fürst, Richard, Handelsgärtnerei.	
234.	" "	Fürst, Willibald, Handelsgärtnerei.	
235.	Freiberg, Königreich Sachsen.	Meyer, Karl August, Kunst- und Handelsgärtnerei.	
236.	" "	Pietzner, Karl Friedrich, Kunst- und Handelsgärtnerei.	
237.	" "	Seifert, Friedrich Hermann, Kunst- und Handelsgärtnerei.	
238.	Freiburg in Baden.	Fischers Handelsgärtnerei, Inhaber Karl Schöck, Gärtner.	
239.	Friedberg, Hessen, Provinz Oberhessen.	Henze, R., Handelsgärtnerei.	
240.	Friedersdorf bei Zittau, Königreich Sachsen.	Domsch, Julius, Handelsgärtnerei und Gemüsebau.	
241.	Friedrichsberg b. Berlin, Preußen.	Clotofski, A., Gärtnerei.	
242.	" "	George, Gebrüder, Gärtnerei.	
243.	" "	Mewes, Emil, Nachfolger, Gärtnerei.	Geschäftslokal in Berlin.
244.	Friedrichshafen, Oberamt Tettnang, Württemberg.	Brechenmacher, J., Handelsgärtnerei.	
245.	" "	Reck, Karl, Handelsgärtnerei.	
246.	Gebweiler, Elsaß-Lothringen.	Biehler, Joseph.	
247.	Geislingen a./St., Württemberg.	Schmid, Bernhard, Handelsgärtnerei.	

— 350 —

Lauf. Nr.	Ort der Gartenbau-Anlage.	Name des Besitzers und Art des Grundstücks.	Bemerkungen.
248.	Gelnhausen, Preußen, Provinz Hessen-Nassau.	Hohm, Franz, Baumschule.	
249.	"	Schöffer, L. W., Gartenanlage.	
250.	Genthin, Preußen, Provinz Sachsen,	Gleitsmann, L., Gärtnerei.	
251.	" "	Scheppler, W., Gärtnerei.	
252.	Gera, Reuß j. L.	Bräunlich, August, Gärtnerei.	
253.	" "	Burkhardt, Franz Eduard, Gärtnerei.	
254.	" "	Fiebler, Paul, Gärtnerei.	
255.	" "	Fontaine, Curt, Gärtnerei.	
256.	" "	Hempel, Ernst Wilhelm, Gärtnerei.	
257.	" "	Pute, Franz, Gärtnerei.	
258.	" "	Schmalfuß, Karl, Gärtnerei.	
259.	" "	Schmalfuß, Rudolf, Gärtnerei.	
260.	" "	Seidel, Gustav Paul, Gärtnerei.	
261.	" "	Siekmann, Julius, Gärtnerei.	
262.	" "	Uhlmann, Otto, Gärtnerei.	
263.	" "	Wagner, Heinrich, Gärtnerei.	
264.	Gießen, Hessen, Provinz Oberhessen,	Becker, Karl, Handelsgärtnerei.	
265.	" "	Gerhard, Wilhelm, Handelsgärtnerei.	
266.	" "	Landesuniversität, Botanischer Garten.	
267.	Ginnheim, Preußen, Provinz Hessen-Nassau.	Fleisch-Daum, Carl, Gartenanlage.	Eschersheimer Landstraße.
268.	" "	Griesbauer, C. F., Gärtnerei.	
269.	Gmünd, Württemberg.	Denzel, Wilhelm, Handelsgärtnerei.	
270.	Godesberg, Preußen, Rheinprovinz.	Kleinsorge, Emil, Gärtnerei und Baumschule.	
271.	"	Kurth, Joh., Inhaber L. Wagner, Gärtnerei.	
272.	Göggingen, Bezirksamt Augsburg, Bayern,	Schramm, Richard, Handelsgärtnerei.	
273.	Göppingen, Württemberg.	Fischer, Julius, Carl Mauchs Nachfolger, Handelsgärtnerei und Samenhandlung.	
274.	Görlitz, Preußen, Provinz Schlesien,	Wagner, Max, Gärtnerei.	
275.	Göttingen, Preußen, Provinz Hannover.	Röwing, Gärtnerei mit Baumschule.	
276.	"	Scheuermann, Gärtnerei.	
277.	Grimma, Königreich Sachsen.	Frenzel, Albin Robert, Kunst- und Handelsgärtnerei.	
278.	" "	Günther, Edgar, Kunst- und Handelsgärtnerei.	
279.	" "	Hartig, Karl Adolph, Kunst- und Handelsgärtnerei.	
280.	" "	Klemm, Otto, Kunst- und Handelsgärtnerei.	
281.	" "	Kupfer, Wilhelmine Auguste, Wittwe, Kunst- und Handelsgärtnerei.	
282.	" "	Ruggaber, Gottlob Heinrich, Kunst- und Handelsgärtnerei.	

Lauf. Nr.	Ort der Gartenbau-Anlage.	Name des Besitzers und Art des Grundstücks.	Bemerkungen.
283.	Groß-Lichterfelde, Preußen, Provinz Brandenburg.	Koch & Rohlfs, Baumschule.	Bei Berlin.
284.	"	Bluth, Franz, Gärtnerei.	
285.	Großotrilla bei Dresden, Königreich Sachsen,	Wegener, Anna, verehel., Gärtnerei.	
286.	Güstrow, Mecklenburg-Schwerin.	Behncke, J. H. (Inhaber C. Schwaßmann), Handelsgärtnerei, Baumschule und Samenkulturen.	
287.	Halberstadt, Preußen, Provinz Sachsen.	Bürger, Max, Gärtnerei.	
288.	" "	Bürger, Wilhelm, Gärtnerei.	
289.	" "	Kühne, Gärtnerei.	
290.	" "	Mehler, Gärtnerei.	
291.	" "	Pee, Gärtnerei.	
292.	Hamburg.	Botanischer Garten.	
293.	"	Böttcher, F. W., Handelsgärtnerei.	
294.	"	Dencker, J. D., Handelsgärtnerei.	
295.	"	Harms, Fr., Handelsgärtnerei.	
296.	"	Heuer, G. C. H., und Stark, H. J., Handelsgärtnerei.	
297.	"	Hohmann, A., Handelsgärtnerei.	
298.	"	Jessen & Bagner, Handelsgärtnerei.	
299.	"	Kunst- und Handelsgärtnerei, vormals F. A. Riechers & Söhne, Aktiengesellschaft.	
300.	"	Schirmer, H., Handelsgärtnerei.	
301.	"	Seydelheim, Herm., Handelsgärtnerei.	
302.	"	Stueben, F. L., Handelsgärtnerei.	
303.	"	Tümler, C. H. T., Handelsgärtnerei.	
304.	Heimersreutin, Gemeinde Aeschach, Bayern.	Wilhalm, Daniel, Handelsgärtnerei.	
305.	Herrnhut, Königreich Sachsen.	Hans, Alfred, Handelsgärtnerei.	
306.	Hirschberg, Preußen, Provinz Schlesien.	Ahrens, Elisabeth, Wittwe, Baumschulen.	Botanischer Garten.
307.	Hochbuch, Gemeinde Aeschach, Bayern.	Mayer, Gottfried, Baumzüchterei.	
308.	Holben, Bayern.	Rupflin, Georg, Handelsgärtnerei.	
309.	Holzheim, Elsaß-Lothringen.	Hobel.	
310.	Homburg v. d. H., Preußen, Provinz Hessen-Nassau.	Fischer, L., Gärtnerei.	
311.	" "	Wagner, Emil, Gärtnerei.	
312.	" "	Reininger, Gärtnerei.	
313.	Honnef, Preußen, Rheinprovinz.	Kirstein, Fr. Leopold, Gärtnerei.	
314.	"	Zimmermann, Joh., Gärtnerei.	
315.	Hopfgarten bei Weimar, Großherzogthum Sachsen.	Bamberger, Franz, Handelsgärtnerei.	
316.	Hoyren, Bezirksamt Lindau, Bayern.	Schmid, Martin, Handelsgärtnerei.	

Lauf. Nr.	Ort der Gartenbau-Anlage.	Name des Besitzers und Art des Grundstücks.	Bemerkungen.
317.	Jena, Großherzogthum Sachsen.	Maurer, Garteninspektor, Handelsgärtnerei.	
318.	Jüngsfeld, Preußen, Rheinprovinz.	Dahs, Reuter & Co., Baumschule.	
319.	Kaiserslautern, Bayern.	Helfert, Josef, Handelsgärtnerei.	
320.	Kamenz, Königreich Sachsen.	Weiße, Wilhelm, Kunst- und Handelsgärtnerei.	
321.	Kempen, Preußen, Rheinprovinz.	Trimborn, Everhard, Baumschule.	
322.	Kempten, Bayern.	Heiler, Friedrich, Kunst- und Handelsgärtnerei.	
323.	Kersch, Preußen, Rheinprovinz.	Lambert & Reiter, Obst- und Rosenschule.	
324.	Kittlitz bei Löbau, Königreich Sachsen.	Jubisch, Max Alfred, Baumschule.	
325.	Kleinheubach (Bezirksamt Miltenberg), Bayern.	ter Meer, Abraham, Handelsgärtnerei.	
326.	Köln, Preußen, Rheinprovinz.	Winkelmann, Wilhelm (Inhaber: Gebrüder Winkelmann), Gärtnerei.	
327.	" -Ehrenfeld, "	Schlößer, Anton, Baumschule.	
328.	" " "	Strauß, H., Gärtnerei.	
329.	" -Lindenthal, "	Hennig, Aug., Gärtnerei und Baumschule.	
330.	" -Melaten, "	Best, Gebrüder, Gärtnerei.	
331.	" " "	Sabbeler, Peter, Gärtnerei.	
332.	" -Riehl, "	Aktiengesellschaft Flora, Gärtnerei und Baumschule.	
333.	Königswinter, Preußen, Rheinprovinz.	Heuseler, Joh., Gärtnerei.	
334.	Köstritz, Reuß j. L.	Deegen, Franz, jun., Rosen- und Zierbaum-Exportgärtnerei.	
335.	" "	Deegen, Max (Inhaber: Deegen, Adolf), Gärtnerei.	
336.	" "	Müller, Gustav, Handelsgärtnerei.	
337.	" "	Röhnert, Rudolf, Gärtnerei.	
338.	" "	Schmidt, Karl, Gärtnerei.	
339.	" "	Settegast, Dr., Heinrich, Gärtnerlehranstalt.	
340.	" "	Würzburg, Heinrich, Fürstlicher Hofgärtner.	
341.	" "	Zersch, Rudolf, Fürstliche Domäne.	
342.	" "	Zerich, R., Oeconomierath, Gärtnerei.	
343.	Konstanz, Baden.	Beller, Anton, Kunst- und Handelsgärtnerei, Gartengelände.	
344.	" "	Eble, Heinrich, Kunstgärtnerei, Gartengelände.	
345.	" "	Lohrer, J., Kunstgärtnerei, Gartengelände.	
346.	" "	Roth, Max, Handelsgärtnerei, Gartengelände.	
347.	" "	Winterer, Heinrich, Handelsgärtnerei, Gartengelände.	
348.	" "	Wolf, Max, Kunst- und Handelsgärtnerei.	
349.	Krakau, Preußen, Provinz Sachsen.	Heynek, Otto, Gärtnerei.	
350.	Landsberg bei Halle, Preußen, Provinz Sachsen.	Glück, Pflanzung.	
351.	Langenargen, Ober-Amt Tettnang, Württemberg.	Schöllhammer, Friedrich, Kunst- und Handelsgärtnerei.	
352.	Langenberg, Reuß j. L.	Kluge, Herrmann, Handelsgärtnerei.	

Lauf. Nr.	Ort der Gartenbau-Anlage.	Name des Besitzers und Art des Grundstücks.	Bemerkungen.
353.	Lankwitz bei Berlin, Preußen.	Matte, Paul, Pflanzung.	
354.	Lannesdorf, Preußen, Rheinprovinz.	Gräve, L., Gärtnerei und Baumschule.	
355.	Laubegast bei Dresden, Königreich Sachsen.	Haubold, B., Gewächshausgärtnerei.	
356.	" "	Helbig, H. J., Gewächshausgärtnerei.	
357.	" "	Meischke, Arthur, Gewächshausgärtnerei.	
358.	" "	Poscharsky, Oskar, Baumschule.	
359.	" "	Rossig, B., Gewächshausgärtnerei.	
360.	" "	Seidel, T. J., Gewächshausgärtnerei.	
361.	" "	Weißbach, Robert, Gewächshausgärtnerei.	
362.	Lautitz bei Löbau, Königreich Sachsen.	Liebig, Gotthelf, Handelsgärtnerei.	
363.	Leipzig, Königreich Sachsen.	Ehrlich, E., Gärtnerei.	
364.	" "	Mönch, Fr., Gärtnerei.	
365.	" "	Mönch, jun., Th., Gärtnerei.	
366.	" - Anger - Crottendorf,	Hanisch, J. C., Gärtnerei.	
367.	" "	Köhler, H., Gärtnerei.	
368.	" - Connewitz,	Damm, E., Gärtnerei.	
369.	" "	Rischer, B., Gärtnerei.	
370.	" - Eutritzsch,	Mann, O., Gärtnerei.	
371.	" - Gohlis,	Jähnig, G., Gärtnerei.	
372.	" "	Thalacker, O., Gärtnerei.	
373.	" "	Wagner, A., Gärtnerei.	
374.	" "	Wagner, C., Gärtnerei.	
375.	" - Lindenau,	Böhne, W., Gärtnerei.	
376.	" "	Herzog, O., Gärtnerei.	
377.	" "	Jähnig, Otto, Gärtnerei.	
378.	" "	Kersten, W. A., Gärtnerei.	
379.	" "	Langtopf, Fr., Gärtnerei.	
380.	" "	Merter, F. E., Gärtnerei.	
381.	" "	Richter, Louis, Gärtnerei.	
382.	" "	Uhde, B., Gärtnerei.	
383.	" - Neudnitz,	Hensel, Max, Gärtnerei.	
384.	Leisnig, Königreich Sachsen.	Bochmann, Ernst Bruno, Kunst- und Handelsgärtnerei.	
385.	" "	Heintze, verw., Helene, in Firma Robert Heintze, Kunst- und Handelsgärtnerei.	
386.	" "	Keuffel, Walther, Kunst- und Handelsgärtnerei.	
387.	" "	Mierisch, Auguste Franziska, Wittwe, Kunst- und Handelsgärtnerei.	
388.	" "	Renner, Franz Otto, Kunst- und Handelsgärtnerei.	
389.	" "	Schellhorn, Carl Franz Richard, Kunst- und Handelsgärtnerei.	
390.	" "	Schreck, Carl Gustav, Kunst- und Handelsgärtnerei.	
391.	Leuben, Königreich Sachsen.	Füssel, Heinrich, Gewächshausgärtnerei.	

Lauf. Nr.	Ort der Gartenbau-Anlage.	Name des Besitzers und Art des Grundstücks.	Bemerkungen.
392.	Leuben, Königreich Sachsen.	Junke, J.A., Gewächshausgärtnerei.	
393.	" "	Münch & Haufe, Rosenschulen.	
394.	" "	Schmall, Johannes, Gewächshausgärtnerei.	
395.	" "	Ziegenbalg, Max, Gewächshausgärtnerei.	
396.	Leubnitz-Neuostra bei Dresden, Königreich Sachsen.	Naumann, Oskar, Kunst- und Handelsgärtnerei.	
397.	Leutzsch bei Leipzig, Königreich Sachsen.	Tasche, Richard, Kunst- und Handelsgärtnerei.	
398.	Lichtenberg bei Berlin, Preußen.	Koschel, Adolf, Gärtnerei.	Geschäftslokal in Charlottenburg.
399.	" "	Schultz, Gustav A., Hoflieferant, Gärtnerei.	
400.	Lichtenrade, Preußen, Provinz Brandenburg.	Schwartz, E., Gärtnerei.	Geschäftslokal in Tempelhof.
401.	Lindau, Bayern.	Kupflin, Friedrich, Kunst- und Handelsgärtnerei.	
402.	Lucka, Sachsen-Altenburg.	Franke, Ernst Arno, Handelsgärtnerei.	
403.	Ludwigsburg, Württemberg.	Hartmann, Karl, Baumschule.	
404.	Lübeck.	Behrens, C., Kunst- und Handelsgärtnerei.	Moislinger Allee 133.
405.	"	Blanert, F. L. W., Kunst- und Handelsgärtnerei.	Schwartauer Allee 61.
406.	"	Böckmann, J. H. H., Kunst- und Handelsgärtnerei.	Arnimstraße 53.
407.	"	Buthmann, D., Kunst- und Handelsgärtnerei.	Arnimstraße 59.
408.	"	Elster, Alfred, Kunst- und Handelsgärtnerei.	Schönböckner Weg.
409.	"	Goldschmidt, J. H. H., Gärtnerei.	Moislinger Allee 171.
410.	"	Hedlund, W., Kunst- und Handelsgärtnerei.	Bangsweg 5.
411.	"	Heidmann, Carl, Kunst- und Handelsgärtnerei.	Moislinger Allee 93.
412.	"	John, R., Kunst- und Handelsgärtnerei.	Roeckstraße 20.
413.	"	Laue, W. C. J., Kunst- und Handelsgärtnerei.	Schönböckner Weg 9.
414.	"	Lindberg, Alb., Kunst- und Handelsgärtnerei.	Ratzeburger Allee 11.
415.	"	Ludmann, J. H., Kunst- und Handelsgärtnerei.	Moislinger Allee 49.
416.	"	Million, Otto, Kunst- und Handelsgärtnerei.	Moislinger Allee 67.
417.	"	Paulig, Phil., Kunst- und Handelsgärtnerei.	Fackenburger Allee 18.
418.	"	Piehl, Theodor, Spalthaver Nachfolger, Kunst- und Handelsgärtnerei.	Schwartauer Allee 51.
419.	"	Poitlitz, Henry, Kunst- und Handelsgärtnerei.	Arnimstraße 63.
420.	"	Rastedt, C. H., Kunst- und Handelsgärtnerei.	Fackenburger Allee 32a.
421.	"	Rohrbantz, Carl, Baum- und Rosenschulen.	Moislinger Allee 55 und Dornestraße.
422.	"	Rose, Wilh., Baumschulen.	Wilhelmshöher Baumschulen, Jöroelsdorfer Allee.
423.	"	Rudloff, Fritz, Kunst- und Handelsgärtnerei.	Moislinger Allee 61.
424.	"	Rust, Chr., Kunst- und Handelsgärtnerei.	Wakenitzstraße 11b.
425.	"	Schunck, C. H. H., Kunst- und Handelsgärtnerei.	Kirchenstraße 6.
426.	"	Sperling, Friedr., Kunst- und Handelsgärtnerei.	Schönböckner Weg 11.
427.	"	Stelzner & Schmalz Nachf., Baumschulen.	Dornestraße 19 und Schwartauer Allee 2.

Lauf. Nr.	Ort der Gartenbau-Anlage.	Name des Besitzers und Art des Grundstücks.	Bemerkungen.
428.	Lübeck.	Versuchsfeld des Gartenbauvereins.	Bei der Lohmühle 12.
429.	„	Vollert, Adolph, Kunst- und Handelsgärtnerei.	Kaninchenberg.
430.	„	Vollert, H. J., Baumschulen.	Ватенitzstraße 21.
431.	„	Vollert, J. C., Baumschulen.	Weberkoppel.
432.	„	Vollert, Ludwig, Kunst- und Handelsgärtnerei.	Geninerstraße 6.
433.	„	Vollert, Wilh., Baumschulen.	Ratzeburger Allee.
434.	„	Wendt, B., Kunst- und Handelsgärtnerei.	Fackenburger Allee 46c.
435.	„	Wiese, C. H. H., Kunst- und Handelsgärtnerei.	Finkenstraße 1.
436.	„	Wittern, W. H., Kunst- und Handelsgärtnerei.	Schwartauer Allee 49b.
437.	Lusan, Reuß j. L.	Lehmann, Gustav, Gärtnerei.	
438.	Magdeburg, Preußen, Provinz Sachsen.	Wolter, Paul, Gärtnerei.	
439.	„ „	Wolter, Otto, Gärtnerei.	
440.	Mainz, Hessen, Provinz Rheinhessen.	Rothmüller, Jacob, Handelsgärtnerei.	
441.	Markkleeberg bei Leipzig, Königreich Sachsen.	Hoppe, Joh. Fr., sen., Kunst- und Handelsgärtnerei.	
442.	„ „	Hoppe, Joh.Fr., jun., Kunst-und Handelsgärtnerei.	
443.	„ „	Pladek, Bernh., jun., Kunst-und Handelsgärtnerei.	
444.	„ „	Schmidt, Gustav, Kunst- und Handelsgärtnerei.	
445.	„ „	Wolf, Hermann, Kunst- und Handelsgärtnerei.	
446.	Mehlen, Preußen, Rheinprovinz.	Rieß, Peter, Gärtnerei und Baumschule.	
447.	Meißen, Königreich Sachsen.	Born, Eduard Franz, Gärtnerei.	
448.	„ „	Dietrich, Hermann Otto, Gärtnerei.	
449.	„ „	Pinkert, Friedrich Otto, Gärtnerei.	
450.	„ „	Schneider, Arthur, Gärtnerei.	
451.	Miltenberg, Bayern, Regierungsbezirk Unterfranken und Aschaffenburg.	Koschwanez, Wenzel Joseph, Handelsgärtnerei.	
452.	Mittelherwigsdorf bei Zittau, Königreich Sachsen.	Hochmuth, Karl, Handelsgärtnerei und Blumenzüchterei.	
453.	Mülhausen, Elsaß-Lothringen.	Barthel.	
454.	„ „	Becker, J., Gärtnerei.	
455.	„ „	Geiger.	
456.	„ „	Strub.	
457.	Mülheim a. Rh., Preußen, Rheinprovinz.	Breinig, Peter, Gärtnerei.	
458.	München, Bayern.	Buchner, August, Kunst- und Handelsgärtnerei.	
459.	„ „	Buchner, Aug., & Co., Kunst- und Handelsgärtnerei.	Aeußere Schleißheimerstraße 34.
460.	„ „	Koch, Josef, Kunst- und Handelsgärtnerei.	
461.	Münchhof, Gemeinde Reutin, Bayern.	Renner, Georg, Handelsgärtnerei.	
462.	Nauheim, Bad, Hessen, Provinz Oberhessen.	Lindemann, K. A., Handelsgärtnerei.	
463.	„ „	Linkmann, L., Handelsgärtnerei.	

Lauf. Nr.	Ort der Gartenbau-Anlage.	Name des Besitzers und Art des Grundstücks.	Bemerkungen.
464.	Naußlitz bei Dresden, Königreich Sachsen.	Ebner, Friedrich Christian, Baumschule, Beerenzüchterei.	
465.	Neuburg a. D., Bayern.	Zinsmeister, Ludwig Anton, Handelsgärtnerei.	
466.	Neuhörnitz bei Zittau, Königreich Sachsen.	Lange, Gustav Eduard, Kunst- und Handelsgärtnerei.	
467.	Neusalz a. O., Preußen, Provinz Schlesien.	Kranse, J. D., Gärtnerei.	
468.	Neuß, Preußen, Rheinprovinz.	Angenoort, Franz, Gärtnerei.	
469.	„ „	Klaphake, August & Sohn, Baumschule.	
470.	Neuulm, Bayern.	Neubronner, D., Handelsgärtnerei.	
471.	Neuwied, Preußen, Rheinprovinz.	Rittershaus, Eugen, Gärtnerei und Baumschule.	
472.	Nieder-Höchstadt, Preußen, Provinz Hessen-Nassau.	Hoffmann, R., Baumschule.	
473.	Niederseblitz bei Dresden, Königreich Sachsen.	Eck, Willy, Rosen- und Blumenzüchterei.	
474.	„ „	Mietzsch, Inhaber A. Holstein und A. Liebsch, Rosen- und Obstbaumschule.	
475.	„ „	Raetsch, Otto, Blumenzüchterei.	
476.	„ „	Rocksch, Eduard, Nachfolger, Obstbaumschule.	
477.	„ „	Dr. Roennefarth, Tulewohl & Roßberg (Glierne's Nachf.), Baumschule, Ziersträucher 2c.	
478.	„ „	Schwarzbach, Moritz, Blumen- und Rosenzüchterei.	
479.	Niendorf bei Lübeck.	Gotsch, Carl, Kunst- und Handelsgärtnerei.	
480.	„ „	Scheel, Gutsgärtnerei.	
481.	„ „	Bischhöfer, C., Kunst- und Handelsgärtnerei.	
482.	Nürnberg, Bayern.	Adam, A., Kunstgärtnerei.	Kleinreuther Weg 93.
483.	„ „	Appold, Conrad, Kunst- und Handelsgärtnerei.	
484.	„ „	Bänsch, Karl, Gärtnerei.	
485.	„ „	Dietrich, Simon, Samenhandlung und Gärtnerei.	
486.	„ „	Emmel, Theodor, Kunst- und Handelsgärtnerei.	
487.	„ „	Hirschmann, Johann, Kunstgärtnerei.	
488.	„ „	Hofmann, Sebastian, Kunst- und Handelsgärtnerei.	
489.	„ „	Hutzler, Eberhardt, Kunst- und Handelsgärtnerei.	
490.	Nürtingen, Württemberg.	Otto, Emanuel, Baumschule.	
491.	Obereßlingen, Oberamt Eßlingen, Württemberg.	Schneider, Albert, Kunst- und Handelsgärtnerei, Rosenschulen.	
492.	Obermoschel, Bayern.	Rannzweiler, Jakob, Handelsgärtnerei.	
493.	Oberursel, Preußen, Provinz Hessen-Nassau.	Lüttich, Ernst, Baumschule.	
494.	„ „	Ring, S. und J., Baumschule.	
495.	„ „	Witzel, Karl, Gärtnerei.	
496.	Oelsnitz i. V., Königreich Sachsen.	Seeling, Paul, Kunst- und Handelsgärtnerei.	
497.	„ „	Thümmler, Gottlieb, Baumschule.	
498.	„ „	Timm, Louise, Kunst- und Handelsgärtnerei.	

Lauf. Nr.	Ort der Gartenbau-Anlage.	Name des Besitzers und Art des Grundstücks.	Bemerkungen.
499.	Oelsnitz i. V., Königreich Sachsen.	Tischner, Emil, Kunst- und Handelsgärtnerei.	
500.	" "	Tischner, Theodor, Kunst- uud Handelsgärtnerei.	
501.	" "	Wohlfarth, Wilhelm, Kunst- und Handelsgärtnerei.	
502.	Offenbach a. M., Hessen, Provinz Starkenburg.	Chr. Grundels, Nachfolger Otto Berz, Baumschulen.	
503.	Oppertshofen, Hessen, Provinz Oberhessen.	Heß, G., Rosenanlagen.	
504.	" "	Weil, J. G. III, Rosenanlagen.	
505.	" "	Weil, K. X, Rosenanlagen.	
506.	Osterode a. H., Preußen, Provinz Hannover.	Freiherrl. von Oldershausensche Erben, Obstbaumschule.	
507.	Oybin bei Zittau, Königreich Sachsen.	Neumann, Gebrüder, Kunst- und Handelsgärtnerei.	
508.	Pankow, Preußen, Provinz Brandenburg.	Kretschmann, W., Gärtnerei.	Bei Berlin.
509.	Passau, Bayern.	Geise, Gebrüder Ernst und Otto, Handelsgärtnerei.	
510.	Pegau, Königreich Sachsen.	Eichler, Franz, Gärtnerei.	
511.	" "	Festner, Reinhold, Handelsgärtnerei.	
512.	" "	Helliegel, Arthur, Gärtnerei.	
513.	" "	Walter, Curt, Gärtnerei, (Pächter Friedrich Mosenthin).	
514.	" "	Wester, Gustav, Gärtnerei.	
515.	Perver, Preußen, Provinz Sachsen.	Tant, Ferdinand, Gärtnerei.	
516.	Peithau bei Zittau, Königreich Sachsen.	Baumert, Frau verw., Blumenzüchterei und Gemüsebau.	
517.	" "	Donath, Friedrich Hermann, Gemüsebau.	
518.	" "	Donner, Friedrich Wilhelm, Handelsgärtnerei, Blumenzüchterei und Gemüsebau.	
519.	" "	Frenzel, Ernst Moritz, Handelsgärtnerei. (Blumenzucht und Gemüsebau.)	
520.	" "	Hanspach, Julius Herrmann, Blumenzüchterei und Gemüsebau.	
521.	" "	Krusche, Hermann, Handelsgärtnerei, Blumenzüchterei.	
522.	" "	Neumann, Gustav Julius, Gemüsebau.	
523.	" "	Ritsch, Johann, Handelsgärtnerei, Blumenzüchterei und Gemüsebau.	
524.	" "	Zobel, Friedrich Wilh., Handelsgärtnerei, Baumschule und Gemüsebau.	
525.	Pirna, Königreich Sachsen.	Anders, Bernhard, Handelsgärtnerei.	
526.	" "	Anders, Heinrich Otto, in Firma: Anders & Winkler, Handelsgärtnerei.	
527.	" "	Böttcher, Christiane, verwittw., Handelsgärtnerei.	
528.	" "	Fischer, Conrad, Handelsgärtnerei.	
529.	" "	Gregor, Pauline, Wittwe, Handelsgärtnerei.	

Lauf. Nr.	Ort der Gartenbau-Anlage.	Name des Besitzers und Art des Grundstücks.	Bemerkungen.
530.	Pirna, Königreich Sachsen.	Gregor, Johannes, in Firma: Richard Gregor, Handelsgärtnerei.	
531.	" "	Grosche, Robert Oswald, Handelsgärtnerei.	
532.	" "	Günther, C. W., Handelsgärtnerei.	
533.	" "	Hebold, Otto, Handelsgärtnerei.	
534.	" "	Jäger, Georg, Handelsgärtnerei.	
535.	" "	Kretschmar, Otto, Handelsgärtnerei.	
536.	" "	Peppisch, Theodor, Handelsgärtnerei.	
537.	" "	Philipp, August, Handelsgärtnerei.	
538.	" "	Plotz, Richard, Handelsgärtnerei.	
539.	" "	Scholze, Curt Julius, Handelsgärtnerei.	
540.	" "	Sperling, Robert, Handelsgärtnerei.	
541.	" "	Stohn, Georg, Handelsgärtnerei.	
542.	" "	Voigtländer, Richard, Handelsgärtnerei.	
543.	" "	Wagner, Max, Handelsgärtnerei.	
544.	" "	Winkler, Gustav Alfons Aurel, in Firma Anders & Winkler, Handelsgärtnerei.	
545.	" "	Zschiedrich, Otto Wilhelm, Handelsgärtnerei.	
546.	Plantières bei Metz, Elsaß-Lothringen.	Simon.	
547.	Plauen i. V., Königreich Sachsen.	Gescheidt, Wilhelm, Handelsgärtnerei.	
548.	" "	Knorre, Richard, Handelsgärtnerei.	
549.	" "	Kühn, Gustav Adolf, Handelsgärtnerei.	
550.	" "	Riedel, Carl Wilhelm Rudolf, Handelsgärtnerei.	
551.	" "	Tryquardt, Friedrich Peter, Handelsgärtnerei.	
552.	" "	Wagner, Carl, Kunst- und Handelsgärtnerei.	
553.	" "	Westphal, Theodor, Handelsgärtnerei.	
554.	" "	Wettengel, Friedrich Reinhard, Handelsgärtnerei.	
555.	" "	Zabel, Andreas Paul Friedrich, Handelsgärtnerei.	
556.	Plittersdorf, Preußen, Rheinprovinz.	Rohde & Co., Gärtnerei- und Baumschule.	
557.	Pohlitz, Reuß j. L.	Gorschboth, Thilo, Kunst- und Handelsgärtnerei.	
558.	" "	Gräbs, Albin, Handelsgärtnerei.	
559.	" "	Grübe, Hermann, Handelsgärtnerei.	
560.	" "	Hilbert, Albert, Handelsgärtnerei.	
561.	" "	Prüfer, Ernst, Handelsgärtnerei.	
562.	" "	Schabe, Willi, Gärtnerei.	
563.	Potsdam, Preußen, Provinz Brandenburg.	Gernt, H., Gärtnerei.	
564.	"	Schaper, Gärtnerei.	
565.	Quedlinburg, Preußen, Provinz Sachsen.	Dippe, Gebrüder, Pflanzung im Felde.	
566.	" "	Gebhardt & Co., Inhaber Rhoden, Gärtnerei.	
567.	" "	Grashoff, Albert, Pflanzung im Felde.	
568.	" "	Hennig, Inhaber Rolle, Gärtnerei.	
569.	" "	Keilholz, A., Inhaber Jessel, Gärtnerei.	
570.	" "	Kettenbeil, Gärtnerei.	

— 350 —

Auf. Nr.	Ort der Gartenbau-Anlage.	Name des Besitzers und Art des Grundstücks.	Bemerkungen.
571.	Quedlinburg, Preußen, Provinz Sachsen.	Mette, Heinrich, Pflanzung im Felde.	
572.	" "	Pape & Bergmann, Gärtnerei.	
573.	" "	Samen- und Pflanzen-Versandgeschäft „Quedlinburg", Gärtnerei.	
574.	" "	Sattler, Carl, Gärtnerei.	
575.	" "	Sattler & Bethge, Gärtnerei.	
576.	" "	Teupel, A., Gärtnerei.	
577.	" "	Wehrenpfennig, Gärtnerei.	
578.	" "	Ziemann, S. L., Inhaber Sperling, Pflanzung im Felde.	
579.	Rabenau bei Dresden, Königreich Sachsen.	Ebner, Johannes, Gärtnerei-Anlage (Palmenzucht).	
580.	Radeberg, Königreich Sachsen.	Freund, Karl Ernst Alfred, Kunst- und Handelsgärtnerei.	
581.	" "	Heßscholb, Eduard, Kunst- und Handelsgärtnerei.	
582.	Radolfzell, Amt Konstanz, Baden.	Fritschi, Josef, Handelsgärtnerei, Gartengelände.	
583.	" "	Mattern & Keßler, Handelsgärtnerei, Gartengelände, Baumschule.	
584.	Rathenow, Preußen, Provinz Brandenburg.	Bölcke, Baumschule und Pflanzung im Felde.	
585.	Ravensburg, Württemberg.	Binter, Rudolph, Handelsgärtnerei.	
586.	" "	Eckers, Matthias, Handelsgärtnerei.	
587.	Regensburg, Bayern.	Frede, Theodor.	
588.	Remscheid, Preußen, Rheinprovinz.	Koenemann & Maaßen, Inhaber Reinhard Koenemann, Gärtnerei.	
589.	Reutlingen, Württemberg.	Hummel, Robert, Handelsgärtnerei und Baumschule.	
590.	" "	Lucas, Fritz, pomologisches Institut, Baumschule u. s. w.	Filiale in Unterlenningen, Oberamt Kirchheim, Württemberg.
591.	" "	Schlegel, Gottlob, Handelsgärtnerei.	
592.	" "	Sommer, Ernst, Handelsgärtnerei.	
593.	" "	Wenz, Adolf, Handelsgärtnerei.	
594.	Riesa, Königreich Sachsen.	Fiedler, Friedrich Wilhelm, Gärtnerei.	
595.	" "	Keßler, Gustav Moritz, Kunst- und Handelsgärtnerei.	
596.	" "	Kirsten, Karl Richard, Kunst- und Handelsgärtnerei.	
597.	" "	Korf, Richard, Gärtnerei.	
598.	" "	Müller, Bernhard.	
599.	" "	Pinkert, Hermann, Kunst- und Handelsgärtnerei.	
600.	" "	Urban, Eugen August Heinrich, Gärtnerei.	
601.	Roda, Sachsen-Altenburg.	Grimm, Karl, Kunst- und Handelsgärtnerei.	
602.	" "	Heine, Andreas, Baumschule und Rosenzüchterei.	
603.	" "	Schütze, Traugott, Handelsgärtnerei.	

Lauf. Nr.	Ort der Gartenbau-Anlage.	Name des Besitzers und Art des Grundstücks.	Bemerkungen.
604.	Rödelheim, Preußen, Provinz Hessen-Nassau.	Coßmann, W., Gärtnerei und Baumschule.	
605.	Ronneburg, Sachsen-Altenburg.	Fischer, Louis, Handelsgärtnerei.	
606.	„ „	Schellenberg, Otto, Handelsgärtnerei.	
607.	„ „	Steinbach, Karl, Handelsgärtnerei.	
608.	Rüngsdorf, Preußen, Rheinprovinz.	Fahrmejer, Friedrich, Gärtnerei und Baumschule.	
609.	„ „ „	Rennenberg, Joh., Gärtnerei- und Baumschule.	
610.	Saarbrücken, Preußen, Rheinprovinz.	Wendel, Gärtnerei und Baumschule.	
611.	„ „ „	Rosenkränzer, Gärtnerei und Baumschule.	
612.	Schedewitz bei Zwickau, Königreich Sachsen.	Lorenz, Paul, Kunst- und Handelsgärtnerei.	
613.	Schiltigheim bei Straßburg, Elsaß-Lothringen.	Weick Sohn, Handelsgärtnerei.	
614.	Schmalhof, Bayern.	Fürst, Albert, Handelsgärtnerei.	
615.	Schmölln, Sachsen-Altenburg.	Naumann, Albin, Gärtnerei.	
616.	Schönau bei Leipzig, Königreich Sachsen.	Hund, Franz, Kunst- und Handelsgärtnerei.	
617.	Schönberg, Preußen, Provinz Hessen-Nassau.	Rumpf, A., Pflanzung.	
618.	Schöneberg bei Berlin, Preußen, Provinz Brandenburg.	Kohlmannslehner & Schwenke, Gärtnerei.	
619.	Schwabing, Bayern.	Hörmann, Michael, Kunst- und Handelsgärtnerei.	
620.	Schweinsburg bei Crimmitschau, Königreich Sachsen.	Mehlhorn, O. Br., Kunst- und Handelsgärtnerei.	
621.	Schweta (Rittergut) bei Döbeln, Königreich Sachsen.	Göhlich, Ernst Julius, Kunst- und Handelsgärtnerei (Pächter).	
622.	Segeberg, Preußen, Provinz Schleswig-Holstein.	Stämmler, Carl, Gärtnerei.	
623.	Soden, Preußen, Provinz Hessen-Nassau.	Scheffler, Konrad, Gärtnerei.	
624.	Spahlitz, Preußen, Provinz Schlesien.	Spaethe, Robert, Baumschule.	
625.	Speyer, Bayern.	Harster, Gebrüder, Handelsgärtnerei.	
626.	„ „	Pelien, C. F.	
627.	Steglitz, Preußen, Provinz Brandenburg.	Lackner, Carl, Gartenbaudirektor, Gärtnerei.	
628.	„ „	Schmidt, J. C., Inhaber: L. Kunze, Hoflieferant, Gärtnerei.	Geschäftslokal in Berlin.
629.	„ „	van der Smissen, L., Gärtnerei.	
630.	Steinfurth, Hessen, Provinz Oberhessen.	Gebr. Huber, Rosenkultur.	
631.	„ „ „	Michel & Eichelmann, Rosenkultur.	
632.	„ „ „	Schreyer, Friedrich, Rosenkultur.	
633.	„ „ „	Gebr. Schultheis, Rosenkultur und Baumschule.	
634.	„ „ „	Thönges & Eichelmann, Rosenkultur.	

Lauf. Nr.	Ort der Gartenbau-Anlage.	Name des Besitzers und Art des Grundstücks.	Bemerkungen.
635.	Steinfurth, Hessen, Provinz Oberhessen.	Walter & Lehmann, Rosenkultur.	
636.	" "	Weihrauch, Joh. u. Hch., Rosenkultur.	
637.	Stendal, Preußen, Provinz Sachsen.	Bertram, Otto, in Firma Chr. Bertram, Gärtnerei und Baumschulen.	
638.	Straßburg, Elsaß-Lothringen.	Müller, Martin (Vater).	
639.	Stuttgart, Stadt, Württemberg.	Bofinger, Wilhelm, Handelsgärtnerei.	
640.	" " "	Ernst, G., Kunst- und Handelsgärtnerei.	
641.	" " "	Gumpper, Ph. G., Handels- und Kunstgärtnerei.	
642.	" " "	Hofgärtnerei Villa Berg.	
643.	" " "	Merz, Friedrich, Handelsgärtnerei.	
644.	" " "	Pfitzer, Wilhelm, Handelsgärtnerei.	
645.	" " "	Schnitzler, Jacob, Handelsgärtnerei.	
646.	" " "	Ullrich, J. G., Handelsgärtnerei.	
647.	Taucha bei Leipzig, Königreich Sachsen.	Schröter, C. J., Kunst- und Handelsgärtnerei.	
648.	Tempelhof bei Berlin, Preußen.	Franke'sche Erben, Baumschule.	
649.	Tharandt, Königreich Sachsen.	Akademischer Forstgarten im Staatsforstrevier.	
650.	Tinz, Reuß j. L.	Schmalfuß, Alfred, Gärtnerei.	
651.	" "	Weber, Alfred, Gärtnerei.	
652.	Tolkewitz, Königreich Sachsen.	Hauber, Paul, Baumschule.	
653.	Trier, Preußen, Rheinprovinz.	Brauchle, Ambrosius, Gärtnerei.	
654.	" "	Lambert, J., Söhne, Gärtnerei.	Zuckerberg.
655.	" "	Lambert, Peter, jun., Rosen- und Baumschulen.	St. Marien, Paulinsflur.
656.	" "	Lambert & Reiter, Obst- und Rosenschulen.	St. Marien, Paulinsflur, Eurenerweg.
657.	" "	Mock, Josef, Rosenschulen.	Theobalds-Flur und Nacht.
658.	" "	Reiter, Johann, jun., Baum- und Rosenschulen.	
659.	" -Pallien, "	Ittenbach, Peter, Rosenschulen.	
660.	" " "	Walter & Rath, Inhaber M. Rath, Rosenschulen und Gärtnerei.	
661.	" " "	Welter, Nikolaus, Rosenschule.	
662.	" " "	Welter, Matthias, Rosenschule.	
663.	Tübingen, Württemberg.	Königl. Universität, botanischer Garten.	
664.	Uerdingen, Preußen, Rheinprovinz.	Fettweiß, Peter, Gartenanlage.	
665.	Ulm, Württemberg.	Bauzennacher & Straub, Handelsgärtnerei.	
666.	" "	Lopp, Paul, Handelsgärtnerei.	
667.	Viersen, Preußen, Rheinprovinz.	Wassenhoven, Hubert, Gartenanlage.	
668.	Vieselbach, Großherzogthum Sachsen.	Bauroth, Hans, Handelsgärtnerei.	
669.	Vilbel, Hessen, Provinz Oberhessen.	Gebr. Sießmayer, Kunst- und Handelsgärtnerei.	
670.	Vorwerk bei Lübeck.	Stelzner & Schmalz Nachf. in Lübeck, Baumschulen.	

Lauf. Nr.	Ort der Gartenbau-Anlage.	Name des Besitzers und Art des Grundstücks.	Bemerkungen.
671.	Wahren bei Leipzig, Königreich Sachsen.	Schmidt, Hermann, Kunst- und Handelsgärtnerei.	
672.	" "	Theile, Julius, Kunst- und Handelsgärtnerei.	
673.	" "	Theile, Hermann, Kunst- und Handelsgärtnerei.	
674.	Walddorf, Königreich Sachsen.	Neumann, Reinhard, Handelsgärtnerei.	
675.	Waldenburg, "	Fürstlich Schönburg'sche Hofgärtnerei.	
676.	Wandsbek, Preußen, Provinz Schleswig-Holstein.	Becker, Joh., Gärtnerei.	
677.	" "	Berndt, Herm., Gärtnerei.	
678.	" "	Goepel, F. L., Gärtnerei.	
679.	" "	Habler, H., Gärtnerei.	
680.	" "	Herbst, A., Gärtnerei.	
681.	" "	Jant, Franz, Gärtnerei.	
682.	" "	Kircher, Rudolf, Gärtnerei.	
683.	" "	Kleinert, R., Gärtnerei.	
684.	" "	Koch, H. L., Gärtnerei.	
685.	" "	Neubert, E., Gärtnerei.	
686.	" "	Oehlkers, Gebrüder, Gärtnerei.	
687.	" "	Redeker, Gustav, Gärtnerei.	
688.	" "	Rieden, E. M., Gärtnerei.	
689.	" "	Runde, W., Gärtnerei.	
690.	" "	Scheider, Jul., Gärtnerei.	
691.	" "	Seemann, Albert, Gärtnerei.	
692.	" "	Stolbt, C., Gärtnerei.	
693.	" "	Tiefenthal, D., Gärtnerei.	
694.	Weende, Preußen, Provinz Hannover.	Weitemeier, Gärtnerei.	
695.	Weener, Preußen, Provinz Hannover.	Hesse, H., Baumschule.	
696.	Weimar, Großherzogth. Sachsen.	Grimm, Franz, Handelsgärtnerei.	
697.	" "	Maul, Otto, Handelsgärtnerei.	
698.	" "	Merkel, Karl, Handelsgärtnerei.	
699.	" "	Rabe, Karl, Handelsgärtnerei.	
700.	Wesel, Preußen, Rheinprovinz.	Lüth, L., Baumschule.	
701.	Wiesbaden, Preußen, Provinz Hessen-Nassau.	Möller, Gottlieb, Baumschulen.	Biebricherstraße.
702.	" "	Weber, A., & Co., Gärtnerei.	Parkstraße.
703.	" "	Weygandt, G., Gartenanlage.	Dotzheimerstraße 59.
704.	Wildpark, Preußen, Provinz Brandenburg.	Fricke, H., Gärtnerei.	
705.	Wirgetswiesen, Gemeinde Ettenkirch, Württemberg.	Bauer, J. A., Pflanzschule.	
706.	Worms a. Rhein, Hessen, Prov. Rhein-Hessen.	Beth, Joh., Handelsgärtnerei.	
707.	" "	Fetzer, Joseph, Handelsgärtnerei.	
708.	" "	Kunkel, Wilhelm.	

Lauf. Nr.	Ort der Gartenbau-Anlage.	Name des Besitzers und Art des Grundstücks.	Bemerkungen.
709.	Würzburg, Bayern.	Rosenthal, Hugo, botanischer Garten.	
710.	„ „	Wahler, Wilhelm, Kunstgärtnerei, (Obergärtner Emil Ornst).	
711.	Wurzen, Königreich Sachsen.	Grohe, Gustav, Handelsgärtnerei.	
712.	„ „	Lehmann, Hermann, Handelsgärtnerei.	
713.	Ziegelhaus, Gemeinde Reutin, Bezirksamt Lindau, Bayern.	Flachs, Franz Josef, Handelsgärtnerei.	
714.	Zirlau, Preußen, Provinz Schlesien.	Berndt, C., in Firma S. Lindner, Gärtnerei.	
715.	Zittau, Königreich Sachsen.	Berge, Gustav, Gärtnerei.	
716.	„ „	Berger, Heinrich, Gärtnerei.	
717.	„ „	Bießlich, Ernst Gustav, Gärtnerei.	
718.	„ „	Brendler, Robert, Gärtnerei.	
719.	„ „	Buttig, Ernst, Gärtnerei.	
720.	„ „	Franze, Julius Hermann, Gärtnerei.	
721.	„ „	Förster, Paul, Gärtnerei.	
722.	„ „	Gäbler, Ernst, Gärtnerei.	
723.	„ „	Gochi, Ladislaus, Gärtnerei.	
724.	„ „	Großmann, Ernst, Gärtnerei.	
725.	„ „	Hoffmann, Gustav A., Gärtnerei.	
726.	„ „	Kleich, Carl, Gärtnerei.	
727.	„ „	Kleich, Max, Gärtnerei.	
728.	„ „	Krüger, Edmund, Gärtnerei.	
729.	„ „	Leibhold, Adolf, Gärtnerei.	
730.	„ „	Leibhold, Max, Gärtnerei.	
731.	„ „	Michel, Hermann, Gärtnerei.	
732.	„ „	Moraweck, Heinrich Adolph, Gärtnerei.	
733.	„ „	Peukert, Heinrich, Gärtnerei.	
734.	„ „	Renner, Gustav, Gärtnerei.	
735.	„ „	Schmitt, Karl, Gärtnerei.	
736.	„ „	Schubert, Emil, Gärtnerei.	
737.	„ „	Schubert, Herrmann, Gärtnerei.	
738.	„ „	Stecher, Hermann, Gärtnerei.	
739.	„ „	Trautmann, Carl Robert, Gärtnerei.	
740.	„ „	Trepte, Heinrich, Gärtnerei.	
741.	„ „	Zeidler, Carl August, Gärtnerei.	
742.	„ „	Ziegler, Johann Jacob, Gärtnerei.	
743.	Zweibrücken, Bayern.	Guth, Friedrich, Handelsgärtnerei.	

Berlin, den 19. Oktober 1899.

Der Reichskanzler.

Im Auftrage: Hopf.

4. Zoll- und Steuer-Wesen.

Der Bundesrath hat in seiner Sitzung vom 12. Oktober 1899 beschlossen:

Für die am 1. Juli 1899 in öffentlichen Zollniederlagen oder in Privatlagern unter amtlichem Mitverschlusse vorhanden gewesenen spanischen Verschnittweine und -Moste bedarf es des Nachweises des unmittelbaren Einganges aus dem Ursprungslande nicht. Diese Weine und Moste werden ungeachtet des Umstandes, daß bei ihrer Einlagerung die Anmeldung als Verschnittweine und -Moste unterblieben ist und daß sie während der Lagerung eine Behandlung, Umfüllung oder Theilung erfahren haben, zur Untersuchung auf den Alkohol- beziehungsweise Fruchtzucker- und Extraktgehalt und bei nachgewiesener Identität sowie beim Vorhandensein der vertragsmäßigen Eigenschaften im Falle der vorschriftsmäßigen Verwendung zum Verschneiden zu dem Vertragszollsatze von 10 ℳ für den Doppelzentner zugelassen.

Die Gestellung der Weine und Moste zur Untersuchung auf den Alkohol- beziehungsweise Fruchtzucker- und Extraktgehalt muß jedoch spätestens bis zum 31. März 1900 erfolgen.

Die vorstehenden Bestimmungen haben auf spanische Verschnittweine und -Moste, die am 1. Juli d. J. in Freibezirken oder Zollausschlüssen vorhanden gewesen sind, sinngemäße Anwendung zu finden.

Berlin, den 23. Oktober 1899.

Der Reichskanzler.
Im Auftrage: v. Koerner.

---

5. Polizei-Wesen.

Ausweisung von Ausländern aus dem Reichsgebiete.

Laufende Nr.	Name und Stand der Ausgewiesenen.	Alter und Heimath	Grund der Bestrafung.	Behörde, welche die Ausweisung beschlossen hat.	Datum des Ausweisungsbeschlusses.
1.	2.	3.	4.	5.	6.

a) Auf Grund des §. 39 des Strafgesetzbuchs.

1.	Anton Warbega, Sattlergeselle,	geboren am 9. Januar 1869 zu Kuppelei (9 Monate Königlich preußischer Jdunsta-Wola, Kreis Sieradz, Rußland, russischer Staatsangehöriger,	Gefängniß, laut Erkenntniß vom 24. Januar 1899),	Königlich preußischer Regierungs-Präsident zu Breslau,	17. Oktober d. J.

b) Auf Grund des §. 362 des Strafgesetzbuchs.

2.	Anton Fleigel, auch Fleigl, Kürschner,	geboren am 24. Mai 1852 zu Unter-Beilein, Berkowitz, Bezirk Melnik, Böhmen, ortsangehörig ebendaselbst,		Königlich preußischer Regierungs-Präsident zu Oppeln,	1. September d. J.
3.	Julius Schäppi, Schlosser,	geboren am 10. Juli 1857 zu Uetikon, Kanton Zürich, Schweiz,	desgleichen,	Königlich preußischer Regierungs-Präsident zu Sigmaringen,	10. Oktober d. J.

Central-Blatt für das Deutsche Reich.

Herausgegeben im Reichsamte des Innern.

Zu beziehen durch alle Postanstalten und Buchhandlungen.

| XXVII. Jahrgang. | Berlin, Freitag, den 3. November 1899. | № 45. |

Inhalt: 1. **Konsulat-Wesen:** Ernennungen; — Exequatur-Ertheilungen . . . . Seite 365
2. **Zoll- und Steuer-Wesen:** Zollbehandlung im Inlande veredelter Strohbänder; — Zollabfertigung von abgenutzten Metallgegenständen; — Zollerlaß für Bienenwachs- und Japanwachs-Fabrikate . . . 366
3. **Eisenbahn-Wesen:** Bekanntmachung, betreffend die Verwendung der bisherigen Frachtbrief-Formulare . 366
4. **Polizei-Wesen:** Ausweisung von Ausländern aus dem Reichsgebiete 367

1. Konsulat-Wesen.

Seine Majestät der Kaiser haben im Namen des Reichs den bisherigen Konsul in Kiew, Schäffer, zum General-Konsul in Odessa zu ernennen geruht.

Nachdem die Konsularbehörde des Reichs in Athen in ein General-Konsulat umgewandelt worden ist, haben Seine Majestät der Kaiser den bisherigen Konsul in Athen, charakterisirten General-Konsul Lüders, zum General-Konsul daselbst zu ernennen geruht.

Seine Majestät der Kaiser haben im Namen des Reichs den bisherigen Konsul in Tiflis, Hopmann, zum Konsul in Kiew zu ernennen geruht.

Seine Majestät der Kaiser haben, nach erfolgter Umwandlung des bisherigen Vize-Konsulats in Rosario (Argentinien) in ein Konsulat, im Namen des Reichs den bisherigen Vize-Konsul W. Tietjen zum Konsul in Rosario zu ernennen geruht.

Dem zum rumänischen General-Konsul für das Großherzogthum Baden und die Bayerische Pfalz mit dem Amtssitz in Mannheim ernannten bisherigen dortigen Konsul Carl Simon ist Namens des Reichs das Exequatur ertheilt worden.

Dem Konsul Joseph Kopp in Frankfurt a. M. ist Namens des Reichs das Exequatur als Konsul für die Republik Guatemala ertheilt worden.

Dem Vize- und Deputy-Konsul der Vereinigten Staaten von Amerika in Bremen, George H. Murphy, ist Namens des Reichs das Exequatur ertheilt worden.

2. Zoll- und Steuer-Wesen.

Der Bundesrath hat in seiner Sitzung vom 19. Oktober d. J. beschlossen:

Rohe Strohbänder dürfen zur Veredelung durch Waschen, Bleichen und Färben mit der Maßgabe zugelassen werden, daß die Verzollung der im Inlande verbleibenden Waare nach ihrem Gewicht im veredelten Zustand und ohne Rücksicht auf ihre Herkunft aus einem nicht meistbegünstigten Lande zum vertragsmäßigen Satze der Tarifnummer 35 b erfolgt.

Die Anordnung der erforderlichen Kontrolvorschriften bleibt den Zolldirektivbehörden überlassen.

Berlin, den 28. Oktober 1899.

Der Reichskanzler.
Im Auftrage: v. Koerner.

Der Bundesrath hat in seiner Sitzung vom 19. Oktober 1899 beschlossen, daß

„die Zolldirektivbehörden ermächtigt werden, für zerbrochene oder abgenutzte Metallgegenstände, welche aus dem Auslande zur Reparatur eingeführt und vormerkweise behandelt, demnächst aber als zur Reparatur nicht mehr geeignet befunden worden sind, auf Antrag bei nachgewiesener Identität die Zollbehandlung als Bruchmetall zu genehmigen, sofern die Gegenstände unter amtlicher Ueberwachung zertrümmert oder eingeschmolzen werden und kein Grund zu der Annahme besteht, daß sie nach der Eingangsabfertigung erst im Inlande zur Reparatur untauglich geworden sind."

Der Bundesrath hat in seiner Sitzung vom 19. Oktober 1899 beschlossen:

die obersten Landesfinanzbehörden in Erweiterung der ihnen durch den Bundesrathsbeschluß vom 24. Oktober 1895 — Central-Blatt 1895 Seite 376 — beigelegten Befugniß zu ermächtigen, vorbehaltlich jederzeitigen Widerrufs und der erforderlichen besonderen Kontrolmaßregeln Gewerbetreibenden, welche in zollisch abgeschlossenen Räumen unter ständiger amtlicher Ueberwachung Bienenwachs- und Japanwachs-Präparate für den Export herstellen, bei der Ausfuhr der Fabrikate den Erlaß des Zolles für das nachweislich verwendete Bienenwachs und Japanwachs zu gewähren.

---

3. Eisenbahn-Wesen.

Bekanntmachung,

betreffend die Verwendung der bisherigen Frachtbrief-Formulare.

Mit Ermächtigung des Bundesraths bestimmt das Reichs-Eisenbahn-Amt, daß die in den Anlagen C und D der Verkehrs-Ordnung für die Eisenbahnen Deutschlands vom 15. November 1892 vorgeschriebenen Frachtbrief-Formulare auch nach Einführung der neuen Eisenbahn-Verkehrsordnung vom 26. Oktober 1899 (Reichs-Gesetzbl. S. 557 ff.) noch bis zum 31. Dezember 1900 einschließlich verwendet werden dürfen.

Berlin, den 1. November 1899.

Der Präsident des Reichs-Eisenbahn-Amtes:
Schulz.

4. Polizei-Wesen.

Ausweisung von Ausländern aus dem Reichsgebiete.

Laufende Nr.	Name und Stand der Ausgewiesenen.	Alter und Heimath	Grund der Bestrafung.	Behörde, welche die Ausweisung beschlossen hat.	Datum des Ausweisungsbeschlusses.
1.	2.	3.	4.	5.	6.
		a) Auf Grund des §. 39 des Strafgesetzbuchs.			
1.	Marianna Mieszczakowska, geborene Bauszyniak, Arbeiterin,	geboren im März 1858 zu Budu, Gouvernement Kalisch, Rußland, russische Staatsangehörige.	Baudendiebstahl (3 Jahre Zuchthaus, laut Erkenntniß vom 2. November 1896),	Königlich preußischer Regierungs-Präsident zu Bromberg,	16. Oktober d. J.
		b) Auf Grund des §. 362 des Strafgesetzbuchs.			
2.	Karl Berger, Schuhmachergeselle,	geboren am 2. Oktober 1878 zu Rautenberg, Bezirk Sternberg, Mähren, österreichischer Staatsangehöriger,	Landstreichen und Betteln,	Königlich preußischer Regierungs-Präsident zu Posen,	17. Oktober d. J.
3.	Joseph Gröpl, Schuhmacher,	geboren am 8. November 1858 zu Wien, ortsangehörig zu Wachil, Bezirk Littau, Mähren,	Betteln,	Königlich bayerische Polizei-Direktion München,	14. Oktober d. J.
4.	Franz Hoffmann, Arbeiter,	geboren am 29. August 1834 zu Petersdorf, Bezirk Jägerndorf, Österreichisch-Schlesien, österreichischer Staatsangehöriger,	Landstreichen und Betteln,	Königlich preußischer Regierungs-Präsident zu Oppeln,	23. August d. J.
5.	Johann Steinl, Weber,	geboren am 18. Februar 1851 zu Graslitz, Böhmen, ortsangehörig ebendaselbst,	Betteln,	Fürstlich reußisches Landrathsamt Gera,	21. Oktober d. J.

Central-Blatt für das Deutsche Reich.

Herausgegeben im Reichsamte des Innern.

Zu beziehen durch alle Postanstalten und Buchhandlungen.

XXVII. Jahrgang. | Berlin, Freitag, den 10. November 1899. | № 46.

Inhalt: 1. **Konsulat-Wesen:** Ernennungen; — Ermächtigungen zur Vornahme von Civilstands-Akten; — Entlassung; — Exequatur-Ertheilung. Seite 369 — 2. **Bank-Wesen:** Status der deutschen Notenbanken Ende Oktober 1899 . . . . 370 — 3. **Zoll- und Steuer-Wesen:** Veränderungen in dem Stande oder den Befugnissen der Zoll- und Steuerstellen; — Bestellung eines Stationskontroleurs; — Abänderungen und Ergänzungen des amtlichen Waarenverzeichnisses zum Zolltarife . . . . 372 — 4. **Polizei-Wesen:** Ausweisung von Ausländern aus dem Reichsgebiete 378

1. Konsulat-Wesen.

Seine Majestät der Kaiser haben im Namen des Reichs den Kaufmann Hermann Springer zum Konsul in Palermo zu ernennen geruht.

Seine Majestät der Kaiser haben im Namen des Reichs den Bankier Salvatore Coppola zum Vize-Konsul in Lecce (Süd-Italien) zu ernennen geruht.

Dem bei dem Kaiserlichen General-Konsulat in Sofia beschäftigten Vize-Konsul Zoepffel ist auf Grund des §. 1 des Gesetzes vom 4. Mai 1870 in Verbindung mit §. 85 des Gesetzes vom 6. Februar 1875 die Ermächtigung ertheilt worden, in Vertretung des Kaiserlichen General-Konsuls bürgerlich gültige Eheschließungen von Reichsangehörigen und Schutzgenossen, mit Einschluß der unter deutschem Schutze lebenden Schweizer, vorzunehmen und die Geburten, Heirathen und Sterbefälle von solchen zu beurkunden.

Dem Kaiserlichen Konsul Freiherrn von Brück in Havana ist auf Grund des §. 1 des Gesetzes vom 4. Mai 1870 in Verbindung mit §. 85 des Gesetzes vom 6. Februar 1875 für seinen Amtsbezirk die Ermächtigung ertheilt worden, bürgerlich gültige Eheschließungen von Reichsangehörigen und unter deutschem Schutze lebenden Schweizern vorzunehmen und die Geburten, Heirathen und Sterbefälle von solchen zu beurkunden.

Dem bisherigen Kaiserlichen Konsul in Bissao (Portugiesisch Guinea), Wilhelm Knipping, ist die erbetene Entlassung aus dem Reichsdienst ertheilt worden.

Dem Königlich griechischen Konsul Herrmann Meyer in Breslau ist Namens des Reichs das Exequatur ertheilt worden.

2. Bank-

Status der deutschen Noten
nach den im Reichsanzeiger veröffentlichten Wochenüber
(Die Beträge lauten

Passiva.

Laufende Nummer	Bezeichnung der Banken	Grund-Kapital	Reserve-Fonds	Noten-Umlauf	Gegen 30. Sept. 1899.	Lage-bestand Noten	Gegen 30. Sept. 1899.	Sonstige täglich fällige Verbindlichkeiten	Gegen 30. Sept. 1899.	Verbindlichkeiten mit Kündigungsfrist	Gegen 30. Sept. 1899.	Sonstige Passiva	Gegen 30. Sept. 1899.	Summe der Passiva	Gegen 30. Sept. 1899.	Eventuelle Verbindlichkeiten und weitergegebenen inländischen Wechseln
1	2	3	4	5	6	7	8	9	10	11	12	13	14	15	16	17
1	Reichsbank	120 000	80 000	1 221 153	− 161 578	441 064	− 183 548	486 013	+ 5 605	—	—	29 561	+ 4 257	1 877 727	− 182 218	—
2	Frankfurter Bank	16 000	4 800	15 767	− 262	8 667	− 114	5 635	+ 41	15 146	− 671	116	+ 108	57 334	− 178	4 608
3	Bayerische Notenbank	7 500	2 306	65 098	− 1 897	31 227	− 4 787	7 719	− 1 471	—	—	5 296	+ 1 976	88 914	− 1 387	2 447
4	Sächsische Bank zu Dresden	30 000	5 777	47 014	− 14 425	11 854	− 12 984	25 878	− 6 204	19 387	+ 3 543	784	− 6	139 240	− 17 080	1 443
5	Württembergische Notenbank	9 000	900	24 349	− 97	10 674	+ 150	1 526	− 17	504	+ 15	1 014	+ 104	37 293	+ 159	1 424
6	Badische Bank	9 000	1 794	16 804	+ 1 207	10 255	+ 378	6 305	+ 106	—	—	1 109	+ 129	45 012	+ 1 636	599
7	Bank für Süddeutschland	15 672	1 016	16 472	+ 1 281	10 414	+ 471	954	− 1	—	—	1 307	+ 210	45 863	+ 1 494	1 481
8	Braunschweigische Bank	10 500	811	1 940	− 385	1 360	+ 510	3 620	+ 155	2 010	+ 1 075	60	− 18	19 147	+ 777	419
	Zusammen	219 672	97 704	1 408 592	− 176 149	526 086	− 200 769	537 651	− 2 385	36 947	+ 4 657	48 358	+ 6 884	2 296 319	− 167 017	12 421

Bemerkungen.

Zu Spalte 5°: Davon in Abschnitten zu 100 ℳ = 1 064 235 800 ℳ,
  " 500 " = 20 671 500 ℳ (bei den Banken Nr. 1, 2, 4),
  " 1 000 " = 821 959 000 ℳ (. . . . 1 und 2).
Zu Spalte 9 Nr. 2°: Darunter 128 900 ℳ noch nicht zur Einlösung gelangte Guldennoten.
  " 9 " 7°: " 90 686 ℳ . . . . . Gulden- und Thalernoten

Wesen.

banken Ende Oktober 1899
sichten, verglichen mit demjenigen Ende September 1899.
auf Tausend Mark.)

Activa.

Kassen-Bestand	Gegen 30. Sept. 1899.	Reichs-kassen-scheine.	Gegen 30. Sept. 1899.	Noten anderer Banken.	Gegen 30. Sept. 1899.	Wechsel.	Gegen 30. Sept. 1899.	Lombard.	Gegen 30. Sept. 1899.	Effekten.	Gegen 30. Sept. 1899.	Sonstige Aktiva.	Gegen 30. Sept. 1899.	Summe der Aktiva.	Gegen 30. Sept. 1899.	Laufende Nummer.
18.	19.	20.	21.	22.	23.	24.	25.	26.	27.	28.	29.	30.	31.	32.	33.	34.
707 618	+ 20 927	18 996	+ 1 411	18 433	− 367	922 024	− 185 336	78 946	− 81 719	10 842	− 219	75 840	− 6 913	1 697 727	− 153 218	1.
5 458	− 186	50	+ 32	597	+ 3	33 768	+ 35	11 375	+ 297	5 382	− 124	2 998	− 81	59 628	− 21	2.
70 577	+ 601	80	+ 18	4 229	+ 2 276	50 538	− 4 570	1 445	− 94	23	− 3	2 323	+ 389	58 014	− 1 387	3.
25 900	+ 4 057	574	+ 308	8 186	− 5 799	80 562	− 12 090	2 657	− 1 112	289	− 176	9 052	− 1 535	129 240	− 17 000	4.
11 812	+ 618	77	− 7	1 776	− 858	21 480	+ 118	950	+ 84	8	− 1	1 154	+ 199	37 298	+ 158	5.
6 020	+ 537	16	− 1	512	+ 239	24 448	+ 794	599	+ 29	33	− 21	3 379	− 186	35 017	+ 1 656	6.
5 618	+ 478	77	+ 10	363	+ 321	27 961	+ 585	2 081	+ 214	2 890	+ 1	1 872	+ 80	35 362	+ 1 450	7.
420	− 96	1	+ 1	80	+ 20	6 404	+ 1 503	1 463	− 35	46	− 19	3 861	− 754	19 347	+ 712	8.
723 517	+ 26 930	19 851	+ 1 774	29 193	− 4 111	1 234 043	− 149 869	99 514	− 83 352	19 516	− 512	101 987	− 8 803	2 309 619	− 165 925	

3. Zoll- und Steuer-Wesen.

Veränderungen in dem Stande oder den Befugnissen der Zoll- und Steuerstellen.

Im Königreiche Preußen.

In der Veröffentlichung auf Seite 326 des Central-Blatts von 1899 ist im letzten Absatze vorletzte Zeile statt „Goldfarb & Co." zu setzen: „J. Goldfarb."

Im Bezirke des Hauptzollamts zu Neustadt O.-Schl. ist das Steueramt II zu Friedland O.-Schl. unter Umwandlung in ein Steueramt I nach Zülz verlegt worden. In Zülz ist eine mit dem Steueramt I daselbst verbundene Zuckersteuerstelle errichtet worden, welche für die Zuckerfabrik zu Schönowitz zuständig ist. Letztere war bisher der mit dem Hauptzollamt in Neustadt O.-Schl. verbundenen Zuckersteuerstelle zugetheilt.

Das Steueramt I zu Ujest im Bezirke des Hauptsteueramts zu Gleiwitz ist in ein Steueramt II umgewandelt worden.

Dem Nebenzollamt I zu Dziebitz im Bezirke des Hauptzollamts zu Myslowitz ist die Befugniß zur Abfertigung des mit dem Anspruch auf Steuervergütung ausgehenden Bieres und zur Ertheilung der Ausgangsbescheinigung beigelegt worden.

Im Königreiche Bayern.

Zu Wildenau im Bezirke des Hauptzollamts zu Hof ist ein Nebenzollamt II errichtet worden.

An Stelle der aufgehobenen Aufschlag-Einnehmerei Pfatter ist in Aufhausen im Bezirke des Hauptzollamts zu Regensburg eine Aufschlag-Einnehmerei errichtet und dieser die Befugniß zur Ausfertigung von Versendungsscheinen I und II über Branntwein ertheilt worden.

Zu Regensburg ist eine als besondere Geschäftsabtheilung des dortigen Hauptzollamts fungirende, mit der unbeschränkten Befugniß zur steuerlichen Abfertigung nach Maßgabe der Ausführungsbestimmungen zum Zuckersteuergesetz ausgestattete Zuckersteuerstelle errichtet und die Zuckersteuerstelle in Bayreuth aufgehoben worden.

Es ist ertheilt worden:

dem Nebenzollamt I zu Freylassing im Bezirke des Hauptzollamts zu Reichenhall die Befugniß zur Abfertigung von Waaren der Zolltarifnummer 41 d5 und 41 d6 zu andern als den höchsten Zollsätzen dieser Nummern, der Aufschlag-Einnehmerei zu Illertissen im Bezirke des Hauptzollamts zu Memmingen die Befugniß zur Erledigung von Versendungsscheinen I über unbedenaturirten zu Heilzwecken bestimmten Branntwein und

der Aufschlag-Einnehmerei zu Neustadt a. S. im Bezirke des Hauptzollamts zu Schweinfurt die Befugniß zur Erhebung der Uebergangsabgabe von Bier sowie zur Ausfertigung und Erledigung von Uebergangsscheinen über Bier.

Im Königreiche Württemberg.

In Dettingen u. T., Owen, Unterlenningen und Oberlenningen im Bezirke des Kameralamts zu Kirchheim sind Grenzsteuerämter mit der Befugniß zur Erledigung von Uebergangsscheinen über Bier, Branntwein, Wein und geschrotenes Malz errichtet worden. Dieselbe Befugniß ist dem zu Erisskirch im Bezirke des Kameralamts zu Tettnang errichteten Grenzsteueramte beigelegt worden. Dieselbe unbeschränkte Befugniß ist dem im Bezirke desselben Kameralamts belegenen Grenzsteueramte zu Hemigkofen, welchem die genannte Befugniß bisher nur für den Verkehr auf der Straße von Lindau nach Tettnang zustand, übertragen worden.

Im Großherzogthume Baden.

Der Steuer-Einnehmerei zu Schönau i. Wiesenthal im Bezirke des Finanzamts zu St. Blasien ist die Befugniß zur Erledigung von Branntwein-Versendungsscheinen I und II ertheilt worden.

Im Großherzogthume Hessen.

Dem Steueramte zu Groß-Gerau im Bezirke des Hauptsteueramts zu Offenbach ist die Befugniß zur Abfertigung zuckerhaltiger Fabrikate, für welche die Gewährung der Zuckersteuervergütung beansprucht wird, ertheilt worden.

Im Herzogthume Braunschweig.

Die für die Zuckerfabrik Oestrum errichtete Zuckersteuerstelle zu Bobenburg im Bezirke des Hauptsteueramts zu Braunschweig ist aufgehoben und jene Fabrik der Zuckersteuerstelle zu Gandersheim überwiesen worden.

Im Herzogthume Sachsen-Meiningen.

Dem Steueramte zu Pößned ist die Befugniß zur Abfertigung von Waaren der Nummern 41 c 2 und 41 d 5 des Zolltarifs zu andern als den höchsten Zollsätzen dieser Nummern beigelegt worden.

Im Herzogthum Anhalt.

Die Bezeichnung des seiner Zeit zu Roschwitz errichteten Salzsteueramts I ist in „Salzsteueramt I zu Bernburg (Solvayhall)" abgeändert worden. Befugt ist das Amt zur Ausfertigung von Begleitscheinen I und II und Erledigung von Begleitscheinen I über inländisches Salz.

Auf Grund der Bestimmung im Artikel 36 der Reichsverfassung ist nach Vernehmung des Ausschusses des Bundesraths für Zoll- und Steuerwesen der Königlich preußische Steuer-Inspektor Walther in Braunsberg O.-Pr. an Stelle des in den Landesdienst zurückberufenen Königlich preußischen Steuer-Inspektors Hornidel den Königlich sächsischen Hauptämtern zu Leipzig, Freiberg, Grimma und Meißen als Stationskontroleur mit dem Wohnsitz in Leipzig vom 1. November d. J. ab beigeordnet worden.

Der Bundesrath hat in seiner Sitzung vom heutigen Tage beschlossen, den nachstehend aufgeführten Abänderungen und Ergänzungen des amtlichen Waarenverzeichnisses zum Zolltarife mit der Maßgabe die Zustimmung zu ertheilen, daß die neuen Bestimmungen mit dem 1. Januar 1900 in Kraft treten.

Berlin, den 9. November 1899.

Der Reichskanzler.
Im Auftrage: v. Koerner.

Abänderungen und Ergänzungen des amtlichen Waarenverzeichnisses zum Zolltarife.

1. In der Vorbemerkung Ziffer 1, Abs. 3, ist von den meistbegünstigten Staaten zu streichen „Madagaskar"; dagegen ist hinter „Honduras" „Japan" und hinter „Serbien" „Spanien" je nebst einem Komma einzuschalten und hinter „Großbritannien einschließlich der Kolonien und auswärtigen Besitzungen" einzufügen „jedoch mit Ausnahme von Kanada".
2. Dem ersten Absatze der Vorbemerkung 3e ist am Schlusse folgender Satz anzufügen:
„Hierbei macht es keinen Unterschied, ob die einzelnen Bestandtheile dazu bestimmt sind, mit einander in feste Verbindung gebracht oder auf andere Weise zusammengefügt zu werden."
Als dritter Absatz ist dieser Vorbemerkung folgende Bestimmung anzufügen:
„Zubehörstücke sowie Ersatz- und Reservetheile sind stets nach ihrer eigenen Beschaffenheit zur Verzollung zu ziehen, auch wenn sie mit dem Hauptgegenstand in einem Kollo zusammengepackt eingehen."
3. In der Ziffer 9 des Artikels „Abfälle" und in dem Artikel „Reisabfälle" sind (in Zeile 2) hinter „Reis" innerhalb der Klammer die Worte „oder Abfälle von der Reisstärkefabrikation" einzuschalten.
4. In der Ziffer 1 des Artikels „Aluminium und Aluminiumlegirungen" sowie in der Ziffer 3 des Artikels „Kupfer" sind hinter das Wort „Masseln" ein Komma und die Worte „auch in Plattenform gegossen" zu setzen.

5. Dem Artikel „Asphaltlack" ist folgende Anmerkung anzufügen:

„Anmerkung. Asphaltlack läßt sich von natürlichem und präparirtem Steinkohlentheer dadurch unterscheiden, daß er, auf Leder, Metall und dergleichen in dünner Schicht aufgetragen, eintrocknet und nach kurzer Zeit einen nicht mehr klebrigen gleichmäßigen Ueberzug bildet. In Zweifelsfällen ist die Entscheidung von dem Ausfalle der Untersuchung durch einen Chemiker abhängig zu machen."

6. Hinter „Barometer" ist folgender neuer Artikel aufzunehmen:

„**Bartbinden** aus Zeugstoffen oder Gespinnsten in Verbindung mit Kautschukschnüren oder Lederriemen und unedlen Metallen /540/ Nr. 20c 3. 120 ℳ."

7. An Stelle des letzten Absatzes der Anmerkung 1 zum Artikel „Baumwollengarn" und des zweiten Absatzes der Anmerkung 1 zum Artikel „Leinengarn" ist folgende Bestimmung aufzunehmen:

„Das Schleifen der Garne, d. i. die Zusammenlegung von zwei oder mehr Fäden bei so schwacher Drehung, daß die Zahl der Drehungen auf das Meter 20 nicht übersteigt, ist nicht als Zwirnung anzusehen und bleibt bei der Tarifirung außer Betracht."

8. Der dritte Absatz der Anmerkung 3 zu „Baumwollengarn" erhält folgenden Zusatz:

„Derselben Zollbehandlung unterliegen ungefärbte Baumwollengarne, welche durch Einwirkung chemischer Stoffe einen seidenähnlichen Glanz und Griff erhalten haben (sogenannte merceristrte oder nitrirte Garne). Der Seidenglanz ist mehr dem nitrirten, der krachende, vielfach etwas fettige Griff mehr dem merceristrten Garne eigenthümlich. Die Zugfestigkeit des rohen Garnes wird durch das Merceristren erhöht, durch das Nitriren etwas verringert. Unter dem Mikroskop erscheint die merceristrte und die nitrirte Baumwollenfaser als ein gestrecktes, dickes und durchscheinendes Samenhaar, die rohe Baumwollenfaser dagegen als eine in sich flach zusammengefallene und korkzieherartig gewundene Röhre. Ferner besitzt merceristrtes und nitrirtes Baumwollengarn eine vermehrte Aufnahmefähigkeit für bestimmte Farbstoffe. Ein Strähnchen von merceristrtem oder nitrirtem Baumwollengarne färbt sich, in einem Glasbecher mit wässeriger Lösung von Benzopurpurin gehängt, in derselben Zeit viel stärker roth als ein gleichzeitig eingehängtes Strähnchen von rohem Garne."

9. Der Artikel „Binden" erhält im Eingange folgende Fassung:

„**Binden**, Bartbinden s. diese.
—, Gipsbinden s. diese."

10. Der Hinweis am Schlusse des Artikels „Celluloidwaaren" erhält folgende Fassung:

„S. auch Gummiwäsche, Leder (nachgeahmtes) und die allgemeine Anmerkung e zu Zeugwaaren."

11. Der Artikel „Doppelmetall" erhält folgende Fassung:

„**Doppelmetall** (auf mechanischem Wege mit Kupfer oder Messing, auch mit Kupfer- oder Messingblech überzogenes Eisen) und **Doppelmetallwaaren** s. Eisen (verkupfertes u. s. w.) und Eisenwaaren (verkupferte u. s. w.)."

12. Der erste Satz der Anmerkung zum Artikel „Draisinen" erhält folgende Fassung:

„Bei der Tarifirung von Straßendraisinen bleibt die Verbindung mit einem Reitsattel, Lederriemen, Lenkstangengriffen, Schutzkästen, Gummireifen und dergleichen außer Betracht."

13. Dem Artikel „Eisenschwärze" ist der Hinweis beizufügen:

„S. auch die Anmerkung zu Asphaltlack."

14. Dem Hinweise hinter Ziffer 3 des Artikels „Eisenwaaren" ist folgende Fassung zu geben:

„S. auch die Anmerkung zu Ketten (Metallketten) Ziffer 3b 1."

Am Schlusse der Ziffer 12h dieses Artikels ist vor der statistischen Anmerkung folgender Hinweis aufzunehmen:

„S. auch die Anmerkung zu Ketten (Metallketten) Ziffer 3b 3."

15. Der Anmerkung zum Artikel „Fächer" ist folgender Satz hinzuzufügen:

„Ebenso unterliegen sogenannte japanische Fächer, und zwar sowohl Klappfächer als auch nicht zusammenlegbare Fächer, bestehend aus einem mit buntem Papier überklebten Bambusrohrgestelle, wenn sie unter 15 cm oder über 45 cm lang sind, der Verzollung nach Beschaffenheit des Materials."

16. Die Anmerkung 3 zu „Felle" erhält am Schlusse des ersten Absatzes folgenden Zusatz:
„Dasselbe gilt hinsichtlich des zur Verdeckung von Narbenfehlern in Ostindien üblichen oberflächlichen Einreibens der Felle mit Oel oder Talkum, in Folge dessen diese mitunter eine ziemlich glatte Narbenseite zeigen."

Im zweiten Absatze dieser Anmerkung werden in Zeile 4 nach „letzterm" folgende zwischen Komma zu setzende Worte eingeschaltet:
„abgesehen von den mit Oel oder Talkum oberflächlich eingeriebenen ostindischen Fellen".

17. Im Eingange des Artikels „Fette" ist das Wort „animalische" nebst dem voranstehenden Komma zu streichen.

In demselben Artikel ist der zweite Absatz zu streichen und in dem Hinweis am Schlusse des ersten Absatzes hinter dem Worte „Magarine" einzufügen: „Oele (fette)".

18. Im Hinweise zu der Ziffer 2 b des Artikels „Filze und Filzwaaren" ist hinter „Hüte" das Wort „Schuhe" nebst einem Komma einzufügen.

19. Die Anmerkung 2 zum Artikel „Fournire" erhält folgende Fassung:
„2. Bei packetweise oder einzeln eingehenden Fournieren bleiben die zur Verhütung des Einreißens an den Kanten und die zur Verhinderung von Reibungen zwischen den einzelnen Fournieren angebrachten Streifen von Papier oder Zeugstoff, sowie Papierstreifen, die an schadhaften Stellen auf die Innenfläche geklebt sind, bei der Tarifirung außer Betracht. Dagegen sind Fourniere, die auf einer Seite ganz mit Papier oder Zeugstoff überzogen oder in anderer als der bezeichneten Weise mit Streifen von Papier oder Zeugstoff beklebt sind, der Nr. 13g des Zolltarifs zuzuweisen, sofern sie nicht wegen einer Auslegung mit Stoffen der Nr. 20a oder 20b 1 unter Nr. 20 des Tarifs fallen."

20. Die Anmerkung zum Artikel „Gewehrfedern 2c." erhält am Schlusse folgenden Zusatz:
„S. auch die Vorbemerkung 3e."

21. Hinter der Ziffer 4 des Artikels „Gewehrschäfte" ist folgender Hinweis einzufügen:
„S. auch die Vorbemerkung 3e."

22. Im zweiten Absatze der allgemeinen Anmerkung 2 zum Artikel „Glas und Glaswaaren" sind die Worte „edle oder unedle Metalle oder Legirungen" nebst den zugehörigen Klammern zu streichen.

23. Dem Artikel „Glutenmehl" ist folgende Anmerkung beizufügen:
„Anmerkung. Glutenmehl mit Beimischung von Maishülsen oder Maiskleie kann nach Nr. 1b [†8b] zollfrei gelassen werden, sofern bei der Abfertigung auf je 100 kg brutto 2 kg Kohlenstaub (mit Ausschluß von Knochenkohlenstaub) zugesetzt werden."

24. Im Hinweise zu der Ziffer 19 des Artikels „Holzwaaren u. s. w." ist hinter „Leisten" das Wort „Matten" nebst einem Komma einzufügen.

25. Am Schlusse des Artikels „Kakao" ist folgende Anmerkung einzufügen:
„Anmerkung. Gerösteter Kakao wird ohne Rücksicht auf den Grad der Röstung wie gebrannter Kakao behandelt."

26. Im zweiten Absatze des Artikels „Ketten" ist hinter der Ziffer 3b 3 folgende Anmerkung einzuschalten:
„Anmerkung. Fahrradketten aus Stahl werden auch dann, wenn sie nicht polirt, lackirt, vernirt oder vernickelt, sondern nur abgeschliffen, brünirt oder blau angelaufen sind, als feine Waaren aus schmiedbarem Eisen behandelt."

27. Die Anmerkung zum Artikel „Kronleuchter" erhält folgende Fassung:
„Anmerkung. Glocken und Cylinder sind auch dann nach ihrer Beschaffenheit gesondert zu verzollen, wenn sie mit den Kronleuchtern, zu denen sie gehören, zusammen in einem Kollo eingehen. Ebenso sind Glasbehänge zu behandeln, sofern sie mit den Kronleuchtern nicht in fester Verbindung stehen."

28. Im Artikel „Kupferfolie" sind hinter dem Stichworte die Worte „und Messingfolie" einzufügen.

29. Zu der Ziffer 5 des ersten Absatzes des Artikels „Kupferwaaren" sind (in Zeile 7) hinter „Kupferfolie" (vor dem Komma) die Worte „und Messingfolie" einzufügen.

30. Im ersten Absatze des Artikels „Lacets" und in der Ziffer 8 des Artikels „Seide" ist nach dem Worte „gemischt" je ein Komma und folgender Satz hinzuzufügen:
„zur Herstellung von Posamenten bestimmt, unter Kontrole".

Im ersten Absatze der Anmerkung zu dem Artikel „Lacets" wird der zweite Satz gestrichen.

31. Am Schlusse des Artikels „Lampen" ist folgende Anmerkung einzuschalten:

"Anmerkung. Glocken und Cylinder sind auch dann nach ihrer Beschaffenheit gesondert zu verzollen, wenn sie mit den Lampen, zu denen sie gehören, zusammen in einem Kollo eingehen."

32. Der Artikel „Lebern" erhält folgende Fassung:

„**Lebern** von Vieh, Geflügel oder Wild wie Fleisch.
— von Fischen wie Fische."

33. Der Ziffer 2a des siebenten Absatzes im Artikel „Leder" ist folgende Fassung zu geben:

„aus appretirten oder mit anderen Stoffen als Kautschuk oder Guttapercha wasserdicht gemachten Zeugwaaren s. Buchbinderleinen und Ledertuch."

34. In der Anmerkung 1 zu demselben Artikel ist folgende Bestimmung dem ersten Absatz anzufügen:

„Chromgar wird das durch Behandlung mit Chromsalzen, meist in Verbindung mit Alaun oder vegetabilischen Gerbstoffen, hergestellte Leder genannt. Chromgares Leder ist je nach Maßgabe seiner Beschaffenheit wie lohgares oder weißgares Leder zu behandeln."

35. Im fünften Absatze der Anmerkung g zu 2 im Artikel „Maschinen und Maschinentheile" sind nach den Worten „ferner auch nicht" die Worte „die Baumwollwirnmaschinen sowie" einzuschalten.

Der sechste Absatz derselben Anmerkung ist durch folgende Bestimmung zu ersetzen:

„Zu den Webereimaschinen im Sinne der vertragsmässigen Abmachungen sind ausser den Webstühlen nur diejenigen Maschinen zu rechnen, welche ausschliesslich oder ganz überwiegend das Verweben der Garne vorbereiten. Hierher gehören Kettenschlicht- und Kettenleimmaschinen, Kettenscheermaschinen, Kettenbäummaschinen und Schussspulmaschinen (Trichterspulmaschinen und Reibungsrollenspulmaschinen). Dagegen sind die sowohl in den Webereien als in anderen Betrieben zur Bearbeitung der Garne dienenden Maschinen zu der Begünstigung der Verzollung nach dem überwiegenden Materiale der zusammengesetzten Maschine ebensowenig zuzulassen wie die Hülfsmaschinen, die in der Weberei zu sonstigen Zwecken, z. B. zur Instandsetzung der Webstühle, gebraucht werden."

36. Hinter dem Stichworte „Morsellen" ist als neues Stichwort der Artikel „Mosaiksteine" in nachstehender Fassung einzuschalten:

„**Mosaiksteine** (Steinwürfel für Mosaikfußböden), aus geschnittenen (gesägten) Steinplatten hergestellt, wie geschnittene (gesägte) Steinplatten.

Anmerkung. Mosaiksteine, die auf mehr als zwei gegenüberliegenden Seiten glatte Schnittflächen haben oder auf einer Seite oder mehreren Seiten geschliffen oder polirt sind, werden als Steinwaaren verzollt, während Mosaiksteine, welche auf feiner Seite eine glatte Schnittfläche besitzen, als rohe blos behauene Steine zollfrei zu belassen sind."

37. Im Artikel „Oele" ist hinter dem neunten Absatz und im Abschnitt a des Artikels „Petroleum" ist hinter der Ziffer 1 (vor der statistischen Anmerkung) folgender Hinweis aufzunehmen:

„S. dagegen Vaselinöl (parfümirtes)."

38. Nach dem Artikel „Pebbig" ist folgender neuer Artikel aufzunehmen:

„**Pegamoid** und **Pegamoidwaaren** s. Celluloid und Celluloidwaaren."

39. Bei dem Artikel „Petroleum" erhält in der Anmerkung 4 zu a der zweite Satz des zweiten Absatzes folgende Fassung:

„Von ihnen sind diejenigen zollfrei zu belassen, welche eine dunkle Farbe und zugleich eine höhere Dichte als 1,₀₀ besitzen, also demgemäß nach einstündiger Eintauchung in Wasser von 15° C. untersinken, und, nachdem sie in dem Englerischen Zähflüssigkeitsmesser (Viskosimeter) allmählich auf 45° C. erwärmt sowie eine Viertelstunde lang auf dieser Temperatur erhalten worden sind, aus dem Zähflüssigkeitsmesser überhaupt nicht oder nur tropfenweise oder so ausfließen, daß der Ausflußstrahl nach höchstens 10 Sekunden aufhört; dagegen sind alle anderen derartigen Rückstände, namentlich auch die in ununterbrochenem Strahle aus dem Zähflüssigkeitsmesser ausfließenden, als Mineralöle nach Maßgabe der Vorschriften in der vorstehenden Anmerkung 3 zu verzollen."

40. Im fünften Absatze des Artikels „Rosenkränze" ist hinter „Lava" ein Komma und das Wort „Perlmutter" einzuschalten.

Die Vertragsbestimmung zu dem genannten Absatz erhält folgende Fassung:

„ganz oder theilweise aus Bernstein, Jet (Gagat) oder Perlmutter vertragsmässig 150 ℳ."

41. In Ziffer 2a des letzten Absatzes des Artikels „Schnüre" wird hinter „Baumwollengarn" hinzugefügt „wie dieses" und der Rest der Bestimmung gestrichen.

42. Nach dem zweiten Absatze des Artikels „Soda" ist folgende Anmerkung einzufügen:

"Anmerkung. Wie kalzinirte Soda ist auch die auf andere Weise entwässerte oder gereinigte Soda zu behandeln."

43. In dem Hinweis am Schlusse des sechsten Absatzes des Stichworts „Steinwaaren" ist vor dem Worte „Mühlsteine" das Wort „Mosaiksteine" nebst einem Komma einzufügen.

44. Die Anmerkung 1 zum Artikel „Taschentücher" erhält folgende Fassung:

"1. Bei der Tarifirung von Taschentüchern aus Leinenen mit Baumwollenfäden gemischten Geweben bleiben die baumwollenen Fäden dann außer Betracht, wenn sie nur in den Kanten oder Vorbörten sich finden und von ganz untergeordneter Bedeutung sind. Dagegen hat die Verzollung als Baumwollenwaare einzutreten, sobald die baumwollenen Fäden in die Kanten oder Vorbörten zwar einzeln oder in unterbrochenen Streifen eingewebt, jedoch in so großer Zahl vorhanden sind, daß sie eine deutlich hervortretende Verzierung bilden. Wegen der seidenen Taschentücher (u. s. w. wie bisher.)"

45. Im Hinweise bei dem Artikel „Theer" ist hinter „Asphalt (flüssiger)" ein Komma nebst den Worten „die Anmerkung zu Asphaltlack" einzufügen.

46. Dem Artikel (Vaselinöl) ist folgende Bestimmung als zweiter Absatz anzufügen:

"—, parfümirtes . . . . [796 b] Nr. 31 e 2. 100 M."

47. Im zweiten Absatze des Artikels „Wäsche" ist das Wort „Stickereien" nebst dem vorausgehenden Komma zu streichen.

48. An Stelle des zweiten Satzes der Anmerkung 4 zum Artikel „Wollengarn" ist folgende Bestimmung aufzunehmen:

"Dagegen ist sogenanntes geschleiftes Garn nicht als dubliertes beziehungsweise drei- oder mehrfach gezwirntes Garn anzusehen. Als geschleiftes gilt Garn aus zwei, drei oder mehr durch Drehung verbundenen Einzelfäden, wenn es nicht mehr als 20 Drehungen auf das Meter hat."

49. Im ersten Absatze der Anmerkung a zu 1 bei „Zeugwaaren" sind vor „sowie gelaugte" die Worte „mercerifirte, nitrirte" nebst einem Komma einzufügen.

Der zweite Absatz dieser Anmerkung erhält folgenden Wortlaut:

"Für die im Stücke mercerifirten oder nitrirten Gewebe sind die in der Anmerkung 3 zu Baumwollengarn angegebenen Prüfungsarten ebenfalls anwendbar, sofern die Gewebe vor der Untersuchung gehörig ausgewaschen und von etwa anhaftender Appreturmasse befreit worden sind. Gelaugte und zugleich gesengte Gewebe (u. s. w. wie bisher)."

50. Die Anmerkung c zu 1 bei „Zeugwaaren" erhält folgende Fassung:

"c) Als undichte Gewebe sind ohne Rücksicht auf den Werth und den Verwendungszweck solche Gewebe zu behandeln, welche bei der Betrachtung im auffallenden Lichte (von der Seite der Lichtquelle aus, nicht gegen das Licht gehalten) auf andersfarbiger Unterlage dem unbewaffneten Auge deutlich als ein durchsichtiges Gittergewirk darstellen. Gewebe werden als Gewebe, bei denen diese Betrachtungsweise keine offenen Zwischenräume erkennen läßt, den dichten Geweben zugerechnet.

In Zweifelsfällen ist die Dicke der Gewebefäden mit ihren Abständen von einander zu vergleichen. Beträgt der Zwischenraum zwischen den Kettfäden ebensoviel oder mehr als die Dicke der Kettfäden und ist zugleich der Zwischenraum zwischen den Schußfäden ebenso groß oder größer als die Dicke der Schußfäden, so ist das Gewebe als undichtes zu verzollen, sofern die Zwischenräume von der angegebenen Größe sich entweder zwischen je zwei Kett- und Schußfäden oder doch wenigstens in regelmäßiger Wiederkehr finden. Dagegen (u. s. w. wie vom Anfange des vierten Satzes bis zum Schluße der Anmerkung)."

51. Die Ziffer 4 des Artikels „Zeugwaaren" ist wie folgt zu ändern:

Hinter lit. a ist unter lit. b folgende Bestimmung einzufügen:

"b) ungemusterte, taffetbindige Gewebe aus Seide des Maulbeerspinners ohne jede Beimischung von Florетseide oder von Seide des Eichenspinners oder von andern Spinnstoffen und beiderseitig mit festen Kanten gewebt, roh, auch abgekocht (gebleicht) [782] Nr. 30 Anm. 3. 300 M."

Die bisherigen lit. b, c und d erhalten die Bezeichnungen als lit. c, d und e.

In der nunmehrigen lit. c ist (in Zeile 2) statt „unter a" zu setzen „unter a und b", ebenso ist in der zugehörigen Vertragsbestimmung statt „unter a" zu setzen „unter a und b".

In der Anmerkung b ist hinter den Worten „aller Art" (in Zeile 1) einzuschalten „(mit Ausnahme der vorstehend unter b genannten)".

52. Im ersten Absatze der allgemeinen Anmerkung e zum Artikel „Zeugwaaren" ist (in Zeile 5/6) statt „Kautschuk, Guttapercha oder Celluloid" zu setzen „Kautschuk oder Guttapercha".
53. Der erste Absatz der allgemeinen Anmerkung e zum Artikel „Zeugwaaren" erhält am Schlusse folgenden Zusatz:
„Im Falle der Unausführbarkeit der Gewichtsbestimmung der aufgetragenen Firnißfarbe ist eine Prüfung der Stoffe auf ihre Wasserdichtigkeit in der Weise vorzunehmen, daß eine Probe eine halbe Stunde in Wasser gekocht wird. Verändert die Probe hierbei ihre Beschaffenheit nicht und bleibt die Appreturmasse am Gewebe haften, so ist der Zeugstoff als wasserdicht anzusehen."

4. Polizei-Wesen.

Ausweisung von Ausländern aus dem Reichsgebiete.

Laufende Nr.	Name und Stand der Ausgewiesenen.	Alter und Heimath	Grund der Bestrafung.	Behörde, welche die Ausweisung beschlossen hat.	Datum des Ausweisungsbeschlusses.
1.	2.	3.	4.	5.	6.

a) Auf Grund des §. 39 des Strafgesetzbuchs.

| 1. | Florian Moser, Tagelöhner, | geboren am 16. April 1454 zu Neukirchen am Walde, Bezirk Schärding, Ober-Oesterreich, österreichischer Staatsangehöriger, | schwerer Liebstahl (6 Jahre Zuchthaus, laut Erkenntniß vom 17. Oktober 1894). | Königlich bayerisches Bezirksamt Donauwörth, | 18. Oktober d. J. |

b) Auf Grund des §. 362 des Strafgesetzbuchs.

2.	Kaspar Fleck, Arbeiter,	geboren am 29. November 1869 zu Landstreichen und Ostrow, Bezirk Loskowitz, Mähren, Betteln, ortsangehörig ebendaselbst,	Landstreichen und Betteln,	Königlich preußischer Regierungs-Präsident zu Breslau,	25. Oktober d. J.
3.	Vincenz Müller, Handarbeiter,	geboren am 9. Juni 1848 zu Graslitz, Böhmen, ortsangehörig ebendaselbst,	Betteln,	Königlich sächsische Kreishauptmannschaft Zwickau,	19. September d. J.
4.	Adolph Weinlich, Arbeiter,	geboren am 14. März 1874 zu Tschenkowitz, Bezirk Landskron, Böhmen, ortsangehörig ebendaselbst,	desgleichen,	Königlich preußischer Polizei-Präsident zu Berlin.	25. September d. J.

Central-Blatt für das Deutsche Reich.

Herausgegeben im Reichsamte des Innern.

Zu beziehen durch alle Postanstalten und Buchhandlungen.

| XXVII. Jahrgang. | Berlin, Freitag, den 17. November 1899. | № 47. |

Inhalt: 1. Konsulat-Wesen: Ernennungen; — Bestellung eines Konsular-Agenten; — Ableben eines Vize-Konsuls; — Exequatur-Ertheilungen. Seite 379
2. Marine und Schiffahrt: Bekanntmachung, betreffend Ausführungsbestimmungen zum §. 26 des Flaggen-Gesetzes vom 22. Juni 1899; — Erscheinen des III. Nachtrags zur Amtlichen Liste der Schiffe der deutschen Kriegs- und Handelsmarine für 1899 380
3. Versicherungs-Wesen: Prämientarif für die Versicherungsanstalt der Tiefbau-Berufsgenossenschaft 391
4. Zoll- und Steuer-Wesen: Abänderungen der Bestimmungen über die Bewilligung von Theilungslagern an die Kaiserlichen Marineverpflegungsämter . . . 393
5. Polizei-Wesen: Ausweisung von Ausländern aus dem Reichsgebiete 393

1. Konsulat-Wesen.

Seine Majestät der Kaiser haben im Namen des Reichs den bisherigen Konsular-Agenten Kaufmann Wilhelm Asseburg in Itajahy (Brasilien) zum Konsul daselbst zu ernennen geruht.

Seine Majestät der Kaiser haben im Namen des Reichs den Kaufmann Paul Knorr zum Konsul in Laguna de Terminos (Mexico) zu ernennen geruht.

Von dem Kaiserlichen Vize-Konsul in Grangemouth (Schottland) ist Herr Charles Graham zum Konsular-Agenten in Alloa, an Stelle des verstorbenen Konsular-Agenten Rozburgh, bestellt worden.

Der Kaiserliche Vize-Konsul in Aguadilla (Puerto Rico), Joachim W. Bultmann, ist gestorben.

Dem Kaiserlich russischen Konsul in Bremen, Kollegienrath Paul Kozakevilch, ist Namens des Reichs das Exequatur ertheilt worden.

Dem Königlich serbischen Honorar-Konsul Franz Korth in Cöln a. Rh. ist Namens des Reichs das Exequatur ertheilt worden.

2. Marine und Schiffahrt.

Bekanntmachung,
betreffend Ausführungsbestimmungen zum §. 25 des Flaggen-Gesetzes vom 22. Juni 1899. Vom 10. November 1899.

Auf Grund des §. 25 des Gesetzes, betreffend das Flaggenrecht der Kauffahrteischiffe, vom 22. Juni 1899 (Reichs-Gesetzbl. S. 319) hat der Bundesrath die folgenden Bestimmungen erlassen:

§. 1.

Seefahrt.   Als Seefahrt im Sinne des §. 1 des Gesetzes vom 22. Juni 1899 ist in den nachstehend aufgeführten Revieren die Fahrt anzusehen:

1. bei Memel
    außerhalb der Mündung des Kurischen Haffs,
2. bei Pillau
    außerhalb des Pillauer Tiefs,
3. bei Neufahrwasser
    außerhalb der Mündung der Weichsel,
4. in der Putziger Wiek
    außerhalb Rewa und Heisternest,
5. bei Dievenow, Swinemünde und Peenemünde
    außerhalb der Mündung der Dievenow und Swine sowie außerhalb der nördlichen Spitze der Insel Usedom und der Insel Ruden,
6. bei Rügen
    östlich:
        außerhalb der Insel Ruden und dem Thiessower Höft,
    westlich:
        außerhalb Wittower Posthaus und der nördlichen Spitze von Hiddens-Oe sowie außerhalb des Bock bei Barhöft,
7. bei Wismar
    außerhalb Jackelsbergs-Riff, Hannibal-Grund, Schweinstötel und Lieps, sowie außerhalb Tarnewitz,
8. auf der Kieler Föhrde
    außerhalb Stein bei Labö und Bülk,
9. auf der Eckern Föhrde
    außerhalb Nienhof und Bocknis,
10. bei Flensburg, Sonderburg und Apenrade
    außerhalb Birknakke und Kekenis-Leuchtthurm sowie außerhalb Tunbjosi-Nakke und Kundshoved,
11. bei Hadersleben
    außerhalb Raabhoved, Insel Karö, Insel Linderum und Erbyhage,
12. bei Husum
    außerhalb Nordstrand,
13. auf der Eider
    außerhalb Vollerwiek und Hundeknoll,
14. auf der Elbe
    außerhalb der westlichen Spitze des hohen Ufers (Dieksand) und der Kugelbake bei Döse,

— 381 —

15. auf der Weser
    außerhalb Cappel und Langwarden,
16. auf der Jade
    außerhalb Langwarden und Schillighörn,
17. auf der Ems
    außerhalb der westlichen Spitze der Westermarsch (Utlands-Hörn) und Ostpolder Siel.

Für die Schutzgebiete bleibt die Bestimmung der Grenzen der Seefahrt dem Reichskanzler oder den von ihm hierzu ermächtigten Beamten überlassen.

§. 2.

Als Ergebnisse der amtlichen Vermessung sind in das Schiffsregister einzutragen: *Ergebnisse der amtlichen Vermessung.*
1. die nach §. 25 der Schiffsvermessungsordnung vom 1. März 1895 aufgenommenen Hauptmaße;
2. der Raumgehalt des Schiffes, und zwar der Bruttoraumgehalt und der Nettoraumgehalt, jeder in Kubikmetern und Registertons nach folgendem Muster:

Die Vermessung ist auf Grund der Schiffsvermessungsordnung vom 1. März 1895 (Reichs-Gesetzbl. 1895 S. 161) nach dem Verfahren erfolgt, und es beträgt:

	Kubikmeter.	Registertons.
a) der Bruttoraumgehalt des Schiffes		
b) der Nettoraumgehalt des Schiffes.		

zu b) in Worten: . . . . Kubikmeter,
gleich . . . . Registertons.

Hat die Vermessung im Inlande noch nicht stattfinden können, so ist dies im Schiffsregister zu vermerken. Es sind alsdann diejenigen Angaben über Raumgehalt oder Ladungsfähigkeit einzutragen, welche sich aus den anderweit, insbesondere durch eine ausländische Vermessungsurkunde, glaubhaft geführten Nachweisen ergeben. Die Art des Nachweises ist im Register zu vermerken. Eine Umrechnung in Kubikmeter und Registertons findet, wenn die Nachweise sich auf andere Maße beziehen, nicht statt (vergl. den Vermerk im §. 3 Abs. 3).

Wird das Schiff demnächst einer amtlichen Vermessung im Inland unterzogen, so ist deren Ergebniß gemäß Abs. 1 einzutragen.

§. 3.

Die Einrichtung des Schiffs-Zertifikats erfolgt nach dem beiliegenden Muster. Die Ausfertigung *Schiffs-Zertifikat.*
ist mit der Unterschrift und dem Siegel der ausstellenden Behörde zu versehen.   *Anlage 4.*

Die Eintragung der Vermessungsergebnisse in das Schiffs-Zertifikat erfolgt gemäß §. 2 mit folgenden Maßgaben:

Ist das Schiff noch nicht im Inlande vermessen, so ist an Stelle der nach §. 2 vorgeschriebenen Eintragung neben dem für diese bestimmten Platze das Folgende zu vermerken:

Das Schiff ist im Inlande noch nicht vermessen. $\frac{\text{Der}}{\text{Die}}$

(gegebenenfalls durch die Bezeichnung der ausländischen Vermessungsurkunde auszufüllen) glaubhaft gemachte $\frac{\text{Raumgehalt}}{\text{Ladungsfähigkeit}}$ beträgt

(einzutragen die nachgewiesenen Angaben, soweit möglich nach Brutto- und Nettoraumgehalt; das fremdländische Maß ist genau zu bezeichnen).

71*

Wird ein Schiff im Inlande neu vermessen, so sind die Ergebnisse dieser Vermessung gemäß Abs. 2 unter der Rubrik „Veränderungen in den eingetragenen Thatsachen" einzutragen. An der im Abs. 3 bezeichneten Stelle ist in diesem Falle zu vermerken:

Das Schiff ist neu vermessen. (Vergl. S.   dieses Zertifikats.)

§. 4.

Auszug aus dem Schiffs-Zertifikate.

Anlage B.

Ein beglaubigter Auszug aus dem Schiffs-Zertifikate wird auf Antrag des Rheders oder des Schiffers von der Registerbehörde, welche das Schiffs-Zertifikat ausgestellt hat, ertheilt. In den Auszug sind die Eintragungen bei den ersten 6 Nummern des Schiffs-Zertifikats und die Bezeugung des Flaggenrechts aufzunehmen; er wird nach dem beiliegenden Muster unter Unterschrift und Siegel der Behörde ausgefertigt. Die Eintragungen erfolgen nach dem jeweilig geltenden Inhalte des Schiffs-Zertifikats. Veränderungen, welche nach der Ausfertigung eintreten, dürfen in den Auszug nicht eingetragen werden. Der nach §. 15 Abs. 1 des Gesetzes vom 22. Juni 1899 in solchem Falle der Registerbehörde einzureichende Auszug ist zurückzubehalten und zu vernichten. Auf Antrag des Rheders oder des Schiffers ist ein neuer, den veränderten Eintragungen im Schiffs-Zertifikat entsprechender Auszug zu ertheilen.

§. 5.

Flaggenzeugnisse.
Anlage C.
Anlage D.

Die Flaggenzeugnisse werden nach den beiliegenden Mustern Anlage C (§. 12 Abs. 1 des Gesetzes vom 22. Juni 1899) und Anlage D (§. 12 Abs 2 a. a D.) unter Unterschrift und Siegel der Behörde ausgefertigt.

§. 6.

Namen.

Die nach §. 17 des Gesetzes vom 22. Juni 1899 vom Schiffe zu führenden Namen sind in lateinischer Druckschrift von solcher Größe deutlich erkennbar anzubringen, daß

1. die Höhe der kleinsten Buchstaben mindestens zehn Centimeter,
2. die Breite der die Buchstaben bildenden Grundstriche mindestens $1/8$ der Höhe der Buchstaben

beträgt.

Der Antrag auf Aenderung des Namens eines in das Schiffsregister eingetragenen Schiffes ist an die Registerbehörde zu richten, welche den Antrag mit begutachtendem Berichte dem Reichskanzler (Reichsamt des Innern) vorlegt.

Berlin, den 10. November 1899.

Der Stellvertreter des Reichskanzlers.

Graf v. Posadowsky.

Anlage A.

Deutsches Reich.

Schiffs-Zertifikat.

Es wird hierdurch bezeugt, daß in das von der unterzeichneten Behörde kraft gesetzlicher Anordnung geführte Schiffsregister das Schiff
unter Nr.   auf Grund glaubhafter Nachweisungen am   1
eingetragen ist, wie folgt:

1. Name des Schiffes:
2. Gattung:
3. Unterscheidungs-Signal:
4. Ergebnisse der amtlichen Vermessung: Die nach §. 25 Nr.   der Schiffsvermessungsordnung aufgenommenen Hauptmaße sind: Länge   Meter; Breite =   Meter; Tiefe =   Meter; größte Länge des Maschinenraums =   Meter.
   Die Vermessung ist auf Grund der Schiffsvermessungsordnung vom 1. März 1895 (Reichs-Gesetzbl. 1895 S. 161) nach dem   Verfahren erfolgt und es beträgt:

	Kubikmeter.	Registertons.
a) der Bruttoraumgehalt des Schiffes		
b) der Nettoraumgehalt des Schiffes		
zu b) in Worten:		Kubikmeter,
gleich		Registertons.

5. Zeit und Ort der Erbauung:
6. Heimathshafen:

7. Eigenthumsverhältnisse.

Fortlaufende Nummer.	Namen, nähere Bezeichnung und Nationalität der Rheber.	Schiffsparten.	Erwerbsgrund.

Ueber vorstehende Eintragung wird dieses Zertifikat ertheilt. Zugleich wird bezeugt, daß dem Schiffe   nach dem Gesetze vom 22. Juni 1899 (Reichs-Gesetzbl. S. 319) das Recht, die Reichsflagge zu führen, nebst allen Rechten, Eigenschaften und Privilegien eines deutschen Schiffes zusteht.

, den   1

Zu Nummer.	Veränderungen in den eingetragenen Thatsachen.

Pfandrechte.

Laufende Nummer.	Betrag.	Eintragungen.	Veränderungen.	Löschungen.

Amtlich beglaubigter

Auszug aus dem Schiffs-Zertifikate

des

deutschen Schiffes

von

Es wird hierdurch bezeugt, daß in das von der unterzeichneten Behörde kraft gesetzlicher Anordnung geführte Schiffsregister
      das Schiff
unter Nr. auf Grund glaubhafter Nachweisungen am   1
eingetragen ist, wie folgt:

 1. Name des Schiffes:

 2. Gattung:

 3. Unterscheidungs-Signal:

 4. Ergebnisse der amtlichen Vermessung: Die nach §. 25 Nr._____ der Schiffsvermessungsordnung aufgenommenen Hauptmaße sind: Länge =   Meter; Breite   Meter; Tiefe   Meter; größte Länge des Maschinenraums   Meter.

  Die Vermessung ist auf Grund der Schiffsvermessungsordnung vom 1. März 1895 (Reichs-Gesetzbl. 1895 S. 161) nach dem   Verfahren erfolgt und es beträgt:

	Kubikmeter.	Registertons.
a) der Bruttoraumgehalt des Schiffes		
b) der Nettoraumgehalt des Schiffes		

zu b) in Worten: Kubikmeter,
gleich   Registertons.

 5. Zeit und Ort der Erbauung:

 6. Heimathshafen:

Zugleich wird bezeugt, daß dem Schiffe   _____ nach dem Gesetze vom 22. Juni 1899 (Reichs-Gesetzbl. S. 319) das Recht, die Reichsflagge zu führen, nebst allen Rechten, Eigenschaften und Privilegien eines deutschen Schiffes zusteht.

Beglaubigt   , den   1

Anlage C.

Flaggenzeugniß.

Der unterzeichnete   Konsul des Deutschen Reichs zu
bezeugt hierdurch, daß das im Jahre   in   aus
           erbaute, bisher unter   Flagge gestandene
Schiff „   " von
                                                während
der Anwesenheit im Konsulatsbezirke mittelst Vertrags vom
in das ausschließliche Eigenthum de

zu   gelangt ist, welche   nachgewiesen hat, die Staats-
                                        be   en Sitz sich in**)
angehörigkeit in*)   zu besitzen.
                           befindet.

Hiernach hat das vorgenannte Schiff, als dessen Heimathshafen
angegeben ist, auf Grund des Gesetzes vom 22. Juni 1899 (Reichs-Gesetzbl. S. 319) das Recht zur Führung der deutschen Reichsflagge erlangt.

Hierüber wird das gegenwärtige Zeugniß ertheilt, welches für die Dauer eines Jahres von heute ab, darüber hinaus aber nur für die Dauer einer durch höhere Gewalt verlängerten Reise Gültigkeit hat.

, den   . 1

Der   Konsul des Deutschen Reichs.

(Siegel.)   (Unterschrift.)

---
*) Name des Bundesstaats.
**) Name des Orts und gegebenenfalls auch des Bundesstaats oder Schutzgebiets.

Anlage D.

Flaggenzeugniß.

Es wird hierdurch bezeugt, daß das im Jahre   in   aus
                               neu erbaute   Schiff „   "
von
im ausschließlichen Eigenthume be
zu   welche nachgewiesen hat, die Staatsangehörigkeit in*)
                               steht,
                                      be en Sitz sich in**)
_____   zu besitzen.
                               befindet.
          Hiernach besitzt das vorgenannte Schiff, als dessen Heimathshafen
angegeben ist, auf Grund des Gesetzes vom 22. Juni 1899 (Reichs-Gesetzbl. S. 319) das Recht zur
Führung der deutschen Reichsflagge.
          Hierüber wird das gegenwärtige Zeugniß ertheilt, welches nur für die Dauer der Ueberführung
nach   Gültigkeit hat.

                    , den   1

                    (Siegel, Firma und Unterschrift des Registergerichts.)

*) Name des Bundesstaats.
**) Name des Orts und gegebenenfalls auch des Bundesstaats oder Schutzgebiets.

Der dritte Nachtrag zur Amtlichen Liste der Schiffe der deutschen Kriegs- und Handelsmarine mit ihren Unterscheidungs-Signalen für 1899 ist erschienen.

3. Versicherungs-Wesen.

Prämientarif
für die Versicherungsanstalt der Tiefbau-Berufsgenossenschaft.

Gültig für die Jahre 1900 bis 1902.

Lfde. Nr.	Betriebsarten.	Lohnprozente, welche als Prämie zu entrichten sind. Prozent	Betrag der für jede angefangene halbe Mark des in Betracht kommenden Lohnes zu entrichtenden Prämie. Pfennig.
	Erste Gruppe.		
	Bau- und Unterhaltung von Straßen und Wegen.		
1.	Reinigung und Unterhaltung von Straßen und Wegen, einschließlich einfacher Uferunterhaltung, ohne Gewinnung und Herstellung der Materialien, in ländlichen Gemeinden, Landstädten und größeren Kommunalverbänden	1,0	0,5
2.	Wie vor, mit Gewinnung im Bruch und Herstellung von Kleinschlag	2,0	1,0
3.	Wie laufende Nr. 1 mit Kiesgewinnung	2,0	1,0
4.	Reinigung und Unterhaltung von Straßen in Städten, ohne Gewinnung und Herstellung der Materialien	2,0	1,0
5.	Neubauten von Wegen und Chausseen, ohne Anwendung von Schienengeleisen, einschließlich der Herstellung kleinerer Bauwerke und Durchlässe	2,0	1,0
6.	Wie vor, mit Anwendung von Schienengeleisen und einschließlich der Herstellung aller Bauwerke, aber ohne maschinelle Einrichtungen	3,x	1,9
7.	Wie vor, mit Lokomotiv- und Maschinenbetrieb	4,4	2,2
8.	Fällen von Bäumen	2,4	1,2
	Zweite Gruppe.		
	Sonstige Bauarbeiten.		
9.	Erd- und Planirungsarbeiten, Unterhaltung von Be- und Entwässerungsgräben mit Wurf und mit nur theilweiser Verwendung von Karren, soweit diese Arbeiten nicht über 1,5 m Tiefe hinausgehen und sonstige erschwerende Umstände (Absteifungen, Rüstungen ꝛc.) nicht hinzutreten	1,0	0,5

Lfde. Nr.	Betriebsarten.	Lohnprozente, welche als Prämie zu entrichten sind. Prozent.	Betrag der für jede angefangene halbe Mark des in Betracht kommenden Lohnes zu entrichtenden Prämie. Pfennig.
10.	Wie vor, jedoch mit regelmäßiger Benutzung von Fördergeräthen (Karren ec.), aber ohne Schienengeleise	2,0	1,0
11.	Erdarbeiten mit Absteifungen oder bei mehr als 1,5 m Tiefe . . .	3,2	1,6
12.	Erdarbeiten mit theilweiser Anwendung von Schienengeleisen, ohne gleichzeitige maschinelle Einrichtungen im Betriebe, größere Einebnungen, Deichverstärkungen und Deichwiederherstellungen . .	4,0	2,0
13.	Erdarbeiten, wie vor, mit nicht erheblichem Lokomotivbetrieb . . .	4,4	2,2
14.	Gas- und Wasserleitungsarbeiten	3,0	1,5
15.	Kanalisationsarbeiten, Reinigung und Unterhaltung von städtischen Kanälen	4,0	2,0
16.	Uferschutzbauten	2,4	1,2
17.	Betrieb von Pumpwerken für Ent- und Bewässerungen	2,4	1,2
18.	Stollen- und Schachtbau	7,0	3,5
19.	Baggerarbeiten	4,0	2,0
20.	Bahnbau	3,0	1,5
21.	Maurer- und Zimmerarbeiten zur Herstellung von Brücken, Durchlässen, Stütz- und Kaimauern, sowie ähnlichen Bauwerken für Tiefbauten	4,4	2,2
22.	Maurerarbeiten für Hochbauten	3,4	1,7
23.	Zimmerarbeiten für Hochbauten	3,4	1,7
24.	Abbrucharbeiten (ausschließlich derjenigen bei Hochbauten)	8,0	4,0
25.	Wie vor, bei Hochbauten	10,0	5,0
26.	Brunnenbau	5,0	2,5
27.	Pflasterarbeiten	2,2	1,1
	Dritte Gruppe.		
	Nebenbetriebe.		
28.	Steinschlag für sich allein	4,0	2,0
29.	Kies- und Sandgewinnung	3,2	1,5
30.	Steinbrucharbeiten ohne Sprengung	6,2	3,1
31.	Steinbrucharbeiten mit Sprengung	6,6	3,3

Sonstige Bestimmungen und Erläuterungen.

1. Für Arbeiten, welche vorstehend nicht aufgeführt sind, wird der Prämiensatz nach Maßgabe des für die Genossenschaft geltenden Tarifs vom Vorstande festgesetzt.

2. Wenn dieselben Arbeiter mit mehreren Arten von Arbeiten beschäftigt werden (z. B. mit Straßenreinigung und Steinschlagen), so sind in der monatlichen Nachweisung für jede Art die verwendeten Arbeitstage und die verdienten Löhne getrennt aufzuführen (vergleiche Anleitung des Reichs-Versicherungsamts, betreffend die Nachweisungen von Regiebauarbeiten, vom 12. Dezember 1887). Erfolgt eine solche

Trennung nicht, so wird bei der Berechnung der Prämie die höchste in Betracht kommende Gefahrenklasse zur Anwendung gebracht. Auf Versicherungen gemäß §. 29 des Bau - Unfallversicherungsgesetzes findet diese Bestimmung keine Anwendung.

Festgesetzt gemäß §. 24 des Gesetzes, betreffend die Unfallversicherung der bei Bauten beschäftigten Personen, vom 11. Juli 1887 (Reichs-Gesetzbl. S. 287).

Berlin, den 11. November 1899.

Das Reichs - Versicherungsamt.
Gaebel.

4. Zoll- und Steuer-Wesen.

Der Bundesrath hat in seiner Sitzung vom 19. Oktober 1899 die nachfolgenden Abänderungen der Bestimmungen über die Bewilligung von Theilungslagern an die Kaiserlichen Marineverpflegungsämter (Central-Blatt 1889 S. 410) beschlossen:
1. In Zeile 2 des Einganges wird das Wort „Versorgung" durch das Wort „Ausrüstung" ersetzt; ebendaselbst ist hinter dem Worte „Verpflegungsartikel" einzuschalten: „sowie mit Mineralölen und zollpflichtigen Rückständen von solchen zur Schiffskesselheizung".
2. In Ziffer 1 erste Zeile ist hinter dem Worte „Verpflegungsartikel" einzuschalten: „ferner Mineralöle und zollpflichtige Rückstände von solchen zur Schiffskesselheizung". Die Worte „ohne Rücksicht auf den Abgabensatz" sind vor die Worte „alle zollpflichtigen Verpflegungsartikel" zu setzen.
3. In Ziffer 2 zweiter Absatz zweite Zeile wird der Ausdruck „Verpflegungsartikel" ersetzt durch „Gegenstände der unter 1 gedachten Art".
4. Im Muster B sind im Vordrucke der Bescheinigung zu a die Worte „Verpflegungsartikel zur Verpflegung der Besatzung" zu ersetzen durch „Waaren zur Ausrüstung".

Berlin, den 14. November 1899.

Der Reichskanzler.
Im Auftrage: v. Koerner.

5. Polizei-Wesen.

Ausweisung von Ausländern aus dem Reichsgebiete.

Laufende Nr.	Name und Stand der Ausgewiesenen.	Alter und Heimath	Grund der Bestrafung.	Behörde, welche die Ausweisung beschlossen hat.	Datum des Ausweisungs- beschlusses.
1.	2.	3.	4.	5.	6.
	Auf Grund des §. 362 des Strafgesetzbuchs.				
1.	Franz Aßmüller, Müller,	geboren am 30. Juni 1875 zu Helsen-Bellenberg, Bezirk Rohrbach, Ober-Oesterreich, ortsangehörig zu Bernhardschlag, Bezirk Freistadt, Ober-Oesterreich,	Betteln,	Königlich bayerisches Bezirksamt Wegscheid,	16. Oktober d. J.
2.	Raymond Coumes, Sielmacher,	geboren am 28. November 1864 zu Sernieuac, Departement Krieze, Frankreich, französischer Staatsangehöriger,	Landstreichen und Betteln,	Königlich preußischer Regierungs-Präsident zu Magdeburg,	14. September d. J.

Laufende Nr.	Name und Stand der Ausgewiesenen.	Alter und Heimath	Grund der Bestrafung.	Behörde, welche die Ausweisung beschlossen hat.	Datum des Ausweisungsbeschlusses.
1.	2.	3.	4.	5.	6.
3.	Therese Endres, Musikerin und Gymnastikerin, ledig, Böhmen,	ungefähr 40 Jahre alt, ortsangehörig zu Adamsfreiheit, Bezirk Neuhaus, Böhmen,	Landstreichen,	Königlich bayerisches Bezirksamt Neumarkt.	23. September d. J.
4.	Rudolph Forster, Schlosser und Mechaniker,	geboren am 17. Dezember 1858 zu Basel, ortsangehörig zu Thalweil, Kanton Bern, Schweiz,	Landstreichen und Betteln,	Großherzoglich badischer Landeskommissär zu Freiburg.	2. November d. J.
5.	Johann Gusenbauer, Schlosser,	geboren am 12. Dezember 1861 zu Wien, ortsangehörig zu Altenburg, Bezirk Perg, Ober-Oesterreich,	Widerstand gegen die Staatsgewalt, Beleidigung und Landstreichen,	Königlich bayerisches Bezirksamt Dingolfing,	25. Oktober d. J.
6.	Joseph Orld, Schlosser,	geboren am 12. März 1866 zu Ried, Böhmen, ortsangehörig ebendaselbst,	Betteln,	Königlich bayerisches Bezirksamt Wegscheid,	14. Oktober d. J.
7.	Franz Zurke, Schneider,	geboren am 24. Februar 1843 zu Waltersdorf, Bezirk Neutitschein, Mähren, ortsangehörig ebendaselbst,	Landstreichen und Betteln,	Königlich bayerisches Bezirksamt Mühldorf,	25. Oktober d. J.
8.	Heinrich König, Glasmaler,	geboren am 18. Juni 1863 zu Kunewald, Bezirk Neutitschein, Mähren, österreichischer Staatsangehöriger,	Betteln,	Königlich preußischer Regierungs-Präsident zu Oppeln,	28. Oktober d. J.
9.	Franz Koirasch, Arbeiter,	geboren am 16. April 1844 zu Buchsin, Bezirk Hohenstadt, Mähren, österreichischer Staatsangehöriger,	desgleichen,	Königlich preußischer Regierungs-Präsident zu Liegnitz,	31. August d. J.
10.	Jakob Leitner, Bäcker,	geboren am 19. Juli 1867 zu Pottenstein, Bezirk Baden, Nieder-Oesterreich, ortsangehörig zu Klein-Bebnarec, Bezirk Neuhaus, Böhmen,	Landstreichen und Nichtbefolgung polizeilicher Aufforderung zur Beschaffung eines Unterkommens,	Königlich bayerische Polizei-Direktion München,	28. Oktober d. J.
11.	Johann Pilarski, Arbeiter,	geboren etwa im Jahre 1855 zu Czarnigrod, Rußland, russischer Staatsangehöriger,	Angabe falschen Namens und Landstreichen,	Königlich preußischer Regierungs-Präsident zu Posen,	27. Oktober d. J.
12.	Jakob Pinggera, Fabrikarbeiter,	geboren am 26. Juli 1868 zu Schönberg, Bezirk Innsbruck, Tirol, österreichischer Staatsangehöriger,	Betteln,	Königlich bayerisches Bezirksamt Weilheim,	7. Oktober d. J.
13.	Monses (Moses) Rosenberg, Handelsmann,	50 Jahre alt, aus Kolmar, Russisch-Polen, russischer Staatsangehöriger,	Landstreichen und Betteln,	Kaiserlicher Bezirks-Präsident zu Colmar,	1. November d. J.
14.	Gertraud Schneeberger Parfümeriehändlerstochter, ledig,	23 bis 24 Jahre alt, ortsangehörig zu Gajar, Komitat Pozsony, Ungarn,	Landstreichen,	Königlich bayerisches Bezirksamt Neumarkt,	28. September d. J.
15.	Joseph Schneeberger, Regenschirmmacher,	ungefähr 35 Jahre alt, ortsangehörig zu Gajar, Komitat Pozsony, Ungarn,	desgleichen,	dasselbe,	28. September d. J.

Central-Blatt für das Deutsche Reich.

Herausgegeben im Reichsamte des Innern.

Zu beziehen durch alle Postanstalten und Buchhandlungen.

XXVII. Jahrgang. | Berlin, Freitag, den 24. November 1899. | № 48.

Inhalt: 1. **Konsulat-Wesen:** Ernennung; — Exequatur-Ertheilung . . . . Seite 895
2. **Marine und Schiffahrt:** Bekanntmachung, betreffend die Musterungsgebühren für Hochseefischerei-Fahrzeuge 895
3. **Finanz-Wesen:** Nachweisung der Einnahmen des Reichs vom 1. April 1899 bis Ende Oktober 1899 . . 896
4. **Polizei-Wesen:** Ausweisung von Ausländern aus dem Reichsgebiete 897

1. Konsulat-Wesen.

Seine Majestät der Kaiser haben im Namen des Reichs den Vize-Konsul Weber in Bahia zum Konsul daselbst zu ernennen geruht.

Dem Honorar-Konsul von Guatemala Simon Grünfeld in Breslau ist Namens des Reichs das Exequatur ertheilt worden.

2. Marine und Schiffahrt.

Bekanntmachung,
betreffend die Musterungsgebühren für Hochseefischerei-Fahrzeuge.

Der Bundesrath hat beschlossen:
dass die laut Bekanntmachung des Reichskanzlers vom 24. November 1885 (Central-Blatt für das Deutsche Reich Seite 526) vom Bundesrathe getroffene Festsetzung der Musterungsgebühr für Hochseefischerei-Fahrzeuge nur für Hochseefischerei-Segelfahrzeuge Geltung hat, dass dagegen Fischereidampfer die Musterungsgebühren nach dem Tarife vom 22. Februar 1873 (Central-Blatt für das Deutsche Reich Seite 62) zu entrichten haben.

Berlin, den 17. November 1899.

Der Reichskanzler.
In Vertretung: Graf v. Posadowsky.

3. Finanz-Wesen.

Nachweisung der zur Anschreibung gelangten Einnahmen (einschließlich der kreditirten Beträge) an Zöllen und gemeinschaftlichen Verbrauchssteuern sowie anderer Einnahmen im Deutschen Reiche für die Zeit vom 1. April 1899 bis zum Schlusse des Monats Oktober 1899.

Bezeichnung der Einnahmen.	Die Soll-Einnahme beträgt vom Beginne des Rechnungsjahrs bis zum Schlusse des obengenannten Monats ℳ	Ausfuhr-Vergütungen ꝛc. ℳ	Bleiben ℳ	Einnahme in demselben Zeitraume des Vorjahrs (Spalte 4) ℳ	Differenz zwischen den Spalten 4 und 5, + mehr − weniger ℳ
1.	2.	3.	4.	5.	6.
Zölle	293 680 067	12 511 018	281 169 049	292 545 123	− 11 376 074
Tabacksteuer	6 475 402	63 460	6 411 942	6 442 214	− 30 272
Zuckersteuer und Zuschlag zu derselben	84 784 923	23 384 727	61 400 196	58 596 177	+ 2 804 019
Salzsteuer	26 957 992	9 479	26 948 513	26 123 000	+ 825 513
Maischbottich- und Branntwein-Materialsteuer	8 393 735	9 911 952	− 1 518 217	307 450	− 1 825 667
Verbrauchsabgabe von Branntwein und Zuschlag zu derselben	80 510 981	276 080	80 234 901	70 083 334	+ 10 151 567
Brennsteuer	2 126 075	3 035 025	− 906 952	188 600	− 1 095 552
Brausteuer	19 090 181	41 690	19 048 491	18 182 058	+ 866 433
Uebergangsabgabe von Bier	2 360 029	—	2 360 029	2 234 633	+ 125 396
Summe	524 381 383	49 233 431	475 147 952	474 702 589	+ 445 363
Stempelsteuer für					
a) Werthpapiere	11 344 780	—	11 344 780	11 866 811	− 522 031
b) Kauf- u. sonstige Anschaffungsgeschäfte	9 094 350	24 934	9 069 416	7 240 698	+ 1 828 718
c) Loose zu:					
Privatlotterien	2 784 626	—	2 784 626	2 549 438	+ 235 188
Staatslotterien	8 712 606	—	8 712 606	8 493 807	+ 218 799
Spielkartenstempel	—	—	795 835	770 311	+ 25 524
Wechselstempelsteuer	—	—	6 900 213	6 360 583	+ 539 630
Post- und Telegraphen-Verwaltung	—	—	214 751 092	199 594 343	+ 15 156 749
Reichseisenbahn-Verwaltung	—	—	51 586 000	47 472 000 *)	+ 4 114 000

*) Die definitive Einnahme stellte sich im Vorjahr um 605 235 ℳ höher.

Anmerkung. Die zur Reichskasse gelangte Ist-Einnahme abzüglich der Ausfuhrvergütungen und Verwaltungskosten beträgt bei den nachbezeichneten Einnahmen:

Bezeichnung der Einnahmen.	Ist-Einnahme im Monat Oktober			Ist-Einnahme vom Beginne des Rechnungsjahrs bis zum Schlusse des Monats Oktober		
	1899 ℳ	1898 ℳ	Mithin 1899 + mehr − weniger ℳ	1899 ℳ	1898 ℳ	Mithin 1899 + mehr − weniger ℳ
1.	2.	3.	4.	5.	6.	7.
Zölle	41 286 178	43 968 498	− 2 682 320	255 092 147	265 870 791	− 10 778 644
Tabacksteuer	2 794 392	3 282 001	− 487 609	7 884 005	8 322 630	− 438 625
Zuckersteuer und Zuschlag zu derselben	7 472 576	7 771 589	− 299 013	57 774 107	50 941 400	+ 6 832 707
Salzsteuer	3 810 826	3 812 262	− 1 436	25 307 743	24 572 053	+ 735 690
Maischbottich- und Branntwein-Materialsteuer	236 263	544 070	− 780 333	4 127 983	6 138 275	− 2 010 292
Verbrauchsabgabe von Branntwein und Zuschlag zu derselben	10 599 503	9 436 148	+ 1 163 355	68 823 261	62 741 447	+ 6 081 814
Brennsteuer	417 601	— 84 340	− 333 261	− 906 952	96 597	− 810 355
Brausteuer und Uebergangsabgabe von Bier	2 776 214	2 767 790	+ 8 424	18 194 361	17 351 763	+ 842 598
Summe	68 085 825	71 498 018	− 3 412 193	436 296 655	435 541 762	+ 454 893
Briefkartenstempel	97 516	90 739	+ 6 777	776 019	792 147	− 16 128

4. Polizei-Wesen.

Ausweisung von Ausländern aus dem Reichsgebiete.

Laufende Nr.	Name und Stand der Ausgewiesenen.	Alter und Heimath	Grund der Bestrafung.	Behörde, welche die Ausweisung beschlossen hat.	Datum des Ausweisungsbeschlusses.
1.	2.	3.	4.	5.	6.

Auf Grund des §. 362 des Strafgesetzbuchs.

1.	Karl Dreifeitel, Kuhmelker,	geboren am 28. October 1878 zu Horlau, Bezirk Olmütz, Mähren, österreichischer Staatsangehöriger,	Landstreichen,	Königlich preußischer Regierungs-Präsident zu Frankfurt a. O.,	29. Juli d. J.
2.	David Eibenschütz, auch Eibenschütz, Mußker,	geboren am 28. Dezember 1877 zu Satoralja-Ujhely, Komitat Zemplén, Ungarn, ortsangehörig ebendaselbst,	desgleichen,	Königlich bayerische Polizei-Direktion München,	2. November d. J.
3.	August Franze, Dienstknecht,	geboren am 21. Juni 1888 zu Rosenthal, Bezirk Braunau, Böhmen, ortsangehörig ebendaselbst,	Diebstahl, Landstreichen und Betteln,	Königlich preußischer Regierungs-Präsident zu Breslau,	9. November d. J.
4.	Alois Heinz, Müllergeselle,	geboren am 30. October 1864 zu Kriegsdorf, Bezirk Römerstadt, Mähren, österreichischer Staatsangehöriger,	Betteln,	Königlich preußischer Regierungs-Präsident zu Oppeln,	25. October d. J.
5.	Johann Iser, Handarbeiter,	geboren am 4. Juni 1862 zu Reichdorf, Bezirk Raaben, Böhmen, ortsangehörig ebendaselbst,	desgleichen,	Königlich sächsische Kreishauptmannschaft Zwickau,	22. September d. J.
6.	August Bauer, Arbeiter,	geboren am 3. August 1866 zu Klein-Ober-Aupa, Bezirk Trautenau, Böhmen, österreichischer Staatsangehöriger,	desgleichen,	Königlich preußischer Regierungs-Präsident zu Frankfurt a. O.,	29. August d. J.
7.	Franz Saplatzky, Bergmann,	geboren am 8. October 1850 zu Königsberg, Bezirk Falkenau, Böhmen, ortsangehörig ebendaselbst,	Landstreichen und Betteln,	Königlich sächsische Kreishauptmannschaft Zwickau,	19. September d. J.
8.	Anton Schigart, Kaufmann,	geboren am 12. (oder 18.) März 1849 zu Olmütz, Mähren, österreichischer Staatsangehöriger,	desgleichen,	Königlich preußischer Regierungs-Präsident zu Oppeln,	25. October d. J.
9.	Johann Beslag, Buchdrucker und Kellner,	geboren am 16. Juni 1865 zu Haidin, Bezirk Pettau, Steiermark, ortsangehörig zu Ober-Weßlitschen, Bezirk Marburg, Steiermark,	Landstreichen,	Königlich bayerische Polizei-Direktion München,	2. November d. J.

Die Ausweisung des angeblich schweizerischen Staatsangehörigen Peter Lachmann aus dem Reichsgebiete (Central-Blatt für 1898 S. 435 Z. 5) ist zurückgenommen worden, da sich herausgestellt hat, daß der Ausgewiesene württembergischer Staatsangehöriger ist.

Berlin, Carl Heymanns Verlag. — Gedruckt bei Julius Sittenfeld in Berlin.

Central-Blatt
für das
Deutsche Reich.
Herausgegeben im Reichsamte des Innern.

Zu beziehen durch alle Postanstalten und Buchhandlungen.

| XXVII. Jahrgang. | Berlin, Freitag, den 1. Dezember 1899. | № 49. |

Inhalt: 1. **Konsulat-Wesen:** Entlassung; — Exequatur-Ertheilung . . . . Seite 399
2. **Militär-Wesen:** Nachtrags-Verzeichniß derjenigen Lehranstalten, welche zur Ausstellung von Zeugnissen über die Befähigung für den einjährig-freiwilligen Militärdienst berechtigt sind 400
3. **Zoll- und Steuer-Wesen:** Bestellung von Stations-Kontroleuren 402
4. **Polizei-Wesen:** Ausweisung von Ausländern aus dem Reichsgebiete 403

1. Konsulat-Wesen.

Dem bisherigen Kaiserlichen Vize-Konsul in Retalhuleu (Guatemala) Georg Gebhardt, ist die erbetene Entlassung aus dem Reichsdienst ertheilt worden.

Dem zum Königlich italienischen General-Konsul für das Großherzogthum Baden mit dem Amtssitz in Mannheim ernannten bisherigen Konsul Otto Bornhausen ist Namens des Reichs das Exequatur ertheilt worden.

2. Militär-Wesen.

Nachtrags-Verzeichniß

derjenigen Lehranstalten, welche zur Ausstellung von Zeugnissen über die Befähigung für den einjährig-freiwilligen Militärdienst berechtigt sind.

(Vergl. Bekanntmachung vom 27. Juni 1899, Central-Blatt S. 229.)

Bemerkungen:

1. Die mit * bezeichneten Gymnasien (A. a) und Progymnasien (B. a und C. a) an Orten, an welchen sich keine der zur Ertheilung von Befähigungszeugnissen berechtigten Anstalten unter A. b, B. b und c oder C. b (Real-Gymnasium, Real-Progymnasium, Realschule) mit obligatorischem Unterricht im Latein befindet, sind befugt, Befähigungszeugnisse auch ihren von dem Unterricht im Griechischen befreiten Schülern auszustellen, wenn letztere an dem für jenen Unterricht eingeführten Ersatzunterricht regelmäßig theilgenommen und nach mindestens einjährigem Besuche der Secunda auf Grund besonderer Prüfung ein Zeugniß über genügende Aneignung des entsprechenden Lehrpensums erhalten haben.

2. Die mit † bezeichneten Lehranstalten haben keinen obligatorischen Unterricht im Latein.

Oeffentliche Lehranstalten.

A. Lehranstalten, bei welchen der einjährige, erfolgreiche Besuch der zweiten Klasse zur Darlegung der Befähigung genügt.

a. Gymnasien.

Königreich Württemberg.

Eßlingen: *Gymnasium (bisher: Lyzeum, unter B. a. I des Hauptverzeichnisses).

Großherzogthum Hessen.

Friedberg: Gymnasium (verbunden mit Realschule) — bisher: Progymnasium (verbunden mit Realschule), unter B. a. III des Hauptverzeichnisses.

Anmerk. Die Anerkennung hat rückwirkende Kraft bis zum Ostertermin 1899.

c. Ober-Realschulen.

Freie Hansestadt Bremen.

Bremen: †Ober-Realschule — bisher: Handelsschule (Real-Gymnasium), unter A. b. XVI des Hauptverzeichnisses.

Anmerk. Die Anerkennung hat rückwirkende Kraft bis zum Michaelistermin 1899.

B. Lehranstalten, bei welchen der einjährige, erfolgreiche Besuch der ersten (obersten) Klasse zur Darlegung der Befähigung nöthig ist.

e. Realschulen.

Königreich Württemberg.

Aalen: †Realanstalt.

Anmerk. Die Anerkennung hat rückwirkende Kraft bezüglich der im Juli 1899 abgehaltenen Versetzungsprüfung von Klasse VII nach Klasse VIII.

C. Lehranstalten, bei welchen das Bestehen der Entlassungsprüfung zur Darlegung der Befähigung gefordert wird.

a. Progymnasien.

Großherzogthum Hessen.

Bingen: Progymnasium (verbunden mit Realschule).

Anmerk. Die Anerkennung hat rückwirkende Kraft bis zum Ostertermin 1899. Sie gilt vorläufig nur bis zum Michaelistermin 1900 einschließlich.

— 401 —

Herzogthum Braunschweig.

Gandersheim: *Progymnasium nebst †Real-Abtheilung — bisher: Real-Progymnasium, unter C. b. IV des Hauptverzeichnisses.
 Anmerk. Die Anerkennung hat rückwirkende Kraft bis zum Ostertermin 1899.

Freie und Hansestadt Hamburg.

Cuxhaven: Progymnasium (verbunden mit Realschule).
 Anmerk. Die Anerkennung hat rückwirkende Kraft bis zum Ostertermin 1899.

c. Realschulen.
Königreich Württemberg.

Kirchheim unter Teck: †Realanstalt,
Tuttlingen: †Realanstalt.
 Anmerk. Die Anerkennung beider Schulen hat rückwirkende Kraft bezüglich der im Juli 1899 abgehaltenen Entlassungsprüfungen.

Großherzogthum Baden.

†Kehl.
 Anmerk. Die Anerkennung hat rückwirkende Kraft bis zum Schlusse des Schuljahrs 1898/99.

Großherzogthum Hessen.

Bingen: †Realschule (verbunden mit Progymnasium) — bisher: †Realschule, unter C. c. VI des Hauptverzeichnisses.
Friedberg: †Realschule (verbunden mit Gymnasium) — bisher: †Realschule (verbunden mit Progymnasium), unter C. c. VI des Hauptverzeichnisses.

Freie und Hansestadt Hamburg.

Cuxhaven: †Realschule (verbunden mit Progymnasium) — bisher: †Realschule, unter C. c. XVI des Hauptverzeichnisses.
Hamburg: †Realschule (bisher: Hansaschule, unter B. b. XII des Hauptverzeichnisses).
 Anmerk. Die Anerkennung hat rückwirkende Kraft bis zum Ostertermin 1899.

e. Oeffentliche Schullehrer-Seminare.
Großherzogthum Oldenburg.

Oldenburg: Evangelisches Schullehrer-Seminar.

Privat-Lehranstalten.[×)]
Königreich Preußen.

Gacsbonck (Rheinprovinz): Privat-Unterrichts- und Erziehungs-Anstalt unter Leitung des Dr. Joseph Brunn.
 Anmerk. Anerkennung ohne zeitliche Beschränkung.
Niesky: Pädagogium unter Leitung des Vorstehers Friedrich Drexler (früher Hermann Bauer).
 Anmerk. Die Anstalt ist befugt, das Befähigungszeugniß für den einjährig-freiwilligen Militärdienst auf Grund des Bestehens der Abschlußprüfung nach dem sechsten Jahrgange unter Anwendung der preußischen Prüfungsordnung vom 6. Januar 1892 zu ertheilen.

[×)] Die nachfolgenden Anstalten dürfen Befähigungszeugnisse nur auf Grund des Bestehens einer unter Leitung eines Regierungs-Kommissars abgehaltenen Entlassungs-Prüfung ausstellen, sofern für diese Prüfung die Prüfungsordnung von der Aufsichtsbehörde genehmigt ist. Befreiungen von der mündlichen Prüfung oder einzelnen Theilen derselben sind unstatthaft.

Plötzensee bei Berlin: Pädagogium (Progymnasium) des evangelischen Johannesstifts unter Leitung des Stiftsvorstehers Pastors W. Philipps und des wissenschaftlichen Lehrers Theodor Menzel.

    Anmerk. Anerkennung ohne zeitliche Beschränkung.

Königreich Bayern.

Augsburg: †Allgemeine Handels-Lehranstalt von Johann Stahlmann.

    Anmerk. Die Berechtigung dauert vorläufig nur bis zum Michaelistermin 1900 einschließlich fort.

Großherzogthum Hessen.

Mainz: †Privat-Lehranstalt von Adolph Schickert.

    Anmerk. Die Anerkennung hat rückwirkende Kraft für die im August 1899 abgehaltene Entlassungsprüfung. Sie gilt vorläufig nur bis zum Michaelistermin 1900 einschließlich.

Freie Hansestadt Bremen.

Bremen: †Privat-Realschule von C. W. Debbe.

    Anmerk. Die Schule ist in staatliche Verwaltung übernommen und mit der öffentlichen Realschule in der Altstadt zu Bremen verschmolzen worden.

Berlin, den 28. November 1899.

Der Reichskanzler.

In Vertretung: Graf v. Posadowsky.

---

3. Zoll- und Steuer-Wesen.

Auf Grund der Bestimmung im Artikel 36 der Reichsverfassung ist nach Vernehmung des Ausschusses des Bundesraths für Zoll- und Steuerwesen und unter Belassung in seinem bisherigen Dienstverhältnisse

1. der Stationskontroleur, Königlich württembergische Finanz-Assessor Haller zu Münster i. Westf. dem an Stelle des aufgehobenen Königlich preußischen Hauptsteueramts zu Rheine i. Westf. neu errichteten Königlich preußischen Hauptsteueramte zu Bochum,
2. der Königlich preußische Steuerinspektor Urban zu Mannheim dem neu errichteten Großherzoglich badischen Hauptsteueramte zu Mannheim und
3. der Königlich bayerische Zollinspektor Bauer zu Rostock dem neu errichteten Großherzoglich mecklenburgischen Hauptzollamte zu Wismar

als Stationskontroleur beigeordnet worden.

4. Polizei-Wesen.

Ausweisung von Ausländern aus dem Reichsgebiete.

Laufende Nr.	Name und Stand der Ausgewiesenen	Alter und Heimath	Grund der Bestrafung	Behörde, welche die Ausweisung beschlossen hat	Datum des Ausweisungsbeschlusses
1.	2.	3.	4.	5.	6.
	a) Auf Grund des §. 39 des Strafgesetzbuchs.				
1.	Ferdinand Fialka, Haabarbeiter,	geboren am 29. Mai 1875 zu Trojan, Bezirk Raubnitz, Böhmen, ortsangehörig ebendaselbst,	schwerer und einfacher Diebstahl (1 Jahr 8 Monate 2 Wochen Zuchthaus, laut Erkenntniß vom 11. Juli 1898).	Königlich sächsische Kreishauptmannschaft Dresden,	26. September d. J.
2.	Gustav Münnich, Schlossergeselle,	geboren am 12. Mai 1850 zu Schluckenau, Böhmen, ortsangehörig ebendaselbst,	gewerbsmäßiges unberechtigtes Jagen (8 Monate Gefängniß, laut Erkenntniß vom 21. Februar 1899),	Königlich sächsische Kreishauptmannschaft Bautzen,	9. Oktober d. J.
	b) Auf Grund des §. 362 des Strafgesetzbuchs.				
3.	Giovanni Ceriani, Tagner,	geboren am 23. Februar 1867 zu Gallarate, Provinz Mailand, Italien, italienischer Staatsangehöriger,	Landstreichen und Betteln,	Kaiserlicher Bezirks-Präsident zu Straßburg,	16. November d. J.
4.	August Clement, Erdarbeiter,	geboren am 20. Januar 1840 zu Lavoivre, Frankreich, französischer Staatsangehöriger,	Betteln,	derselbe,	desgleichen.
5.	Mendel Geyer, Handelsmann,	geboren im Jahre 1852 zu Warschau, russischer Staatsangehöriger,	Landstreichen und Betteln,	Königlich preußischer Regierungs-Präsident zu Oppeln,	28. Oktober d. J.
6.	Jakob Goldberg, Drechslergeselle,	geboren im Jahre 1842 zu Brzezno, lang, Galizien, österreichischer Staatsangehöriger,	desgleichen,	Königlich preußischer Regierungs-Präsident zu Frankfurt a. O.,	12. Oktober d. J.
7.	Franz Kos, Strumpfmacher,	geboren am 24. Dezember 1874 zu Horkau, Bezirk Saaz, Böhmen, österreichischer Staatsangehöriger,	desgleichen,	Kaiserlicher Bezirks-Präsident zu Colmar,	20. November d. J.
8.	Joseph Kucera, Fleischergeselle,	geboren am 10. Januar 1860 zu Sabdanetich, Bezirk Pardubitz, Böhmen, ortsangehörig ebendaselbst,	Betteln und Widerstand gegen die Staatsgewalt,	Königlich sächsische Kreishauptmannschaft Bautzen,	26. Oktober d. J.
9.	Jean Baptiste Honoré Lettré, Steinmetz,	geboren am 29. Mai 1870 zu Mirmes, Frankreich, französischer Staatsangehöriger,	Landstreichen, Diebstahl, Widerstand gegen die Staatsgewalt, Sachbeschädigung und Beleidigung,	Königlich preußischer Regierungs-Präsident zu Cöln,	9. Februar d. J.
10.	Karl Ferdinand Meinl, Tagner,	geboren am 28. Juli 1874 zu Straßburg, österreichischer Staatsangehöriger,	Landstreichen,	Kaiserlicher Bezirks-Präsident zu Straßburg,	10. November d. J.
11.	Karl Münnich, Bürstenmacher,	geboren am 9. März 1856 zu Karbitz, Bezirk Auffig, Böhmen, österreichischer Staatsangehöriger,	Betteln,	Königlich preußischer Regierungs-Präsident zu Oppeln,	11. Oktober d. J.
12.	Karl Philipp, Arbeiter,	geboren am 26. November 1874 zu Wien, österreichischer Staatsangehöriger,	Landstreichen,	Königlich preußischer Regierungs-Präsident zu Frankfurt a. O.,	26. Oktober d. J.

Laufende Nr.	Name und Stand der Ausgewiesenen.	Alter und Heimath	Grund der Bestrafung.	Behörde, welche die Ausweisung beschlossen hat.	Datum des Ausweisungsbeschlusses.
1.	2.	3.	4.	5.	6.
13.	Anton Vribal, Schlossergeselle,	geboren am 13. Juni 1864 zu Czechowitz, Bezirk Olmütz, Mähren, österreichischer Staatsangehöriger,	Betteln,	Königlich preußischer Regierungs-Präsident zu Breslau,	15. November d. J.
14.	Cesare Schena, Maurer,	geboren am 15. Mai 1846 zu Tonadico, Bezirk Primiero, Tirol, ortsangehörig ebendaselbst,	Landstreichen, vollendeter und versuchter Betrug,	Großherzoglich badischer Landeskommissär zu Mannheim,	9. October d. J.
15.	Franz Schwach, Müller,	geboren am 20. Mai 1879 zu Hohenplotz, Bezirk Jägerndorf, Oesterreichisch-Schlesien, österreichischer Staatsangehöriger,	Landstreichen,	Königlich preußischer Regierungs-Präsident zu Münster,	14. September d. J.
16.	Johann Selinka, Dachdecker,	geboren am 30. März 1879 zu Wien, österreichischer Staatsangehöriger,	Betteln,	Königlich preußischer Regierungs-Präsident zu Oppeln,	17. October d. J.
17.	Joseph Zengler, Tagelöhner,	geboren im Jahre 1842 zu Marketsdorf, Oesterreich-Ungarn, österreichischer Staatsangehöriger,	Landstreichen und Betteln,	derselbe,	23. October d. J.

Central-Blatt für das Deutsche Reich.

Herausgegeben im Reichsamte des Innern.

Zu beziehen durch alle Postanstalten und Buchhandlungen.

| XXVII. Jahrgang. | Berlin, Freitag, den 8. Dezember 1899. | № 50. |

Inhalt: 1. Konsulat-Wesen: Ernennung; — Ableben eines Konsuls; — Exequatur-Ertheilung . Seite 405 2. Militär-Wesen: Ermächtigung zur Ausstellung ärztlicher Zeugnisse für militärpflichtige Deutsche in Rumänien 405 3. Auswanderungs-Wesen: Sechster Nachtrag zum Verzeichnisse der zugelassenen Auswanderungsunternehmer . . . . 406 4. Polizei-Wesen: Ausweisung von Ausländern aus dem Reichsgebiete 407

1. Konsulat-Wesen.

Seine Majestät der Kaiser haben im Namen des Reichs den Kaufmann Emil Philippi an Stelle des auf seinen Antrag ausgeschiedenen bisherigen Konsuls Wilhelm Sowerbutts zum Konsul in Mazatlan (Mexico) zu ernennen geruht.

Der Kaiserliche Konsul in San Juan (Puerto Rico), Ludwig Duplace, ist gestorben.

Dem General-Konsul von San Salvador für Deutschland mit dem Amtssitz in Berlin, Dr. José Carmen Gasteazoro, ist Namens des Reichs das Exequatur ertheilt worden.

2. Militär-Wesen.

Bekanntmachung.

Dem praktischen Arzte Dr. med. Rudolf Oskar Scheller zu Bukarest ist auf Grund des §. 42 Ziffer 2 der Wehrordnung die Ermächtigung ertheilt worden, Zeugnisse der im §. 42 Ziffer 1a und b a. a. O. bezeichneten Art über die Untauglichkeit oder bedingte Tauglichkeit derjenigen militärpflichtigen Deutschen auszustellen, welche ihren dauernden Aufenthalt in Rumänien haben.

Berlin, den 1. Dezember 1899.

Der Reichskanzler.

In Vertretung: Graf v. Posadowsky.

3. Auswanderungs-Wesen.

Bekanntmachung.

Mit Zustimmung des Bundesraths habe ich auf Grund des Gesetzes über das Auswanderungswesen vom 9. Juni 1897 (Reichs-Gesetzbl. S. 463) unter den nachstehend bezeichneten Maßgaben
a) die dem F. Mißler in Bremen ertheilte Erlaubniß zur Beförderung von Auswanderern erweitert und
b) dem Kaufmann Richard Mügge in Stettin die Erlaubniß ertheilt, die Beförderung von Auswanderern vom 1. November 1899 ab zu betreiben.

Berlin, den 4. Dezember 1899.

Der Reichskanzler.

Im Auftrage: Rothe.

Sechster Nachtrag

zu dem Verzeichnisse der auf Grund des Gesetzes über das Auswanderungswesen vom 9. Juni 1897 zugelassenen Auswanderungs-Unternehmer (Central-Blatt 1898 S. 221, 273, 289 und 335; 1899 S. 2, 42, 127 und 128).

Namen der Unternehmer.	Häfen, über welche Auswanderer befördert werden dürfen.	Länder, nach welchen	Art der Beförderung.	Besondere Bedingungen, deren Erfüllung dem Unternehmer auferlegt ist.
11. F. Mißler in Bremen.	—	Hawaiische Inseln.		Es dürfen nur nichtdeutsche Auswanderer, welche mit ordnungsmäßigen Auslandspässen versehen sind, mit den der Firma J. C. Pflüger & Co. in Bremen gehörigen Schiffen befördert werden.
12. Richard Mügge in Stettin.	Stettin und die Oberhäfen.	Vereinigte Staaten von Amerika und Canada.	Ohne Schiffswechsel in einem Zwischenhafen.	1. Aus Deutschland kommende Auswanderer, die von einer in Deutschland nicht als Auswanderungsunternehmer zugelassenen Person oder Siedlungs- oder ähnlichen Gesellschaft in außerdeutschen Siedlungsgebieten angesiedelt werden sollen, dürfen nicht befördert werden. 2. Der Unternehmer ist verpflichtet, mittellose Auswanderer, welche a) von ihm oder seinen Agenten zur Beförderung angenommen worden sind, aber aus irgend einem Grunde von Deutschland aus nicht weiterbefördert werden oder b) von ihm wegen Abweisung vor der Landung im überseeischen Hafen oder wegen nachträglicher Ausweisung nach Deutschland zurückbefördert worden sind, kostenfrei in ihren früheren Wohnort, oder, wenn dieser außerhalb des Deutschen Reichs liegt, bis an die Uebertrittsgrenze zurückzubefördern und dafür aufzukommen, daß durch die Zurückbeförderung, Unterbringung, Verpflegung oder Beerdigung solcher Auswanderer weder dem Deutschen Reiche, noch einem Bundesstaat, einer deutschen Gemeinde oder einem deutschen Armenverbande Kosten entstehen, sofern dies aber dennoch geschehen sollte, die entstandenen Kosten zu erstatten. 3. Zur Beförderung der Auswanderer dürfen nur Schiffe der Hamburg-Amerika-Linie benutzt werden.

4. Polizei-Wesen.

Ausweisung von Ausländern aus dem Reichsgebiete.

Laufende Nr.	Name und Stand der Ausgewiesenen.	Alter und Heimath	Grund der Bestrafung.	Behörde, welche die Ausweisung beschlossen hat.	Datum des Ausweisungsbeschlusses.
1.	2.	3.	4.	5.	6.
		Auf Grund des §. 362 des Strafgesetzbuchs.			
1.	Marianna Bungilei, ledig, Zigeunerin,	30 Jahre alt, geboren zu Rawske bei Jobluntau, Bezirk Teschen, Österreichisch-Schlesien, österreichische Staatsangehörige.	Landstreichen,	Königlich preußischer Regierungs-Präsident zu Oppeln,	30. Oktober d. J.
2.	Wilhelm Enbenbrod, Schneidergeselle,	geboren am 19. Juni 1837 zu Salzburg, österreichischer Staatsangehöriger,	Betteln,	derselbe,	7. Oktober d. J.
3.	Franziska Grimmil (Grimmel), geb. Kowolski, Arbeiterin,	geboren am 8. März 1851 zu Grobzti (Grobsto), Rußland, russische Staatsangehörige.	Beilegung eines falschen Namens, verbotsmidrige Rückkehr und gewerbsmäßige Unzucht.	Königlich preußischer Regierungs-Präsident zu Marienwerder,	20. November d. J.
4.	Adolph Kragl, Fabrikarbeiter,	geboren am 20. Januar 1878 zu Hirchenhand, Bezirk Graslitz, Böhmen, ortsangehörig ebendaselbst,	Landstreichen,	Königlich preußischer Regierungs-Präsident zu Lüneburg,	27. November d. J.
5.	Wilhelm Rad, Renner,	geboren am 19. Februar 1878 zu Loufa, Bezirk Znaim, Mähren, österreichischer Staatsangehöriger,	desgleichen,	Königlich preußischer Regierungs-Präsident zu Oppeln,	27. Oktober d. J.
6.	Max Schmehl, Maurer,	geboren am 22. August 1872 zu Hallein, Salzburg, ortsangehörig ebendaselbst,	Landstreichen und Betteln,	Königlich bayerisches Bezirksamt Berchtesgaden,	20. November d. J.
7.	Martin Sollypiat, Schneidergeselle,	geboren am 8. November 1811 zu Mockrau, Rußland, russischer Staatsangehöriger,	Beilegung eines falschen Namens, Landstreichen und Betteln,	Königlich preußischer Regierungs-Präsident zu Marienwerder,	desgleichen.
8.	Joseph Weiser, Müllergeselle,	geboren am 26. Juli 1864 zu Barzdorf, Bezirk Freiwaldau, Österreichisch-Schlesien, österreichischer Staatsangehöriger,	Betteln,	Königlich preußischer Regierungs-Präsident zu Breslau,	24. November d. J.

Berlin, Carl Heymanns Verlag. — Gedruckt bei Julius Sittenfeld in Berlin.

Central-Blatt für das Deutsche Reich.

Herausgegeben im Reichsamte des Innern.

Zu beziehen durch alle Postanstalten und Buchhandlungen.

XXVII. Jahrgang. | Berlin, Freitag, den 15. Dezember 1899. | № 51.

Inhalt: 1. **Konsulat-Wesen:** Ernennung; — Bestellung eines Konsular-Agenten; — Ermächtigung zur Vornahme von Civilstands-Akten; — Entlassung Seite 409. 2. **Bank-Wesen:** Status der deutschen Notenbanken Ende November 1899. . . . 410. 3. **Post- und Telegraphen-Wesen:** Erscheinen einer neuen Karte der großen Postdampfschifflinien im Weltpostverkehr . . . 412. 4. **Allgemeine Verwaltungs-Sachen:** Herausgabe des Handbuchs für das Deutsche Reich für das Jahr 1900 412. 5. **Marine und Schiffahrt:** Einrichtung einer Kommission für die Prüfung der Maschinisten auf Seedampfschiffen in Geestemünde . . . 412. 6. **Handels- und Gewerbe-Wesen:** Aenderungen des statistischen Waarenverzeichnisses, des Verzeichnisses der Massengüter sowie des Verzeichnisses der Herkunfts- und Bestimmungsländer für die Statistik des Waarenverkehrs . . . 412. 7. **Polizei-Wesen:** Ausweisung von Ausländern aus dem Reichsgebiete . . . 419.

1. Konsulat-Wesen.

Seine Majestät der Kaiser haben im Namen des Reichs den Kaufmann Benno Kundt zum Konsul in Libau zu ernennen geruht.

Von dem Kaiserlichen Konsulat in Lourenço-Marques ist der Kaufmann Friedrich Woerner zum Konsular-Agenten in Inhambane bestellt worden.

Dem Kaiserlichen Konsul Feindel in Sarajevo ist auf Grund des §. 1 des Gesetzes vom 4. Mai 1870 in Verbindung mit §. 85 des Gesetzes vom 6. Februar 1875 für seinen Amtsbezirk die Ermächtigung ertheilt worden, bürgerlich gültige Eheschließungen von Reichsangehörigen und unter deutschem Schutze lebenden Schweizern vorzunehmen und die Geburten, Heirathen und Sterbefälle von solchen zu beurkunden.

Dem bisherigen Kaiserlichen Konsul P. N. Dannevig in Arendal (Norwegen) ist die erbetene Entlassung aus dem Reichsdienst ertheilt worden.

2. Bank-

Status der deutschen Noten
nach den im Reichsanzeiger veröffentlichten Wochenüber

(Die Beträge lauten

Passiva.

Laufende Nummer	Bezeichnung der Banken.	Grund-Kapital.	Reserve-Fonds.	Noten-Umlauf.	Gegen 31. Dez. 1899.	Baar-bestände	Gegen 31. Dez. 1899.	Sonstige täglich fällige Verbindlichkeiten.	Gegen 31. Dez. 1899.	Verbindlichkeiten mit Kündigungsfrist.	Gegen 31. Dez. 1899.	Sonstige Passiva.	Gegen 31. Dez. 1899.	Summe der Passiva.	Gegen 31. Dez. 1899.	Event. Verbindlichkeiten auf weitergegebenen im amtlichen Wechseln.
1.	2.	3.	4.	5.	6.	7.	8.	9.	10.	11.	12.	13.	14.	15.	16.	17.
1.	Reichsbank	120 000	30 000	1 147 544	− 75 600	382 611	− 96 473	550 236	+ 62 225	—	—	42 164	+ 3 003	1 849 943	− 7 784	—
2.	Frankfurter Bank	10 000	4 800	14 816	− 961	9 615	− 172	8 740	+ 43	15 017	+ 771	6	− 110	57 279	− 945	3 392
3.	Bayerische Notenbank	7 500	2 800	65 496	+ 343	32 726	+ 1 459	7 884	+ 167	—	—	3 871	− 1 525	86 997	− 1 017	2 680
4.	Sächsische Bank zu Dresden	30 000	5 271	46 201	− 75	10 682	− 682	32 449	+ 6 571	19 285	− 2	795	+ 17	134 054	+ 5 829	1 412
5.	Württembergische Notenbank	9 000	900	28 212	− 1 137	9 757	− 917	1 214	− 312	547	+ 43	1 114	+ 105	35 987	− 1 304	903
6.	Badische Bank	9 000	1 784	17 082	+ 276	10 314	− 50	6 528	+ 223	—	—	1 252	+ 163	35 656	+ 644	683
7.	Bank für Süddeutschland	15 672	1 816	16 152	− 320	10 246	− 160	90	+ 1	1 566	+ 199	35 242	− 120	1 122
8.	Braunschweigische Bank	10 500	311	2 187	+ 247	1 193	+ 133	3 531	− 29	1 692	− 316	122	+ 56	18 843	− 304	102
	Zusammen	219 672	47 704	1 322 690	− 75 902	467 321	− 96 712	605 680	+ 68 621	37 411	+ 494	50 828	+ 2 478	2 284 015	− 4304	10 440

Bemerkungen.

Zu Spalte 5°: Davon in Abschnitten zu 100 ℳ = 1 018 291 000 ℳ.
           • 500 • = 19 057 500 ℳ (bei den Banken Nr. 1, 2, 4),
           • 1 000 • = 295 615 000 ℳ (• • • 1 und 2).
Zu Spalte 9 Nr. 2°: Darunter 128 900 ℳ noch nicht zur Einlösung gelangte Guldennoten.
   • 9 • 7° 90 686 ℳ • • • Gulden- und Thalernoten

Wesen.

banken Ende November 1899
sichten, verglichen mit demjenigen Ende Oktober 1899.
auf Tausend Mark.)

Activa.

Un.st. Bestand.	Gegen 31. Okt. 1899.	Reichs- kassen- scheine.	Gegen 31. Okt. 1899.	Noten anderer Banken.	Gegen 31. Okt. 1899.	Wechsel.	Gegen 31. Okt. 1899.	Lombard.	Gegen 31. Okt. 1899.	Effekten.	Gegen 31. Okt. 1899.	Sonstige Aktiva.	Gegen 31. Okt. 1899.	Summe der Aktiva.	Gegen 31. Okt. 1899.	
18.	19.	20.	21.	22.	23.	24.	25.	26.	27.	28.	29.	30.	31.	32.	33.	34.
729 755	+ 22 137	20 700	+ 1 704	14 458	+ 1 023	977 409	− 14 615	74 002	− 4 944	9 549	− 1 273	64 030	− 11 816	1 889 943	− 7 784	1.
5 125	− 338	63	− 7	183	− 459	34 747	+ 979	11 004	− 871	5 348	− 34	3 095	+ 97	59 495	− 124	2.
29 987	+ 890	64	+ 4	2 649	− 1 540	50 199	− 150	1 075	− 370	19	− 4	2 964	+ 672	86 957	− 1 017	3.
25 435	− 465	465	− 100	8 697	+ 517	86 015	− 5 463	2 325	− 132	261	− 25	9 635	+ 583	134 058	+ 5 934	4.
12 361	+ 689	101	+ 24	1 093	− 683	20 706	− 792	973	− 86	8	−	896	− 256	35 987	− 1 306	5.
6 698	+ 679	74	+ 8	218	− 264	24 618	+ 170	602	+ 8	33	− 5	3 635	+ 256	33 656	+ 649	6.
5 611	− 7	79	+ 7	216	− 147	28 181	+ 220	2 180	+ 99	2 850	−	1 085	− 287	35 242	− 120	7.
369	+ 69	29	+ 26	97	+ 17	8 256	− 148	1 831	− 122	87	− 14	8 785	− 179	19 048	− 299	8.
816 708	+ 22 694	21 595	+ 1 654	27 653	− 1 540	1 229 161	− 8 882	93 641	− 5 873	18 163	− 1 333	91 105	− 10 892	2 296 436	− 4 185	

3. Post- und Telegraphen-Wesen.

Karte der großen Postdampfschiffslinien im Weltpostverkehre.

Die Karte der großen Postdampfschiffslinien im Weltpostverkehre, welche zugleich ein Bild des gegenwärtigen Umfanges des Weltpostvereins liefert, ist im Reichs-Postamt im Maßstabe 1 : 47000000 neu bearbeitet worden. Der in mehrfachem Farbendrucke hergestellten Karte ist ein Verzeichniß der in Betracht kommenden Postdampfschiffslinien, unter Angabe der den Betrieb wahrnehmenden Schiffahrtsgesellschaften, der Anlegehäfen, der Entfernungen in Seemeilen von Hafen zu Hafen und der fahrplanmäßigen Ueberfahrtsdauer beigegeben.

Die Karte kann im Wege des Buchhandels von der Verlagshandlung, dem Berliner Lithogr. Institut (Julius Moser) in Berlin W., Potsdamerstraße 110, zum Preise von 1,50 ℳ bezogen werden.

Berlin, den 11. Dezember 1899.

Der Staatssekretär des Reichs-Postamts.
v. Podbielski.

4. Allgemeine Verwaltungs-Sachen.

Von dem Handbuche für das Deutsche Reich wird für das Jahr 1900 eine neue Ausgabe veranstaltet. Das Werk erscheint im Laufe des Monats Januar l. J. im Verlage der Buchhandlung „Carl Heymanns Verlag" zu Berlin und wird den Reichs- und Staatsbehörden bei direkter Bestellung zum Preise von 4 ℳ geliefert.

Im Buchhandel ist es zum Preise von 5 ℳ zu beziehen.

5. Marine und Schiffahrt.

Auf Grund des §. 8 der Bekanntmachung vom 26. Juli 1891 (Reichs-Gesetzbl. S. 359) ist in Geestemünde eine Kommission für die Prüfung der Maschinisten auf Seedampfschiffen eingerichtet worden.

6. Handels- und Gewerbe-Wesen.

Der Bundesrath hat beschlossen, den nachstehend abgedruckten Aenderungen des statistischen Waarenverzeichnisses und des Verzeichnisses der Massengüter, sowie des Verzeichnisses der Herkunfts- und Bestimmungsländer (Anlage I zu den Ausführungsbestimmungen zum Gesetze, betreffend die Statistik des Waarenverkehrs des deutschen Zollgebiets mit dem Auslande, vom 20. Juli 1879), mit der Maßgabe die Zustimmung zu ertheilen, daß diese Aenderungen mit dem 1. Januar 1900 in Kraft treten.

Berlin, den 15. Dezember 1899.

Der Reichskanzler.
Im Auftrage: Wermuth.

Anlage 1.

Aenderung

des statistischen Waarenverzeichnisses und des Verzeichnisses der Massengüter, auf welche die Bestimmung im §. 11 Abs. 2 Ziffer 3 des Gesetzes vom 20. Juli 1879, betreffend die Statistik des Waarenverkehrs, Anwendung findet.

1. Statistisches Waarenverzeichniß.

Vorbemerkungen.

Die Vorbemerkungen 5, 6 und 7 kommen in Fortfall, dafür ist folgende Vorbemerkung aufzunehmen:

5. Die für Fahrradtheile, Messerwaaren und Schneidewerkzeuge aus Eisen, Instrumente und Apparate aus Glas (einschließlich Glasröhren) zu wissenschaftlichen oder gewerblichen Zwecken, sowie für Spielzeug angegebenen statistischen Nummern gelten nur für die Einfuhr, dagegen sind die genannten Waaren bei der Ausfuhr und Durchfuhr (Ein- und Ausgang) als zur Sammelnummer 259c, 259d, 467a und 539a gehörig anzumelden, und zwar bei der Ausfuhr unter Angabe des Nettogewichts und des Werthes der Waaren.

Nummer des statistischen Waarenverzeichnisses.	Waarengattung.	Nummer des Zolltarifs.	Nummer des statistischen Waarenverzeichnisses.	Waarengattung.	Nummer des Zolltarifs.
† 3a.	Leimleder von Gerbereien	1a		nicht unter Nr. 20 des Zolltarifs fallen; Siebmacherwaaren, feine; Siebmacherwaaren in Verbindung mit anderen Materialien als Holz oder Eisen ohne Politur und Lack, soweit sie dadurch nicht unter Nr. 20 des Zolltarifs fallen	4b
† 3b.	abgenutzte alte Lederstücke und sonstige zur Benutzung als Leder oder zu Lederwaaren nicht geeignete Lederabfälle	"	116.	Antifebrin, Acetanilid und andere Waaren von der Zusammensetzung des Antifebrins	5m
60a.	Kleider- und Haarbürsten, feine; Kleider- und Haarbürsten in Verbindung mit anderen Materialien als Holz oder Eisen ohne Politur und Lack, soweit sie dadurch nicht unter Nr. 20 des Zolltarifs fallen	4b	117.	Antipyrin, Antipyreticum und andere Waaren von der Zusammensetzung des Antipyrins	"
66b.	Nagelbürsten, feine; Nagelbürsten in Verbindung mit anderen Materialien als Holz oder Eisen ohne Politur und Lack, soweit sie dadurch nicht unter Nr. 20 des Zolltarifs fallen; Zahnbürsten aus Borsten und Borstensurrogaten, soweit sie durch ihre Verbindungen nicht unter Nr. 20 des Zolltarifs fallen	"	122a.	Pariser Blau und anderes reines Blau (Stahl- und Miloriblau)	"
			122b.	Berliner Blau und anderes gemischtes Blau (Preußisch-, Mineral-, Roh- oder Gasblau zc.)	"
67.	andere feine Bürstenbinderwaaren; Bürstenbinderwaaren in Verbindung mit anderen Materialien als Holz oder Eisen ohne Politur und Lack, soweit sie dadurch		222a.	Bronze- und Chromfarben mit Ausnahme von chromsaurem Baryt	"
			222b.	Druckfarben, bunte	"
			222c.	Farbstoffe, Gerbstoffe, Farben, nicht besonders genannt	"
			†224a.	Bitterfalz	"
			224b.	Schlempekohle	"

— 414 —

Nummer des statistischen Waarenverzeichnisses.	Waarengattung.	Nummer des Zolltarifs.	Nummer des statistischen Waarenverzeichnisses.	Waarengattung.	Nummer des Zolltarifs.
[1]†224c.	Fabrikate und Präparate der chemischen Industrie, nicht besonders genannt: zu technischen Zwecken	5m	[3]) 259d.	—: Messerwaaren und Schneidewerkzeuge, mit Ausnahme der unter Nr. 467c fallenden chirurgischen Instrumente	6e 3,γ
224d.	—: zu pharmazeutischen Zwecken; Präparate der Pharmazie . .	"	259e.	—: Schreib- und Rechenmaschinen	"
253.	—: Schrauben, Schraubbolzen, Schraubenmuttern, abgeschliffen, gefirnißt, verkupfert, ver-: (fingt, verzinkt, verzinnt oder verbleit	6e 2,β	[3]†267a.	Asbest, Asbestfiber	7a
			267b.	Asbestkitt, Asbestanstrichmasse	"
			†318a.	Manilahanf	8
[2]) 254a.	—: Messer zum Handwerks- oder zum häuslichen Gebrauch, unpolirt, unlackirt, auch in Verbindung mit Holz	"	†318b.	Ramie	"
			†318c.	vegetabilische Spinnstoffe, nicht besonders genannt	"
			†356d.	—: anderes Steinobst, mit Ausnahme von Zwetschgen . . .	9k
254b.	—: emaillirte Waaren	"	†356g.	—: Zwetschgen	"
254c.	—: nicht besonders genannt, abgeschliffen, gefirnißt, verkupfert, vermeffingt, verzinkt, verzinnt oder verbleit	"	465c.	—: Violinen, auch Theile davon	15a 1
			465d.	—: andere Streichinstrumente, auch Theile davon. . . .	"
[2]) 255a.	Eisenwaaren, grobe, weder polirt noch lackirt, vernickelt oder vernirt: Maschinen-, Papier- und Wiegemesser	6e 2,γ	465e.	—: Zithern, auch Theile davon	"
			465f.	—: andere Saiteninstrumente (Harfen, Guitarren, Mandolinen u.s.w.), auch Theile davon . .	"
[2]) 255b.	—: Bajonette, Degen, Säbelklingen u. dergl.	"	465g.	—: andere hierher gehörige musikalische Instrumente, auch Theile davon	"
[2]) 255c.	—: Scheeren und andere Schneidewerkzeuge	"	469a.	Maschinen, überwiegend oder ganz aus Holz: landwirthschaftliche	15b 2a
255d.	—: andere Werkzeuge, mit Ausnahme der unter Nr. 254a–c fallenden	"	469b.	—: Brauerei- und Brennereigeräthe (Maschinen)	"
			469c.	—: zu industriellen Zwecken . .	"
259a.	—: aus schmiedbarem Eisen, mit Ausnahme von Nähmaschinen ohne Gestell, Nähmaschinenköpfen und Theilen von Nähmaschinen ohne Gestell und von Nähmaschinenköpfen, sowie von Fahrrädern, Fahrradtheilen, Nähmaschinen und Schneidewerkzeugen, ferner von Schreib- und Rechenmaschinen und von Spielzeug	6e 3,β	470a.	Maschinen überwiegend oder ganz aus Gußeisen, mit Ausnahme von Nähmaschinen: landwirthschaftliche	15b 2,γ
			470b.	—: Brauerei- und Brennereigeräthe (Maschinen)	"
			470c 1.	Maschinen überwiegend oder ganz aus Gußeisen, mit Ausnahme von Nähmaschinen, zu industriellen Zwecken: Müllereimaschinen . .	"

[1]) Hiervon gehören zu den Massengütern nur Bleiabstrich (Bleiabzug), Bleiasche und Bleigekrätz.
[2]) Siehe die Vorbemerkung b.
[3]) Hiervon gehört zu den Massengütern nur Asbest.

— 415 —

Nummer des statistischen Waarenverzeichnisses.	Waarengattung.	Nummer des Zolltarifs.	Nummer des statistischen Waarenverzeichnisses.	Waarengattung.	Nummer des Zolltarifs.
470c 2.	—: elektrische Maschinen	15b 2β	473c 2.	—: elektrische Maschinen	15b 2γ
470c 3.	—: Baumwollspinnmaschinen	"	473c 3.	—: Baumwollspinnmaschinen	"
470c 4.	—: Webereimaschinen	"	473c 4.	—: Webereimaschinen	"
470c 5.	—: Dampfmaschinen	"	473c 5.	—: Dampfmaschinen	15b 2γ und 15 Anmerkung zu b 1 und 2
470c 6.	—: Maschinen für Holzstoff- und Papierfabrikation	"	473c 6.	—: Maschinen für Holzstoff- und Papierfabrikation	15b 2γ
470c 7.	—: Werkzeugmaschinen	"	473c 7.	—: Werkzeugmaschinen	"
470c 8.	—: Turbinen	"	473c 8.	—: Turbinen	"
470c 9.	—: Transmissionen	"	473c 9.	—: Transmissionen	"
470c10.	—: Maschinen zur Bearbeitung von Wolle	"	473c10.	—: Maschinen zur Bearbeitung von Wolle	"
470c11.	—: Pumpen	"	473c11.	—: Pumpen	"
470c12.	—: Ventilatoren für Fabrikbetrieb	"	473c12.	—: Ventilatoren für Fabrikbetrieb	"
470c13.	—: Gebläsemaschinen	"	473c13.	—: Gebläsemaschinen	"
470c14.	—: Walzmaschinen	"	473c14.	—: Walzmaschinen	"
470c15.	—: Dampfhämmer	"	473c15.	—: Dampfhämmer	"
470c16.	—: Maschinen zum Durchschneiden und Durchlochen von Metallen	"	473c16.	—: Maschinen zum Durchschneiden und Durchlochen von Metallen	"
470c17.	—: Hebemaschinen	"	473c17.	—: Hebemaschinen	"
470c18.	—: andere Maschinen zu industriellen Zwecken	"	473c18.	—: andere Maschinen zu industriellen Zwecken	"
472a.	Dampfkessel: mit Röhren	15b 2γ	475a.	Maschinen überwiegend oder ganz aus anderen unedlen Metallen, mit Ausnahme von Lokomotiven und Lokomobilen: landwirthschaftliche	15b 2δ
472b.	—: ohne Röhren	"	475b.	—: Brauerei- und Brennereigeräthe (Maschinen)	"
473a.	Maschinen überwiegend oder ganz aus schmiedbarem Eisen, mit Ausnahme von Lokomotiven, Lokomobilen, Dampfkesseln und Nähmaschinen: landwirthschaftliche	15b 2γ	475c 1.	Maschinen überwiegend oder ganz aus anderen unedlen Metallen, mit Ausnahme von Lokomotiven und Lokomobilen, zu industriellen Zwecken: Müllereimaschinen	"
473b.	—: Brauerei- und Brennereigeräthe (Maschinen)	"	475c 2.	—: elektrische Maschinen	"
473c 1.	Maschinen überwiegend oder ganz aus schmiedbarem Eisen, mit Ausnahme von Lokomotiven, Lokomobilen, Dampfkesseln und Nähmaschinen, zu industriellen Zwecken: Müllereimaschinen	"	475c 3.	—: Baumwollspinnmaschinen	"
			475c 4.	—: Webereimaschinen	"
			475c 5.	—: Dampfmaschinen	"
			475c 6.	—: Maschinen für Holzstoff- und Papierfabrikation	"

Nummer des statistischen Waarenverzeichnisses.	Waarengattung.	Nummer des Zolltarifs.	Nummer des statistischen Waarenverzeichnisses.	Waarengattung.	Nummer des Zolltarifs.
475c 7.	—: Werkzeugmaschinen	15 b 2δ	¹) 529b.	Celluloid in geschliffenen, mattirten, polirten oder in ähnlicher Weise an der Oberfläche bearbeiteten Platten, Blättern, Stäben oder Röhren, oder für Waaren erkennbar vorgearbeitet (mit Ausnahme der Imitation von Elfenbein) und Celluloidwaaren (einschließlich derjenigen, welche sich als Imitation von Bernstein, Elfenbein, Schildpatt, Malachit, Lasurstein, Korallen u. s. w. darstellen), auch in Verbindung mit anderen Materialien, soweit sie dadurch nicht unter Nr. 20a des Zolltarifs fallen	
475c 8.	—: Turbinen	"			
475c 9.	—: Transmissionen	"			
475c 10.	—: Maschinen zur Bearbeitung von Wolle	"			
475c 11.	—: Pumpen	"			
475c 12.	—: Ventilatoren für Fabrikbetrieb	"			
475c 13.	—: Gebläsemaschinen	"			
475c 14.	—: Walzmaschinen	"			
475c 15.	—: Dampfhämmer	"			
475c 16.	—: Maschinen zum Durchschneiden und Durchlochen von Metallen	"			
475c 17.	—: Hebemaschinen	"			
475c 18.	—: andere Maschinen zu industriellen Zwecken	"			20 b 1
487a.	feine Waaren aus weichem Kautschuk, lackirt, gefärbt, bedruckt oder mit eingepreßten Dessins, auch in Verbindung mit anderen Materialien, soweit sie dadurch nicht unter Nr. 20 des Zolltarifs fallen: Gummischuhe (auch -Stiefel)	17 d	529c.	Zähne, künstliche, aus Elfenbein oder Elfenbeinimitationen, sowie künstliche Zähne aller Art in Verbindung mit Stiften oder Röhrchen aus Platina oder anderen edlen Metallen	
487b.	—: andere	"	552a.	Feine Lederwaaren: Feine Schuhe aller Art aus Leder oder in Verbindung mit solchem (mit Ausnahme derjenigen aus Kautschuk in Verbindung mit Leder)	"
495a.	Kleider aus vegetabilischen Spinnstoffen, aus Wolle oder anderen Thierhaaren, mit Ausnahme der gestickten und Spitzenkleider: Männer- und Knabenkleider				21 d
495b.	—: Frauenkleider	18 e	552b.	—: von Korduan, Saffian, Marokin, brüsseler oder dänischem Leder, von sämisch- und weißgarem Leder, von gefärbtem Leder, von lackirtem, bronzirtem oder mit eingepreßten oder eingenähten Verzierungen versehenem Leder und Pergament ohne Verbindung mit anderen Materialien, mit Ausnahme der Albums und Buchbinderarbeiten; Hutbesätze aus Leder	
495c.	—: Leibwäsche aus wollenen Zeugstoffen (auch Trikotstoffen)	"			
¹) 495d.	—: andere; Putzwaaren aus vegetabilischen Spinnstoffen, aus Wolle oder anderen Thierhaaren	"			
¹) 529a.	Waaren, ganz oder theilweise aus Bernstein, Elfenbein, Gagat, Jet, Lava, Meerschaum, Perlmutter oder Schildpatt, mit Ausnahme der unter Nr. 529b fallenden imitirten Waaren und der in Nr. 529c genannten künstlichen Zähne	20 b 1	552c.	—: in Verbindung mit anderen Materialien, soweit sie dadurch nicht unter Nr. 20 des Zolltarifs fallen, mit Ausnahme der feinen Schuhe aller Art; Albums in Einbänden, mit feinem oder nach-	"

¹) Siehe die Vorbemerkung 5.

Nummer des statistischen Waarenverzeichnisses.	Waarengattung.	Nummer des Zolltarifs.	Nummer des statistischen Waarenverzeichnisses.	Waarengattung.	Nummer des Zolltarifs.
555a.	geahmtem Leder und dergleichen überzogen; Buchbinderarbeiten, mit feinem oder nachgeahmtem Leder und dergleichen . . . . Handschuhe, ganz aus Leder, und zu Handschuhen zugeschnittenes Leder	21 d 21 c	782 h.	genannten, sowie seidene und halbseidene in Verbindung mit Metallfäden; ausgenommen Tüll, Gaze, Krepp, Flor . . . . ungemusterte taffetbindige Gewebe aus Seide des Maulbeerspinners ohne jede Beimischung von Floretseide oder von Seide des Eichenspinners oder von anderen Spinnstoffen und beiderseitig mit festen Kanten gewebt, roh, auch abgekocht (gebleicht)	30 e 1
555b. ¹) 604. 782a.	Handschuhe, theilweise aus Leder. Essig, Essigsäure, Eiseessig und Holzessig: in Fässern . . . . . Zeuge, Tücher, Shawls, seidene, mit Ausnahme der unter Nr. 782b	, 25 d 1			30 Anm. 3

Es sind zu streichen die bisherigen Nummern 3, 66, 67, 116, 117, 122, 172b, 217b, 222, 224 mit Anmerkung, 253, 254 mit Anmerkung, 255 und 259a mit Anmerkung, 267 mit Anmerkung, 318, 356d, 465c, 469, 470, 472, 473, 475, 487, 495 und 529 mit Anmerkung, 552, 555, 604, 782 sowie die seitherigen Anmerkungen zu den Nummern 249, 256 und die Anmerkung „Bei der Ausfuhr von Kleidern, Leibwäsche und Putzwaaren der Nummern 492 bis 494 genügt die Deklaration „Kleider, Leibwäsche und Putzwaaren, seidene 2c." unter Beifügung der Nummer 492" zu den Nummern 492, 493, 494. Bei Nummer 259c ist der zweite Satz der Anmerkung wie folgt zu ändern: „Siehe auch die Vorbemerkung 5". Bei den Nummern 361, 364, 373, 375, 378, 379, 381, 467a, 467b, 467c, 485a, 489b, 553a ist die bisherige Anmerkung durch folgende zu ersetzen: „Siehe die Vorbemerkung 5".

¹) Bei der Ausfuhr ist der Gehalt des Essigs an Essigsäure, wie folgt, anzugeben:
    1. Essig bis 12 Prozent,
    2. Essig über 12 Prozent bis 80 Prozent,
    3. Essig über 80 Prozent.

2. Verzeichniß der Massengüter.

Nummer des statistischen Waarenverzeichnisses.	Waarengattung.	Nummer des statistischen Waarenverzeichnisses.	Waarengattung.
3a.	Leimleder von Gerbereien.	318a.	Manilahanf.
3b.	Abgenutzte alte Lederstücke und sonstige zur Benutzung als Leder oder zu Lederwaaren nicht geeignete Lederabfälle.	318b. 318c.	Ramie. vegetabilische Spinnstoffe, nicht besonders genannt.
224a. aus 224c. aus 267a.	Bittersalz. Bleiglätte (Bleiabzug), Bleiasche und Bleigekrätz. Asbest.	356d. 356g.	—: anderes Steinobst, mit Ausnahme der Zwetschgen. —: Zwetschgen.

Es sind zu streichen die Nummern 3, aus 224, aus 267, 318, 356d.

Anlage 2.

Aenderung der Anlage I

zu den Ausführungsbestimmungen zum Gesetze, betreffend die Statistik des Waarenverkehrs des deutschen Zollgebiets mit dem Auslande, vom 20. Juli 1879 (Beschluß des Bundesraths vom 29. Oktober 1896, Central-Blatt für das Deutsche Reich S. 508).

Verzeichniß der Länder der Herkunft und Bestimmung.

14. Norwegen; ferner die Bäreninsel, sowie Spitzbergen.
23a. Türkei in Europa mit Creta (ohne Bosnien, Herzegowina, Bulgarien und Ostrumelien), ferner Montenegro.
23b. Türkei in Asien (Kleinasien mit Samos, Kurdistan, Syrien ꝛc., mit Ausnahme von Cypern, Besitzungen in Arabien am Persischen Meerbusen und Rothen Meer, letztere jedoch ohne die Halbinsel Sinai, vergl. bei 25).
23c. Türkei in Afrika (Barka [Bengasi] und Tripoli) mit Ausnahme von Aegypten.

II. Afrika
(soweit nicht oben bei 16, 22, 23c eingerechnet).

25. Aegypten mit der Halbinsel Sinai und dem ägyptischen Theile des Sudan.
27. Britisch-Ostafrika mit den britischen Inseln Amiranten, Mauritius, Seychellen, Sokotra, und mit Einschluß von Sansibar, Pemba u. s. w.; ferner die Tschagosinseln.

III. Asien
(soweit nicht oben bei 7, 18a, 23b, 25 und 27 eingerechnet).

44a. Britisch-Indien, die Inseln Andamanen, Lakediven und Nikobaren; ferner Belutschistan.
44b. Aden, Bahrein, Kameran, Kuria-Muria, Perim.
44c. Ceylon und die Malediven.
44d. Britische Ansiedlungen an der Straße von Malakka (Straits Settlements: Malakta, Penang, Singapur ꝛc.); die britischen Schutzgebiete auf der malayischen Halbinsel, die Keeling-(Kokos) Inseln, Britisch-Borneo, Labuan und Sarawak.
45a. China mit Einschluß von Macao.
45b. Hongkong.
45c. Deutsches Schutzgebiet von Kiautschou.
53. Philippinen mit Suluinseln, Guam.
54. Uebriges Asien, nämlich Afghanistan, Arabien (soweit nicht bei 23b, 25 und 44b eingerechnet), Maskat (Oman) ꝛc.

IV. Amerika
(soweit nicht oben bei 8 eingerechnet).

74. Cuba und Portorico.

V. Australien und Polynesien
(soweit nicht oben bei 49 und 53 eingerechnet).

79. Deutsch-Neuguinea (Kaiser Wilhelmsland mit dem Bismarckarchipel und dem Antheil an den Salomoninseln), Marschallinseln, Karolinen, Palauinseln und Marianen (ausgenommen Guam).
82a. Hawaiische (Sandwich-) Inseln.
82b. Uebriges Polynesien.

7. Polizei-Wesen.

Ausweisung von Ausländern aus dem Reichsgebiete.

Laufende Nr.	Name und Stand der Ausgewiesenen.	Alter und Heimath	Grund der Bestrafung.	Behörde, welche die Ausweisung beschlossen hat.	Datum des Ausweisungs-beschlusses.
1.	2.	3.	4.	5.	6.

a) Auf Grund des §. 39 des Strafgesetzbuchs.

1.	Therese Stroh, Tagelöhnerin, ledig,	geboren am 29. Januar 1857 zu Hofkirchen, Bezirk Wels, Ober-Oesterreich, ortsangehörig zu Brandeis, Bezirk Karolinenthal, Böhmen,	Hehlerei (8 Monate 15 Tage Gefängniß, laut Erkenntniß vom 1. August 1899).	Königlich bayerisches Bezirksamt Miesbach,	14. November d. J.
2.	Karoline Bawri-nowsky, geb. Zwertna (auch Zwitzinger), Handarbeiterin,	geboren am 27. August 1866 zu Lneze, Bezirk Hohenmauth, Böhmen, ortsangehörig zu Hluboka, Bezirk Budweis, Böhmen,	Oehlerei und Widerstand gegen die Staatsgewalt (2 Jahre 1 Monat Zuchthaus, laut Erkenntniß vom 16. Februar 1898),	Königlich bayerisches Bezirksamt Wasserburg,	12. Juni d. J.

b) Auf Grund des §. 362 des Strafgesetzbuchs.

3.	Joseph Eizel, Kaminkehrer,	geboren am 16. Januar 1871 zu Schüttenhofen, Böhmen, ortsangehörig zu Tachowitz, Bezirk Blaina, Böhmen,	Diebstahl, Führung falscher Legitimationspapiere und Landstreichen,	Königlich bayerisches Bezirksamt Regensburg,	18. September d. J.
4.	Mißa (Max) Grünfeld, Krämer,	geboren am 12. Juni 1879 zu Papa, Komitat Beßprim, Ungarn, ortsangehörig ebendaselbst.	Landstreichen,	Königlich bayerische Polizei-Direktion München,	21. November d. J.
5.	Johann Hönig, Weber und Handarbeiter,	geboren am 27. Dezember 1852 zu Trautich-Liebau, Bezirk Schönberg, Mähren, ortsangehörig ebendaselbst,	Landstreichen und Betteln,	Königlich preußischer Regierungs-Präsident zu Breslau,	30. November d. J.

Berlin, Carl Heymanns Verlag. — Gedruckt bei Julius Sittenfeld in Berlin.

Central-Blatt für das Deutsche Reich.

Herausgegeben im Reichsamte des Innern.

Zu beziehen durch alle Postanstalten und Buchhandlungen.

XXVII. Jahrgang. | Berlin, Freitag, den 22. Dezember 1899. | **№ 52.**

Inhalt: 1. *Marine und Schiffahrt:* Erscheinen der dritten vermehrten Auflage des Alphabetischen Verzeichnisses der deutschen Seehäfen sowie europäischer und außereuropäischer Hafen-, Anlege- und Außenplätze Seite 421. 2. *Finanz-Wesen:* Nachweisung der Einnahmen des Reichs vom 1. April 1899 bis Ende November 1899. 422. 3. *Justiz-Wesen:* Vorschriften über die Vereinnahmung und Verrechnung der gemäß Artikel IV des Gesetzes, betreffend Aenderungen des Gerichtsverfassungsgesetzes und der Strafprozeßordnung, vom 17. Mai 1898 in die Reichskasse fließenden Kosten . . . . 428. 4. *Zoll- und Steuer-Wesen:* Entwerthung von Wechselstempelmarken; — Veränderungen in dem Stande oder den Befugnissen der Zoll- und Steuerstellen; — Abänderungen und Ergänzungen des amtlichen Waarenverzeichnisses zum Zolltarife . . . . 424. 5. *Polizei-Wesen:* Ausweisung von Ausländern aus dem Reichsgebiete . . . . 441.

1. Marine und Schiffahrt.

Im Auftrage des Ministers für Handel und Gewerbe ist im Verlage des Königlichen statistischen Bureaus eine dritte, vermehrte Auflage des Alphabetischen Verzeichnisses der deutschen Seehäfen sowie europäischer und außereuropäischer Hafen-, Anlege- und Küstenplätze erschienen. Das Werk enthält die Namen von 8266 Hafen-, Anlege- und Küstenplätzen, einschließlich 1677 Doppelbezeichnungen, und die Angabe der Länder, Küstenstrecken u. s. w. sowie die geographischen Breiten, wo sie gelegen sind. Der Preis des Buches, geheftet, beträgt 3,40 ℳ.

2. Finanz-Wesen.

Nachweisung der zur Anschreibung gelangten Einnahmen (einschließlich der kreditirten Beträge) an Zöllen und gemeinschaftlichen Verbrauchssteuern sowie anderer Einnahmen im Deutschen Reiche für die Zeit vom 1. April 1899 bis zum Schlusse des Monats November 1899.

Bezeichnung der Einnahmen.	Die Soll-Einnahme beträgt vom Beginne des Rechnungsjahrs bis zum Schlusse des obengenannten Monats	Ausfuhr-Vergütungen ꝛc.	Bleibt	Einnahme in demselben Zeitraume des Vorjahrs (Spalte 4)	Differenz zwischen den Spalten 4 und 5. + mehr − weniger
	ℳ	ℳ	ℳ	ℳ	ℳ
1.	2.	3.	4.	5.	6.
Zölle	343 590 929	13 782 172	329 808 757	341 120 850	− 11 312 093
Tabacksteuer	7 537 508	74 917	7 462 591	7 559 034	− 96 443
Zuckersteuer und Zuschlag zu derselben . . .	100 884 393	25 771 458	75 112 935	70 672 722	+ 4 440 213
Salzsteuer	32 265 745	9 477	32 256 268	31 421 313	+ 834 955
Maischbottich- und Branntwein-Materialsteuer	12 266 839	11 760 105	506 734	3 599 095	− 3 092 361
Verbrauchsabgabe von Branntwein und Zuschlag zu derselben .	93 491 880	320 577	93 171 303	83 969 892	+ 9 201 411
Brennsteuer	2 213 647	1 553 967	1 340 320	15 199	+ 1 355 519
Brausteuer	21 313 502	51 087	21 262 415	20 388 717	+ 873 698
Uebergangsabgabe von Bier	2 717 389	—	2 717 389	2 574 714	+ 142 675
Summe .	616 281 832	55 323 760	560 958 072	561 321 536	− 363 464
Stempelsteuer für a) Werthpapiere . .	12 387 463	—	12 387 463	13 254 747	− 867 284
b) Kauf- u. sonstige Anschaffungsgeschäfte	10 168 962	26 970	10 141 992	8 180 103	+ 1 961 889
c) Loose zu: Privatlotterien . .	2 894 625	—	2 894 625	2 644 000	± 250 625
Staatslotterien . .	10 165 764	—	10 165 764	9 684 427	+ 481 337
Spielkartenstempel . . .	—	—	966 516	932 240	+ 34 276
Wechselstempelsteuer . .	—	—	7 865 747	7 268 582	+ 597 165
Post- und Telegraphen-Verwaltung	—	—	243 258 670	226 574 085	+ 16 684 585
Reichseisenbahn-Verwaltung	—	—	58 887 000	54 104 000*)	+ 4 783 000

*) Die definitive Einnahme stellte sich im Vorjahr um 501 021 ℳ höher.

Anmerkung. Die zur Reichskasse gelangte Ist-Einnahme abzüglich der Ausfuhrvergütungen und Verwaltungskosten beträgt bei den nachbezeichneten Einnahmen:

Bezeichnung der Einnahmen.	Ist-Einnahme im Monat November			Ist-Einnahme vom Beginne des Rechnungsjahrs bis zum Schlusse des Monats November		
	1899	1898	Mithin 1899 + mehr − weniger	1899	1898	Mithin 1899 + mehr − weniger
	ℳ	ℳ	ℳ	ℳ	ℳ	ℳ
1.	2.	3.	4.	5.	6.	7.
Zölle	40 122 854	40 586 209	− 408 355	295 270 001	306 457 000	− 11 186 999
Tabacksteuer	836 799	857 516	− 20 717	8 720 804	9 180 146	− 459 342
Zuckersteuer und Zuschlag zu derselben	9 427 960	8 301 685	+ 1 126 275	67 202 047	59 242 085	+ 7 959 962
Salzsteuer	4 465 872	4 126 760	+ 339 112	29 773 615	28 698 813	+ 1 074 802
Maischbottich- und Branntwein-Materialsteuer	903 440	1 571 411	− 667 971	5 031 423	7 709 686	− 2 678 263
Verbrauchsabgabe von Branntwein und Zuschlag zu derselben	6 856 191	5 184 975	+ 1 671 216	28 679 442	26 926 422	+ 1 753 020
Brennsteuer	420 307	173 391	+ 259 916	1 340 319	270 048	+ 1 070 271
Brausteuer und Uebergangsabgabe von Bier	2 185 287	2 164 152	+ 21 135	20 379 648	19 515 915	+ 863 733
Summe . .	67 190 026	65 616 257	+ 1 801 769	503 716 681	501 460 019	+ 2 256 662
Spielkartenstempel . . .	102 775	101 017	+ 1 758	878 794	893 164	− 14 370

3. Justiz-Wesen.

Vorschriften

über die Vereinnahmung und Verrechnung der gemäß Artikel IV des Gesetzes, betreffend Aenderungen des Gerichtsverfassungsgesetzes und der Strafprozeßordnung, vom 17. Mai 1898 (Reichs-Gesetzbl. S. 252) in die Reichskasse fließenden Kosten.

Für die Vereinnahmung und Verrechnung der gemäß Artikel IV des Gesetzes, betreffend Aenderungen des Gerichtsverfassungsgesetzes und der Strafprozeßordnung, vom 17. Mai 1898 (Reichs-Gesetzbl. S. 252) in die Reichskasse fließenden Kosten gelten die nachstehenden Vorschriften:

§. 1.

Die nach den maßgebenden landesrechtlichen Vorschriften zur Berechnung und Festsetzung der Kosten zuständige Behörde übersendet der Gerichtsschreiberei des Reichsgerichts die Kostenrechnung oder, falls Kosten nicht zu erheben sind, eine entsprechende Mittheilung.

Die Gerichtsschreiberei des Reichsgerichts trägt die in Rechnung gestellten Kosten in den Soll-einnahmebelag (§. 1 der Dienstweisung vom 21. Juni 1879 / 7. Juli 1887 — Central-Blatt für das Deutsche Reich 1879 S. 478 / 1887 S. 309 —) ein, vermerkt die Nummer des Solleinnahmebelags in den Akten des Reichsgerichts sowie auf der Kostenrechnung und sendet diese zurück.

§. 2.

Soweit die Kosten durch die zuständige Landesbehörde zur Einziehung gelangen, werden sie für Rechnung der Reichskasse an die Ober-Postkasse, Abtheilung für Kassensachen des Reichsgerichts, in Leipzig abgeführt.

Die Ober-Postkasse in Leipzig behandelt die an sie abgeführten Beträge buch- und kassenmäßig in gleicher Weise, wie die sonstigen zur Reichskasse fließenden Gerichtskosten.

Die Gerichtsschreiberei des Reichsgerichts vermerkt nach Einsendung des Gegenbuchs (§. 5 der Dienstweisung) den Eingang der Kosten in dem Solleinnahmebelage.

§. 3.

Wird ein Kostenbetrag wegen Uneinziehbarkeit oder aus anderen Gründen durch die zuständige Landesbehörde in Abgang gestellt, so ist die Gerichtsschreiberei des Reichsgerichts hiervon unter Angabe des Grundes der Niederschlagung zu benachrichtigen.

Die Gerichtsschreiberei vermerkt die Niederschlagung in dem Solleinnahmebelag und in der Niederschlagungsliste (§. 4 der Dienstweisung).

§. 4.

Der auf Grund dieser Vorschriften erfolgende Schriftwechsel, einschließlich der Geldsendungen, zwischen dem Reichsgerichte, der Gerichtsschreiberei, der Ober-Postkasse in Leipzig und den betheiligten Landesbehörden ist als Reichsdienstsache portofrei.

Vorstehende Vorschriften, welche der Bundesrath in der Sitzung vom 30. November 1899 beschlossen hat, werden hierdurch bekannt gemacht.

Berlin, den 11. Dezember 1899.

Der Reichskanzler.
In Vertretung: Nieberding.

4. Zoll- und Steuer-Wesen.

Der Bundesrath hat in seiner Sitzung vom 14. d. M. beschlossen, Ziffer 2 des Beschlusses vom 7. Juli 1881 durch folgenden Zusatz zu ergänzen:

„Wenn Wechselstempelmarken, welche mit dem Vordruck „den   18 " versehen sind, nach dem 31. Dezember 1899 entwerthet werden, so ist es zulässig, die vorgedruckte Ziffer 18 (oder die Ziffer 8 allein) zu durchstreichen oder durch Ueberschreiben in 19 umzuändern."

Berlin, den 14. Dezember 1899.

Der Reichskanzler.
Im Auftrage: v. Fischer.

Veränderungen in dem Stande oder den Befugnissen der Zoll- und Steuerstellen.

Im Königreiche Preußen.

Die Nebenzollämter II in Jarzomblowitz und Schwarzwasser, bisher zum Bezirke des Hauptsteueramts in Gleiwitz gehörig, sind dem Bezirke des Hauptzollamts in Myslowitz und die bisher zum Bezirke des letzteren gehörigen Steuerämter I in Beuthen O.-S. und Tarnowitz sowie die Zollabfertigungsstelle in Beuthen O.-S. dem Bezirke des Hauptsteueramts in Gleiwitz zugetheilt worden.

Es ist ertheilt worden:

dem Steueramt I zu Beuthen a. O. im Bezirke des Hauptsteueramts zu Glogau die Befugniß zur Erledigung von Begleitscheinen I über Kokosgarne, welche für den Rentier Seewald in Beuthen a. O. eingehen,

dem Nebenzollamt I am Bahnhofe zu Seidenberg-Zwecka im Bezirke des Hauptsteueramts zu Görlitz die Befugniß zur Abfertigung von Leinengarn der Nummern 22 a und b des Zolltarifs zu anderen als den höchsten Zollsätzen dieser Nummern,

dem Steueramt I zu Greifenberg i./P. im Bezirke des Hauptzollamts zu Swinemünde die Befugniß zur Erledigung von Begleitscheinen I über inländisches Salz sowie von Begleitscheinen II aller Art,

dem Steueramt I zu Coepenick im Bezirke des Hauptsteueramts zu Eberswalde die Befugniß zur Abfertigung von Mühlenfabrikaten, welche mit dem Anspruch auf Ertheilung von Einfuhrscheinen zur Ausfuhr angemeldet werden,

dem Steueramt I zu Peine im Bezirke des Hauptsteueramts zu Celle die Befugniß zur Erledigung von Begleitscheinen I über Mineralschmieröl, welches für die daselbst belegene Mineralöl-Raffinerie der Firma F. Saigge & Co. eingeht, insbesondere auch zur Abfertigung derartiger unter Eisenbahnwagenverschluß eingehender Begleitscheinsendungen,

dem Steueramt I zu Wusterhausen a. D. im Bezirke des Hauptsteueramts zu Neu-Ruppin die Befugniß zur Erledigung von Begleitscheinen II,

dem Hauptsteueramte zu Liegnitz die Befugniß zur Ausfertigung von Begleitscheinen I,

dem Steueramt I zu Rawitsch im Bezirke des Hauptsteueramts zu Lissa die Befugniß zur Ausfertigung von Begleitscheinen I und II über Wein, welcher aus dem Weintheilungslager der Firma Hellwig & Sohn daselbst abgefertigt wird,

dem Hauptsteueramt in Neu-Ruppin die Befugniß zur Erledigung von Begleitscheinen II über die für das Privattheilungslager der Firma C. E. Knöllner daselbst eingehenden Sendungen von rohem Kaffee, Gewürzen aller Art, Feigen, Korinthen, Rosinen und Reis und

dem Hauptsteueramt in Burg die Befugniß zur Erledigung von Begleitscheinen I über die für den Mühlenbesitzer Taentzler daselbst eingehenden Sendungen von Roggen und Weizen sowie zur Abfertigung von Mühlenfabrikaten, die in der Mühle des Taentzler hergestellt sind und mit dem Anspruch auf Ertheilung von Einfuhrscheinen zur Ausfuhr angemeldet werden.

Im Königreiche Bayern.

Es ist ertheilt worden:

der Zollexpositur zu Woerishofen im Bezirke des Hauptzollamts zu Memmingen die Befugniß zur Ausfertigung und Erledigung von Uebergangs- und Transportscheinen über Bier und Wein und

der Uebergangsstelle zu Kreuzthal in demselben Hauptamtsbezirke die unbeschränkte Befugniß zur Ausfertigung und Erledigung von Uebergangs- und Transportscheinen über Bier, geschrotetes Malz und Wein.

Im Königreiche Sachsen.

Es ist ertheilt worden:

dem Untersteueramte zu Elsterberg im Bezirke des Hauptsteueramts zu Plauen die Befugniß zur Erledigung von Versendungsscheinen II über inländischen Tabak sowie von Begleitscheinen II über unbearbeitete Tabackblätter der Nr. 25 v 1, Fischthran der Nr. 26 k und Talg von Rindern der Nr. 26 l des Zolltarifs und

dem Steueramte zu Oschatz im Bezirke des Hauptsteueramts zu Meißen die Befugniß zur Erledigung von Begleitscheinen I über für die Zuckerfabrik daselbst aus dem Auslande leer eingehende leinene Säcke mit der Maßgabe, daß Proben zur Tarifirung an ein befugtes Amt zu senden sind, wenn spezielle Revision beim Begleitschein-Ausfertigungsamte nicht stattgefunden hat.

Im Königreiche Württemberg.

Im Bezirke des Kameralamts zu Ochsenhausen sind zu Aepfingen, Maselheim, Wennedach, Reinstetten und Ochsenhausen Grenzsteuerämter mit der Befugniß zur Erledigung von Uebergangsscheinen über Bier, Branntwein, Wein und geschrotetes Malz errichtet worden.

Zu Auenstein im Bezirke des Kameralamts zu Großbottwar und zu Ilsfeld im Bezirke des Kameralamts zu Bietigheim sind Grenzsteuerämter mit der Befugniß zur Erledigung von Uebergangsscheinen über Bier, Branntwein, Wein und geschrotetes Malz errichtet worden.

Im Großherzogthume Mecklenburg-Schwerin.

Dem Steueramte zu Ludwigslust im Bezirke des Hauptsteueramts zu Schwerin ist die Befugniß zur Abfertigung von zuckerhaltigen Fabrikaten, für welche die Gewährung der Steuervergütung beansprucht wird, ertheilt worden.

Im Großherzogthume Sachsen.

Dem Steueramt in Jena ist die Befugniß zu Abfertigungen des Waaren-Ein- und Ausganges im Eisenbahnverkehre (§§. 63 und 66—71 des Vereinszollgesetzes) sowie zur Erledigung der unter Eisenbahnwagenverschluß eingehenden Begleit- und Uebergangsscheinsendungen beigelegt worden. Diese Befugnißerweiterung tritt mit dem 1. Januar 1900 in Kraft.

Der Bundesrath hat in seiner Sitzung vom 14. Dezember d. J. beschlossen, den nachstehend aufgeführten Abänderungen und Ergänzungen des amtlichen Waarenverzeichnisses zum Zolltarife mit der Maßgabe die Zustimmung zu ertheilen, daß die neuen Bestimmungen mit dem 1. Januar 1900 in Kraft treten.

Berlin, den 18. Dezember 1899.

Der Reichskanzler.
Im Auftrage: v. Fischer.

Abänderung und Ergänzung des amtlichen Waarenverzeichnisses zum Zolltarife.

1. Die Vorbemerkungen 6, 7 und 8 sind zu streichen, dafür ist folgende Bestimmung als Vorbemerkung 6 einzufügen:

„6. Die für Fahrradtheile aus Eisen, Kautschuck und Leder, Messerwaaren und Schneidewerkzeuge aus Eisen, Instrumente und Apparate aus Glas (einschließlich Glasröhren) zu wissenschaftlichen oder gewerblichen Zwecken sowie für Spielzeug angegebenen statistischen Nummern gelten nur für die Einfuhr, dagegen sind die genannten Waaren bei der Ausfuhr und Durchfuhr (Ein- und Ausgang) als zur Sammelnummer 259c, 259d, 467a und 539a gehörig anzumelden, und zwar bei der Ausfuhr unter Angabe des Nettogewichts und des Werthes der Waaren."

2. An folgenden Stellen ist die statistische Nummer durch „✱" zu ersetzen und die nachstehend angegebene statistische Anmerkung beizufügen:

Abfälle (Ziffer 3):
   ✱ Leimleder von Gerbereien [✱ 7a], abgenutzte alte Lederstücke und sonstige Lederabfälle [✱ 7b].

Angeln (Absatz 1 Ziffer 1b):
   ✱ emaillirte [254b], andere [254c].

Balsame (Absatz 2 Ziffer 2):
   ✱ zu technischen Zwecken [222c], zu pharmazeutischen Zwecken (z. B. Schwefelbalsam) [224d].

Berggelb:
   ✱ Druckfarbe [222b], anderes [222c].

Beschläge (Absatz 1 Ziffer 2):
   ✱ emaillirte [254b], andere [254c].

Beutel (Absatz 2):
   ✱ mit Einfassung von Zeugstoff und mit Schnüren versehen [550a], andere [550b].

Bildhauer- und Bildschnitzer-Arbeit (Absatz 4):
   ✱ aus Celluloid [529b], aus Bernstein ꝛc. [529a].

Billardkugeln (Absatz 1):
   ✱ aus Elfenbein [529a], aus Celluloid [529b].

Blasen (Absatz 2 Ziffer 2):
   ✱ Waaren nur aus Blase [550b], dergleichen in Verbindung mit anderen Materialien [550c].

Blattgrün:
   ✱ Druckfarbe [222b], anderes [222c].

Blaufarbe:
   ✱ Druckfarbe [222b], andere [222c].

Bleigelb:
   ✱ Druckfarbe [222b], anderes [222c].

Bügel (Absatz 1 Ziffer 2):
   ✱ emaillirte [254b], andere [254c].

Bürstenbinderwaaren (Absatz b):
   ✱ Kleider- und Haarbürsten [66a], Nagel- und Zahnbürsten [66b], andere hierher gehörige Waaren [67].

Carthamin (Absatz 1):
   ✱ Druckfarbe [222b], anderes [222c].

Celluloidwaaren:
   ✱ künstliche Zähne [529c], andere Celluloidwaaren [529b].

Chlorophyll:
   ✱ Druckfarbe [222b], anderes [222c].

Cochenillefarmin:
   ✱ Druckfarbe [222b], anderes [222c].

Colorin:
   ✱ Druckfarbe [222b], anderes [222c].

Därme (Absatz 3):
   ✱ Waaren nur aus Därmen [550b], dergleichen in Verbindung mit anderen Materialien [550c].

Drahtwaaren (Absatz 2 Ziffer 3a β):
 * emaillirte [254b], andere [254c].

Elfenbeinwaaren:
 * künstliche Zähne [520c], andere Elfenbeinwaaren [520a].

Eichel:
 * Druckfarbe [222b], andere [222c].

Etiketten (Absatz 3):
 * mit Metallösen [552a], andere [552b].

Extrakte (Absatz 2):
 * zu technischen Zwecken (z. B. Faberextrakt) [224a], zu pharmazeutischen Zwecken (z. B. Enzianextrakt) [224d].

Extrakte (Absatz 4 Ziffer 2b):
 * Druckfarben, bunte [222b], andere [222c].

Farben (Ziffer 2):
 * Bronze- und Chromfarben mit Ausnahme von chromsaurem Baryt [222a]. Druckfarben, bunte [222b]. Farben, nicht besonders genannt [222c].

Farbstoffe (Ziffer 8c):
 * Druckfarben, bunte [222b], andere [222c].

Fischhäute (Absatz 3):
 * Waaren nur aus Fischhäuten [552b], dergleichen in Verbindung mit anderen Materialien [552c].

Flavin:
 * Druckfarbe [222b], anderes [222c].

Garancin:
 * Druckfarbe [222b], anderes [222c].

Gardinenringe (Absatz 1 Ziffer 2):
 * emaillirte [254b], andere [254c].

Gas:
 * zu technischen Zwecken (z. B. Leuchtgas) [224c], zu pharmazeutischen Zwecken (z. B. Lachgas) [224d].

Geldbäschchen (Absatz 1 Ziffer 1):
 * nur aus Leder oder behaartem Thierfell [552b], dergleichen in Verbindung mit anderen Materialien [552c].

Geldbäschchen (Absatz 4):
 * in Verbindung mit Celluloid [520b], in Verbindung mit Bernstein ꝛc. [520a].

Goldschlägerhäutchen (Absatz 2):
 * Waaren nur aus Goldschlägerhäutchen [552b], dergleichen in Verbindung mit anderen Materialien [552c].

Hähne (Absatz 1 Ziffer 1b):
 * emaillirte [254b], andere [254c].

Halbedelsteine (Absatz 4):
 * in Verbindung mit Celluloid [520b], in Verbindung mit Bernstein ꝛc. [520a].

Herren- und Frauenschmuck (Absatz 2):
 * ganz oder theilweise aus Celluloid [520b], ganz oder theilweise aus Bernstein ꝛc. [520a].

Hüte (Absatz 4 Ziffer b):
 * ohne Stafsirung und Garnitur oder nur mit solcher aus Leder [552b], mit anderer Stafsirung oder Garnitur [552c].

Karmin (Absatz 1):
 * Druckfarbe [222b], anderes [222c].

Kasseler Gelb:
 * Druckfarbe [222b], anderes [222c].

Kellen (Absatz 2 Ziffer 2):
 * emaillirte [254b], andere [254c].

Kessel (Absatz 2 Ziffer 1b 2):
 * emaillirte [254b], andere [254c].

Knöpfe (Ziffer 9):
 * ganz oder theilweise aus Celluloid [520b], ganz oder theilweise aus Bernstein ꝛc. [520a].

Kobaltfarben:
* Druckfarben [222b], andere [222c].

Kochapparate (Ziffer 1b):
* emaillirte [254b], andere [254c].

Koch- und Küchengeschirr (Absatz 1 Ziffer 2):
* emaillirtes [254b], anderes [254c].

Korduanwaaren:
* Schuhe [552a], andere hierher gehörige Waaren nur aus Korduan [552b], dergleichen in Verbindung mit anderen Materialien [552c].

Krapppräparate:
* Druckfarben [222b], andere [222c].

Krippen (Absatz 3 Ziffer 2):
* emaillirte [254b], andere [254c].

Kupferfolie und Messingfolie (Absatz 1):
* Kupferfolie [522a], Messingfolie [522b].

Lampen (Absatz 1 Ziffer 2):
* emaillirte [254b], andere [254c].

Magnesia (Absatz 5):
* schwefelsaure Magnesia (Bittersalz, Epsomsalz) [† 224a], andere Magnesiasalze: zu technischen Zwecken [224c], zu pharmazeutischen Zwecken [224d].

Marokinwaaren:
* Schuhe [552a], andere hierher gehörige Waaren nur aus Marokin [552b], dergleichen in Verbindung mit anderen Materialien [552c].

Massicot:
* Druckfarbe [222b], anderes [222c].

Medaillons (Absatz 4):
* ganz oder theilweise aus Celluloid [529b], ganz oder theilweise aus Bernstein ꝛc. [529a].

Möbel und Möbelbestandtheile (Absatz 2 Ziffer 1 u 2):
* emaillirte [254b], andere [254c].

Mosaikwaaren (Absatz 6):
* in Verbindung mit Celluloid [529b], in Verbindung mit Bernstein ꝛc. [529a].

Neapelgelb:
* Druckfarbe [222b], anderes [222c].

Oefen (Absatz 1 Ziffer 2b):
* emaillirte [254b], andere [254c].

Pergamentwaaren (Absatz 1):
* Waaren nur aus Pergament [552b], dergleichen in Verbindung mit anderen Materialien [552c].

Perlen (Ziffer 6u):
* Imitationen von Perlen aus echten Korallen [529b], andere hierher gehörige Perlen [529a].

Perlen (Ziffer 13):
* aus Celluloid [529b], aus Bernstein ꝛc. [529a].

Platten (Ziffer 16 u 2):
* Imitationen aus Celluloid [529b], andere hierher gehörige Platten [529a].

Reibeisen (Absatz 1 Ziffer 2):
* emaillirte [254b], andere [254c].

Reptilienhäute (Absatz 3):
* Schuhe [552a], andere hierher gehörige Waaren nur aus Reptilienhäuten [552b], dergleichen in Verbindung mit anderen Materialien [552c].

Ringe (Absatz 5 Ziffer 1 u 9):
* emaillirte [254b], andere [254c].

Röhren (Ziffer 7b):
* emaillirte [254b], andere [254c].

Rosenkränze (Absatz 5):
* ganz oder theilweise aus Celluloid [529b], ganz oder theilweise aus Bernstein ꝛc. [529a].

Säfte (Absatz 2 Ziffer 2):
* zu technischen Zwecken [224c], zu pharmazeutischen Zwecken [224d].

Saffianwaaren:
* Schuhe [552a], andere hierher gehörige Waaren nur aus Saffian [552b], dergleichen in Verbindung mit anderen Materialien [552c].

Safflor (Absatz 2):
* Druckfarbe [222b], anderes [222c].

Schaufeln (Absatz 2 Ziffer 2):
* emaillirte [254b], andere [254c].

Schmelztiegel (Absatz 1 Ziffer 2):
* emaillirte [254b], andere [254c].

Schnallen (Absatz 2 Ziffer 1 u. ß):
* emaillirte [254c], andere [254c].

Schwefelpräparate:
* zu technischen Zwecken [224c], zu pharmazeutischen Zwecken [224f].

Sepia (Absatz 1):
* Druckfarbe [222b], andere [222c].

Spielzeug (Ziffer 11):
* ganz oder theilweise aus Celluloid [529b], ganz oder theilweise aus Bernstein ic. [529a].

Spinnstoffe:
* Manilahanf [† 318a], Ramie [† 318b], andere hierher gehörige Spinnstoffe [† 318c].

Steinwaaren (Absatz 3):
* in Verbindung mit Celluloid [529b], in Verbindung mit Bernstein ic. [529a].

Tinkturen (Ziffer 2d):
* zu technischen Zwecken [224c], zu pharmazeutischen Zwecken (z. B. apfelsaure Eisentinktur) [224d].

Uhren (Ziffer 8):
* emaillirte Theile (Zifferblätter ic.) [254b], andere Theile und Churuhren [254c].

Waagen (Absatz 1 Ziffer 2):
* emaillirte [254b], andere [254c].

Werkzeuge (Absatz 1 Ziffer 2a):
* Messer zum Handwerks- oder zum häuslichen Gebrauch [254a], andere hierher gehörige Werkzeuge [254c]. S. auch die Vorbemerkung 6.

tzeuge (Absatz 1 Ziffer 2b):
* Maschinen-, Papier- und Wiegemesser [255a], Scheeren und andere Schneidewerkzeuge [255c], andere hierher gehörige Werkzeuge [255d]. S. auch die Vorbemerkung 6.

Werkzeuge (Absatz 2):
* Schneidewerkzeuge [259d], andere [259b]. S. auch die Vorbemerkung 6.

Zirkel (Absatz 1):
* Schneidzirkel [255c], andere [255d]. S. auch die Vorbemerkung 6.

3. An folgenden Stellen ist die statistische Nummer abzuändern:

im Artikel	aus	in
Absätze, (Absatz 4)	552	552c
Abstauber, (Absatz 2)	66	67
" (Absatz 3)	66	67
Aceton	224	224c
Achsen (Absatz 1 Ziffer 3 u. 2)	254	254c
Ackergeräth (Absatz 1 Ziffer 1b)	254	254c
Aethylchlorid, Aethylenchlorid, Aethylidenchlorid	224	224d
Aerzte	254	254c
Agaricin	224	224d
Ahlen (Absatz 1)	255	255d
Alaun (Absatz 4)	224	224c
Albums (Absatz 2 Ziffer 3)	552	552c

im Artikel	aus	in
Aldehyd (Absatz 1)	224	224c
„ (Absatz 3)	224	224d
Algarobilla	222	222c
Alkanna	222	222c
Ammoniak (Absatz 5)	224	224c
Apothekerwaaren (Ziffer 1)	224	224d
Asbest	†267	†267a
Asbestanstrichmasse	267	267b
Asbestfasern	267	267a
Asbestkit	267	267b
Asthmacigaretten (Absatz 1)	224	224d
Asthmapastillen, Asthmapulver und Asthmaraucherkerzen	224	224d
Augenschirme (Absatz 1)	552	552c
Ausschlageisen	255	255d
Bablah	222	222c
Beeren (Absatz 3 Ziffer 2 statistische Nummer für Kermes- 2c. Beeren)	222	222c
Beile	254	254c
Bernsteinwaaren	529	529a
Beuschirme (Absatz 2)	552	552c
Blätter (Absatz 2 Ziffer 2 statistische Nummer für Brombeer- 2c. Blätter)	222	222c
Bleiabstrich	†224	†224c
Bleiasche	†224	†224c
Bleigekrätz	†224	†224c
Bleizüge	254	254c
Blumen 2c. (Absatz 2 Ziffer 2 statistische Nummer für Granatblüthen 2c.)	222	222c
Bohrer (Absatz 1)	255	255d
Bratenwender (Absatz 1 Ziffer 2)	254	254c
Brenneisen (Absatz 1)	254	254c
Brennstempel (Absatz 1 Ziffer 2)	254	254c
Bügeleisen (Absatz 1 Ziffer 2)	254	254c
Punzen (Ziffer 1)	255	255d
„ (Ziffer 2a)	254	254c
Butterfarbe (Absatz 1)	222	222c
Celluloid (Ziffer 2b)	529	529b
Chinesisches Gras (Absatz 1)	†318	†318c
Chinon (Absatz 1)	224	224d
Chloralhydrat	224	224d
Chlorkalilauge	224	224c
Chlormethyl	224	224c
Chlornatronlauge	224	224c
Chromfarben (Ziffer 2)	222	222a
Cigarrenspitzen (Absatz 3)	529	529a
Cochenille (Absatz 2)	222	222c
Creolin (Ziffer 4)	224	224d
Decken (Absatz 1 Ziffer 2b)	487	487b
Dippelöl	224	224d
Drahtbesen (Ziffer 1a)	254	254c
Drahtzieheisen (Absatz 1 Ziffer 2)	254	254c
Drehstähle	255	255d
Dunggabeln	254	254c

im Artikel	aus	in
Durchschläge	255	255 d
Eggen (Absatz 2 Ziffer 2)	254	254 c
Eichelhülsen	222	222 c
Eisenoxyd (Absatz 5)	224	224 d
Eisenstäbchen (Ziffer 1)	254	254 c
Erzeugnisse (Absatz 3 statistische Nummer für rohe Färbe- und Gerbmaterialien)	222	222 c
Färbe- und Gerbeblätter	222	222 c
Färbematerialien	222	222 c
Färberflechten (statistische Nummer für andere Färberflechten)	222	222 c
Färberginster	222	222 c
Färberscharte	222	222 c
Färbewurzeln (statistische Nummer für andere Färbewurzeln)	222	222 c
Fallen (Ziffer 2)	254	254 c
Falzbeine (Absatz 3)	529	529 a
Fasern (Absatz 2)	267	267 a
Federn (Absatz 1 Ziffer 1 b 2)	254	254 c
„ (Absatz 1 Ziffer 1 c 2)	254	254 c
Feilen (Absatz 1 Ziffer 1)	255	255 d
Feilkloben	254	254 c
Fensterrahmen (Absatz 3 Ziffer 2)	254	254 c
Feuerstähle (Absatz 1 Ziffer 2)	254	254 c
Flachs (Absatz 2)	†318	†318 c
Flechten (statistische Nummer für andere Färberflechten)	222	222 c
Flintenkrätzer (Absatz 1)	255	255 d
Gambia	222	222 c
Gebisse (Absatz 1 Ziffer 1 b)	254	254 c
Gelatinekapseln (Absatz 3)	224	224 d
Gerbematerialien und Gerbstoffe	222	222 c
Gewichte (Absatz 1 Ziffer 2 b)	254	254 c
Ginster	222	222 c
Gitter (Absatz 1 Ziffer 2 b)	254	254 c
Glocken (Absatz 1 Ziffer 2)	254	254 c
Glühspan (Absatz 2)	224	224 c
Glühstrümpfe (Absatz 3)	224	224 c
Gold- und Silberstoffe (Absatz 1)	782	782 a
Grabstichel	255	255 d
Guajacol	224	224 d
Guarana	224	224 d
Gummi (Absatz 3)	222	222 c
Gummiwäsche (Ziffer 2)	529	529 b
Haarbüsche	66	67
Hacken (Absatz 1)	254	254 c
„ (Absatz 2 Ziffer 2)	254	254 c
Hämaton	224	224 d
Hämmer (Absatz 1 Ziffer 1 b)	254	254 c
Handschuhleder (Absatz 2)	555	555 a
Harken (Absatz 2 Ziffer 2)	254	254 c
Harlemeröl	224	224 d
Harmalasamen	222	222 c

im Artikel	aus	in
Haspeln (Absatz 2 Ziffer 1b)	254	254c
Hautpulver (Absatz 1)	224	224d
Hecheln (Absatz 1 Ziffer 1b)	254	254c
Heugabeln	254	254c
Hirschhornöl	224	224d
Hosenträger und Hosenträgertheile (Absatz 3)	552	552b
Hutestenstollen (Ziffer 2)	254	254c
Hutbesätze (Absatz 1)	552	552b
Ichthyol und Ichthyolpräparate	224	224d
Jet (Absatz 3)	529	529a
Jetwaaren	529	529a
Käsestoffgummi	224	224c
Kalomel	224	224c
Kamala	222	222c
Kaph-ln (Absatz 4)	224	224d
Karabinerhaken (Absatz 1 Ziffer 2)	254	254c
Kautschuck-Täfelchen und -Stückchen (Absatz 3)	487	487b
Kermes (Absatz 2)	222	222c
Ketten (Absatz 2 Ziffer 3b 2β)	254	254c
Kieselfluorkalium	224	224c
Kino	222	222c
Klingeln (Absatz 1 Ziffer 1b)	254	254c
Koffer (Absatz 3 Ziffer 2)	552	552c
Kokosfasern (Absatz 1)	†318	†318c
Korallen (Absatz 4)	529	529b
Kornzieger (Absatz 1 Ziffer 2)	254	254c
Kräuter (Absatz 3 Ziffer 2 statistische Nummer für Gelbkraut, Scharte ꝛc.)	222	222c
Kreosot	224	224d
Kupferasche	224	224c
Kupferoxyd	224	224c
Kupferpräparate	224	224c
Kurkume	222	222c
Lab	224	224c
Lactucarium	224	224d
Lauge (Absatz 2)	224	224c
„ (Absatz 3)	224	224c
Lava (Ziffer 2v)	529	529a
Lavawaaren (Ziffer 2)	529	529a
Leder (Absatz 6)	555	555a
Leimleder	†3	†3a
Lineale (Absatz 2 Ziffer 2)	254	254c
Luftballons	552	552b
Malerspachtel	254	254c
Malvenblüthen	222	222c
Manilla-Hanf	†318	†318a
Meerschaumwaaren	529	529a
Metalloxyde	224	224c
Mistgabeln und Misthaken	254	254c
Mörser (Absatz 1 Ziffer 1b 2)	254	254c
Mühlbillen	254	254c
Mühlen (Absatz 1 Ziffer 1)	254	254c
Mundlack	224	224c

im Artikel	aus	in
Mundstücke (Absatz 1 Ziffer 4)	529	529a
Nadeln (Absatz 2 Ziffer 1 a)	255	255d
Neublau (Ziffer 2)	122	122b
Nickelpräparate und Nickelsalze	224	224c
Nußschalen (Absatz 2)	222	222c
Oblaten (Absatz 1)	224	224c
Ocker (Absatz 2)	224	224d
Oele (Absatz 1 Ziffer 3)	224	224d
Opodeldoc (Absatz 1)	224	224d
Orlean	222	222c
Paraldehyd	224	224d
Pastillen (Absatz 3)	224	224d
Pepsin	224	224d
Perlmutter (Absatz 2)	529	529a
Perlmutterwaaren	529	529a
Perlweiß (Absatz 2 Ziffer 1)	222	222c
Pflanzen (Absatz 2 Ziffer 2 statistische Nummer für Färbe- und Gerbematerialien)	222	222c
Pflanzendaunen	†318	†318c
Pflaster	224	224d
Pflüge (Absatz 2 Ziffer 1 b)	254	254c
Priemen	255	255d
Pfropfenzieher (Ziffer 1)	255	255d
Pinsel (Absatz 3)	66	67
Platinapräparate	224	224c
Podophyllin	224	224d
Präcipitat	224	224c
Pulver (Absatz 2 Ziffer 2)	224	224d
Pyrogallol	224	224c
Quecksilber-Präparate und -Salze	224	224c
Ramie (Absatz 1)	†318	†318b
Raspeln	255	255d
Rinden (Absatz 2 statistische Nummer für Berberis- ꝛc. Rinde)	222	222c
Roste (Absatz 2 Ziffer 2)	254	254c
Sämereien (Absatz 2)	222	222c
Salben (Absatz 1)	224	224d
Schalen (Absatz 2 Ziffer 4 b statistische Nummer für Granatschalen und grüne Nußschalen)	222	222c
Scharte	222	222c
Schildkrötenschalen (Absatz 3)	529	529a
Schildpattwaaren	529	529a
Schlagleisten (Absatz 2 Ziffer 1 b 2)	254	254c
Schlempekohle	224	224b
Schlittschuhe (Absatz 1)	254	254c
Schlösser (Absatz 2 Ziffer 1 a)	254	254c
Schlüssel (Absatz 2 Ziffer 1)	254	254c
Schminke (Absatz 1)	222	222c
Schränkeisen und Schränkzangen	254	254c
Schraubenschlüssel	254	254c
Schraubenzieher	255	255d
Schuhe (Ziffer 5 b)	552	552a
Schuhobertheile (Absatz 2)	552	552a

im Artikel	aus	in
Schwämme (Absatz 4)	552	552c
Schwefelbalsam	224	224d
Silberpräparate und Silbersalze (statistische Nummer für Silberpräparate)	224	224c
Spencemetall	224	224c
Spindeln (Absatz 1 Ziffer 2)	254	254c
Spitzhacken (Absatz 2)	254	254c
Spitzhauen	254	254c
Spitzstähle	255	255d
Stanzen (Ziffer 1)	254	254c
Stichel	255	255d
Stickereien (Anmerkung 2 b statistische Nummer für Stickereien auf anderen Zeugstoffen)	782	782a
Stöcke (Absatz 4 Ziffer 2)	487	487b
„ (Absatz 6 Ziffer 2)	552	552b
Streuglanz, Streuglas, Streugold und Streusilber	222	222c
Striegeln	254	254c
Sublimat	224	224c
Sulfonal	224	224d
Suspensorien (Ziffer 1)	495	495d
„ (Ziffer 3)	552	552c
Tabackpfeifen (Absatz 6)	529	529a
Tabackpfeifenrohre (Absatz 2 Ziffer 2)	487	487b
Tapeten (Absatz 2)	552	552b
Teppichreiniger	66	67
Tegel	254	254c
Thallin und Thallinsalze	224	224c
Thieröl	224	224d
Thymol	224	224d
Treibriemen (Absatz 2)	552	552b
Uhrwerke (Absatz 2)	254	254c
Uranoxyd, Uranoxyduloxyd und andere Uranpräparate	222	222c
Wäsche (Absatz 2 Ziffer 1c)	495	495c
Waid, Waidkugeln	222	222c
Waldwolle (Absatz 1)	†318	†318c
Wasserstoffsuperoxyd	224	224c
Wau	222	222c
Weberblätter (Absatz 2 Ziffer 1)	254	254c
Winkelhaken und andere Winkelmaße (Absatz 1)	254	254c
Würfel (Absatz 2)	529	529a
Wurzeln (Absatz 3 Ziffer 2 statistische Nummer für Altaunawurzel ꝛc.)	222	222c
Zähne (Absatz 2 Ziffer 1)	529	529c
„ (Absatz 2 Ziffer 4)	529	529c
Zahnbürsten (Ziffer 1)	66	66b
Zahnpulver (Absatz 1)	224	224d
Zangen	254	254c
Zeugwaaren (Ziffer 4b)	782	782b
„ (Ziffer 4c statistische Nummer für andere hierher gehörige Waaren)	782	782a
„ (Ziffer 4d 1 statistische Nummer für andere hierher gehörige Waaren)	782	782a

im Artikel	aus	in
Zinnasche	224	224c
Zinngekrätz	224	224c
Zinnober (Absatz 2)	222	222a

4. An folgenden Stellen ist vor den Worten „wie Manillahanf" einzufügen „[† 31*c]":
   Agavefasern.
   Ananasfasern.
   Fasern (Absatz 1 und 5).
   Hanf (Absatz 2).
   Sisal.

5. Im Artikel „Antifebrin" ist hinter dem Stichwort einzufügen „und andere Waaren von der Zusammensetzung des Antifebrins, z. B. Acetanilid".

6. Im Artikel „Antipyrin" ist hinter dem Stichwort einzufügen „und andere Waaren von der Zusammensetzung des Antipyrins, z. B. Antipyreticum".

7. Im ersten Absatze des Artikels „Bajonette" ist die statistische Nummer „255" durch „255b*" zu ersetzen und auf besonderer Linie der Hinweis „* S. auch die Vorbemerkung u." beizufügen.
   Im zweiten Absatze dieses Artikels ist die statistische Nummer „259a" durch „259d*" zu ersetzen und auf besonderer Linie der Hinweis „* S. auch die Vorbemerkung u." beizufügen.

8. An folgenden Stellen ist die statistische Nummer „254" durch „254a*" zu ersetzen und auf besonderer Linie der Hinweis „* S. auch die Vorbemerkung u." beizufügen:
   Bauernpuffer.
   Futterklingen.
   Futterstampfeisen (Ziffer 2).
   Häckselmesser.
   Schaber.
   Schnitzer.
   Schustermesser.
   Sensen.
   Sicheln.
   Strohmesser.

9. Der Artikel „Berlinerblau" erhält folgende Fassung:
   „Berlinerblau und anderes gemischtes Blau (Preußisch-, Mineral-, Roh- oder Gasblau etc.)
   [226] Nr. 5m frei.
   S. auch Pariserblau und die Anmerkung zu Ultramarin."

10. In der Ziffer 2 des ersten Absatzes des Artikels „Blechwaaren" ist die statistische Nummer „254" durch „*" zu ersetzen und folgende statistische Anmerkung beizufügen:
    „* emaillirte [254b], andere [254c]."
    In der statistischen Anmerkung zu dem zweiten Absatze dieses Artikels ist statt des Hinweises „S. auch die Vorbemerkung u." zu setzen „S. auch die Vorbemerkung 6."

11. In der Ziffer 2 des zweiten Absatzes des Artikels „Buchbinderarbeiten" ist die statistische Nummer „552" abzuändern in „552c".
    Im vierten Absatze dieses Artikels ist die statistische Nummer „529" durch „*" zu ersetzen und folgende statistische Anmerkung beizufügen:
    „* in Verbindung mit Celluloid [529b], in Verbindung mit Bernstein etc. [529a]."

12. In der statistischen Anmerkung zu dem Artikel „Cadmiumpräparate und Cadmiumsalze" ist hinter „(Schwefelcadmium)" statt „[222]" ein Kolon nebst den Worten „Druckfarbe [222b], anderes [222c]" zu setzen und hinter „Cadmiumsalze" die statistische Nummer „224" abzuändern in „224c".

13. Die statistische Anmerkung zu dem Artikel „Chemische Fabrikate und Präparate" erhält folgende Fassung:
    „* Bronze- und Chromfarben mit Ausnahme von chromsaurem Baryt [222a]. Druckfarben, bunte [222b]. Farbstoffe. Gerbstoffe. Farben, nicht besonders genannt [222c]. Bittersalz († 224a]. Schlempekohle [224b]. Bleiabstrich (Bleiabzug). Bleiasche. Bleigekrätz († 224c], andere Fabrikate und Präparate der chemischen Industrie, nicht besonders genannt: zu technischen Zwecken [224c], zu pharmazeutischen Zwecken. Präparate der Pharmazie [224d]."

14. An folgenden Stellen ist die statistische Nummer „259a" durch „259d *" zu ersetzen und auf besonderer Linie der Hinweis „* S. auch die Vorbemerkung 6." beizufügen:
Degen.
Schwertfegerarbeit (Absatz 1).

15. Im ersten Absatze des Artikels „Degenklingen" ist die statistische Nummer „255" durch „255b *" zu ersetzen und auf besonderer Linie der Hinweis „* S. auch die Vorbemerkung 6." beizufügen.
Im zweiten Absatze dieses Artikels ist die statistische Nummer „259a" durch „259d *" zu ersetzen und auf besonderer Linie der Hinweis „* S. auch die Vorbemerkung 6." beizufügen.

16. Die statistische Anmerkung zu der Ziffer 1 des Artikels „Drogueriewaaren" erhält folgende Fassung:
„* Bronze- und Chromfarben mit Ausnahme von chromsaurem Baryt [222a], Druckfarben, bunte [222b], Farbstoffe, Gerbstoffe, Farben, nicht besonders genannt [222c], Vitriol† [224a], Schlempekohle [224b], Bleiabstrich (Bleiabzug), Bleiasche, Bleigekrätz [†224c], andere Fabrikate und Präparate der chemischen Industrie, nicht besonders genannt: zu technischen Zwecken [224e], zu pharmazeutischen Zwecken, Präparate der Pharmazie [224d]."
In der statistischen Anmerkung zu der Ziffer 2 dieses Artikels ist die statistische Nummer (für Färbe- und Gerbematerialien) „222" abzuändern in „222e".

17. Der Artikel „Eisenwaaren" ist wie folgt zu ändern:
In der statistischen Anmerkung zu der Ziffer 10b ist statt „alle übrigen hierher gehörigen Waaren [254]" zu setzen „Messer zum Handwerks- oder zum häuslichen Gebrauch [254d], emaillirte Waaren [254b], alle übrigen hierher gehörigen Waaren [254e]. S. auch die Vorbemerkung 6."
In der Ziffer 10e ist die statistische Nummer „255" durch „*" zu ersetzen und folgende statistische Anmerkung beizufügen:
„* Maschinen-, Papier- und Wiegemesser [255a], Bajonette, Degen-, Säbelklingen und dergleichen [255b], Scheeren und andere Schneidewerkzeuge [255c], alle übrigen hierher gehörigen Werkzeuge [255d]. S. auch die Vorbemerkung 6."
In der statistischen Anmerkung zu der Ziffer 12b ist statt „alle übrigen hierher gehörigen Waaren [259a]" zu setzen „Messerwaaren und Schneidewerkzeuge [259b], Schreib- und Rechenmaschinen [259c], alle übrigen hierher gehörigen Waaren [259d]. S. auch die Vorbemerkung 6."
In der statistischen Anmerkung zu der Ziffer 13b ist statt „andere [259a]. S. auch die Vorbemerkungen 6 und 8" zu setzen „Messerwaaren und Schneidewerkzeuge [259b], Schreib- und Rechenmaschinen [259c], alle übrigen hierher gehörigen Waaren [259d]. S. auch die Vorbemerkung 6".

18. An folgenden Stellen ist die statistische Nummer „255" durch „255c *" zu ersetzen und auf besonderer Linie der Hinweis „* S. auch die Vorbemerkung 6." beizufügen:
Fräsen.
Hobeleisen.
Meißel.
Sägen (Ziffer 2).
Schneideisen und Schneidkluppen.
Schneidräder.
Schneidstempel.
Schraubkluppen.
Senker.
Stemmeisen.

19. Hinter der Ziffer 1 des ersten Absatzes des Artikels „Gabeln" ist folgende statistische Anmerkung einzufügen:
„Anmerkung. Eiserne Gabeln zum Tischgebrauche sind wie Messerwaaren unter Nr. 259d nachzuweisen. S. auch die Vorbemerkung 6."
In der Ziffer 2ba des ersten Absatzes dieses Artikels ist die statistische Nummer „254" abzuändern in „254c".
Im siebenten Absatze dieses Artikels ist die statistische Nummer „529" durch „*" zu ersetzen und folgende statistische Anmerkung beizufügen:
„* ganz oder theilweise aus Celluloid [529b], ganz oder theilweise aus Bernstein etc. [529a]."

20. An folgenden Stellen ist statt „Vorbemerkung 7" zu setzen „Vorbemerkung 8":
Glas und Glaswaaren (allgemeine Anmerkung 3).
Instrumente und Instrumententheile (Ziffer 2 statistische Anmerkung).

21. In der Ziffer 1 des ersten Absatzes des Artikels „Haken" ist die statistische Nummer „254" abzuändern in „254c".

In der Ziffer 2b des ersten Absatzes dieses Artikels ist die statistische Nummer „254" durch „*" zu ersetzen und folgende statistische Anmerkung beizufügen:
„* emaillirte [254b], andere [254c]."

22. Im dritten Absatze des Artikels „Handschuhe" ist die statistische Nummer „555" durch „*" zu ersetzen und folgende statistische Anmerkung beizufügen:
„* ganz aus Leder [555a], theilweise aus Leder [555b]."
Im achten Absatze dieses Artikels ist die statistische Nummer „66" abzuändern in „67".

23. In der statistischen Anmerkung zu dem Artikel „Indigopräparate" ist hinter „andere Indigopräparate" statt „[222]" ein Kolon nebst den Worten „Druckfarben [222b], andere [222c]" zu setzen.

24. In der statistischen Anmerkung zu Ziffer 1b des Artikels „Instrumente und Instrumententheile" ist an Stelle der Worte „andere hierher gehörige musikalische Instrumente und Instrumententheile [465c]" zu setzen: „Violinen, auch Theile davon [465c], andere Streichinstrumente, auch Theile davon [465d], Zithern, auch Theile davon [465e], andere Saiteninstrumente (Harfen, Guitarren, Mandolinen ɛc.), auch Theile davon [465f], andere hierher gehörige musikalische Instrumente, auch Theile davon [465g]", ferner ist in den Artikeln „Aeolsharfen" und „Pauken" sowie im zweiten Absatze des Artikels „Mundstücke" die statistische Nummer „465c" zu ändern in „465g".

25. In den Ziffern 2 und 3a β des ersten Absatzes des Artikels „Kämme" ist die statistische Nummer „254" abzuändern in „254c".
Im fünften Absatze dieses Artikels ist die statistische Nummer „529" durch „*" zu ersetzen und folgende statistische Anmerkung beizufügen:
„* aus Celluloid [529b], aus Schildpatt ɛc. [529a]."

26. In der statistischen Anmerkung zu der Ziffer 1 und der Ziffer 3 des Artikels „Kautschuckwaaren" ist statt des Hinweises „S. auch die Vorbemerkung 8" zu setzen:
„S. auch die Vorbemerkung 6."
In der statistischen Anmerkung zu der Ziffer 2 dieses Artikels sind die Worte „andere hierher gehörige Waaren [487]" zu ersetzen durch „Gummischuhe (auch Stiefel) [487a], andere hierher gehörige Waaren [487b]."

27. Im dritten Absatze des Artikels „Kleider und Putzwaaren" ist die statistische Nummer „495" durch „*" zu ersetzen und folgende statistische Anmerkung beizufügen:
„* Männer- und Knabenkleider [495a], Frauenkleider [495b], Putzwaaren [495d]."
In der statistischen Anmerkung zu der Ziffer 2c des neunten Absatzes dieses Artikels sind die Worte „andere hierher gehörige Waaren [495]" zu ersetzen durch „Männer- und Knabenkleider [495a], Frauenkleider [495b], Leibwäsche aus wollenen Zeugstoffen (auch Trikotstoffen) [495c], andere, Putzwaaren [495d]."

28. Die Artikel „Kobaltoxyd" und „Kobaltpräparate und Kobaltsalze" erhalten folgende Fassung:
Kobaltoxyd, Kobaltpräparate, nicht besonders genannt, und **Kobaltsalze [*]** Nr. 5 m frei.
* Druckfarben [222b], andere [222c].

29. In der Ziffer II 1 des Artikels „Kurze Waaren ɛc." ist die statistische Nummer „529" durch „*" zu ersetzen und folgende statistische Anmerkung beizufügen:
„* ganz oder theilweise aus Celluloid [529b], ganz oder theilweise aus Bernstein ɛc. [529a]."
In der Ziffer II 2 dieses Artikels ist die statistische Nummer „529" abzuändern in „529c".

30. In der statistischen Anmerkung zu dem zweiten Absatze des Artikels „Lederwaaren" sind die Worte „andere hierher gehörige Waaren [552]. S. auch die Vorbemerkung 6" zu ersetzen durch „Schuhe [552a], andere hierher gehörige Waaren nur aus Leder [552b], dergleichen in Verbindung mit anderen Materialien [552c]. S. auch die Vorbemerkung 6".

Im vierten Absatze dieses Artikels ist die statistische Nummer „555" durch „*" zu ersetzen und folgende statistische Anmerkung beizufügen:

„* ganz aus Leder [555a], theilweise aus Leder [555b]."

31. Der Artikel „Maschinen und Maschinentheile" ist wie folgt zu ändern:

In der Ziffer 2a ist die statistische Nummer „469" durch „*" zu ersetzen und folgende statistische Anmerkung beizufügen:

„* landwirthschaftliche Maschinen [469a], Brauerei- und Brennereigeräthe (Maschinen) [469b], Maschinen zu industriellen Zwecken [469c]."

In der statistischen Anmerkung zu der Ziffer 2b ist statt „[470]" unter Einfügung eines Kolon zu setzen „landwirthschaftliche [470a], Brauerei- und Brennereigeräthe (Maschinen) [470b], zu industriellen Zwecken: Müllereimaschinen [470c1], elektrische Maschinen [470c2], Baumwollspinnmaschinen [470c3], Webereimaschinen [470c4], Dampfmaschinen [470c5], Maschinen für Holzstoff- und Papierfabrikation [470c6], Werkzeugmaschinen [470c7], Turbinen [470c8], Transmissionen [470c9], Maschinen zur Bearbeitung von Wolle [470c10], Pumpen [470c11], Ventilatoren für Fabrikbetrieb [470c12], Gebläsemaschinen [470c13], Walzmaschinen [470c14], Dampfhämmer [470c15], Maschinen zum Durchschneiden und Durchlochen von Metallen [470c16], Hebemaschinen [470c17], andere [470c18]".

In der statistischen Anmerkung zu der Ziffer 2c ist statt „[472]" unter Einfügung eines Kolon zu setzen „mit Röhren [472a], ohne Röhren [472b]" und statt „[473]" unter Einfügung eines Kolon „landwirthschaftliche [473a], Brauerei- und Brennereigeräthe (Maschinen) [473b], zu industriellen Zwecken: Müllereimaschinen [473c1], elektrische Maschinen [473c2], Baumwollspinnmaschinen [473c3], Webereimaschinen [473c4], Dampfmaschinen [473c5], Maschinen für Holzstoff- und Papierfabrikation [473c6], Werkzeugmaschinen [473c7], Turbinen [473c8], Transmissionen [473c9], Maschinen zur Bearbeitung von Wolle [473c10], Pumpen [473c11], Ventilatoren für Fabrikbetrieb [473c12], Gebläsemaschinen [473c13], Walzmaschinen [473c14], Dampfhämmer [473c15], Maschinen zum Durchschneiden und Durchlochen von Metallen [473c16], Hebemaschinen [473c17], andere [473c18]".

In der Ziffer 2d ist die statistische Nummer „475" durch „*" zu ersetzen und folgende statistische Anmerkung beizufügen:

„* landwirthschaftliche Maschinen [475a], Brauerei- und Brennereigeräthe (Maschinen) [475b], Maschinen zu industriellen Zwecken: Müllereimaschinen [475c1], elektrische Maschinen [475c2], Baumwollspinnmaschinen [475c3], Webereimaschinen [475c4], Dampfmaschinen [475c5], Maschinen für Holzstoff- und Papierfabrikation [475c6], Werkzeugmaschinen [475c7], Turbinen [475c8], Transmissionen [475c9], Maschinen zur Bearbeitung von Wolle [475c10], Pumpen [475c11], Ventilatoren für Fabrikbetrieb [475c12], Gebläsemaschinen [475c13], Walzmaschinen [475c14], Dampfhämmer [475c15], Maschinen zum Durchschneiden und Durchlochen von Metallen [475c16], Hebemaschinen [475c17], andere [475c18]."

Die statistische Anmerkung zu der Ziffer 3 erhält folgende Fassung:

„* Dampfmaschinen [473c5], Dampfkessel: mit Röhren [472a], ohne Röhren. [472b]."

32. An folgenden Stellen ist die statistische Nummer „255" durch „255a *" zu ersetzen und auf besonderer Linie der Hinweis „* S. auch die Vorbemerkung 6." beizufügen:

Maschinenmesser.
Papiermesser.
Wiegemesser.

33. In der statistischen Anmerkung zu der Ziffer 2b des Artikels „Maße" sind die Worte „aus Leder [552]" zu ersetzen durch „Maße nur aus Leder [552b], dergleichen in Verbindung mit anderen Materialien [552c]".

34. In der Ziffer 1a des ersten Absatzes des Artikels „Messer" ist die statistische Nummer „255" durch „255a *" zu ersetzen und auf besonderer Linie der Hinweis „* S. auch die Vorbemerkung 6." beizufügen.

In der Ziffer 1b des ersten Absatzes dieses Artikels ist die statistische Nummer „254" durch „254a *" zu ersetzen und auf besonderer Linie der Hinweis „* S. auch die Vorbemerkung 6." beizufügen.

In der Ziffer 2 des ersten Absatzes dieses Artikels ist die statistische Nummer „259a" durch „259d *" zu ersetzen und auf besonderer Linie der Hinweis „* S. auch die Vorbemerkung 6." beizufügen.

35. In der statistischen Anmerkung zu der Ziffer 2b des ersten Absatzes des Artikels „Nägel" ist statt „[254]" ein Kolon nebst den Worten „emaillirte [254b], andere [254c]" zu setzen.

36. In der statistischen Anmerkung zu dem ersten Absatze des Artikels „Obst" ist hinter „anderes Steinobst" ein Komma nebst den Worten „mit Ausnahme der Zwetschgen" einzuschalten und am Schlusse ein Komma nebst den Worten „Zwetschgen [†356g]" anzufügen.

37. Im dritten Absatze des Artikels „Papp- und Papierwaaren" ist die statistische Nummer „529" durch „*" zu ersetzen und folgende statistische Anmerkung beizufügen:
   „* in Verbindung mit Celluloid [529b], in Verbindung mit Bernstein ıc. [529a]."
   Im fünften Absatze dieses Artikels ist die statistische Nummer „552" abzuändern in „552c".

38. Hinter dem Artikel „Parian" ist folgende neue Bestimmung einzufügen:
   „Pariserblau und anderes reines Blau (Stahl- und Miloriblau) [122a] Nr. 5m frei.
   S. auch Berlinerblau und die Anmerkung zu Ultramarin."

39. In der Ziffer 2 des ersten Absatzes des Artikels „Regenschirm- und Sonnenschirmgestelle ıc." ist die statistische Nummer „254" abzuändern in „254c".
   Im sechsten Absatze dieses Artikels ist die statistische Nummer „529" durch „*" zu ersetzen und folgende statistische Anmerkung beizufügen:
   „* aus Celluloid [529b], aus Elfenbein [529a]."

40. In der statistischen Anmerkung zu dem Artikel „Säuren" sind folgende Aenderungen vorzunehmen:
   Hinter „Agaricin-" ist „[224d]" einzufügen;
   statt „Ameisen- [224]" ist „Ameisen- [224c]" statt „Bernstein- [224]" ist „Bernstein- [224c]" und statt „Butter- [224]" ist „Butter- [224c]" zu setzen;
   hinter „Carthamin-Säure (Karmin von Safflor)" ist statt „[222]" ein Kolon nebst den Worten „Druckfarbe [222b], anderes [222c]", hinter „Chrom-" ist „[224c]" und hinter „Chrysophan-" ist „[224d]" einzufügen;
   statt „Harz- [224]" ist „Harz- [224c]" und statt „Karmin- [222]" ist „Karmin-Säure: Druckfarbe [222b], andere [222c]" zu setzen;
   hinter „Molybdän-" ist „[224c]" einzufügen;
   statt „Phosphor- (feste und flüssige) [224]" ist „Phosphor- (feste und flüssige): zu technischen Zwecken [224c], zu pharmazeutischen Zwecken [224d]", statt „Pyrogallus- [224]" ist „Pyrogallus- [224c]" und statt „schweflige [224]" ist „schweflige [224c]" zu setzen;
   hinter „Wolfram-Säure" ist statt „[222]" ein Kolon nebst den Worten „Druckfarbe [222b], andere [222c]" einzufügen;
   statt „andere [224]" ist „andere Säuren: zu technischen Zwecken [224c], zu pharmazeutischen Zwecken [224d]" zu setzen.

41. In der statistischen Anmerkung zu dem Artikel „Salze" sind folgende Aenderungen vorzunehmen:
   Im ersten Absatze (Ammoniaksalze) ist statt „andere [224]" zu setzen „andere [224c]".
   Im dritten Absatze (Bittererdesalze) ist hinter „schwefelsaure (Bittersalz, Epsomsalz)" die statistische Nummer „224" abzuändern in „†224a" und statt „andere [224]" zu setzen „andere: zu technischen Zwecken [224c], zu pharmazeutischen Zwecken [224d]".
   Im vierten Absatze (Bleioxydsalze) ist hinter „antimonsaures (Neapelgelb)" ein Kolon nebst den Worten „Druckfarbe [222b], anderes [222c]", hinter „chromsaures (rothes und gelbes Chromroth, Chromgelb)" die statistische Nummer „222" abzuändern in „222a", statt „salpetersaures [224]" zu setzen „salpetersaures [224c]", hinter „schwefelsaures (Bleisulfat, Bleioxydsulfat)" statt „[222]" ein Kolon nebst den Worten „Druckfarbe [222b], anderes [222c]" zu setzen, hinter „Bleioxydchlorid (Berggelb)" statt „[222]" ein Kolon nebst den Worten „Druckfarbe [222b], anderes [222c]" zu setzen und hinter „andere" die statistische Nummer „224" abzuändern in „224c".
   Im fünften Absatze (Cadmiumsalze) ist die statistische Nummer „224" abzuändern in „224c".
   Im achten Absatze (Kalisalze) ist hinter „essigsaures" einzufügen „[224d]", hinter „kieselsaures (Fluorkieselkalium, Kieselfluorkalium)" die statistische Nummer „224" abzuändern in „224c", hinter „phosphorsaures" die statistische Nummer „224" abzuändern in „224d", hinter „unterchlorigsaures (Javelle'sche Lauge)" einzufügen „[224c]", hinter „weinsaures" einzufügen „[224d]" und hinter „andere" die statistische Nummer „224" abzuändern in „224d".
   Im neunten Absatze (Karlsbadersalz) ist die statistische Nummer „224" abzuändern in „224d".
   Im zehnten Absatze (Kobaltsalze) ist hinter „Kobaltsalze" statt „[222]" ein Kolon nebst den Worten „Druckfarben [222b], andere [222c]" zu setzen.

Im elften Absatze (Kupfersalze) ist die statistische Nummer „224" abzuändern in „224c".

Im zwölften Absatze (Lithiumsalze) ist hinter „kohlensaures Lithium" einzufügen „[224d]" und statt „andere [224]" zu setzen „andere: zu technischen Zwecken [224c], zu pharmazeutischen Zwecken [224d]".

Im fünfzehnten Absatze (Natronsalze) ist die statistische Nummer „224" abzuändern hinter „phosphorsaures" in „224d", hinter „unterchlorigsaures (Labarraquesche Lauge)" in „224c", hinter „weinsaures" in „224d" und hinter „andere" in „224d".

Im sechszehnten Absatze (Quecksilbersalze) ist die statistische Nummer „224" abzuändern in „224c".

Im siebenzehnten Absatze (Vichysalz) ist die statistische Nummer „224" abzuändern in „224d".

Im achtzehnten Absatze (Zinksalze) ist hinter „chromsaures" die statistische Nummer „222" in „222a" abzuändern und hinter „Zinkoxyd" statt „[224]" ein Kolon nebst den Worten „zu technischen Zwecken [224c], zu pharmazeutischen Zwecken [224d]" zu setzen.

Im letzten Absatz ist statt „[224]" ein Kolon nebst den Worten „zu technischen Zwecken [224c], zu pharmazeutischen Zwecken [224d]" zu setzen.

42. In der statistischen Anmerkung zu der Ziffer 2a des Artikels „Sattlerwaaren" sind die Worte „andere hierher gehörige Waaren [552]. S. auch die Vorbemerkung 8." zu ersetzen durch „andere hierher gehörige Waaren nur aus Leder [552b], dergleichen in Verbindung mit anderen Materialien [552c]. S. auch die Vorbemerkung 6."

43. Im ersten Absatze des Artikels „Scheeren" ist die statistische Nummer „255" durch „255c" zu ersetzen und auf besonderer Linie der Hinweis „* S. auch die Vorbemerkung 6." beizufügen.

Im zweiten Absatze dieses Artikels ist die statistische Nummer „259a" durch „259d*" zu ersetzen und auf besonderer Linie der Hinweis „* S. auch die Vorbemerkung 6." beizufügen.

44. In den statistischen Anmerkungen zu der Ziffer 2 im vierten Absatz und zu den Ziffern 1 und 2 im fünften Absatze des Artikels „Schläuche" ist statt des Hinweises „S. auch die Vorbemerkung 8." zu setzen „S. auch die Vorbemerkung 6."

45. In der Ziffer 1 des ersten Absatzes des Artikels „Stempel" ist die statistische Nummer „255" durch „255c*" zu ersetzen und auf besonderer Linie der Hinweis „* S. auch die Vorbemerkung 6." beizufügen.

In der Ziffer 3 des ersten Absatzes dieses Artikels ist die statistische Nummer „254" abzuändern in „254c".

46. Der Artikel „Terpinhydrat" erhält folgende Fassung:
„**Terpin, Terpinhydrat, Terpinkampher** . . . . [*] Nr. 5 m frei.
  * zu technischen Zwecken (z. B. Terpinkampher) [224c], zu pharmazeutischen Zwecken (z. B. Terpinhydrat) [224d]."

47. In der Anmerkung zu dem Artikel „Ultramarin" sind die Worte „und Berlinerblau (Chinesisch, Tiesbach-, Lack-, Milori-, Mineral-, Pariser-, Preußischblau, Eisencyanüroxanid)" zu streichen und dafür ein Komma sowie die Worte „Pariserblau und anderes reines Blau (Stahl- und Miloriblau) und Berlinerblau (Preußisch- und Mineralblau)" einzufügen.

48. In der statistischen Anmerkung zu der Ziffer 2 des vierten Absatzes des Artikels „Wasser" ist statt „[224]" ein Kolon nebst den Worten „zu technischen Zwecken [224c], zu pharmazeutischen Zwecken (z. B. Kirschlorbeerwasser) [224d]" zu setzen.

49. Der Artikel „Wismuthpräparate ꝛc." erhält folgende Fassung:
„**Wismuthpräparate** und **Wismuthsalze** (salpetersaures Wismuthoxyd ꝛc.)
[*] Nr. 5 m frei.
  * zu technischen Zwecken [224c], zu pharmazeutischen Zwecken [224d]."

5. Polizei-Wesen.

Ausweisung von Ausländern aus dem Reichsgebiete.

Laufende Nr.	Name und Stand der Ausgewiesenen.	Alter und Heimath	Grund der Bestrafung.	Behörde, welche die Ausweisung beschlossen hat.	Datum des Ausweisungs-beschlusses.
1.	2.	3.	4.	5.	6.

Auf Grund des §. 362 des Strafgesetzbuchs.

1.	Joseph Adolf, Schuhmacher,	geboren am 18. März 1861 zu Marschendorf, Bezirk Trautenau, Böhmen, ortsangehörig zu Ochsengraben, Bezirk Hohenelbe, Böhmen,	Betteln,	Königlich preußischer Regierungs-Präsident zu Breslau,	15. November d. J.
2.	Max Joseph Engel, Schuhmacher,	geboren am 27. Januar 1844 zu Sittard, Provinz Limburg, Niederlande, niederländischer Staatsangehöriger,	Betrug, Landstreichen und Betteln,	Königlich preußischer Regierungs-Präsident zu Cöln,	8. Dezember d. J.
3.	Marie Griesacker, ledig, ehemalige Fischhändlerin,	48 Jahre alt, geboren zu Hallein, Salzburg, ortsangehörig ebendaselbst,	Landstreichen,	Königlich bayerisches Bezirksamt Berchtesgaden,	2. Dezember d. J.
4.	Jürges Gylickukas, Landarbeiter,	24 oder 25 Jahre alt, geboren zu Berjarsky, Russisch-Polen,	desgleichen,	Königlich preußischer Regierungs-Präsident zu Stade,	7. Dezember d. J.
5.	Ewald Königsberg, Arbeiter,	geboren am 27. Januar 1861 zu Wesenberg, Gouvernement Esthland, Rußland, russischer Staatsangehöriger,	desgleichen,	Kaiserlicher Bezirks-Präsident zu Straßburg,	5. Dezember d. J.
6.	Woyciech Mayrzanowski, Arbeiter,	etwa 30 Jahre alt, geboren zu Zajaczki, Gouvernement Piotrkow, Rußland, russischer Staatsangehöriger,	desgleichen,	Königlich preußischer Regierungs-Präsident zu Posen,	desgleichen.
7.	Johann Brechotzki, Landarbeiter,	geboren am 24. Juni oder 24. Juli 1876 zu Moski, Rußland,	desgleichen,	Königlich preußischer Regierungs-Präsident zu Stade,	7. Dezember d. J.
8.	Joseph Resnizek, auch Resnischek, Bahnarbeiter,	geboren am 12. Oktober 1854 zu Heinrichsberg, Bezirk Taus, Böhmen, ortsangehörig zu Haselbach, ebenda,	desgleichen,	Großherzoglich badischer Landeskommissär zu Mannheim,	19. Oktober d. J.

Central-Blatt
für das
Deutsche Reich.

Herausgegeben
im
Reichsamte des Innern.

Zu beziehen durch alle Postanstalten und Buchhandlungen.

| XXVII. Jahrgang. | Berlin, Freitag, den 29. Dezember 1899. | № 53. |

Inhalt: 1. Militär-Wesen: Festlegung der für die Naturalverpflegung marschirender ꝛc. Truppen zu vergütenden Beträge für das Jahr 1900 . . . . Seite 443. 2. Versicherungs-Wesen: Veränderungs-Nachweis der ortsüblichen Tagelöhne gewöhnlicher Tagearbeiter . 444. 3. Marine und Schiffahrt: Erscheinen eines Haupt-Registers für die ersten zwölf Bände der Entscheidungen des Ober-Seeamts und der Seeämter . . . . . . 443. 4. Polizei-Wesen: Ausweisung von Ausländern aus dem Reichsgebiete . . . . 448.

1. Militär-Wesen.

Bekanntmachung.

Auf Grund der Vorschriften in §. 4, §. 9 Ziffer 2 des Gesetzes über die Naturalleistungen für die bewaffnete Macht im Frieden (Reichs-Gesetzbl. 1898 S. 361) ist der Betrag der für die Naturalverpflegung marschirender ꝛc. Truppen zu gewährenden Vergütung für das Jahr 1900 dahin festgestellt worden, daß an Vergütung für Mann und Tag zu gewähren ist:

		mit Brot	ohne Brot
a) für die volle Tageskost	. . . .	80 Pf.	65 Pf.
b) " " Mittagskost	. . . .	40 "	35 "
c) " " Abendkost	. . . .	25 "	20 "
d) " " Morgenkost	. . . .	15 "	10 "

Berlin, den 21. Dezember 1899.

Der Reichskanzler.
In Vertretung: Graf v. Posadowsky.

2. Versicherungs-Wesen.

Ortsübliche Tagelöhne gewöhnlicher Tagearbeiter,

festgestellt auf Grund des §. 8 des Gesetzes, betreffend die Krankenversicherung der Arbeiter (Reichs-Gesetzblatt 1892 S. 385).

Veränderungs-Nachweis

zu den Veröffentlichungen im Central-Blatt für das Deutsche Reich 1897, Anhang zu Nr. 52 und 1898, Nr. 53.

Nach den Mittheilungen der Landesregierungen zusammengestellt im Kaiserlichen Statistischen Amte.

Abgeschlossen am 20. Dezember 1899. Im Folgenden sind die Lohnsätze für alle Theile eines Bezirks nachgewiesen, auch wenn die Veränderung nur für einen Theil desselben stattgefunden hat.

Bezirke.	Ortsüblicher Tagelohn gewöhnlicher Tagearbeiter, festgestellt für Personen im Alter von							
	über 16 Jahren				unter 16 Jahren			
	männliche		weibliche		männliche		weibliche	
	ℳ	₰	ℳ	₰	ℳ	₰	ℳ	₰
Königreich Preußen.								
Regierungsbezirk Danzig.								
Stadtkreis Danzig	2	—	1	25	—	65	—	55
Regierungsbezirk Köslin.								
Kreis Schlawe:								
a) Stadt Pollnow	1	20	—	70	—	50	—	40
b) „ Rügenwalde (einschl. des früheren fiskalischen Gutsbezirks Schloßhof)	1	40	1	—	—	80	—	60
c) Stadt Schlawe	1	40	1	—	—	70	—	60
d) „ Zanow	1	30	—	80	—	70	—	60
e) der übrige Theil des Kreises	1	40	1	—	—	70	—	60
Regierungsbezirk Merseburg.								
Kreis Delitzsch:								
a) Stadt Eilenburg	1	50	1	—	—	90	—	80
b) der übrige Theil des Kreises	1	40	—	80	—	60	—	60
Regierungsbezirk Lüneburg.								
Kreis Gifhorn	1	80	1	20	1	10	—	90*
Regierungsbezirk Osnabrück.								
Stadtkreis Osnabrück	2	20	1	50	1	30	1	—
Landkreis Osnabrück:								
a) Gemeinden Hasbergen, Haste, Hellern, Hörne, Georgsmarienhütte, Schinkel und Voxtrup	2	20	1	50	1	30	1	—
b) der übrige Theil des Kreises	2	—	1	50	1	20	1	—

*) Mit Gültigkeit vom 1. Mai 1900.

Bezirke.	Ortsüblicher Tagelohn gewöhnlicher Tagearbeiter, festgestellt für Personen im Alter von			
	über 16 Jahren		unter 16 Jahren	
	männliche	weibliche	männliche	weibliche
	ℳ ⧸	ℳ ⧸	ℳ ⧸	ℳ ⧸
Regierungsbezirk Minden.				
Kreis Halle i. W.:				
a) Amt Borgholzhausen	1 50	1 20	1 —	— 80
b) » Halle:				
Stadt Halle, Gemeinden Gartnisch, Hesseln, Oldendorf, Künsebeck, Ascheloh, Amshausen	2 —	1 50	1 50	1 25
Gemeinden Bokel, Brockhagen, Eggeberg, Hörste, Köllebeck, Batthorst und Steinhagen	1 75	1 25	1 25	1 —
c) Amt Versmold	1 50	1 25	1 —	— 80
d) » Werther:				
Stadt Werther	1 80	1 10	— 90	— 90
Amt Werther	1 50	1 —	— 75	— 75
Kreis Lübbecke:				
a) Stadt Lübbecke	1 50	1 —	1 —	— 70
b) Aemter Hüllhorst, Levern und Oldendorf	1 50	1 —	1 —	— 75
c) Amt Alswede	1 25	1 —	1 —	— 75
d) » Dielingen	1 50	1 20	1 —	1 —
e) » Gehlenbeck	1 50	1 —	1 —	— 70
f) » Rahden	1 50	1 —	1 20	— 90
Kreis Minden:				
a) Stadt Minden	1 80	1 20	— 90	— 70
b) » Oeynhausen	2 —	1 20	1 —	— 75
c) Amt Dützen	1 80	1 —	1 —	— 80
d) » Hartum	1 80	1 —	1 —	— 75
e) Aemter Hausberge und Oeynhausen	1 80	1 20	1 20	1 —
f) Amt Petershagen	1 75	1 25	1 —	1 —
g) » Schlüsselburg	1 25	1 —	— 85	— 85
h) » Windheim:				
nördlicher Theil (Döhren, Bahlsen, Heimsen, Ilse, Ilserheide, Ilvese, Jössen, Neuenknick, Raberhorst, Rosenhagen, Seelenfeld, Windheim)	1 30	— 10	— 60	— 60
südlicher Theil (Aminghausen, Bierbe, Dankersen, Frille, Lahde, Leteln, Päpinghausen, Quetzen, Wietersheim, Gut Wietersheim)	1 60	1 —	— 75	— 75
Regierungsbezirk Aachen.				
Stadtkreis Aachen (einschl. Burtscheid)	2 40	1 40	1 10 / — 50	— 80 / — 50*)
Landkreis Aachen:				
a) Bürgermeisterei Forst	2 40	1 40	1 10 / — 50	— 80 / — 50*)

*) Für Kinder unter 14 Jahren.

Bezirke.	Ortsüblicher Tagelohn gewöhnlicher Tagearbeiter, festgestellt für Personen im Alter von :			
	über 16 Jahren		unter 16 Jahren	
	männliche	weibliche	männliche	weibliche
	ℳ ₰	ℳ ₰	ℳ ₰	ℳ ₰
b) Bürgermeisterei Stolberg	2 30	1 20	1 — — 50	— 70 — 50[1])
c) der übrige Theil des Kreises	2 —	1 20	1 — — 50	— 70 — 50[1])
Kreis Erkelenz	1 80	1 20	— 80 — 40	— 70 — 30[1])

Königreich Bayern.

Regierungsbezirk Oberbayern.

Bezirksamt Berchtesgaden:

a) Gemeinden Berchtesgaden, Ramsau, Reichenhall	2 —	1 50	1 —	— 80
b) Gemeinde Scheffau	1 80	1 40	— 70	— 50
c) der übrige Theil des Bezirksamts	1 50	1 —	— 70	— 50

Regierungsbezirk Niederbayern.

Bezirksamt Grafenau:

a) Stadtgemeinde Grafenau	1 60	1 —	— 65	— 45
b) der übrige Theil des Bezirksamts	1 20	1 —	— 65	— 45

Bezirksamt Regen:

a) Marktgemeinde Zwiesel	1 60	— 90	— 80	— 60
b) der übrige Theil des Bezirksamts	1 20	— 90	— 80	— 60

Regierungsbezirk Pfalz.

Bezirksamt Frankenthal:
Distrikt Frankenthal:

a) Stadt Frankenthal	2 20	1 20	1 10	— 90
b) Gemeinden Edigheim, Eppstein, Flomersheim, Lambsheim, Mörsch	2 —	1 20	1 —	— 80
c) Gemeinde Kleinbockenheim	1 80	1 20	— 90	— 60[2])
d) Gemeinden Bobenheim a. Rh., Oppau, Rozheim, Studernheim	1 80	1 10	1 —	— 70
e) der übrige Theil des Distrikts	1 60	1 —	— 80	— 60

Distrikt Grünstadt:

a) Stadt Grünstadt	1 80	1 10	— 90	— 70
b) der übrige Theil des Distrikts	1 50	1 —	— 80	— 60

Bezirksamt Kirchheimbolanden:
Distrikt Göllheim:

	1 50	1 —	— 80	— 70

Kirchheimbolanden:

a) Stadt Kirchheimbolanden	2 —	1 10	1 —	— 80
b) der übrige Theil des Distrikts	1 40	1 —	— 80	— 70
Distrikt Obermoschel	1 60	1 —	— 90	— 70
Rockenhausen	1 50	1 —	— 80	— 60

[1]) Für Kinder unter 14 Jahren.
[2]) Mit Gültigkeit vom 1. Juni 1900.

— 447 —

Bezirke	Ortsüblicher Tagelohn gewöhnlicher Tagearbeiter, festgestellt für Personen im Alter von						
	über 16 Jahren				unter 16 Jahren		
	männliche		weibliche		männliche		weibliche
	ℳ	₰	ℳ	₰	ℳ	₰	ℳ	₰
Großherzogthum Baden.							
Amtsbezirk Pforzheim:							
a) Stadtgemeinde Pforzheim	2	30	1	60	1	40	1	—
b) der übrige Theil des Amtsbezirkes	1	75	1	30	1	15	—	90
Großherzogthum Sachsen-Weimar.							
I. Verwaltungsbezirk:							
a) Städte Ilmenau und Weimar	2	30	1	50	1	10	—	90
b) der übrige Theil des Verwaltungsbezirkes	1	80	1	10	1	—	—	80
II. Verwaltungsbezirk	1	50	1	—	—	90	—	80
III. Verwaltungsbezirk:							
a) Gemeinden Eisenach, Rothenhof, Ruhla W./A.	2	50	1	50	1	50	1	—¹)
b) der übrige Theil des Verwaltungsbezirkes	1	80	1	20	1	20	—	80¹)
IV. Verwaltungsbezirk	1	30	—	90	—	80	—	70
V. Verwaltungsbezirk	1	60	1	—	1	—	—	80
Herzogthum Sachsen-Altenburg.							
Westkreis	1	80	1	15	1	—	—	80
Herzogthum Anhalt.							
Kreis Dessau:							
a) Stadt Dessau mit Schloß und Forstbezirk, Gemeinden Alten, Jonitz, Kleinkühnau, Kochstedt, Naundorf, Ziebigk, sowie Domänenbezirk Kühnau	2	25	1	25	1	25	1	—
					—	75	—	75²)
b) Stadt Oranienbaum	2	—	1	20	1	—	—	70¹)
					—	50	—	50²)
c) Gemeinden Kleckewitz, Kleinmöhlau, Lingenau, Marke, Niesau, Quellendorf, Raguhn, Retzau	2	—	1	—	1	—	—	70
					—	50	—	50²)
d) Schloßbezirk Georgium, Gemeinden Drüßnau, Kleutsch, Mosigkau, Pötnitz, Scholitz, Törten, Gutsbezirk Haideburg, jedoch ohne Forstrevier vor der Haide, Gemeinde- und Schloßbezirk Großkühnau, Forstbezirk Kühnau, sowie Gutsbezirke Kleutsch, Pötnitz	1	80	1	—	1	—	—	70
					—	50	—	50²)
e) der übrige Theil des Kreises	1	50	1	—	1	—	—	70
					—	50	—	50²)
Freie und Hansestadt Hamburg.							
Landherrenschaft Ritzebüttel:							
a) Gemeinden Curhaven und Döse	3	—	2	—	1	20	1	—¹)
b) der übrige Theil der Landherrenschaft	2	—	1	30	1	—	1	—¹)
Reichsland Elsaß-Lothringen.							
Bezirk Unter-Elsaß.							
Stadtkreis Straßburg	2	50	1	30	1	10	—	90

¹) Mit Gültigkeit vom 1. Juli 1900.
²) Für Kinder unter 14 Jahren.

3. Marine und Schiffahrt.

Zu den im Reichsamte des Innern herausgegebenen „Entscheidungen des Ober-Seeamts und der Seeämter des Deutschen Reichs" ist ein die ersten zwölf Bände umfassendes Haupt-Register hergestellt worden. Dasselbe ist im Verlage von L. Friederichsen & Co. in Hamburg erschienen und zum Preise von 6,00 ℳ. für das Exemplar zu beziehen.

4. Polizei-Wesen.

Ausweisung von Ausländern aus dem Reichsgebiete.

Laufende Nr.	Name und Stand der Ausgewiesenen.	Alter und Heimath.	Grund der Bestrafung.	Behörde, welche die Ausweisung beschlossen hat.	Datum des Ausweisungs- beschlusses.
1.	2.	3.	4.	5.	6.

a) Auf Grund des §. 39 des Strafgesetzbuchs.

1.	Richard Hübl, Metzger,	geboren am 16. Februar 1867 zu Ruppelei und fortge- St. Margarethen, Gemeinde Rei- chenau, Bezirk Klagenfurth, Kärnten, ortsangehörig ebendaselbst,	Kuppelei und fortge- setzte Körperverletz- ung (7 Monate Ge- fängniß, laut Er- kenntniß vom 3. Ja- nuar 1899),	Königlich bayerisches Be- zirksamt Laufen.	28. Oktober d. J.

b) Auf Grund des §. 362 des Strafgesetzbuchs.

2.	Franz Aichinger, Handlungsgehülfe,	geboren am 13. November 1872 zu Weizenkirchen, Bezirk Wels, Ober- Oesterreich,	Betteln,	Königlich preußischer Regierungs-Präsident zu Aachen.	24. November d. J.
3.	Adolph de Friese, Maurer,	geboren am 27. Januar 1842 zu Loferen, Provinz Ostflandern, Bel- gien, belgischer Staatsangehöriger,	desgleichen,	Königlich preußischer Regierungs-Präsident zu Cöln.	15. Dezember d. J.
4.	Karl Funke, Schmied,	geboren am 6. Januar 1834 zu Reichen- berg, Böhmen, ortsangehörig eben- daselbst,	desgleichen,	Großherzoglich badischer Landeskommissär zu Mannheim.	17. November d. J.
5.	Joseph Peter Florenz Heurard, Knecht und Maler,	geboren am 29. September 1866 zu Samrée, Provinz Luxemburg, Bel- gien, belgischer Staatsangehöriger,	Landstreichen und Betteln,	Kaiserlicher Bezirks- Präsident zu Colmar.	15. Dezember d. J.
6.	Franz Jisezu, Arbeiter,	geboren im August 1861 zu Grabinitza bei Kunin, Gouvernement Kalisch, Rußland, russischer Staatsange- höriger,	desgleichen,	Königlich preußischer Regierungs-Präsident zu Magdeburg.	15. Dezember d. J.
7.	Katharina Vaischer, Tagelöhnerin, ledig,	geboren am 1. April 1875 zu Titt- moning, Bezirksamt Laufen, Bayern, ortsangehörig zu Moosdorf, Bezirk Braunau, Ober-Oesterreich,	Diebstahl und Land- streichen,	Königlich bayerisches Be- zirksamt Berchtesgaden.	24. November d. J.
8.	Paul Petru, Güttlergeselle,	geboren am 22. August 1860 zu Schäß- burg, Komitat Nagy Küküllö, Ungarn, ungarischer Staatsangehöriger,	Betteln,	Königlich sächsische Kreishauptmannschaft Bautzen.	10. November d. J.
9.	Fridolin Wolf, Maurergeselle,	geboren am 16. Januar 1859 zu Poltiz, Bezirk Aubig, Böhmen, ortsange- hörig ebendaselbst,	desgleichen,	Königlich sächsische Kreishauptmannschaft Zwickau.	9. August d. J.

Berlin, Carl Heymanns Verlag. — Gedruckt bei Julius Sittenfeld in Berlin.

www.ingramcontent.com/pod-product-compliance
Lightning Source LLC
Chambersburg PA
CBHW051722300426

44115CB00007B/426